Liste des éléments : symboles et masses atomiques*

Élément	Symbole	Numéro atomique	Masse atomique**
Actinium	Ac	89	[227]
Aluminium	Al	13	26,98
Américium	Am	95	[243]
Antimoine	Sb	51	121,8
Argent	Ag	47	107,9
Argon	Ar	18	39,95
Arsenic	As	33	74,92
Astate	At	85	[210]
Azote	N	7	14,01
Baryum	Ba	56	137,3
Berkélium	Bk	97	[247]
Béryllium	Be	4	9,012
Bismuth	Bi	83	209,0
Bohrium	Bh	107	[262]
Bore	B	5	10,81
Brome	Br	35	79,90
Cadmium	Cd	48	112,4
Calcium	Ca	20	40,08
Californium	Cf	98	[249]
Carbone	C	6	12,01
Cérium	Ce	58	140,1
Césium	Cs	55	132,9
Chlore	Cl	17	35,45
Chrome	Cr	24	52,00
Cobalt	Co	27	58,93
Cuivre	Cu	29	63,55
Curium	Cm	96	[247]
Darmstadtium	Ds	110	[269]
Dubnium	Db	105	[260]
Dysprosium	Dy	66	162,5
Einsteinium	Es	99	[254]
Erbium	Er	68	167,3
Étain	Sn	50	118,7
Europium	Eu	63	152,0
Fer	Fe	26	55,85
Fermium	Fm	100	[253]
Fluor	F	9	19,00
Francium	Fr	87	[223]
Gadolinium	Gd	64	157,3
Gallium	Ga	31	69,72
Germanium	Ge	32	72,59
Hafnium	Hf	72	178,5
Hassium	Hs	108	[265]
Hélium	He	2	4,003
Holmium	Ho	67	164,9
Hydrogène	H	1	1,008
Indium	In	49	114,8
Iode	I	53	126,9
Iridium	Ir	77	192,2
Krypton	Kr	36	83,80
Lanthane	La	57	138,9
Lawrencium	Lr	103	[257]
Lithium	Li	3	6,941
Lutécium	Lu	71	175,0
Magnésium	Mg	12	24,31
Manganèse	Mn	25	54,94

Élément			
Meitnerium	Mt	109	[266]
Mendélévium	Md	101	[256]
Mercure	Hg	80	200,6
Molybdène	Mo	42	95,94
Néodyme	Nd	60	144,2
Néon	Ne	10	20,18
Neptunium	Np	93	[237]
Nickel	Ni	28	58,69
Niobium	Nb	41	92,91
Nobélium	No	102	[253]
Or	Au	79	197,0
Osmium	Os	76	190,2
Oxygène	O	8	16,00
Palladium	Pd	46	106,4
Phosphore	P	15	30,97
Platine	Pt	78	195,1
Plomb	Pb	82	207,2
Plutonium	Pu	94	[242]
Polonium	Po	84	[210]
Potassium	K	19	39,10
Praséodyme	Pr	59	140,9
Prométhium	Pm	61	[147]
Protactinium	Pa	91	[231]
Radium	Ra	88	[226]
Radon	Rn	86	[222]
Rhénium	Re	75	186,2
Rhodium	Rh	45	102,9
Roentgenium	Rg	111	[272]
Rubidium	Rb	37	85,47
Ruthénium	Ru	44	101,1
Rutherfordium	Rf	104	[257]
Samarium	Sm	62	150,4
Scandium	Sc	21	44,96
Seaborgium	Sg	106	[263]
Sélénium	Se	34	78,96
Silicium	Si	14	28,09
Sodium	Na	11	22,99
Soufre	S	16	32,07
Strontium	Sr	38	87,62
Tantale	Ta	73	180,9
Technétium	Tc	43	[99]
Tellure	Te	52	127,6
Terbium	Tb	65	158,9
Thallium	Tl	81	204,4
Thorium	Th	90	232,0
Thulium	Tm	69	168,9
Titane	Ti	22	47,88
Tungstène	W	74	183,9
Uranium	U	92	238,0
Vanadium	V	23	50,94
Xénon	Xe	54	131,3
Ytterbium	Yb	70	173,0
Yttrium	Y	39	88,91
Zinc	Zn	30	65,39
Zirconium	Zr	40	91,22

* Toutes les masses atomiques ont quatre chiffres significatifs. Ces valeurs sont celles approuvées par le comité de l'enseignement de la chimie de l'UICPA.
** Les valeurs approximatives des masses atomiques des éléments radioactifs sont données entre crochets.

CHIMIE
DES SOLUTIONS

3e édition

Raymond Chang

Traduction et adaptation
Luc Papillon

Chenelière McGraw-Hill
CHENELIÈRE ÉDUCATION

Chimie des solutions
3e édition

Traduction et adaptation de : *General Chemistry: The Essential Concepts*, Fifth Edition, de Raymond Chang, © 2008 McGraw-Hill (ISBN 978-0-07-304851-2)

Édition : Sophie Gagnon
Coordination : Jean-Philippe Michaud et Lyne Larouche
Révision linguistique : Anne-Marie Trudel
Correction d'épreuves : Zérofôte
Recherche iconographique : Stephanie Colvey
Conception graphique : Jocelyne Cantin (Pomme Z)
Infographie : Myriam Malouin (Infoscan Collette) et Chantal Angers
Conception de la couverture : Michel Bérard
Impression : Imprimeries Transcontinental

Sources iconographiques

Photo de la première de couverture : Constant/Shutterstock

Photos de la quatrième de couverture : Margaret A. Chang et Marie Vernier

Dans cet ouvrage, le masculin est utilisé comme représentant des deux sexes, sans discrimination à l'égard des hommes et des femmes, et dans le seul but d'alléger le texte.

Catalogage avant publication de Bibliothèque et Archives nationales du Québec et Bibliothèque et Archives Canada

Chang, Raymond

Chimie des solutions

3e éd.

Traduction de la 5e éd. de : General Chemistry.

Comprend un index.

Pour les étudiants du niveau collégial.
ISBN 978-2-7651-0489-6

1. Solutions (Chimie). 2. Réactions chimiques. 3. Solutions (Chimie) – Problèmes et exercices. I. Papillon, Luc, 1943- . II. Titre.

QD541.C4214 2009 541'.34 C2009-940160-6

Chenelière McGraw-Hill

CHENELIÈRE ÉDUCATION

7001, boul. Saint-Laurent
Montréal (Québec) Canada H2S 3E3
Téléphone : 514 273-1066
Télécopieur : 450 461-3834 / 1 888 460-3834
info@cheneliere.ca

ISBN 978-2-7651-0489-6

Dépôt légal : 1er trimestre 2009
Bibliothèque et Archives nationales du Québec
Bibliothèque et Archives Canada

Imprimé au Canada

1 2 3 4 5 ITIB 13 12 11 10 09

Nous reconnaissons l'aide financière du gouvernement du Canada par l'entremise du Programme d'aide au développement de l'industrie de l'édition (PADIÉ) pour nos activités d'édition.

Gouvernement du Québec – Programme de crédit d'impôt pour l'édition de livres – Gestion SODEC.

Membre du CERC

CERC Canadian Educational Resources Council

Membre de l'Association nationale des éditeurs de livres

ASSOCIATION NATIONALE DES ÉDITEURS DE LIVRES

Avant-propos

Toujours par souci de l'étudiant et pour répondre davantage aux besoins des enseignants, cette nouvelle édition a été rédigée de façon à simplifier la compréhension de la matière. Les qualités pédagogiques qui ont fait la renommée de cet ouvrage s'en trouvent ainsi améliorées et enrichies.

Les notions sont toujours présentées de manière progressive et dans le but de susciter l'intérêt du lecteur.

Le texte, tant par sa structure que par son contenu, invite continuellement l'étudiant à vérifier sa compréhension de la matière et à réaliser sur-le-champ son apprentissage des nouvelles notions selon une méthode systématique de résolution de problèmes.

Les chapitres s'enchaînent de façon logique et cohérente, ce qui n'empêche pas une certaine polyvalence.

Nous vous invitons à constater, en lisant les particularités du manuel et en le consultant dans son ensemble, les améliorations qui ont été apportées à cet ouvrage afin d'en faire un outil de référence indispensable.

Remerciements

L'Éditeur tient tout particulièrement à remercier pour leurs précieux conseils Daniel Després, cégep Saint-Jean-sur-Richelieu, Martin Giroux, cégep du Vieux Montréal, Nadya Bolduc, cégep de Sainte-Foy, Marie Therrien, collège François-Xavier-Garneau, Carl Ouellet, collège Édouard-Montpetit, Ken Thibodeau, cégep de Sainte-Foy, et Nadine Gagnon, cégep de Sainte-Foy.

Particularités de l'ouvrage

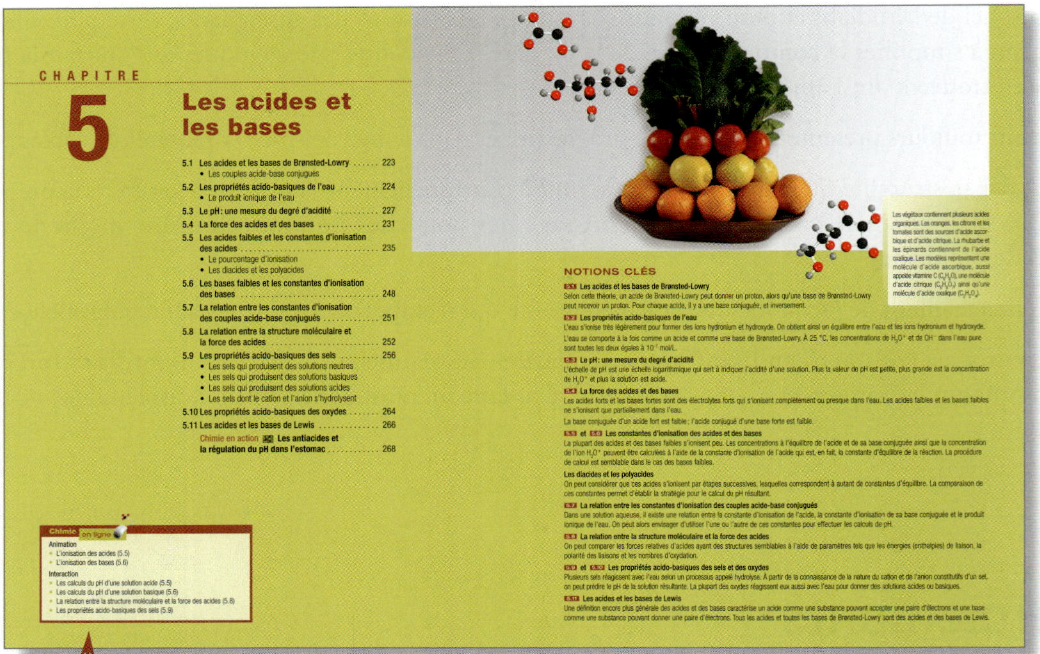

Chimie en ligne indique les titres des animations ainsi que des interactions disponibles sur le Web en lien avec les sections du chapitre.

Présentation du chapitre

Chaque chapitre commence par une table des matières, suivie des notions clés. Le lecteur a donc l'occasion à la fois de lire un résumé des concepts étudiés et d'en saisir l'enchaînement. Il peut aussi y revenir à la fin d'un chapitre et y voir un outil complémentaire du résumé.

Capsule d'information

De courts exposés portant sur une ou plusieurs notions liées au chapitre mettent en évidence des faits historiques ou des applications multidisciplinaires. Le but est de susciter l'intérêt et la curiosité du lecteur pour la chimie tout en lui montrant qu'elle demeure avant tout une activité humaine.

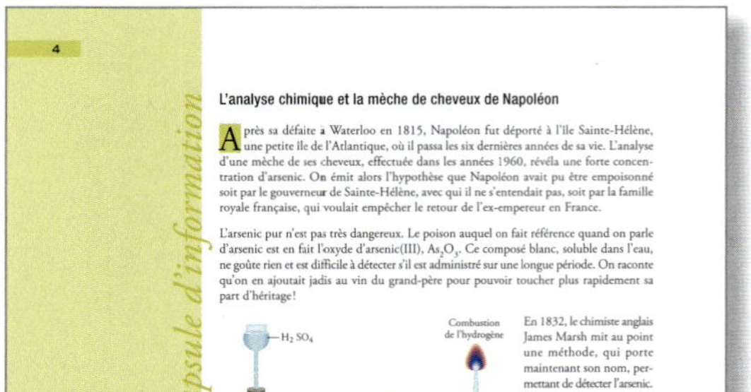

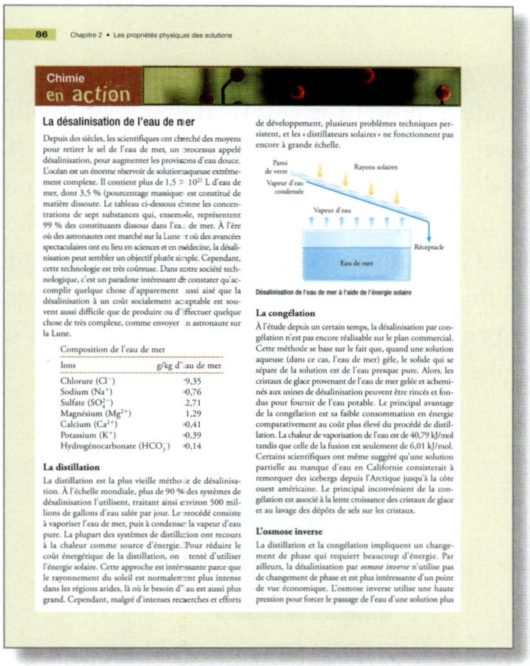

Chimie en action

Dans chaque chapitre, le lecteur trouvera un ou deux encadrés qui montrent, au moyen d'exemples concrets, comment les notions théoriques apprises s'appliquent dans d'autres disciplines et dans la vie quotidienne. Souvent, cette lecture permettra d'approfondir la compréhension de la théorie et de jeter un regard sur la recherche qui se fait ici et ailleurs.

Définitions

Les définitions importantes, affichées en rouge dans le texte, sont reprises dans le glossaire. Les mots définis figurent également dans la rubrique *Mots clés*, à la fin de chaque chapitre.

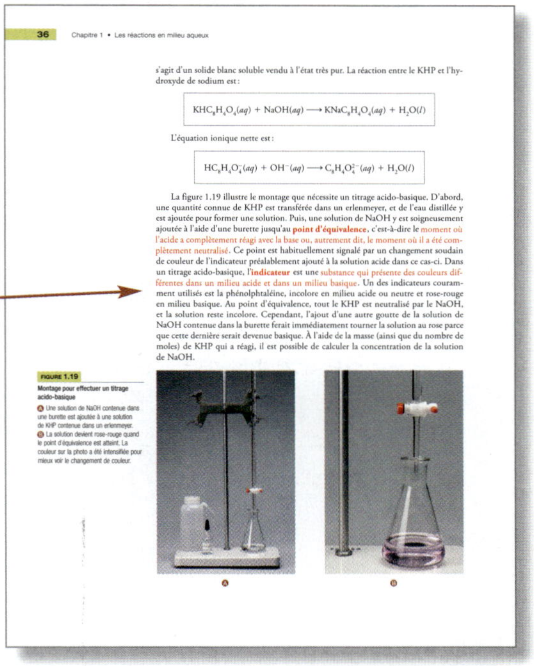

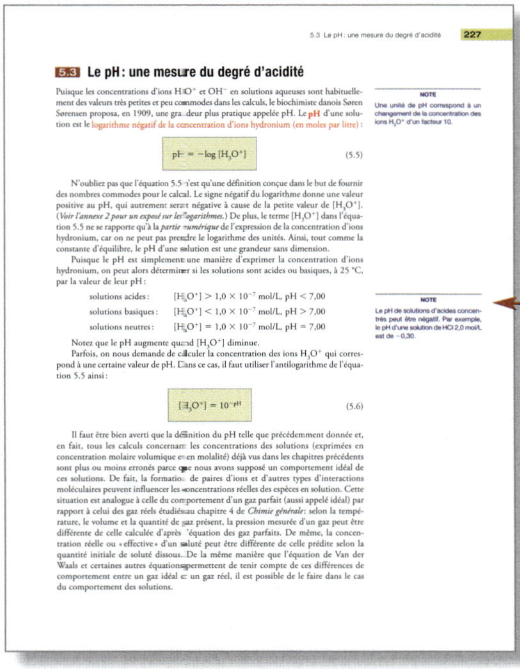

Notes en marge

Attirant l'attention du lecteur sur un point précis, les notes en marge constituent aussi un complément d'information ou un rappel.

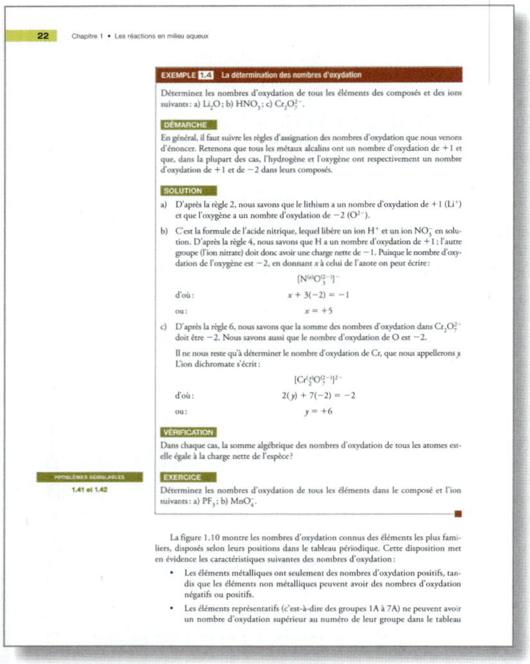

Exemples

Dans tous les chapitres, de nombreux exemples d'exercices résolus ponctuent le texte et sont présentés clairement dans des encadrés. Ils offrent un niveau de difficulté croissant et proposent une méthode de résolution de problèmes en trois étapes : Démarche, Solution et Vérification. Chacun suggère ensuite un exercice dont la réponse est donnée en fin de chapitre. On indique aussi, en marge, un ou des numéros de problèmes semblables dont les réponses se trouvent à la fin du manuel.

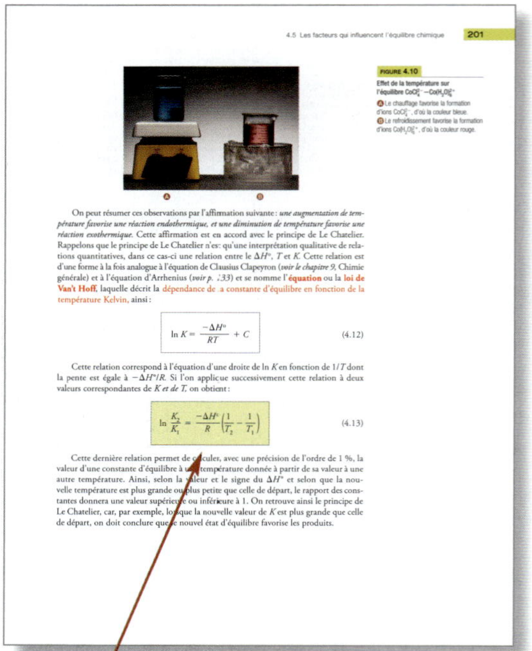

Équations clés

En plus d'être présentées sous forme de liste à la suite du résumé de chaque chapitre, les équations clés sont encadrées et numérotées dans le texte.

Tableaux, figures, photos et illustrations

Véritable attrait visuel, les nombreuses figures font vraiment corps avec le texte. Les photos ont été renouvelées, et les modèles moléculaires sont clairs et abondants. Les légendes ajoutent un élément explicatif important.

Chimie en ligne

Les animations et les interactions indiquées en marge, appelées *Chimie en ligne*, permettent de mieux comprendre certaines expériences historiques décrites et illustrées dans le manuel. Elles aident aussi à bien saisir des concepts abstraits en simulant des phénomènes de manière interactive. Parfois, le lecteur est invité à résoudre des problèmes quantitatifs.

Chimie en ligne

Animation
- Les cellules galvaniques (7.2)

Interaction
- Simulation de l'électrochimie (7.6)

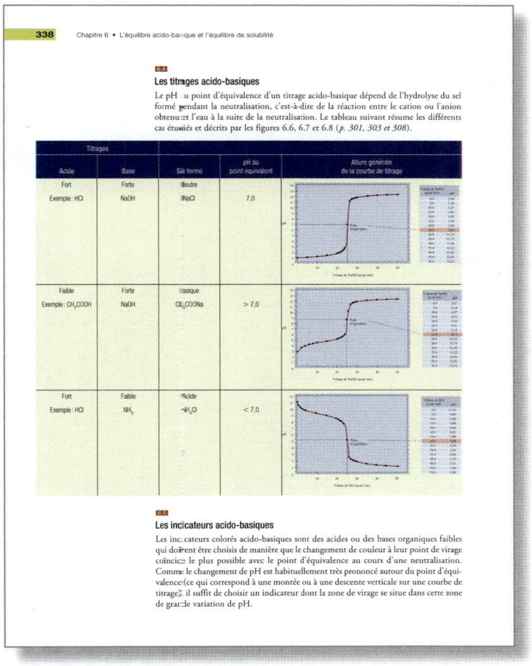

Résumé

Chaque chapitre comporte un résumé très complet qui récapitule la matière. De nombreux tableaux et figures synthétiques le bonifient. Le résumé permet au lecteur de faire le point sur sa compréhension de la matière et l'invite à approfondir certaines notions au besoin.

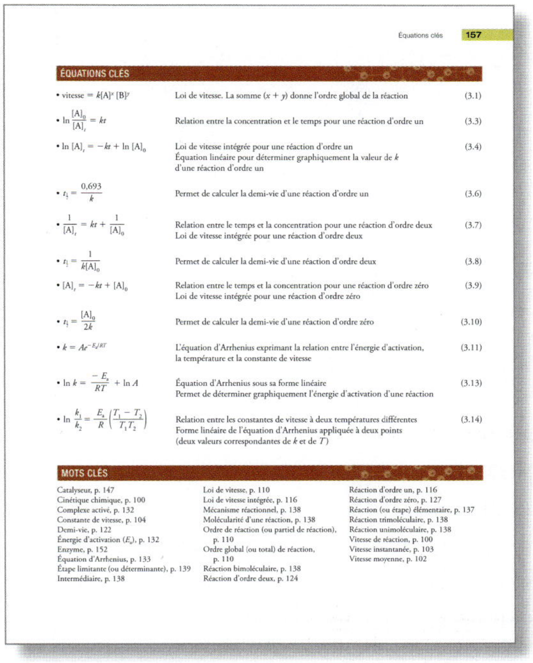

Mots clés

Les mots clés, mis en évidence dans le texte, sont repris et énumérés à la fin de chaque chapitre.

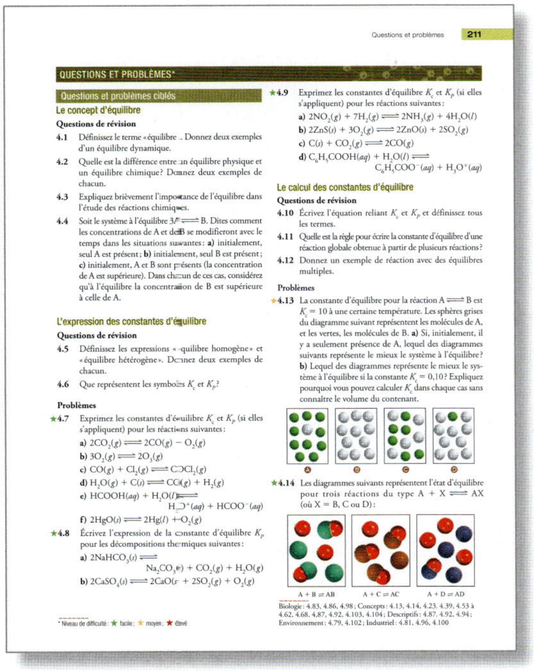

Questions et problèmes

Le lecteur peut facilement repérer les questions et les problèmes selon leur sujet, leur niveau de difficulté ou leur domaine d'application (biologie, environnement, industrie, etc.). Les questions de révision sont l'occasion de vérifier l'acquisition des connaissances préalables à la résolution des problèmes. Les questions et les problèmes sont classés sous trois rubriques : 1) problèmes ciblés, qui précisent le sujet sur lequel porte le problème ; 2) problèmes variés, où le lecteur doit d'abord trouver la ou les notions sous-jacentes ; 3) problèmes spéciaux, dont la plupart exigent l'esprit de synthèse et la multidisciplinarité. Plusieurs nouveaux problèmes figurent dans cette catégorie.

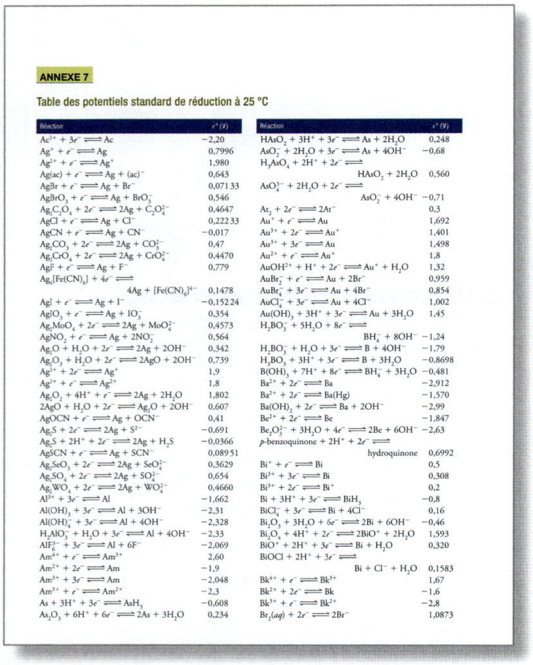

Annexes

Plusieurs annexes ont été ajoutées. Les étudiants y trouveront, entre autres, une liste des constantes d'acidité et de basicité, ainsi qu'une table des potentiels standard de réduction.

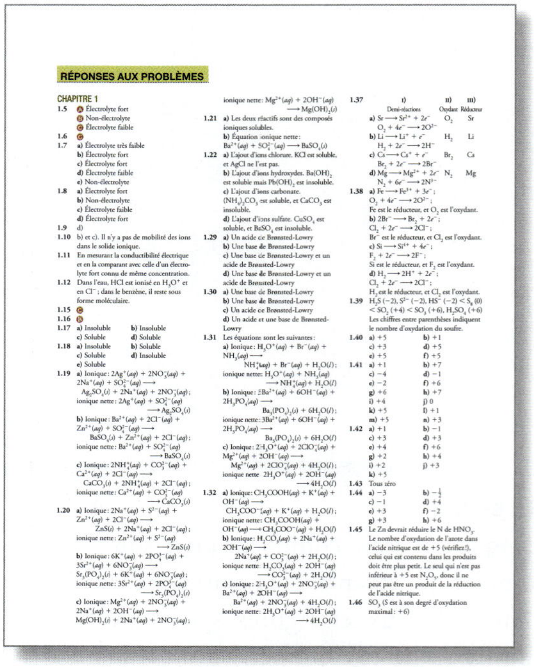

Corrigé

Les réponses aux questions et aux problèmes sont données brièvement à la fin de l'ouvrage.

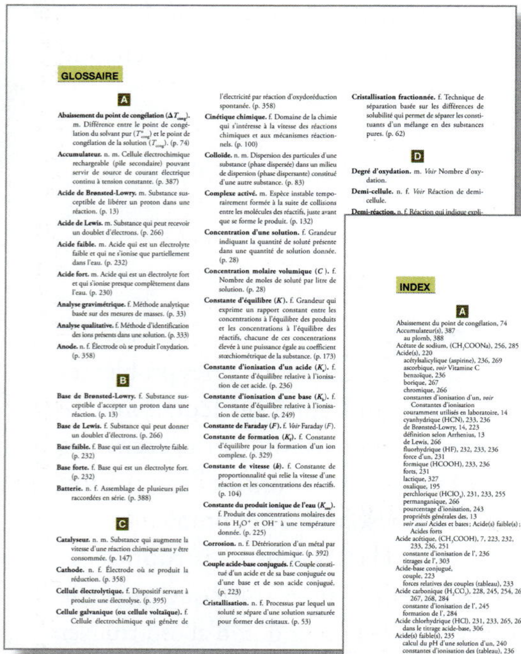

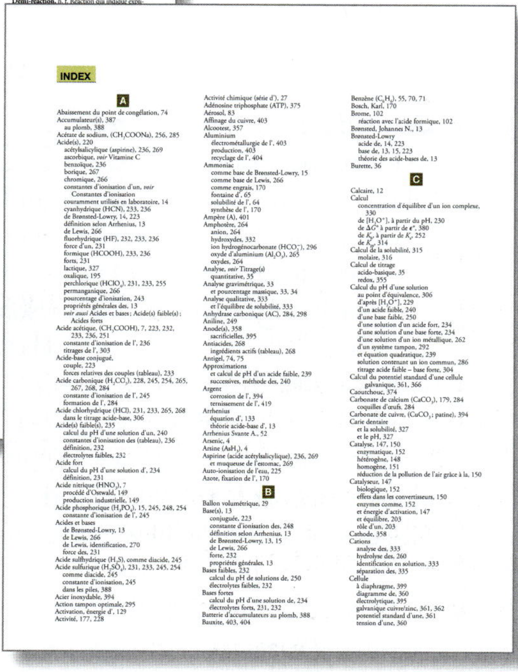

Glossaire et index

Le glossaire regroupe les définitions de termes et de concepts (en rouge dans le texte) importants et propres à la chimie. Un index facilite le repérage des expressions et des concepts présentés dans le manuel.

Table des matières

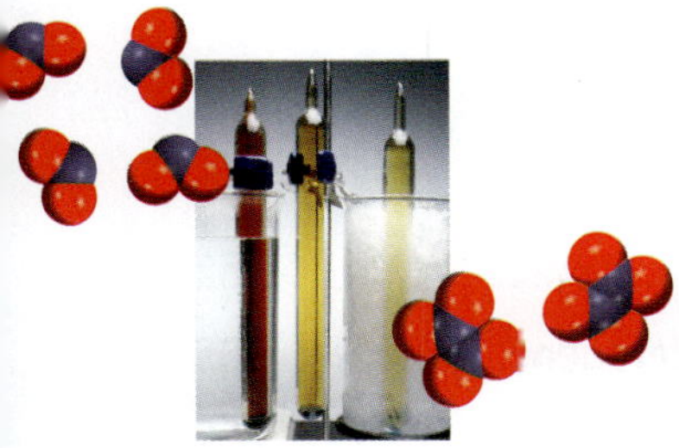

CHAPITRE

1 Les réactions en milieu aqueux

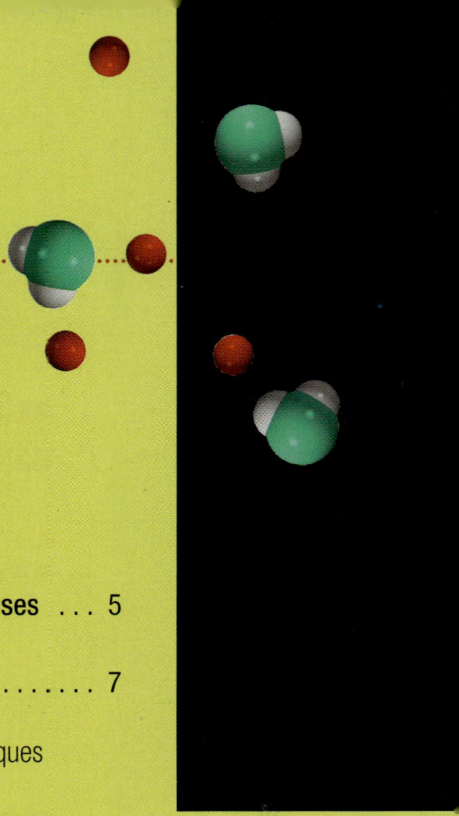

Chimie en ligne

Animation
- Les électrolytes forts, les électrolytes faibles et les non-électrolytes (1.1)
- L'hydratation (1.1)
- Les réactions de précipitation (1.2)
- Les réactions de neutralisation (1.3)
- Les réactions d'oxydoréduction (1.4)
- La préparation d'une solution (1.5)
- La préparation d'une solution par dilution (1.5)

Interaction
- L'écriture d'une équation ionique nette (1.2)

Des cheminées noires (fumerolles) se forment lorsque de l'eau surchauffée, riche en sels minéraux, jaillit à travers la lave d'un volcan sous-marin. Le sulfure d'hydrogène (H_2S) présent convertit alors les métaux en précipités de sulfures métalliques noirs et insolubles. Les modèles montrent du sulfure d'hydrogène, des ions métalliques et un sulfure métallique.

NOTIONS CLÉS

1.1 Les réactions en solution aqueuse

Un grand nombre de réactions chimiques et presque toutes les réactions biochimiques se produisent en milieu aqueux.

Les substances (solutés) qui se dissolvent dans l'eau (solvant) peuvent être classées en deux grandes catégories, les électrolytes (conductrices) et les non-électrolytes (non conductrices), selon qu'elles donnent des solutions conductrices ou non conductrices d'électricité.

1.2 à 1.4 Les trois grandes catégories de réactions en milieu aqueux

Au cours d'une réaction de précipitation, il y a formation d'un produit peu soluble qui se sépare de la solution. C'est l'équation ionique nette qui résume le mieux ce type de réaction.

Au cours d'une réaction acido-basique, il y a transfert d'un proton (H^+) d'un acide vers une base.

Au cours d'une réaction d'oxydoréduction, il y a transfert d'électrons d'une substance réductrice vers une substance oxydante.

Ces trois sortes de réactions sont parmi les réactions les plus fréquentes en chimie et en biochimie.

1.5 La concentration des solutions et la dilution

Il existe plusieurs manières d'exprimer la concentration d'une solution. La concentration molaire volumique sera le mode privilégié de l'expression de la concentration. La concentration molaire volumique (ou molarité) est le nombre de moles de soluté par litre de solution. Les calculs de dilution des solutions reposent sur le principe de la conservation du nombre de moles.

1.6 La stœchiométrie appliquée aux réactions en solution

Pour faire des études quantitatives des réactions en solution, il faut pouvoir déterminer les concentrations des espèces en solution. Il existe différentes méthodes d'analyse. Certaines études se font par des analyses gravimétriques (basées sur des mesures de masse) et d'autres par des analyses volumétriques (basées sur des mesures de volumes), par exemple dans le cas des titrages où la concentration d'une solution inconnue est déterminée par réaction avec une solution de concentration connue.

L'analyse chimique et la mèche de cheveux de Napoléon

Après sa défaite à Waterloo en 1815, Napoléon fut déporté à l'île Sainte-Hélène, une petite île de l'Atlantique, où il passa les six dernières années de sa vie. L'analyse d'une mèche de ses cheveux, effectuée dans les années 1960, révéla une forte concentration d'arsenic. On émit alors l'hypothèse que Napoléon avait pu être empoisonné soit par le gouverneur de Sainte-Hélène, avec qui il ne s'entendait pas, soit par la famille royale française, qui voulait empêcher le retour de l'ex-empereur en France.

L'arsenic pur n'est pas très dangereux. Le poison auquel on fait référence quand on parle d'arsenic est en fait l'oxyde d'arsenic(III), As_2O_3. Ce composé blanc, soluble dans l'eau, ne goûte rien et est difficile à détecter s'il est administré sur une longue période. On raconte qu'on en ajoutait jadis au vin du grand-père pour pouvoir toucher plus rapidement sa part d'héritage !

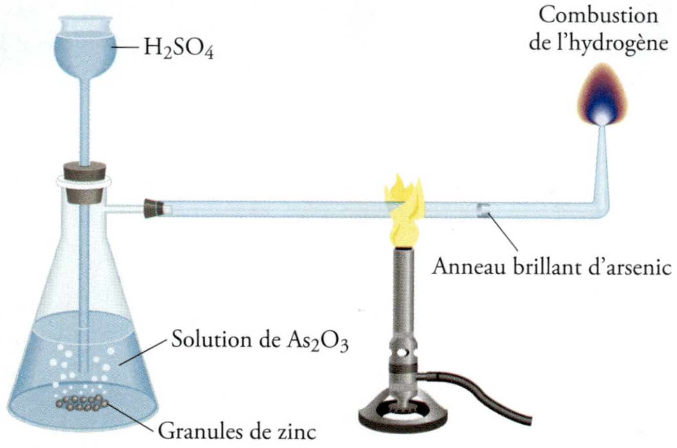

Montage pour effectuer le test de Marsh

De l'acide sulfurique est versé sur du zinc métallique dans une solution contenant de l'oxyde d'arsenic(III). L'hydrogène produit réagit avec As_2O_3 pour donner de l'arsine, AsH_3. Par chauffage, l'arsine se décompose en arsenic de couleur gris acier et en hydrogène.

En 1832, le chimiste anglais James Marsh mit au point une méthode, qui porte maintenant son nom, permettant de détecter l'arsenic. Avec la méthode de Marsh, l'hydrogène, obtenu par la réaction du zinc avec l'acide sulfurique, est mis en présence d'un échantillon du présumé poison. Si ce dernier contient bel et bien de l'oxyde d'arsenic(III), il y a formation avec l'hydrogène d'un gaz toxique, l'arsine (AsH_3). Quand l'arsine est chauffée, elle se décompose en arsenic, qui se distingue par son lustre métallique (*voir la figure ci-dessus*). Cette méthode de dépistage est suffisante pour dissuader qui que ce soit de recourir au As_2O_3 pour tuer quelqu'un… Toutefois, elle fut inventée trop tard en ce qui concerne Napoléon — si l'on suppose, bien sûr, qu'il a effectivement été victime d'un empoisonnement.

On a émis des doutes au sujet de cette hypothèse de l'empoisonnement au début des années 1990 quand on a trouvé des traces d'arsénite de cuivre, un pigment vert utilisé couramment à l'époque de Napoléon, dans un échantillon provenant du papier peint de son salon. On pense que le climat humide aurait favorisé le développement de moisissures sur le papier peint. Celles-ci auraient métabolisé l'arsenic sous forme d'un composé volatil, le triméthylarsine, $(CH_3)_3As$. Une exposition prolongée à la vapeur de ce composé volatil et très toxique aurait pu ruiner la santé de Napoléon et pourrait expliquer la présence d'arsenic dans son organisme, sans que cela ait été la principale cause de sa mort. Cette théorie intéressante est étayée par le fait que les invités réguliers de Napoléon souffraient de dérèglements gastro-intestinaux et présentaient d'autres symptômes reliés à l'empoisonnement à l'arsenic ; en outre, leur santé s'améliorait quand ils passaient de longues heures à travailler dans le jardin, leur principal passe-temps sur l'île.

Une mèche de cheveux de Napoléon

Nous ne saurons sans doute jamais si Napoléon a été victime d'un empoisonnement à l'arsenic, intentionnel ou accidentel, mais ce type d'enquête historique est un exemple fascinant de l'utilisation de l'analyse chimique. Celle-ci joue un rôle essentiel dans bon nombre de domaines, autant en recherche fondamentale que dans des applications pratiques comme le contrôle de la qualité des biens de consommation, les diagnostics médicaux et la médecine légale.

1.1 Les propriétés générales des solutions aqueuses

Beaucoup de réactions chimiques et presque tous les processus biologiques ont lieu en milieu aqueux. C'est pourquoi il est important de comprendre les propriétés de différentes substances en solution dans l'eau. D'abord, qu'est-ce qu'une solution ? Une **solution** est un mélange homogène de deux substances ou plus. La substance présente en moins grande quantité s'appelle **soluté**, tandis que la substance présente en plus grande quantité est le **solvant**. Une solution peut être gazeuse (comme l'air), solide (comme un alliage) ou liquide (comme l'eau de mer). Cette section n'abordera que les **solutions aqueuses**, c'est-à-dire celles dans lesquelles le solvant est l'eau. Aussi, le soluté sera toujours, au départ, un solide ou un liquide.

Les électrolytes et les non-électrolytes

Tous les solutés dissous dans l'eau entrent dans deux catégories : les électrolytes et les non-électrolytes. Un **électrolyte** est une substance qui, une fois dissoute dans l'eau, forme une solution conductrice d'électricité ; un **non-électrolyte**, par contre, forme dans l'eau une solution qui n'est pas conductrice d'électricité. La figure 1.1 montre une méthode simple et directe pour distinguer les électrolytes des non-électrolytes. Une paire d'électrodes inertes (en cuivre ou en platine) est plongée dans un bécher rempli d'eau. Pour que l'ampoule s'allume, il faut que le courant électrique passe d'une électrode à l'autre, complétant ainsi le circuit. L'eau pure, qui ne contient que très peu d'ions, est un très mauvais conducteur ; cependant, si l'on y ajoute une petite quantité de chlorure de sodium (NaCl), l'ampoule brille aussitôt que le sel est dissous. Le NaCl solide, un composé ionique, se sépare en ions Na^+ et Cl^- en se dissolvant dans l'eau. Les ions Na^+ sont alors attirés par l'électrode négative, et les ions Cl^- par l'électrode positive. Ce mouvement, équivalant au déplacement des électrons dans un fil métallique, crée un courant électrique. À cause de la conductibilité de la solution de NaCl, on dit que le chlorure de sodium est un électrolyte. L'eau pure contient très peu d'ions, elle est donc très peu conductrice d'électricité.

Chimie en ligne
Animation
- Les électrolytes forts, les électrolytes faibles et les non-électrolytes

FIGURE 1.1

Comment distinguer un électrolyte d'un non-électrolyte

Ⓐ Une solution de non-électrolyte ne contient pas d'ions ; l'ampoule ne s'allume pas.
Ⓑ Une solution d'électrolyte faible contient peu d'ions ; l'ampoule éclaire faiblement.
Ⓒ Une solution d'électrolyte fort contient beaucoup d'ions ; l'ampoule éclaire fortement.

En présence de la *même quantité molaire* de différentes substances, l'ampoule émettra une lumière d'intensité variable : on peut ainsi différencier les *électrolytes forts* et les *électrolytes faibles.* Les électrolytes forts, une fois dissous dans l'eau, se dissocient en ions à 100 %. (Par *dissocier,* on veut dire que le composé se fragmente en cations et en anions pour se disperser dans l'eau.) Ainsi, on peut représenter la dissolution du chlorure de sodium dans l'eau de la façon suivante :

$$NaCl(s) \xrightarrow{H_2O} Na^+(aq) + Cl^-(aq)$$

Ce que l'équation dit, c'est que le chlorure de sodium qui entre dans la solution se dissocie entièrement en ions Na^+ et Cl^-.

Le tableau 1.1 donne des exemples d'électrolytes forts, d'électrolytes faibles et de non-électrolytes. Les composés ioniques, comme le chlorure de sodium, l'iodure de potassium (KI) et le nitrate de calcium [$Ca(NO_3)_2$], sont des électrolytes forts. Il est intéressant de noter que les liquides corporels humains contiennent beaucoup d'électrolytes forts et faibles. Leur présence est essentielle au bon fonctionnement de l'organisme.

TABLEAU 1.1

Classification de solutés en solution aqueuse

Électrolyte fort	Électrolyte faible	Non-électrolyte
HCl	CH_3COOH	$(NH_2)_2CO$ (urée)
HNO_3	HF	CH_3OH (méthanol)
$HClO_4$	HNO_2	C_2H_5OH (éthanol)
H_2SO_4*	NH_3	$C_6H_{12}O_6$ (glucose)
NaOH	H_2O**	$C_{12}H_{22}O_{11}$ (saccharose)
$Ba(OH)_2$		
Composés ioniques		

* H_2SO_4 a deux H ionisables.

** L'eau pure est un électrolyte très faible.

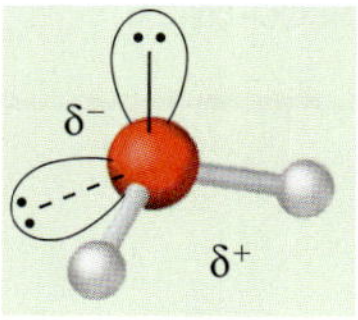

H_2O

NOTE

L'eau est globalement neutre électriquement. La charge partielle δ⁻ du côté de l'oxygène est égale au total des deux charges partielles portées de l'autre côté par chacun des hydrogènes, total symbolisé ici par δ⁺.

L'eau est un solvant très efficace pour les composés ioniques. Bien que la molécule d'eau soit électriquement neutre, elle comporte une région de charge partielle négative δ^- (pôle négatif) du côté de l'atome d'oxygène, et une autre région de charge partielle positive δ^+ (pôle positif) du côté des deux atomes d'hydrogène. L'eau est donc une molécule polaire (*voir la section 8.2,* Chimie générale), d'où son appellation de *solvant polaire.* Quand un composé ionique comme le chlorure de sodium se dissout dans l'eau, l'arrangement tridimensionnel des ions (réseau cristallin) du solide est détruit : les ions Na^+ et Cl^- sont séparés les uns des autres. Chaque ion Na^+ est alors entouré de nombreuses molécules d'eau orientant leur pôle négatif vers le cation. De même, chaque ion Cl^- est entouré de molécules d'eau qui orientent leur pôle positif vers l'anion (*voir la figure 1.2*). On appelle **hydratation** le processus par lequel des molécules d'eau sont disposées d'une manière particulière autour des ions. L'hydratation permet la stabilisation des ions dans la solution et prévient la combinaison entre cations et anions.

Chimie en ligne

Animation
- L'hydratation

FIGURE 1.2

Hydratation des ions Na^+ et Cl^-

Les acides et les bases sont également des électrolytes. Certains acides, dont l'acide chlorhydrique (HCl) et l'acide nitrique (HNO_3), sont des électrolytes forts. Ces acides s'ionisent complètement dans l'eau ; par exemple, quand le chlorure d'hydrogène gazeux se dissout dans l'eau, il y a formation d'ions H_3O^+ et Cl^- hydratés :

$$HCl(g) + H_2O(l) \longrightarrow H_3O^+(aq) + Cl^-(aq)$$

En d'autres termes, dans la solution, *toutes* les molécules HCl se sont ionisées en ions H_3O^+ et Cl^- hydratés. Ainsi, quand on écrit HCl(*aq*), cela signifie que, dans la solution, il n'y a que des ions $H_3O^+(aq)$ et $Cl^-(aq)$ et qu'il n'y a aucune molécule HCl hydratée. Par contre, certains acides, dont l'acide acétique (CH_3COOH), que l'on trouve dans le vinaigre, s'ionisent beaucoup moins. L'ionisation incomplète de l'acide acétique est représentée de la façon suivante :

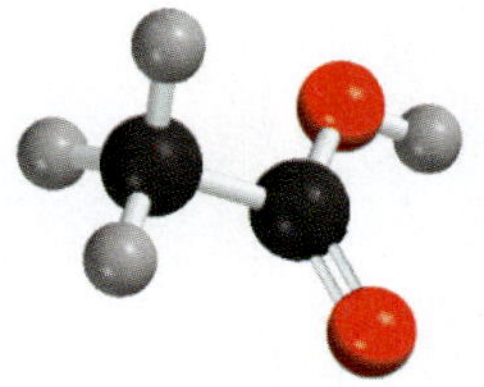

CH_3COOH

$$CH_3COOH(aq) + H_2O(l) \rightleftharpoons CH_3COO^-(aq) + H_3O^+(aq)$$

où CH_3COO^- est appelé ion acétate. En écrivant la formule de l'acide acétique de la façon suivante : CH_3COOH, on indique que l'hydrogène ionisable est dans le groupe $-COOH$.

Dans une équation, la double flèche $\rightleftharpoons$ indique que la **réaction** est **réversible**, c'est-à-dire qu'elle peut s'effectuer dans les deux sens. Au début, un certain nombre de molécules CH_3COOH s'ionisent pour former des ions CH_3COO^- et H_3O^+. Avec le temps, certains des ions CH_3COO^- et H_3O^+ réagissent de manière à reformer des molécules CH_3COOH. Finalement, la réaction atteint un stade où les molécules d'acide s'ionisent et se reforment à la même vitesse. On appelle **équilibre chimique** l'état chimique d'un système dans lequel aucune transformation nette n'est observée, bien qu'il y ait une activité continue au niveau moléculaire. Ainsi, l'acide acétique est un électrolyte faible parce que son ionisation dans l'eau est incomplète. Par contre, l'acide chlorhydrique donne en solution des ions H_3O^+ et Cl^- qui n'ont pas tendance à reformer des molécules HCl : une ionisation complète est représentée par une équation dont la flèche est simple.

Dans les sections 1.2 à 1.4, nous étudierons les trois principales catégories de réactions en milieu aqueux : les réactions de précipitation, de neutralisation et d'oxydoréduction.

1.2 Les réactions de précipitation

Chimie en ligne
Animation
- Les réactions de précipitation

Après avoir étudié les propriétés générales des solutions aqueuses, nous pouvons maintenant voir quelques réactions courantes et importantes qui ont lieu en milieu aqueux. Dans cette section, nous aborderons les **réactions de précipitation**, caractérisées par la formation d'un produit insoluble, appelé précipité. On appelle **précipité** un solide insoluble qui se sépare de la solution. Habituellement, les réactions de précipitation mettent en jeu des composés ioniques. Par exemple, quand une solution aqueuse de nitrate de plomb [$Pb(NO_3)_2$] est ajoutée à une solution d'iodure de potassium (KI), il se forme un précipité jaune d'iodure de plomb (PbI_2) :

$$Pb(NO_3)_2(aq) + 2KI(aq) \longrightarrow PbI_2(s) + 2KNO_3(aq)$$

Le nitrate de potassium demeure en solution. La figure 1.3 montre cette réaction.

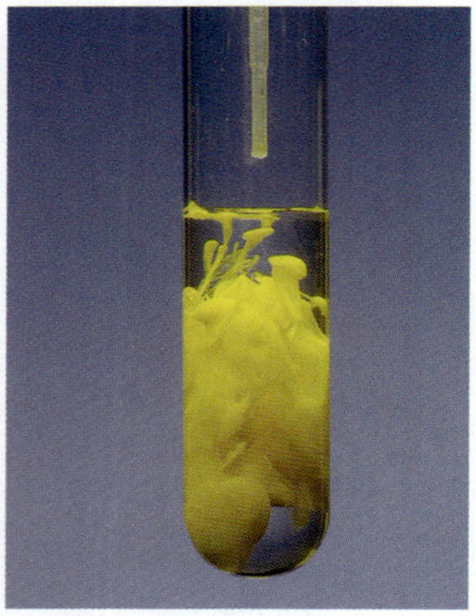

FIGURE 1.3

Formation d'un précipité jaune de PbI_2 par l'ajout d'une solution de $Pb(NO_3)_2$ à une solution de KI

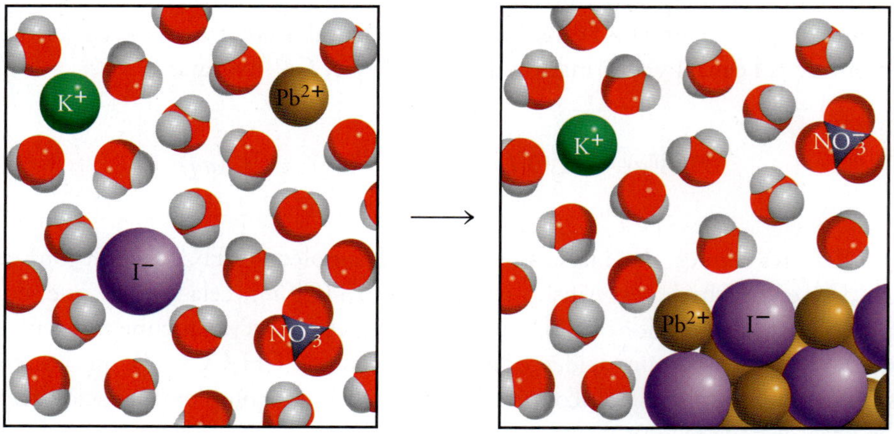

La réaction précédente est une **réaction de double substitution** (ou **réaction de métathèse**), c'est-à-dire une réaction au cours de laquelle il y a un échange d'atomes ou de groupes d'atomes entre deux composés. (Ici, les composés s'échangent les ions NO_3^- et I^-). Les réactions de précipitation étudiées dans ce chapitre sont des exemples de réactions de double substitution.

La solubilité

Comment peut-on prévoir la formation d'un précipité quand deux solutions sont mélangées ou quand un composé est ajouté à une solution ? Pour ce faire, il faut connaître la **solubilité** du soluté, c'est-à-dire la quantité maximale du soluté qui se dissout dans une certaine quantité de solvant à une température donnée. La plupart des composés ioniques sont des électrolytes forts, mais ils ne sont pas solubles au même degré. On les divise en trois catégories : les composés solubles, légèrement solubles et insolubles. Le tableau 1.2 fournit des règles qui permettent de déterminer comment un composé donné se comportera dans un milieu aqueux. La figure 1.4 montre quelques substances insolubles dans l'eau.

TABLEAU 1.2

Règles de prévision de la solubilité des composés ioniques usuels dans l'eau à 25 °C

Composés solubles	Exceptions
Les composés des métaux alcalins (Li^+, Na^+, K^+, Rb^+, Cs^+) et de l'ion ammonium (NH_4^+)	
Les nitrates (NO_3^-), les hydrogénocarbonates (HCO_3^-) et les chlorates (ClO_3^-)	
Les halogénures (Cl^-, Br^-, I^-)	Les halogénures de Ag^+, Hg_2^{2+} et Pb^{2+}
Les sulfates (SO_4^{2-})	Les sulfates de Ag^+, Ca^{2+}, Sr^{2+}, Ba^{2+}, Hg_2^{2+} et Pb^{2+}
Composés insolubles	**Exceptions**
Les carbonates (CO_3^{2-}), les phosphates (PO_4^{3-}), les chromates (CrO_4^{2-}) et les sulfures (S^{2-})	Les composés contenant des ions de métaux alcalins et l'ion ammonium
Les hydroxydes (OH^-)	Les composés contenant des ions de métaux alcalins et l'ion Ba^{2-}

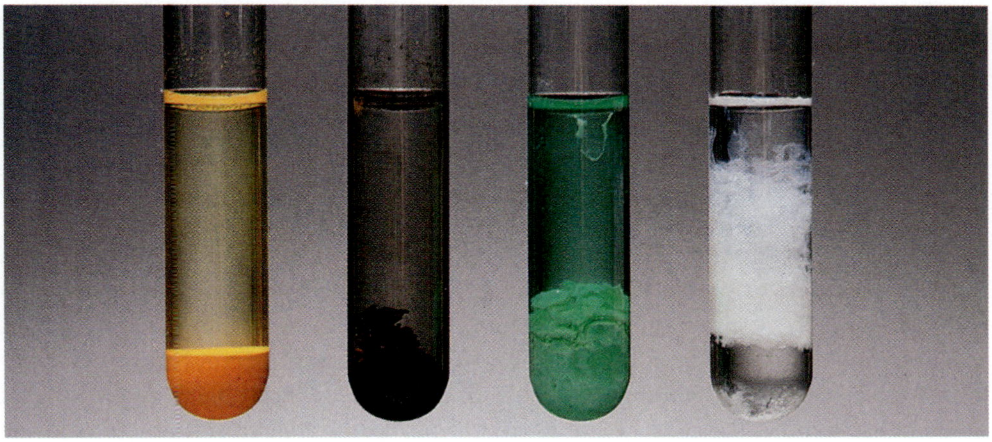

FIGURE 1.4

Quelques précipités

De gauche à droite : CdS, PbS, $Ni(OH)_2$, $Al(OH)_3$

EXEMPLE 1.1 La solubilité

À l'aide du tableau 1.2, classez les composés suivants comme solubles ou insolubles : a) sulfate d'argent (Ag_2SO_4) ; b) carbonate de calcium ($CaCO_3$) ; c) phosphate de sodium (Na_3PO_4).

DÉMARCHE

Vous devriez vous rappeler les règles utiles suivantes : tous les composés ioniques contenant des cations de métaux alcalins, l'ion ammonium et les anions nitrate, hydrogénocarbonate et chlorate sont solubles. Pour les autres composés, il faut chercher dans le tableau 1.2.

SOLUTION

a) Selon le tableau 1.2, Ag_2SO_4 est insoluble.

b) Il s'agit d'un carbonate, et Ca est un métal du groupe 2A. Donc, $CaCO_3$ est insoluble.

c) Le sodium est un métal alcalin (groupe 1A), donc Na_3PO_4 est soluble.

EXERCICE

Dites si ces composés ioniques sont solubles ou insolubles : a) CuS ; b) $Mg(OH)_2$; c) $Zn(NO_3)_2$.

PROBLÈMES SEMBLABLES

1.17 et 1.18

Les équations moléculaires, les équations ioniques et les équations ioniques nettes

L'équation qui décrit la précipitation de l'iodure de plomb (PbI_2) à la page 7 est une **équation moléculaire** parce que les formules des composés en jeu représentent toutes les espèces présentes sous forme de molécules, ou d'unités formulaires dans le cas des composés ioniques. Ce type d'équation est utile parce qu'il nous aide à identifier la nature des réactifs (ici le nitrate de plomb et l'iodure de potassium). Si l'on avait voulu faire cette réaction en laboratoire, on aurait utilisé l'équation moléculaire. Cependant, une telle équation ne décrit pas ce qui se passe réellement en solution.

Comme nous l'avons déjà dit, quand les composés ioniques se dissolvent dans l'eau, ils se dissocient complètement en anions et en cations. Pour être plus près de la réalité, les équations devraient donc représenter ici les ions produits lors de la dissolution. Ainsi, si nous reprenons la réaction entre l'iodure de potassium et le nitrate de plomb, nous devrions écrire :

$$Pb^{2+}(aq) + 2NO_3^-(aq) + 2K^+(aq) + 2I^-(aq) \longrightarrow PbI_2(s) + 2K^+(aq) + 2NO_3^-(aq)$$

NOTE

On peut employer indistinctement les appellations « équation ionique globale », « équation ionique » et « équation ionique complète ».

Une telle équation, qui représente les composés ioniques sous forme d'ions libres, est appelée **équation ionique**. Pour prédire s'il pourrait y avoir formation d'un précipité, on essaie des combinaisons des anions et des cations des composés qui pourraient être obtenus ; dans ce cas-ci, les composés possibles seraient PbI_2 et KNO_3. En consultant le tableau 1.2 (*p. 8*), on note que PbI_2 est un composé insoluble et que KNO_3 est un composé soluble. Par conséquent, le KNO_3 dissout resterait en solution sous forme d'ions séparés et indépendants, K^+ et NO_3^-. Ces ions qui ne participent pas à la réaction sont appelés **ions spectateurs**. Étant donné que ces ions apparaissent des deux côtés de l'équation et y demeurent inchangés, on peut les éliminer de celle-ci :

$$Pb^{2+}(aq) + \cancel{2NO_3^-(aq)} + \cancel{2K^+(aq)} + 2I^-(aq) \longrightarrow PbI_2(s) + \cancel{2K^+(aq)} + \cancel{2NO_3^-(aq)}$$

Chimie en ligne

Interaction
- L'écriture d'une équation ionique nette

On obtient finalement l'**équation ionique nette**, qui est l'équation qui n'indique que les espèces participant directement à la réaction :

$$Pb^{2+}(aq) + 2I^-(aq) \longrightarrow PbI_2(s)$$

De même, quand une solution aqueuse de chlorure de baryum ($BaCl_2$) est ajoutée à une solution aqueuse de sulfate de sodium (Na_2SO_4), il se forme un précipité blanc (*voir la figure 1.5*). Considérant cette réaction comme étant une réaction de double substitution, les produits sont $BaSO_4$ et NaCl. Le tableau 1.2 nous indique que le $BaSO_4$ est insoluble. On peut donc écrire comme équation moléculaire :

$$BaCl_2(aq) + Na_2SO_4(aq) \longrightarrow BaSO_4(s) + 2NaCl(aq)$$

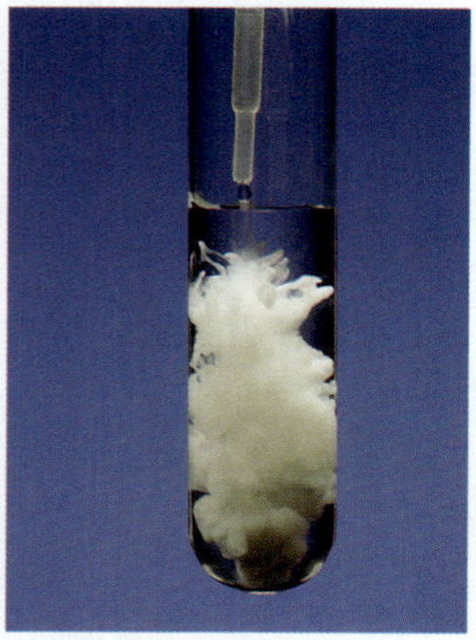

FIGURE 1.5
Formation d'un précipité de $BaSO_4$

L'équation ionique de cette réaction est :

$$Ba^{2+}(aq) + 2Cl^-(aq) + 2Na^+(aq) + SO_4^{2-}(aq) \longrightarrow BaSO_4(s) + 2Na^+(aq) + 2Cl^-(aq)$$

L'élimination des ions spectateurs présents des deux côtés de l'équation donne l'équation ionique nette suivante :

$$Ba^{2+}(aq) + SO_4^{2-}(aq) \longrightarrow BaSO_4(s)$$

Voici les étapes à suivre pour obtenir les équations ioniques et les équations ioniques nettes dans le cas des réactions de précipitation :

1. Écrire l'équation moléculaire équilibrée de la réaction en utilisant les bonnes formules des composés ioniques pour les réactifs et les produits. Utiliser le

tableau 1.2 pour déterminer quel produit est insoluble, c'est-à-dire celui qui sera le précipité.

2. Écrire l'équation ionique décrivant cette réaction. Le composé qui n'apparaît pas comme étant le précipité doit être écrit sous forme d'ions libres.
3. Repérer et éliminer les ions spectateurs présents des deux côtés de l'équation, ce qui donne l'équation ionique nette.
4. Vérifier si les charges sont conservées et si toutes les espèces d'atomes sont en nombre égal de chaque côté de l'équation ionique nette.

EXEMPLE 1.2 La solubilité et la prévision des produits de réactions en milieu aqueux

Prédisez quels seront les produits obtenus si l'on mélange une solution de phosphate de potassium (K_3PO_4) et une solution de nitrate de calcium [$Ca(NO_3)_2$]. Écrivez l'équation ionique nette de cette réaction.

DÉMARCHE

L'information donnée nous permet de commencer par écrire l'équation non équilibrée :

$$K_3PO_4(aq) + Ca(NO_3)_2(aq) \longrightarrow ?$$

Qu'arrive-t-il lorsque des composés ioniques se dissolvent dans l'eau ? Quels ions sont formés lors de la dissociation de K_3PO_4 et de $Ca(NO_3)_2$? Qu'arrive-t-il lorsque les cations rencontrent les anions ?

SOLUTION

En solution, K_3PO_4 se dissocie en ions K^+ et PO_4^{3-} et $Ca(NO_3)_2$ en ions Ca^{2+} et NO_3^-. Selon le tableau 1.2, les ions Ca^{2+} et les ions phosphates PO_4^{3-} peuvent former un composé insoluble, le phosphate de calcium [$Ca_3(PO_4)_2$]. Il s'agit donc d'une réaction de précipitation. L'autre produit, le nitrate de potassium (KNO_3), est soluble et reste en solution. Suivons la procédure déjà mentionnée :

Étape 1 : l'équation moléculaire est :

$$2K_3PO_4(aq) + 3Ca(NO_3)_2(aq) \longrightarrow 6KNO_3(aq) + Ca_3(PO_4)_2(s)$$

Étape 2 : pour écrire l'équation ionique, les composés solubles doivent apparaître comme des ions dissociés :

$$6K^+(aq) + 2PO_4^{3-}(aq) + 3Ca^{2+}(aq) + 6NO_3^-(aq) \longrightarrow 6K^+(aq) + 6NO_3^-(aq) + Ca_3(PO_4)_2(s)$$

Étape 3 : après avoir éliminé les ions spectateurs K^+ et NO_3^-, on obtient l'équation ionique nette suivante :

$$3Ca^{2+}(aq) + 2PO_4^{3-}(aq) \longrightarrow Ca_3(PO_4)_2(s)$$

Étape 4 : notez que, parce que nous avons d'abord équilibré l'équation moléculaire, l'équation ionique nette se trouve elle aussi équilibrée : le nombre d'atomes est égal de chaque côté, et la somme des charges positives (+6) et négatives (−6) du côté gauche est égale à celle du côté droit.

Formation d'un précipité par réaction entre K_3PO_4 et $Ca(NO_3)_2$

EXERCICE

Dites quel précipité se formera au cours du mélange d'une solution de $Al(NO_3)_3$ avec une solution de NaOH. Donnez l'équation ionique nette de cette réaction.

PROBLÈMES SEMBLABLES

1.19 et 1.20

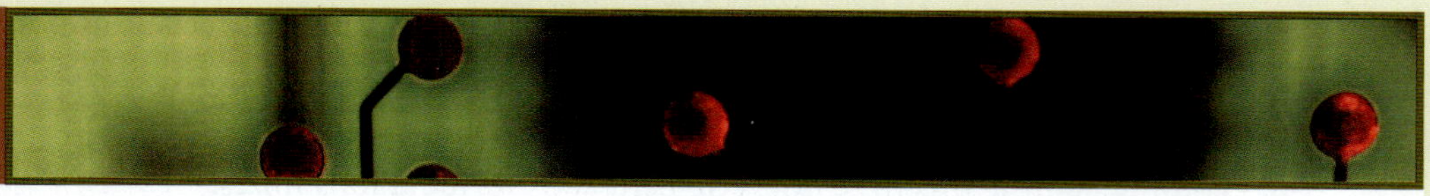

Une réaction de précipitation indésirable...

Le calcaire ($CaCO_3$) et la dolomite ($CaCO_3 \cdot MgCO_3$), des substances très répandues à la surface de la Terre, se retrouvent souvent dans les eaux d'approvisionnement. Selon le tableau 1.2 (*p. 8*), le carbonate de calcium est insoluble dans l'eau. Cependant, en présence de dioxyde de carbone dissous (provenant de l'atmosphère), la réaction suivante a lieu :

$$CaCO_3(s) + CO_2(aq) + H_2O(l) \longrightarrow Ca^{2+}(aq) + 2HCO_3^-(aq)$$

où HCO_3^- est l'ion hydrogénocarbonate.

On appelle *eau dure* une eau qui contient des ions Ca^{2+} et/ou Mg^{2+}, et *eau douce* une eau qui n'en contient presque pas. La présence de ces ions dans l'eau la rend impropre à certaines applications domestiques et industrielles.

Quand l'eau qui contient des ions Ca^{2+} et HCO_3^- est chauffée ou bouillie, la réaction en solution est inversée, et il y a production d'un précipité de $CaCO_3$:

$$Ca^{2+}(aq) + 2HCO_3^-(aq) \longrightarrow CaCO_3(s) + CO_2(aq) + H_2O(l)$$

et le dioxyde de carbone s'échappe de la solution :

$$CO_2(aq) \longrightarrow CO_2(g)$$

Le carbonate de calcium solide formé de cette manière est le principal composé qui s'accumule dans les chaudières, les chauffe-eau, les tuyaux et les bouilloires. Ces dépôts épais réduisent le transfert de chaleur, diminuant ainsi l'efficacité et la durabilité notamment des chaudières et des tuyaux. Dans les tuyaux d'eau chaude des maisons, ils peuvent restreindre et même empêcher la circulation de l'eau (*voir la figure ci-dessous*). Pour enlever ces dépôts des tuyaux, les plombiers utilisent un procédé simple qui consiste à y introduire de petites quantités d'acide chlorhydrique :

$$CaCO_3(s) + 2HCl(aq) \longrightarrow CaCl_2(aq) + H_2O(l) + CO_2(g)$$

De cette manière, $CaCO_3$ est converti en $CaCl_2$, un composé soluble dans l'eau.

Dépôts calcaires obstruant un tuyau d'eau chaude. Ces dépôts sont surtout constitués de $CaCO_3$ avec un peu de $MgCO_3$.

1.3 Les réactions acido-basiques

Il existe des acides et des bases que l'on utilise couramment — par exemple, l'aspirine et le lait de magnésie (ou magnésie hydratée) —, mais dont on ignore le nom chimique : l'aspirine est de l'acide acétylsalicylique, et le lait de magnésie est de l'hydroxyde de magnésium. En plus de constituer les substances de base de nombreux produits médicinaux et domestiques, les acides et les bases jouent un rôle important dans certains procédés industriels et sont essentiels au bon fonctionnement des organismes vivants. Avant d'étudier les réactions acido-basiques, il faut d'abord comprendre la nature des acides et des bases.

Les propriétés générales des acides et des bases

Au cours de l'étude de la nomenclature dans *Chimie générale*, nous avons défini un acide comme une substance qui s'ionise dans l'eau pour donner des ions H^+, et une base comme une substance qui s'ionise dans l'eau pour donner des ions OH^-. C'est le chimiste suédois Svante Arrhenius qui, à la fin du XIXe siècle, formula ces définitions dans le but de classer des substances dont les propriétés en solution aqueuse étaient bien connues.

NOTE

Nous verrons à la page suivante la véritable nature de l'ion H^+ dans l'eau.

Les acides

- Les acides ont un goût aigre, piquant ; par exemple, le vinaigre doit son goût à l'acide acétique, et les citrons et les autres agrumes le doivent à l'acide citrique.
- Les acides provoquent des modifications de couleur des colorants végétaux ; par exemple, ils font passer le tournesol du bleu au rouge.
- Les acides réagissent avec certains métaux, dont le zinc, le magnésium et le fer, pour produire de l'hydrogène gazeux. La réaction entre l'acide chlorhydrique et le magnésium en est un exemple :

$$2HCl(aq) + Mg(s) \longrightarrow MgCl_2(aq) + H_2(g)$$

- Les acides réagissent avec les carbonates et les hydrogénocarbonates, comme Na_2CO_3, $CaCO_3$ et $NaHCO_3$, pour produire du dioxyde de carbone gazeux (*voir la figure 1.6*). Par exemple :

$$2HCl(aq) + CaCO_3(s) \longrightarrow CaCl_2(aq) + H_2O(l) + CO_2(aq)$$
$$HCl(aq) + NaHCO_3(s) \longrightarrow NaCl(aq) + H_2O(l) + CO_2(aq)$$

- Les solutions aqueuses acides conduisent l'électricité.

NOTE

La plupart des acides (hydracides et oxacides) sont solubles dans l'eau.

FIGURE 1.6

Un morceau de craie de tableau, formée principalement de $CaCO_3$, réagit avec de l'acide chlorhydrique.

Les bases

- Les bases ont un goût amer.
- Les bases sont visqueuses au toucher ; par exemple, les savons, qui contiennent des bases, ont cette caractéristique.
- Les bases provoquent des modifications de couleur des colorants végétaux ; par exemple, elles font passer le tournesol du rouge au bleu.
- Les solutions aqueuses basiques conduisent l'électricité.

Johannes Nicolaus Brønsted (1879-1947)

Les acides et les bases de Brønsted-Lowry

Les définitions des acides et des bases élaborées par Arrhenius ne s'appliquent qu'aux solutions aqueuses. En 1923, Johannes Brønsted, un chimiste danois, et Thomas M. Lowry, un chimiste anglais, proposèrent de manière indépendante des définitions élargies qui décrivaient un acide comme donneur de protons et une base comme accepteur de protons. On appelle maintenant les substances qui réagissent de cette façon des **acides de Brønsted-Lowry** et des **bases de Brønsted-Lowry**. Notons que ces définitions ne nécessitent pas que les acides ou les bases soient en solution aqueuse.

Thomas Martin Lowry (1874-1936)

Les acides de Brønsted-Lowry

L'acide chlorhydrique est un acide de Brønsted-Lowry parce qu'il donne un proton dans l'eau :

$$HCl(aq) \longrightarrow H^+(aq) + Cl^-(aq)$$

Diagramme de potentiel électrostatique de l'ion H_3O^+

Dans ce type de représentation aux couleurs de l'arc-en-ciel, les régions les plus riches en électrons sont rouges et les plus pauvres sont bleues.

Il faut noter que l'ion H^+ est un atome d'hydrogène qui a perdu son électron ; c'est donc seulement un proton à nu. La dimension d'un proton est d'environ 10^{-15} m comparativement à 10^{-10} m pour un atome ou un ion moyen. Une si petite particule chargée ne peut exister comme telle dans l'eau, à cause de sa forte attraction pour le pôle négatif (l'atome O) de H_2O. C'est pourquoi le proton existe à l'état hydraté, comme l'indique la figure 1.7. Pour l'ionisation de l'acide chlorhydrique, on devrait donc écrire :

$$HCl(aq) + H_2O(l) \longrightarrow H_3O^+(aq) + Cl^-(aq)$$

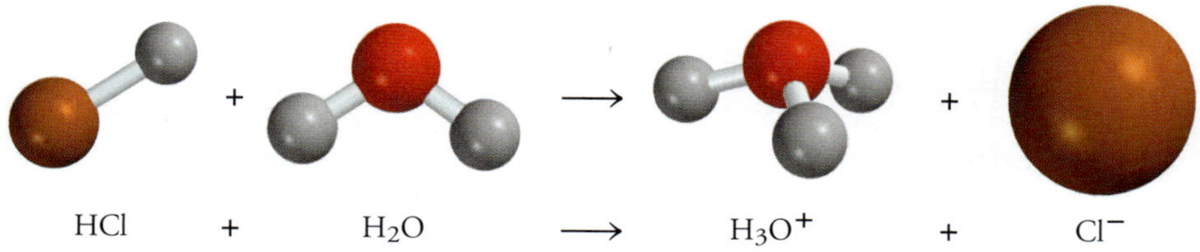

FIGURE 1.7

Ionisation de HCl dans l'eau pour former l'ion hydronium et l'ion chlorure

Le proton hydraté, H_3O^+, est appelé **ion hydronium**. Cette équation représente une réaction au cours de laquelle un acide de Brønsted-Lowry (HCl) donne un proton à une base de Brønsted-Lowry (H_2O).

Des études expérimentales ont démontré que l'ion hydronium peut s'hydrater davantage en s'associant à plusieurs molécules d'eau. Toutefois, comme les propriétés acides du proton ne sont pas touchées par le degré d'hydratation, on utilise parfois encore la notation $H^+(aq)$ pour représenter le proton hydraté, même si la notation H_3O^+ est plus proche de la réalité. Ces deux notations représentent la même espèce en solution aqueuse.

Parmi les acides couramment utilisés en laboratoire, il y a l'acide chlorhydrique (HCl), l'acide nitrique (HNO_3), l'acide acétique (CH_3COOH), l'acide sulfurique (H_2SO_4) et l'acide phosphorique (H_3PO_4). Les trois premiers sont des monoacides ; un **monoacide** est un acide qui ne peut libérer qu'un seul ion hydrogène par unité d'acide :

$$HCl(aq) + H_2O(l) \longrightarrow H_3O^+(aq) + Cl^-(aq)$$
$$HNO_3(aq) + H_2O(l) \longrightarrow H_3O^+(aq) + NO_3^-(aq)$$
$$CH_3COOH(aq) + H_2O(l) \rightleftharpoons CH_3COO^-(aq) + H_3O^+(aq)$$

Comme nous l'avons déjà mentionné, l'ionisation de l'acide acétique en milieu aqueux est incomplète (remarquez la flèche double) : il s'agit donc d'un électrolyte faible (*voir le tableau 1.1, p. 6*). Par conséquent, on l'appelle aussi acide faible. Par contre, HCl et HNO_3 sont des acides forts parce qu'ils sont des électrolytes forts : en solution, ils s'ionisent complètement (remarquez les flèches simples).

L'acide sulfurique (H_2SO_4) est un **diacide**, c'est-à-dire un acide pouvant céder deux ions H^+ par unité en deux étapes distinctes :

$$H_2SO_4(aq) + H_2O(l) \longrightarrow H_3O^+(aq) + HSO_4^-(aq)$$
$$HSO_4^-(aq) + H_2O(l) \rightleftharpoons H_3O^+(aq) + SO_4^{2-}(aq)$$

H_2SO_4 est un électrolyte fort et un acide fort (la première étape de l'ionisation est complète), mais HSO_4^- est un acide faible, d'où la flèche double qui indique que l'ionisation est incomplète pour la deuxième étape présentée ci-dessus.

Les **triacides**, qui libèrent trois ions H^+ par unité, sont relativement peu nombreux. Le plus connu est l'acide phosphorique, lequel s'ionise ainsi :

$$H_3PO_4(aq) + H_2O(l) \rightleftharpoons H_3O^+(aq) + H_2PO_4^-(aq)$$
$$H_2PO_4^-(aq) + H_2O(l) \rightleftharpoons H_3O^+(aq) + HPO_4^{2-}(aq)$$
$$HPO_4^{2-}(aq) + H_2O(l) \rightleftharpoons H_3O^+(aq) + PO_4^{3-}(aq)$$

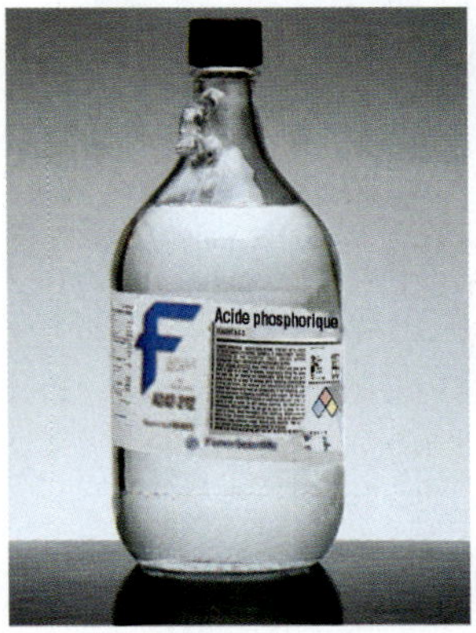

Une bouteille d'acide phosphorique (H_3PO_4)

Notez que ces trois espèces (H_3PO_4, $H_2PO_4^-$ et HPO_4^{2-}) sont des acides faibles, d'où l'utilisation d'une flèche double pour chaque étape d'ionisation. Les anions tels $H_2PO_4^-$ et HPO_4^{2-} peuvent aussi être générés quand des composés ioniques tels NaH_2PO_4 et Na_2HPO_4 se dissolvent dans l'eau.

Les bases de Brønsted-Lowry

Les données du tableau 1.1 montrent que l'hydroxyde de sodium (NaOH) et l'hydroxyde de baryum [$Ba(OH)_2$] sont des électrolytes forts. C'est dire qu'ils sont complètement ionisés en solution :

$$NaOH(s) \xrightarrow{H_2O} Na^+(aq) + OH^-(aq)$$
$$Ba(OH)_2(s) \xrightarrow{H_2O} Ba^{2+}(aq) + 2OH^-(aq)$$

L'ion OH^- peut accepter un proton comme le montre l'équation qui suit :

$$H_3O^+(aq) + OH^-(aq) \longrightarrow 2H_2O(l)$$

Donc, OH^- est une base de Brønsted-Lowry.

L'ammoniac (NH_3) est classé parmi les bases de Brønsted-Lowry parce qu'il peut accepter un ion H^+, comme le montrent la figure 1.8 (*p. 16*) et l'équation suivante :

$$NH_3(aq) + H_2O(l) \rightleftharpoons NH_4^+(aq) + OH^-(aq)$$

L'ammoniac est un électrolyte faible (c'est donc une base faible) car seule une fraction des molécules NH_3 dissoutes réagissent avec l'eau pour former des ions NH_4^+ et OH^-.

FIGURE 1.8

Ionisation de l'ammoniac dans l'eau pour former l'ion ammonium et l'ion hydroxyde

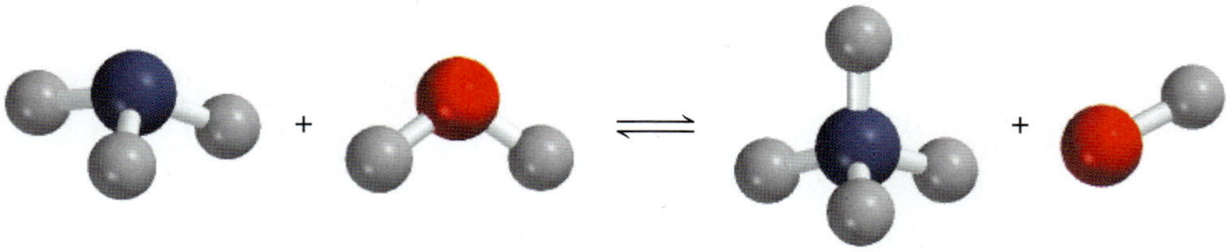

$$NH_3 + H_2O \rightleftharpoons NH_4^+ + OH^-$$

Une bouteille d'ammoniac aqueux

La base forte la plus couramment utilisée en laboratoire est l'hydroxyde de sodium, à cause de son faible coût et de sa grande solubilité. (En fait, tous les hydroxydes de métaux alcalins sont solubles.) Quant à la base faible la plus utilisée, c'est une solution aqueuse d'ammoniac, quelquefois appelée à tort hydroxyde d'ammonium (il n'y a pas de preuve que le composé NH_4OH existe réellement). Tous les éléments du groupe 2A forment des hydroxydes de type $M(OH)_2$, où M est un métal alcalino-terreux. De ces hydroxydes, seul $Ba(OH)_2$ est soluble. Les hydroxydes de magnésium et de calcium, eux, sont utilisés en médecine et dans l'industrie. Les hydroxydes des autres métaux, comme $Al(OH)_3$ et $Zn(OH)_2$, sont insolubles et utilisés moins couramment.

EXEMPLE 1.3 La classification des acides et des bases de Brønsted-Lowry

Dites si les espèces suivantes sont des bases ou des acides de Brønsted-Lowry : a) HBr ; b) NO_2^- ; c) HCO_3^-.

DÉMARCHE

Quelles sont les caractéristiques d'un acide de Brønsted-Lowry ? Contient-il au moins un atome H ionisable ? Sauf dans le cas de l'ammoniac, la plupart des bases courantes sont des anions.

SOLUTION

a) On sait que HCl est un acide. Br et Cl étant tous deux des halogènes (groupe 7A), on s'attend à ce que HBr s'ionise ainsi dans l'eau :

$$HBr(aq) + H_2O(l) \longrightarrow H_3O^+(aq) + Br^-(aq)$$

HBr est donc un acide de Brønsted-Lowry.

b) En solution, l'ion nitrite peut accepter un proton pour former l'acide nitreux :

$$NO_2^-(aq) + H_3O^+(aq) \longrightarrow HNO_2(aq) + H_2O(l)$$

Cette propriété fait de NO_2^- une base de Brønsted-Lowry.

c) L'ion hydrogénocarbonate est un acide de Brønsted-Lowry parce que, en solution, il s'ionise de la façon suivante :

$$HCO_3^-(aq) + H_2O(l) \rightleftharpoons H_3O^+(aq) + CO_3^{2-}(aq)$$

C'est aussi une base de Brønsted-Lowry parce qu'il peut accepter un proton :

$$HCO_3^-(aq) + H_3O^+(aq) \rightleftharpoons H_2CO_3(aq) + H_2O(l)$$

>>>

COMMENTAIRE

On dit que l'ion HCO_3^- est un *amphotère* parce qu'il possède à la fois des propriétés acides et basiques comme dans le cas de l'eau.

EXERCICE

Dites si les espèces suivantes sont des acides ou des bases de Brønsted-Lowry : a) SO_4^{2-} ; b) HI ; c) $H_2PO_4^-$.

PROBLÈMES SEMBLABLES

1.29 et 1.30

Les réactions de neutralisation

Une réaction acido-basique, aussi appelée **réaction de neutralisation**, est une réaction entre un acide et une base. Les réactions acido-basiques aqueuses donnent généralement de l'eau et un **sel**, qui est un composé ionique formé d'un cation autre que H^+ et d'un anion autre que OH^- ou O^{2-}. Elles sont habituellement représentées par l'équation générale suivante :

$$\text{acide} + \text{base} \longrightarrow \text{sel} + \text{eau}$$

Chimie en ligne

Animation
- Les réactions de neutralisation

NOTE

La plupart des réactions acido-basiques sont des réactions complètes.

Par exemple, lorsqu'une solution de HCl est mélangée avec une solution de NaOH, il se produit la réaction suivante :

$$HCl(aq) + NaOH(aq) \longrightarrow NaCl(aq) + H_2O(l)$$

Cependant, comme cet acide et cette base sont tous deux des électrolytes forts, ils sont complètement ionisés en solution. L'équation ionique est :

$$H_3O^+(aq) + Cl^-(aq) + Na^+(aq) + OH^-(aq) \longrightarrow Na^+(aq) + Cl^-(aq) + 2H_2O(l)$$

L'équation ionique nette s'écrit ainsi :

$$H_3O^+(aq) + OH^-(aq) \longrightarrow 2H_2O(l)$$

Les ions Na^+ et Cl^- sont tous deux des ions spectateurs.

Si cette réaction était effectuée avec des quantités molaires égales d'acide et de base, cette réaction serait *totale*, c'est-à-dire qu'il n'y aurait, à la fin de la réaction, que du sel et aucune trace d'acide ou de base. C'est une caractéristique des réactions de neutralisation.

NOTE

Pour qu'une réaction soit totale, il faut que tous les réactifs soient totalement consommés. Ces réactifs doivent nécessairement avoir réagi dans les proportions stœchiométriques indiquées par l'équation équilibrée de la réaction.

Voyons maintenant la réaction entre NaOH et l'acide cyanhydrique (HCN), un acide faible :

$$HCN(aq) + NaOH(aq) \longrightarrow NaCN(aq) + H_2O(l)$$

Dans ce cas l'équation ionique est :

$$HCN(aq) + Na^+(aq) + OH^-(aq) \longrightarrow Na^+(aq) + CN^-(aq) + H_2O(l)$$

et l'équation ionique nette est :

$$HCN(aq) + OH^-(aq) \longrightarrow CN^-(aq) + H_2O(l)$$

Les équations moléculaires suivantes représentent d'autres exemples de réactions de neutralisation :

$$HF(aq) + KOH(aq) \longrightarrow KF(aq) + H_2O(l)$$
$$H_2SO_4(aq) + 2NaOH(aq) \longrightarrow Na_2SO_4(aq) + 2H_2O(l)$$
$$Ba(OH)_2(aq) + 2HNO_3(aq) \longrightarrow Ba(NO_3)_2(aq) + 2H_2O(l)$$

Les réactions de neutralisation avec formation d'un gaz

Certains sels comme les carbonates (constitués des ions CO_3^{2-}), les hydrogénocarbonates (constitués des ions HCO_3^-), les sulfites (constitués des ions SO_3^-) et les sulfures (constitués des ions S^{2-}) réagissent avec les acides pour former des produits gazeux. Voici, par exemple, l'équation moléculaire de la réaction entre le carbonate de sodium [$Na_2CO_3(s)$] et l'acide chlorhydrique [$HCl(aq)$] :

$$Na_2CO_3(aq) + 2HCl(aq) \longrightarrow 2NaCl(aq) + H_2CO_3(aq)$$

Une réaction semblable est présentée à la figure de Chimie en action, *(p. 12)*.

L'acide carbonique est instable, et s'il est suffisamment concentré en solution, il se décompose ainsi :

$$H_2CO_3(aq) \longrightarrow H_2O(l) + CO_2(g)$$

Voyons quelques autres réactions semblables impliquant des sels déjà mentionnés :

$$NaHCO_3(aq) + HCl(aq) \longrightarrow NaCl(aq) + H_2O(l) + CO_2(g)$$
$$Na_2SO_3(aq) + 2HCl(aq) \longrightarrow 2NaCl(aq) + H_2O(l) + SO_2(g)$$
$$K_2S(aq) + 2HCl(aq) \longrightarrow 2KCl(aq) + H_2S(g)$$

1.4 Les réactions d'oxydoréduction

Chimie en ligne
Animation
- Les réactions d'oxydoréduction

Tandis que les réactions acido-basiques mettent en jeu des transferts de protons, les **réactions d'oxydoréduction** sont des réactions qui impliquent des transferts d'électrons. Les réactions d'oxydoréduction ont une grande importance dans notre vie quotidienne. Elles vont de la combustion des combustibles fossiles à l'action de l'eau de Javel. Des réactions d'oxydoréduction sont aussi à la base des procédés d'extraction de la plupart des éléments, métalliques ou non, à partir de leur minerai. Souvent, on parle dans ce cas de réactions d'oxydation ou de réactions de réduction, parce qu'on met l'accent sur l'élément à extraire ; cependant, il ne faut pas oublier que ni l'oxydation ni la réduction ne peuvent avoir lieu sans la présence d'un oxydant et d'un réducteur.

NOTE
Les réactions d'oxydoréduction se nomment aussi réactions redox.

Bien qu'un grand nombre de réactions d'oxydoréduction importantes aient lieu en milieu aqueux, portons d'abord notre attention sur des réactions plus simples où deux éléments se combinent pour former un composé. Voyons la formation de l'oxyde de magnésium (MgO) à partir du magnésium et de l'oxygène (*voir aussi la figure 1.9*) :

$$2\text{Mg}(s) + \text{O}_2(g) \longrightarrow 2\text{MgO}(s)$$

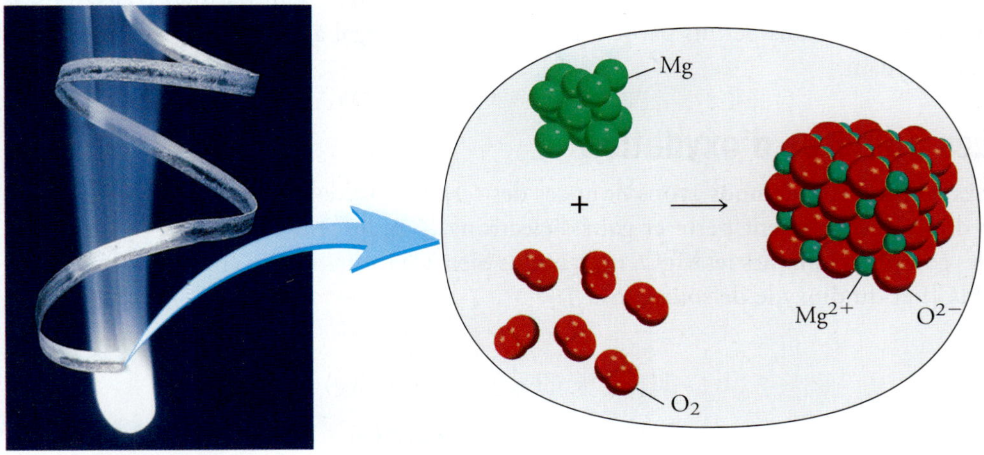

FIGURE 1.9
Formation d'oxyde de magnésium
Le magnésium brûle en présence d'oxygène pour former de l'oxyde de magnésium.

L'oxyde de magnésium (MgO) est un composé ionique formé des ions Mg^{2+} et O^{2-}. Dans cette réaction, deux atomes Mg donnent ou transfèrent en tout quatre électrons à deux atomes O (sous forme O_2). Bien que l'échange d'électrons ait lieu en une seule étape, il est utile de scinder ce phénomène comme s'il se produisait en deux étapes. La première consiste en la perte de quatre électrons par les deux atomes Mg, et la seconde est l'acquisition de ces quatre électrons par une molécule O_2 :

$$2\text{Mg} \longrightarrow 2\text{Mg}^{2+} + 4e^-$$
$$\text{O}_2 + 4e^- \longrightarrow 2\text{O}^{2-}$$

Chacune de ces étapes est appelée **demi-réaction** ; elle indique explicitement les électrons en jeu. La somme des demi-réactions donne la réaction globale :

NOTE
Dans la demi-réaction d'oxydation, les électrons apparaissent comme un produit ; dans la demi-réaction de réduction, les électrons apparaissent comme des réactifs.

$$2\text{Mg} + \text{O}_2 + 4e^- \longrightarrow 2\text{Mg}^{2+} + 2\text{O}^{2-} + 4e^-$$

Si nous simplifions l'équation en éliminant les électrons qui apparaissent des deux côtés de la flèche, nous obtenons :

$$2Mg + O_2 \longrightarrow 2Mg^{2+} + 2O^{2-}$$

Finalement, les ions Mg^{2+}et O^{2-} se combinent pour former MgO :

$$2Mg^{2+} + 2O^{2-} \longrightarrow 2MgO$$

La demi-réaction qui traduit la perte d'électrons est appelée **réaction d'oxydation**. À l'origine, le terme « oxydation » était utilisé par les chimistes pour indiquer la combinaison d'un élément avec l'oxygène ; maintenant, il a une signification élargie et inclut des réactions dans lesquelles il n'y a pas d'oxygène. La demi-réaction qui traduit le gain d'électrons est dite **réaction de réduction**. Dans la formation de l'oxyde de magnésium, le magnésium est oxydé. C'est donc un **réducteur** (ou agent réducteur), car il donne des électrons à l'oxygène et le réduit. De son côté, l'oxygène est réduit et agit comme un **oxydant** (ou agent oxydant), car il reçoit les électrons du magnésium, oxydant ainsi ce dernier. Notez que, dans une réaction d'oxydoréduction, comme il s'agit simplement d'un transfert d'électrons, le nombre d'électrons perdus par le réducteur doit être égal au nombre d'électrons reçus par l'oxydant.

NOTE

Les agents oxydants sont toujours réduits, et les agents réducteurs sont toujours oxydés. Cet énoncé peut sembler porter à confusion, mais en réalité, il découle simplement de la définition des deux phénomènes.

Les nombres d'oxydation

Les définitions que nous avons données des termes « oxydation » et « réduction », c'est-à-dire respectivement perte et gain d'électrons, s'appliquent fort bien à la formation des composés ioniques tel MgO, mais moins bien à la formation du chlorure d'hydrogène (HCl) et du dioxyde de soufre (SO_2) :

$$H_2(g) + Cl_2(g) \longrightarrow 2HCl(g)$$
$$S(s) + O_2(g) \longrightarrow SO_2(g)$$

Puisque HCl et SO_2 ne sont pas des composés ioniques, mais des composés covalents, il n'y a pas de transfert réel d'électrons durant leur formation, contrairement au cas de MgO. Néanmoins, les chimistes trouvent pratique de les considérer comme des réactions d'oxydoréduction, car on a montré expérimentalement qu'il y a transfert *partiel* d'électrons (de H à Cl dans HCl et de S à O dans SO_2).

Afin de tenir compte de ces transferts plus ou moins complets d'électrons, il nous faut donc élargir les définitions déjà données des termes « oxydation » et « réduction ». Pour ce faire, nous avons besoin de la notion de nombre d'oxydation associé aux réactifs et aux produits. Le **nombre d'oxydation** (ou **degré d'oxydation** ou **état d'oxydation**) **d'un atome** représente le nombre de charges qu'aurait cet atome dans une molécule (ou dans un composé ionique) si les électrons étaient complètement transférés. Par exemple, on pourrait réécrire les équations données précédemment de la manière suivante :

$$\overset{0}{H_2}(g) + \overset{0}{Cl_2}(g) \longrightarrow 2\overset{+1}{H}\overset{-1}{Cl}(g)$$
$$\overset{0}{S}(s) + \overset{0}{O_2}(g) \longrightarrow \overset{+4}{S}\overset{-2}{O_2}(g)$$

Les chiffres apparaissant au-dessus des éléments sont les nombres d'oxydation. Dans ces deux réactions, il n'y a pas de charges sur aucun des atomes des réactifs ; leur nombre d'oxydation est donc égal à zéro. Cependant, dans le cas des molécules produites, on suppose qu'il y a un transfert complet d'électron(s) et que les atomes ont perdu ou gagné des électrons. Les nombres d'oxydation reflètent le nombre d'électrons « transférés ».

Les nombres d'oxydation nous permettent donc de repérer facilement les éléments qui sont oxydés ou réduits. Les éléments dont le nombre d'oxydation augmente – comme dans le cas de l'hydrogène et du soufre dans les exemples précédents – sont oxydés. Le chlore et l'oxygène sont réduits, car leur nombre d'oxydation indique une diminution par rapport à leur valeur initiale. On peut donc considérer une réaction d'oxydoréduction comme étant une réaction au cours de laquelle il y a *variation des nombres d'oxydation*.

Notez que la somme des nombres d'oxydation de H et de Cl dans HCl ($+1$ et -1) est zéro. De même, dans SO_2 [S ($+4$) et deux atomes O (2×-2)], la somme est zéro : HCl et SO_2 sont des composés neutres, leurs charges doivent donc s'annuler.
Les règles suivantes permettent de déterminer les nombres d'oxydation.

Les règles d'attribution des nombres d'oxydation

1. Pour les éléments libres (c'est-à-dire non combinés), chaque atome a un nombre d'oxydation égal à zéro. Ainsi, tous les atomes dans H_2, Br_2, Na, Be, K, O_2 et P_4 ont le même nombre d'oxydation : zéro.
2. Pour les ions monoatomiques, le nombre d'oxydation est égal à la charge de l'ion. Ainsi, Li^+ a un nombre d'oxydation de $+1$; Ba^{2+}, de $+2$; Fe^{3+}, de $+3$; I^-, de -1 ; O^{2-}, de -2, etc. Tous les métaux alcalins ont un nombre d'oxydation de $+1$, et tous les métaux alcalino-terreux ont un nombre d'oxydation de $+2$, quel que soit le composé. L'aluminium a un nombre d'oxydation de $+3$ dans tous ses composés.
3. Le nombre d'oxydation de l'oxygène dans la plupart des composés (par exemple, MgO et H_2O) est de -2 ; cependant, dans le peroxyde d'hydrogène (H_2O_2) et l'ion peroxyde (O_2^{2-}), son nombre d'oxydation est de -1.
4. Le nombre d'oxydation de l'hydrogène est de $+1$, sauf quand il est lié à un métal dans un composé binaire. Dans ce cas (par exemple, LiH, NaH et CaH_2), son nombre d'oxydation est de -1.
5. Le fluor a un nombre d'oxydation de -1 dans *tous* ses composés. Les autres halogènes (Cl, Br et I) ont des nombres d'oxydation négatifs lorsqu'ils apparaissent comme ions halogénure dans leurs composés. Par contre, quand ils se combinent avec l'oxygène [dans les oxacides et les oxanions (*voir la section 2.7,* Chimie générale), par exemple], ils ont des nombres d'oxydation positifs.
6. Dans une molécule neutre, la somme des nombres d'oxydation de tous les atomes doit être égale à zéro. Dans un ion polyatomique, la somme des nombres d'oxydation de tous les éléments de l'ion doit être égale à la charge nette de l'ion. Par exemple, dans l'ion ammonium, NH_4^+, le nombre d'oxydation de N est de -3 et celui de H est de $+1$: la somme des nombres d'oxydation est $-3 + 4(+1) = +1$, ce qui correspond à la charge nette de l'ion.
7. Les nombres d'oxydation ne sont pas obligatoirement des nombres entiers. Par exemple, dans l'ion superoxyde O_2^-, l'oxygène a un nombre d'oxydation de $-\frac{1}{2}$.

NOTE

Les termes « nombre d'oxydation », « degré d'oxydation » et « état d'oxydation » sont tous des termes acceptables et équivalents. Dans ce manuel, nous utiliserons surtout le terme « nombre d'oxydation ».

EXEMPLE 1.4 La détermination des nombres d'oxydation

Déterminez les nombres d'oxydation de tous les éléments des composés et des ions suivants : a) Li_2O ; b) HNO_3 ; c) $Cr_2O_7^{2-}$.

DÉMARCHE

En général, il faut suivre les règles d'attribution des nombres d'oxydation que nous venons d'énoncer. Retenons que tous les métaux alcalins ont un nombre d'oxydation de +1 et que, dans la plupart des cas, l'hydrogène et l'oxygène ont respectivement un nombre d'oxydation de +1 et de −2 dans leurs composés.

SOLUTION

a) D'après la règle 2, nous savons que le lithium a un nombre d'oxydation de +1 (Li^+) et que l'oxygène a un nombre d'oxydation de −2 (O^{2-}).

b) C'est la formule de l'acide nitrique, lequel libère un ion H^+ et un ion NO_3^- en solution. D'après la règle 4, nous savons que H a un nombre d'oxydation de +1 ; l'autre groupe (l'ion nitrate) doit donc avoir une charge nette de −1. Puisque le nombre d'oxydation de l'oxygène est −2, en donnant x à celui de l'azote on peut écrire :

$$[N^{(x)}O_3^{(2-)}]^-$$

d'où : $$x + 3(-2) = -1$$

ou : $$x = +5$$

c) D'après la règle 6, nous savons que la somme des nombres d'oxydation dans $Cr_2O_7^{2-}$ doit être −2. Nous savons aussi que le nombre d'oxydation de O est −2.

Il ne nous reste qu'à déterminer le nombre d'oxydation de Cr, que nous appellerons y. L'ion dichromate s'écrit :

$$[Cr_2^{(y)}O_7^{(2-)}]^{2-}$$

d'où : $$2(y) + 7(-2) = -2$$

ou : $$y = +6$$

VÉRIFICATION

Dans chaque cas, la somme algébrique des nombres d'oxydation de tous les atomes est-elle égale à la charge nette de l'espèce ?

EXERCICE

Déterminez les nombres d'oxydation de tous les éléments dans le composé et l'ion suivants : a) PF_3 ; b) MnO_4^-.

PROBLÈMES SEMBLABLES

1.41 et 1.42

La figure 1.10 montre les nombres d'oxydation connus des éléments les plus familiers, disposés selon leurs positions dans le tableau périodique. Cette disposition met en évidence les caractéristiques suivantes des nombres d'oxydation :

- Les éléments métalliques ont seulement des nombres d'oxydation positifs, tandis que les éléments non métalliques peuvent avoir des nombres d'oxydation négatifs ou positifs.
- Les éléments représentatifs (c'est-à-dire des groupes 1A à 7A) ne peuvent avoir un nombre d'oxydation supérieur au numéro de leur groupe dans le tableau

périodique. Par exemple, les halogènes font partie du groupe 7A, donc le nombre d'oxydation le plus élevé qu'ils peuvent atteindre est +7.

- Les métaux de transition (groupes 1B, 3B–8B) ont habituellement plusieurs nombres d'oxydation possibles (*voir la figure 1.10*).

1 1A	2 2A	3 3B	4 4B	5 5B	6 6B	7 7B	8 8B	9 8B	10 8B	11 1B	12 2B	13 3A	14 4A	15 5A	16 6A	17 7A	18 8A
1 **H** +1 −1																	2 **He**
3 **Li** +1	4 **Be** +2											5 **B** +3	6 **C** +4 +2 −4	7 **N** +5 +4 +3 +2 +1 −3	8 **O** +2 $-\frac{1}{2}$ −1 −2	9 **F** −1	10 **Ne**
11 **Na** +1	12 **Mg** +2											13 **Al** +3	14 **Si** +4 −4	15 **P** +5 +3 −3	16 **S** +6 +4 +2 −2	17 **Cl** +7 +6 +5 +4 +3 +1 −1	18 **Ar**
19 **K** +1	20 **Ca** +2	21 **Sc** +3	22 **Ti** +4 +3 +2	23 **V** +5 +4 +3 +2	24 **Cr** +6 +5 +4 +3 +2	25 **Mn** +7 +6 +4 +3 +2	26 **Fe** +3 +2	27 **Co** +3 +2	28 **Ni** +2	29 **Cu** +2 +1	30 **Zn** +2	31 **Ga** +3	32 **Ge** +4 −4	33 **As** +5 +3 −3	34 **Se** +6 +4 −2	35 **Br** +5 +3 +1 −1	36 **Kr** +4 +2
37 **Rb** +1	38 **Sr** +2	39 **Y** +3	40 **Zr** +4	41 **Nb** +5 +4	42 **Mo** +6 +4 +3	43 **Tc** +7 +6 +4	44 **Ru** +8 +6 +4 +3	45 **Rh** +4 +3 +2	46 **Pd** +4 +2	47 **Ag** +1	48 **Cd** +2	49 **In** +3	50 **Sn** +4 +2	51 **Sb** +5 +3 −3	52 **Te** +6 +4 −2	53 **I** +7 +5 +1 −1	54 **Xe** +6 +4 +2
55 **Cs** +1	56 **Ba** +2	57 **La** +3	72 **Hf** +4	73 **Ta** +5	74 **W** +6 +4	75 **Re** +7 +6 +4	76 **Os** +8 +4	77 **Ir** +4 +3	78 **Pt** +4 +2	79 **Au** +3 +1	80 **Hg** +2 +1	81 **Tl** +3 +1	82 **Pb** +4 +2	83 **Bi** +5 +3	84 **Po** +2	85 **At** −1	86 **Rn**

FIGURE 1.10

Nombres d'oxydation possibles des éléments dans leurs composés

Les nombres d'oxydation les plus courants sont en rouge.

FIGURE 1.11

Nombres d'oxydation possibles du vanadium

De gauche à droite : couleurs des solutions aqueuses de composés contenant du vanadium dans quatre états d'oxydation différents (+5, +4, +3 et +2).

Quelques réactions d'oxydoréduction courantes

Les réactions d'oxydoréduction courantes sont des réactions de combinaison, de décomposition ou de déplacement.

La combustion du soufre dans l'air produit du dioxyde de soufre.

Les réactions de combinaison

Une **réaction de combinaison** (ou **de synthèse**) est une réaction au cours de laquelle deux ou plusieurs substances se combinent pour former un seul produit. Par exemple :

$$\overset{0}{S}(s) + \overset{0}{O}_2(g) \longrightarrow \overset{+4}{S}\overset{-2}{O}_2(g)$$

$$3\overset{0}{Mg}(s) + \overset{0}{N}_2(g) \longrightarrow \overset{+2}{Mg}_3\overset{-3}{N}_2(s)$$

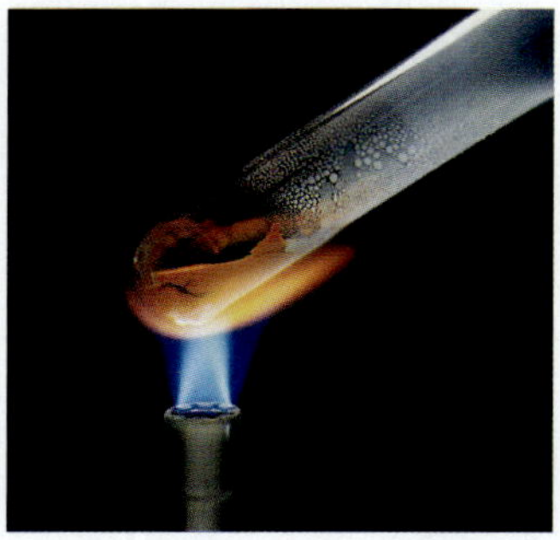

Par chauffage, HgO se décompose en Hg et O_2.

Les réactions de décomposition

Une **réaction de décomposition** est l'inverse d'une réaction de combinaison : il s'agit d'une réaction au cours de laquelle un composé se brise en deux ou plusieurs fragments. En voici quelques exemples :

$$2\overset{+2}{Hg}\overset{-2}{O}(s) \longrightarrow 2\overset{0}{Hg}(l) + \overset{0}{O}_2(g)$$

$$2K\overset{+5}{Cl}\overset{-2}{O}_3(s) \longrightarrow 2K\overset{-1}{Cl}(s) + 3\overset{0}{O}_2(g)$$

$$2\overset{+1}{Na}\overset{-1}{H}(s) \longrightarrow 2\overset{0}{Na}(s) + \overset{0}{H}_2(g)$$

Notez que nous indiquons les nombres d'oxydation seulement dans le cas des éléments qui sont oxydés ou réduits (dont les nombres d'oxydation varient).

Les réactions de combustion

Une **réaction de combustion** est une réaction au cours de laquelle une substance réagit avec de l'oxygène en produisant habituellement de la chaleur et de la lumière sous la forme d'une flamme. Toutes les réactions de combustion sont des réactions d'oxydoréduction. Les réactions déjà mentionnées du magnésium et du soufre avec l'oxygène sont des réactions de combustion. En voici un autre exemple, la combustion du propane (C_3H_8), un constituant du gaz naturel utilisé pour la cuisson et le chauffage :

$$C_3H_8(g) + 5O_2(g) \longrightarrow 3CO_2(g) + 4H_2O(l)$$

Les réactions de déplacement

Une **réaction de déplacement** a lieu lorsqu'un ion (ou un atome) dans un composé est remplacé par un autre élément. La plupart des réactions de déplacement se classent dans l'une de ces trois sous-catégories : déplacement d'hydrogène, déplacement d'un métal ou déplacement d'un halogène.

Les réactions de déplacement d'hydrogène

Les éléments des métaux les plus réactifs, à savoir tous les métaux alcalins et quelques métaux alcalino-terreux (Ca, Sr et Ba), peuvent déplacer l'hydrogène de l'eau froide (*voir la figure 1.12*) :

$$\overset{0}{2\mathrm{Na}}(s) + 2\overset{+1}{\mathrm{H}}_2\mathrm{O}(l) \longrightarrow 2\overset{+1}{\mathrm{Na}}\mathrm{O}\overset{+1}{\mathrm{H}}(aq) + \overset{0}{\mathrm{H}_2}(g)$$

$$\overset{0}{\mathrm{Ca}}(s) + 2\overset{+1}{\mathrm{H}}_2\mathrm{O}(l) \longrightarrow \overset{+2}{\mathrm{Ca}}(\mathrm{O}\overset{+1}{\mathrm{H}})_2(s) + \overset{0}{\mathrm{H}_2}(g)$$

FIGURE 1.12

Réactions du sodium et du calcium avec l'eau

Réaction du sodium (Na), à gauche, et du calcium (Ca), à droite, avec de l'eau froide. Notez que la réaction est plus vigoureuse dans le cas de Na que dans celui de Ca.

Plusieurs métaux, incluant ceux qui ne réagissent pas avec l'eau, sont capables de déplacer l'hydrogène des acides. Par exemple, le zinc (Zn) et le magnésium (Mg) ne réagissent pas avec l'eau froide, mais ils réagissent ainsi avec l'acide chlorhydrique :

$$\overset{0}{\mathrm{Zn}}(s) + 2\overset{+1}{\mathrm{H}}\mathrm{Cl}(aq) \longrightarrow \overset{+2}{\mathrm{Zn}}\mathrm{Cl}_2(aq) + \overset{0}{\mathrm{H}_2}(g)$$

$$\overset{0}{\mathrm{Mg}}(s) + 2\overset{+1}{\mathrm{H}}\mathrm{Cl}(aq) \longrightarrow \overset{+2}{\mathrm{Mg}}\mathrm{Cl}_2(aq) + \overset{0}{\mathrm{H}_2}(g)$$

La figure 1.13 montre les réactions entre l'acide chlorhydrique (HCl) et le fer (Fe), le zinc (Zn) et le magnésium (Mg). La préparation de l'hydrogène gazeux en laboratoire se fait à l'aide de ces réactions.

A B C

FIGURE 1.13

Réactions de métaux avec l'acide chlorhydrique

A Réaction du fer (Fe). B Réaction du zinc (Zn). C Réaction du magnésium (Mg). Il y a formation d'hydrogène gazeux (H_2) et des chlorures correspondants ($FeCl_2$, $ZnCl_2$, $MgCl_2$). La vitesse de formation du dihydrogène traduit la réactivité des métaux ; elle est plus lente pour le fer, le métal le moins réactif, et plus rapide pour le magnésium, le métal le plus réactif.

Les réactions de déplacement d'un métal

Un métal dans un composé peut se faire déplacer par un autre métal à l'état élémentaire. Par exemple, si l'on met en contact du zinc métallique avec une solution de sulfate de cuivre ($CuSO_4$), le Zn déplace les ions Cu^{2+} de la solution (*voir la figure 1.14A*) :

$$\overset{0}{Zn}(s) + \overset{+2}{Cu}SO_4(aq) \longrightarrow \overset{+2}{Zn}SO_4(aq) + \overset{0}{Cu}(s)$$

L'ion SO_4^{2-} étant un ion spectateur, l'équation ionique nette est :

$$\overset{0}{Zn}(s) + \overset{+2}{Cu^{2+}}(aq) \longrightarrow \overset{+2}{Zn^{2+}}(aq) + \overset{0}{Cu}(s)$$

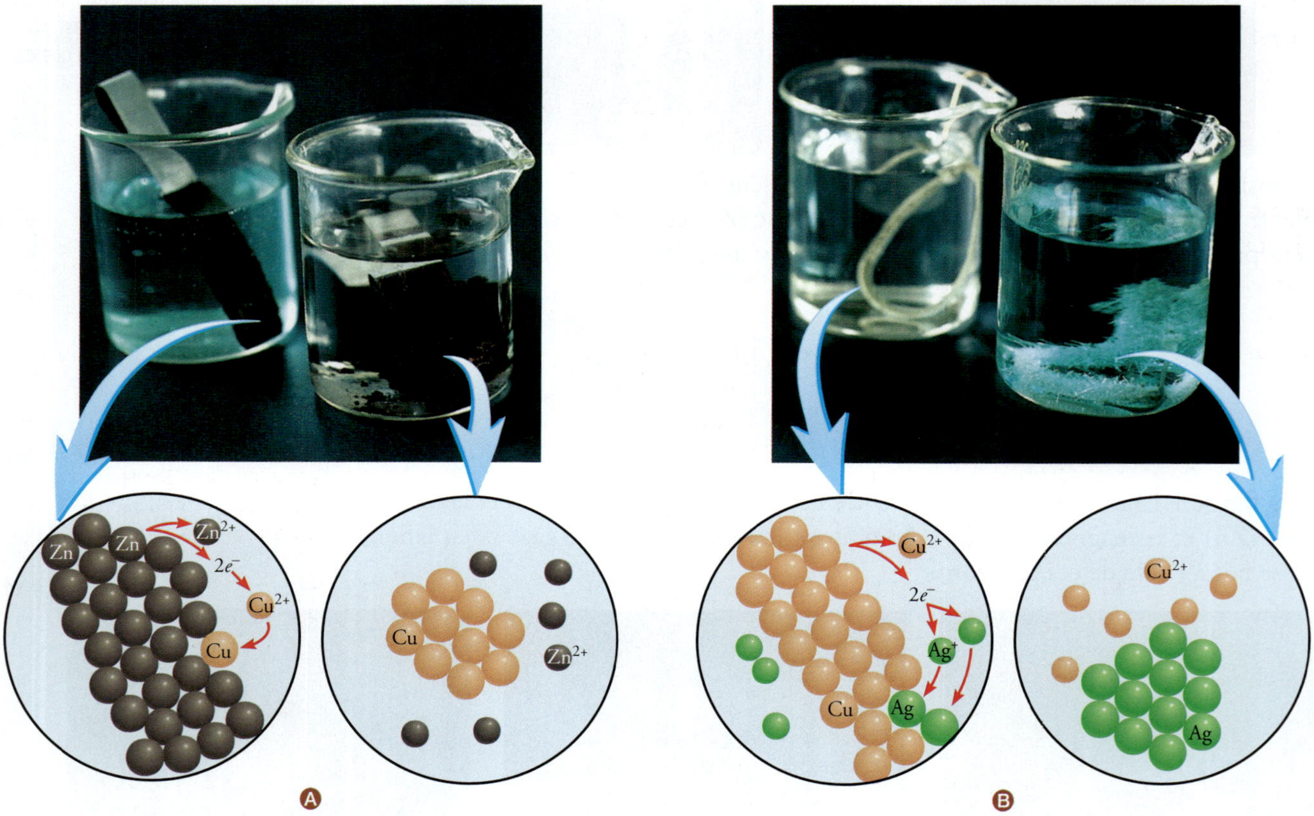

FIGURE 1.14

Réactions de déplacement en solution

A Un morceau de zinc est plongé dans une solution aqueuse de $CuSO_4$. Les ions Cu^{2+} sont transformés en atomes de Cu. Les atomes de Zn se dissolvent en étant transformés en ions Zn^{2+}.

B Lorsqu'un morceau de cuivre est plongé dans une solution aqueuse de $AgNO_3$, les atomes de Cu sont transformés en ions Cu^{2+} aqueux, et des ions Ag^+ aqueux sont transformés en Ag métallique solide.

De manière similaire, le cuivre métallique déplace les ions argent d'une solution contenant du nitrate d'argent ($AgNO_3$) (*voir la figure 1.14B*) :

$$\overset{0}{Cu}(s) + 2\overset{+1}{Ag}NO_3(aq) \longrightarrow \overset{+2}{Cu}(NO_3)_2(aq) + 2\overset{0}{Ag}(s)$$

L'ion NO_3^- est un ion spectateur et l'équation ionique nette est :

$$\overset{0}{Cu}(s) + 2\overset{+1}{Ag^+}(aq) \longrightarrow \overset{+2}{Cu^{2+}}(aq) + 2\overset{0}{Ag}(s)$$

Le renversement des rôles des métaux ne provoquerait aucune réaction. En d'autres termes, le cuivre ne remplacerait pas les ions zinc du sulfate de zinc, et l'argent ne remplacerait pas les ions cuivre du nitrate de cuivre.

Une manière facile de prédire si une réaction de substitution comportant un métal ou de l'hydrogène se produira est de consulter une **série d'activité** (ou **série électrochimique**), comme celle de la figure 1.15. Une série d'activité est une liste ordonnée facile à consulter qui permet de prévoir ce qui se produira durant des réactions de substitution semblables à celles que nous venons de voir. Selon cette série, *tout métal situé au-dessus de l'hydrogène remplacera l'hydrogène de l'eau* ou *d'un acide,* mais les métaux situés sous l'hydrogène dans la liste ne réagiront ni avec l'eau ni avec un acide. En fait tout métal figurant dans cette série réagira avec tout composé formé d'un élément situé sous lui. Par exemple, le zinc est au-dessus du cuivre ; alors, le zinc remplacera les ions cuivre du sulfate de cuivre.

Pouvoir réducteur croissant (↑)

$Li \rightarrow Li^+ + e^-$	Réaction avec l'eau froide, dégagement de H_2
$K \rightarrow K^+ + e^-$	
$Ba \rightarrow Ba^{2+} + 2e^-$	
$Ca \rightarrow Ca^{2+} + 2e^-$	
$Na \rightarrow Na^+ + e^-$	
$Mg \rightarrow Mg^{2+} + 2e^-$	Réaction avec la vapeur d'eau, dégagement de H_2
$Al \rightarrow Al^{3+} + 3e^-$	
$Zn \rightarrow Zn^{2+} + 2e^-$	
$Cr \rightarrow Cr^{3+} + 3e^-$	
$Fe \rightarrow Fe^{2+} + 2e^-$	
$Cd \rightarrow Cd^{2+} + 2e^-$	
$Co \rightarrow Co^{2+} + 2e^-$	Réaction avec des acides, dégagement de H_2
$Ni \rightarrow Ni^{2+} + 2e^-$	
$Sn \rightarrow Sn^{2+} + 2e^-$	
$Pb \rightarrow Pb^{2+} + 2e^-$	
$H_2 \rightarrow 2H^+ + 2e^-$	
$Cu \rightarrow Cu^{2+} + 2e^-$	Aucune de réaction avec l'eau ou les acides, aucun dégagement de H_2
$Ag \rightarrow Ag^+ + e^-$	
$Hg \rightarrow Hg^{2+} + 2e^-$	
$Pt \rightarrow Pt^{2+} + 2e^-$	
$Au \rightarrow Au^{3+} + 3e^-$	

FIGURE 1.15

Série d'activité des métaux

Les métaux sont disposés selon leur pouvoir de déplacer l'hydrogène d'un acide ou de l'eau sous forme d'un dégagement d'hydrogène gazeux. Le lithium (Li) est le métal le plus réactif, et l'or (Au) est le moins réactif.

Les réactions de déplacement d'un halogène

Voici une autre série d'activité qui résume cette fois le comportement des halogènes au cours de réactions de déplacement d'halogènes :

$$F_2 > Cl_2 > Br_2 > I_2$$

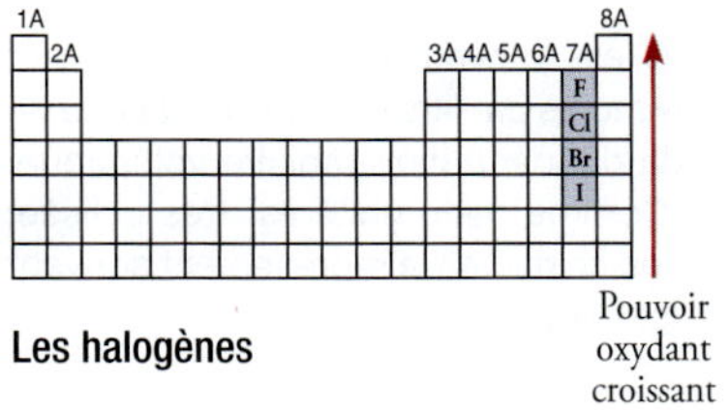

Les halogènes

En se déplaçant de haut en bas dans le groupe 7A, nous observons que le pouvoir oxydant de ces éléments diminue du fluor à l'iode. Le difluor (F_2) peut donc remplacer les ions chlorure, bromure et iodure en solution. En fait, il est si réactif qu'il réagit aussi avec l'eau ; ces réactions avec le difluor ne peuvent donc pas avoir lieu en solution aqueuse. Par contre, le dichlore (Cl_2) peut déplacer les ions bromure et iodure dans les solutions aqueuses selon les équations suivantes :

Le brome, un liquide fumant rougeâtre, est préparé industriellement par réaction du dichlore avec de l'eau de mer, une importante source d'ions bromure.

$$\overset{0}{Cl_2}(g) + 2K\overset{-1}{Br}(aq) \longrightarrow 2K\overset{-1}{Cl}(aq) + \overset{0}{Br_2}(l)$$
$$\overset{0}{Cl_2}(g) + 2Na\overset{-1}{I}(aq) \longrightarrow 2Na\overset{-1}{Cl}(aq) + \overset{0}{I_2}(s)$$

Les équations ioniques sont :

$$\overset{0}{Cl_2}(g) + 2\overset{-1}{Br^-}(aq) \longrightarrow 2\overset{-1}{Cl^-}(aq) + \overset{0}{Br_2}(l)$$
$$\overset{0}{Cl_2}(g) + 2\overset{-1}{I^-}(aq) \longrightarrow 2\overset{-1}{Cl^-}(aq) + \overset{0}{I_2}(s)$$

À son tour, le dibromure (Br_2) peut déplacer l'ion iodure en solution :

$$\overset{0}{Br_2}(l) + 2\overset{-1}{I^-}(aq) \longrightarrow 2\overset{-1}{Br^-}(aq) + \overset{0}{I_2}(s)$$

Si l'on renverse le rôle des halogènes dans ces réactions, il n'y aura pas de réaction. Ainsi, le dibrome ne peut pas déplacer les ions chlorure, et le diiode ne peut pas déplacer les ions bromure ni les ions chlorure.

1.5 La concentration des solutions et la dilution

Avant d'étudier la stœchiométrie des réactions en milieu aqueux à la section 1.6, nous devons savoir comment exprimer la composition des solutions par des unités de concentration et aussi savoir comment préparer les quantités nécessaires de réactifs.

La concentration des solutions

La **concentration d'une solution** est une grandeur indiquant la quantité de soluté présente dans une quantité de solution donnée. (Ici, nous tiendrons pour acquis que le soluté est un liquide ou un solide et que le solvant est un liquide.) L'une des unités les plus utilisées pour exprimer la concentration en chimie est la **concentration molaire volumique (*C*)**, aussi appelée molarité. La concentration molaire volumique est le nombre de moles de soluté contenu par unité de volume de solution en litres ; elle est déterminée par l'équation suivante :

NOTE

C est le symbole de la grandeur, et « moles par litre » (mol/L) est l'unité de la concentration molaire volumique. Comme cette unité est très utilisée, les chimistes la représentent souvent par le symbole *M*.

$$\text{concentration molaire volumique} = C = \frac{\text{moles de soluté}}{\text{volume de solution (L)}} \tag{1.1}$$

ou algébriquement :

$$C = \frac{n}{V} \qquad (1.2)$$

Bien sûr, cette définition ne nous oblige pas à travailler avec exactement un litre de solution (puisqu'il s'agit d'un rapport). Il importe de ne pas oublier de convertir en litres le volume de la solution s'il est exprimé dans une autre unité (le plus souvent : en millilitres). Ainsi, une solution de 500 mL contenant 0,730 mol de $C_6H_{12}O_6$ a une concentration de 1,46 mol/L :

$$C = \frac{0{,}730 \text{ mol}}{0{,}500 \text{ L}} = 1{,}46 \text{ mol/L}$$

L'unité de la concentration molaire volumique est la mole par litre (mol/L) : un volume de 500 mL de solution contenant 0,730 mol de $C_6H_{12}O_6$ équivaut donc à 1,46 mol/L. Notez que la concentration, comme la masse volumique, est une grandeur intensive, c'est-à-dire que sa valeur ne dépend pas de la quantité de solution présente.

NOTE

D'autres manières d'exprimer la composition d'une solution (sa concentration) seront expliquées au chapitre 2.

L'annexe 4 présente un tableau explicatif des différents modes d'expression de la concentration couramment utilisés.

La préparation d'une solution

Maintenant, voyons comment on prépare une solution d'une concentration molaire volumique donnée. D'abord, il faut peser le soluté de façon exacte et le transférer dans un ballon volumétrique, à l'aide d'un entonnoir (*voir la figure 1.16*). Puis, il faut verser de l'eau dans le ballon (jusqu'à environ la moitié de sa capacité) et agiter soigneusement pour dissoudre le solide. Après dissolution *complète* du solide, il faut ajouter lentement de l'eau pour amener le volume au trait de jauge. Connaissant le volume de la solution (qui est le volume du ballon) et la quantité (en moles) de composé dissous, on peut calculer la concentration molaire de la solution à l'aide de l'équation 1.1. Notez que, dans cette méthode de préparation d'une solution, il n'est pas nécessaire de connaître le volume exact d'eau qu'il a fallu ajouter étant donné que le volume final de la solution est connu : c'est le volume indiqué sur le ballon volumétrique.

Chimie en ligne

Animation
- La préparation d'une solution

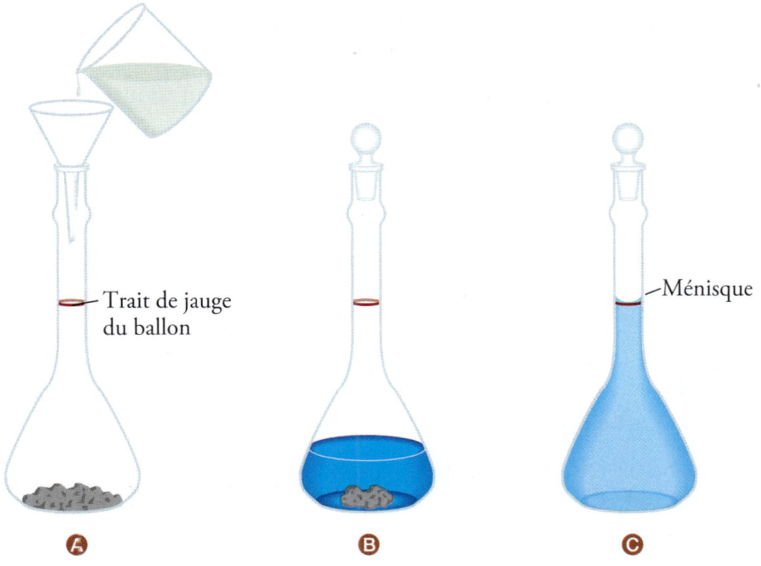

FIGURE 1.16

Méthode de préparation d'une solution de concentration molaire donnée

A On place une quantité connue d'un soluté solide dans un ballon volumétrique, puis on y ajoute de l'eau à l'aide d'un entonnoir.
B On agite lentement le ballon pour dissoudre le solide.
C Après dissolution complète du solide, on ajoute de l'eau jusqu'au trait de jauge. Connaissant le volume de la solution et la quantité de soluté dissoute, on peut calculer la concentration molaire volumique de la solution.

Une solution de $K_2Cr_2O_7$

EXEMPLE 1.5 La préparation d'une solution de concentration molaire volumique donnée

Combien de grammes de dichromate de potassium ($K_2Cr_2O_7$) sont nécessaires pour préparer une solution de 250 mL ayant une concentration molaire volumique de 2,16 mol/L?

DÉMARCHE

Combien de moles de $K_2Cr_2O_7$ y a-t-il dans 1 L (ou 1000 mL) d'une solution à 2,16 mol/L de $K_2Cr_2O_7$? Combien y en a-t-il dans 250 mL de cette solution? Comment faut-il procéder pour convertir les moles en grammes?

SOLUTION

La première étape consiste à déterminer le nombre de moles de $K_2Cr_2O_7$ contenues dans 250 mL ou 0,250 L de solution à 2,16 mol/L:

$$\text{moles de } K_2Cr_2O_7 = 0{,}250 \cancel{\text{ L soln}} \times \frac{2{,}16 \text{ mol}}{1 \cancel{\text{ L soln}}} = 0{,}540 \text{ mol } K_2Cr_2O_7$$

La masse molaire de $K_2Cr_2O_7$ est de 294,2 g/mol, alors:

$$\text{grammes de } K_2Cr_2O_7 \text{ nécessaires} = \frac{(0{,}540 \cancel{\text{ mol } K_2Cr_2O_7}) \times (294{,}2\text{g } K_2Cr_2O_7)}{1 \cancel{\text{ mol } K_2Cr_2O_7}}$$

$$= 159 \text{ g } K_2Cr_2O_7$$

VÉRIFICATION

On peut faire l'approximation suivante: la masse devrait être donnée par [C (mol/L) × vol (L) × $\mathcal{M}$ (g/mol)] ou [2 mol/L × 0,250 L × 300 g/mol] = 150 g. La réponse est plausible.

PROBLÈMES SEMBLABLES

1.54 et 1.55

EXERCICE

Quelle est la concentration molaire volumique d'une solution aqueuse contenant 1,77 g d'éthanol (C_2H_5OH) dans un volume de 85,0 mL?

EXEMPLE 1.6 Le calcul d'une masse de soluté à prélever d'une solution

Lors d'un test clinique en biochimie, une biochimiste doit ajouter 3,81 g de glucose ($C_6H_{12}O_6$) à un mélange réactionnel. Calculez le volume qu'elle devra prélever, en millilitres, à partir d'une solution de glucose à 2,53 mol/L.

DÉMARCHE

Il faut d'abord déterminer le nombre de moles contenues dans 3,81 g de glucose, puis utiliser l'équation 1.2 (*p. 29*) pour calculer le volume.

SOLUTION

Convertissons la masse du glucose en moles:

$$3{,}81 \cancel{\text{ g } C_6H_{12}O_6} \times \frac{1 \text{ mol } C_6H_{12}O_6}{180{,}2 \cancel{\text{ g } C_6H_{12}O_6}} = 2{,}11 \times 10^{-2} \text{ mol } C_6H_{12}O_6$$

>>>

Calculons ensuite le volume de solution qui contiendrait $2{,}11 \times 10^{-2}$ mol du soluté. En isolant V dans l'équation 1.2, on obtient :

$$V = \frac{n}{C}$$
$$= \frac{2{,}11 \times 10^{-2} \text{ mol } C_6H_{12}O_6}{2{,}53 \text{ mol } C_6H_{12}O_6/\text{L soln}} \times \frac{1000 \text{ mL soln}}{1 \text{ L soln}}$$
$$= 8{,}36 \text{ mL soln}$$

VÉRIFICATION

Si un litre de cette solution contient 2,53 mol de $C_6H_{12}O_6$, le nombre de moles contenues dans 8,36 mL ou $8{,}36 \times 10^{-3}$ L est donc $(2{,}53 \text{ mol} \times 8{,}36 \times 10^{-3})$ ou $2{,}12 \times 10^{-2}$ mol. La petite différence est due à la manière différente d'arrondir les nombres.

EXERCICE

Calculez le volume, en millilitres, d'une solution de NaOH 0,315 mol/L qui contiendrait 6,22 g de NaOH.

PROBLÈME SEMBLABLE

1.57

La dilution des solutions

Pour des raisons de commodité de transport et d'entreposage, les solutions sont habituellement disponibles sous forme très concentrée. Bien souvent, il faudra les diluer avant de les utiliser en laboratoire. Le procédé consistant à diminuer la concentration d'une solution s'appelle **dilution**.

Chimie en ligne
Animation
- La préparation d'une solution par dilution

Supposons que l'on doive préparer exactement 1 L de solution de $KMnO_4$ 0,400 mol/L à partir d'une solution de $KMnO_4$ 1,00 mol/L. Pour ce faire, on a besoin de 0,400 mol de $KMnO_4$. Puisqu'il y a 1,00 mol de $KMnO_4$ dans 1 L de solution 1,00 mol/L, il y aura 0,400 mol de $KMnO_4$ dans $0{,}400 \times 1\,000$ mL, ou 400 mL de la même solution :

$$\frac{1{,}00 \text{ mol}}{1\,000 \text{ mL soln}} = \frac{0{,}400 \text{ mol}}{400 \text{ mL soln}}$$

Deux solutions de $KMnO_4$ de concentrations différentes

Ainsi, on peut prélever 400 mL de la solution $KMnO_4$ 1,00 mol/L et la diluer à 1 000 mL en y ajoutant de l'eau (dans un ballon volumétrique de 1 L). Cette méthode nous donne donc 1 L de la solution voulue de $KMnO_4$ 0,400 mol/L.

En effectuant une dilution, il faut se rappeler que l'ajout de solvant à une quantité donnée de la solution concentrée (appelée aussi solution mère ou solution stock) en diminue la concentration sans modifier le nombre de moles de soluté (*voir la figure 1.17, p. 32*) ; c'est dire que :

moles de soluté avant dilution = moles de soluté après dilution

Puisque la concentration molaire est définie par le nombre de moles de soluté dans un litre de solution, on peut dire que le nombre de moles de soluté est donné par :

$$\underbrace{\frac{\text{moles de soluté}}{\text{volume de solution (L)}}}_{C} \times \underbrace{\text{volume de solution (L)}}_{V} = \text{moles de soluté}$$

ou :

$$CV = \text{moles de soluté}$$

FIGURE 1.17

La dilution d'une solution

La dilution d'une solution ne change pas le nombre total de moles de soluté présentes. Ici, le nombre total de particules demeure 18.

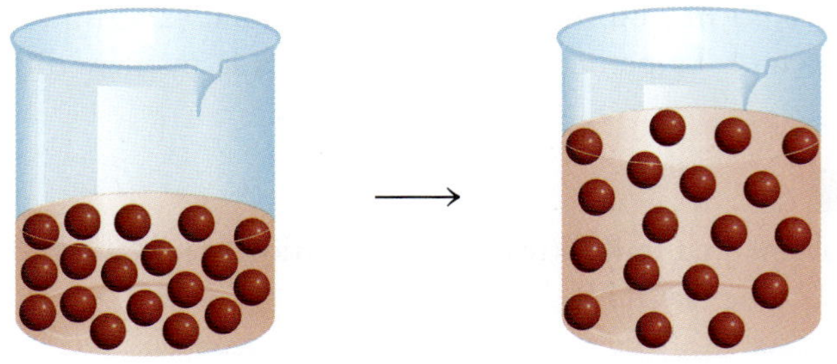

Parce que tout le soluté vient de la solution initiale, on peut dire que :

$$\underbrace{C_{\text{initiale}}\, V_{\text{initial}}}_{\substack{\text{moles de soluté}\\ \text{avant la dilution}}} = \underbrace{C_{\text{finale}}\, V_{\text{final}}}_{\substack{\text{moles de soluté}\\ \text{après la dilution}}} \qquad (1.3)$$

où C_{initiale} et C_{finale} sont les concentrations molaires initiale et finale de la solution et V_{initial} et V_{final} sont les volumes initial et final de la solution, respectivement. Bien sûr, les unités de V_{initial} et V_{final} doivent être les mêmes (millilitres ou litres). Afin de vérifier si les résultats sont plausibles, on doit s'assurer que $C_{\text{initiale}} > C_{\text{finale}}$ et que $V_{\text{final}} > V_{\text{initial}}$.

EXEMPLE 1.7 La préparation d'une solution par dilution

Décrivez la préparation de $5{,}00 \times 10^2$ mL d'une solution de H_2SO_4 à 1,75 mol/L à partir d'une solution de H_2SO_4 à 8,61 mol/L.

DÉMARCHE

Étant donné que la valeur de la concentration désirée est inférieure à celle de la concentration initiale, il s'agit d'une dilution. Rappelez-vous que lors d'une dilution, la concentration diminue, mais le nombre de moles de soluté demeure le même.

SOLUTION

Cette présentation des données nous aidera à faire les calculs :

$$C_{\text{initiale}} = 8{,}61 \text{ mol/L} \qquad C_{\text{finale}} = 1{,}75 \text{ mol/L}$$

$$V_{\text{initial}} = ? \qquad V_{\text{final}} = 5{,}00 \times 10^2 \text{ mL}$$

>>>

En utilisant l'équation 1.3, nous avons :

$$(8{,}61 \text{ mol/L})(V_{\text{initial}}) = (1{,}75 \text{ mol/L})(5{,}00 \times 10^2 \text{ mL})$$

$$V_{\text{initial}} = \frac{(1{,}75 \cancel{\text{mol/L}})(5{,}00 \times 10^2 \text{ mL})}{8{,}61 \cancel{\text{mol/L}}}$$

$$= 102 \text{ mL}$$

Ainsi, nous devons diluer 102 mL de la solution de H_2SO_4 à 8,61 mol/L avec de l'eau jusqu'au trait de jauge dans un ballon de 500 mL pour obtenir la concentration voulue.

VÉRIFICATION

Comme prévu, on obtient un volume final supérieur au volume initial.

EXERCICE

Décrivez la préparation de $2{,}00 \times 10^2$ mL d'une solution de NaOH à 0,866 mol/L, à partir d'une solution à 5,07 mol/L.

PROBLÈMES SEMBLABLES

1.63 et 1.64

1.6 La stœchiométrie en chimie des solutions

Dans *Chimie générale,* nous avons vu les calculs stœchiométriques que l'on effectue à l'aide de la méthode des moles, qui considère les coefficients d'une équation équilibrée comme des relations entre moles de réactifs et moles de produits. Pour travailler avec des solutions de concentration molaire connue, on utilisera la relation CV = moles de soluté. Étudions maintenant deux applications courantes de la stœchiométrie en chimie des solutions : l'analyse gravimétrique et le titrage.

L'analyse gravimétrique

L'**analyse gravimétrique** est une méthode analytique basée sur des mesures de masses utilisée pour déterminer la nature ou la quantité d'une substance. La formation d'un précipité, sa séparation, puis sa pesée une fois qu'il a été purifié et séché constituent un bon exemple de ce type d'analyse. Généralement, on applique cette méthode aux composés ioniques. Ainsi, un échantillon d'une substance inconnue est dissous dans de l'eau où il réagit avec une autre substance pour former un précipité. Ce dernier est filtré, séché et pesé. Si l'on connaît la masse et la formule chimique du précipité formé, il est possible de calculer la masse d'un constituant chimique particulier (l'anion ou le cation) de l'échantillon initial ; ensuite, en ayant la masse du constituant (que l'on a calculée) et la masse initiale de l'échantillon (que l'on a mesurée), on peut déterminer le pourcentage massique du constituant dans le composé original.

Voici un exemple de réaction souvent utilisée en gravimétrie :

$$AgNO_3(aq) + NaCl(aq) \longrightarrow NaNO_3(aq) + AgCl(s)$$

ou, exprimée sous forme d'équation ionique nette :

$$Ag^+(aq) + Cl^-(aq) \longrightarrow AgCl(s)$$

FIGURE 1.18

Étapes de base de l'analyse gravimétrique

Ⓐ Solution contenant une quantité connue de NaCl dans un bécher.
Ⓑ Précipitation de AgCl causée par l'ajout d'une solution de $AgNO_3$ venant d'un cylindre gradué.
Ⓒ La solution contenant le précipité de AgCl est filtrée à travers un creuset fritté prépesé, qui permet le passage du liquide, mais qui retient le précipité. Le creuset est ensuite retiré, séché dans un four et pesé de nouveau.

Le précipité est le chlorure d'argent (*voir le tableau 1.2, p. 8*). Par exemple, voyons comment on détermine *expérimentalement* le pourcentage massique de Cl dans NaCl. D'abord, il faut peser de façon exacte un échantillon de NaCl et le dissoudre dans de l'eau. Ensuite, on ajoute assez de solution de $AgNO_3$ dans la solution de NaCl pour provoquer la précipitation, sous forme de AgCl, de tous les ions Cl^- présents dans la solution. Dans cette expérience, NaCl est le réactif limitant, et $AgNO_3$ est le réactif en excès. Le précipité de AgCl est alors séparé de la solution par filtration, séché, puis pesé. D'après la masse obtenue, on peut calculer la masse de Cl (en utilisant le pourcentage massique de Cl dans AgCl). Puisque la quantité de Cl dans l'échantillon original de NaCl était la même que dans le précipité, il nous est possible de calculer le pourcentage massique de Cl dans NaCl. La figure 1.18 illustre le déroulement de cette analyse.

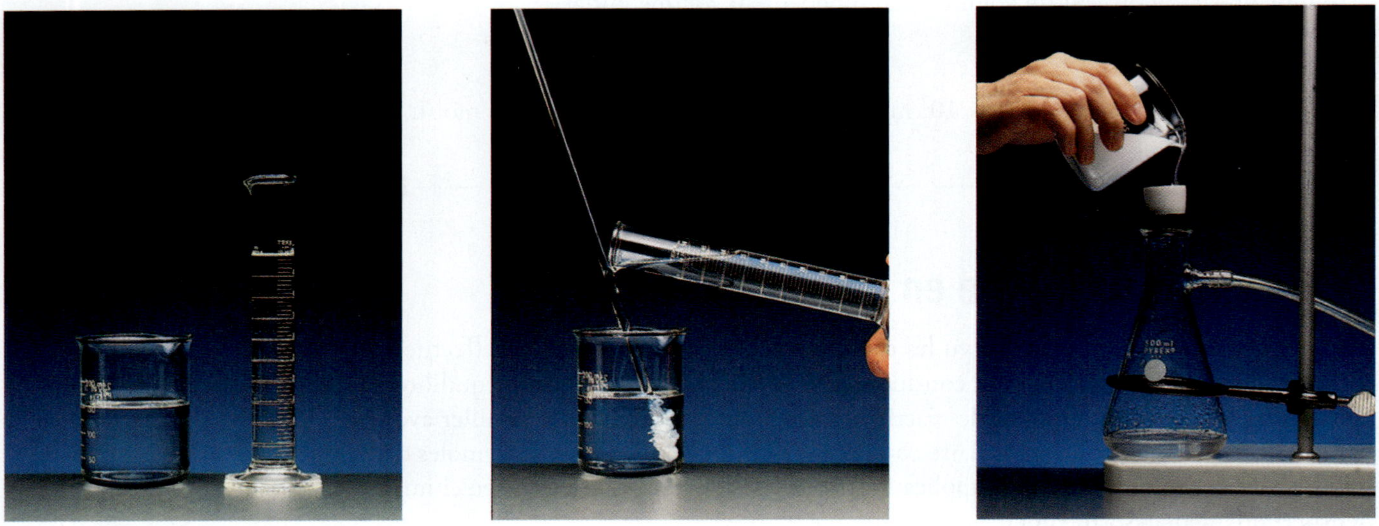

Ⓐ Ⓑ Ⓒ

NOTE

En général, l'analyse gravimétrique ne permet pas d'établir l'identité de l'inconnu, le métal du chlorure métallique dans cet exemple, mais elle permet de réduire les possibilités.

Étant donné que la masse d'un échantillon peut se mesurer de façon précise, l'analyse gravimétrique est une technique très précise. Cependant, cette technique ne peut s'appliquer qu'aux réactions complètes ou aux réactions dont le pourcentage de rendement avoisine les 100 %. C'est dire que, si AgCl avait été légèrement soluble plutôt qu'insoluble, il n'aurait pas été possible d'extraire tous les ions Cl^- de la solution de NaCl. Le résultat du calcul que l'on a fait aurait donc été erroné.

EXEMPLE 1.8 La détermination du pourcentage massique par analyse gravimétrique

Un échantillon de 0,5662 g d'un composé ionique formé d'ions chlorure et d'un métal inconnu est dissous dans de l'eau et mis en présence de $AgNO_3$ en excès. Si la masse du précipité de AgCl formée est de 1,0882 g, quel était le pourcentage massique de Cl dans le composé initial ?

DÉMARCHE

On demande de calculer le pourcentage massique du chlore dans l'échantillon du chlorure métallique, soit :

$$\% \text{ Cl} = \frac{\text{masse de chlore}}{0{,}5662 \text{ g d'échantillon}} \times 100 \%$$

>>>

La seule source de chlorure provient du composé ionique de départ. Éventuellement, ces ions chlorure seront tous contenus dans le précipité formé, le AgCl. Pourrait-on calculer la masse des ions Cl^- à partir du calcul de la composition centésimale massique du chlore dans AgCl ?

SOLUTION

Les masses molaires de Cl et de AgCl sont respectivement 35,45 g/mol et 143,4 g/mol. Le pourcentage massique du chlore dans le AgCl est :

$$\% \text{ Cl} = \frac{35{,}45 \text{ g Cl}}{143{,}4 \text{ g AgCl}} \times 100\ \%$$
$$= 24{,}72\ \%$$

Calculons maintenant la masse de Cl dans 1,0882 g AgCl. Pour ce faire, on ramène à l'unité le pourcentage 24,72 %, soit 0,2472, et l'on écrit :

$$\text{masse de Cl} = 0{,}2472 \times 1{,}0882 \text{ g}$$
$$= 0{,}2690 \text{ g}$$

Parce que ce chlorure provient exclusivement du composé ionique inconnu, on peut écrire :

$$\% \text{ Cl} = \frac{0{,}2690 \text{ g}}{0{,}5662 \text{ g}} \times 100\ \%$$
$$= 47{,}51\ \%$$

EXERCICE

Un échantillon de 0,3220 g d'un composé ionique contenant des ions bromure (Br^-) est dissous dans de l'eau et mis en présence de $AgNO_3$ en excès. Si la masse du précipité de AgBr formée est de 0,6964 g, quel est le pourcentage massique de Br dans le composé initial ?

PROBLÈME SEMBLABLE
1.70

Les titrages acido-basiques

C'est par **titrage** que les études quantitatives des réactions de neutralisation acido-basique sont le plus facilement effectuées. Dans cette opération, une solution d'une concentration précise, appelée **solution de titrage** (ou **solution standard**), est graduellement ajoutée à une solution de concentration inconnue, jusqu'à ce que la réaction chimique entre les deux solutions soit complétée. Si l'on connaît les volumes utilisés de la solution de titrage et de la solution inconnue, ainsi que la concentration de la solution de titrage, on peut calculer la concentration de la solution inconnue. Il s'agit donc d'une sorte d'analyse ou de dosage appelée ici titrage acido-basique.

L'hydroxyde de sodium (NaOH) est une base couramment utilisée en laboratoire. Cependant, on ne peut se fier à son degré de pureté, ce qui implique qu'il faut en premier lieu la titrer (l'étalonner) avant de s'en servir comme solution de titrage. Il faut d'abord doser la solution basique d'hydroxyde de sodium à l'aide d'un acide d'une grande pureté appelé *standard primaire*. Pour faire ce titrage préalable (étalonnage), on choisit souvent d'utiliser, comme standard primaire, un monoacide appelé hydrogénophtalate de potassium (abrégé en KHP), dont la formule moléculaire est $KHC_8H_4O_4$. Il

Hydrogénophtalate de potassium

s'agit d'un solide blanc soluble vendu à l'état très pur. La réaction entre le KHP et l'hydroxyde de sodium est :

$$KHC_8H_4O_4(aq) + NaOH(aq) \longrightarrow KNaC_8H_4O_4(aq) + H_2O(l)$$

L'équation ionique nette est :

$$HC_8H_4O_4^-(aq) + OH^-(aq) \longrightarrow C_8H_4O_4^{2-}(aq) + H_2O(l)$$

La figure 1.19 illustre le montage que nécessite un titrage acido-basique. D'abord, une quantité connue de KHP est transférée dans un erlenmeyer, et de l'eau distillée y est ajoutée pour former une solution. Puis, une solution de NaOH y est soigneusement ajoutée à l'aide d'une burette jusqu'au **point d'équivalence**, c'est-à-dire le moment où l'acide a complètement réagi avec la base ou, autrement dit, le moment où il a été complètement neutralisé. Ce point est habituellement signalé par un changement soudain de couleur de l'indicateur préalablement ajouté à la solution acide dans ce cas-ci. Dans un titrage acido-basique, l'**indicateur** est une substance qui présente des couleurs différentes dans un milieu acide et dans un milieu basique. Un des indicateurs couramment utilisés est la phénolphtaléine, incolore en milieu acide ou neutre et rose-rouge en milieu basique. Au point d'équivalence, tout le KHP est neutralisé par le NaOH, et la solution reste incolore. Cependant, l'ajout d'une autre goutte de la solution de NaOH contenue dans la burette ferait immédiatement tourner la solution au rose parce que cette dernière serait devenue basique. À l'aide de la masse (ainsi que du nombre de moles) de KHP qui a réagi, il est possible de calculer la concentration de la solution de NaOH.

FIGURE 1.19

Montage pour effectuer un titrage acido-basique

Ⓐ Une solution de NaOH contenue dans une burette est ajoutée à une solution de KHP contenue dans un erlenmeyer. Ⓑ La solution devient rose-rouge quand le point d'équivalence est atteint. La couleur sur la photo a été intensifiée pour mieux voir le changement de couleur.

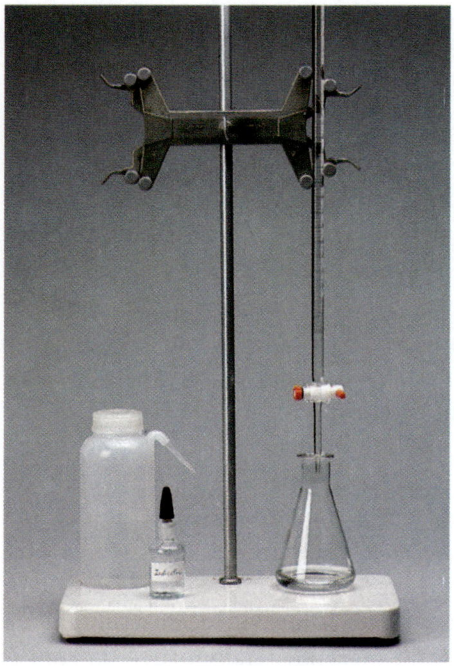

Ⓐ

Ⓑ

EXEMPLE 1.9 L'étalonnage (titrage) de NaOH par un standard primaire

Lors de l'étalonnage d'une solution de NaOH, un étudiant observe qu'il faut 23,48 mL de NaOH pour neutraliser 0,5468 g de KHP. Quelle est la concentration molaire volumique de la solution de NaOH ?

DÉMARCHE

On demande de déterminer la concentration molaire volumique. Rappelons cette définition :

$$\underset{\text{à calculer}}{C_{\text{NaOH}}} = \frac{\text{mol de NaOH} \;(\text{à calculer})}{\text{L soln} \;(\text{valeur connue})}$$

Le volume de la solution de NaOH étant connu, il reste à calculer le nombre de moles de NaOH pour trouver la concentration molaire volumique. D'après l'équation précédente, on observe que 1 mol de KHP neutralise 1 mol de NaOH au cours de la réaction entre KHP et NaOH. Combien y a-t-il de moles de KHP dans 0,5468 g de KHP ?

SOLUTION

Calculons d'abord le nombre de moles de KHP qui a réagi :

$$\text{moles de KHP} = 0{,}5468 \,\cancel{\text{g KHP}} \times \frac{1 \text{ mol KHP}}{204{,}2 \,\cancel{\text{g KHP}}}$$
$$= 2{,}678 \times 10^{-3} \text{ mol KHP}$$

Comme 1 mol KHP $\simeq$ 1 mol NaOH, il doit y avoir $2{,}678 \times 10^{-3}$ mol de NaOH dans 23,48 mL de solution. On calcule finalement le nombre de moles de NaOH par litre de solution ainsi :

$$\begin{array}{c}\text{concentration molaire}\\ \text{volumique de NaOH}\end{array} = \frac{2{,}678 \times 10^{-3} \text{ mol NaOH}}{23{,}48 \,\cancel{\text{mL soln}}} \times \frac{1000 \,\cancel{\text{mL soln}}}{1 \text{ L soln}}$$
$$= 0{,}1141 \text{ mol NaOH/1 L soln} = 0{,}1141 \text{ mol/L}$$

EXERCICE

Combien de grammes de KHP faudrait-il pour neutraliser 18,64 mL d'une solution de NaOH 0,1004 mol/L ?

PROBLÈMES SEMBLABLES

1.75 et 1.76

Parmi toutes les réactions connues de neutralisation, celle entre le NaOH et le KHP est l'une des plus simples qui soient. Supposons maintenant que, au lieu du KHP, on ait choisi un diacide comme H_2SO_4. La réaction aurait été la suivante :

$$2NaOH(aq) + H_2SO_4(aq) \longrightarrow Na_2SO_4(aq) + 2H_2O(l)$$

Puisque 2 mol NaOH ≏ 1 mol H_2SO_4, la quantité de solution de NaOH nécessaire pour réagir complètement avec la solution de H_2SO_4 serait deux fois plus élevée que la quantité de solution de KHP à la *même* concentration. Par contre, il faudrait le double de la quantité de HCl pour neutraliser une solution de $Ba(OH)_2$ comparativement à une solution de NaOH ayant la même concentration et le même volume parce que 1 mol de $Ba(OH)_2$ donne 2 mol d'ions OH^- :

$$2HCl(aq) + Ba(OH)_2(aq) \longrightarrow BaCl_2(aq) + 2H_2O(l)$$

Dans les calculs de titrage, il faut toujours avoir à l'esprit que, peu importe l'acide et la base qui réagissent ensemble, le nombre total de moles d'ions H^+ qui ont réagi une fois le point d'équivalence atteint doit être égal au nombre de moles d'ions OH^- qui ont réagi.

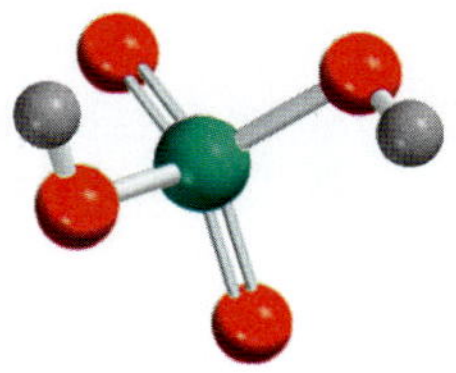

H_2SO_4 a deux hydrogènes ionisables pouvant ainsi céder deux protons.

EXEMPLE 1.10 Le titrage acido-basique

Combien de millilitres d'une solution de NaOH à 0,610 mol/L sont nécessaires pour neutraliser complètement 20,0 mL d'une solution de H_2SO_4 à 0,245 mol/L?

DÉMARCHE

On demande de calculer le volume de NaOH. En isolant le volume dans l'équation 1.1 (*p. 28*) donnant la définition de la concentration molaire volumique, on a :

$$\underset{\text{à calculer}}{\text{volume de soln (L)}} = \frac{\overset{\text{à calculer}}{\text{mol de NaOH}}}{\underset{\text{valeur connue}}{C\,(\text{mol/L})}}$$

Selon l'équation précédente de la réaction de neutralisation, nous savons que 1 mol de H_2SO_4 neutralise 2 mol de NaOH. Combien y a-t-il de moles de H_2SO_4 dans 20,0 mL d'une solution de H_2SO_4 0,245 mol/L? Combien de moles de NaOH cette quantité de H_2SO_4 neutraliserait-elle?

SOLUTION

Il faut d'abord calculer le nombre de moles contenues dans 20,0 mL de la solution de H_2SO_4 :

$$\text{moles de } H_2SO_4 = \frac{0{,}245 \text{ mol } H_2SO_4}{1\,000 \text{ \sout{mL soln}}} \times 20{,}0 \text{ \sout{mL soln}}$$

$$= 4{,}90 \times 10^{-3} \text{ mol } H_2SO_4$$

D'après les valeurs des coefficients stœchiométriques, nous savons que 1 mol H_2SO_4 ≏ 2 mol NaOH. Ainsi, le nombre de moles ayant réagi doit être $2(4{,}90 \times 10^{-3})$ mol,

>>>

ou $9{,}80 \times 10^{-3}$ mol. D'après la définition de la concentration molaire (équation 1.1), nous avons :

$$\text{volume de soln(L)} = \frac{\text{moles de soluté}}{C\,(\text{mol/L})}$$

ou :

$$\text{volume de NaOH} = \frac{9{,}80 \times 10^{-3}\ \text{mol NaOH}}{0{,}610\ \text{mol/L soln}}$$

$$= 0{,}0161\ \text{L ou } 16{,}1\ \text{mL}$$

EXERCICE

Combien de millilitres d'une solution de H_2SO_4 1,28 mol/L sont nécessaires pour neutraliser 60,2 mL d'une solution de KOH 0,427 mol/L ?

PROBLÈMES SEMBLABLES

1.77 et 1.78

RÉSUMÉ

1.1

Les propriétés générales des solutions aqueuses

Quelques définitions

- Solution : mélange homogène constitué de deux substances ou plus.

  Dans le cas d'une solution aqueuse, l'eau agit comme un solvant polaire, ce qui explique son grand pouvoir de dissolution envers un très grand nombre de substances ioniques ou polaires.
- Soluté : dans une solution, substance en moindre quantité par rapport au solvant. Une solution peut avoir plusieurs solutés.
- Solvant : dans une solution, substance en plus grande quantité par rapport au(x) soluté(s).
- Hydratation : processus par lequel des molécules d'eau sont disposées d'une manière particulière autour des ions, ce qui a pour effet de les stabiliser.
- Électrolytes et non-électrolytes : si une solution aqueuse est conductrice d'électricité, elle est un électrolyte. De ce point de vue, les solutés dissous en solutions aqueuses se classent en trois catégories : électrolytes forts, électrolytes faibles et non-électrolytes.

L'action de l'eau sur différents solutés

Nature du soluté	Action de l'eau		Sortes d'électrolyte	Exemples
Composé ionique	~~Dissociation~~ Dissolution	Forte	Fort	NaCl
Composé covalent	Ionisation	Forte	Fort	HCl (un acide fort) NaOH (une base forte)
		Faible	Faible	CH_3COOH (acide acétique, un acide faible)
	Dissociation Dissolution	Forte	Non-électrolyte	C_2H_5OH (éthanol, un alcool)

Les grandes catégories de réactions en milieu aqueux

Il existe trois grandes catégories de réactions chimiques en milieu aqueux : les réactions de précipitation, les réactions acido-basiques et les réactions d'oxydoréduction.

1.2

Les réactions de précipitation

À l'aide des règles générales concernant la solubilité des composés ioniques (*voir le tableau 1.2, p. 8*), il est possible de prévoir si, au cours d'une réaction, il pourrait y avoir la formation d'un composé insoluble, appelé précipité.

Rappelons, à l'aide d'un exemple, les trois manières d'écrire une réaction de précipitation, tout en se souvenant de la façon d'écrire l'équation ionique nette.

Type d'équation	Étapes d'équilibrage	Réaction étudiée*
Équation moléculaire	Étape 1 On écrit les formules des composés sous forme de molécules ou d'unités complètes.	$2K_3PO_4(aq) + 3Ca(NO_3)_2(aq) \longrightarrow 6KNO_3(aq) + Ca_3(PO_4)_2(s)$
Équation ionique	Étape 2 On écrit les composés ioniques sous forme d'ions aqueux.	$6K^+(aq) + 2PO_4^{3-}(aq) + 3Ca^{2+}(aq) + 6NO_3^-(aq) \longrightarrow 6K^+(aq) + 6NO_3^-(aq) + Ca_3(PO_4)_2(s)$
Équation ionique nette	Étape 3 On écrit seulement les ions qui participent directement à la réaction.	$3Ca^{2+}(aq) + 2PO_4^{3-}(aq) \longrightarrow Ca_3(PO_4)_2(s)$
	Étape 4 On vérifie si les charges et toutes les espèces d'atomes sont égales de chaque côté de l'équation nette.	Ca : 3 ⟶ 3 P : 2 ⟶ 2 O : 8 ⟶ 8 $[3(+2) + 2(-3)] = 0 \longrightarrow 0$

* Mélange d'une solution aqueuse de phosphate de potassium avec une solution aqueuse de nitrate de calcium. On prédit la formation de $Ca_3(PO_4)_2(s)$. On peut aussi considérer cette réaction de précipitation comme une réaction de double substitution (ou de métathèse).

1.3

Les réactions acido-basiques

Définition des acides et des bases

	Arrhenius	Brønsted-Lowry
Acide	Substance qui s'ionise dans l'eau en donnant des ions $H_3O^+(aq)$	Substance cédant des protons H^+
Base	Substance qui s'ionise dans l'eau en donnant des ions $OH^-(aq)$	Substance acceptant des protons H^+

La réaction entre un acide et une base est appelée neutralisation.

En général, on a : acide + base ⟶ sel + eau

Le sel obtenu est un composé ionique contenant un cation autre que H^+ et un anion autre que OH^- ou O^{2-}.

1.4

Les réactions d'oxydoréduction

Dans les réactions d'oxydoréduction, l'oxydation et la réduction se produisent toujours simultanément. L'oxydation est la perte d'électrons, tandis que la réduction est le gain d'électrons.

Les nombres d'oxydation permettent de suivre la distribution des charges et sont attribués à tous les atomes d'un composé ou d'un ion selon certaines règles (vous pouvez réviser ces règles à la page 21). On peut définir l'oxydation comme une augmentation du nombre d'oxydation, et la réduction comme une diminution du nombre d'oxydation. La figure suivante résume la relation entre les termes utilisés pour décrire une réaction d'oxydoréduction.

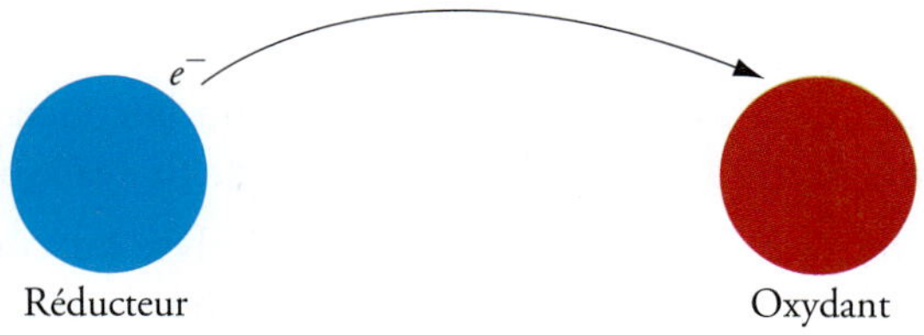

Réducteur	Oxydant
Perte d'e^-	Gain d'e^-
Oxydation	Réduction
Le nombre d'oxydation augmente	Le nombre d'oxydation diminue

Réaction d'oxydoréduction

Classement des réactions d'oxydoréduction

On peut classer la plupart des réactions d'oxydoréduction dans l'une ou l'autre des catégories suivantes :

Catégorie	Caractéristique	Exemple
Combinaison (ou synthèse)	Deux ou plusieurs substances se combinent pour former un seul produit.	$2H_2(g) + O_2(g) \longrightarrow 2H_2O(l)$
Décomposition	Un composé se fragmente en deux produits ou plus.	$KClO_3(s) \longrightarrow 2KCl(s) + 3O_2(g)$
Combustion	Une substance réagit avec de l'oxygène en produisant habituellement une flamme et de la chaleur.	$2CH_3OH(g) + 3O_2(g) \longrightarrow 2CO_2(g) + 4H_2O(g)$
Déplacement	Un ion (ou un atome) dans un composé est remplacé par un ion (ou un atome) d'un autre élément...	
	... d'hydrogène	$Zn(s) + 2HCl(aq) \longrightarrow ZnCl_2(aq) + H_2(g)$
	... d'un métal	$Zn(s) + CuSO_4(aq) \longrightarrow ZnSO_4(aq) + Cu(s)$
	... d'un halogène	$Cl_2(g) + 2NaI(aq) \longrightarrow 2NaCl(aq) + I_2(s)$

Une série d'activité permet de prédire certaines réactions de déplacement du type oxydoréduction dans le cas des métaux (*voir la figure 1.15, p. 27*) et des non-métaux. Par exemple, on peut prédire que les deux dernières réactions du tableau précédent se produiront favorablement vers la droite, mais pas dans le sens inverse si l'on tentait de le faire avec ces réactifs. La consultation de la série d'activité des métaux nous indique que le zinc est un meilleur réducteur que le cuivre. Dans le cas des halogènes, on note que le chlore est un oxydant plus fort que l'iode. Ces notions de prédiction de réactions seront plus approfondies au chapitre 7.

1.5

La concentration des solutions et la dilution

La concentration d'une solution est la quantité de soluté présente dans une certaine quantité de solution. La concentration molaire volumique exprime la concentration en nombre de moles de soluté contenues dans 1 L de solution (*voir les équations clés 1.1 et 1.2*).

L'ajout d'un solvant à une solution, un procédé appelé dilution, diminue la concentration de la solution *sans changer le nombre total de moles de soluté* présent dans la solution (*voir l'équation clé 1.3*).

1.6

La stœchiométrie en chimie des solutions

L'analyse gravimétrique est une technique d'analyse basée sur des mesures de masses qui permet de déterminer la nature d'un composé et/ou la concentration d'une solution. Les analyses gravimétriques se font souvent à l'aide de réactions de précipitation.

Le titrage acido-basique est une autre technique d'analyse au cours de laquelle une solution de concentration connue (une base, par exemple) est graduellement ajoutée à une solution de concentration inconnue (un acide) pour en déterminer la concentration. Dans un titrage, le point d'équivalence correspond au moment où la réaction est terminée, c'est-à-dire le moment où l'acide et la base ont complètement réagi.

ÉQUATIONS CLÉS

- concentration molaire volumique $= \dfrac{\text{moles de soluté}}{\text{volume de solution (L)}}$ — Définition de la concentration molaire volumique (1.1)
- $C = \dfrac{n}{V}$ — Pour calculer la concentration molaire volumique (1.2)
- $C_{\text{initiale}}V_{\text{initial}} = C_{\text{finale}}V_{\text{final}}$ — Pour les calculs de dilution (1.3)

MOTS CLÉS

Acide de Brønsted-Lowry, p. 13
Analyse gravimétrique, p. 33
Base de Brønsted-Lowry, p. 13
Concentration d'une solution, p. 28
Concentration molaire volumique (C), p. 28
Demi-réaction, p. 19
Diacide, p. 15
Dilution, p. 31
Électrolyte, p. 5
Équation ionique, p. 10
Équation ionique nette, p. 10
Équation moléculaire, p. 9
Équilibre chimique, p. 7
Hydratation, p. 6
Indicateur, p. 36
Ion hydronium, p. 14
Ion spectateur, p. 10
Monoacide, p. 14
Nombre (degré ou état) d'oxydation, p. 20
Non-électrolyte, p. 5
Oxydant, p. 20
Point d'équivalence, p. 36
Précipité, p. 7
Réaction d'oxydation, p. 20
Réaction d'oxydoréduction, p. 19
Réaction de combinaison (de synthèse), p. 24
Réaction de combustion, p. 24
Réaction de décomposition, p. 24
Réaction de déplacement, p. 24
Réaction de double substitution (de métathèse), p. 8
Réaction de neutralisation, p. 17
Réaction de précipitation, p. 7
Réaction de réduction, p. 20
Réaction réversible, p. 7
Réducteur, p. 20
Sel, p. 17
Série d'activité (électrochimique), p. 27
Solubilité, p. 8
Soluté, p. 5
Solution, p. 5
Solution aqueuse, p. 5
Solution de titrage (standard), p. 35
Solvant, p. 5
Titrage, p. 35
Triacide, p. 15

QUESTIONS ET PROBLÈMES*

Questions et problèmes ciblés

Les propriétés des solutions aqueuses

Questions de révision

1.1 Définissez les termes suivants : soluté, solvant, solution, électrolyte, non-électrolyte, hydratation, réaction réversible, équilibre chimique.

1.2 Expliquez la différence entre les symboles suivants utilisés dans des équations chimiques : $\longrightarrow$ et $\rightleftharpoons$.

1.3 L'eau est un électrolyte extrêmement faible ; elle ne peut donc conduire l'électricité. Cependant, on nous dit souvent de ne pas manipuler des appareils électriques avec les mains mouillées : pourquoi ?

1.4 LiF est un électrolyte fort. Quand on écrit LiF(*aq*), quelles sont les espèces réellement présentes dans la solution ?

Problèmes

★**1.5** Les diagrammes suivants illustrent chacun une solution aqueuse qui a été préparée avec un composé différent. Identifiez chacun de ces composés comme étant soit des non-électrolytes, soit des électrolytes faibles, soit des électrolytes forts.

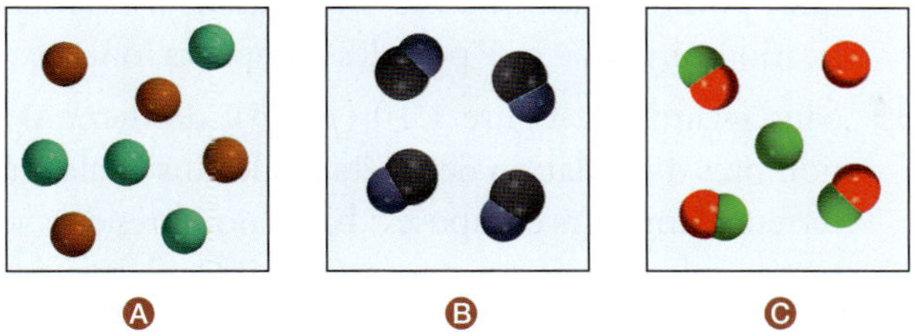

★**1.6** Parmi les diagrammes suivants, lequel représente le mieux l'hydratation du NaCl dissous dans l'eau ? L'ion Cl^- est plus volumineux que l'ion Na^+.

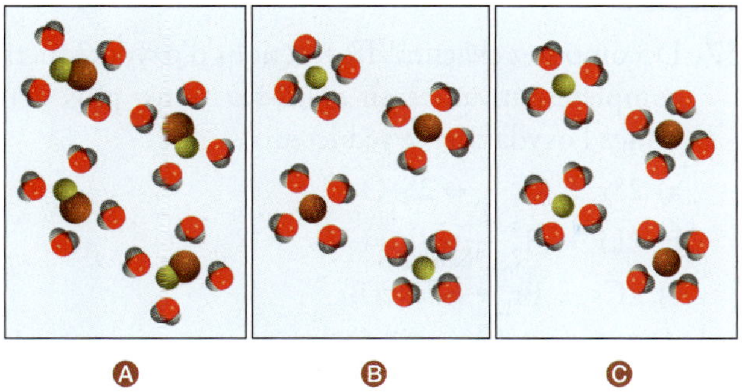

★**1.7** Dites si chacune des substances suivantes est un électrolyte fort, un électrolyte faible ou un non-électrolyte : **a)** H_2O ; **b)** KCl ; **c)** HNO_3 ; **d)** CH_3COOH ; **e)** $C_{12}H_{22}O_{11}$.

★**1.8** Dites si chacune des substances suivantes est un électrolyte fort, un électrolyte faible ou un non-électrolyte : **a)** $Ba(NO_3)_2$; **b)** Ne ; **c)** NH_3 ; **d)** NaOH.

★**1.9** Le passage de l'électricité dans une solution d'électrolyte est-il causé par le mouvement : a) des électrons seulement ; b) des cations seulement ; c) des anions seulement ; d) des cations et des anions ?

★**1.10** Dites lesquels des systèmes suivants sont conducteurs d'électricité et expliquez pourquoi : a) NaCl solide ; b) NaCl fondu ; c) solution aqueuse de NaCl.

★**1.11** On vous donne un composé X hydrosoluble. Dites comment vous feriez pour déterminer s'il s'agit ou non d'un électrolyte. S'il s'agit bien d'un électrolyte, comment détermineriez-vous s'il est fort ou faible ?

★**1.12** Expliquez pourquoi une solution de HCl dans du benzène ne conduit pas l'électricité alors qu'une solution aqueuse de HCl est conductrice.

Les réactions de précipitation

Questions de révision

1.13 Quelle est la différence entre une équation ionique et une équation moléculaire ?

1.14 Quel est l'avantage d'écrire des équations ioniques nettes pour représenter les réactions de précipitation ?

Problèmes

★**1.15** Une solution de $AgNO_3(aq)$ est ajoutée à une solution de NaCl(*aq*). Parmi les diagrammes suivants, lequel représente le mieux ce mélange ?

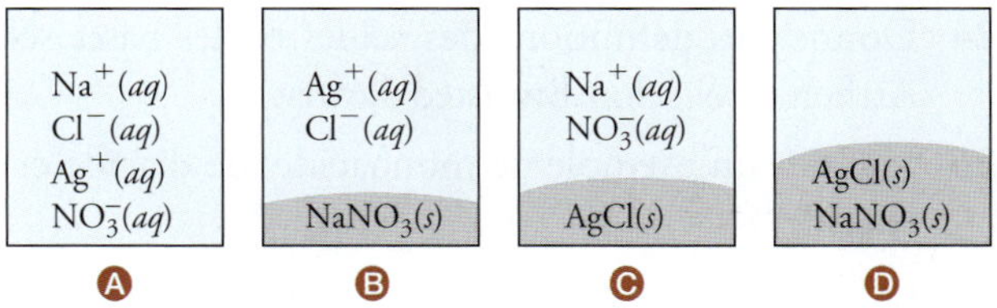

★**1.16** On mélange deux solutions aqueuses de KOH et de $MgCl_2$. Parmi les diagrammes suivants, lequel représente le mieux ce mélange ?

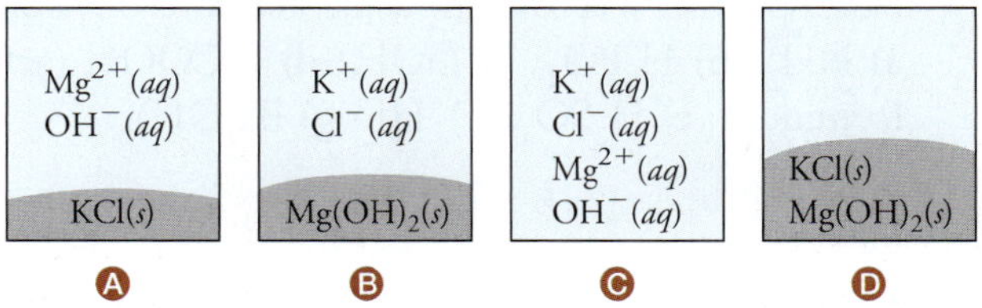

Biologie : 1.94, 1.100 ; Concepts : 1.5, 1.6, 1.9, 1.11, 1.15, 1.16, 1.80 à 1.82, 1.87, 1.103 ; Descriptifs : 1.7, 1.8, 1.10, 1.12, 1.19 à 1.22, 1.31, 1.32, 1.37, 1.38, 1.45 à 1.48, 1.84, 1.85, 1.97, 1.99, 1.100 ; Environnement : 1.72, 1.83 ; Industrie : 1.92, 1.98, 1.101, 1.102

* Niveau de difficulté : ★ facile ; ★ moyen ; ★ élevé

★**1.17** Dites si les composés suivants sont solubles ou insolubles dans l'eau : **a)** $Ca_3(PO_4)_2$; **b)** $Mn(OH)_2$; **c)** $AgClO_3$; **d)** K_2S.

★**1.18** Dites si les composés suivants sont solubles ou insolubles dans l'eau : **a)** $CaCO_3$; **b)** $ZnSO_4$; **c)** $Hg(NO_3)_2$; **d)** $HgSO_4$; **e)** NH_4ClO_4.

★**1.19** Donnez les équations ioniques et ioniques nettes des réactions suivantes :

a) $2AgNO_3(aq) + Na_2SO_4(aq) \longrightarrow$

b) $BaCl_2(aq) + ZnSO_4(aq) \longrightarrow$

c) $(NH_4)_2CO_3 + CaCl_2(aq) \longrightarrow$

★**1.20** Donnez les équations ioniques et ioniques nettes des réactions suivantes :

a) $Na_2S(aq) + ZnCl_2(aq) \longrightarrow$

b) $2K_3PO_4(aq) + 3Sr(NO_3)_2(aq) \longrightarrow$

c) $Mg(NO_3)_2(aq) + 2NaOH(aq) \longrightarrow$

★**1.21** Parmi les cas suivants, indiquez celui où il y a formation d'un précipité : a) une solution de $NaNO_3$ dans une solution de $CuSO_4$; b) une solution de $BaCl_2$ dans une solution de K_2SO_4. Donnez l'équation ionique nette de cette réaction.

★**1.22** D'après les règles de solubilité données dans ce chapitre, suggérez une méthode qui permettrait de séparer : **a)** K^+ de Ag^+ ; **b)** Ba^{2+} de Pb^{2+} ; **c)** NH_4^+ de Ca^{2+} ; **d)** Ba^{2+} de Cu^{2+}. Tous les cations sont en solution aqueuse, et l'anion commun est l'ion nitrate.

Les réactions acido-basiques

Questions de révision

1.23 Énumérez les propriétés générales des acides et des bases.

1.24 Donnez les définitions des acides et des bases selon Arrhenius et selon Brønsted-Lowry.

1.25 Donnez un exemple de monoacide, de diacide et de triacide.

1.26 Qu'est-ce qui caractérise une réaction de neutralisation acido-basique ?

1.27 Donnez quatre exemples de sels.

1.28 Dites si les substances suivantes sont des acides ou des bases ; précisez si la base ou l'acide sont forts ou faibles : **a)** NH_3 ; **b)** H_3PO_4 ; **c)** LiOH ; **d)** HCOOH (acide formique) ; **e)** H_2SO_4 ; **f)** HF ; **g)** $Ba(OH)_2$.

Problèmes

★**1.29** Dites si chacune des espèces suivantes est une base ou un acide de Brønsted-Lowry ou les deux : **a)** HI ; **b)** CH_3COO^- ; **c)** $H_2PO_4^-$; **d)** HSO_4^-.

★**1.30** Dites si chacune des espèces suivantes est une base ou un acide de Brønsted-Lowry ou les deux : **a)** PO_4^{3-} ; **b)** ClO_2^- ; **c)** NH_4^+ ; **d)** HCO_3^-.

★**1.31** Complétez et équilibrez les équations suivantes et donnez les équations ioniques et ioniques nettes correspondantes (s'il y a lieu) :

a) $HBr(aq) + NH_3(aq) \longrightarrow$
(HBr est un acide fort)

b) $Ba(OH)_2(aq) + H_3PO_4(aq) \longrightarrow$

c) $HClO_4(aq) + Mg(OH)_2(s) \longrightarrow$

★**1.32** Complétez et équilibrez les équations suivantes et donnez les équations ioniques et ioniques nettes correspondantes (s'il y a lieu) :

a) $CH_3COOH(aq) + KOH(aq) \longrightarrow$

b) $H_2CO_3(aq) + NaOH(aq) \longrightarrow$

c) $HNO_3(aq) + Ba(OH)_2(aq) \longrightarrow$

Les réactions d'oxydoréduction

Questions de révision

1.33 Définissez les termes suivants : demi-réaction, réaction d'oxydation, réaction de réduction, réducteur, oxydant, réaction d'oxydoréduction.

1.34 Définissez l'expression « nombre d'oxydation ». Expliquez pourquoi un nombre d'oxydation n'a de signification physique que pour les composés ioniques.

1.35 Sans regarder la figure 1.10 (*p. 23*), donnez : **a)** les nombres d'oxydation des métaux alcalins et alcalino-terreux dans leurs composés ; **b)** les nombres d'oxydation les plus élevés que peuvent avoir les éléments des groupes 3A à 7A.

1.36 Une réaction d'oxydation peut-elle avoir lieu sans qu'il y ait de réduction ? Expliquez.

Problèmes

★**1.37** Décomposez chacune des réactions d'oxydoréduction complètes suivantes en demi-réactions, puis déterminez l'oxydant et le réducteur.

a) $2Sr + O_2 \longrightarrow 2SrO$

b) $2Li + H_2 \longrightarrow 2LiH$

c) $2Cs + Br_2 \longrightarrow 2CsBr$

d) $3Mg + N_2 \longrightarrow Mg_3N_2$

★**1.38** Décomposez chacune des réactions d'oxydoréduction complètes suivantes en demi-réactions, puis déterminez l'oxydant et le réducteur.

a) $4Fe + 3O_2 \longrightarrow 2Fe_2O_3$

b) $Cl_2 + 2NaBr \longrightarrow 2NaCl + Br_2$

c) $Si + 2F_2 \longrightarrow SiF_4$

d) $H_2 + Cl_2 \longrightarrow 2HCl$

★**1.39** Classez les espèces suivantes par ordre croissant du nombre d'oxydation du soufre : **a)** H_2S ; **b)** S_8 ; **c)** H_2SO_4 ; **d)** S^{2-} ; **e)** HS^- ; **f)** SO_2 ; **g)** SO_3.

★**1.40** Donnez le nombre d'oxydation du phosphore dans chacun des composés suivants : **a)** HPO_3 ; **b)** H_3PO_2 ; **c)** H_3PO_3 ; **d)** H_3PO_4 ; **e)** $H_4P_2O_7$; **f)** $H_5P_3O_{10}$.

★**1.41** Donnez, dans chaque cas, le nombre d'oxydation de l'atome souligné : **a)** $\underline{Cl}F$; **b)** $\underline{I}F_7$; **c)** $\underline{C}H_4$; **d)** $\underline{C}_2H_2$; **e)** $\underline{C}_2H_4$; **f)** $K_2\underline{Cr}O_4$; **g)** $K_2\underline{Cr}_2O_7$; **h)** $K\underline{Mn}O_4$; **i)** $NaH\underline{C}O_3$; **j)** $\underline{Li}_2$; **k)** $Na\underline{I}O_3$; **l)** $\underline{K}O_2$; **m)** $\underline{P}F_6^-$; **n)** $K\underline{Au}Cl_4$.

★**1.42** Donnez, dans les molécules ou ions suivants, le nombre d'oxydation de l'atome souligné : **a)** $\underline{Cs}_2O$; **b)** $Ca\underline{I}_2$; **c)** $\underline{Al}_2O_3$; **d)** $H_3\underline{As}O_3$; **e)** $\underline{Ti}O_2$; **f)** $\underline{Mo}O_4^{2-}$; **g)** $\underline{Pt}Cl_4^{2-}$; **h)** $\underline{Pt}Cl_6^{2-}$; **i)** $\underline{Sn}F_2$; **j)** $\underline{Cl}F_3$; **k)** $\underline{Sb}F_6^-$.

★**1.43** Donnez le nombre d'oxydation de chacune des substances suivantes : H_2, Se_8, P_4, O, U, As_4, B_{12}.

★**1.44** Donnez, dans chaque cas, le nombre d'oxydation de l'atome souligné : **a)** $Mg_3\underline{N}_2$; **b)** $Cs\underline{O}_2$; **c)** $Ca\underline{C}_2$; **d)** $\underline{C}O_3^{2-}$; **e)** $\underline{C}_2O_4^{2-}$; **f)** $Zn\underline{O}_2^{2-}$; **g)** $Na\underline{B}H_4$; **h)** $\underline{W}O_4^{2-}$.

★**1.45** L'acide nitrique est un oxydant fort. Dites laquelle des espèces suivantes est la *moins* susceptible d'être produite quand l'acide nitrique réagit avec un réducteur fort tel le zinc : N_2O, NO, NO_2, N_2O_4, N_2O_5, NH_4^+. Expliquez votre choix.

★**1.46** D'après le concept de nombre d'oxydation, l'un des oxydes suivants ne réagirait pas avec l'oxygène moléculaire : NO, N_2O, SO_2, SO_3, P_4O_6. Lequel ? Pourquoi ?

★**1.47** À l'aide de la série d'activité, prédisez le résultat des réactions représentées par les équations suivantes, puis équilibrez les équations :

a) $Cu(s) + HCl(aq) \longrightarrow$

b) $I_2(s) + NaBr(aq) \longrightarrow$

c) $Mg(s) + CuSO_4(aq) \longrightarrow$

d) $Cl_2(g) + KBr(aq) \longrightarrow$

★**1.48** Lesquels des métaux suivants peuvent réagir avec l'eau ? a) Au ; b) Li ; c) Hg ; d) Ca ; e) Pt.

La concentration des solutions

Questions de révision

1.49 Définissez l'expression « concentration molaire volumique ».

1.50 Décrivez les étapes de la préparation d'une solution de concentration molaire donnée dans un ballon volumétrique.

Problèmes

★**1.51** Calculez la masse en grammes de NaOH requise pour préparer $5{,}00 \times 10^2$ mL d'une solution à une concentration de 2,80 mol/L.

★**1.52** On dissout 5,25 g de NaOH dans suffisamment d'eau pour former exactement 1 L de solution. Quelle est la concentration molaire de cette solution ?

★**1.53** Combien de moles de $MgCl_2$ sont contenues dans 60,0 mL d'une solution de $MgCl_2$ à 0,100 mol/L ?

★**1.54** Combien de grammes de KOH contiennent 35,0 mL d'une solution à 5,50 mol/L ?

★**1.55** Calculez la concentration molaire de chacune des solutions aqueuses suivantes : **a)** 29,0 g d'éthanol (C_2H_5OH) dans 545 mL de solution ; **b)** 15,4 g de saccharose ($C_{12}H_{22}O_{11}$) dans 74,0 mL de solution ; **c)** 9,00 g de chlorure de sodium (NaCl) dans 86,4 mL de solution.

★**1.56** Calculez la concentration molaire de chacune des solutions suivantes : **a)** 6,57 g de méthanol (CH_3OH) dans $1{,}50 \times 10^2$ mL de solution aqueuse ; **b)** 10,4 g de chlorure de calcium ($CaCl_2$) dans $2{,}20 \times 10^2$ mL de solution aqueuse ; **c)** 7,82 g de naphtalène ($C_{10}H_8$) dans 85,2 mL de solution de benzène.

★**1.57** Dans chacun des cas suivants, calculez le volume (en millilitres) qu'il faut prélever pour obtenir la masse de soluté indiquée : **a)** 2,14 g de chlorure de sodium dans une solution à 0,270 mol/L ; **b)** 4,30 g d'éthanol dans une solution à 1,50 mol/L ; **c)** 0,85 g d'acide acétique (CH_3COOH) dans une solution à 0,30 mol/L.

★**1.58** Calculez, pour chacun des solutés suivants, le nombre de grammes nécessaire pour former $2{,}50 \times 10^2$ mL d'une solution à 0,100 mol/L : **a)** iodure de césium (CsI) ; **b)** acide sulfurique (H_2SO_4) ; **c)** carbonate de sodium (Na_2CO_3) ; **d)** dichromate de potassium ($K_2Cr_2O_7$) ; **e)** permanganate de potassium ($KMnO_4$).

La dilution des solutions

Questions de révision

1.59 Indiquez les étapes de base de la dilution d'une solution de concentration connue.

1.60 Donnez l'équation qui permet de calculer la concentration d'une solution diluée.

Problèmes

★**1.61** Décrivez la préparation de 1,00 L d'une solution de HCl à 0,646 mol/L à partir d'une solution de HCl à 2,00 mol/L.

★**1.62** On verse 25,0 mL d'une solution de KNO_3 à 0,866 mol/L dans un ballon volumétrique de 500 mL, puis on y ajoute suffisamment d'eau pour que le volume soit de 500 mL exactement. Quelle est la concentration de la solution finale?

★**1.63** Comment prépareriez-vous 60,0 mL d'une solution de HNO_3 à 0,200 mol/L à partir d'une solution de HNO_3 à 4,00 mol/L?

★**1.64** Vous avez 505 mL d'une solution de HCl à 0,125 mol/L et vous voulez la diluer à exactement 0,100 mol/L. Quelle quantité d'eau devrez-vous ajouter?

★**1.65** On mélange 35,2 mL d'une solution de $KMnO_4$ à 1,66 mol/L avec 16,7 mL d'une solution de $KMnO_4$ à 0,892 mol/L. Calculez la concentration de la solution finale.

★**1.66** On mélange 46,2 mL d'une solution de nitrate de calcium [$Ca(NO_3)_2$] à 0,568 mol/L avec 80,5 mL d'une solution de nitrate de calcium à 1,396 mol/L. Calculez la concentration de la solution finale.

L'analyse gravimétrique

Questions de révision

1.67 Définissez l'expression « analyse gravimétrique ». Décrivez les étapes de base d'une analyse gravimétrique. Comment une telle méthode aide-t-elle à déterminer la nature d'un composé ou la pureté d'un composé dont la formule est connue?

1.68 Pourquoi doit-on utiliser de l'eau distillée pour l'analyse gravimétrique des chlorures?

Problèmes

★**1.69** On ajoute 30,0 mL d'une solution de $CaCl_2$ 0,150 mol/L à 15,0 mL d'une solution de $AgNO_3$ 0,100 mol/L. Quelle est la masse en grammes du précipité de AgCl formé?

★**1.70** Un échantillon de 0,6760 g d'un composé inconnu contenant des ions baryum (Ba^{2+}) est dissous dans de l'eau; on ajoute ensuite du Na_2SO_4 en excès. Si la masse du précipité de $BaSO_4$ formé est de 0,4105 g, quel est le pourcentage massique de Ba dans le composé inconnu?

★**1.71** Combien de grammes de NaCl sont nécessaires pour précipiter tous les ions Ag^+ contenus dans $2,50 \times 10^2$ mL d'une solution de $AgNO_3$ 0,0113 mol/L? Donnez l'équation ionique nette de cette réaction.

★**1.72** La concentration des ions Cu^{2+} dans l'eau (qui contient aussi des ions sulfate) rejetée par une usine est déterminée par l'ajout d'une solution en excès de sulfure de sodium (Na_2S) à 0,800 L de cette eau. L'équation moléculaire est

$$Na_2S(aq) + CuSO_4(aq) \longrightarrow Na_2SO_4(aq) + CuS(s)$$

Donnez l'équation ionique nette et calculez la concentration molaire de Cu^{2+} dans l'échantillon d'eau si 0,0177 g de CuS solide est formé.

Les titrages acido-basiques

Questions de révision

1.73 Définissez les termes suivants: titrage acido-basique, solution standard et point d'équivalence.

1.74 Décrivez les principales étapes d'un titrage acido-basique. Pourquoi cette technique a-t-elle une grande valeur pratique? Comment fonctionne un indicateur acido-basique?

Problèmes

★**1.75** Lors de l'étalonnage d'une solution de KOH, il a fallu 18,68 mL de cette solution pour neutraliser 0,4218 g de KHP. Quelle est la concentration molaire volumique de cette solution de KOH?

★**1.76** Il a fallu 17,4 mL d'une solution de HCl 0,312 mol/L pour neutraliser 25,00 mL d'une solution de NaOH. Calculez la concentration molaire volumique du NaOH.

★**1.77** Calculez le volume en millilitres d'une solution de NaOH à 1,420 mol/L nécessaire pour le titrage de chacune des solutions suivantes:

a) 25,00 mL d'une solution de HCl à 2,430 mol/L;
b) 25,00 mL d'une solution de H_2SO_4 à 4,500 mol/L;
c) 25,00 mL d'une solution de H_3PO_4 à 1,500 mol/L.

★**1.78** Quel volume de solution de HCl à 0,500 mol/L est nécessaire pour neutraliser complètement chacune des solutions suivantes?

a) 10,0 mL d'une solution de NaOH à 0,300 mol/L;
b) 10,0 mL d'une solution de $Ba(OH)_2$ à 0,200 mol/L.

Problèmes variés

★**1.79** Classez les réactions suivantes selon les types de réactions abordés dans ce chapitre:

a) $Cl_2 + 2OH^- \longrightarrow Cl^- + ClO^- + H_2O$
b) $Ca^{2+} + CO_3^{2-} \longrightarrow CaCO_3$
c) $NH_3 + H^+ \longrightarrow NH_4^+$
d) $2CCl_4 + CrO_4^{2-} \longrightarrow 2COCl_2 + CrO_2Cl_2 + 2Cl^-$
e) $Ca + F_2 \longrightarrow CaF_2$
f) $2Li + H_2 \longrightarrow 2LiH$

g) $Ba(NO_3)_2 + Na_2SO_4 \longrightarrow 2NaNO_3 + BaSO_4$

h) $CuO + H_2 \longrightarrow Cu + H_2O$

i) $Zn + 2HCl \longrightarrow ZnCl_2 + H_2$

j) $2FeCl_2 + Cl_2 \longrightarrow 2FeCl_3$

★**1.80** En utilisant le dispositif illustré à la figure 1.1 (*p.* 5), un élève remarque que l'ampoule brille vivement quand les électrodes sont plongées dans une solution d'acide sulfurique. Cependant, après l'ajout d'une certaine quantité d'une solution d'hydroxyde de baryum [$Ba(OH)_2$], l'intensité de la lumière diminue graduellement; pourtant, $Ba(OH)_2$ est un électrolyte fort. Expliquez ce phénomène.

★**1.81** Quelqu'un vous donne un liquide incolore. Décrivez trois analyses chimiques qui vous permettraient de prouver que ce liquide est de l'eau.

★**1.82** On vous donne deux solutions incolores, l'une qui contient du NaCl et l'autre du saccharose ($C_{12}H_{22}O_{11}$). Proposez un test chimique et un test physique qui permettraient de distinguer ces deux solutions.

★**1.83** Le chlore (Cl_2) est utilisé pour rendre l'eau potable. Cependant, en trop grande quantité, il est dangereux pour les humains. L'excès de chlore est alors souvent éliminé par traitement au dioxyde de soufre (SO_2). Équilibrez l'équation suivante qui représente cette réaction :

$$Cl_2 + SO_2 + H_2O \longrightarrow Cl^- + SO_4^{2-} + H_3O^+$$

★**1.84** Avant que l'aluminium soit obtenu par réduction électrolytique de son minerai (Al_2O_3), on l'obtenait par réduction chimique. Quel métal utiliseriez-vous pour réduire Al^{3+} en Al?

★**1.85** L'oxygène (O_2) et le dioxyde de carbone (CO_2) sont des gaz incolores et inodores. Décrivez brièvement deux tests qui vous permettraient de distinguer ces deux gaz.

★**1.86** En vous servant des nombres d'oxydation, expliquez pourquoi le monoxyde de carbone (CO) est inflammable, alors que le dioxyde de carbone (CO_2) ne l'est pas.

★**1.87** Laquelle des solutions aqueuses suivantes serait, selon vous, la meilleure conductrice d'électricité à 25 °C? Expliquez votre réponse.

a) NaCl à 0,20 mol/L;

b) CH_3COOH à 0,60 mol/L;

c) HCl à 0,25 mol/L;

d) $Mg(NO_3)_2$ à 0,20 mol/L.

★**1.88** On ajoute à 4,47 g de magnésium un échantillon de $5{,}00 \times 10^2$ mL d'une solution de HCl à 2,00 mol/L. Calculez la concentration de la solution acide après que tout le métal a réagi. Supposez que le volume est resté le même.

★**1.89** Quel volume (en litres) d'une solution de $CuSO_4$ à 0,156 mol/L faudrait-il ajouter pour faire réagir 7,89 g de zinc?

★**1.90** Le carbonate de sodium (Na_2CO_3), que l'on peut obtenir à l'état très pur, peut être utilisé comme standard primaire pour titrer des solutions acides. Quelle serait la concentration molaire d'une solution aqueuse de HCl s'il faut 28,3 mL de cette solution pour réagir complètement avec 0,256 g de Na_2CO_3?

★**1.91** On a dissous un échantillon de 3,664 g d'un monoacide dans de l'eau. Il a fallu 20,27 mL d'une solution de NaOH à 0,1578 mol/L pour neutraliser cette solution. Calculez la masse molaire de l'acide.

★**1.92** L'acide acétique (CH_3COOH) est un important ingrédient du vinaigre. Un échantillon de 50,0 mL d'un vinaigre commercial est titré à l'aide d'une solution de NaOH à 1,00 mol/L. Quelle est la concentration (en mol/L) de l'acide acétique dans le vinaigre si 5,75 mL de NaOH ont été nécessaires pour le titrage?

★**1.93** Calculez la masse de précipité formée quand 2,27 L d'une solution de $Ba(OH)_2$ à 0,0820 mol/L sont mélangés avec 3,06 L d'une solution de Na_2SO_4 à 0,0664 mol/L.

★**1.94** La magnésie hydratée (aussi appelée lait de magnésie) est une suspension aqueuse d'hydroxyde de magnésium [$Mg(OH)_2$] utilisée contre l'acidité gastrique. Calculez le volume d'une solution de HCl à 0,035 mol/L (la concentration moyenne d'acide chez un sujet souffrant de malaises gastriques) nécessaire pour réagir avec deux cuillerées de magnésie hydratée [approximativement 10,0 mL à 0,080 g $Mg(OH)_2$/mL].

★**1.95** Un échantillon de 1,00 g d'un métal X (on sait qu'il forme des ions X^{2+}) a été ajouté à 0,100 L de H_2SO_4 0,500 mol/L. Une fois que le métal a complètement réagi, l'acide versé en excès nécessite 0,0334 L de NaOH 0,500 mol/L pour être neutralisé. Calculez la masse molaire du métal et déterminez cet élément.

★**1.96** On mélange 60,0 mL d'une solution de glucose ($C_6H_{12}O_6$) 0,513 mol/L à 120,0 mL d'une autre solution de glucose 2,33 mol/L. Quelle est la concentration finale de la nouvelle solution? (On suppose que les volumes sont additifs, c'est-à-dire que, durant la formation de la nouvelle solution, il n'y a ni contraction ni expansion de volume.)

★**1.97** Les substances suivantes sont des produits couramment utilisés à la maison: **a)** sel de table (NaCl); **b)** sucre de table (sucrose); **c)** vinaigre (contient de l'acide acétique); **d)** bicarbonate de soude ($NaHCO_3$); **e)** soda à laver ($Na_2CO_3 \cdot 10H_2O$); **f)** acide borique (H_3BO_3, utilisé comme rince-œil) ; **g)** sel d'Epsom ($MgSO_4 \cdot 7H_2O$) ; **h)** hydroxyde de sodium (pour déboucher les drains) ; **i)** ammoniac ; **j)** lait de magnésie [$Mg(OH)_2$] ; **k)** carbonate de calcium. En vous basant sur les connaissances acquises au cours de l'étude de ce chapitre, décrivez des tests appropriés permettant d'identifier chacun de ces composés.

★**1.98** L'acide phosphorique, H_3PO_4, est un important produit industriel utilisé dans les fertilisants, dans les détersifs et dans l'industrie alimentaire. Il est produit selon deux méthodes différentes. Dans la méthode dite du *four électrique,* le phosphore élémentaire, P_4, est brûlé dans l'air pour former P_4O_{10}, lequel réagit avec de l'eau pour donner H_3PO_4. Dans le procédé dit *humide,* la roche minérale de phosphate, $Ca_5(PO_4)_3F$, réagit avec de l'acide sulfurique pour donner H_3PO_4 (ainsi que HF et $CaSO_4$). Écrivez les équations décrivant ces deux procédés. Indiquez pour chacune s'il s'agit d'une réaction de précipitation, d'une réaction acido-basique ou d'une réaction d'oxydoréduction.

★**1.99** Donnez une explication pour chacun des phénomènes chimiques suivants : **a)** Lorsque du calcium métallique est ajouté à une solution d'acide sulfurique, il y a dégagement d'hydrogène. Après quelques minutes, la réaction ralentit continuellement jusqu'à s'arrêter, même si aucun des réactifs n'est épuisé. **b)** L'aluminium est placé au-dessus de l'hydrogène dans la série d'activité et, pourtant, ce métal ne réagit ni dans la vapeur d'eau ni au contact de l'acide chlorhydrique. **c)** Le sodium et le potassium sont placés au-dessus du cuivre dans la série d'activité. Expliquez pourquoi les ions Cu^{2+}, au contact d'une solution de $CuSO_4$, ne sont pas convertis en cuivre métallique lors de l'addition de ces métaux. **d)** Un métal M réagit lentement au contact de la vapeur d'eau. Il n'y a pas de changement visible s'il est mis en présence d'une solution de sulfate de fer(II) vert pâle. Où faudrait-il placer M dans la série d'activité ?

★**1.100** Les métaux jouent souvent un rôle important dans de nombreuses réactions d'oxydoréduction se déroulant dans les organismes vivants. Au cours de ces réactions, il y a variation du nombre d'oxydation de ces métaux. Parmi la liste des métaux suivants, lesquels sont les plus susceptibles de prendre part à de telles réactions : Na, K, Mg, Ca, Mn, Fe, Co, Cu, Zn ? Expliquez vos choix.

★**1.101** Les hydracides halogénés (HF, HCl, HBr, HI) sont des composés très réactifs utilisés autant dans les laboratoires que dans l'industrie. **a)** La préparation en laboratoire de HF et de HCl se fait par réaction de CaF_2 et NaCl avec de l'acide sulfurique concentré. Écrivez les équations de ces réactions. (Indice : il ne s'agit pas de réactions d'oxydoréduction ici.) **b)** Pourquoi HBr et HI ne peuvent-ils pas être préparés de manière similaire, c'est-à-dire par réaction de NaBr et de NaI avec de l'acide sulfurique concentré ? (Indice : H_2SO_4 est un meilleur agent oxydant que Br_2 et I_2.) **c)** On peut préparer HBr par réaction du tribromure de phosphore (PBr_3) avec de l'eau. Écrivez l'équation de cette réaction.

Problèmes spéciaux

1.102 Le magnésium, un métal de grande valeur, est utilisé dans les structures métalliques légères, les alliages, les piles et les synthèses chimiques. Bien qu'il soit présent en grande quantité dans l'écorce terrestre, il est parfois plus économique de l'extraire de l'eau de mer. Le magnésium est, après le sodium, le cation le plus abondant dans la mer : environ 1,3 g de magnésium par kilogramme d'eau de mer.

Le procédé d'extraction du magnésium de l'eau de mer fait appel aux trois types de réactions décrites dans ce chapitre, à savoir les réactions de précipitation, les réactions acido-basiques et les réactions d'oxydoréduction.

La première étape de l'extraction du magnésium consiste à chauffer à haute température du calcaire ($CaCO_3$) pour produire de la chaux vive ou oxyde de calcium (CaO) :

$$CaCO_3(s) \longrightarrow CaO(s) + CO_2(g)$$

Quand l'oxyde de calcium est mis en présence d'eau de mer, il y a production d'hydroxyde de calcium [$Ca(OH)_2$], qui est légèrement soluble et qui s'ionise pour donner des ions Ca^{2+} et OH^- :

$$CaO(s) + H_2O(l) \longrightarrow Ca^{2+}(aq) + 2OH^-(aq)$$

Les ions hydroxyde en excès provoquent la précipitation d'hydroxyde de magnésium, une substance moins soluble :

$$Mg^{2+}(aq) + 2OH^-(aq) \longrightarrow Mg(OH)_2(s)$$

L'hydroxyde de magnésium solide est filtré, puis on le fait réagir avec de l'acide chlorhydrique pour former du chlorure de magnésium ($MgCl_2$) :

$$Mg(OH)_2(s) + 2HCl(aq) \longrightarrow MgCl_2(aq) + 2H_2O(l)$$

Après évaporation de l'eau, le chlorure de magnésium solide est fondu dans des bacs en acier. Le chlorure de magnésium fondu contient des ions mobiles Mg^{2+} et Cl^-. On utilise alors un procédé appelé électrolyse : un courant électrique passe dans le bac pour réduire les ions Mg^{2+} et oxyder les ions Cl^-. Les demi-réactions représentant cette électrolyse de sel fondu sont :

$$Mg^{2+} + 2e^- \longrightarrow Mg \text{ et } 2Cl^- \longrightarrow Cl_2 + 2e^-$$

La réaction globale est $MgCl_2(l) \longrightarrow Mg(s) + Cl_2(g)$. Voilà comment on obtient le magnésium. Le chlore gazeux obtenu peut être converti en acide chlorhydrique et recyclé dans le procédé.

a) Déterminez les différents types de réactions (précipitation, acido-basique ou oxydoréduction) utilisées dans ce procédé.

b) Pourquoi, à la place de l'oxyde de calcium, n'ajoute-t-on pas simplement de l'hydroxyde de sodium pour faire précipiter l'hydroxyde de magnésium ?

c) On utilise parfois de la dolomite (un mélange de $CaCO_3$ et de $MgCO_3$) à la place de la pierre à chaux ($CaCO_3$) pour provoquer la précipitation de l'hydroxyde de magnésium. Quel est l'avantage d'utiliser la dolomite ?

d) Quels sont les avantages de l'extraction du magnésium dans l'eau de mer par rapport à son extraction dans une mine (croûte terrestre) ?

Après le traitement de l'eau de mer, le précipité d'hydroxyde de magnésium se dépose dans ces immenses cuves.

1.103 Les réactions acido-basiques et les réactions de précipitation étudiées au cours de ce chapitre impliquent toutes des espèces ioniques ; c'est pourquoi ces réactions peuvent être suivies dans leur déroulement par des mesures de conductibilité électrique (mesurée par la conductance, soit l'inverse mathématique de la résistance) en solution aqueuse. Associez chacune des réactions suivantes à l'un des diagrammes suivants. (Note : un même diagramme pourrait illustrer plus d'une réaction. L'échelle de conductance indiquée ici est arbitraire.)

1) Une solution de KOH 1,0 mol/L est ajoutée à 1,0 L d'une solution de CH_3COOH 1,0 mol/L.
2) Une solution de NaOH 1,0 mol/L est ajoutée à 1,0 L d'une solution de HCl 1,0 mol/L.
3) Une solution de $BaCl_2$ 1,0 mol/L est ajoutée à 1,0 L d'une solution de K_2SO_4 1,0 mol/L.
4) Une solution de NaCl 1,0 mol/L est ajoutée à 1,0 L d'une solution de $AgNO_3$ 1,0 mol/L.
5) Une solution de CH_3COOH 1,0 mol/L est ajoutée à 1,0 L d'une solution de NH_3 1,0 mol/L.

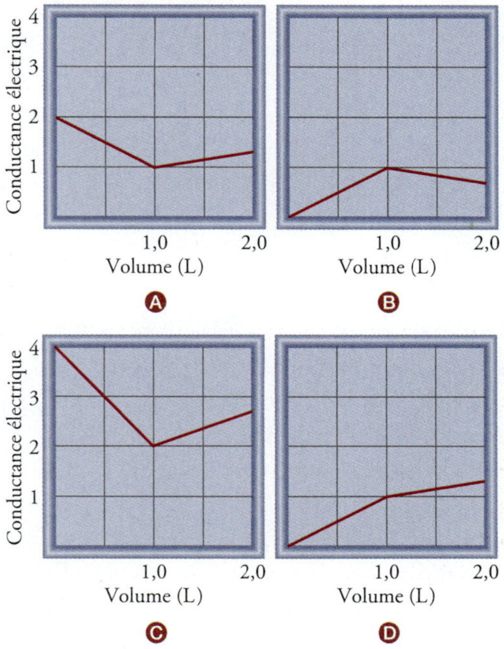

RÉPONSES AUX EXERCICES

1.1 **a)** insoluble ; **b)** insoluble ; **c)** soluble

1.2 $Al(OH)_3(s)$, $Al^{3+}(aq) + 3OH^-(aq) \longrightarrow Al(OH)_3(s)$

1.3 **a)** base de Brønsted-Lowry ; **b)** acide de Brønsted-Lowry ; **c)** acide de Brønsted-Lowry et base de Brønsted-Lowry

1.4 **a)** P : +3, F : −1 ; **b)** Mn : +7, O : −2

1.5 0,452 mol/L

1.6 494 mL

1.7 En diluant 34,2 mL de la solution mère jusqu'à 200 mL

1.8 92,02 %

1.9 0,3822 g

1.10 10,1 mL

CHAPITRE

2 Les propriétés physiques des solutions

Chimie en ligne

Animation
- La dissolution d'un composé ionique et d'un composé covalent (2.2)
- L'osmose (2.6)

Interaction
- Quelques tests de conductibilité électrique (2.7)

La dissolution d'un cube de sucre dans l'eau. Les propriétés d'une solution sont très différentes de celles de son solvant. La solubilité des molécules de sucre dans l'eau est principalement due à la formation de liaison hydrogène entre le soluté et le solvant. Les modèles représentent une molécule de glucose entourée de molécules d'eau.

NOTIONS CLÉS

2.1 Les types de solutions

Il existe plusieurs types de solution selon l'état physique du solvant et du soluté. Le type le plus courant met en jeu un liquide comme solvant et un soluté qui est soit un liquide, soit un solide. On caractérise aussi une solution par la quantité de soluté qu'elle contient, en disant, par exemple, qu'elle est «saturée».

2.2 Le processus de dissolution au niveau moléculaire

La solubilité dépend des interactions solvant-solvant, soluté-soluté et soluté-solvant. Les molécules qui ont des forces intermoléculaires semblables se mélangent facilement entre elles. Le processus de la dissolution est favorisé par une diminution de l'énergie globale du système et par une augmentation du désordre au cours de la dissolution.

2.3 Les types de concentration et les conversions

Les quatre unités usuelles de concentration utilisées pour décrire la composition des solutions sont le pourcentage massique, la fraction molaire, la concentration molaire volumique et la molalité. Il est important de savoir comment convertir ces unités des unes aux autres.

2.4 L'effet de la température sur la solubilité

La solubilité des solutés solides et liquides augmente avec la température dans un solvant donné. Cependant, c'est le contraire qui se produit quand le soluté est un gaz.

La cristallisation fractionnée est une technique qui met à profit les différences de solubilités à chaud et à froid entre des solutés afin de les purifier.

2.5 L'effet de la pression sur la solubilité des gaz

La pression influe sur la solubilité des gaz dans un liquide, mais elle a peu d'effets si le soluté est un solide ou un liquide. La solubilité d'un gaz dans un solvant augmente avec la pression.

2.6 et 2.7 Les propriétés colligatives des solutions

Les propriétés colligatives des solutions sont des propriétés physiques qui ne dépendent que du nombre de particules en solution et non de la nature du soluté.

La présence d'un soluté cause des changements de la pression de vapeur, des points d'ébullition et de congélation du solvant. Ces changements varient selon que les solutions sont des électrolytes ou des non-électrolytes.

La distillation fractionnée met à profit les différences de pression de vapeur des constituants volatils de solutions afin de les séparer.

L'osmose est le passage d'un solvant à travers une membrane semi-perméable vers une solution plus concentrée. La pression osmotique dépend elle aussi de la présence de soluté; c'est la plus importante des propriétés colligatives.

Des équations permettent de relier directement toutes ces variations de propriétés à la concentration de la solution. Dans le cas de solutions d'électrolytes, il faut tenir compte de la quantité d'ions et de leurs interactions.

2.8 Les colloïdes

Des suspensions de fines particules dispersées dans différents milieux constituent des colloïdes. Lorsque le milieu dispersant est l'eau, les colloïdes peuvent manifester des propriétés hydrophiles ou hydrophobes.

Svante Arrhenius, un pionnier de la chimie des solutions

Quand Svante August Arrhenius (1859-1927) déposa sa thèse de doctorat à l'Université d'Uppsala (en Suède) en mai 1884, on lui attribua la plus basse note possible. Il n'eut donc pas droit à un poste d'enseignant, ce qui le déçut amèrement. Toutefois, ce travail de recherche lui vaudra plus tard le prix Nobel de chimie en 1903.

Dans sa thèse, Arrhenius proposait une théorie ionique pour expliquer les propriétés des solutions d'électrolytes. Il fut le premier à suggérer que la conductibilité électrique de solutions d'acides, de bases ou de sels serait due au fait que ces solutés existeraient partiellement ou complètement sous forme d'ions porteurs de charges négatives et positives dans l'eau, plutôt que sous la forme de molécules neutres. Cette hypothèse est maintenant un fait bien reconnu, mais à l'époque d'Arrhenius, les chimistes et les physiciens plus âgés trouvèrent ridicule l'idée de charges électriques séparées dans les solutions, alors que les jeunes scientifiques acceptèrent tout de suite cette notion. Le concept de dissociation électrolytique s'accordait facilement avec la découverte, faite au début du XXe siècle, des électrons et de leur rôle dans la liaison chimique. Ce sont ces travaux qui valurent à Arrhenius le prix Nobel de chimie.

En plus de sa théorie sur les électrolytes, Arrhenius apporta une contribution importante à la chimie. Deux de ses apports les plus connus sont l'équation qui décrit l'effet de la température sur la vitesse des réactions, et son concept de l'énergie d'activation, à savoir qu'il ne suffit pas que surviennent des collisions entre les molécules pour qu'elles réagissent, encore faut-il qu'elles possèdent une énergie minimale appelée énergie d'activation (*voir le chapitre 3*).

Arrhenius fut un enfant précoce ; il apprit à lire par lui-même.

Arrhenius s'intéressa à d'autres domaines que la chimie, comme la géologie et la climatologie. Voulant comprendre les dernières glaciations, il fut le premier scientifique à s'intéresser aux changements climatiques. À l'époque, on croyait que la Terre se refroidissait, mais Arrhenius prétendait plutôt le contraire. En 1896, il a remarqué que le dioxyde de carbone avait une grande capacité d'absorption de la chaleur, propriété communément appelée aujourd'hui effet de serre. Il disait que la combustion des carburants fossiles, après l'arrivée de l'ère industrielle, ferait doubler la concentration du dioxyde de carbone en 3000 ans. On sait aujourd'hui que c'est 30 fois plus rapide, soit en 100 ans. Ses conclusions s'appuyaient sur des mesures et des calculs complexes. En se basant sur l'effet de serre causé par le dioxyde de carbone, il a pu relier les glaciations à une température inférieure de 5 °C à la température moyenne à son époque, et les grands réchauffements à une température de 8 °C supérieure à cette même moyenne.

Vers la fin de sa vie, Arrhenius se fit vulgarisateur et écrivit sur les applications de la chimie en astronomie, en biologie et en géologie. Il avança l'idée de la panspermie, une théorie selon laquelle la vie n'aurait pas commencé sur Terre, mais serait venue d'autres planètes.

2.1 Les types de solutions

La plupart des réactions ont lieu, non pas entre des solides, des liquides ou des gaz purs, mais en solution, c'est-à-dire entre des molécules et des ions dissous dans l'eau ou dans un autre solvant. À la section 1.1 (*voir p. 5*), nous avons vu qu'une solution est un mélange homogène de deux substances ou plus. Comme cette définition ne pose aucune restriction sur la nature des substances en jeu, on distingue six types de solutions, caractérisés par les états originaux (solide, liquide ou gazeux) des substances qui les composent. Le tableau 2.1 donne des exemples de chacun de ces types.

TABLEAU 2.1

Types de solutions

Soluté	Solvant	État de la solution résultante	Exemples
Gaz	Gaz	Gazeux	Air
Gaz	Liquide	Liquide	Boisson gazeuse (CO_2 dans l'eau)
Gaz	Solide	Solide	H_2 gazeux dans du palladium
Liquide	Liquide	Liquide	Éthanol dans l'eau
Solide	Liquide	Liquide	NaCl dans l'eau
Solide	Solide	Solide	Laiton (Cu/Zn), soudure (Sn/Pb)

Nous étudierons ici surtout les solutions qui mettent en jeu au moins un liquide : les solutions gaz-liquide, liquide-liquide ou solide-liquide. Peut-être vous en doutez-vous, l'eau sera le liquide le plus utilisé comme solvant.

Les chimistes classent aussi les solutions selon leur capacité de dissoudre une quantité plus ou moins grande de soluté. Une solution qui contient la quantité maximale de soluté dans une quantité donnée d'un solvant à une température donnée est appelée **solution saturée**. Avant que le point de saturation soit atteint, on parle de **solution insaturée**, c'est-à-dire qui contient moins de soluté qu'elle pourrait en dissoudre. Finalement, une **solution sursaturée** contient plus de soluté qu'une solution saturée. Ce dernier type de solution est instable. En effet, avec le temps, une certaine quantité de soluté se sépare de la solution sursaturée pour former des cristaux. Ce processus s'appelle **cristallisation**. Notez que la précipitation et la cristallisation décrivent toutes deux la séparation d'une substance solide d'une solution sursaturée, à la différence toutefois que les solides n'ont pas la même apparence. Normalement, un précipité est formé de petites particules de formes mal définies, tandis qu'un cristal peut être gros et de forme définie (*voir la figure 2.1*).

NOTE

On peut obtenir facilement une solution sursaturée en dissolvant à chaud un soluté comme du sucre dans de l'eau, puis en refroidissant suffisamment la solution pour qu'elle devienne sursaturée pendant un certain temps, avant de produire des cristaux. Dans le cas du sucre, c'est ainsi que l'on fabrique les bonbons.

FIGURE 2.1

Cristallisation

Dans une solution d'acétate de sodium sursaturée (à gauche), il se forme rapidement des cristaux d'acétate de sodium après ensemencement par l'addition d'un petit cristal.

2.2 Le processus de dissolution au niveau moléculaire

Dans les liquides et les solides, les molécules sont maintenues ensemble par les attractions intermoléculaires. Ces forces jouent également un rôle primordial dans la formation des solutions. Quand une substance (le soluté) se dissout dans une autre substance (le solvant), ses particules se dispersent et occupent des positions qui sont normalement occupées par les molécules du solvant. La facilité avec laquelle ce phénomène se produit dépend de l'importance relative de trois types d'interactions, à savoir :

- l'interaction solvant-solvant ;
- l'interaction soluté-soluté ;
- l'interaction solvant-soluté.

Pour simplifier, on peut imaginer que le processus de dissolution se déroule en trois étapes distinctes (*voir la figure 2.2*). La première étape est la séparation (l'éloignement les unes des autres) des molécules du solvant ; la deuxième, la séparation des molécules du soluté. Ces étapes nécessitent un apport d'énergie, car il faut rompre les forces attractives intermoléculaires ; elles sont donc endothermiques. À la troisième étape, les molécules du solvant et du soluté se mélangent. Ce processus peut être endothermique ou exothermique. L'enthalpie de dissolution est donnée par :

NOTE

Cette équation est une application de la loi de Hess.

$$\Delta H_{dis} = \Delta H_1 + \Delta H_2 + \Delta H_3 \quad (2.1)$$

FIGURE 2.2

Illustration du processus de dissolution au niveau moléculaire

D'abord, les molécules du solvant et du soluté se séparent (étapes 1 et 2). Puis les molécules du solvant et du soluté se mélangent (étape 3).

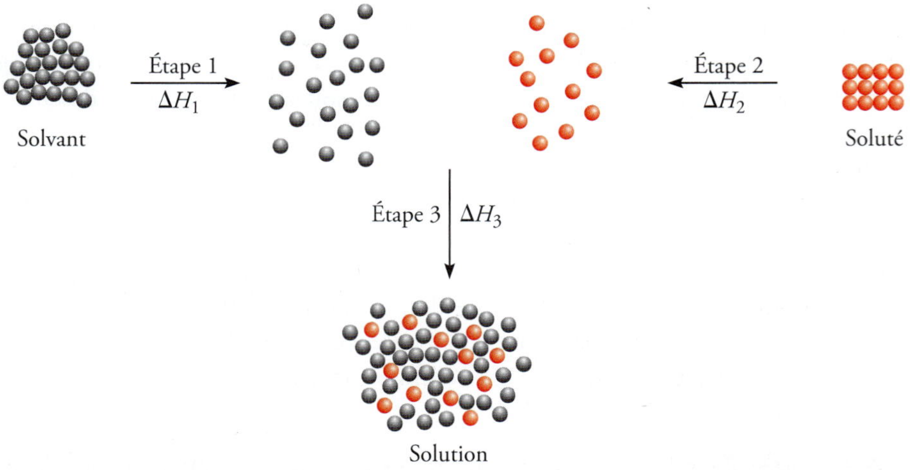

Chimie en ligne

Animation

- La dissolution d'un composé ionique et d'un composé covalent

Si l'attraction soluté-solvant est plus grande que la somme des attractions solvant-solvant et soluté-soluté, c'est un facteur favorable pour la dissolution, et le processus est exothermique ($\Delta H_{dis} < 0$). Par contre, si l'attraction soluté-solvant est plus faible que la somme des attractions solvant-solvant et soluté-soluté, le processus de dissolution est endothermique ($\Delta H_{dis} > 0$).

On peut alors se demander comment un soluté peut se dissoudre dans un solvant si les forces attractives qui s'exercent entre les molécules de ce soluté sont plus importantes que celles qui unissent les molécules du soluté à celles du solvant. Le processus de dissolution, comme tout processus physique ou chimique, dépend de deux facteurs. Le premier est l'énergie, qui détermine si le processus est exothermique ou endothermique ; le second est la tendance à l'accroissement du désordre, inhérente à tout phénomène naturel. Comme le brassage des cartes à jouer augmente le désordre parmi les cartes, la formation d'une solution augmente le désordre parmi les molécules du soluté et du solvant. À leur état pur, le solvant et le soluté ont un caractère ordonné assez marqué, qui dépend de la disposition tridimensionnelle plus ou moins ordonnée de leurs atomes, de leurs molécules ou de leurs ions. Cet ordre est détruit en grande partie quand le soluté se dissout dans le solvant (*voir la figure 2.2*). C'est pourquoi le processus de dissolution est *toujours* accompagné d'une augmentation du désordre. C'est cette augmentation du désordre qui favorise la solubilité d'une substance, même si le processus de dissolution est endothermique.

Les facteurs qui influent sur la solubilité

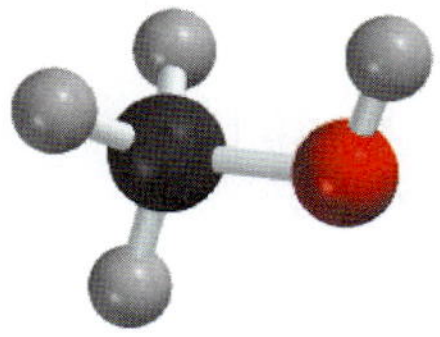

CH_3OH

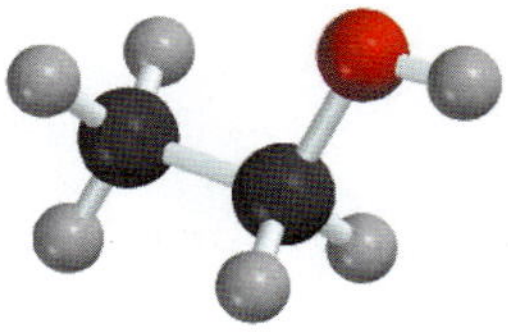

C_2H_5OH

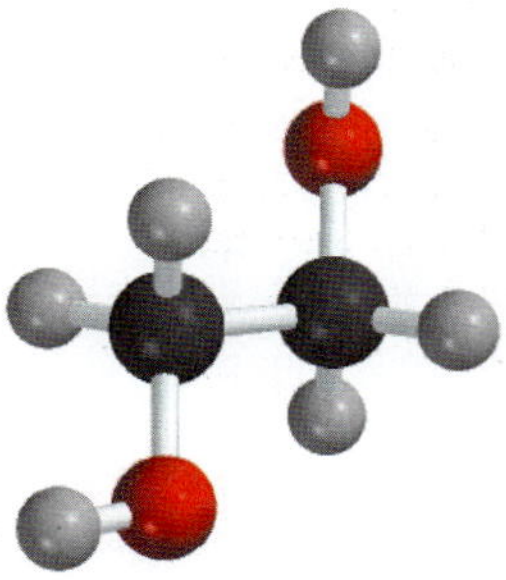

$CH_2(OH)CH_2(OH)$

Au chapitre 1, nous avons déjà défini la solubilité comme la quantité maximale d'un soluté que l'on peut dissoudre dans une certaine quantité de solvant à une température donnée. Le proverbe *Qui se ressemble s'assemble* peut nous aider à prédire la solubilité d'une substance dans un solvant. Deux substances qui ont des forces intermoléculaires de type et de grandeur similaires sont susceptibles d'être solubles l'une dans l'autre. Par exemple, le tétrachlorure de carbone (CCl_4) et le benzène (C_6H_6) sont tous deux des liquides non polaires. Les seules attractions intermoléculaires qui y sont présentes sont donc des forces de dispersion (*voir le chapitre 9 de* Chimie générale *ou l'annexe 3*). Quand on mélange ces deux liquides, ils se dissolvent facilement l'un dans l'autre, parce que la force de l'attraction qui s'exerce entre les molécules CCl_4 et C_6H_6 est du même ordre de grandeur que celle qui existe entre les molécules CCl_4 et entre les molécules C_6H_6. Deux liquides qui sont complètement solubles l'un dans l'autre dans toutes les proportions sont dits **miscibles**. Les alcools — le méthanol, l'éthanol et l'éthane-1,2-diol, par exemple — et l'eau sont miscibles à cause de la capacité des alcools à former des liaisons hydrogène avec l'eau :

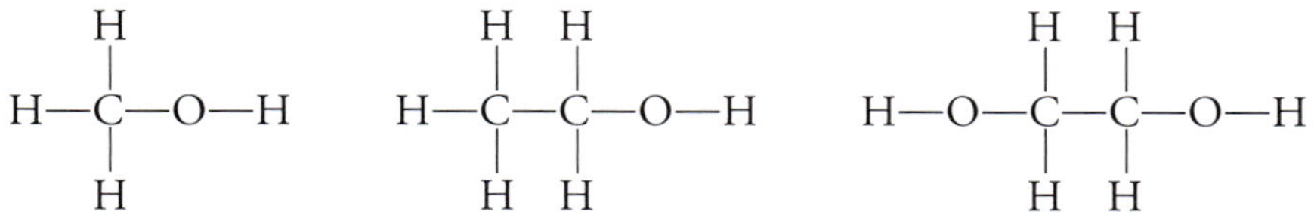

méthanol — éthanol — éthane 1,2-diol (éthylène glycol)

Les règles données au tableau 1.2 (*p. 8*) permettent de prédire la solubilité d'un composé ionique dans l'eau. Quand le chlorure de sodium, par exemple, se dissout dans l'eau, ses ions sont stabilisés dans la solution par hydratation, un phénomène exothermique qui met en jeu des interactions ion-dipôle. En général, on peut prédire que les composés ioniques devraient être plus solubles dans des solvants polaires (comme l'eau, l'ammoniac liquide et le fluorure d'hydrogène liquide) que dans des solvants non polaires (comme le benzène et le tétrachlorure de carbone). Ces derniers ne peuvent solvater efficacement les ions Na^+ et Cl^- parce qu'ils n'ont pas de moment dipolaire. La **solvatation** est le processus par lequel un ion ou une molécule en solution est entouré de molécules de solvant disposées d'une manière spécifique. Quand le solvant est l'eau, la solvatation s'appelle **hydratation**. C'est l'interaction ion-dipôle induit, beaucoup plus faible que l'interaction ion-dipôle, qui prédomine dans les interactions entre les ions et les composés non polaires. Par conséquent, les composés ioniques sont habituellement très peu solubles dans les solvants non polaires.

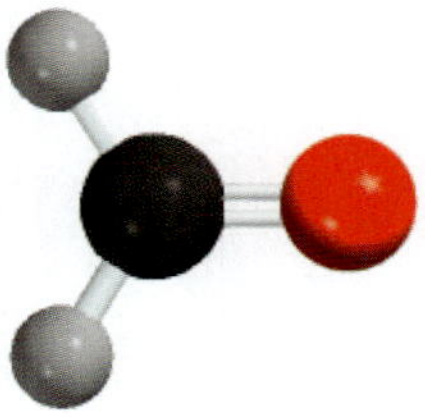

CH_2O

EXEMPLE 2.1 La prédiction de la solubilité basée sur les forces intermoléculaires dans le solvant et dans le soluté

Prédisez les solubilités relatives dans les cas suivants : a) Br_2 dans le benzène (C_6H_6, $\mu = 0$ D) et dans l'eau ($\mu = 1{,}87$ D) ; b) KCl dans le tétrachlorure de carbone (CCl_4, $\mu = 0$ D) et dans l'ammoniac liquide (NH_3, $\mu = 1{,}46$ D) ; c) formaldéhyde (CH_2O) dans le disulfure de carbone (CS_2, $\mu = 0$) et dans l'eau.

DÉMARCHE

Pour vous aider à prédire la solubilité, rappelez-vous le proverbe *Qui se ressemble s'assemble.* Un soluté non polaire peut se dissoudre dans un solvant non polaire ; les composés ioniques vont généralement se dissoudre dans des solvants polaires à cause de l'interaction ion-dipôle favorable ; les solutés qui peuvent faire des liaisons hydrogène avec un solvant seront très solubles dans ce solvant.

SOLUTION

a) La molécule Br_2 est non polaire ; elle devrait alors être plus soluble dans C_6H_6, qui est aussi non polaire, que dans l'eau. Les seules forces intermoléculaires qui s'exercent entre les molécules Br_2 et C_6H_6 sont des forces de dispersion.

b) Le composé KCl est ionique. Pour qu'il se dissolve, ses ions K^+ et Cl^- doivent être stabilisés par des interactions ion-dipôle. Puisque le tétrachlorure de carbone n'a pas de moment dipolaire, le chlorure de potassium devrait être plus soluble dans l'ammoniac liquide, dont les molécules ont un moment dipolaire élevé.

c) D'après leur structure, CH_2O est une molécule polaire, et CS_2 (molécule linéaire) est une molécule non polaire :

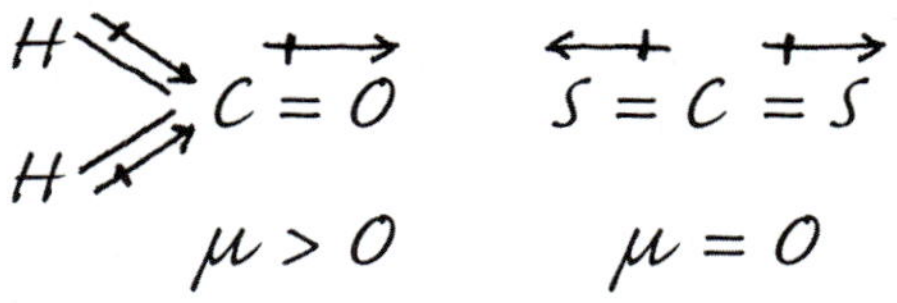

Les forces exercées entre ces molécules sont des forces de dipôle-dipôle induit et des forces de dispersion. Par contre, du fait que le formaldéhyde peut former des liaisons hydrogène avec l'eau, il devrait être plus soluble dans ce solvant.

PROBLÈME SEMBLABLE

2.9

EXERCICE

L'iode (I_2) est-il plus soluble dans l'eau ou dans le disulfure de carbone (CS_2) ?

2.3 Les types de concentration et les conversions

NOTE

D'autres types de concentrations comme le pourcentage volume/volume, les parties par million (ppm), ont déjà été vus aux chapitres 1 et 4 de *Chimie générale* et sont présentés à l'annexe 4 de ce volume.

L'étude quantitative d'une solution demande que l'on connaisse sa concentration, c'est-à-dire la quantité de soluté dissous dans une quantité donnée de solution (*voir la section 1.5, p. 28*). Les chimistes utilisent différents modes d'expression de la concentration. chacun ayant ses avantages et ses inconvénients. Examinons les quatre types de concentration les plus courants : le pourcentage massique, la fraction molaire, la concentration molaire volumique et la molalité. Il est important de bien comprendre que toutes ces manières d'exprimer la concentration ne sont que des *rapports* (quotients de deux grandeurs). Certaines grandeurs de concentration ont des unités, et d'autres n'en ont pas.

Les types d'unités de concentration

Le pourcentage massique

Le **pourcentage massique** est défini comme étant le rapport entre la masse d'un soluté et celle de la solution, multiplié par 100 % :

$$\text{pourcentage massique de soluté} = \frac{\text{masse de soluté}}{\text{masse de soluté} + \text{masse de solvant}} \times 100\ \%$$
$$= \frac{\text{masse de soluté}}{\text{masse de solution}} \times 100\ \% \qquad (2.2)$$

Aucune unité n'accompagne le pourcentage massique puisque c'est un rapport entre deux quantités ayant les mêmes unités.

EXEMPLE 2.2 Le calcul du pourcentage massique d'une solution

On dissout 0,892 g de chlorure de potassium (KCl) dans 54,6 g d'eau. Quel est le pourcentage massique de KCl dans cette solution ?

DÉMARCHE

On connaît la masse du soluté dissous dans une certaine quantité de solvant, ce qui permet de calculer le pourcentage massique de KCl à l'aide de l'équation 2.2.

SOLUTION

$$\text{pourcentage massique de KCl} = \frac{\text{masse de soluté}}{\text{masse de solution}} \times 100\ \%$$
$$= \frac{0{,}892\ \text{g}}{0{,}892\ \text{g} + 54{,}6\ \text{g}} \times 100\ \%$$
$$= 1{,}61\ \%$$

EXERCICE

On dissout 6,44 g de naphtalène ($C_{10}H_8$) dans 80,1 g de benzène (C_6H_6). Calculez le pourcentage massique du naphtalène dans cette solution.

PROBLÈME SEMBLABLE 2.13

La fraction molaire (χ)

La **fraction molaire** a déjà été définie dans la section 4.6 du volume *Chimie générale* comme une grandeur sans dimension qui exprime le rapport entre le nombre de moles d'un constituant donné d'un mélange et le nombre total de moles présentes dans ce mélange. Elle est toujours inférieure à 1, sauf quand il y a un seul constituant. La fraction molaire d'un constituant d'une solution, par exemple le constituant A, s'écrit χ_A et se définit ainsi :

$$\text{fraction molaire de A} = \chi_A = \frac{\text{nombre de moles de A}}{\text{somme du nombre de moles de tous les constituants}} \qquad (2.3)$$

La fraction molaire n'a pas d'unités, car il s'agit d'un rapport entre deux quantités ayant les mêmes unités.

La concentration molaire volumique (*C*)

À la section 1.5 (*p. 28*), nous avons vu que la concentration molaire volumique (*C*) désigne le nombre de moles de soluté par unité de volume de solution en litres :

$$\text{concentration molaire volumique} = \frac{\text{moles de soluté}}{\text{volume de solution (L)}} \qquad (2.4)$$

Ainsi, la concentration molaire volumique s'exprime en moles par litre (mol/L). Parfois, on écrit encore comme autrefois *M* pour (mol/L).

La molalité (*m*)

La **molalité** (ou **concentration molaire massique**) est le nombre de moles de soluté dissous par unité de masse de solvant en kilogrammes :

$$\text{molalité} = \frac{\text{moles de soluté}}{\text{masse de solvant (kg)}} \qquad (2.5)$$

Les unités sont ici des moles par kilogrammes. Par exemple, pour préparer une solution aqueuse de sulfate de sodium (Na_2SO_4) 1 *molale,* il faut dissoudre 1 mol (142,0 g) de cette substance dans 1 000 g (1 kg) d'eau. Selon la nature de l'interaction soluté-solvant, le volume final de la solution sera soit supérieur, soit inférieur à 1 000 mL. Il est également possible, bien que peu probable, que le volume de la solution finale soit de 1 000 mL. On remplace parfois les unités mol/kg par le même symbole choisi pour la grandeur, soit *m* comme la variable ou l'unité de concentration.

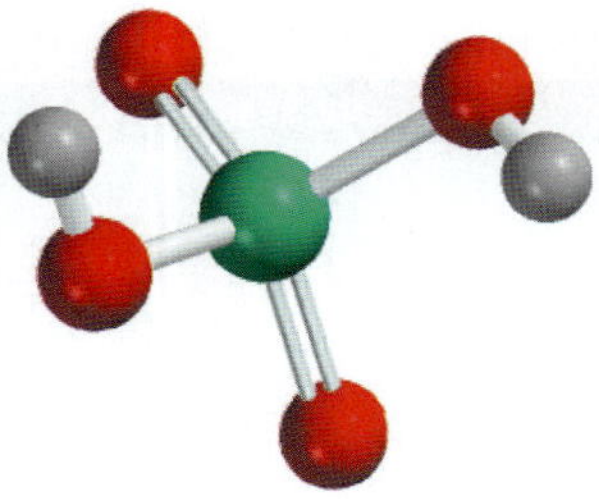

H_2SO_4

EXEMPLE 2.3 Le calcul de la molalité d'une solution

Calculez la molalité d'une solution formée de 24,4 g d'acide sulfurique (H_2SO_4) dans 198 g d'eau. La masse molaire de l'acide sulfurique est de 98,08 g/mol.

DÉMARCHE

Pour calculer la molalité d'une solution, on doit connaître le nombre de moles de soluté et la masse de solvant en kilogrammes.

SOLUTION

La définition de la molalité (*m*) est :

$$\text{molalité} = \frac{\text{moles de soluté}}{\text{masse de solvant (kg)}}$$

>>>

Trouvons d'abord le nombre de moles d'acide sulfurique dans 24,4 g de cet acide en utilisant la masse molaire comme facteur de conversion :

$$\text{moles de } H_2SO_4 = 24{,}4 \cancel{\text{ g } H_2SO_4} \times \frac{1 \text{ mol } H_2SO_4}{98{,}08 \cancel{\text{ g } H_2SO_4}}$$

$$= 0{,}249 \text{ mol } H_2SO_4$$

La masse d'eau est de 198 g ou 0,198 kg. La molalité est donc :

$$\text{molalité} = \frac{0{,}249 \text{ mol } H_2SO_4}{0{,}198 \text{ kg } H_2O}$$

$$= 1{,}26 \text{ mol/kg}$$

EXERCICE

Quelle est la molalité d'une solution formée de 7,78 g d'urée $[(NH_2)_2CO]$ dans 203 g d'eau?

PROBLÈME SEMBLABLE
2.15

La comparaison entre les types de concentration et les conversions

Le choix d'un type de concentration dépend de ce que l'on veut mesurer. La concentration molaire volumique a un avantage : il est généralement plus facile de mesurer le volume d'une solution, à l'aide de ballons volumétriques précis, que de peser le solvant, comme nous l'avons vu à la section 1.5. C'est pourquoi on préfère souvent la concentration molaire volumique à la molalité. Par ailleurs, contrairement à la concentration molaire volumique (qui dépend du volume d'une solution, lequel augmente généralement avec la température), la molalité n'est pas influencée par la température, puisqu'elle est exprimée en nombre de moles de soluté par unité de masse de solvant et que la masse ne varie pas selon la température. Par exemple, une solution peut voir sa concentration de 1,0 mol/L à 25 °C passer à 0,97 mol/L à 45 °C à cause de l'augmentation du volume. Cet effet peut influencer de manière importante la précision des résultats d'une expérience.

Tout comme la molalité, le pourcentage massique est indépendant de la température. De plus, puisqu'il s'agit d'un rapport de masses, on n'a pas besoin de connaître la masse molaire du soluté pour calculer le pourcentage massique.

On désire parfois convertir une valeur de concentration indiquée pour une solution dans des unités données sous forme d'autres unités. Par exemple, une même solution peut servir dans diverses expériences qui nécessitent des unités différentes de concentration pour effectuer des calculs. Rappelons-nous qu'il s'agit toujours ici de convertir un rapport en un autre tout en respectant les définitions déjà données des différents types de concentration. Les trois exemples qui suivent expliquent comment procéder pour faire ces conversions.

EXEMPLE 2.4 La conversion de la molalité en concentration molaire volumique

Calculez la concentration molaire volumique d'une solution de glucose ($C_6H_{12}O_6$) à 0,396 mol/kg. La masse molaire du glucose est de 180,2 g/mol, et la masse volumique de la solution est de 1,16 g/mL.

DÉMARCHE

Dans un problème comme celui-ci, il faut convertir la masse de la solution en volume. On utilise la masse molaire du glucose et la masse volumique de la solution comme facteurs de conversion. Il restera ensuite à diviser le nombre de moles par le volume pour obtenir la concentration molaire volumique.

SOLUTION

Puisqu'une solution de glucose à 0,396 mol/kg contient 0,396 mol de glucose dans 1 kg d'eau, la masse totale de la solution pour 1 kg d'eau est :

$$\left(0{,}396 \text{ mol } C_6H_{12}O_6 \times \frac{180{,}2 \text{ g}}{1 \text{ mol } C_6H_{12}O_6}\right) + 1\,000 \text{ g } H_2O = 1\,071 \text{ g de solution}$$

NOTE

Lorsqu'il s'agit de solutions diluées (< 0,2 mol/L), les valeurs de la concentration molaire volumique et de la molalité sont très rapprochées l'une de l'autre.

À partir de la masse volumique connue de la solution (1,16 g/mL), nous pouvons calculer sa concentration molaire de la manière suivante :

$$C = \frac{0{,}396 \text{ mol } C_6H_{12}O_6}{1\,071 \text{ }\cancel{\text{g soln}}} \times \frac{1{,}16 \text{ }\cancel{\text{g soln}}}{1 \text{ }\cancel{\text{mL soln}}} \times \frac{1\,000 \text{ }\cancel{\text{mL soln}}}{1 \text{ L soln}}$$

$$= \frac{0{,}429 \text{ mol } C_6H_{12}O_6}{1 \text{ L soln}}$$

$$= 0{,}429 \text{ mol/L}$$

EXERCICE

Calculez la concentration molaire volumique d'une solution de saccharose ($C_{12}H_{22}O_{11}$) à 1,74 mol/kg, dont la masse volumique est de 1,12 g/mL.

PROBLÈME SEMBLABLE

2.21

EXEMPLE 2.5 La conversion de la concentration molaire volumique en molalité

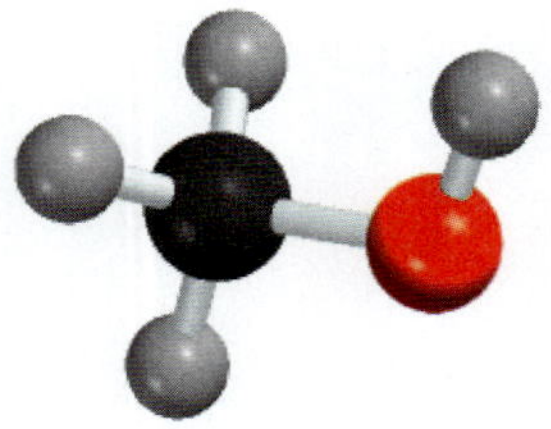

CH_3OH

La masse volumique d'une solution aqueuse de méthanol (CH_3OH) à 2,45 mol/L est de 0,976 g/mL. Quelle est la molalité de la solution ? La masse molaire du méthanol est de 32,04 g/mol.

DÉMARCHE

Pour calculer la molalité, *m*, nous devons connaître le nombre de moles de méthanol et la masse de solvant en kilogrammes. En supposant 1 L de solution, le nombre de moles de méthanol est de 2,45 mol :

$$m = \frac{\text{moles de soluté}}{\text{masse de solvant (kg)}}$$

connu (moles de soluté) ; à calculer (m) ; à déterminer (masse de solvant)

SOLUTION

La première étape consiste à déterminer la masse d'eau dans 1 L de solution en utilisant la masse volumique comme facteur de conversion. La masse totale de 1 L d'une solution de méthanol à 2,45 mol/L est :

>>>

$$1 \text{ L soln} \times \frac{1000 \text{ mL soln}}{1 \text{ L soln}} \times \frac{0{,}976 \text{ g}}{1 \text{ mL soln}} = 976 \text{ g}$$

Puisque 1 L de la solution contient 2,45 mol de méthanol, la quantité d'eau (solvant) par litre de solution est :

$$\begin{aligned} \text{masse de } H_2O &= \text{masse de solution} - \text{masse de soluté} \\ &= 976 \text{ g soln} - \left(2{,}45 \text{ mol } CH_3OH \times \frac{32{,}04 \text{ g } CH_3OH}{1 \text{ mol } CH_3OH}\right) \\ &= 898 \text{ g } H_2O \end{aligned}$$

La molalité de la solution se calcule après la conversion de 898 g en kg (0,898 kg) :

$$\begin{aligned} \text{molalité} &= \left(\frac{2{,}45 \text{ mol } CH_3OH}{0{,}898 \text{ kg } H_2O}\right) \\ &= 2{,}73 \text{ mol/kg} \end{aligned}$$

EXERCICE

Calculez la molalité d'une solution d'éthanol (C_2H_5OH) 5,86 mol/L, dont la masse volumique est de 0,927 g/mL.

PROBLÈMES SEMBLABLES

2.16 et 2.17

EXEMPLE 2.6 La conversion du pourcentage massique en molalité

Calculez la molalité d'une solution aqueuse d'acide phosphorique (H_3PO_4) à 35,4 % (pourcentage massique). La masse molaire de l'acide phosphorique est de 97,99 g/mol.

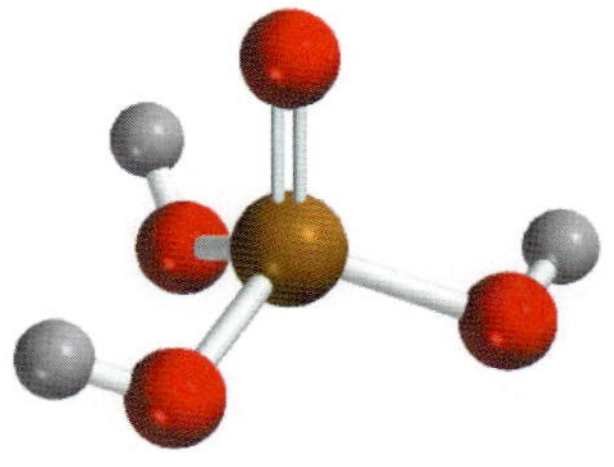

H_3PO_4

DÉMARCHE

Pour résoudre ce type de problème, il est pratique de supposer au départ un échantillon de 100,0 g de solution. La masse d'acide phosphorique équivaut à 35,4 % de celle de la solution ; elle est donc de 35,4 g. Alors, la masse de l'eau pourra être calculée. Il restera à trouver le nombre de moles d'acide phosphorique pour ensuite le diviser par la masse d'eau en kilogrammes.

SOLUTION

Masse de l'eau : 100,0 g de solution − 35,4 g d'acide = 64,6 g

Calculons le nombre de grammes d'acide phosphorique :

$$\begin{aligned} \text{moles de } H_3PO_4 &= 35{,}4 \text{ g } H_3PO_4 \times \frac{1 \text{ mol } H_3PO_4}{97{,}99 \text{ g } H_3PO_4} \\ &= 0{,}361 \text{ mol } H_3PO_4 \end{aligned}$$

La masse de l'eau est de 64,6 g ou 0,0646 kg. La molalité se calcule ainsi :

$$\begin{aligned} \text{molalité} &= \frac{0{,}361 \text{ mol } H_3PO_4}{0{,}0646 \text{ kg } H_2O} \\ &= 5{,}59 \text{ mol/kg} \end{aligned}$$

EXERCICE

Calculez la molalité d'une solution aqueuse de chlorure de sodium (NaCl) à 44,6 % (pourcentage massique).

PROBLÈME SEMBLABLE

2.22

2.4 L'effet de la température sur la solubilité

Rappelez-vous que la solubilité est la quantité maximale de soluté pouvant être dissous dans une quantité donnée de solvant *à une température donnée.* La température influence la solubilité de la plupart des substances. Dans cette section, nous étudierons cette influence sur les solides et les gaz.

La solubilité des solides et la température

La figure 2.3 montre la variation de la solubilité de certains composés ioniques dans l'eau en fonction de la température. Dans la plupart des cas, la solubilité d'une substance solide augmente avec la température. Cependant, il n'y a pas de corrélation claire entre le signe de ΔH_{dis} et cette variation. Par exemple, le processus de dissolution de $CaCl_2$ est exothermique, tandis que celui de NH_4NO_3 est endothermique. Cependant, la solubilité de ces deux composés augmente avec la température. C'est pourquoi il vaut mieux déterminer expérimentalement l'effet de la température sur la solubilité.

FIGURE 2.3

Variation de la solubilité de quelques composés ioniques dans l'eau en fonction de la température

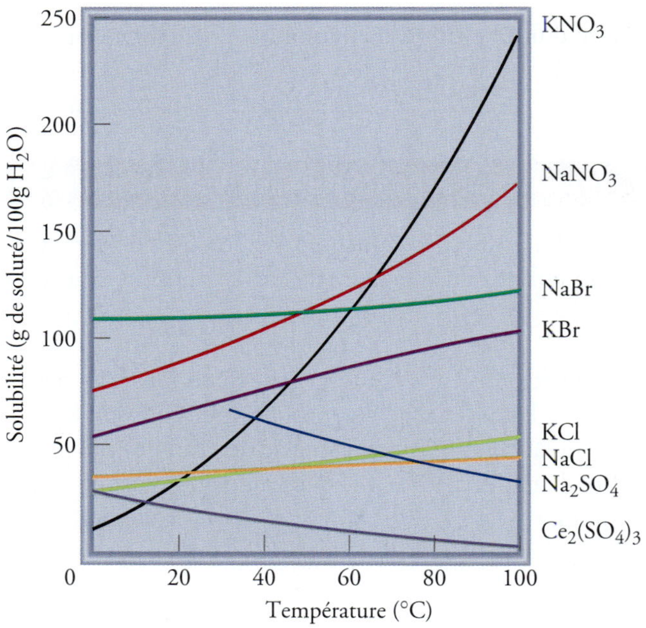

La cristallisation fractionnée

Comme nous le montre la figure 2.4, les variations de la solubilité avec la température peuvent être considérables. La solubilité de KNO_3, par exemple, s'accroît rapidement avec la température, alors que celle de NaCl varie très peu. Ces grandes différences de solubilité sont mises à profit pour obtenir des substances pures à partir de mélanges. La **cristallisation fractionnée** est une technique de séparation basée sur les différences de solubilité qui permet de séparer les constituants d'un mélange en des substances pures.

Supposons que nous avons un échantillon impur de KNO_3 pesant 90 g et contaminé avec 10 g de NaCl. Afin de le purifier, on dissout le mélange dans 100 mL d'eau à 60 °C et on le refroidit lentement à 0 °C. À cette température, les solubilités respectives de KNO_3 et de NaCl sont de 12,1 g/100 mL d'eau et de 34,2 g/100 mL d'eau. Donc, (90 − 12) g ou 78 g de KNO_3 vont s'extraire de la solution en cristallisant, mais tout le NaCl restera dissous (*voir la figure 2.4*). De cette manière, nous pouvons obtenir à l'état pur environ 90 % de la quantité de KNO_3 initialement présente dans le mélange. Les cristaux de KNO_3 peuvent ensuite être séparés de la solution par filtration.

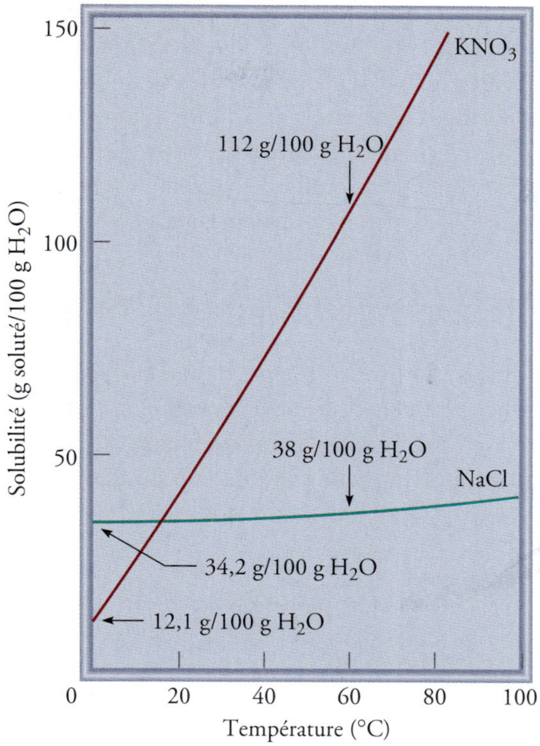

FIGURE 2.4

Solubilités de KNO_3 et de NaCl à 0 °C et à 60 °C

La grande différence d'écart de solubilité avec la température pour ces deux composés permet de les séparer facilement à partir d'une solution par cristallisation fractionnée.

La plupart des produits chimiques (solides organiques et inorganiques) utilisés dans les laboratoires ont été purifiés par cristallisation fractionnée. En général, cette technique fonctionne bien à deux conditions. Premièrement, le composé à purifier doit avoir une courbe de solubilité prononcée (pente abrupte), c'est-à-dire qu'il doit être beaucoup plus soluble à chaud qu'à froid, sinon une trop grande quantité de solide reste en solution au cours du refroidissement. Deuxièmement, la quantité d'impuretés doit être relativement minime, sinon une partie de ces impuretés cristallisera elle aussi et contaminera le composé désiré. Néanmoins, il est toujours possible d'augmenter le degré de pureté en procédant à plusieurs cristallisations fractionnées successives.

La solubilité des gaz et la température

Habituellement, la solubilité des gaz dans l'eau diminue quand la température augmente (*voir la figure 2.5*). Quand on chauffe de l'eau dans un bécher, on peut voir des bulles d'air se former sur les parois en verre avant que l'eau bouille. À mesure que la température augmente, les molécules d'air dissoutes commencent à s'échapper de la solution bien avant que l'eau se mette à bouillir.

La solubilité réduite de l'oxygène moléculaire dans l'eau chaude est directement liée à un phénomène appelé **pollution thermique**, qui est le réchauffement de l'environnement (en particulier des cours d'eau) à des températures trop élevées, nuisibles pour la faune. On estime que, chaque année, aux États-Unis, plus de 378 000 milliards de litres d'eau sont utilisés comme réfrigérant industriel, la plus grande partie pour produire de l'électricité dans des centrales thermiques (combustion) et nucléaires. Cette eau réchauffée est renvoyée dans les rivières et les lacs d'où elle provient. Cela entraîne une pollution thermique dont les effets sur la vie aquatique inquiètent de plus en plus les écologistes. Les poissons, comme tous les autres animaux à sang froid, ont beaucoup plus de difficulté que les humains à s'adapter aux fluctuations rapides de température. Une augmentation de température accélère leur métabolisme, dont la vitesse double à chaque hausse de 10 °C. Cette accélération du métabolisme augmente le besoin en oxygène des poissons alors que l'apport d'oxygène diminue à cause de sa plus faible solubilité dans

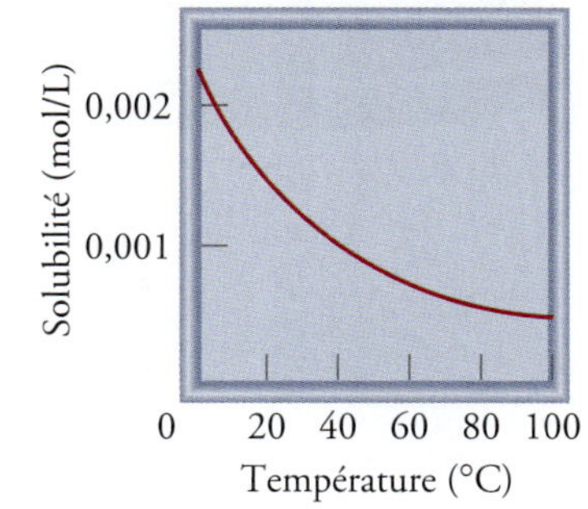

FIGURE 2.5

Variation de la solubilité de O_2 gazeux dans l'eau en fonction de la température

Notez que la solubilité diminue à mesure que la température augmente. La pression exercée par le gaz au-dessus de la solution est de 101,3 kPa.

l'eau chaude. On cherche donc actuellement des façons efficaces et inoffensives pour l'environnement de refroidir les centrales thermiques électriques et nucléaires.

Par ailleurs, la connaissance de la solubilité des gaz en fonction de la température peut améliorer la performance des amateurs de pêche. Durant les chaudes journées d'été, les pêcheurs d'expérience choisissent habituellement un endroit profond dans une rivière ou un lac pour jeter leur ligne. En profondeur, l'eau plus froide contient plus d'oxygène, ce qui augmente les chances d'y trouver des poissons.

2.5 L'effet de la pression sur la solubilité des gaz

En pratique, la pression extérieure n'influence pas la solubilité des liquides ni celle des solides, mais elle influence grandement celle des gaz. Le rapport quantitatif entre la solubilité des gaz et la pression s'exprime par la **loi de Henry** : la solubilité d'un gaz dans un liquide est directement proportionnelle à la pression qu'exerce le gaz sur la solution :

NOTE

Chaque gaz a une valeur de k caractéristique à une température donnée.

$$C \propto P$$

$$C = kP \qquad (2.6)$$

Ici, la solubilité C est la concentration molaire (en moles par litre) du gaz dissous ; P, la pression (en kilopascals) du gaz au-dessus de la solution ; et k (en moles par litre par kilopascal) est une constante spécifique du gaz qui dépend seulement de la température.

La théorie cinétique fournit une explication qualitative à la loi de Henry. La quantité de gaz qui se dissout dans un solvant dépend de la fréquence des collisions entre les molécules du gaz et la surface du liquide, collisions qui permettent au liquide de piéger les molécules gazeuses. Supposons qu'un gaz et une solution sont en équilibre dynamique (*voir la figure 2.6A*). À chaque instant, le nombre de molécules gazeuses qui entrent dans la solution est égal au nombre de molécules dissoutes qui en sortent. Si l'on augmente la pression partielle du gaz, il y a plus de molécules qui se dissolvent dans le liquide parce qu'il y en a plus qui heurtent sa surface. Ce processus continue jusqu'à ce que le nombre de molécules qui sortent de la solution par seconde redevienne égal au nombre de molécules qui y entrent (*voir la figure 2.6B*). Toutefois, à cause de l'augmentation de la concentration des molécules dans le gaz et la solution, le nombre de molécules est plus élevé en B qu'en A, où la pression partielle est plus basse.

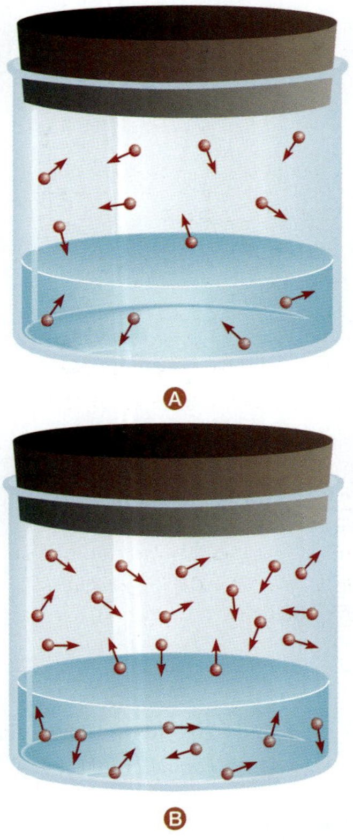

FIGURE 2.6

Interprétation de la loi de Henry au niveau moléculaire

Quand la pression partielle du gaz au-dessus de la solution augmente de A à B, la concentration du gaz dissous augmente également selon l'équation 2.6.

EXEMPLE 2.7 L'application de la loi de Henry

La solubilité de l'azote gazeux pur à 25 °C et à 101,3 kPa est de $6,8 \times 10^{-4}$ mol/L. Quelle est la concentration molaire d'azote dissous dans l'eau dans les conditions atmosphériques ? La pression partielle de l'azote dans l'atmosphère est de 79,0 kPa.

DÉMARCHE

La donnée de la solubilité permet de connaître la valeur de k pour ce gaz selon la loi de Henry. Ensuite, on pourra l'utiliser pour calculer la concentration.

SOLUTION

D'abord, il faut déterminer la constante k de l'équation 2.6 :

$$C = kP$$

$$6,8 \times 10^{-4}\ \text{mol/L} = k\,(101,3\ \text{kPa})$$

$$k = 6,7 \times 10^{-6}\ \text{mol} \cdot \text{L}^{-1} \cdot \text{kPa}^{-1}$$

>>>

Ainsi, la concentration de l'azote gazeux dans l'eau est :

$$C = (6{,}7 \times 10^{-6}\ \text{mol} \cdot \text{L}^{-1} \cdot \text{kPa}^{-1})(79{,}0\ \text{kPa})$$
$$= 5{,}3 \times 10^{-4}\ \text{mol/L}$$

La diminution de la solubilité de $6{,}8 \times 10^{-4}$ mol/L à $5{,}3 \times 10^{-4}$ mol/L dépend de la diminution de la pression de 101,3 kPa à 79,0 kPa.

EXERCICE

Calculez la concentration molaire d'oxygène dans l'eau à 25 °C pour une pression partielle de 22 kPa. La constante de Henry pour l'oxygène est de $3{,}5 \times 10^{-6}\ \text{mol} \cdot \text{L}^{-1} \cdot \text{kPa}^{-1}$.

PROBLÈME SEMBLABLE
2.35

La plupart des gaz obéissent à la loi de Henry, mais il y a des exceptions importantes. Par exemple, si le gaz dissous *réagit* avec l'eau, sa solubilité peut être plus élevée. La solubilité de l'ammoniac dépasse les prévisions à cause de la réaction suivante (*voir la figure 2.7*) :

$$NH_3 + H_2O \rightleftharpoons NH_4^+ + OH^-$$

Le dioxyde de carbone réagit également avec l'eau :

$$CO_2 + H_2O \rightleftharpoons H_2CO_3$$

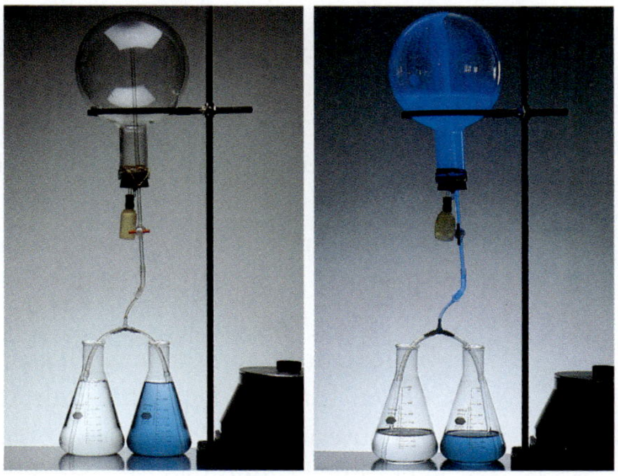
Ⓐ Ⓑ

FIGURE 2.7

Fontaine d'ammoniac

Ⓐ Le ballon renversé est rempli d'ammoniac gazeux.
Ⓑ Quand on y introduit une faible quantité d'eau en pressant la petite bouteille en polyéthylène, la majeure partie de l'ammoniac se dissout dans l'eau, créant ainsi un vide partiel. La pression atmosphérique pousse alors dans le ballon les liquides contenus dans les deux erlenmeyers. Le mélange de ces deux liquides provoque une réaction chimique accompagnée d'une émission de lumière bleue.

Un autre exemple intéressant est la dissolution de l'oxygène moléculaire dans le sang. En général, l'oxygène gazeux est assez peu soluble dans l'eau (*voir la réponse de l'exercice à la fin de l'exemple 2.7 ci-dessus*), mais sa solubilité dans le sang s'accroît considérablement grâce à la présence d'une forte concentration de molécules d'hémoglobine (Hb). Chaque molécule d'hémoglobine peut fixer jusqu'à quatre molécules d'oxygène, lesquelles peuvent ensuite être transportées vers les tissus pour servir au métabolisme :

$$Hb + 4O_2 \rightleftharpoons Hb(O_2)_4$$

C'est ce qui explique la grande solubilité de l'oxygène dans le sang.

La rubrique Chimie en action (*p. 66*) nous montre la façon dont la loi de Henry s'applique dans la nature et comment elle peut nous aider à comprendre certaines catastrophes naturelles.

Chimie en action

Le lac meurtrier

Le lac Nyos, situé au Cameroun sur la côte ouest-africaine, occupe le cratère d'un ancien volcan. Le 21 août 1986, une catastrophe s'est produite sans aucun avertissement. Le lac a subitement éjecté dans l'atmosphère une gigantesque bulle de dioxyde de carbone (CO_2). La masse volumique de ce gaz étant bien plus grande que celle de l'air ambiant, il prend la place de l'air et devient, par le fait même, asphyxiant. Sitôt relâché, le gaz s'est engouffré dans la vallée de la rivière avoisinante, asphyxiant sur son passage 1246 personnes durant leur sommeil.

Comment expliquer cette tragédie ? Dans un lac profond comme le lac Nyos, l'eau est stratifiée en plusieurs couches qui ne se mélangent pas en temps normal. Une zone frontière sépare les eaux douces de surface de celles plus creuses et plus denses qui constituent une solution de minéraux et de gaz dissous, dont le CO_2. Ce gaz émane en permanence du magma sous-jacent à plus de 80 km de profondeur et s'infiltre à travers le sol fracturé vers le fond du lac. Étant donné la forte pression au fond du lac, pression qui dépend de la hauteur de la colonne d'eau, le CO_2 peut s'y accumuler (en accord avec la loi de Henry, la pression du gaz au fond peut augmenter tant qu'elle ne devient pas égale à la pression exercée par la colonne d'eau).

Le lac Nyos. Dix jours après le désastre, l'eau est encore très brunâtre.

La véritable cause de ce dégazage subit n'est pas vraiment connue. Plusieurs études et analyses des eaux en profondeur ont permis d'écarter les hypothèses d'une éruption volcanique, d'un tremblement de terre ou d'un glissement de terrain. En fait, il est probable que la pression partielle de CO_2 (P_{CO_2}) des eaux profondes du lac était presque à saturation et que tout facteur physique habituel pouvant perturber un lac en faisant remonter de l'eau verticalement a suffi pour causer une sursaturation locale (par exemple, durant la mousson, de forts vents accompagnés de refroidissements auraient pu contribuer à perturber davantage l'équilibre fragile du lac) et amorcer le dégazage. Lorsque les eaux du fond ont remonté à une certaine hauteur, la pression de la colonne d'eau (qui servait en quelque sorte de bouchon) est devenue insuffisante pour empêcher la formation de bulles de gaz à partir de la solution de gaz carbonique. Il s'en est suivi une série d'événements, telle une réaction en chaîne, qui ont fait remonter encore plus d'eau saturée en gaz vers le haut. Ce phénomène ressemble au pétillement subit observé lorsqu'on débouche une bouteille de boisson gazeuse. Ensuite, parce que le CO_2 est un gaz plus dense que l'air, le nuage de CO_2 s'est déplacé en restant à proximité du sol et a littéralement fait suffoquer un village entier situé plus bas à une distance supérieure à 9 km du lac. Plus de 100 millions de mètres cubes de gaz se sont subitement dégagés. Le niveau du lac a baissé de 1 m durant ce dégazage partiel.

Actuellement, après plus de 20 ans, la concentration de CO_2 au fond du lac s'accumule toujours et constitue de nouveau une grave menace. Le danger est augmenté par le fait que le col du volcan, qui agit comme un barrage, est affaibli et pourrait céder, ce qui provoquerait non seulement une redoutable inondation, mais un autre bouillonnement subit de gaz carbonique. En effet, encore selon la loi de Henry, la diminution du niveau d'eau du lac ferait diminuer la pression au fond et provoquerait le dégazage.

Peut-on prévenir ou empêcher une telle catastrophe? En 1995, des essais de dégazage à petite échelle ont été tentés par pompage des eaux en profondeur pour essayer de faire sortir le CO_2 dissous. Au début, cette approche a suscité une controverse, à savoir que si jamais les couches d'eaux profondes étaient perturbées par ce pompage, ce dernier pourrait être lui-même la cause d'une nouvelle catastrophe. Toutefois, les mesures et les modèles prouvent que ce n'est pas le cas, car, avec le débit du pompage, il y a une dilution d'un facteur d'environ 50 fois. En outre, comme un surplus d'eau s'écoule toujours à cause de l'accumulation des pluies, les mesures tendent à démontrer qu'en moins de deux ans, toute la colonne d'eau du lac jusqu'à 45 m de profondeur est complètement renouvelée. Non seulement l'eau pompée à 200 m de profondeur et rejetée en surface ne peut pas caler au point de perturber les couches profondes, mais mieux encore, elle finit par s'écouler complètement en dehors du lac. L'installation permanente de quelques tuyaux de pompage pourrait donc parvenir à contrôler la concentration du gaz carbonique dans le fond du lac et contribuer ainsi à sa stabilité. Un tel tuyau a été installé en février 2001 (*voir la photo ci-contre*), et l'on pourrait en installer trois autres d'ici peu. En effet, le PNUD (Programme des Nations unies pour le développement) a annoncé, en mars 2008, un projet d'acquisition de deux colonnes supplémentaires. Aussi, beaucoup d'efforts sont faits actuellement pour protéger la population en installant des systèmes d'analyse et de télésurveillance qui peuvent déclencher différents niveaux d'alarme. Ces équipements pourront détecter tout changement de la température et de la salinité des eaux ainsi que de la concentration en gaz carbonique des eaux de surface. La stabilité de la stratification des couches d'eau sera également surveillée. Il y aura aussi des analyses chimiques périodiques d'un grand nombre de substances afin de pouvoir détecter tout changement durant le dégazage. Enfin, des détecteurs aériens de gaz carbonique analyseront l'air ambiant continuellement et pourront déclencher des alarmes dans le but de prévenir à temps les populations qui vivent plus bas dans les vallées. Entre-temps, on peut dire que ce lac est une véritable bombe à retardement naturelle!

Ces dernières années, on entend beaucoup parler du dioxyde de carbone comme gaz à effet de serre (GES). Le lac Nyos constitue donc une importante source naturelle d'émission d'un GES. On propose d'essayer de capter ce gaz et de le transporter pour l'injecter dans des sites géologiques appropriés. Ce projet aiderait à démontrer la faisabilité de techniques de captage et de séquestration des émissions de dioxyde de carbone pour l'exploitation de ressources énergétiques et pour toute production industrielle.

Fontaine sur le lac Nyos. Le dégazage se fait par pompage dans une couche d'eau profonde saturée en gaz carbonique. Le jet a une hauteur de 50 mètres et est constitué de 90 % de gaz carbonique (CO_2) et de 10 % d'eau.

2.6 Les propriétés colligatives des solutions de non-électrolytes

Plusieurs propriétés importantes des solutions dépendent du nombre de particules de soluté présentes, et non de leur nature. Ces propriétés sont appelées **propriétés colligatives** parce qu'elles dépendent toutes du nombre de particules de soluté présentes, que celles-ci soient des atomes, des ions ou des molécules. Ces propriétés sont la diminution de la pression de vapeur, l'élévation du point d'ébullition, l'abaissement du point de congélation et la pression osmotique. Pour les besoins de cet exposé sur les propriétés colligatives des solutions de non-électrolytes, il est important de se rappeler que l'on parle de solutions relativement diluées, c'est-à-dire de solutions dont les concentrations sont $\leq$ 0,2 mol/L, sinon les résultats calculés sont inexacts, car il faudrait tenir compte des interactions entre les particules de soluté.

La diminution de la pression de vapeur

NOTE

Pour réviser la notion d'équilibre de pression de vapeur dans le cas de liquides purs, consultez la section 9.6 de *Chimie générale*.

Si un soluté est **non volatil**, c'est-à-dire s'il n'a pas de pression de vapeur mesurable, la pression de vapeur de sa solution est toujours inférieure à celle du solvant pur. Ainsi, la relation entre la pression de vapeur de la solution et celle du solvant dépend de la concentration de soluté dans la solution. Cette relation est donnée par la **loi de Raoult** (nommée ainsi en l'honneur du chimiste français François Raoult), qui dit que la pression de vapeur partielle exercée par la vapeur du solvant au-dessus d'une solution, P_1, est donnée par la pression de vapeur du solvant pur, P_1°, multipliée par la fraction molaire du solvant dans la solution, X_1 :

$$P_1 = X_1 P_1^\circ \qquad (2.7)$$

Dans une solution ne contenant qu'un seul soluté, $X_1 = 1 - X_2$, où X_2 est la fraction molaire du soluté. On peut alors réécrire l'équation 2.7 de la manière suivante :

$$P_1 = (1 - X_2)P_1^\circ$$
$$P_1^\circ - P_1 = \Delta P = X_2 P_1^\circ \qquad (2.8)$$

On peut voir que la *diminution* de la pression de vapeur, ΔP, est directement proportionnelle à la concentration (exprimée en fraction molaire) du soluté présent.

$C_6H_{12}O_6$

EXEMPLE 2.8 Le calcul de la pression de vapeur et de l'abaissement de la pression de vapeur d'une solution de glucose

Calculez la pression de vapeur d'une solution contenant 218 g de glucose ($C_6H_{12}O_6$) (masse molaire = 180,2 g/mol) dans 460 mL d'eau à 30 °C. Quel est l'abaissement de la pression de vapeur ? La pression de vapeur de l'eau pure à 30 °C est de 31,82 mm Hg. Supposons 1,00 g/mL comme valeur de la masse volumique de l'eau.

DÉMARCHE

La loi de Raoult permet de calculer la pression de vapeur de cette solution. Ensuite, en soustrayant la pression de départ du solvant pur de celle de la solution, on obtiendra la valeur de l'abaissement de la pression causée par la présence de ce soluté non volatil.

>>>

SOLUTION

La pression P_1 est :

à déterminer (X_1)

$$P_1 = X_1 P_1^\circ$$

à calculer (P_1) — valeur connue (P_1°)

Calculons d'abord le nombre de moles de glucose et d'eau contenues dans la solution :

$$n_1(\text{eau}) = 460\ \cancel{\text{mL}} \times \frac{1{,}00\ \cancel{\text{g}}}{1\ \cancel{\text{mL}}} \times \frac{1{,}00\ \text{mol}}{18{,}02\ \cancel{\text{g}}} = 25{,}5\ \text{mol}$$

$$n_2(\text{glucose}) = 218\ \cancel{\text{g}} \times \frac{1{,}00\ \text{mol}}{180{,}2\ \cancel{\text{g}}} = 1{,}21\ \text{mol}$$

La fraction molaire de l'eau, X_1, est donnée par :

$$X_1 = \frac{n_1}{n_1 + n_2} = \frac{25{,}5\ \text{mol}}{25{,}5\ \text{mol} + 1{,}21\ \text{mol}} = 0{,}955$$

La pression de vapeur de la solution de glucose est :

$$P_1 = 0{,}955 \times 31{,}82\ \text{mm Hg} = 30{,}4\ \text{mm Hg}$$

Finalement, l'abaissement de la pression de vapeur est :

$$(31{,}82 - 30{,}4)\ \text{mm Hg} = 1{,}4\ \text{mm Hg}$$

VÉRIFICATION

On peut également calculer l'abaissement de la pression de vapeur en utilisant l'équation 2.8. Étant donné que la fraction molaire du glucose est (1 − 0,955), ou 0,045, l'abaissement de la pression de vapeur est (0,045)(31,82 mm Hg) ou 1,4 mm Hg.

EXERCICE

Calculez la pression de vapeur d'une solution contenant 82,4 g d'urée $[(NH_2)_2CO]$ (masse molaire = 60,06 g/mol) dans 212 mL d'eau à 35 °C. Quel est l'abaissement de la pression de vapeur ? La pression de la vapeur d'eau à 35 °C est de 42,18 mm Hg.

PROBLÈMES SEMBLABLES
2.49 et 2.50

Pourquoi la pression de vapeur d'une solution constituée d'un soluté non volatil est-elle inférieure à celle de son solvant pur ? Voici une première explication qui relève de la thermodynamique. Nous avons vu à la section 2.2 (*p. 54*) que l'une des grandes tendances qui favorisent les processus physiques et chimiques est l'augmentation du désordre : plus le désordre créé est grand, plus le processus est favorisé. L'évaporation augmente le désordre d'un système parce que les molécules en phase vapeur ne sont pas aussi proches et ont une plus grande liberté de mouvement : il y a donc moins d'ordre qu'en phase liquide. Alors, puisqu'il y a plus de désordre dans une solution que dans un solvant pur, la différence de désordre entre une solution et sa vapeur est moins grande que celle qui existe entre un solvant pur et sa vapeur. C'est pourquoi les molécules de solvant ont moins tendance à s'échapper de la solution qu'à s'échapper du solvant pur pour entrer en phase vapeur ; la pression de vapeur d'une solution est donc inférieure à celle de son solvant. Voici une deuxième explication, cette fois au niveau microscopique.

À la surface d'une solution, des molécules du soluté non volatil ont pris la place de molécules du solvant volatil, ce qui réduit la fréquence de passage du solvant vers la phase gazeuse, d'où une diminution de la pression de vapeur.

Si les deux composantes de la solution sont **volatiles**, c'est-à-dire si elles ont une pression de vapeur mesurable, la pression de vapeur de la solution est la somme des pressions partielles de chacune. La loi de Raoult s'applique également dans ce cas :

$$P_A = X_A P_A^\circ$$
$$P_B = X_B P_B^\circ$$

où P_A et P_B sont les pressions partielles des composantes A et B de la solution ; P_A° et P_B°, les pressions de vapeur des substances pures ; et X_A et X_B, leurs fractions molaires. La pression totale est donnée par la loi des pressions partielles de Dalton (*voir l'équation 4.13 de* Chimie générale) :

$$P_T = P_A + P_B$$

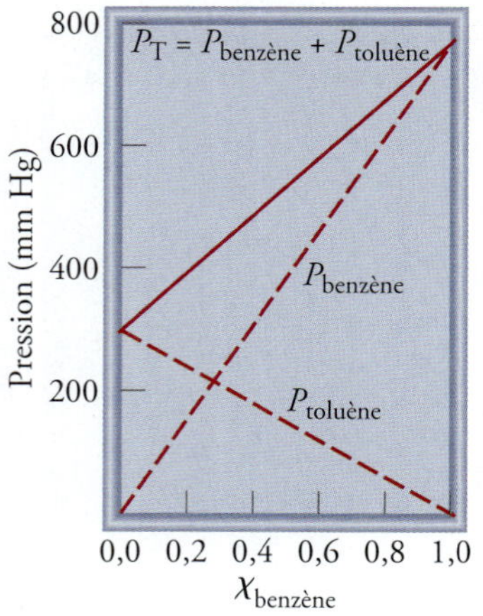

FIGURE 2.8

Variation des pressions partielles du benzène et du toluène en fonction de leur fraction molaire dans une solution de benzène-toluène $X_{toluène} = 1 - X_{benzène}$ à 80 °C

Cette solution est dite idéale parce que les pressions de vapeur obéissent à la loi de Raoult.

NOTE

Une solution idéale est l'analogue d'un gaz parfait, c'est-à-dire que chaque composante de la solution se comporte comme si elle était seule, sans aucune influence sur les autres.

Appliquons ces notions au cas de solutions de deux composés volatils, soit des mélanges de benzène et de toluène. Ces deux composés ont des structures similaires et, ainsi, des forces intermoléculaires similaires :

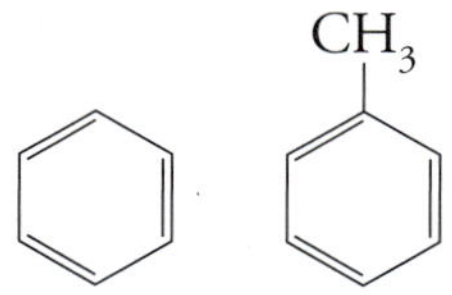

benzène toluène

Dans une solution de benzène et de toluène, la pression de vapeur de chaque composante obéit à la loi de Raoult. La figure 2.8 montre comment la pression de vapeur totale (P_T) d'une solution benzène-toluène dépend de la composition de la solution. Notez que la composition de la solution n'a besoin d'être exprimée qu'en fonction de l'une des composantes. Pour toute valeur de $X_{benzène}$, la fraction molaire du toluène, $X_{toluène}$, est donnée par $1 - X_{benzène}$. La solution benzène-toluène est l'un des rares exemples de **solution idéale**, soit une solution qui obéit à la loi de Raoult. L'une des caractéristiques d'une solution idéale est que son enthalpie de dissolution, ΔH_{dis}, est toujours égale à zéro, car les molécules étant très semblables, les interactions solvant-solvant sont presque identiques aux interactions soluté-solvant.

La plupart des solutions dévient plus ou moins de ce comportement idéal. Supposons deux substances volatiles A et B et examinons les deux cas suivants.

Cas 1 Si les forces intermoléculaires entre les molécules de A et de B sont plus faibles que celles entre les molécules de A et que celles entre les molécules de B, ces molécules auront une plus grande tendance à quitter la solution que dans le cas d'une solution idéale. Par conséquent, la pression de vapeur de la solution sera plus grande que la somme des pressions de vapeur, comme le prédit la loi de Raoult pour la même concentration. Ce comportement correspond à une *déviation positive* (*voir la figure 2.9A*). Dans ce cas, la chaleur de dissolution a une valeur positive, c'est-à-dire que la formation du mélange est un phénomène endothermique.

Cas 2 Si l'attirance entre les molécules de A et de B est plus grande que celle existant entre elles quand elles sont toutes de la même sorte, la pression de vapeur sera inférieure à la somme des pressions de vapeur, comme le prédit la loi de Raoult. Il s'agit cette fois d'une *déviation négative* (*voir la figure 2.9B*). Dans ce cas, la chaleur de dissolution a une valeur négative, c'est-à-dire que la formation du mélange est un phénomène exothermique.

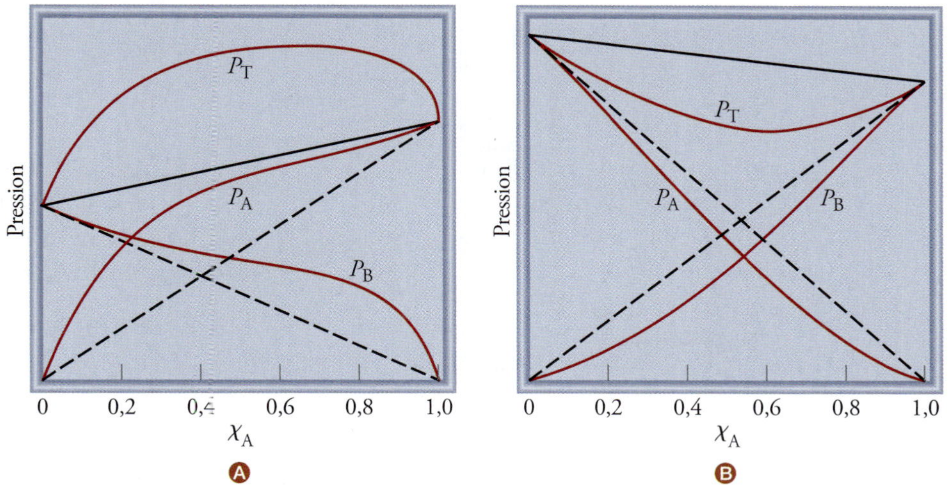

FIGURE 2.9

Solutions non idéales

A Si la pression totale P_T est plus grande que celle prédite par la loi de Raoult (ligne noire pleine), on dit qu'il y a une déviation positive.
B Si P_T est plus petite que la pression totale prédite par la loi de Raoult (ligne noire pleine), dans ce cas on dit qu'il y a une déviation négative.

La distillation fractionnée

La pression de vapeur des solutions est à la base de la **distillation fractionnée**, une technique de séparation des constituants liquides d'une solution, fondée sur les différences de point d'ébullition. Il s'agit en fait d'une méthode semblable à la cristallisation fractionnée. Supposons que nous voulons séparer les constituants d'un *système binaire* (un système à deux constituants), par exemple, une solution benzène-toluène. Le benzène et le toluène sont tous deux assez volatils, mais leurs points d'ébullition sont bien différents (respectivement de 80,1 °C et de 110,6 °C). Au point d'ébullition d'une telle solution, la vapeur formée est enrichie du constituant le plus volatil, le benzène. Si cette vapeur est condensée dans un contenant séparé, puis que le liquide obtenu est porté de nouveau à ébullition, on obtient une concentration encore plus forte de benzène dans la phase vapeur. En répétant plusieurs fois ce procédé, il est possible de séparer complètement le benzène du toluène.

En pratique, toutefois, on utilise un montage comme celui de la figure 2.10 (*p. 72*) pour séparer des liquides volatils. Le ballon contenant la solution benzène-toluène est surmonté d'une longue colonne remplie de petites billes de verre. Lorsque la solution bout, la vapeur a tendance à se condenser sur les billes dans la partie inférieure de la colonne, et le liquide reflue vers le ballon de distillation. Au fur et à mesure que le temps s'écoule, les billes s'échauffent, ce qui permet à la vapeur de monter lentement plus haut. En fait, c'est le matériel de remplissage de la colonne qui fait maintenant subir un grand nombre d'étapes de vaporisation-condensation. À chacune de ces étapes, la vapeur contient une plus grande concentration du constituant le plus volatil, celui qui a le plus bas point d'ébullition (dans ce cas-ci, le benzène). La vapeur qui atteint le haut de la colonne est du benzène presque pur, lequel peut être condensé et recueilli dans une fiole conique.

FIGURE 2.10

Appareil à distillation fractionnée fonctionnant sur une petite échelle

La colonne de fractionnement est remplie de petites billes de verre. Plus la colonne est longue, meilleure est la séparation des liquides volatils.

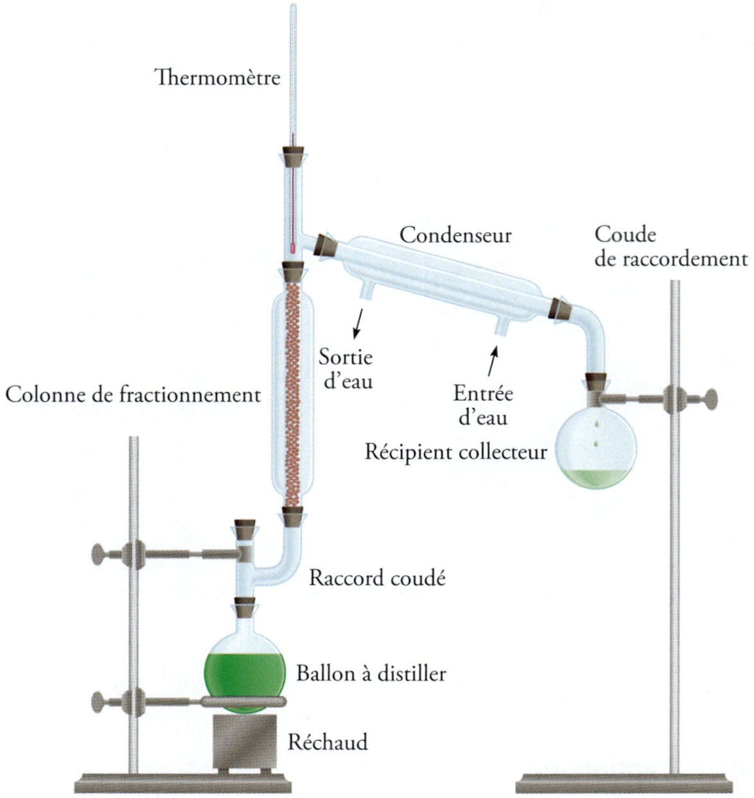

La distillation fractionnée est une technique très utilisée dans l'industrie et les laboratoires. Les différents produits du pétrole, notamment, sont obtenus à partir du pétrole brut par distillation fractionnée à grande échelle.

L'élévation du point d'ébullition

Puisque la présence d'un soluté *non volatil* abaisse la pression de vapeur d'une solution, elle peut aussi influencer son point d'ébullition. Rappelez-vous que le point d'ébullition d'une solution est la température à laquelle sa pression de vapeur est égale à la pression atmosphérique (*voir la section 9.6 de* Chimie générale). La figure 2.11 montre la différence, dans un diagramme de phases, entre la courbe de l'eau et celle d'une solution aqueuse. Puisque, à toute température, la pression de vapeur de la solution est toujours inférieure à celle du solvant pur, la courbe de la pression de vapeur de la solution se situe sous celle du solvant. Par conséquent, la courbe de la solution (en pointillé) croise la ligne horizontale qui indique P = 101,3 kPa à une température supérieure au point d'ébullition normal du solvant pur. Cette analyse graphique révèle que le point d'ébullition de la solution est supérieur à celui de l'eau. L'**élévation du point d'ébullition** (**$\Delta T_{éb}$**), soit la différence entre le point d'ébullition d'une solution ($T_{éb}$) et le point d'ébullition du solvant ($T^{\circ}_{éb}$) pur, est donnée par :

$$\Delta T_{éb} = T_{éb} - T^{\circ}_{éb}$$

Puisque $\Delta T_{éb}$ est directement proportionnelle à la diminution de la pression de vapeur, elle est aussi directement proportionnelle à la concentration (molalité) de la solution. Autrement dit :

$$\Delta T_{éb} \propto m$$

$$\Delta T_{éb} = K_{éb}\, m \qquad (2.9)$$

où m est la molalité de la solution, et $K_{éb}$, la constante ébullioscopique molale. $K_{éb}$ est exprimée en °C · kg/mol.

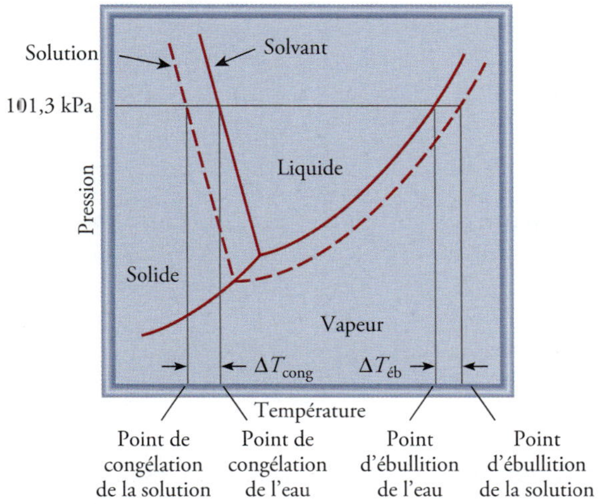

FIGURE 2.11

Diagramme de phases illustrant l'élévation du point d'ébullition et l'abaissement du point de congélation des solutions aqueuses.

La courbe pointillée correspond à la solution, et la courbe pleine, au solvant pur. Comme on peut le voir, le point d'ébullition de la solution est plus élevé que celui de l'eau, et le point de congélation de la solution est plus bas que celui de l'eau.

Il est important de comprendre le choix de l'unité de concentration ici. Nous sommes en présence d'un système (la solution) dont la température n'est pas constante ; nous ne pouvons donc pas utiliser la concentration molaire volumique, car celle-ci change avec la température.

Le tableau 2.2 donne la valeur de $K_{éb}$ pour plusieurs solvants courants. En utilisant cette constante pour l'eau et l'équation 2.9, on constate que, si la molalité d'une solution aqueuse est de 1,00 mol/kg, son point d'ébullition sera de 100,52 °C.

TABLEAU 2.2

Constantes ébullioscopiques et cryoscopiques molales de quelques liquides courants

Solvant	Formule moléculaire	Point de congélation normal (°C)*	K_{cong} (°C · kg/mol)	Point d'ébullition normal (°C)*	$K_{éb}$ (°C · kg/mol)
Eau	H_2O	0	1,86	100	0,52
Benzène	C_6H_6	5,5	5,12	80,1	2,53
Éthanol	CH_3CH_2OH	−117,3	1,99	78,4	1,22
Acide acétique	CH_3COOH	16,6	3,90	117,9	2,93
Cyclohexane	C_6H_{12}	6,6	20,0	80,7	2,79

* À 101,3 kPa

On utilise, pour le dégivrage des avions, un procédé qui fait appel à l'abaissement du point de congélation des solutions.

L'abaissement du point de congélation

Un profane peut fort bien ne jamais être conscient du phénomène d'élévation du point d'ébullition, mais un bon observateur vivant dans un climat froid connaît l'abaissement du point de congélation. La glace sur les routes et les trottoirs fond lorsqu'on y répand du sel comme NaCl ou $CaCl_2$. On réussit à la faire fondre, car la présence de sel abaisse le point de congélation de l'eau.

La figure 2.11 (*p. 73*) montre que l'abaissement de la pression de vapeur de la solution déplace la courbe solide-liquide vers la gauche. Par conséquent, cette ligne croise la ligne horizontale qui indique $P = 101{,}3$ kPa à une température inférieure à celle du point de congélation de l'eau. L'**abaissement du point de congélation** (**ΔT_{cong}**), soit la différence entre le point de congélation du solvant pur (T°_{cong}) et le point de congélation de la solution (T_{cong}), est donné par :

$$\Delta T_{cong} = T^\circ_{cong} - T_{cong}$$

ΔT_{cong} est directement proportionnelle à la concentration de la solution :

$$\Delta T_{cong} \propto m$$

$$\Delta T_{cong} = K_{cong}\, m \qquad (2.10)$$

où m est la concentration molale du soluté, et K_{cong} est la *constante d'abaissement du point de congélation* appelée aussi *constante cryoscopique molale* (*voir le tableau 2.2, p. 73*). Comme $K_{éb}$, K_{cong} est exprimée en °C · kg/mol.

Cette diminution du point de fusion peut s'expliquer sommairement par le fait que la présence du soluté dans le solvant augmente le désordre et rend plus difficile le passage à l'état plus ordonné du solide (solvant pur). Aussi, du point de vue microscopique, si le solvant formait un solide (cristallisation du solvant pur), rien n'empêcherait sa fusion, alors que les molécules de solutés nuiraient à sa cristallisation. Il faut donc refroidir davantage pour réduire la liberté de mouvement du solvant cristallisé. Vous pouvez maintenant essayer de vous expliquer pourquoi le sel fait fondre la glace en hiver.

Notez que, pour pouvoir observer une élévation du point d'ébullition, le soluté doit être non volatil, ce qui n'est pas nécessaire dans le cas de l'abaissement du point de fusion. Par exemple, on a parfois utilisé le méthanol (CH_3OH), un liquide nettement volatil qui bout à 65 °C, comme antigel dans les radiateurs d'automobiles.

NOTE

Comme vous le constaterez en faisant les problèmes à la fin de ce chapitre, la mesure de l'abaissement du point de congélation, appelée aussi cryoscopie, peut servir de méthode pour la détermination des masses molaires ainsi que de méthode de mesure du degré de pureté d'une substance. Plus la valeur de la constante cryoscopique du solvant utilisé est grande, plus sensible est la méthode.

EXEMPLE 2.9 Le calcul de l'abaissement du point de congélation

On utilise couramment l'éthylène glycol (EG), $CH_2(OH)CH_2(OH)$, comme antigel dans les automobiles. C'est un composé hydrosoluble relativement non volatil (point d'ébullition : 197 °C). Calculez le point de congélation d'une solution contenant 651 g de cette substance dans 2 505 g d'eau. La masse molaire de l'éthylène glycol est de 62,01 g/mol. Garderiez-vous cette substance dans le radiateur de votre automobile en été ?

En hiver, dans les pays froids, on doit mettre de l'antigel dans les radiateurs d'automobiles.

DÉMARCHE

L'abaissement du point de congélation de la solution se calcule ainsi :

constante

$$\Delta T_{cong} = K_{cong}\, m$$

à calculer — à déterminer

Les données nous permettent de déterminer la molalité, et le tableau 2.2 nous donne la constante K_{cong} de l'eau.

SOLUTION

Pour trouver la molalité de la solution, il faut connaître le nombre de moles d'éthylène glycol (EG) et la masse du solvant en kilogrammes. On trouve la masse molaire de l'éthylène glycol, le nombre de moles et on le divise par 2,505 kg pour obtenir la molalité :

$$651\ \text{g EG} \times \frac{1\ \text{mol EG}}{62{,}07\ \text{g EG}} = 10{,}5\ \text{mol EG}$$

$$\text{molalité} = m = \frac{\text{moles de soluté}}{\text{masse de solvant (kg)}}$$

$$= \frac{10{,}5\ \text{mol EG}}{2{,}505\ \text{kg H}_2\text{O}} = 4{,}19\ \text{mol EG/kg H}_2\text{O}$$

$$= 4{,}19\ \text{mol/kg}$$

Selon l'équation 2.10 et le tableau 2.2, on peut écrire :

$$\Delta T_{cong} = K_{cong}\, m$$

$$= (1{,}86\ °\text{C} \cdot \text{kg/mol})(4{,}19\ \text{mol/kg})$$

$$= 7{,}79\ °\text{C}$$

Puisque l'eau pure gèle à 0 °C, la solution gèlera à −7,79 °C.
Nous pouvons calculer l'élévation du point d'ébullition d'une manière analogue :

$$\Delta T_{éb} = K_{éb}\, m$$

$$= (0{,}52\ °\text{C} \cdot \text{kg/mol})(4{,}19\ \text{mol/kg})$$

$$= 2{,}2\ °\text{C}$$

Puisque la solution bouillira à (100,0 + 2,2) °C, ou 102,2 °C, il serait préférable de laisser cet antigel dans le radiateur de l'automobile pour prévenir l'ébullition de la solution.

EXERCICE

Calculez les points d'ébullition et de congélation d'une solution formée de 478 g d'éthylène glycol dans 3 202 g d'eau.

PROBLÈMES SEMBLABLES

2.56 et 2.59

Chimie en ligne
Animation
- L'osmose

La pression osmotique

Nombre de réactions chimiques et biologiques dépendent du passage sélectif, à travers une membrane poreuse, des molécules du solvant d'une solution diluée vers une solution plus concentrée. La figure 2.12 illustre ce phénomène. Dans le compartiment de gauche, il y a du solvant pur et dans celui de droite, une solution. Ces deux compartiments sont séparés par une **membrane semi-perméable**, qui permet le passage des molécules du solvant, mais pas celui des molécules du soluté. Au début, les niveaux de liquide dans les deux tubes sont égaux (*voir la figure 2.12A*). Après un certain temps, les variations de volume dans chaque compartiment se traduisent par une variation du niveau dans les deux tubes ; le liquide baisse à gauche et monte à droite jusqu'à ce que l'équilibre soit atteint. On appelle **osmose** le mouvement net des molécules d'un solvant pur ou des molécules de solvant d'une solution diluée, à travers une membrane semi-perméable, vers une solution plus concentrée. La **pression osmotique** (π) d'une solution est la pression nécessaire pour arrêter l'osmose. Comme le montre la figure 2.12B, cette pression est égale à la différence de niveau entre les deux compartiments.

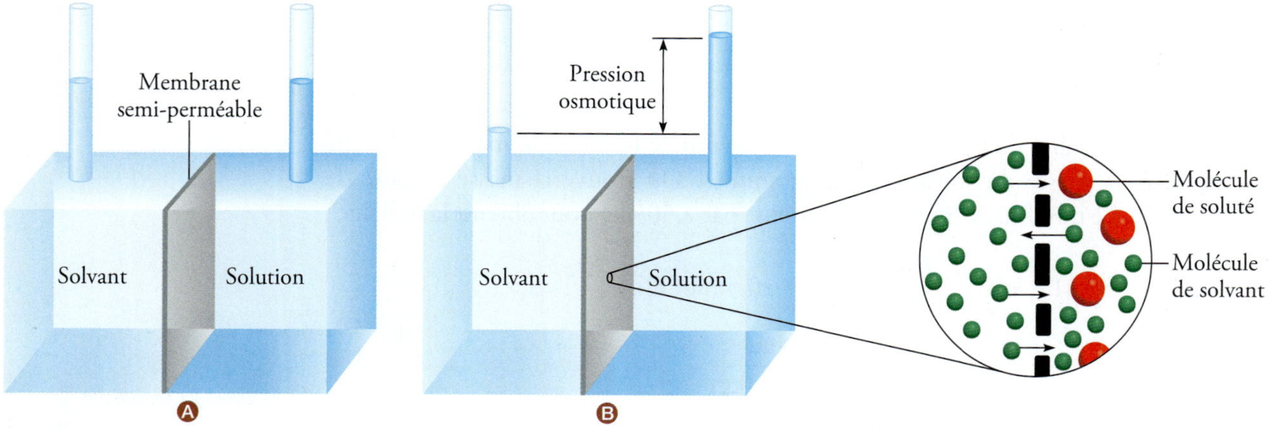

FIGURE 2.12

Pression osmotique

A Au début, les niveaux du solvant pur (à gauche) et de la solution (à droite) sont égaux.
B Durant l'osmose, le niveau de la solution monte à cause du mouvement net du solvant de gauche à droite. À l'équilibre, la pression osmotique est égale à la pression hydrostatique exercée par la colonne de liquide contenue dans le tube de droite.

Qu'est-ce qui pousse l'eau à se déplacer spontanément de gauche à droite dans ce cas-ci ? Comparez la pression de vapeur de l'eau pure à celle de l'eau d'une solution (*voir la figure 2.13*). Il y a un transfert net d'eau du bécher de gauche vers celui de droite parce que la pression de vapeur de l'eau pure est supérieure à celle de la solution. Avec le temps, le transfert se fait complètement. C'est une force semblable qui pousse l'eau vers la solution concentrée durant l'osmose.

Même si l'osmose est un phénomène courant et bien connu, on en sait relativement peu sur la manière dont la membrane semi-perméable stoppe certaines molécules pour en laisser passer d'autres. Dans certains cas, ce n'est qu'une question de taille : les pores de la membrane peuvent être assez petits pour ne laisser passer que les molécules du solvant. Dans d'autres cas, c'est un mécanisme différent qui expliquerait cette sélectivité : par exemple, la plus grande « solubilité » du solvant dans la membrane.

FIGURE 2.13

Comparaison entre l'osmose et la pression de vapeur

A Des pressions de vapeur inégales dans le contenant provoquent un transfert net de l'eau du bécher de gauche (qui contient de l'eau pure) au bécher de droite (qui contient une solution).
B À l'équilibre, toute l'eau du bécher de gauche a été transférée dans le bécher de droite. Ce phénomène est analogue à celui de l'osmose illustrée à la figure 2.12.

La pression osmotique d'une solution est donnée par :

$$\pi = CRT \qquad (2.11)$$

NOTE

Cette relation peut s'écrire $\pi V = nRT$ et prendre ainsi la forme de la loi des gaz parfaits (où $\pi = P$ et $C = n/V$).

où C est la concentration molaire volumique, R, la constante des gaz (8,3145 kPa · L · mol^{-1} · K^{-1}), et T, la température en kelvins. On exprime cette pression en kilopascals. Étant donné que la mesure de la pression osmotique est prise à température constante, les unités de concentration utilisées sont celles de la concentration molaire volumique, plus commodes que celles de la molalité.

Comme l'élévation du point d'ébullition et l'abaissement du point de fusion, la pression osmotique est directement proportionnelle à la concentration d'une solution. On devait s'y attendre, étant donné que toutes les propriétés colligatives ne dépendent que du nombre de particules de soluté présentes dans la solution. Si deux solutions ont la même concentration et, ainsi, la même pression osmotique, elles sont dites *isotoniques*. Par contre, si leurs pressions osmotiques sont inégales, la solution dont la concentration est plus élevée est dite *hypertonique* tandis que la plus diluée est dite *hypotonique* (*voir la figure 2.14*).

Le phénomène de pression osmotique intervient dans de nombreuses applications intéressantes. Par exemple, pour étudier le contenu des globules rouges, séparé du milieu ambiant par une membrane semi-perméable, les biochimistes utilisent une technique appelée hémolyse. Ils placent les cellules dans une solution hypotonique. Puisque les solutés sont moins concentrés à l'extérieur qu'à l'intérieur du globule, l'eau entre dans celui-ci (*voir la figure 2.14B*). Les cellules gonflent et finalement éclatent, libérant ainsi l'hémoglobine et d'autres molécules.

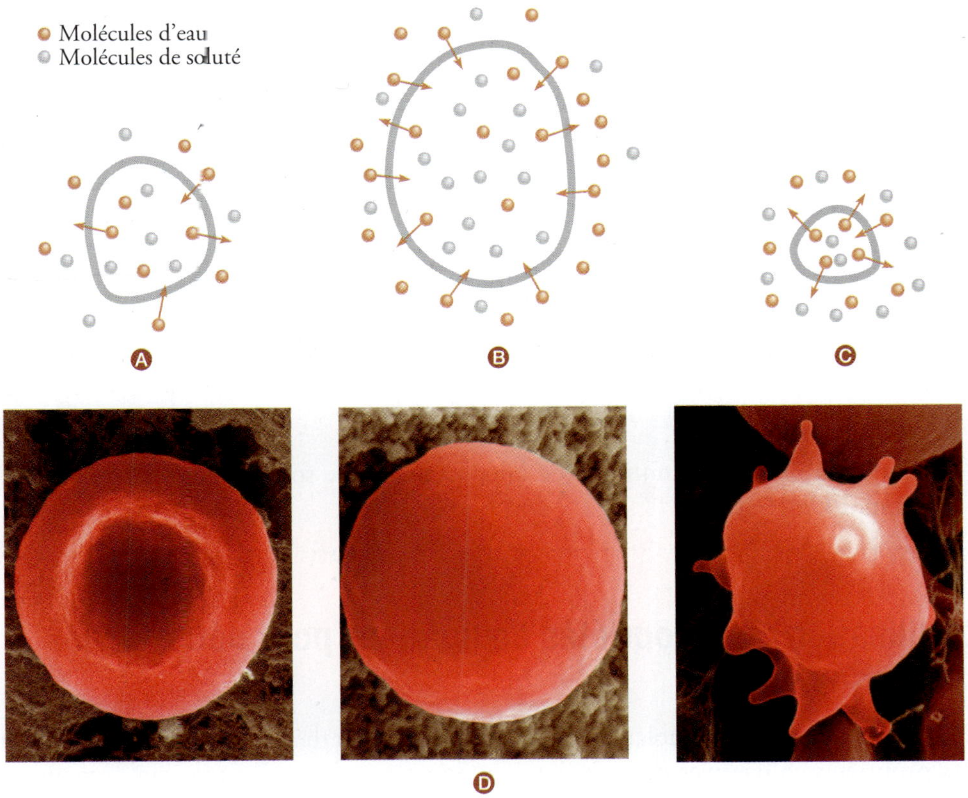

FIGURE 2.14

L'osmose et les cellules

Une cellule :
A dans une solution isotonique ;
B dans une solution hypotonique ;
C dans une solution hypertonique.
La cellule ne change pas en A ; elle gonfle en B ; et elle rétrécit en C.
D Un globule rouge dans une solution : isotonique (gauche), hypotonique (centre) et hypertonique (droite).

La conservation des confitures et des gelées met aussi en jeu la pression osmotique. Il faut vraiment une grande quantité de sucre dans le processus de conservation, car le

Séquoias de Californie

sucre aide à éliminer les bactéries qui peuvent causer le botulisme. Comme le montre la figure 2.14C (*p. 77*), quand une cellule bactérienne se trouve dans une solution hypertonique (à concentration élevée) de sucre, l'eau qui est à l'intérieur de la cellule a tendance à en sortir par osmose pour rejoindre la solution concentrée. Ce phénomène donne des cellules dites *crénelées,* des cellules déshydratées qui, finalement, meurent. L'acidité naturelle des fruits contribue également à l'inhibition de la croissance bactérienne.

La pression osmotique constitue également le principal mécanisme de transport de l'eau dans les plantes. Puisque les feuilles perdent constamment de l'eau dans l'air par un processus appelé *transpiration,* la concentration de soluté dans leur liquide augmente. L'eau est alors poussée par pression osmotique à travers le tronc et les branches jusque dans les feuilles. Pour faire monter l'eau à la cime des séquoias, qui peuvent atteindre 120 m de hauteur, la pression doit être de 1 000 à 1 500 kPa. (La capillarité, abordée à la section 9.3 de *Chimie générale,* n'est responsable de la montée de l'eau que sur une hauteur de quelques centimètres.)

EXEMPLE 2.10 La détermination de la concentration d'une solution à partir de la mesure de la pression osmotique

La pression osmotique moyenne de l'eau de mer, mesurée à l'aide d'un appareil semblable à celui de la figure 2.12 (*p. 76*), est de $3{,}04 \times 10^3$ kPa à 25 °C. Calculez la concentration molaire volumique d'une solution aqueuse de sucrose ($C_{12}H_{22}O_{11}$), qui est isotonique avec l'eau de mer.

DÉMARCHE

Si l'on dit que la solution de sucrose est isotonique avec l'eau de mer, que pouvons-nous conclure quant aux pressions osmotiques de ces deux solutions ?

SOLUTION

Une solution de sucrose isotonique avec l'eau de mer doit avoir la même pression osmotique que celle de l'eau de mer, soit $3{,}04 \times 10^3$ kPa. D'après l'équation 2.11 :

$$\pi = CRT$$

$$C = \frac{\pi}{RT} = \frac{3{,}04 \times 10^3 \text{ kPa}}{(8{,}314 \text{ kPa} \cdot \text{L} \cdot \text{mol}^{-1} \cdot \text{K}^{-1}) \times 298 \text{ K}}$$

$$= 1{,}23 \text{ mol/L}$$

EXERCICE

Quelle est la pression osmotique (en kilopascals) d'une solution d'urée $[(NH_2)_2CO]$ 0,884 mol/L à 16 °C ?

PROBLÈME SEMBLABLE

2.63

L'utilisation des propriétés colligatives pour déterminer la masse molaire

Pour déterminer la masse molaire d'un soluté, on peut, en théorie, utiliser l'une ou l'autre des propriétés colligatives des solutions de non-électrolytes. En pratique, cependant, seuls l'abaissement du point de congélation et la pression osmotique sont utilisés, car ce sont les propriétés les plus sensibles, c'est-à-dire qui présentent les plus grandes variations, d'où une plus grande précision.

On procède de la manière suivante : à partir de la mesure d'abaissement du point de congélation ou de la mesure de la pression osmotique, on peut calculer la molalité ou la concentration molaire volumique de la solution. Connaissant la masse du soluté, on peut déterminer sa masse molaire.

EXEMPLE 2.11 La détermination de la masse molaire à partir de l'abaissement du point de congélation

On dissout 7,85 g d'un composé, dont la formule empirique est C_5H_4, dans 301 g de benzène. Le point de congélation de la solution est de 1,05 °C inférieur à celui du benzène pur. Déterminez la masse molaire et la formule moléculaire de ce composé.

DÉMARCHE

Il faudra procéder en trois étapes. Premièrement, calculons la molalité de la solution à partir de la diminution du point de congélation. Ensuite, avec cette valeur de la molalité, déterminons le nombre de moles dans 7,85 g du composé, d'où la masse molaire. Finalement, comparons la masse molaire expérimentale à la masse molaire empirique afin de déterminer la formule moléculaire.

SOLUTION

Voici la séquence des étapes de conversions pour arriver à déterminer la masse molaire du composé :

$$\text{Abaissement du point de congélation} \longrightarrow \text{molalité} \longrightarrow \text{nombre de moles} \longrightarrow \text{masse molaire}$$

Selon l'équation 2.10 et le tableau 2.2 (*p. 73*) :

$$\text{molalité} = \frac{\Delta T_{\text{cong}}}{K_{\text{cong}}} = \frac{1{,}05\ °\text{C}}{5{,}12\ °\text{C} \cdot \text{kg/mol}} = 0{,}205\ \text{mol/kg}$$

Comme il y a 0,205 mol de soluté dans 1 kg de solvant, le nombre de moles de soluté dans 301 g (ou 0,301 kg) de solvant est :

$$0{,}301\ \text{kg} \times \frac{0{,}205\ \text{mol}}{1\ \text{kg}} = 0{,}0617\ \text{mol}$$

Puis, la masse molaire du soluté est :

$$\text{masse molaire} = \frac{\text{grammes de composé}}{\text{moles de composé}}$$
$$= \frac{7{,}85\ \text{g}}{0{,}0617\ \text{mol}} = 127\ \text{g/mol}$$

On peut maintenant déterminer le rapport :

$$\frac{\text{masse molaire}}{\text{masse molaire empirique}} = \frac{127\ \text{g/mol}}{64\ \text{g/mol}} \simeq 2$$

La formule moléculaire est donc $(C_5H_4)_2$ ou $C_{10}H_8$ (naphtalène)

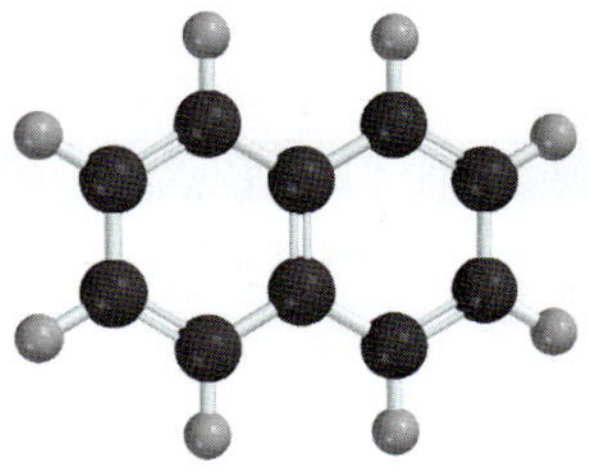

$C_{10}H_8$

PROBLÈME SEMBLABLE 2.57

EXERCICE

Le point de congélation d'une solution formée de 0,85 g d'un composé organique nommé mésitol dans 100,0 g de benzène, est de 5,16 °C. Déterminez la molalité de la solution et la masse molaire du mésitol.

EXEMPLE 2.12 La détermination de la masse molaire à partir de la pression osmotique

On dissout 35,0 g d'hémoglobine (Hb) dans assez d'eau pour obtenir 1 L de solution. Si la pression osmotique de la solution est de 10,0 mm Hg à 25 °C, calculez la masse molaire de Hb.

DÉMARCHE

On nous demande de calculer la masse molaire de Hb. Les étapes de calculs sont semblables à celles de l'exemple 2.11. À partir de la pression osmotique de la solution, nous calculons la concentration molaire volumique de la solution. Ensuite, à partir de cette concentration, nous déterminons le nombre de moles dans 35,0 g de Hb et, de là, sa masse molaire. Quelles devraient être les unités de π et de la température?

SOLUTION

Voici la séquence des étapes de conversions pour arriver à déterminer la masse molaire de l'hémoglobine:

$$\text{Pression osmotique} \longrightarrow \text{concentration molaire volumique} \longrightarrow \text{nombre de moles} \longrightarrow \text{masse molaire}$$

D'abord, il faut calculer la concentration molaire volumique à l'aide de l'équation 2.11:

$$\pi = CRT$$

$$C = \frac{\pi}{RT}$$

$$= \frac{10{,}0 \text{ mm Hg} \times \dfrac{101{,}325 \text{ kPa}}{760 \text{ mm Hg}}}{(8{,}314 \text{ kPa} \cdot \text{L} \cdot \text{mol}^{-1} \cdot \text{K}^{-1}) \times 298 \text{ K}}$$

$$= 5{,}38 \times 10^{-4} \text{ mol/L}$$

Comme la solution a un volume de 1 L, elle doit donc contenir $5{,}38 \times 10^{-4}$ mol de Hb. On utilise cette quantité pour calculer la masse molaire:

$$\text{moles de Hb} = \frac{\text{masse de Hb}}{\text{masse molaire de Hb}}$$

$$\text{masse molaire de Hb} = \frac{\text{masse de Hb}}{\text{moles de Hb}}$$

$$= \frac{35{,}0 \text{ g}}{5{,}38 \times 10^{-4} \text{ mol}}$$

$$= 6{,}51 \times 10^{4} \text{ g/mol}$$

PROBLÈMES SEMBLABLES

2.64 et 2.66

EXERCICE

À 21 °C, une solution de benzène contenant 2,47 g d'un polymère organique dans un volume final de 202 mL a une pression osmotique de 8,63 mm Hg. Calculez la masse molaire du polymère.

NOTE

La masse volumique du mercure étant de 13,6 g/mL, 10 mm Hg correspondent donc à une colonne d'eau d'une hauteur de 13,6 cm.

Une pression de 10,0 mm Hg, comme dans l'exemple 2.12, peut se mesurer facilement et précisément. C'est pourquoi les données de pression osmotique sont très utiles dans le calcul de la masse molaire de grosses molécules, comme les protéines. Pour illustrer en quoi la technique de détermination de la masse molaire par pression osmotique est plus sensible que celle par l'abaissement du point de congélation, estimons la variation du point de congélation de la même solution d'hémoglobine. Si une solution aqueuse est bien diluée, nous pouvons considérer que sa concentration molaire volumique est presque égale à sa molalité. (La concentration molaire volumique serait pratiquement égale à la molalité si la masse volumique de la solution était de 1 g/mL.) Alors, selon l'équation 2.10, nous avons :

$$\begin{aligned}\Delta T_{\text{cong}} &= (1{,}86\ °\text{C} \cdot \text{kg/mol})(5{,}38 \times 10^{-4}\ \text{mol/kg}) \\ &= 1{,}00 \times 10^{-3}\ °\text{C}\end{aligned}$$

Une diminution du point de congélation de un millième de degré est une variation de température trop petite pour être mesurée avec précision. C'est pourquoi la mesure de l'abaissement du point de congélation n'est utilisée que pour déterminer la masse molaire de molécules petites et très solubles, c'est-à-dire les composés dont la masse molaire est d'au plus 500 g/mol, car l'abaissement de leur point de congélation est, dans ce cas, beaucoup plus grand, donc plus facilement mesurable avec précision.

2.7 Les propriétés colligatives des solutions d'électrolytes

Chimie en ligne
Interaction
- Quelques tests de conductibilité électrique

Les propriétés colligatives des solutions d'électrolytes demandent une approche légèrement différente de celle utilisée jusqu'ici pour les solutions de non-électrolytes. Voici pourquoi : les électrolytes se dissocient en ions dans les solutions ; une unité d'un composé qui est un électrolyte donne donc deux particules ou plus une fois dissoute. (Rappelez-vous que c'est le nombre total de particules de soluté qui détermine les propriétés colligatives d'une solution.) Par exemple, chaque unité de NaCl se dissocie en deux ions : Na^+ et Cl^-. Ainsi, les propriétés colligatives d'une solution de NaCl à 0,1 mol/kg devraient être deux fois plus marquées que celles d'une solution contenant un non-électrolyte, comme le saccharose, à 0,1 mol/kg. De même, on s'attend à ce qu'une solution de $CaCl_2$ à 0,1 mol/kg abaisse le point de congélation trois fois plus qu'une solution de saccharose de même molalité, car :

$$\underset{\text{1 particule}}{CaCl_2} \longrightarrow \underbrace{\underset{\text{1 particule}}{Ca^{2+}} + \underset{\text{2 particules}}{2Cl^-}}_{\text{3 particules}}$$

Pour tenir compte de cet effet, définissons une quantité ***i*** appelée **facteur de Van't Hoff** ou **facteur effectif**, soit le rapport entre le nombre réel de particules en solution après la dissociation et le nombre d'unités initialement dissoutes.

$$i = \frac{\text{nombre réel de particules en solution après la dissociation}}{\text{nombre d'unités initialement dissoutes}} \qquad (2.12)$$

Ainsi, i devrait être égal à 1 pour tous les non-électrolytes. Pour les électrolytes forts comme NaCl et KNO_3, i devrait être égal à 2 ; pour les électrolytes forts comme Na_2SO_4 et $CaCl_2$, i devrait être égal à 3. Par conséquent, on doit modifier ainsi les équations décrivant les propriétés colligatives :

$$\Delta T_{\text{éb}} = iK_{\text{éb}}m \qquad (2.13)$$

$$\Delta T_{\text{cong}} = iK_{\text{cong}}m \qquad (2.14)$$

$$\pi = iCRT \qquad (2.15)$$

En réalité, les propriétés colligatives des solutions d'électrolytes sont habituellement moins marquées que celles que l'on a prédites parce que, à des concentrations élevées, des forces électrostatiques entrent en jeu, attirant les cations et les anions les uns vers les autres. Un cation et un anion maintenus ensemble par des forces électrostatiques forment ce qu'on appelle une **paire d'ions**. La formation des paires d'ions réduit la concentration effective des particules en solution, d'où un effet moindre sur les propriétés colligatives (*voir la figure 2.15*). Le tableau 2.3 compare les valeurs de i mesurées expérimentalement et celles calculées en supposant une dissociation complète. Comme on peut le voir, elles sont proches les unes des autres, mais pas égales, ce qui indique l'importance de la formation de paires d'ions dans ces solutions.

FIGURE 2.15

Formation de paires d'ions

A Ions libres;
B Paires d'ions en solution. Une paire d'ions n'a pas de charge nette; elle ne peut donc conduire l'électricité dans la solution.

TABLEAU 2.3

Valeur du facteur de Van't Hoff pour des solutions d'électrolytes 0,0500 mol/L à 25 °C

Électrolyte	i (mesuré)	i (calculé)
Saccharose*	1,0	1,0
HCl	1,9	2,0
NaCl	1,9	2,0
$MgSO_4$	1,3	2,0
$MgCl_2$	2,7	3,0
$FeCl_3$	3,4	4,0

* Le saccharose n'est pas un électrolyte. Il n'est présent que pour faciliter la comparaison.

EXEMPLE 2.13 La détermination du facteur de Van't Hoff à partir de mesures de propriétés colligatives

La pression osmotique d'une solution d'iodure de potassium (KI) à 0,010 mol/L est de 47,1 kPa à 25 °C. Calculez le facteur de Van't Hoff pour KI à cette concentration.

DÉMARCHE

Notons que KI est un électrolyte fort. On s'attend donc à une dissociation complète en solution, ce qui donnerait la pression osmotique suivante:

$$\pi = iCRT$$

$$= 2(0{,}010 \text{ mol/L})(8{,}314 \text{ kPa} \cdot \text{L} \cdot \text{mol}^{-1} \cdot \text{K}^{-1})(298 \text{ K}) \text{ ou } 49{,}5 \text{ kPa}$$

Puisque la pression osmotique observée est seulement de 47,1 kPa, une certaine proportion des ions doit avoir formé des paires d'ions, ce qui réduit le nombre de particules de soluté (K^+ et I^-) en solution.

>>>

SOLUTION

Selon l'équation 2.15, nous avons :

$$\begin{aligned} i &= \frac{\pi}{CRT} \\ &= \frac{47{,}1 \text{ kPa}}{(0{,}010 \text{ mol/L})(8{,}314 \text{ kPa} \cdot \text{L} \cdot \text{mol}^{-1} \cdot \text{K}^{-1}) \times 298 \text{ K}} \\ &= 1{,}90 \end{aligned}$$

COMMENTAIRE

On peut ainsi affirmer que cet électrolyte est dissocié à 95 % [(1,90/2) × 100 %].

EXERCICE

La diminution du point de congélation d'une solution de $MgSO_4$ 0,100 mol/kg est de 0,225 °C. Calculez le facteur de Van't Hoff pour $MgSO_4$ à cette concentration.

PROBLÈME SEMBLABLE

2.79

2.8 Les colloïdes

Jusqu'à maintenant, nous avons toujours discuté des véritables mélanges homogènes appelés aussi solutions vraies. Voyons maintenant ce qui arrive si nous ajoutons de fines particules de sable dans un bécher contenant de l'eau et que nous agitons le tout durant quelques instants. Les particules sont d'abord en suspension dans l'eau, puis elles finissent par se déposer au fond. C'est un exemple d'un mélange hétérogène. Entre ces deux extrêmes, il existe un état intermédiaire appelé suspension colloïdale ou simplement colloïde. Un **colloïde** est une dispersion des particules d'une substance (phase dispersée) dans un milieu de dispersion (phase dispersante) constitué d'une autre substance. Les particules colloïdales sont beaucoup plus grosses que les particules (molécules ou ions) de soluté normal ; leur taille varie de 1×10^3 pm à 1×10^6 pm (1 pm = 1×10^{-12} m). De plus, une solution colloïdale n'a pas l'homogénéité d'une solution ordinaire. La phase dispersée et le milieu de dispersion peuvent être des gaz, des liquides, des solides ou des combinaisons de différentes phases, comme nous le montre le tableau 2.4.

TABLEAU 2.4

Types de colloïdes

Milieu de dispersion	Phase dispersée	Nom	Exemples
Gaz	Liquide	Aérosol	Brouillard, bombe aérosol
Gaz	Solide	Aérosol	Fumée
Liquide	Gaz	Mousse	Crème fouettée
Liquide	Liquide	Émulsion	Mayonnaise, lait
Liquide	Solide	Sol	Lait de magnésie
Solide	Gaz	Mousse	Mousse de polystyrène
Solide	Liquide	Gel	Gelée, beurre
Solide	Solide	Sol solide	Certains alliages (acier), pierres précieuses (verre contenant du métal dispersé)

Certains colloïdes nous sont familiers. Un *aérosol* est constitué de gouttelettes ou de fines particules d'un solide qui sont dispersées dans un gaz. Le brouillard et la fumée en sont des exemples. On fait de la mayonnaise en fragmentant de l'huile en gouttelettes dans de l'eau ; c'est un exemple d'*émulsion,* laquelle est constituée de gouttelettes liquides dispersées dans un autre liquide. Le lait de magnésie est un exemple d'un sol, une suspension de particules solides dans un liquide.

On peut distinguer une solution d'un colloïde grâce à l'*effet Tyndall.* Lorsqu'un faisceau de lumière passe à travers un colloïde, la lumière est diffusée par les particules de la phase dispersée (*voir la figure 2.16*). Cette diffusion n'a pas lieu avec les solutions parce que les particules de soluté sont trop petites pour interagir avec la lumière visible. Une autre démonstration de l'effet Tyndall est la diffusion (ou dispersion) des rayons solaires par la poussière ou la fumée dans l'air (*voir la figure 2.17*).

FIGURE 2.16

L'effet Tyndall

À gauche, un rayon laser traverse l'eau sans aucune déviation, ce qui fait qu'il ne peut pas être vu de côté. Ensuite, le même rayon pénètre, à droite, dans un colloïde constitué d'une goutte de lait dispersée dans de l'eau et est partiellement dévié à la suite des nombreuses réflexions sur les protéines du lait, ce qui rend le rayon visible de côté. En fait, un verre de lait est blanc parce que la lumière visible qui y pénètre de partout est réfléchie dans toutes les directions, ce qui rend la substance translucide.

FIGURE 2.17

L'effet Tyndall

La lumière solaire devient diffuse lorsqu'il y a présence de particules de poussière dans l'air.

Les colloïdes hydrophiles et les colloïdes hydrophobes

Les colloïdes les plus importants sont sans doute ceux dont l'eau est le milieu de dispersion. Les colloïdes aqueux se divisent en deux catégories : les colloïdes **hydrophiles** (qui aiment l'eau) et les colloïdes **hydrophobes** (qui craignent l'eau). Les colloïdes hydrophiles sont des solutions contenant de très grosses molécules comme des protéines. En phase aqueuse, une protéine comme l'hémoglobine se replie de manière que les portions hydrophiles, celles qui interagissent favorablement avec les molécules d'eau par des forces ion-dipôle ou par formation de liaison hydrogène, se présentent du côté de la surface externe (*voir la figure 2.18*).

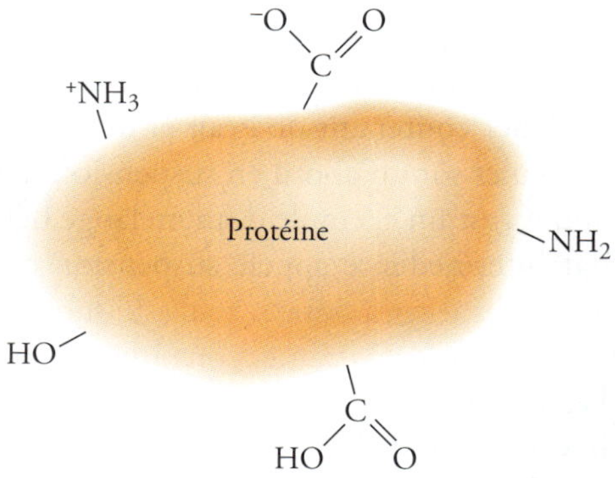

FIGURE 2.18

Protéine hydrophile

Les groupements hydrophiles à la surface des grosses molécules, telle une protéine, contribuent à les stabiliser dans l'eau. Remarquons que tous ces groupements peuvent former des liaisons hydrogène avec l'eau.

Normalement, un colloïde hydrophobe n'est pas stable dans l'eau, et les particules vont s'agglutiner comme le font des gouttelettes d'huile pour ensuite émerger et former une couche d'huile à la surface de l'eau. Il est toutefois possible de les stabiliser par *adsorption* d'ions à leur surface (*voir la figure 2.19*). (L'adsorption a trait à l'adhérence à la surface. Elle diffère de l'absorption qui, elle, suppose une pénétration vers l'intérieur comme dans une éponge.) Ces ions adsorbés peuvent interagir avec l'eau, stabilisant ainsi le colloïde. En même temps, la répulsion électrostatique entre les particules les empêche de s'agglutiner. Le limon des fleuves et des rivières est constitué de fines particules de sol stabilisées de cette manière. Cependant, une fois déversées dans l'eau salée de la mer, les particules sont neutralisées par ce milieu salin très concentré en ions, ce qui provoque la floculation des particules et leur dépôt à l'embouchure des cours d'eau. Ces dépôts finissent par constituer des obstacles qui divisent l'embouchure de certains fleuves en plusieurs bras ramifiés appelés deltas.

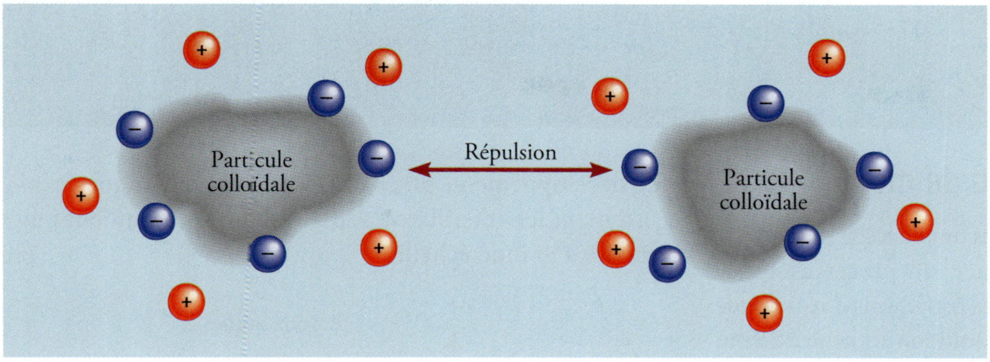

FIGURE 2.19

Schéma montrant la stabilisation d'un colloïde hydrophobe

Il y a adsorption d'ions négatifs à la surface, et la répulsion entre les charges semblables empêche l'agglutination des particules.

Une autre façon de stabiliser les colloïdes hydrophobes est de les mettre en présence d'autres groupements hydrophiles à leur surface. Examinons le cas du stéarate de sodium, une molécule de savon dont la structure se résume en deux parties : une tête polaire et un corps en forme de longue queue non polaire (*voir la figure 2.20*). L'action nettoyante du savon résulte de cette double nature de la queue hydrophobe et de la tête hydrophile. La queue hydrocarbonée se dissout facilement dans les corps huileux, lesquels sont non polaires, alors que le groupement ionique $-COO^-$ de la tête reste en dehors de la surface huileuse. Lorsqu'un assez grand nombre de molécules de savon entourent une gouttelette d'huile ou un dépôt graisseux (*voir la figure 2.21*), ceux-ci sont entraînés dans l'eau. Le système devient alors complètement stable parce que la portion extérieure est maintenant fortement hydrophile. C'est ce qui explique l'action nettoyante des savons.

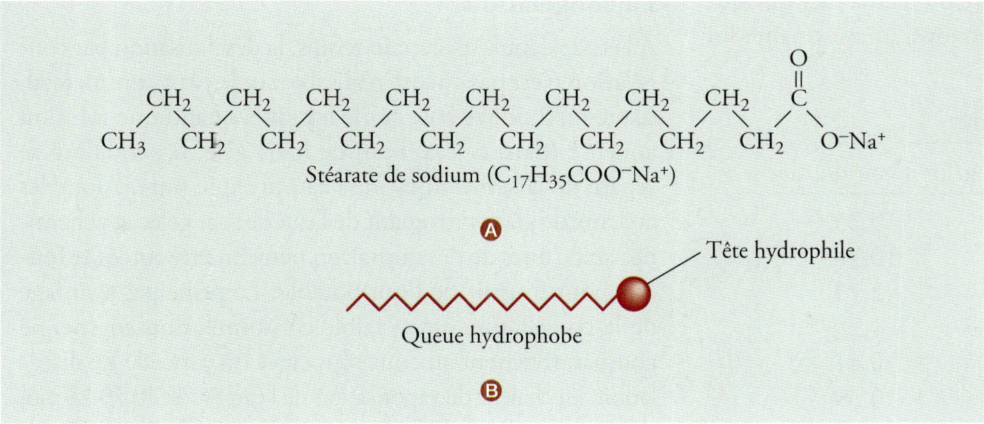

FIGURE 2.20

Structure d'un savon

A Une molécule de stéarate de sodium.
B Une représentation simplifiée d'une molécule ayant une tête hydrophile et une queue hydrophobe.

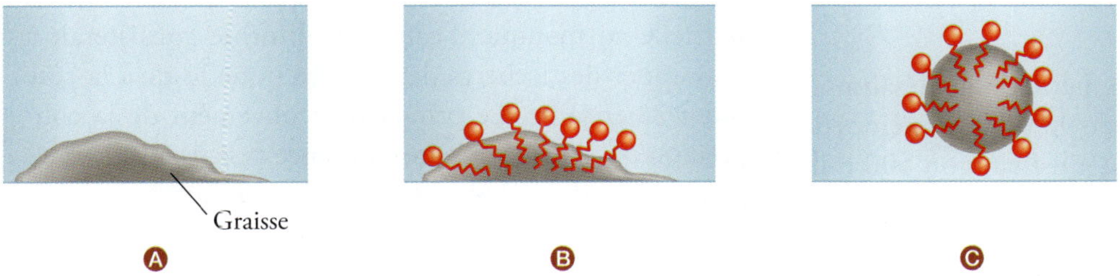

FIGURE 2.21

Action nettoyante d'un savon

A La graisse (une substance huileuse) n'est pas soluble dans l'eau.
B Lorsque du savon est ajouté à l'eau, les molécules de savon plongent leur queue non polaire dans la graisse en y laissant pendre leur tête polaire à la surface.
C Finalement, la graisse est éliminée et devient soluble dans l'eau par la formation d'une émulsion, car les têtes polaires font des liaisons hydrogène avec l'eau. Chaque gouttelette est maintenant revêtue de plusieurs têtes polaires formant un revêtement hydrophile

Chimie en action

La désalinisation de l'eau de mer

Depuis des siècles, les scientifiques ont cherché des moyens pour retirer le sel de l'eau de mer, un processus appelé désalinisation, pour augmenter les provisions d'eau douce. L'océan est un énorme réservoir de solution aqueuse extrêmement complexe. Il contient plus de $1,5 \times 10^{21}$ L d'eau de mer, dont 3,5 % (pourcentage massique) est constitué de matière dissoute. Le tableau ci-dessous donne les concentrations de sept substances qui, ensemble, représentent 99 % des constituants dissous dans l'eau de mer. À l'ère où des astronautes ont marché sur la Lune et où des avancées spectaculaires ont eu lieu en sciences et en médecine, la désalinisation peut sembler un objectif plutôt simple. Cependant, cette technologie est très coûteuse. Dans notre société technologique, c'est un paradoxe intéressant de constater qu'accomplir quelque chose d'apparement aussi aisé que la désalinisation à un coût socialement acceptable est souvent aussi difficile que de produire ou d'effectuer quelque chose de très complexe, comme envoyer un astronaute sur la Lune.

Composition de l'eau de mer

Ions	g/kg d'eau de mer
Chlorure (Cl^-)	19,35
Sodium (Na^+)	10,76
Sulfate (SO_4^{2-})	2,71
Magnésium (Mg^{2+})	1,29
Calcium (Ca^{2+})	0,41
Potassium (K^+)	0,39
Hydrogénocarbonate (HCO_3^-)	0,14

La distillation

La distillation est la plus vieille méthode de désalinisation. À l'échelle mondiale, plus de 90 % des systèmes de désalinisation l'utilisent, traitant ainsi environ 500 millions de gallons d'eau salée par jour. Le procédé consiste à vaporiser l'eau de mer, puis à condenser la vapeur d'eau pure. La plupart des systèmes de distillation ont recours à la chaleur comme source d'énergie. Pour réduire le coût énergétique de la distillation, on a tenté d'utiliser l'énergie solaire. Cette approche est intéressante parce que le rayonnement du soleil est normalement plus intense dans les régions arides, là où le besoin d'eau est aussi plus grand. Cependant, malgré d'intenses recherches et efforts de développement, plusieurs problèmes techniques persistent, et les « distillateurs solaires » ne fonctionnent pas encore à grande échelle.

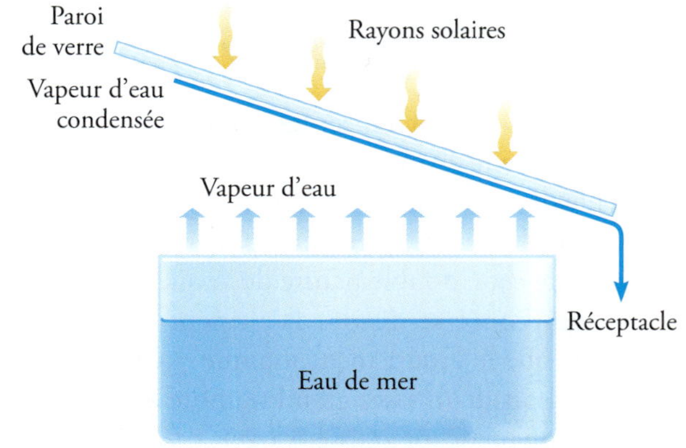

Désalinisation de l'eau de mer à l'aide de l'énergie solaire

La congélation

À l'étude depuis un certain temps, la désalinisation par congélation n'est pas encore réalisable sur le plan commercial. Cette méthode se base sur le fait que, quand une solution aqueuse (dans ce cas, l'eau de mer) gèle, le solide qui se sépare de la solution est de l'eau presque pure. Alors, les cristaux de glace provenant de l'eau de mer gelée et acheminés aux usines de désalinisation peuvent être rincés et fondus pour fournir de l'eau potable. Le principal avantage de la congélation est sa faible consommation en énergie comparativement au coût plus élevé du procédé de distillation. La chaleur de vaporisation de l'eau est de 40,79 kJ/mol tandis que celle de la fusion est seulement de 6,01 kJ/mol. Certains scientifiques ont même suggéré qu'une solution partielle au manque d'eau en Californie consisterait à remorquer des icebergs depuis l'Arctique jusqu'à la côte ouest américaine. Le principal inconvénient de la congélation est associé à la lente croissance des cristaux de glace et au lavage des dépôts de sels sur les cristaux.

L'osmose inverse

La distillation et la congélation impliquent un changement de phase qui requiert beaucoup d'énergie. Par ailleurs, la désalinisation par *osmose inverse* n'utilise pas de changement de phase et est plus intéressante d'un point de vue économique. L'osmose inverse utilise une haute pression pour forcer le passage de l'eau d'une solution plus concentrée vers une solution moins concentrée en traversant une membrane semi-perméable. La pression osmotique de l'eau de mer est d'environ 3 000 kPa (c'est la pression qui doit être appliquée à la solution saline pour empêcher l'eau de s'écouler de la gauche vers la droite selon le schéma ci-après).

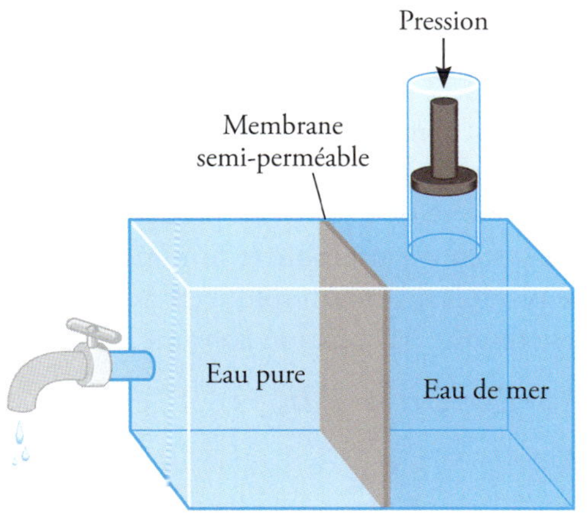

L'osmose inverse. En exerçant une pression suffisante du côté du compartiment contenant la solution, on peut forcer un écoulement d'eau pure vers le compartiment de gauche. La membrane semi-perméable laisse passer les molécules d'eau, mais pas les ions.

Si la pression exercée sur la solution saline est supérieure à 3 000 kPa, le flot osmotique est alors renversé, l'eau fraîche étant forcée de passer à travers la membrane vers le compartiment du côté gauche. La désalinisation par osmose inverse est un procédé beaucoup plus économique que la distillation, et elle évite les difficultés techniques associées à la congélation. Le principal obstacle de cette méthode est le développement d'une membrane perméable à l'eau, mais pas aux autres substances dissoutes, et à la fois mince (pour plus de vitesse) et très résistante de manière à être utilisée à grande échelle durant de longues périodes sous haute pression. Une fois ce problème résolu (des signes encourageants se manifestent en ce sens), l'osmose inverse pourrait devenir une technique de choix pour la désalinisation de grandes quantités d'eau de mer, comme c'est le cas actuellement en Arabie Saoudite. Pour le moment, cette technique est de plus en plus utilisée dans des systèmes domestiques de purification d'eau. Enfin, au Québec, plusieurs acériculteurs utilisent l'osmose inverse pour augmenter la teneur en sucre de l'eau d'érable. Avec ce procédé de préconcentration, les producteurs utilisent beaucoup moins de combustibles au cours du bouillage tout en réduisant les émissions de dioxyde de carbone (GES).

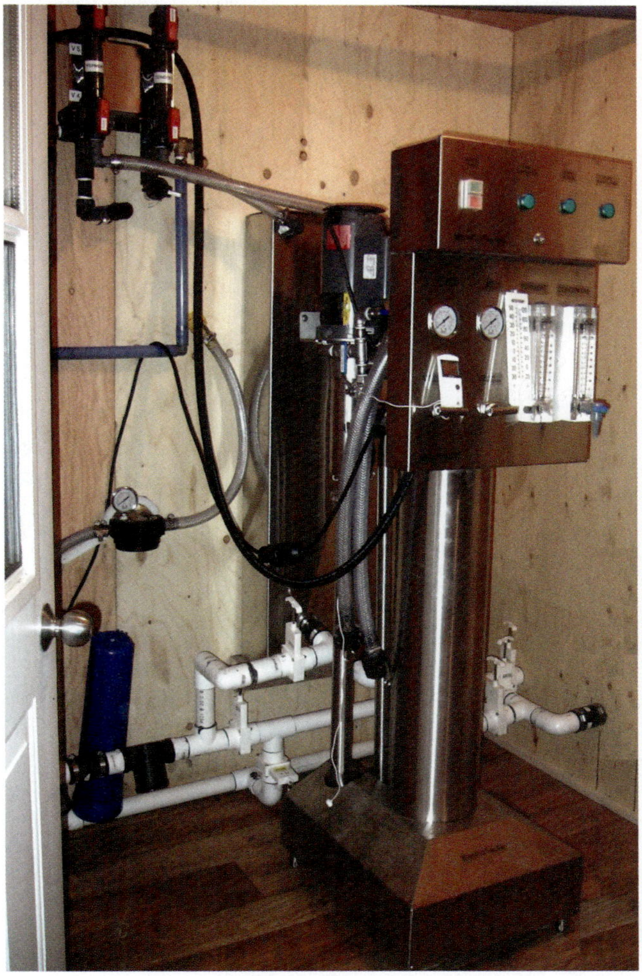

Salle de filtration par osmose inverse de l'eau d'érable. L'eau d'érable est préconcentrée en sucre en étant forcée par une puissante pompe à travers le gros cylindre à l'intérieur duquel se trouve la membrane semi-perméable.

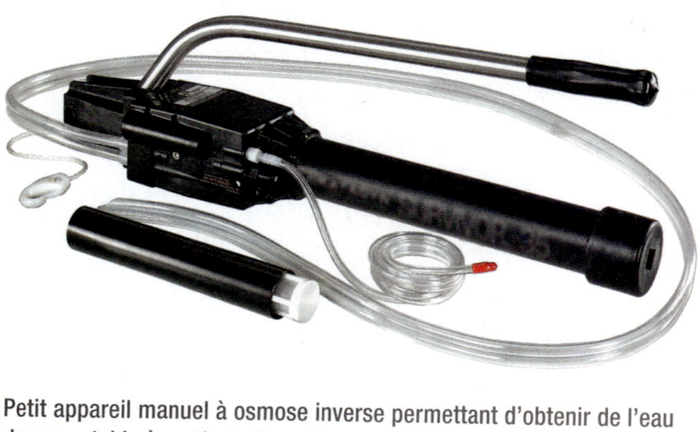

Petit appareil manuel à osmose inverse permettant d'obtenir de l'eau douce potable à partir de l'eau de mer

RÉSUMÉ

2.1

Les types de solutions

Les solutions sont des mélanges homogènes de deux substances ou plus, solides, liquides ou gazeuses. Les différents types de solution sont donnés au tableau 2.1 (*p. 53*). On peut qualifier une solution comme étant saturée, insaturée ou sursaturée.

2.2

Le processus de dissolution au niveau moléculaire

La facilité avec laquelle un soluté se dissout dans un solvant dépend des forces intermoléculaires. Deux substances ayant le même type de forces intermoléculaires et de grandeur similaire sont habituellement solubles l'une dans l'autre. Le processus de dissolution est provoqué par les tendances de tout système à atteindre le minimum d'énergie et le maximum de désordre ; c'est ce qui se produit quand un soluté et un solvant se mélangent. Le bilan du ΔH de dissolution se résume à la relation suivante :

$$\Delta H_{dis} = \Delta H_1 + \Delta H_2 + \Delta H_3$$

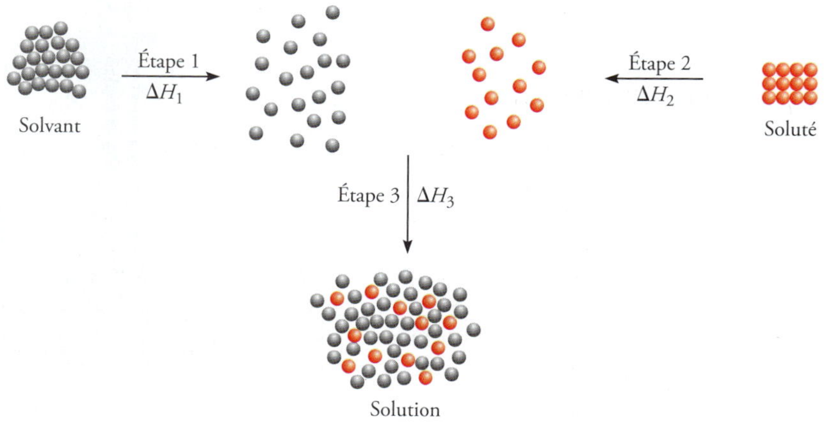

Si deux substances sont solubles l'une dans l'autre dans toutes les proportions possibles, on dit qu'elles sont miscibles.

La solvatation (ou hydratation dans le cas où le solvant est l'eau) contribue à stabiliser le soluté. Ainsi, la capacité de l'eau à faire des interactions ion-dipôle avec des ions explique le fait qu'un grand nombre de solides ioniques sont solubles dans l'eau.

2.3

Les types de concentration et les conversions

On peut exprimer la concentration d'une solution à l'aide de différents rapports : pourcentage massique, fraction molaire, concentration molaire volumique et molalité. Les circonstances dictent l'emploi du mode d'expression le plus approprié. Voici un tableau résumant les différents types de concentration utilisés dans ce chapitre.

Nom ou type de concentration	Définition	Unités
Pourcentage massique	$\frac{\text{masse de soluté}}{\text{masse de soluté} + \text{masse de solvant}} \times 100\ \%$	—
Fraction molaire (χ)	$\chi_A = \frac{\text{nombre de moles de A}}{\text{somme des moles de tous les constituants}}$	—
Concentration molaire volumique (C)	$\frac{\text{moles de soluté}}{\text{volume de solution (L)}}$	mol/L
Molalité (m)	$\frac{\text{moles de soluté}}{\text{masse de solvant (kg)}}$	mol/kg

Les conversions d'une concentration en un autre type se font à l'aide des définitions qui expriment le type de *rapport* entre la quantité de soluté et celle de la solution. Certaines conversions nécessitent la connaissance des masses molaires et de la masse volumique de la solution.

2.4

L'effet de la température sur la solubilité

Habituellement, une hausse de la température fait augmenter la solubilité des solides et des liquides, mais fait diminuer la solubilité des gaz.

La cristallisation fractionnée

La cristallisation fractionnée est une technique de séparation basée sur les différences de solubilité; elle permet de séparer les constituants d'un mélange en des substances pures. Le composé à purifier doit être beaucoup plus soluble à chaud qu'à froid, et la quantité d'impuretés doit être relativement petite. Le degré de pureté peut être augmenté en faisant plusieurs cristallisations fractionnées successives.

2.5

L'effet de la pression sur la solubilité des gaz

Selon la loi de Henry, la solubilité d'un gaz dans un liquide est directement proportionnelle à la pression partielle qu'exerce ce gaz au-dessus de la solution (*voir l'équation clé 2.6, p. 91*).

2.6

Les propriétés colligatives des solutions de non-électrolytes

Les propriétés colligatives ne dépendent que du nombre de particules de soluté présentes et non de leur nature. Les propriétés colligatives des solutions sont: la diminution de la pression de vapeur, l'élévation du point d'ébullition, l'abaissement du point de congélation et la pression osmotique.

La diminution de la pression de vapeur

Dans le cas d'un soluté non volatil, un réarrangement algébrique de la loi de Raoult permet de mettre en évidence la diminution de la pression de vapeur du solvant en fonction de la concentration du soluté (*voir l'équation clé 2.8*).

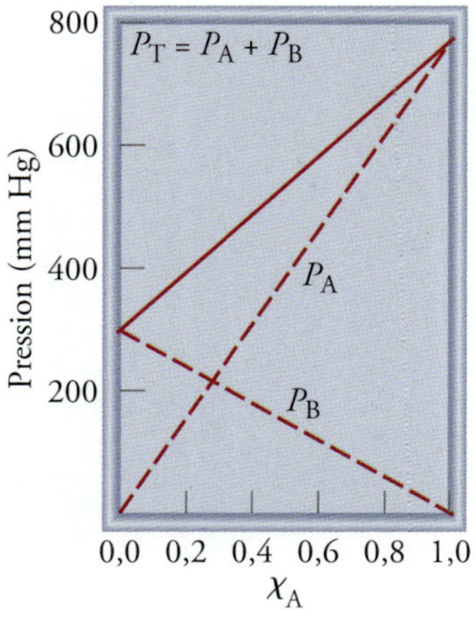

La loi de Raoult

La loi de Raoult précise que la pression partielle qu'exerce une substance A au-dessus d'une solution est reliée à la fraction molaire de A (X_A) et à la pression de vapeur de A pure (P_A°) : $P_A = X_A P_A^\circ$ (*voir aussi l'équation clé 2.7*).

Dans le cas d'une solution constituée de deux composants volatils A et B, la pression de vapeur résulte de la somme des pressions partielles ($P_T = P_A + P_B$) où P_A et P_B sont les pressions calculées chacune avec la loi de Raoult.

Une solution idéale obéit à la loi de Raoult à toutes les concentrations. En pratique, cependant, peu de solutions présentent un comportement idéal, et les déviations peuvent être positives ou négatives.

La distillation fractionnée

La distillation fractionnée met à profit l'écart de température d'ébullition entre deux constituants volatils d'une solution, écart qui résulte des différences de pression de vapeur entre ces derniers. Ainsi, au point d'ébullition, variable selon les proportions du mélange, on obtient une vapeur enrichie en constituant le plus volatil. En faisant bouillir partiellement le mélange et en faisant de nouveau bouillir les vapeurs récupérées plusieurs fois, on peut ainsi obtenir des séparations complètes des constituants du mélange initial.

L'élévation du point d'ébullition et l'abaissement du point de congélation

Ces deux propriétés colligatives dépendent elles aussi de l'abaissement de la pression de vapeur due à la présence d'un soluté non volatil (*voir les équations clés 2.9 et 2.10*).

La pression osmotique

Cette propriété colligative résulte de la pression nette exercée par une différence de concentration d'un soluté de part et d'autre d'une membrane sélective ou semi-perméable. L'osmose, ce passage sélectif de l'eau à travers la membrane, permet de rétablir les pressions de part et d'autre des compartiments. La pression osmotique (π) est la pression nécessaire pour arrêter l'osmose (*voir l'équation clé 2.11*). Deux solutions qui ont la même pression osmotique sont dites isotoniques. Sinon, celle qui a la pression la plus élevée est dite hypertonique et l'autre, hypotonique. Plusieurs phénomènes naturels s'expliquent par l'osmose, et l'on peut aussi l'appliquer dans différents domaines comme la désalinisation de l'eau (osmose inverse).

L'utilisation des propriétés colligatives pour déterminer la masse molaire

Dire que les propriétés colligatives dépendent du nombre de particules, c'est aussi dire qu'elles dépendent de la concentration. Si l'on mesure l'une ou l'autre des propriétés colligatives d'une substance et que le seul inconnu dans les équations utilisées est la masse molaire, on pourra ainsi la déterminer. La pression osmotique est très utilisée dans ce cas, car étant une propriété sensible, elle permet une bonne précision, surtout dans le cas de grosses molécules.

2.7 Les propriétés colligatives des solutions d'électrolytes

Dans les équations précédentes, on commet des erreurs si l'on ne tient pas compte de la *concentration totale des particules* et non du soluté comme tel. Dans plusieurs cas, il n'y a pas égalité entre les deux. Par exemple, NaCl 0,10 mol/L ne donne pas 0,10 mol/L en particules (ici des ions), mais 0,20 mol/L. D'où la présence d'un facteur multiplicatif (i), appelé facteur de Van't Hoff (*voir l'équation clé 2.12*), devant les concentrations C ou m dans les équations précédentes.

Dans les solutions d'électrolytes, l'interaction entre les ions mène à la formation de paires d'ions, d'où un facteur *i* expérimental inférieur à celui prédit. Le facteur de Van't Hoff devient alors une mesure du degré de dissociation des électrolytes en solution.

2.8

Les colloïdes

Un colloïde est une dispersion de particules (leur taille se situant entre 1×10^3 pm et 1×10^6 pm) d'une substance dans une autre substance. Un colloïde se distingue facilement d'une solution vraie par l'effet Tyndall, lequel correspond à une dispersion de la lumière par les particules colloïdales. Le tableau 2.4 (*p. 83*) donne différents types de colloïdes, comme les aérosols, dont la fumée et le brouillard sont des exemples.

Les colloïdes hydrophiles et les colloïdes hydrophobes

Les colloïdes aqueux sont classés en deux catégories : les colloïdes hydrophiles et les colloïdes hydrophobes. Dans le cas de grosses molécules solubles dans l'eau, les groupements non polaires vont se replier à l'intérieur, et les parties polaires vont se déployer pour interagir avec les dipôles de l'eau. La présence de certains sels en solution (ions) a pour effet de rendre les colloïdes plus stables en s'adsorbant à leur surface, ce qui les empêche de s'agglutiner.

ÉQUATIONS CLÉS

• $\text{molalité } (m) = \dfrac{\text{moles de soluté}}{\text{masse de solvant (kg)}}$	Pour calculer la molalité d'une solution	(2.5)
• $C = kP$	Loi de Henry, pour calculer la solubilité des gaz	(2.6)
• $P_1 = X_1 P_1^\circ$	Loi de Raoult, relie la pression de vapeur d'un liquide à sa pression de vapeur dans une solution	(2.7)
• $\Delta P = X_2 P_1^\circ$	Abaissement de la pression de vapeur en fonction de la concentration (en fraction molaire) du soluté	(2.8)
• $\Delta T_{éb} = K_{éb}\, m$	Pour l'élévation du point d'ébullition	(2.9)
• $\Delta T_{cong} = K_{cong}\, m$	Pour la diminution du point de congélation	(2.10)
• $\pi = CRT$	Pour évaluer la pression osmotique d'une solution	(2.11)

• $i = \dfrac{\text{nombre réel de particules en solution après la dissociation}}{\text{nombre d'unités initialement dissoutes}}$

Pour calculer le facteur de Van't Hoff dans le cas d'une solution d'un électrolyte (2.12)

MOTS CLÉS

QUESTIONS ET PROBLÈMES*

Questions et problèmes ciblés

Le processus de dissolution

Questions de révision

2.1 Décrivez brièvement le processus de dissolution au niveau moléculaire. Prenez la dissolution d'un solide dans un liquide comme exemple.

2.2 En utilisant le concept de forces intermoléculaires, dites ce que le proverbe *Qui se ressemble s'assemble* signifie.

2.3 Qu'est-ce que la solvatation ? Quels sont les facteurs qui influencent le phénomène de solvatation ? Donnez deux exemples de solvatation, dont l'un met en jeu l'interaction ion-dipôle, et l'autre, les forces de dispersion.

2.4 Comme vous le savez, certains processus de dissolution sont endothermiques et d'autres, exothermiques. Expliquez cette différence au niveau moléculaire.

2.5 Dites pourquoi le processus de dissolution mène invariablement à une augmentation du désordre.

2.6 Décrivez les facteurs qui influencent la solubilité d'un solide dans un liquide. Que signifie l'affirmation « deux liquides sont miscibles » ?

Problèmes

★**2.7** Pourquoi $C_{10}H_8$ (naphtalène) est-il plus soluble que CsF dans le benzène (C_6H_6) ?

★**2.8** Dites pourquoi l'éthanol (C_2H_5OH) n'est pas soluble dans le cyclohexane (C_6H_{12}).

★**2.9** Classez les substances suivantes par ordre croissant de leur solubilité dans l'eau : O_2, LiCl, Br_2, méthanol (CH_3OH).

★**2.10** Expliquez la variation de la solubilité des alcools suivants dans l'eau :

Composé	Solubilité dans l'eau g/100 g, 20 °C
CH_3OH	∞
CH_3CH_2OH	∞
$CH_3CH_2CH_2OH$	∞
$CH_3CH_2CH_2CH_2OH$	9
$CH_3CH_2CH_2CH_2CH_2OH$	2,7

Note : le symbole ∞ signifie que l'eau et l'alcool sont miscibles.

Les unités de concentration

Questions de révision

2.11 Définissez les types de concentration suivants et donnez les unités qui leur sont associées : pourcentage massique, concentration molaire volumique, molalité. Précisez leurs avantages et leurs inconvénients.

2.12 Décrivez les étapes qui permettent de convertir chacun des types de concentration énumérés à la question 2.11 en un autre type.

Problèmes

★**2.13** Calculez le pourcentage massique du soluté dans chacune des solutions suivantes : **a)** 5,50 g de NaBr dans 78,2 g de solution ; **b)** 31,0 g de KCl dans 152 g d'eau ; **c)** 4,5 g de toluène dans 29 g de benzène.

★**2.14** Calculez la quantité d'eau (en grammes) qu'il faut ajouter : **a)** à 5,00 g d'urée [$(NH_2)_2CO$] pour préparer une solution dont le pourcentage massique est de 16,2 % ; **b)** à 26,2 g de $MgCl_2$ pour préparer une solution dont le pourcentage massique est de 1,5 %.

★**2.15** Calculez la molalité de chacune des solutions suivantes : **a)** 14,3 g de saccharose ($C_{12}H_{22}O_{11}$) dans 676 g d'eau ; **b)** 7,20 mol d'éthylène glycol ($C_2H_6O_2$) dans 3 546 g d'eau.

★**2.16** Calculez la molalité de chacune des solutions aqueuses suivantes : **a)** une solution de NaCl à 2,50 mol/L (masse volumique de la solution : 1,08 g/mL) ; **b)** une solution de KBr dont le pourcentage massique est de 48,2 %.

★**2.17** Calculez la molalité de chacune des solutions aqueuses suivantes : **a)** une solution de saccharose ($C_{12}H_{22}O_{11}$) 1,22 mol/L (masse volumique de la solution : 1,12 g/mL) ; **b)** une solution de NaOH à 0,87 mol/L (masse volumique de la solution : 1,04 g/mL) ; **c)** une solution de $NaHCO_3$ à 5,24 mol/L (masse volumique de la solution : 1,19 g/mL).

★**2.18** Dans les solutions diluées où la masse volumique de la solution est pratiquement égale à celle du solvant pur, la concentration molaire volumique de la solution est égale à la molalité. Démontrez que cette affirmation est vraie à l'aide d'une solution aqueuse d'urée [$(NH_2)_2CO$] à 0,010 mol/L.

Biologie : 2.32, 2.34, 2.36, 2.56, 2.57, 2.66, 2.81, 2.86, 2.89, 2.91, 2.102 ; Concepts : 2.7 à 2.10, 2.33, 2.34, 2.71 à 2.74, 2.77, 2.83, 2.87 à 2.89, 2.97, 2.99, 2.102 ; Descriptifs : 2.31, 2.101 ; Organique : 2.7, 2.8, 2.10, 2.14, 2.15, 2.19, 2.22, 2.49 à 2.66, 2.72, 2.81, 2.86, 2.91 à 2.93, 2.95, 2.96, 2.98, 2.99, 2.102

* Niveau de difficulté : ★ facile ; ★ moyen ; ★ élevé

★**2.19** La teneur en alcool d'un spiritueux est habituellement exprimée en degrés, ce qui correspond au double du pourcentage par volume (pourcentage volumique) d'éthanol (C_2H_5OH) présent. Calculez la quantité, en grammes, d'alcool présent dans 1,00 L de gin dont la teneur en alcool est de 75 degrés. La masse volumique de l'éthanol est de 0,798 g/mL.

★**2.20** L'acide sulfurique (H_2SO_4) concentré que l'on utilise en laboratoire a un pourcentage massique de 98,0 %. La masse volumique de la solution est de 1,83 g/mL. Calculez : **a)** la molalité de la solution ; **b)** la concentration molaire volumique de la solution.

★**2.21** Calculez la concentration molaire volumique et la molalité d'une solution de 30,0 g de NH_3 dans 70,0 g d'eau. La masse volumique de la solution est de 0,982 g/mL.

★**2.22** La masse volumique d'une solution aqueuse d'éthanol (C_2H_5OH) est de 0,984 g/mL ; son pourcentage massique est de 10,0 %. **a)** Calculez la molalité de cette solution. **b)** Calculez sa concentration molaire volumique. **c)** Quel volume de cette solution contiendrait 0,125 mol d'éthanol ?

L'effet de la température et de la pression sur la solubilité

Questions de révision

2.23 Comment la température influence-t-elle la solubilité dans l'eau de la plupart des composés ioniques ?

2.24 Quel est l'effet de la pression sur la solubilité d'un liquide dans un liquide et sur celle d'un solide dans un liquide ?

Problèmes

★**2.25** Un échantillon de 3,20 g d'un sel se dissout dans 9,10 g d'eau pour former une solution saturée à 25 °C. Quelle est la solubilité (en g de sel/100 g de H_2O) de ce sel ?

★**2.26** À 75 °C, la solubilité de KNO_3 est de 155 g par 100 g d'eau ; à 25 °C, elle est de 38,0 g. Quelle masse (en grammes) de KNO_3 cristallisera si exactement 100 g de solution saturée à 75 °C sont refroidis à 25 °C ?

La solubilité des gaz

Questions de révision

2.27 Donnez les facteurs qui influencent la solubilité d'un gaz dans un liquide. Dites pourquoi la solubilité d'un gaz diminue habituellement quand la température augmente.

2.28 Qu'est-ce que la pollution thermique ? Pourquoi est-elle nuisible à la vie aquatique ?

2.29 Qu'est-ce que la loi de Henry ? Définissez chacun des termes de l'équation qui la représente et donnez les unités qui leur sont associées. Expliquez cette loi à l'aide de la théorie cinétique des gaz.

2.30 Donnez deux exceptions à la loi de Henry.

Problèmes

★**2.31** Un étudiant observe deux béchers d'eau ; l'un est chauffé à 30 °C, l'autre à 100 °C. Dans les deux cas, il y a formation de bulles dans l'eau. Ces bulles ont-elles la même origine ? Expliquez votre réponse.

★**2.32** Une personne achète un poisson rouge dans une boutique d'animaux. De retour à la maison, elle place le poisson dans un bocal rempli d'eau qu'elle a rapidement refroidie après l'avoir fait bouillir. Quelques minutes plus tard, le poisson meurt. Expliquez pourquoi le poisson est mort.

★**2.33** L'eau contenue dans un bécher est d'abord saturée d'air dissous. Expliquez ce qui arrive quand on y fait barboter assez longtemps de l'hélium à 101,3 kPa.

★**2.34** Un mineur qui travaille à 260 m sous le niveau de la mer ouvre une bouteille de boisson gazeuse pendant son repas. À sa grande surprise, la boisson n'est pas pétillante du tout. Peu après, l'homme monte à la surface en ascenseur. Durant la montée, il ne peut s'arrêter de faire des rots. Pourquoi ?

★**2.35** La solubilité de CO_2 dans l'eau à 25 °C et à 101,3 kPa est de 0,034 mol/L. Quelle est sa solubilité dans les conditions atmosphériques ? (La pression partielle de CO_2 dans l'air est de $3,04 \times 10^{-2}$ kPa.) Supposez que CO_2 obéit à la loi de Henry.

★**2.36** La solubilité de N_2 dans le sang à 37 °C et à une pression partielle de 81 kPa est de $5,6 \times 10^{-4}$ mol/L. Un plongeur sous-marin respire de l'air comprimé dans lequel la pression partielle de N_2 est de 405 kPa. En considérant que le volume total de sang dans le corps humain est de 5,0 L, calculez la quantité de N_2 gazeux libéré (en litres) quand le plongeur remonte à la surface, où la pression partielle de N_2 est de 81 kPa.

Les propriétés colligatives des solutions de non-électrolytes

Questions de révision

2.37 Nommez les propriétés colligatives. Quelle est la signification du mot « colligative » dans ce contexte ?

2.38 Donnez deux exemples de liquides volatils et deux exemples de liquides non volatils.

2.39 Énoncez la loi de Raoult. Définissez chaque terme de l'équation qui la représente et donnez les unités qui leur sont associées. Qu'est-ce qu'une solution idéale?

2.40 Définissez les expressions «élévation du point d'ébullition» et «abaissement du point de congélation». Écrivez les équations qui les décrivent en fonction de la concentration de la solution. Définissez tous les termes et donnez les unités qui les accompagnent.

2.41 Expliquez la relation entre la pression de vapeur et l'élévation du point d'ébullition d'une solution.

2.42 Utilisez un diagramme de phases pour démontrer la différence des points de congélation et d'ébullition entre une solution aqueuse d'urée et l'eau pure.

2.43 Définissez les termes suivants: osmose, membrane semi-perméable.

2.44 Écrivez l'équation qui met en rapport la pression osmotique et la concentration d'une solution. Définissez tous les termes et donnez les unités.

2.45 Que veut-on dire quand on dit que la pression osmotique de l'eau de mer est de $2,5 \times 10^3$ kPa à une certaine température?

2.46 Expliquez pourquoi on utilise la molalité pour calculer l'élévation du point d'ébullition et l'abaissement du point de congélation, et la concentration molaire volumique pour calculer la pression osmotique.

2.47 Expliquez comment vous utiliseriez la mesure de l'abaissement du point de congélation et celle de la pression osmotique pour déterminer la masse molaire d'un composé. Pourquoi n'utilise-t-on généralement pas la mesure de l'élévation du point d'ébullition dans ce contexte?

2.48 Expliquez pourquoi il est essentiel que les solutions utilisées dans les injections intraveineuses soient isotoniques, c'est-à-dire qu'elles doivent exercer approximativement la même pression osmotique que celle du sang.

Problèmes

★**2.49** On prépare une solution en dissolvant 396 g de saccharose ($C_{12}H_{22}O_{11}$) dans 624 g d'eau. Quelle est la pression de vapeur de cette solution à 30 °C? (La pression de vapeur de l'eau est de 31,8 mm Hg à 30 °C.)

★**2.50** Combien de grammes de saccharose ($C_{12}H_{22}O_{11}$) doit-on ajouter à 552 g d'eau pour obtenir une solution dont la pression de vapeur est de 2,0 mm Hg inférieure à celle de l'eau pure à 20 °C? (La pression de vapeur de l'eau à 20 °C est de 17,5 mm Hg.)

★**2.51** La pression de vapeur du benzène à 26,1 °C est de 100,0 mm Hg. Calculez la pression de vapeur d'une solution contenant 24,6 g de camphre ($C_{10}H_{16}O$) dissous dans 98,5 g de benzène. (Le camphre est un solide peu volatil.)

★**2.52** Les pressions de vapeur de l'éthanol (C_2H_5OH) et du propan-1-ol (C_3H_7OH) à 35 °C sont respectivement de 100 mm Hg et de 37,6 mm Hg. En supposant un comportement idéal, calculez les pressions partielles qu'exercent l'éthanol et le propan-1-ol à 35 °C au-dessus d'une solution d'éthanol dans du propan-1-ol, dans laquelle la fraction molaire de l'éthanol est de 0,300.

★**2.53** La pression de vapeur de l'éthanol (C_2H_5OH) à 20 °C est de 44 mm Hg; celle du méthanol (CH_3OH) à la même température est de 94 mm Hg. On mélange 30,0 g de méthanol à 45 g d'éthanol (on suppose que la solution est idéale). Calculez: **a)** la pression de vapeur du méthanol et de l'éthanol au-dessus de cette solution à 20 °C; **b)** les fractions molaires du méthanol et de l'éthanol dans la vapeur au-dessus de cette solution à 20 °C.

★**2.54** Combien de grammes d'urée [$(NH_2)_2CO$] doit-on ajouter à 450 g d'eau pour obtenir une solution dont la pression de vapeur est de 2,50 mm Hg inférieure à celle de l'eau pure à 30 °C? (La pression de vapeur de l'eau à 30 °C est de 31,8 mm Hg.)

★**2.55** Quels sont les points d'ébullition et de congélation d'une solution de naphtalène 2,47 mol/kg dans du benzène? (Les points d'ébullition et de congélation du benzène sont respectivement de 80,1 °C et de 5,5 °C.)

★**2.56** Une solution aqueuse contient de la glycine (NH_2CH_2COOH), un acide aminé. En supposant qu'il n'y a aucune ionisation de l'acide, calculez la molalité de la solution si elle gèle à $-1,1$ °C.

★**2.57** Les phéromones sont des composés sécrétés par les femelles de nombreuses espèces d'insectes pour attirer les mâles. L'un de ces composés est formé de 80,78 % de C, de 13,56 % de H et de 5,66 % de O. Une solution de 1,00 g de cette phéromone dans 8,50 g de benzène gèle à 3,37 °C. Donnez la formule moléculaire et la masse molaire du composé. (Le point de congélation normal du benzène pur est de 5,50 °C.)

★**2.58** L'analyse élémentaire d'un solide organique extrait de la gomme arabique révèle qu'il contient 40,0 % de C, 6,7 % de H et 53,3 % de O. La dissolution de 0,650 g de ce solide dans 27,8 g de diphényle, un solvant, cause un abaissement du point de congélation de 1,56 °C. Calculez la masse molaire et déterminez la formule moléculaire du solide. (Pour le diphényle, K_{cong} est de 8,00 °C · kg/mol.)

★**2.59** Calculez combien de litres d'éthylène glycol [$CH_2(OH)CH_2(OH)$] vous ajouteriez au radiateur de votre automobile qui contient 6,50 L d'eau si la température descend jusqu'à −20 °C en hiver? Calculez aussi le point d'ébullition de ce mélange. La masse volumique de l'éthylène glycol est de 1,11 g/mL.

★**2.60** On prépare une solution en condensant 4,00 L d'un gaz, mesuré à 27 °C et à une pression de 748 mm Hg, dans 58,0 g de benzène. Calculez le point de congélation de cette solution.

★**2.61** On sait que la masse molaire de l'acide benzoïque (C_6H_5COOH) déterminée par la mesure de l'abaissement du point de congélation du benzène est équivalente à deux fois celle prédite d'après la formule moléculaire $C_7H_6O_2$. Expliquez cette apparente anomalie.

★**2.62** On observe qu'une solution formée de 2,50 g d'un composé, dont la formule empirique est C_6H_5P, dans 25,0 g de benzène, gèle à 4,3 °C. Calculez la masse molaire du soluté et déterminez sa formule moléculaire.

★**2.63** Quelle est la pression osmotique (en kilopascals) d'une solution aqueuse d'urée à 1,36 mol/L à 22,0 °C?

★**2.64** Un volume de 170,0 mL d'une solution aqueuse contenant 0,8330 g d'une protéine de structure inconnue a une pression osmotique de 5,20 mm Hg à 25 °C. Déterminez la masse molaire de cette protéine.

★**2.65** On dissout 7,480 g d'un composé organique dans assez d'eau pour obtenir 300,0 mL de solution. La pression osmotique de cette solution est de 145 kPa à 27 °C. L'analyse du composé révèle qu'il contient 41,8 % de C, 4,7 % de H, 37,3 % de O et 16,3 % de N. Déterminez la formule moléculaire de ce composé organique.

★**2.66** Une solution formée de 6,85 g d'un glucide dans 100,0 g d'eau a une masse volumique de 1,024 g/mL et une pression osmotique de 467 kPa à 20,0 °C. Calculez la masse molaire de ce glucide.

Les propriétés colligatives des solutions d'électrolytes

Questions de révision

2.67 Expliquez pourquoi les propriétés colligatives sont plus complexes dans le cas des solutions d'électrolytes que dans le cas des solutions de non-électrolytes.

2.68 Définissez l'expression « paire d'ions ». Quel effet a la formation de paires d'ions sur les propriétés colligatives d'une solution? Quelle est l'influence qu'ont sur la formation de paires d'ions: **a)** la charge des ions; **b)** la taille des ions; **c)** la nature du solvant (polaire ou non polaire); **d)** la concentration?

2.69 Dans chacune des paires suivantes, indiquez lequel des composés est le plus susceptible de former des paires d'ions dans l'eau: **a)** NaCl et Na_2SO_4; **b)** $MgCl_2$ et $MgSO_4$; **c)** LiBr et KBr.

2.70 Dites ce qu'est le facteur de Van't Hoff. Quel renseignement cette grandeur donne-t-elle?

Problèmes

★**2.71** Soit une solution de $CaCl_2$ à 0,35 mol/kg et une solution d'urée à 0,90 mol/kg. Laquelle de ces deux solutions aqueuses: **a)** a le point d'ébullition le plus élevé; **b)** a le point de congélation le plus élevé; **c)** a la pression de vapeur la plus basse? Justifiez votre choix.

★**2.72** Soit deux solutions aqueuses, l'une de saccharose ($C_{12}H_{22}O_{11}$) et l'autre, d'acide nitrique (HNO_3); toutes deux gèlent à −1,5 °C. Quelles autres propriétés ces solutions ont-elles en commun?

★**2.73** Classez les solutions suivantes par ordre décroissant de leur point de congélation: a) Na_3PO_4 à 0,10 mol/kg; b) NaCl à 0,35 mol/kg; c) $MgCl_2$ à 0,20 mol/kg; d) $C_6H_{12}O_6$ à 0,15 mol/kg; e) CH_3COOH à 0,15 mol/kg.

★**2.74** Classez les solutions aqueuses suivantes par ordre décroissant de leur point de congélation et justifiez votre réponse: HCl à 0,50 mol/kg; glucose à 0,50 mol/kg; acide acétique à 0,50 mol/kg.

★**2.75** Calculez les points de congélation et d'ébullition normaux des solutions suivantes: **a)** 21,2 g de NaCl dans 135 mL d'eau; **b)** 15,4 g d'urée dans 66,7 mL d'eau.

★**2.76** À 25 °C, la pression de vapeur de l'eau pure est de 23,76 mm Hg, et celle de l'eau de mer est de 22,98 mm Hg. En supposant que l'eau de mer ne contient que du NaCl, évaluez sa molalité.

★**2.77** En hiver, on utilise du NaCl et du $CaCl_2$ pour faire fondre la glace sur les routes. Quels avantages ces substances ont-elles par rapport au saccharose ($C_6H_{12}O_6$) ou à l'urée [$CO(NH_2)_2$] pour abaisser le point de congélation de l'eau?

★**2.78** Une solution de NaCl dont le pourcentage massique est de 0,86 % est appelée sérum physiologique parce que sa pression osmotique est égale à celle de la solution contenue dans les cellules sanguines. Calculez la pression osmotique de cette solution à la température normale du corps (37 °C). La masse volumique de la solution saline est de 1,005 g/mL.

★**2.79** À 25 °C, les pressions osmotiques de solutions de $CaCl_2$ et d'urée, toutes deux à 0,010 mol/L, sont respectivement de 61,3 kPa et de 24,8 kPa. Calculez le facteur de Van't Hoff pour la solution de $CaCl_2$.

★**2.80** Calculez la pression osmotique d'une solution de $MgSO_4$ à 0,0500 mol/L et à 22 °C. (Indice : consultez le tableau 2.3, p. 82.)

Problèmes variés

★**2.81** Le lysozyme est une enzyme qui détruit la paroi (membrane semi-perméable) des bactéries. Un échantillon de lysozyme extrait du blanc d'œuf de poule a une masse molaire de 13 930 g/mol. On dissout 0,100 g de cette enzyme dans 150 g d'eau à 25 °C. Calculez la diminution de la pression de vapeur, l'abaissement du point de congélation, l'élévation du point d'ébullition et la pression osmotique de cette solution. (La pression de vapeur de l'eau à 25 °C est de 23,76 mm Hg.)

★**2.82** À une certaine température, les pressions osmotiques de deux solutions, A et B, sont respectivement de 243 kPa et 466 kPa. Quelle est la pression osmotique d'une solution formée du mélange de volumes égaux de A et B à cette même température ?

★**2.83** Pourquoi un concombre placé dans la saumure (eau salée) se ratatine-t-il ?

★**2.84** À 25 °C, les pressions de vapeur de deux liquides, A et B, sont respectivement de 76 mm Hg et de 132 mm Hg. Quelle est la pression de vapeur totale de la solution idéale formée : **a)** de 1,00 mol de A et de 1,00 mol de B ; **b)** de 2,00 mol de A et de 5,00 mol de B ?

★**2.85** Calculez le facteur de Van't Hoff pour Na_3PO_4 dans une solution aqueuse à 0,40 mol/kg dont le point d'ébullition est de 100,78 °C.

★**2.86** À 35 °C, 262 mL d'une solution contenant 1,22 g d'un sucre a une pression osmotique de 30,3 mm Hg. Quelle est la masse molaire de ce sucre ?

★**2.87** Examinez les trois manomètres au mercure suivants. Dans l'un d'entre eux, on a placé 1 mL d'eau sur la colonne de mercure ; dans un autre, 1 mL d'une solution d'urée à 1 mol/kg ; finalement, dans le dernier, 1 mL d'une solution de NaCl à 1 mol/kg. Associez ces solutions aux lettres X, Y et Z de l'illustration ci-dessous.

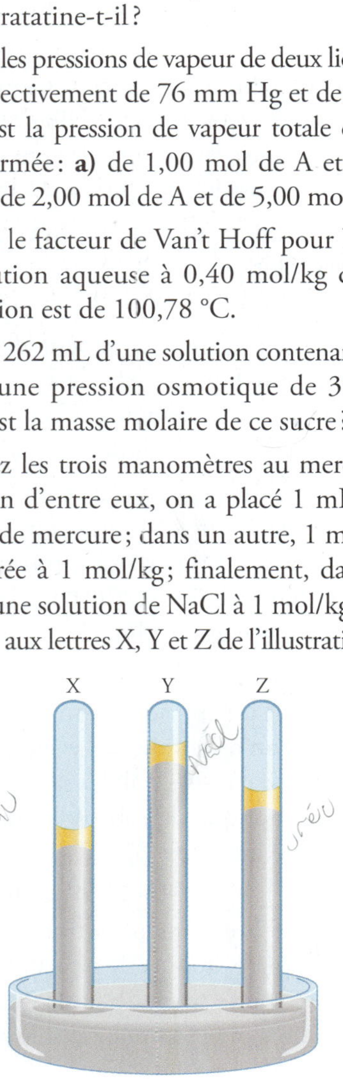

★**2.88** On demande à une chimiste de la police judiciaire d'analyser une poudre blanche. Elle dissout 0,50 g de la substance dans 8,0 g de benzène. La solution gèle à 3,9 °C. La chimiste peut-elle conclure que le composé est de la cocaïne ($C_{17}H_{21}NO_4$) ? Quelle supposition fait-on dans cette analyse ?

★**2.89** Les médicaments dits à « action prolongée » ont l'avantage de se libérer dans l'organisme à une vitesse constante. Leur concentration à tout moment n'est donc pas trop élevée pour causer des effets indésirables ni trop basse pour être inefficace. Un comprimé de ce type de médicament est illustré ci-dessous. Expliquez son fonctionnement.

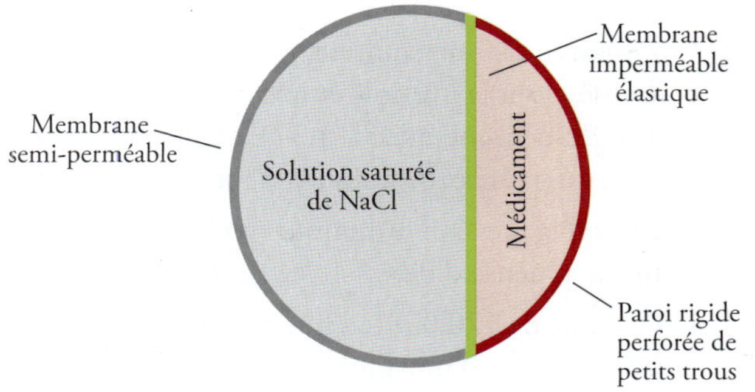

★**2.90** L'acide chlorhydrique concentré commercial a un pourcentage massique de 37,7 %. Quelle est sa concentration molaire volumique ? (La masse volumique de la solution est de 1,19 g/mL.)

★**2.91** Une protéine a été isolée sous forme d'un sel de formule $Na_{20}P$ (ce qui signifie qu'il y a 20 ions Na^+ associés à chaque molécule de protéine P^{20-}). La pression osmotique de 10,00 mL d'une solution contenant 0,225 g de cette protéine est de 26,0 kPa à 25,0 °C. Calculez la masse molaire de la protéine.

★**2.92** On prépare deux solutions différentes avec un composé organique non volatil Z. La solution A contient 5,00 g de Z dissous dans 100 g d'eau, et la solution B contient 2,31 g de Z dissous dans 100 g de benzène. La solution A a une pression de vapeur de 754,5 mm Hg au point d'ébullition normal de l'eau, et la solution B a la même pression de vapeur au point d'ébullition normal du benzène. Calculez la masse molaire de Z à partir des données dans le cas des deux solutions A et B. Expliquez les différences obtenues.

★**2.93** Deux béchers, l'un contenant 50 mL d'une solution aqueuse 1,0 mol/L en glucose et l'autre contenant 50 mL d'une solution aqueuse 2,0 mol/L en glucose, sont placés dans un contenant hermétique à la température de la pièce comme montré à la figure 2.13 (*p. 76*). Quels seront les volumes de solution dans chacun des béchers une fois l'équilibre atteint ?

★**2.94** Calculez la concentration molaire volumique, la molalité et la fraction molaire de NH_3 pour une solution contenant 30,0 g de NH_3 dans 70,0 g d'eau. La masse volumique de la solution est de 0,982 g/mL.

★**2.95** On dissout un échantillon pesant 1,32 g constitué d'un mélange de cyclohexane (C_6H_{12}) et de naphtalène ($C_{10}H_8$) dans 18,9 g de benzène (C_6H_6). La solution gèle à 2,2 °C. Calculez les proportions du mélange en pourcentage massique. (*Voir le tableau 2.2 pour les constantes, p. 73.*)

★**2.96** Un mélange d'éthanol et de propan-1-ol a un comportement idéal à 36 °C, et il est à l'équilibre avec sa vapeur. Sachant que la fraction molaire de l'éthanol dans la solution est de 0,62, calculez sa fraction molaire dans la phase vapeur à cette température. (Les pressions de vapeur de l'éthanol pur et du propan-1-ol pur à 36 °C sont respectivement de 108 mm Hg et de 40,0 mm Hg.)

★**2.97** Dans le cas des solutions idéales, les volumes sont additifs. Cela signifie que, si l'on prépare une solution avec 5 mL de A et 5 mL de B, le volume de la solution obtenue est de 10 mL. Donnez une explication au niveau moléculaire de l'observation suivante : lorsque 500 mL d'éthanol, C_2H_5OH, sont mélangés à 500 mL d'eau, le volume final est inférieur à 1 000 mL.

★**2.98** L'acide acétique est un acide faible qui s'ionise en solution selon l'équation suivante :

$$CH_3COOH(aq) \rightleftharpoons CH_3COO^-(aq) + H^+(aq)$$

Une solution 0,106 mol/kg de CH_3COOH gèle à −0,203 °C. Quel est le pourcentage d'ionisation de cet acide, c'est-à-dire le pourcentage des molécules qui se sont ionisées ?

★**2.99** L'acide acétique est une molécule polaire qui peut former des liaisons hydrogène avec des molécules d'eau. Elle est donc très soluble dans l'eau. Elle est aussi soluble dans le benzène, C_6H_6, un solvant non polaire qui n'a pas la possibilité de faire des ponts hydrogène. Une solution contenant 3,8 g de CH_3COOH dans 80,0 g de C_6H_6 a un point de congélation de 3,5 °C. Calculez la masse molaire du soluté, puis émettez une hypothèse quant à sa structure.

★**2.100** Une solution contient deux liquides volatils A et B. Remplissez le tableau suivant dans lequel le symbole ⟷ indique des forces d'attraction intermoléculaire.

(Note : une déviation négative signifie que la pression de vapeur de la solution est inférieure à celle prédite selon la loi de Raoult. La proposition inverse est vraie pour une déviation positive.)

Forces d'attraction	Déviation à la loi de Raoult	$\Delta H_{dissolution}$
A ⟷ A, B ⟷ B > A ⟷ B		
	Négative	
		Zéro

Problèmes spéciaux

2.101 La désalinisation est tout procédé permettant de retirer les sels de l'eau de mer. Rappelons (*voir la rubrique Chimie en action, p. 86*) qu'il existe trois procédés principaux : la distillation, la congélation et l'osmose inverse. **a)** En vous inspirant de la figure 2.12 (*p. 76*), dessinez un schéma montrant comment produire l'osmose inverse. **b)** Quels sont les avantages et les inconvénients de l'osmose inverse si l'on compare ce procédé à ceux de la congélation et de la distillation ? **c)** Calculez la pression minimale (en kilopascals) qui devrait être appliquée à l'eau de mer à 25 °C pour pouvoir amorcer un dessalement par osmose inverse. (Considérez que l'eau de mer est une solution de 0,70 mol/L en NaCl.)

2.102 Dans l'océan Antarctique, des poissons survivent en nageant dans de l'eau à environ −2 °C. **a)** Pour empêcher leur sang de geler, quelle doit être la concentration des solutés (en molalité) dans le sang ? Cette concentration est-elle plausible sur le plan physiologique ? **b)** Des scientifiques ont trouvé une sorte de protéine spéciale dans le sang de ces poissons qui, même présente en faible concentration (≤ 0,001 mol/kg), a la propriété d'empêcher le sang de geler. Donnez une explication de cet effet protecteur.

RÉPONSES AUX EXERCICES

2.1 Dans le disulfure de carbone
2.2 7,44 %
2.3 0,638 mol/kg
2.4 1,22 mol/L
2.5 8,92 mol/kg
2.6 13,8 mol/kg
2.7 $7{,}7 \times 10^{-5}$ mol/L
2.8 37,8 mm Hg ; 4,4 mm Hg
2.9 101,3 °C et −4,48 °C
2.10 $2{,}13 \times 10^3$ kPa
2.11 0,066 mol/kg et $1{,}3 \times 10^2$ g/mol
2.12 $2{,}60 \times 10^4$ g/mol
2.13 1,21

CHAPITRE

3 La cinétique chimique

Chimie en ligne

Animation
- L'énergie d'activation (3.4)
- L'orientation des collisions (3.4)
- La catalyse (3.6)

Interaction
- Les lois de vitesse (3.2)
- Les mécanismes et les vitesses de réaction (3.5)

Incandescence d'un fil de platine chauffé au-dessus d'une solution d'ammoniac concentrée. L'oxydation de l'ammoniac a lieu en présence d'un fil de platine qui agit comme catalyseur ; il y a production d'oxyde nitrique et d'eau. Cette réaction très exothermique constitue la première étape de la synthèse de l'acide nitrique. Les modèles représentent des molécules d'ammoniac, d'oxygène, d'oxyde nitrique et d'eau.

NOTIONS CLÉS

3.1 La vitesse de réaction

La vitesse de réaction mesure la rapidité de consommation d'un réactif ou de formation d'un produit. En général, elle consiste en un rapport entre un changement de concentration et un intervalle de temps.

3.2 et 3.3 La loi de vitesse et les ordres de réaction

Les mesures expérimentales de vitesse ont permis d'énoncer la loi de vitesse, laquelle s'exprime à l'aide d'une constante de vitesse et des concentrations des réactifs. Cette dépendance des concentrations sur la vitesse permet d'établir l'ordre de la réaction. Une réaction est d'ordre zéro si sa vitesse est indépendante de la concentration, d'ordre un si sa vitesse dépend de la concentration d'un réactif élevé à la puissance un, et d'ordre deux si la somme des exposants des concentrations apparaissant dans la relation de vitesse donne deux.

Le temps de demi-vie, soit le temps requis pour que la moitié d'une quantité initiale d'un réactif ait réagi, est une caractéristique importante d'une réaction. Dans le cas d'une réaction d'ordre un, le temps de demi-vie est indépendant de la concentration initiale.

3.4 L'énergie d'activation et l'effet de la température sur la constante de vitesse

Pour réagir, les molécules doivent posséder une énergie égale ou supérieure à l'énergie d'activation. Habituellement, la constante de vitesse s'accroît avec l'augmentation de la température. L'équation d'Arrhenius relie la constante de vitesse à l'énergie d'activation et à la température.

3.5 Les mécanismes réactionnels

Le déroulement d'une réaction peut être scindé en une série d'étapes élémentaires au niveau moléculaire ; cet ensemble d'étapes constitue le mécanisme réactionnel. Les étapes (ou réactions) élémentaires peuvent être unimoléculaires, impliquant une molécule, bimoléculaire, impliquant une réaction entre deux molécules ou, dans de rares cas, trimoléculaire, ce qui suppose la collision simultanée entre trois molécules. La vitesse des réactions qui se déroulent en deux étapes ou plus dépend de la vitesse de l'étape la plus lente appelée étape limitante (ou déterminante).

3.6 La catalyse

Un catalyseur est une substance qui fait augmenter la vitesse d'une réaction sans qu'il soit lui-même consommé. Au cours d'une catalyse hétérogène, les réactifs et le catalyseur sont dans des phases différentes. Dans le cas d'une catalyse homogène, les réactifs et le catalyseur sont mélangés dans une seule phase. Les enzymes, sorte de catalyseur très efficace, contrôlent presque toutes les réactions biochimiques chez les êtres vivants.

La vision grâce à une réaction chimique très rapide

Depuis quelques années, des appareils électroniques et des lasers de plus en plus sophistiqués ont permis aux chimistes d'étudier des réactions extrêmement rapides, de l'ordre des picosecondes (10^{-12} s), et même des femtosecondes (10^{-15} s). La première étape de la vision est l'un des nombreux processus chimiques et biologiques qui se produisent à une telle vitesse.

Au fond de l'œil se trouvent plusieurs couches de cellules photosensibles, soit les bâtonnets et les cônes rétiniens. Ces cellules contiennent une substance appelée *rétinal,* associée à des protéines appelées *opsines.* Ces associations ou complexes rétinal-opsine se nomment *rhodopsine* (responsable de la perception en noir et blanc) et *iodopsine* (responsable de la perception des couleurs).

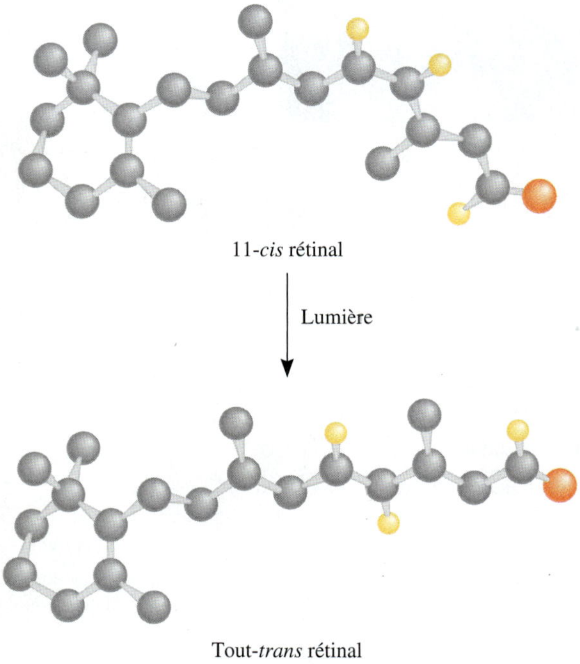

Conversion du 11-*cis* rétinal en son isomère tout-*trans* sous l'effet de la lumière visible. Les sphères noires représentent les atomes C, les sphères jaunes, les atomes H et les sphères rouges, les atomes O. Certains atomes H ont été omis pour plus de clarté. Remarquez le changement de la position relative des deux atomes d'hydrogène appartenant chacun à des atomes de carbone adjacents. Le rétinal est lié à l'opsine par l'atome O.

En 1938, le scientifique allemand Selig Hecht découvrit qu'un *seul* photon suffisait pour exciter un bâtonnet. Vingt ans plus tard, le biochimiste américain George Wald démontra que la première étape de l'excitation optique est un processus d'isomérisation (*voir l'illustration ci-contre*).

Le rétinal est un composé complexe ayant un certain nombre d'isomères géométriques, mais seuls ses isomères tout-*trans* et 11-*cis* participent à la vision. Dans la rhodopsine, l'absorption d'un photon convertit (isomérise) le rétinal de configuration 11-*cis* en configuration tout-*trans* en quelques picosecondes. Ce changement géométrique modifie donc la structure tridimensionnelle du rétinal et déclenche le processus de vision, par lequel une impulsion électrique est transmise au nerf optique et finalement au cerveau. C'est cette étape finale qui nous permet de « voir ».

3.1 La vitesse de réaction

La branche de la chimie qui s'intéresse à la vitesse à laquelle s'effectuent les réactions chimiques s'appelle **cinétique chimique**. Le terme « cinétique » signifie mouvement ou changement ; au chapitre 4 de *Chimie générale,* nous avons défini l'énergie cinétique comme l'énergie associée au mouvement d'un objet. Cependant, ici, le terme « cinétique » a plutôt le sens de **vitesse de réaction**, c'est-à-dire la variation de la concentration d'un réactif ou d'un produit dans le temps. Les unités de la vitesse sont en $\frac{\text{mol/L}}{\text{s}}$, ce qui s'écrit aussi $\text{mol} \cdot \text{L}^{-1} \cdot \text{s}^{-1}$.

Plusieurs bonnes raisons nous incitent à étudier les vitesses de réaction. D'abord, on peut simplement vouloir satisfaire sa curiosité en cherchant à savoir pourquoi les réactions ont des vitesses si différentes. Certains phénomènes, comme les premières étapes de la vision et de la photosynthèse, se déroulent très rapidement, en l'espace de 10^{-6} à 10^{-12} s. Par contre, d'autres phénomènes, comme le durcissement du ciment et la conversion du graphite en diamant, peuvent nécessiter des années et même des millions d'années pour se produire. Aussi, du point de vue pratique, l'étude des vitesses de réaction s'avère très utile dans plusieurs domaines : la conception et la synthèse de médicaments, le contrôle de la pollution et la préparation des aliments, entre autres. Pour les chimistes qui travaillent en milieu industriel, il est souvent beaucoup plus avantageux de parvenir à faire augmenter la vitesse d'une réaction plutôt que de chercher à en maximiser le rendement.

On sait que toute réaction peut être représentée par l'équation générale suivante :

$$\text{réactifs} \longrightarrow \text{produits}$$

Cette équation indique que, au cours de la réaction, des molécules de réactifs sont utilisées et que des molécules de produits sont formées. On peut donc suivre le déroulement d'une réaction en mesurant soit la diminution de la concentration des réactifs, soit l'augmentation de la concentration des produits.

La figure 3.1 illustre le déroulement d'une réaction simple durant laquelle des molécules A sont transformées en molécules B :

$$\text{A} \longrightarrow \text{B}$$

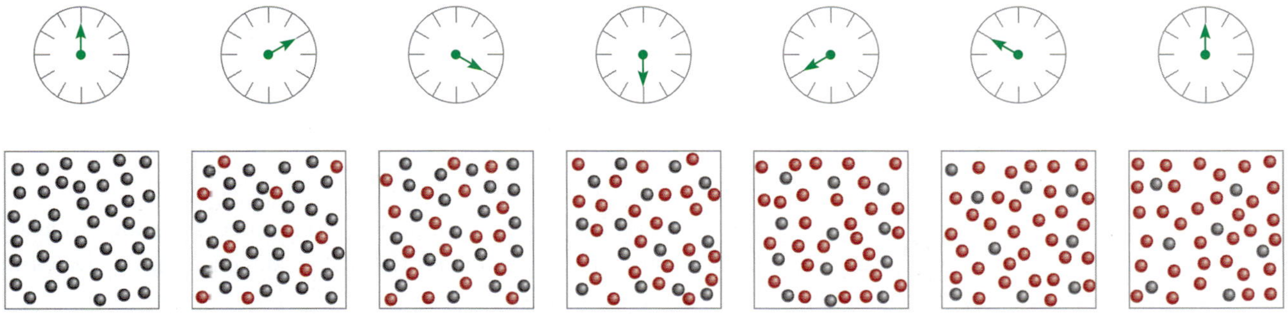

FIGURE 3.1

Déroulement d'une réaction

Le déroulement de la réaction A ⟶ B est observé toutes les 10 s, sur une période de 60 s. Au départ, seules les molécules A (points noirs) sont présentes. Avec le temps, il y a formation de molécules B (points colorés).

La diminution du nombre de molécules A et l'augmentation du nombre de molécules B par unité de temps sont illustrées à la figure 3.2 (*p. 102*). En général, il est plus commode d'exprimer cette vitesse en fonction de la variation de la concentration par unité de temps. On peut alors exprimer la vitesse de la réaction donnée ci-dessus de la façon suivante :

$$\text{vitesse} = -\frac{\Delta[\text{A}]}{\Delta t} \quad \text{ou} \quad \text{vitesse} = \frac{\Delta[\text{B}]}{\Delta t}$$

NOTE

Δ[A] signifie toujours une différence de concentration entre celle à un moment donné, $[\text{A}]_{\text{initiale}}$, et une autre concentration à un moment plus tard, $[\text{A}]_{\text{finale}}$: $\Delta[\text{A}] = [\text{A}]_f - [\text{A}]_i$.

où Δ[A] et Δ[B] sont les variations des concentrations (en mol/L) dans un intervalle de temps donné (Δt). Puisque la concentration de A *diminue* avec le temps, la valeur de Δ[A] est négative. Comme la vitesse d'une réaction est une grandeur positive, il faut donc attribuer un signe négatif à l'expression pour que la vitesse soit positive. Par contre, pour la vitesse de formation des produits, l'expression ne nécessite pas de signe négatif, car la valeur de Δ[B] est positive (la concentration de B *augmente* avec le temps). Ces vitesses sont des **vitesses moyennes** parce qu'elles sont des moyennes obtenues à partir de données prises durant un certain intervalle de temps Δt.

FIGURE 3.2

Vitesse de réaction

La vitesse de la réaction A ⟶ B est représentée par la diminution du nombre de molécules A et par l'augmentation du nombre de molécules B en fonction du temps.

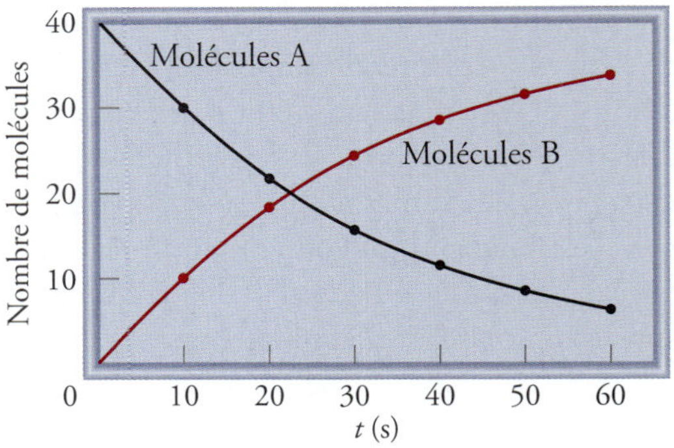

Voyons maintenant comment on s'y prend expérimentalement pour déterminer une vitesse de réaction. Par définition, on sait qu'il faudra mesurer la concentration d'un réactif (ou d'un produit) en fonction du temps. Dans le cas de réactions en solution, la concentration d'une espèce peut facilement se mesurer à l'aide de méthodes spectroscopiques. Aussi, s'il y a variation de la concentration d'ions, les variations de concentration peuvent être mesurées dans une cellule à conductance permettant d'évaluer la concentration d'un électrolyte par des mesures de courant. Quant aux réactions mettant en jeu des gaz, il est facile de les suivre par des mesures de pression. Étudions maintenant deux réactions particulières, chacune nécessitant une méthode différente de mesure de vitesse.

La réaction entre le brome moléculaire et l'acide formique

En solution aqueuse, le brome moléculaire réagit ainsi avec l'acide formique, HCOOH :

$$Br_2(aq) + HCOOH(aq) \longrightarrow 2Br^-(aq) + 2H^+(aq) + CO_2(g)$$

Le brome moléculaire est brun rouge ; toutes les autres espèces participant à la réaction sont incolores. À mesure que la réaction se déroule, la concentration de Br_2 diminue régulièrement, et la couleur s'estompe (*voir la figure 3.3*). Donc, la variation de la concentration (observable à la variation de l'intensité de la couleur) dans le temps peut être suivie avec un spectrophotomètre, lequel enregistre la quantité de lumière visible absorbée par le brome (*voir la figure 3.4*).

FIGURE 3.3

Suivi d'une réaction par un changement de couleur

La diminution de la concentration du brome en fonction du temps s'observe par une perte progressive de la couleur (de gauche à droite).

On peut mesurer le changement (diminution) de la concentration de brome en mesurant la concentration à un moment initial donné, puis effectuer une autre mesure de concentration, appelée concentration finale, à un moment plus tard. Ces mesures permettent de déterminer la vitesse moyenne de la réaction durant cet intervalle de temps :

$$\text{vitesse moyenne} = -\frac{\Delta[Br_2]}{\Delta t} = -\frac{[Br_2]_{\text{finale}} - [Br_2]_{\text{initiale}}}{t_{\text{final}} - t_{\text{initial}}}$$

Les deux premières lignes de données du tableau 3.1 nous permettent de calculer la vitesse moyenne durant les 50 premières secondes ainsi :

$$\text{vitesse moyenne} = -\frac{(0{,}0101\ \text{mol/L} - 0{,}0120\ \text{mol/L})}{50{,}0\ \text{s}} = 3{,}80 \times 10^{-5}\ \frac{\text{mol/L}}{\text{s}}$$

Par contre, si nous choisissons les 100 premières secondes comme intervalle de temps, selon la troisième ligne de données, la vitesse moyenne est :

$$\text{vitesse moyenne} = -\frac{(0{,}008\,46\ \text{mol/L} - 0{,}0120\ \text{mol/L})}{100{,}0\ \text{s}} = 3{,}54 \times 10^{-5}\ \frac{\text{mol/L}}{\text{s}}$$

Ces calculs démontrent que la vitesse moyenne de la réaction dépend de l'intervalle de temps choisi.

En calculant la vitesse moyenne sur des périodes de temps de plus en plus courtes, on peut obtenir la vitesse à un moment donné ; c'est ce qu'on appelle la **vitesse instantanée** de la réaction. La figure 3.5 (*p. 104*) montre la variation de $[Br_2]$ en fonction du temps, d'après les données du tableau 3.1. Graphiquement, la vitesse instantanée, disons à 100 s après le début de la réaction, est donnée par la pente de la tangente à la courbe à cet instant. La vitesse instantanée à tout autre moment se détermine de manière semblable. Remarquez que la vitesse instantanée déterminée de cette manière aura toujours la même valeur pour les mêmes concentrations de réactifs, pourvu que la température soit maintenue constante. On n'a pas besoin de se demander quel intervalle de temps choisir. À moins d'avis contraire, vous devez dorénavant comprendre que, lorsqu'il est question de vitesse, il s'agit de vitesse instantanée.

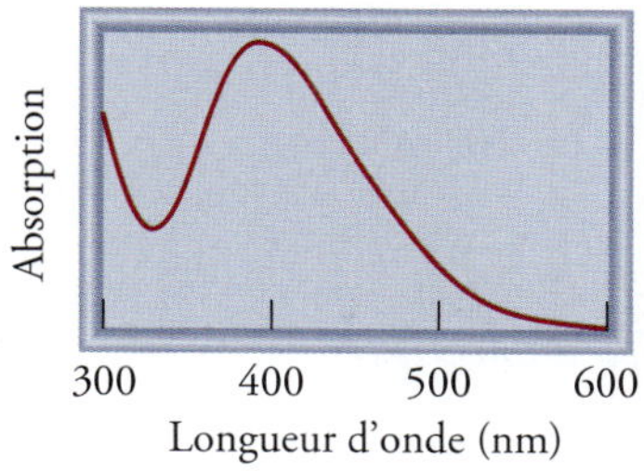

FIGURE 3.4

Courbe d'absorption du brome en fonction des longueurs d'onde

L'absorption maximale de la lumière visible par le brome a lieu à 393 nm. En cours de réaction, l'absorption à 393 nm, qui est proportionnelle à $[Br_2]$, décroît avec le temps, ce qui indique une diminution de la concentration de brome.

TABLEAU 3.1

Vitesses de réaction entre le brome moléculaire et l'acide formique à 25 °C

Temps (s)	$[Br_2]$	Vitesse $\left(\frac{\text{mol/L}}{\text{s}}\right)$	$k = \frac{\text{vitesse}}{[Br_2]}$ (s^{-1})
0,0	0,0120	$4{,}20 \times 10^{-5}$	$3{,}50 \times 10^{-3}$
50,0	0,0101	$3{,}52 \times 10^{-5}$	$3{,}49 \times 10^{-3}$
100,0	0,008 46	$2{,}96 \times 10^{-5}$	$3{,}50 \times 10^{-3}$
150,0	0,007 10	$2{,}49 \times 10^{-5}$	$3{,}51 \times 10^{-3}$
200,0	0,005 96	$2{,}09 \times 10^{-5}$	$3{,}51 \times 10^{-3}$
250,0	0,005 00	$1{,}75 \times 10^{-5}$	$3{,}50 \times 10^{-3}$
300,0	0,004 20	$1{,}48 \times 10^{-5}$	$3{,}52 \times 10^{-3}$
350,0	0,003 53	$1{,}23 \times 10^{-5}$	$3{,}48 \times 10^{-3}$
400,0	0,002 96	$1{,}04 \times 10^{-5}$	$3{,}51 \times 10^{-3}$

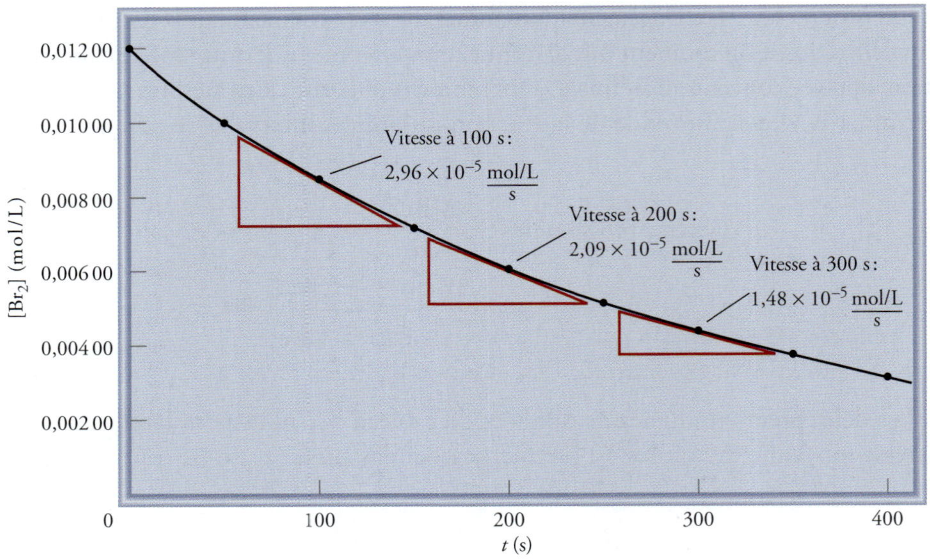

FIGURE 3.5

Vitesses instantanées

Les vitesses instantanées de la réaction entre le brome moléculaire et l'acide formique à t = 100 s, 200 s et 300 s sont données par les pentes des tangentes (les droites qui touchent la courbe) à ces temps.

La vitesse de la réaction entre le brome et l'acide formique dépend aussi de la concentration de ce dernier. Cependant, en ajoutant un grand excès d'acide formique au mélange réactionnel, on peut être certain que la concentration de l'acide formique demeurera presque constante tout au long de la réaction. Dans ces conditions, un changement de la quantité d'acide formique n'aura pas d'effet sur la vitesse mesurée.

Voyons l'effet de la concentration du brome sur la vitesse de réaction à l'aide des données tramées du tableau 3.1 (*p. 103*). Comparons les concentrations de brome et les vitesses de réaction à $t = 50$ s et $t = 250$ s. À $t = 50$, la concentration de brome est de 0,0101 mol/L, et la vitesse de réaction est de $3{,}52 \times 10^{-5}$ mol · L^{-1} · s^{-1}. À $t = 250$ s, la concentration du brome est de 0,005 00 mol/L, et la vitesse de réaction est de $1{,}75 \times 10^{-5}$ mol · L^{-1} · s^{-1}. La concentration à $t = 50$ s est le double de la concentration à $t = 250$ s (0,0101 mol/L versus 0,005 00 mol/L), et la vitesse de réaction à $t = 50$ s est le double de celle à $t = 250$ s ($3{,}52 \times 10^{-5}$ mol · L^{-1} · s^{-1} versus $1{,}75 \times 10^{-5}$ mol · L^{-1} · s^{-1}). On constate que, si la concentration du brome est doublée, la vitesse de réaction double elle aussi. La vitesse est donc directement proportionnelle à la concentration de Br_2:

$$\text{vitesse} \propto [Br_2]$$
$$\text{vitesse} = k[Br_2]$$

Le terme k s'appelle **constante de vitesse**, une constante de proportionnalité entre la vitesse de réaction et les concentrations des réactifs. Cette relation de proportionnalité directe entre la concentration du Br_2 et la vitesse devient encore plus évidente en faisant la mise en graphe des données.

La figure 3.6 montre la variation de la vitesse en fonction de la concentration de Br_2. Le fait que ce graphe est une droite indique que la vitesse est directement proportionnelle à la concentration de brome. Plus la concentration est élevée, plus la vitesse est grande. En réarrangeant l'équation précédente, nous obtenons :

$$k = \frac{\text{vitesse}}{[Br_2]}$$

Puisque la vitesse de réaction comporte des unités $mol \cdot L^{-1} \cdot s^{-1}$ et que $[Br_2]$ est en mol/L, les dimensions de k sont de 1/s ou s^{-1} dans ce cas-ci. Il est important de noter que k ne subit pas l'influence de la concentration de Br_2. Certes, la vitesse est plus grande à forte concentration et plus petite à faible concentration, mais le *rapport* vitesse/$[Br_2]$ est constant pourvu que la température ne change pas.

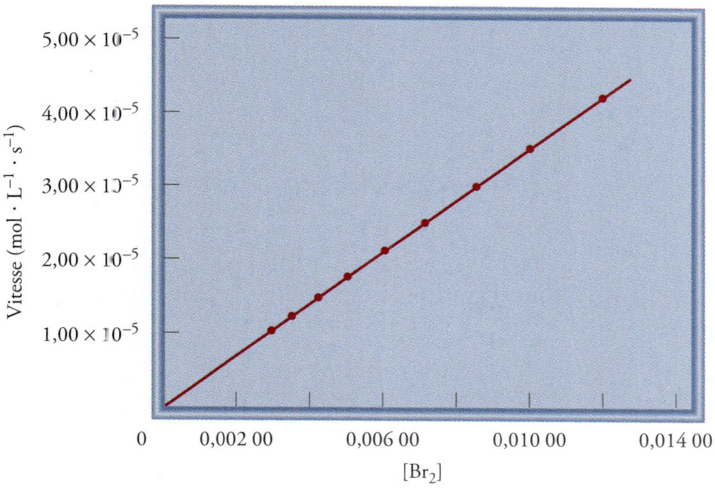

FIGURE 3.6

Graphe de la vitesse en fonction de la concentration du brome moléculaire pour la réaction entre le brome et l'acide formique

La relation linéaire obtenue nous indique une proportionnalité directe entre la vitesse et la concentration du brome moléculaire. La pente de la droite est égale à *k*.

Nous pouvons calculer la constante de vitesse pour cette réaction à l'aide des données du tableau 3.1. En prenant les données pour $t = 50$ s, nous pouvons écrire :

$$\begin{aligned} k &= \frac{\text{vitesse}}{[Br_2]} \\ &= \frac{3{,}52 \times 10^{-5}\ mol \cdot L^{-1} \cdot s^{-1}}{0{,}0101\ mol/L} = 3{,}49 \times 10^{-3}\ s^{-1} \end{aligned}$$

Ici, les données peuvent être utilisées à tout moment pour le calcul de k. Les petites variations de k qui apparaissent dans le tableau 3.1 sont attribuables aux incertitudes des valeurs expérimentales. La valeur la plus représentative serait celle de la pente moyenne obtenue à l'aide de calculs statistiques.

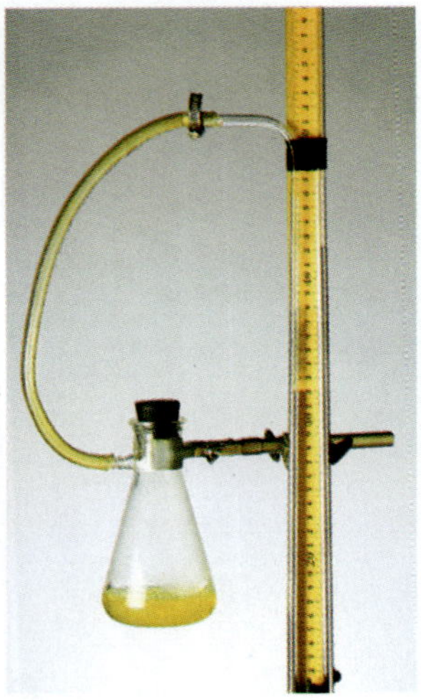

FIGURE 3.7

Mesure de la vitesse

La vitesse de décomposition du peroxyde d'hydrogène peut se mesurer à l'aide d'un manomètre, qui indique l'augmentation de la pression de l'oxygène dans le temps.

La décomposition du peroxyde d'hydrogène

Si l'un des réactifs ou des produits est un gaz, on peut mesurer les variations de la pression à l'aide d'un manomètre pour déterminer la vitesse de la réaction. Pour illustrer cette méthode, prenons comme exemple la décomposition du peroxyde d'hydrogène :

$$2H_2O_2(l) \longrightarrow 2H_2O(l) + O_2(g)$$

Dans ce cas, on peut facilement déterminer la vitesse de la décomposition en mesurant la vitesse de formation de l'oxygène à l'aide d'un manomètre (*voir la figure 3.7*). On peut alors facilement convertir la pression de l'oxygène en concentration grâce à l'équation des gaz parfaits (*voir l'équation 4.8,* Chimie générale) :

$$PV = nRT$$

ou :

$$P = \frac{n}{V}RT = [O_2]RT$$

où $n/V = C = [O_2]$, la concentration molaire de l'oxygène gazeux. En réarrangeant l'équation, on obtient :

$$[O_2] = \frac{1}{RT}P$$

La vitesse de la réaction, donnée par la vitesse de formation de l'oxygène, peut maintenant s'exprimer ainsi :

$$\text{vitesse} = \frac{\Delta[O_2]}{\Delta t} = \frac{1}{RT}\frac{\Delta P}{\Delta t}$$

La figure 3.8 montre l'accroissement de la pression d'oxygène avec le temps ainsi que la détermination de la vitesse instantanée à 400 min. Afin d'exprimer la vitesse dans les unités habituelles de $mol \cdot L^{-1} \cdot s^{-1}$, il faut convertir les mm de Hg/min en kPa/s, puis multiplier la pente de la tangente ($\Delta P/\Delta t$) par $1/RT$ comme indiqué dans l'équation précédente.

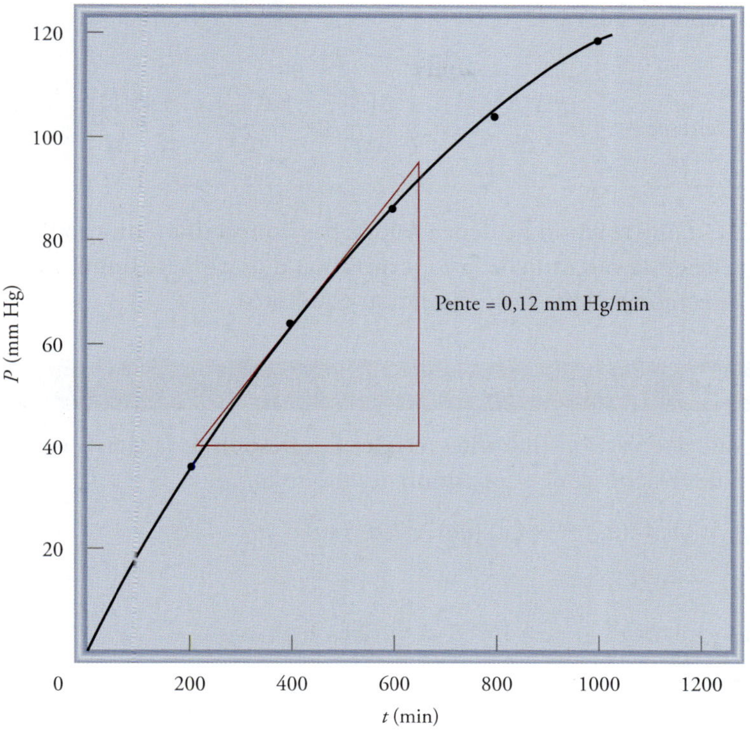

FIGURE 3.8

Vitesse instantanée pour la décomposition du peroxyde d'hydrogène

Pour la décomposition du peroxyde d'hydrogène à 400 min, la vitesse instantanée est donnée par la pente de la tangente à cet instant, multipliée par $1/RT$.

Les vitesses de réaction et la stœchiométrie

Nous avons déjà vu que, pour des réactions avec des stœchiométries simples du type $A \longrightarrow B$, la vitesse peut s'exprimer soit par la diminution de la concentration du réactif dans le temps, $-\Delta[A]/\Delta t$, soit par l'accroissement de la concentration du produit dans le temps, $\Delta[B]/\Delta t$. Dans le cas de réactions plus complexes, il faut faire attention en écrivant les équations de vitesse. Prenons la réaction suivante :

$$2A \longrightarrow B$$

Deux moles de A disparaissent pour chaque mole de B formée ; c'est dire que A disparaît deux fois plus vite que B apparaît. On exprime donc la vitesse de l'une des deux façons suivantes :

$$\text{vitesse} = -\frac{1}{2}\frac{\Delta[A]}{\Delta t} \text{ ou vitesse} = \frac{\Delta[B]}{\Delta t}$$

En général, pour la réaction :

$$aA + bB \longrightarrow cC + dD$$

la vitesse est donnée par :

$$\text{vitesse} = -\frac{1}{a}\frac{\Delta[\mathrm{A}]}{\Delta t} = -\frac{1}{b}\frac{\Delta[\mathrm{B}]}{\Delta t} = \frac{1}{c}\frac{\Delta[\mathrm{C}]}{\Delta t} = \frac{1}{d}\frac{\Delta[\mathrm{D}]}{\Delta t}$$

La vitesse d'une réaction ne dépend donc pas du réactif ou du produit utilisé pour l'exprimer ; elle est la variation de la concentration d'une espèce donnée divisée par son coefficient stœchiométrique dans l'équation équilibrée.

EXEMPLE 3.1 L'écriture des expressions de la vitesse

Pour chacune des réactions suivantes, écrivez l'expression de la vitesse en fonction de la disparition des réactifs et de l'apparition des produits :

a) $I^-(aq) + OCl^-(aq) \longrightarrow Cl^-(aq) + OI^-(aq)$

b) $3O_2(g) \longrightarrow 2O_3(g)$

c) $4NH_3(g) + 5O_2(g) \longrightarrow 4NO(g) + 6H_2O(g)$

DÉMARCHE

Pour exprimer la vitesse de réaction par le changement de la concentration d'un réactif ou d'un produit dans le temps, il faut indiquer le bon signe (négatif ou positif) et utiliser l'inverse mathématique de son coefficient stœchiométrique.

SOLUTION

a) Puisque chaque coefficient stœchiométrique est égal à 1 :

$$\text{vitesse} = -\frac{\Delta[\mathrm{I^-}]}{\Delta t} = -\frac{\Delta[\mathrm{OCl^-}]}{\Delta t} = \frac{\Delta[\mathrm{Cl^-}]}{\Delta t} = \frac{\Delta[\mathrm{OI^-}]}{\Delta t}$$

b) Ici, les coefficients sont 3 et 2, alors :

$$\text{vitesse} = -\frac{1}{3}\frac{\Delta[\mathrm{O_2}]}{\Delta t} = \frac{1}{2}\frac{\Delta[\mathrm{O_3}]}{\Delta t}$$

c) Pour cette réaction :

$$\text{vitesse} = -\frac{1}{4}\frac{\Delta[\mathrm{NH_3}]}{\Delta t} = -\frac{1}{5}\frac{\Delta[\mathrm{O_2}]}{\Delta t} = \frac{1}{4}\frac{\Delta[\mathrm{NO}]}{\Delta t} = \frac{1}{6}\frac{\Delta[\mathrm{H_2O}]}{\Delta t}$$

EXERCICE

Écrivez l'expression de la vitesse de réaction en fonction des réactifs et des produits pour :

$$CH_4(g) + 2O_2(g) \longrightarrow CO_2(g) + 2H_2O(g)$$

PROBLÈME SEMBLABLE
3.5

EXEMPLE 3.2 Les calculs de vitesses à partir des expressions de la vitesse

Soit la réaction :

$$4NO_2(g) + O_2(g) \longrightarrow 2N_2O_5(g)$$

Supposons que, à un moment donné durant cette réaction, le dioxygène réagit à une vitesse de 0,024 mol · L^{-1} · s^{-1}. a) À quelle vitesse le N_2O_5 se forme-t-il ? b) Quelle est la vitesse de réaction du NO_2 ?

DÉMARCHE

Pour calculer la vitesse de formation de N_2O_5 et celle de la disparition de NO_2, il faut exprimer la vitesse de réaction en tenant compte des coefficients stœchiométriques, comme dans l'exemple 3.1 :

$$\text{vitesse} = -\frac{1}{4}\frac{\Delta[NO_2]}{\Delta t} = -\frac{\Delta[O_2]}{\Delta t} = \frac{1}{2}\frac{\Delta[N_2O_5]}{\Delta t}$$

On sait que :

$$\frac{\Delta[O_2]}{\Delta t} = -0{,}024\,\frac{\text{mol/L}}{\text{s}}$$

où le signe « moins » indique que la concentration de O_2 diminue dans le temps.

SOLUTION

a) De l'expression précédente de la vitesse, on a :

$$-\frac{\Delta[O_2]}{\Delta t} = \frac{1}{2}\frac{\Delta[N_2O_5]}{\Delta t}$$

Alors :

$$\frac{\Delta[N_2O_5]}{\Delta t} = -2\left(-0{,}024\,\frac{\text{mol/L}}{\text{s}}\right) = 0{,}048\,\frac{\text{mol/L}}{\text{s}}$$

b) Ici nous avons :

$$-\frac{1}{4}\frac{\Delta[NO_2]}{\Delta t} = -\frac{\Delta[O_2]}{\Delta t}$$

d'où :

$$\frac{\Delta[NO_2]}{\Delta t} = 4\left(-0{,}024\,\frac{\text{mol/L}}{\text{s}}\right) = -0{,}096\,\frac{\text{mol/L}}{\text{s}}$$

EXERCICE

PROBLÈME SEMBLABLE 3.6

Soit la réaction :

$$4PH_3(g) \longrightarrow P_4(g) + 6H_2(g)$$

Supposons qu'à un moment donné durant la réaction, il y a formation de dihydrogène à une vitesse de 0,078 mol · L^{-1} · s^{-1}. a) À quelle vitesse P_4 est-il formé ? b) Quelle est la vitesse de transformation de PH_3 ?

Chimie en ligne

Interaction
- Les lois de vitesse

3.2 Les lois de vitesse

Au cours de l'étude de méthodes expérimentales de détermination de vitesses de réaction, nous avons vu que la vitesse d'une réaction est proportionnelle à la concentration des réactifs et que la constante de proportionnalité *k* s'appelle constante de vitesse. La **loi de vitesse** est l'expression qui relie la vitesse d'une réaction à la constante de vitesse et aux concentrations des réactifs. Pour la réaction générale suivante :

$$aA + bB \longrightarrow cC + dD$$

la loi de vitesse prend la forme :

$$v = k[A]^x[B]^y \qquad (3.1)$$

Si l'on connaît les valeurs de *k*, de *x* et de *y*, ainsi que les concentrations de A et de B, on peut utiliser la loi de vitesse pour calculer la vitesse de la réaction. Comme celle de *k*, les valeurs de *x* et de *y* doivent être déterminées expérimentalement. Notez qu'en général les valeurs de *x* et de *y* ne sont pas égales aux valeurs des coefficients stœchiométriques *a* et *b*.

Les exposants *x* et *y* indiquent respectivement les relations entre les concentrations des réactifs A et B et la vitesse de réaction. Additionnés ensemble, ils donnent l'**ordre global** (ou **total**) **de réaction**, défini comme la somme des exposants de toutes les concentrations en jeu dans l'expression de la loi de vitesse. Dans le cas de l'équation 3.1, l'ordre global de la réaction est donné par $x + y$. On peut dire également que cette réaction est du *x*-ième ordre par rapport à A, du *y*-ième ordre par rapport à B et du $(x + y)$-ième ordre global. L'**ordre de réaction** (ou **ordre partiel de réaction**) est alors l'exposant de la concentration de l'un des réactifs dans la loi de vitesse. Si un seul réactif est impliqué dans l'expression de la loi de vitesse, l'ordre global est alors égal à l'ordre de réaction.

Pour apprendre comment déterminer la loi de vitesse d'une réaction, voyons l'exemple de la réaction entre le fluor et le dioxyde de chlore :

$$F_2(g) + 2ClO_2(g) \longrightarrow 2FClO_2(g)$$

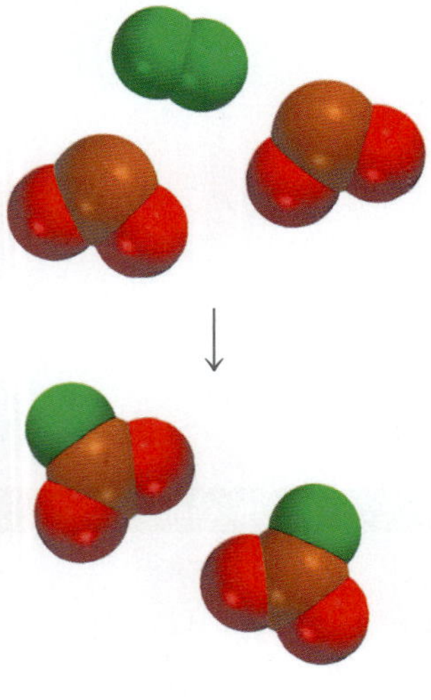

$F_2(g) + 2ClO_2(g) \longrightarrow 2FClO_2(g)$

Une façon d'étudier l'effet de la concentration des réactifs sur la vitesse d'une réaction est de déterminer comment la *vitesse initiale* dépend des concentrations initiales. En général, il est préférable de mesurer les vitesses initiales parce que, à mesure que la réaction se déroule, les concentrations des réactifs diminuent : il devient alors difficile de mesurer les variations de manière précise. De plus, il est possible que la réaction inverse :

$$(\text{produits} \longrightarrow \text{réactifs})$$

se produise, ce qui peut fausser la mesure de la vitesse, car la vitesse dépendrait aussi de la concentration du produit. Ces deux complications n'existent pratiquement pas au début de la réaction.

Le tableau 3.2 montre trois mesures de vitesses initiales dans le cas de la réaction :

$$F_2(g) + 2ClO_2(g) \longrightarrow 2FClO_2(g)$$

TABLEAU 3.2

Quelques mesures de vitesses de la réaction entre F_2 et ClO_2

Expérience	$[F_2]$	$[ClO_2]$	Vitesse initiale $\left(\frac{mol/L}{s}\right)$
1	0,10	0,010	$1,2 \times 10^{-3}$
2	0,10	0,040	$4,8 \times 10^{-3}$
3	0,20	0,010	$2,4 \times 10^{-3}$

En comparant les données 1 et 3, on constate que si l'on double $[F_2]$ pendant que $[ClO_2]$ reste constante, la vitesse double. Puisque la concentration de ClO_2 reste constante durant ces deux expériences, le changement de vitesse ne peut être causé que par le changement de la concentration de F_2. La vitesse est donc directement proportionnelle à $[F_2]$. Par contre, en comparant les données 1 et 2, on voit que si l'on quadruple $[ClO_2]$ en gardant $[F_2]$ constante, la vitesse quadruple également. Donc, la vitesse est aussi directement proportionnelle à $[ClO_2]$. On peut résumer ces observations en écrivant la loi de vitesse :

$$v = k[F_2][ClO_2]$$

Parce que $[F_2]$ et $[ClO_2]$ sont toutes deux élevées à la puissance un, la réaction est d'ordre un par rapport à F_2, d'ordre un par rapport à ClO_2 et d'ordre global deux. Notez que $[ClO_2]$ est élevé à la puissance un alors que son coefficient stœchiométrique dans l'équation globale est égal à deux. L'égalité de l'ordre de réaction (un) et du coefficient de l'équation globale (un) pour F_2 est une simple coïncidence dans ce cas.

Les concentrations des réactifs et la vitesse initiale permettent aussi de calculer la constante de vitesse. En utilisant les données de la première expérience du tableau 3.2, nous pouvons écrire :

$$\begin{aligned} k &= \frac{\text{vitesse}}{[F_2][ClO_2]} \\ &= \frac{1,2 \times 10^{-3}\ \text{mol} \cdot \text{L}^{-1} \cdot \text{s}^{-1}}{(0,10\ \text{mol/L})(0,010\ \text{mol/L})} \\ &= \frac{1,2}{(\text{mol/L})(\text{s})} \text{ ou } 1,2\ \text{L} \cdot \text{mol}^{-1} \cdot \text{s}^{-1} \end{aligned}$$

L'ordre de la réaction nous permet de comprendre comment la réaction dépend des concentrations des réactifs. Supposons, par exemple, que pour la réaction générale $a\text{A} + b\text{B} \longrightarrow c\text{C} + d\text{D}$ on a $x = 1$ et $y = 2$. La loi de vitesse pour cette réaction (selon l'équation 3.1) est :

$$\text{vitesse} = k[\text{A}][\text{B}]^2$$

La réaction est d'ordre un par rapport à A, d'ordre deux par rapport à B et d'ordre global (1 + 2) ou trois. Supposons maintenant qu'initialement [A] = 1,0 mol/L et [B] = 1,0 mol/L. La loi de vitesse dit que, si l'on double la concentration de A (de 1,0 mol/L à 2,0 mol/L) et que [B] reste constante, on double également la vitesse de la réaction :

pour [A] = 1,0 mol/L $\quad v_1 = k(1{,}0 \text{ mol/L})(1{,}0 \text{ mol/L})^2 = k\ 1{,}0\ (\text{mol/L})^3$

pour [A] = 2,0 mol/L $\quad v_2 = k(2{,}0 \text{ mol/L})(1{,}0 \text{ mol/L})^2 = k\ 2{,}0\ (\text{mol/L})^3$

et $\quad \dfrac{v_2}{v_1} = \dfrac{k\ 2{,}0\ (\text{mol/L})^3}{k\ 1{,}0\ (\text{mol/L})^3} = 2{,}0$

Donc :

$$v_2 = 2v_1$$

Par ailleurs, si l'on double la concentration de B (de 1 mol/L à 2 mol/L) et que [A] reste constante, la vitesse augmentera d'un facteur 4 à cause de l'exposant 2 :

pour [B] = 1,0 mol/L $\quad v_1 = k(1{,}0 \text{ mol/L})(1{,}0 \text{ mol/L})^2 = k\ 1{,}0\ (\text{mol/L})^3$

pour [B] = 2,0 mol/L $\quad v_2 = k(1{,}0 \text{ mol/L})(2{,}0 \text{ mol/L})^2 = k\ 4{,}0\ (\text{mol/L})^3$

Donc :

$$v_2 = 4v_1$$

Si, pour une réaction donnée, $x = 0$ et $y = 1$, la loi de vitesse devient :

$$\begin{aligned} v &= k[\mathrm{A}]^0[\mathrm{B}] \\ &= k[\mathrm{B}] \end{aligned}$$

La réaction est d'ordre zéro par rapport à A, d'ordre un par rapport à B et d'ordre global un. Donc, la vitesse de cette réaction est *indépendante* de la concentration de A. Notez qu'il est possible aussi d'obtenir un ordre fractionnaire.

La détermination expérimentale des lois de vitesse

Si une réaction ne met en jeu qu'un seul réactif, on peut facilement déduire la loi de vitesse en mesurant la vitesse initiale de la réaction en fonction de la concentration du réactif. Par exemple, si la vitesse double quand la concentration du réactif double, la réaction est d'ordre un par rapport au réactif ; si la vitesse quadruple quand la concentration double, la réaction est d'ordre deux par rapport au réactif.

Dans le cas d'une réaction qui met en jeu plus de un réactif, on peut déduire la loi de vitesse en déterminant l'effet sur la vitesse de la concentration de chaque réactif. On garde constantes les concentrations de tous les réactifs sauf un ; on observe alors la vitesse de la réaction en fonction de la variation de la concentration du réactif isolé. Tout changement de vitesse ne peut être causé que par des changements dus à cette substance, et cela nous permet d'établir l'ordre de la réaction par rapport à ce réactif particulier. On fait de même avec le réactif suivant, et ainsi de suite. Cette méthode est appelée *méthode d'isolation.*

NOTE

La méthode générale expliquée ici est la même que celle déjà utilisée dans le cas de l'exemple particulier décrit au tableau 3.2, p. 111.

EXEMPLE 3.3 La détermination de la loi de vitesse et le calcul de la constante de vitesse d'une réaction

La réaction de l'oxyde nitrique avec l'hydrogène à 1 280 °C est :

$$2NO(g) + 2H_2(g) \longrightarrow N_2(g) + 2H_2O(g)$$

D'après les données suivantes, déterminez : a) la loi de vitesse de cette réaction ; b) la constante de vitesse ; c) la vitesse de réaction quand $[NO] = 12,0 \times 10^{-3}$ mol/L et $[H_2] = 6,0 \times 10^{-3}$ mol/L.

Expérience	$[NO]_{\text{initiale}}$	$[H_2]_{\text{initiale}}$	$\text{Vitesse}_{\text{initiale}}$ $(\text{mol} \cdot \text{L}^{-1} \cdot \text{s}^{-1})$
1	$5,0 \times 10^{-3}$	$2,0 \times 10^{-3}$	$1,3 \times 10^{-5}$
2	$10,0 \times 10^{-3}$	$2,0 \times 10^{-3}$	$5,0 \times 10^{-5}$
3	$10,0 \times 10^{-3}$	$4,0 \times 10^{-3}$	$10,0 \times 10^{-5}$

DÉMARCHE

On nous demande de déterminer la loi de vitesse de réaction et la constante de vitesse à partir de données expérimentales de concentrations initiales et de vitesses initiales. Supposons que la loi de vitesse a la forme suivante :

$$v = k[NO]^x[H_2]^y$$

Comment faut-il utiliser ces données pour déterminer les valeurs de x et y ? Une fois ces valeurs connues, il sera possible de calculer k avec l'une ou l'autre des données de concentrations et de la vitesse correspondante. Finalement, cette loi de vitesse maintenant connue nous permettra de calculer la vitesse pour n'importe lesquelles des concentrations de NO et de H_2.

SOLUTION

a) Les expériences 1 et 2 indiquent que, si l'on double la concentration de NO et que celle de H_2 reste constante, la vitesse quadruple. Écrivons le rapport des vitesses selon ces deux expériences :

$$\frac{v_2}{v_1} = \frac{5,0 \times 10^{-5} \text{ mol} \cdot \text{L}^{-1} \cdot \text{s}^{-1}}{1,3 \times 10^{-5} \text{ mol} \cdot \text{L}^{-1} \cdot \text{s}^{-1}} \simeq 4 = \frac{k(10,0 \times 10^{-3} \text{ mol/L})^x(2,0 \times 10^{-3} \text{ mol/L})^y}{k(5,0 \times 10^{-3} \text{ mol/L})^x(2,0 \times 10^{-3} \text{ mol/L})^y}$$

ou, après simplification :

$$4 = \frac{(10,0 \times 10^{-3} \text{ mol/L})^x}{(5,0 \times 10^{-3} \text{ mol/L})^x} = 2^x$$

donc $x = 2$, c'est-à-dire que la réaction est d'ordre deux en regard de NO. Par contre, les données expérimentales 2 et 3 indiquent que le fait de doubler la concentration de H_2 fait doubler la vitesse. Ici, le rapport des vitesses est :

$$\frac{v_3}{v_2} = \frac{10,0 \times 10^{-5} \text{ mol} \cdot \text{L}^{-1} \cdot \text{s}^{-1}}{5,0 \times 10^{-5} \text{ mol} \cdot \text{L}^{-1} \cdot \text{s}^{-1}} = 2 = \frac{k(10,0 \times 10^{-3} \text{ mol/L})^x(4,0 \times 10^{-3} \text{ mol/L})^y}{k(10,0 \times 10^{-3} \text{ mol/L})^x(2,0 \times 10^{-3} \text{ mol/L})^y}$$

ou, après simplification :

$$2 = \frac{(4,0 \times 10^{-3} \text{ mol/L})^y}{(2,0 \times 10^{-3} \text{ mol/L})^y} = 2^y$$

>>>

donc $y = 1$, c'est-à-dire que la réaction est d'ordre un en regard de H_2. On peut finalement conclure que :

$$\text{vitesse} = k[NO]^2[H_2]$$

et que cette réaction est d'ordre (1 + 2), donc d'ordre global trois.

b) La constante de vitesse k peut être calculée en utilisant l'une ou l'autre des lignes de données. Réécrivons d'abord la loi de vitesse en isolant k :

$$k = \frac{\text{vitesse}}{[NO]^2[H_2]}$$

Selon les données de la ligne 2 :

$$k = \frac{5{,}0 \times 10^{-5} \text{ mol} \cdot \text{L}^{-1} \cdot \text{s}^{-1}}{(10{,}0 \times 10^{-3} \text{ mol/L})^2(2{,}0 \times 10^{-3} \text{ mol/L})}$$
$$= 2{,}5 \times 10^2 \text{ L}^2 \cdot \text{mol}^{-2} \cdot \text{s}^{-1}$$

c) D'après la valeur de k et des concentrations de NO et de H_2, on peut écrire :

$$\text{vitesse} = (2{,}5 \times 10^2 \text{ L}^2 \cdot \text{mol}^{-2} \cdot \text{s}^{-1})(12{,}0 \times 10^{-3} \text{ mol/L})^2(6{,}0 \times 10^{-3} \text{ mol/L})$$
$$= 2{,}2 \times 10^{-4} \text{ mol} \cdot \text{L}^{-1} \cdot \text{s}^{-1}$$

COMMENTAIRE

La réaction est d'ordre un en regard de H_2, alors que le coefficient stœchiométrique pour H_2 dans l'équation balancée est 2. Rappelons qu'il n'y a pas de relation entre l'ordre d'une réaction et le coefficient stœchiométrique d'un réactif dans l'équation globale équilibrée. *En général, l'ordre d'une réaction se détermine expérimentalement ; on ne peut le déduire à partir de l'équation globale équilibrée.*

EXERCICE

PROBLÈME SEMBLABLE
3.17

La réaction de l'ion persulfate ($S_2O_8^{2-}$) avec l'ion iodure (I^-) est :

$$S_2O_8^{2-}(aq) + 3I^-(aq) \longrightarrow 2SO_4^{2-}(aq) + I_3^-(aq)$$

À partir des données suivantes, recueillies à une température donnée, déterminez la loi de vitesse et calculez la constante de vitesse.

Expérience	$[S_2O_8^{2-}]$	$[I^-]$	Vitesse initiale ($\text{mol} \cdot \text{L}^{-1} \cdot \text{s}^{-1}$)
1	0,080	0,034	$2{,}2 \times 10^{-4}$
2	0,080	0,017	$1{,}1 \times 10^{-4}$
3	0,16	0,017	$2{,}2 \times 10^{-4}$

3.3 La relation entre les concentrations des réactifs et le temps

Les lois de vitesse permettent de calculer la vitesse d'une réaction à partir de la constante de vitesse et des concentrations des réactifs. Elles peuvent également se convertir en équations qui permettent de déterminer les concentrations des réactifs à n'importe quel moment de la réaction. Dans l'exposé suivant, les équations de vitesse concernent seulement des réactions mettant en cause un seul réactif. Examinons d'abord l'une des lois de vitesse parmi les plus simples, soit celle qui s'applique aux réactions d'ordre global un.

Les réactions d'ordre un

Une **réaction d'ordre un** est une réaction dont la vitesse dépend de la concentration du réactif élevée à la puissance 1. Dans une réaction d'ordre un du type :

$$A \longrightarrow \text{produits}$$

la vitesse est :

$$v = -\frac{\Delta[A]}{\Delta t}$$

D'après la loi de vitesse, on sait également que :

$$v = k[A]$$

Donc :

$$-\frac{\Delta[A]}{\Delta t} = k[A] \qquad (3.2)$$

On peut, en isolant k, déterminer les unités de la constante de vitesse (k) d'ordre un :

$$k = -\frac{\Delta[A]}{[A]}\frac{1}{\Delta t}$$

Puisque les unités de $\Delta[A]$ et de [A] sont mol/L et que celle de Δt est s, les unités de k sont :

$$\frac{\text{mol/L}}{(\text{mol/L})(\text{s})} = \frac{1}{\text{s}} = \text{s}^{-1}$$

(On ne tient pas compte du signe négatif quand on détermine les unités.)

À l'aide du calcul intégral, on peut démontrer, à partir de l'équation 3.2, que :

$$\ln\frac{[A]_0}{[A]_t} = kt \qquad (3.3)$$

NOTE

Un tableau synthèse montrant le lien entre le calcul intégral et les équations de vitesse intégrée sera présenté à la page 128.

où ln est le logarithme naturel et où $[A]_0$ et $[A]_t$ sont les concentrations de A respectivement aux temps $t = 0$ et $t = t$. Notons que $t = 0$ ne correspond pas nécessairement au début de l'expérience ; il peut correspondre à tout temps de départ choisi pour mesurer la variation de la concentration de A. Cette équation 3.3 est la **loi de vitesse intégrée** pour une réaction d'ordre un, soit une équation obtenue à partir de la loi de vitesse, qui relie la concentration d'un réactif ou d'un produit au temps de réaction. L'équation 3.3 peut être reformulée ainsi :

$$\ln [A]_0 - \ln [A]_t = kt$$

ou :

$$\ln [A]_t = -kt + \ln [A]_0 \qquad (3.4)$$

NOTE

Il est très important de bien faire la distinction entre une loi de vitesse et une loi de vitesse intégrée. Remarquez que la vitesse v n'apparaît pas dans la relation de la loi de vitesse intégrée. Par contre, c'est la même constante de vitesse, k, qui apparaît dans la formulation de ces deux lois.

L'équation 3.4 a la forme de l'équation $y = mx + b$, où m est la pente de la droite qui représente l'équation :

$$\begin{array}{ccccccc} \ln [A]_t & = & (-k) & (t) & + & \ln [A]_0 \\ \updownarrow & & \updownarrow & \updownarrow & & \updownarrow \\ y & = & m & x & + & b \end{array}$$

La figure 3.9 illustre les caractéristiques d'une réaction d'ordre un. On voit décroître la concentration de A avec le temps (*voir la figure 3.9A*). La courbe de ln [A] en fonction de t (ou de y en fonction de x) donne une ligne droite de pente $-k$ (ou m) et l'ordonnée à l'origine est égale à $\ln [A]_0$ (*voir la figure 3.9B*). Cela permet de calculer la constante de vitesse (k).

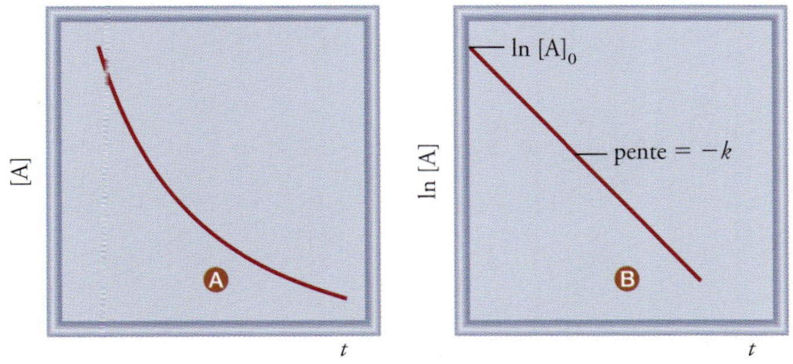

FIGURE 3.9

Caractéristiques d'une réaction d'ordre un

A Diminution de la concentration du réactif en fonction du temps.
B Tracé de la droite permettant d'obtenir la constante de vitesse. La pente de la droite est égale à $-k$.

Toutes les désintégrations nucléaires (*voir Chimie en action, p. 129*), la décomposition de l'éthane en groupements méthyles hautement réactifs ($C_2H_6 \longrightarrow 2CH_3\cdot$) et la décomposition de N_2O_5 selon :

$$2N_2O_5 \longrightarrow 4NO_2(g) + O_2(g)$$

sont quelques-uns des nombreux cas de réactions d'ordre un.

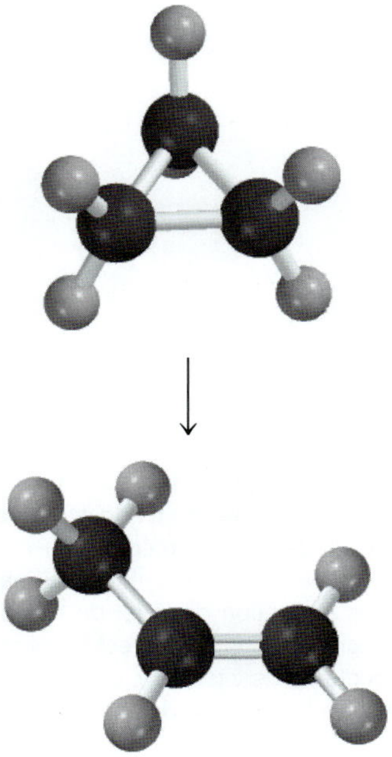

EXEMPLE 3.4 Les calculs des concentrations ou des temps de réaction pour une réaction d'ordre un

La conversion du cyclopropane en propène en phase gazeuse est une réaction d'ordre un dont la constante de vitesse vaut $6{,}7 \times 10^{-4}\ s^{-1}$ à 500 °C :

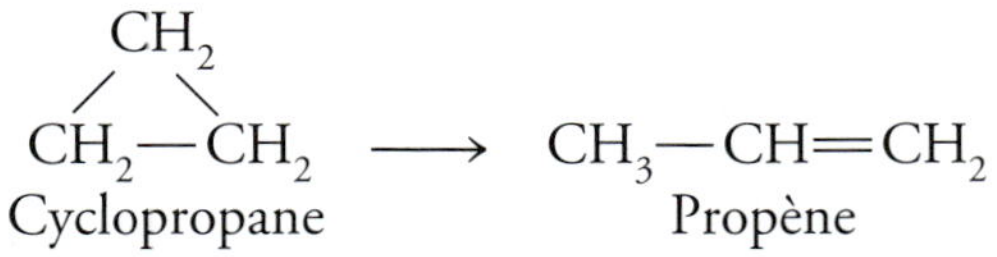

a) Si la concentration initiale du cyclopropane était de 0,25 mol/L, quelle est la concentration après 8,8 minutes ? b) Combien faudra-t-il de minutes pour que la concentration du cyclopropane diminue de 0,25 mol/L à 0,15 mol/L ? c) En combien de minutes 74 % de la quantité initiale sera-t-elle convertie ?

DÉMARCHE

La relation entre les concentrations du réactif et le temps est donnée par l'équation 3.3 ou par l'équation 3.4. En a), on nous donne $[A]_0 = 0{,}25$ mol/L et on nous demande la valeur de [A] après 8,8 min. En b), il faut calculer le temps nécessaire pour que la concentration du cyclopropane diminue de 0,25 mol/L à 0,15 mol/L. En c), on ne donne pas de valeurs de concentrations. Cependant, si initialement on a 100 % du composé et que 74 % a réagi, il doit donc en rester (100 % − 74 %), ou 26 %. Ainsi, le rapport des pourcentages sera égal au rapport des concentrations réelles soit $[A]_t/[A]_0 = 26\ \%/100\ \%$, ou 0,26/1,00.

SOLUTION

a) En appliquant l'équation 3.4, on note que k est donné en unités de s^{-1} ; il faudra donc convertir les 8,8 minutes en secondes :

$$8{,}8\ \text{min} \times \frac{60\ \text{s}}{1\ \text{min}} = 528\ \text{s}$$

On écrit :

$$\begin{aligned}\ln [A]_t &= -kt + \ln [A]_0 \\ &= -(6{,}7 \times 10^{-4}\ \text{s}^{-1})(528\ \text{s}) + \ln (0{,}25) \\ &= -1{,}74\end{aligned}$$

d'où :

$$[A]_t = e^{-1{,}74} = 0{,}18\ \text{mol/L}$$

Notez que, dans le terme $\ln [A]_0$, $[A]_0$ est exprimé comme une quantité sans unité (0,25) parce qu'il est impossible de prendre le logarithme d'unités.

b) D'après l'équation 3.3 :

$$\ln \frac{0{,}15}{0{,}25} = -(6{,}7 \times 10^{-4}\ \text{s}^{-1})t$$

$$t = 7{,}6 \times 10^2\ \text{s ou } 7{,}6 \times 10^2\ \text{s} \times \frac{1\ \text{min}}{60\ \text{s}} = 13\ \text{min}$$

>>>

c) D'après l'équation 3.3 :

$$\ln \frac{(0{,}26)}{1{,}00} = -(6{,}7 \times 10^{-4}\ \text{s}^{-1})t$$

$$t = 2{,}0 \times 10^{3}\ \text{s ou } 2{,}0 \times 10^{3}\ \text{s} \times \frac{1\ \text{min}}{60\ \text{s}} = 33\ \text{min}$$

EXERCICE

La réaction $2A \longrightarrow B$ est d'ordre un en A, et sa constante de vitesse est de $2{,}8 \times 10^{-2}\ \text{s}^{-1}$ à 80 °C. Combien de temps (en secondes) faudra-t-il pour que A diminue de 0,88 mol/L à 0,14 mol/L ?

PROBLÈMES SEMBLABLES

3.28 b) et 3.29 a)

La détermination graphique de l'ordre de réaction et de la constante de vitesse

Voyons maintenant comment déterminer graphiquement l'ordre de réaction ainsi que la constante de vitesse *k* au cours de la décomposition du pentoxyde d'azote dans le tétrachlorure de carbone (CCl_4) à 45 °C. Le tétrachlorure sert ici de solvant :

$$2N_2O_5(CCl_4) \longrightarrow 4NO_2(g) + O_2(g)$$

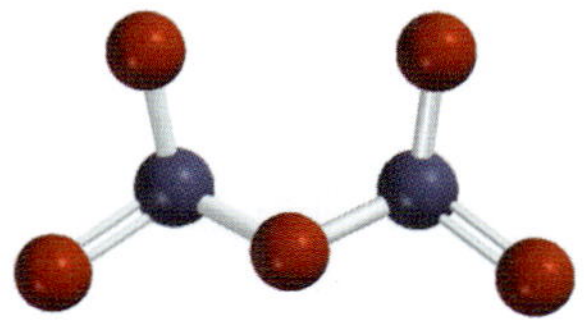

N_2O_5

Le tableau suivant indique la variation de la concentration de N_2O_5 avec le temps, ainsi que les valeurs correspondantes de ln $[N_2O_5]$.

t(s)	$[N_2O_5]$	ln $[N_2O_5]$
0	0,91	−0,094
300	0,75	−0,29
600	0,64	−0,45
1 200	0,44	−0,82
3 000	0,16	−1,83

N_2O_5 se décompose pour former NO_2

En appliquant l'équation 3.4, la mise en graphe de ln $[N_2O_5]$ en fonction de *t* donne le tracé montré à la figure 3.10 (*p. 120*). Le fait que les points expérimentaux donnent une droite nous indique qu'il s'agit d'une réaction d'ordre un. Il reste à déterminer la valeur de la constante de vitesse à partir de la pente. Choisissons deux points éloignés sur la droite et soustrayons les valeurs de leurs coordonnées *x* et *y* ainsi :

$$\text{pente } (m) = \frac{\Delta y}{\Delta t} = \frac{-1{,}50 - (-0{,}34)}{(2\,430 - 400)\ \text{s}} = -5{,}7 \times 10^{-4}\ \text{s}^{-1}$$

Parce que $m = -k$, on obtient $k = 5{,}7 \times 10^{-4}\ s^{-1}$.

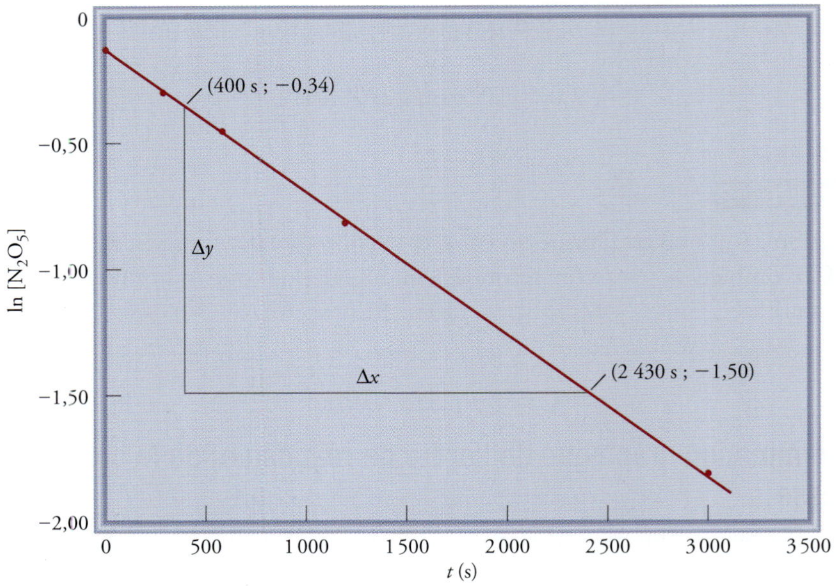

FIGURE 3.10

Graphe de ln $[N_2O_5]$ en fonction de *t*

La constante de vitesse se calcule à l'aide de la pente de la droite.

Dans le cas des réactions en phase gazeuse, on peut remplacer les concentrations dans l'équation 3.3 par les pressions du réactif gazeux. Soit la réaction d'ordre un suivante :

$$A(g) \longrightarrow \text{produits}$$

En utilisant l'équation des gaz parfaits, on écrit :

$$PV = n_A RT$$

d'où :

$$\frac{n_A}{V} = [A] = \frac{P}{RT}$$

Si, dans l'équation 3.3, on remplace [A] par sa valeur (P/RT), on obtient :

$$\ln\frac{[A]_0}{[A]_t} = \ln\frac{P_0/RT}{P_t/RT} = \ln\frac{P_0}{P_t} = kt$$

L'équation correspondante à l'équation 3.5 devient maintenant :

$$\ln P_t = -kt + \ln P_0 \qquad (3.5)$$

EXEMPLE 3.5 La détermination de l'ordre d'une réaction à partir de mesures de pression

On détermine la vitesse de décomposition de l'azométhane ($C_2H_6N_2$) en mesurant la pression partielle du réactif en fonction du temps :

$$CH_3—N{=}N—CH_3(g) \longrightarrow N_2(g) + C_2H_6(g)$$

Voici les données recueillies à 300 °C :

Temps (s)	Pression partielle de l'azométhane (mm Hg)
0	284
100	220
150	193
200	170
250	150
300	132

Ces valeurs correspondent-elles à une cinétique d'ordre un ? Si oui, déterminez la constante de vitesse.

DÉMARCHE

Afin de déterminer s'il s'agit d'une cinétique d'ordre un, utilisons la formule intégrée de la loi de vitesse d'ordre un, laquelle est une relation linéaire selon l'équation 3.4 :

$$\ln [A]_t = -kt + \ln [A]_0$$

S'il s'avère que cette réaction est d'ordre un, la mise en graphe de $\ln [A]_t$ en fonction de t (y versus x) donnera alors une droite, et la pente de cette droite sera égale à $-k$. Notons qu'à tout moment, la pression partielle de l'azométhane est directement proportionnelle à sa concentration (en moles par litre). Donc, nous pouvons écrire l'équation 3.4 en fonction des pressions partielles :

$$\ln P_t = -kt + \ln P_0$$

où P_0 et P_t sont les pressions partielles de l'azométhane aux temps $t = 0$ et $t = t$.

SOLUTION

Construisons d'abord un tableau de t en fonction de $\ln P_t$:

t (s)	$\ln P_t$
0	5,649
100	5,394
150	5,263
200	5,136
250	5,011
300	4,883

La figure ci-après, basée sur les données fournies ci-dessus, indique que la variation de $\ln P_t$ en fonction de t donne une droite, donc que la réaction est vraiment d'ordre un. La pente de la droite est :

$$\text{pente} = \frac{5{,}05 - 5{,}56}{(233 - 33)\ \text{s}} = -2{,}55 \times 10^{-3}\ \text{s}^{-1}$$

>>>

Selon l'équation 3.4, la pente est égale à $-k$, donc $k = 2{,}55 \times 10^{-3}\ s^{-1}$

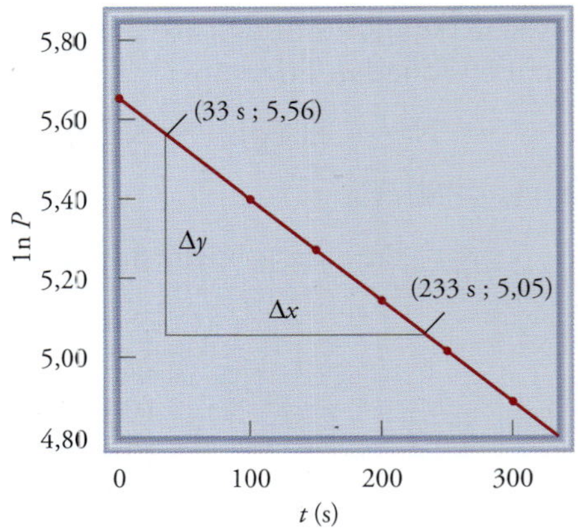

Graphe de ln *P* en fonction du temps pour la décomposition de l'azométhane.

PROBLÈMES SEMBLABLES

3.21 et 3.22

EXERCICE

L'iodure d'éthyle (C_2H_5I) en phase gazeuse se décompose selon l'équation suivante :

$$C_2H_5I(g) \longrightarrow C_2H_4(g) + HI(g)$$

Déterminez l'ordre de la réaction et la constante de vitesse d'après les données suivantes :

Temps (min)	$[C_2H_5I]$
0	0,36
15	0,30
30	0,25
48	0,19
75	0,13

La demi-vie

La **demi-vie** d'une réaction ($t_{\frac{1}{2}}$) est le temps requis pour que la concentration initiale d'un réactif diminue de moitié. L'expression de $t_{\frac{1}{2}}$ pour une réaction d'ordre un s'obtient de la manière suivante. Selon l'équation 3.3, on écrit :

$$t = \frac{1}{k} \ln \frac{[A]_0}{[A]_t}$$

Selon la définition de la demi-vie, quand $t = t_{\frac{1}{2}}$, $[A]_t = [A]_0/2$, donc :

$$t_{\frac{1}{2}} = \frac{1}{k} \ln \frac{[A]_0}{[A]_0/2}$$

ou :

$$t_{\frac{1}{2}} = \frac{1}{k}\ln 2 = \frac{0,693}{k} \qquad (3.6)$$

L'équation 3.6 indique que la demi-vie d'une réaction d'ordre un est *indépendante* de la concentration initiale du réactif. Ainsi, il faut le même temps à la concentration du réactif pour passer de 1,0 mol/L à 0,50 mol/L qu'il lui en faut pour passer de 0,10 mol/L à 0,050 mol/L (*voir la figure 3.11*). On peut recourir à la mesure de la demi-vie pour déterminer la constante de vitesse d'une réaction d'ordre un.

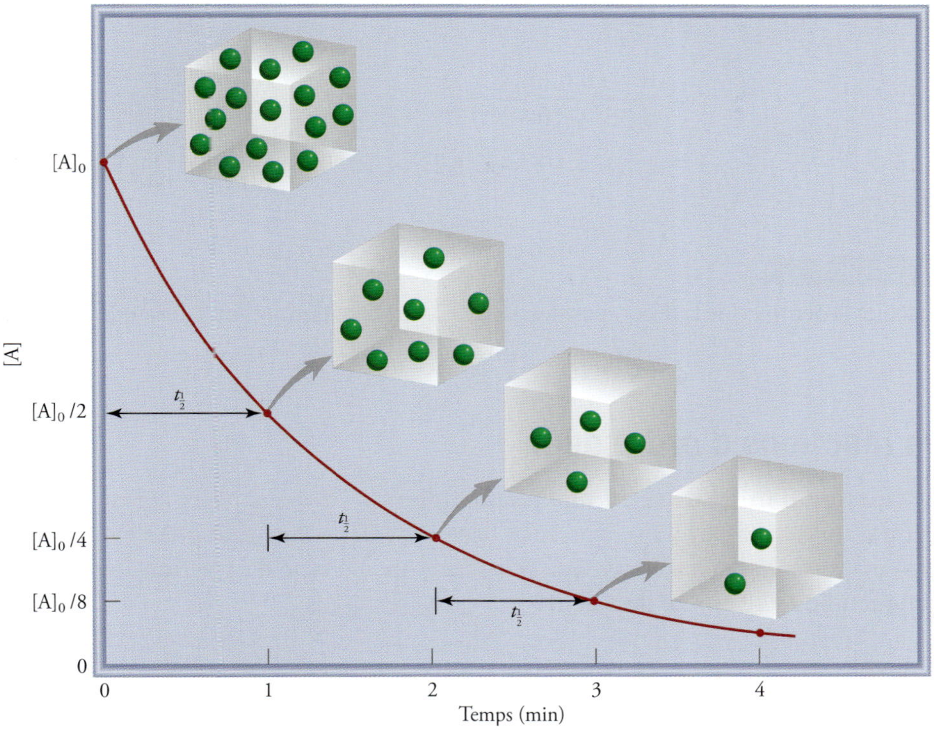

FIGURE 3.11

Graphique de [A] en fonction du temps pour une réaction d'ordre un du type A ⟶ produits

La demi-vie de la réaction est de 1 min. Après chaque demi-vie, la concentration est réduite de moitié.

La connaissance de la valeur de la demi-vie d'une réaction donnée est utile pour avoir une estimation de l'ordre de grandeur de la constante de vitesse ; plus la demi-vie est petite, plus k est grande. Comparons par exemple deux isotopes radioactifs utilisés en médecine nucléaire : ^{24}Na ($t_{\frac{1}{2}}$ = 14,7 heures) et ^{60}Co ($t_{\frac{1}{2}}$ = 5,3 ans). Il est évident que l'isotope ^{24}Na se désintègre plus vite étant donné sa plus petite demi-vie. En démarrant avec 1 g de chacun de ces isotopes, presque tout le ^{24}Na aurait disparu au bout d'une semaine alors que l'échantillon de ^{60}Co serait demeuré presque intact.

EXEMPLE 3.6 La détermination de la demi-vie d'une réaction d'ordre un

L'éthane (C_2H_6) se décompose en radicaux méthyles ($CH_3\cdot$). Le point à la droite de la formule du radical méthyle représente un électron non apparié. Il s'agit d'une réaction d'ordre un dont la constante de vitesse à 700 °C est de $5{,}36 \times 10^{-4}\ s^{-1}$:

$$C_2H_6(g) \longrightarrow 2CH_3(CH_3\cdot)(g)$$

Calculez la demi-vie en minutes.

DÉMARCHE

Pour calculer la demi-vie d'une réaction d'ordre un, il faut utiliser l'équation 3.6 :

$$t_{\frac{1}{2}} = \frac{0{,}693}{k}$$
$$= \frac{0{,}693}{5{,}36 \times 10^{-4}\ s^{-1}}$$
$$= 1{,}29 \times 10^3\ s \text{ ou } 1{,}29 \times 10^3\ s \times \frac{1\ min}{60\ s} = 21{,}5\ min$$

EXERCICE

PROBLÈME SEMBLABLE 3.28

Calculez la demi-vie de la décomposition de N_2O_5 selon les données du tableau de la page 119.

Les réactions d'ordre deux

Une **réaction d'ordre deux** est une réaction dont la vitesse dépend soit de la concentration d'un réactif élevé à la puissance deux, soit des concentrations de deux réactifs différents, chacune étant élevée à la puissance un. Le type de réaction le plus simple implique une seule espèce de réactif :

$$A \longrightarrow \text{produits}$$

où :

$$\text{vitesse} = -\frac{\Delta[A]}{\Delta t}$$

D'après la loi de vitesse :

$$\text{vitesse} = k[A]^2$$

Comme précédemment, nous pouvons déterminer les unités de k ainsi :

$$k = \frac{\text{vitesse}}{[A]^2} = \frac{mol \cdot L^{-1} \cdot s^{-1}}{(mol/L)^2} = L \cdot mol^{-1} \cdot s^{-1}$$

Voici un autre type de réaction d'ordre deux :

$$\mathrm{A + B \longrightarrow produits}$$

Dans ce cas, la loi de vitesse est :

$$\text{vitesse} = k[\mathrm{A}][\mathrm{B}]$$

La réaction est d'ordre un pour A et aussi d'ordre un pour B, donc d'ordre global deux.

En faisant encore appel au calcul intégral, on obtient la loi de vitesse intégrée suivante dans le cas des réactions d'ordre deux du type « A ⟶ produits » :

$$\frac{1}{[\mathrm{A}]_t} = kt + \frac{1}{[\mathrm{A}]_0} \qquad (3.7)$$

$$y = mx + b$$

Cette équation 3.7 est elle aussi de la forme linéaire $y = mx + b$. Comme le démontre la figure 3.12, la mise en graphe de $1/[\mathrm{A}]_t$ en fonction de t donne une droite de pente k avec son ordonnée à l'origine $y = 1/[\mathrm{A}]_0$. (L'équation de vitesse intégrée pour une réaction d'ordre deux du type « A + B ⟶ produits » est plus complexe et ne sera pas abordée dans ce cours.)

On peut déduire l'équation pour la demi-vie d'une réaction d'ordre deux en donnant à [A] la valeur $[\mathrm{A}]_t = [\mathrm{A}_0]/2$ dans l'équation 3.7 :

$$\frac{1}{[\mathrm{A}_0]/2} = kt_{\frac{1}{2}} + \frac{1}{[\mathrm{A}]_0}$$

En résolvant l'équation pour déterminer $t_{\frac{1}{2}}$, nous obtenons :

$$t_{\frac{1}{2}} = \frac{1}{k[\mathrm{A}]_0} \qquad (3.8)$$

Remarquez que la demi-vie d'une réaction d'ordre deux est inversement proportionnelle à la concentration initiale du réactif. Ce résultat a du sens puisque la demi-vie devrait être plus courte au début de la réaction lorsqu'il y a un plus grand nombre de molécules du réactif pouvant entrer en collision. *La mesure des demi-vies à des concentrations initiales variées permet de déterminer si une réaction est d'ordre un ou deux.*

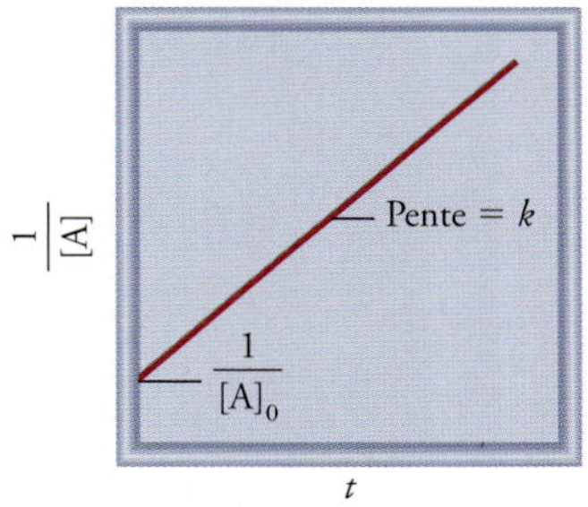

FIGURE 3.12

Graphe de 1/[A] en fonction de *t* pour une réaction d'ordre deux

La pente de la droite est égale à *k*.

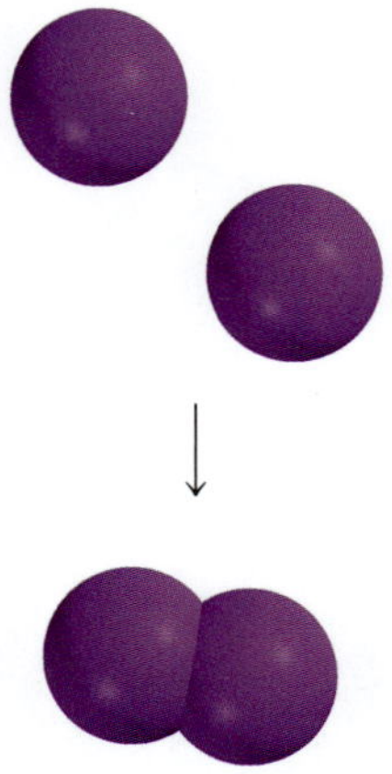

EXEMPLE 3.7 L'analyse d'une réaction dont la cinétique est d'ordre deux

Les atomes d'iode se combinent pour former de l'iode moléculaire en phase gazeuse selon la réaction :

$$I(g) + I(g) \longrightarrow I_2(g)$$

ou

$$2I(g) \longrightarrow I_2(g)$$

Cette réaction a une cinétique d'ordre deux, et sa constante de vitesse à 23 °C vaut $7{,}0 \times 10^9$ L · mol^{-1} · s^{-1}, ce qui est une grande valeur de k.

Calculez : a) la concentration de I après 2,0 min en supposant que la concentration initiale est de 0,086 mol/L ; b) la demi-vie de la réaction si la concentration initiale de I est de 0,60 mol/L et si elle est de 0,42 mol/L.

DÉMARCHE

a) La relation entre la concentration d'une espèce et le temps est donnée par la relation de vitesse intégrée. Puisqu'il s'agit d'une réaction d'ordre deux, il faut utiliser l'équation 3.7.

b) On demande de calculer la demi-vie. La demi-vie pour une réaction d'ordre deux est donnée par l'équation 3.8.

SOLUTION

a) Pour calculer la concentration d'une espèce à un moment donné pour une réaction d'ordre deux, on doit connaître la concentration initiale et la constante de vitesse. D'après l'équation 3.7 :

$$\frac{1}{[A]_t} = kt + \frac{1}{[A]_0}$$

$$\frac{1}{[A]_t} = (7{,}0 \times 10^9 \text{ L} \cdot \text{mol}^{-1} \cdot \text{s}^{-1})\left(\frac{2{,}0 \text{ min} \times 60 \text{ s}}{1 \text{ min}}\right) + \frac{1}{0{,}086 \text{ mol/L}}$$

où $[A]_t$ est la concentration à t = 2,0 min. En résolvant l'équation, on obtient :

$$[A]_t = 1{,}2 \times 10^{-12} \text{ mol/L}$$

Cette concentration est tellement petite qu'elle n'est presque pas détectable. La valeur très élevée de la constante de vitesse fait en sorte que presque tous les atomes I se sont combinés après seulement 2 min de réaction.

b) Nous utilisons l'équation 3.8 dans ce cas.

Pour $[I]_0$ = 0,60 mol/L :

$$t_{\frac{1}{2}} = \frac{1}{k[A]_0}$$

$$= \frac{1}{(7{,}0 \times 10^9 \text{ L} \cdot \text{mol}^{-1} \cdot \text{s}^{-1})(0{,}60 \text{ mol/L})}$$

$$= 2{,}4 \times 10^{-10} \text{ s}$$

Pour $[I]_0$ = 0,42 mol/L :

$$t_{\frac{1}{2}} = \frac{1}{(7{,}0 \times 10^9 \text{ L} \cdot \text{mol}^{-1} \cdot \text{s}^{-1})(0{,}42 \text{ mol/L})}$$

$$= 3{,}4 \times 10^{-10} \text{ s}$$

>>>

VÉRIFICATION

Ces résultats confirment que la demi-vie d'une réaction d'ordre deux, contrairement à celle d'une réaction d'ordre un, n'est pas constante, mais dépend de la concentration initiale du ou des réactifs.

EXERCICE

La réaction $2A \longrightarrow B$ est une réaction d'ordre deux avec une constante de vitesse de 51 L · mol^{-1} · min^{-1} à 24 °C. a) En débutant avec [A] = 0,0092 mol/L, combien de temps faudra-t-il pour avoir $[A]_t = 3{,}7 \times 10^{-3}$ mol/L? b) Calculez la demi-vie de cette réaction.

PROBLÈMES SEMBLABLES

3.29 et 3.30

Les réactions d'ordre zéro

Les réactions d'ordre un et deux sont les plus courantes, et les réactions d'ordre zéro sont rares. Pour une réaction d'ordre zéro :

$$A \longrightarrow \text{produits}$$

la loi de vitesse est :

$$\begin{aligned}\text{vitesse} &= k[A]^0 \\ &= k\end{aligned}$$

Une **réaction d'ordre zéro** est donc une réaction dont la vitesse est constante, c'est-à-dire indépendante de la concentration du réactif. L'expression de sa loi de vitesse intégrée est :

$$[A]_t = -kt + [A]_0 \qquad (3.9)$$

L'équation 3.9 est d'une forme linéaire et, comme le démontre la figure 3.13, si l'on remplace $[A]_t$ par $[A]_0/2$ dans la relation précédente, on obtient le temps de demi-vie :

$$t_{\frac{1}{2}} = \frac{[A]_0}{2k} \qquad (3.10)$$

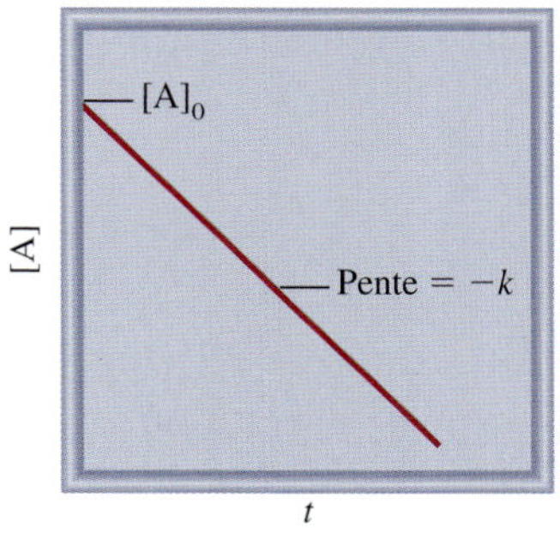

FIGURE 3.13

Graphique de [A] en fonction de *t* pour une réaction d'ordre zéro

La pente de la droite est égale à $-k$.

Parmi les réactions d'ordre zéro connues, un grand nombre se déroulent sur des surfaces métalliques. C'est le cas, par exemple, de la décomposition de l'oxyde nitreux (N_2O) en azote et en oxygène en présence de platine :

$$2N_2O(g) \xrightarrow{\text{Pt}} N_2(g) + O_2(g)$$

Quand tous les sites sont occupés sur le platine, la vitesse reste constante, peu importe la quantité de N_2O en phase gazeuse. Comme nous le verrons à la section 3.6, d'autres réactions d'ordre zéro procèdent par catalyse enzymatique.

Les réactions d'ordre trois et celles d'un ordre encore plus grand sont plutôt complexes, et nous ne les étudierons pas en détail dans ce manuel. Quant aux réactions faisant intervenir plus de un réactif, nous ne verrons pas leur expression de vitesse intégrée. Cependant, rappelons qu'il est possible d'en trouver les lois de vitesse (donc l'ordre et k) à l'aide de la méthode expérimentale appelée méthode d'isolation déjà décrite à la page 113.

Le tableau 3.3 résume les cinétiques d'ordres zéro, un et deux pour une réaction du type A ⟶ produits, tout en faisant le lien avec le calcul différentiel et le calcul intégral.

TABLEAU 3.3

Résumé des cinétiques des réactions d'ordre zéro, un et deux pour une réaction du type A ⟶ produits

	Ordre		
	0	1	2
Loi de vitesse différentielle	$\frac{-d[A]}{dt} = k$	$\frac{-d[A]}{dt} = k[A]$	$\frac{-d[A]}{dt} = k[A]^2$
Séparation des variables	$-d[A] = kdt$	$\frac{-d[A]}{[A]} = kdt$	$\frac{-d[A]}{[A]^2} = kdt$
Intégration	$\int_{[A]_0}^{[A]_t} -d[A] = k\int_{t_0}^{t} dt$ $-[A]_t + [A]_0 = kt$	$\int_{[A]_0}^{[A]_t} \frac{-d[A]}{[A]} = k\int_{t_0}^{t} dt$ $-\ln [A]_t + \ln [A]_0 = kt$	$\int_{[A]_0}^{[A]_t} \frac{-d[A]}{[A]^2} = k\int_{t_0}^{t} dt$ $\frac{1}{[A]_t} - \frac{1}{[A]_0} = kt$
Loi de vitesse intégrée sous la forme linéaire $y = mx + b$	$[A]_t = -kt + [A]_0$	$\ln [A]_t = -kt + \ln [A]_0$ ou $\log [A]_t = \frac{-kt}{2,3} + \log [A]_0$	$\frac{1}{[A]_t} = kt + \frac{1}{[A]_0}$
Sous forme de graphe	$[A] \propto t$	$\ln [A] \propto t$	$\frac{1}{[A]} \propto t$
Droite obtenue	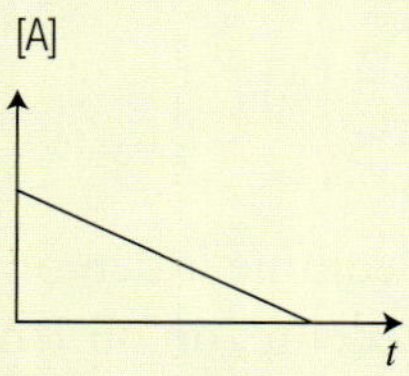	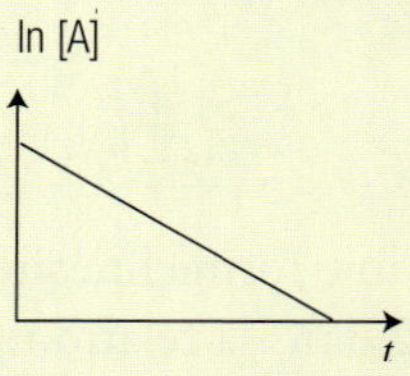	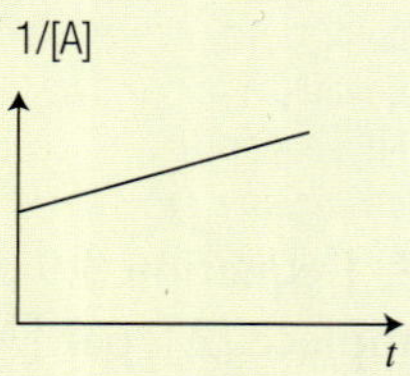
Constante de vitesse k	pente $= -k$	pente $= -k$	pente $= k$
Concentration initiale	ordonnée à l'origine $= [A]_0$	ordonnée à l'origine $= \ln [A]_0$	ordonnée à l'origine $= 1/[A]_0$
Temps de demi-vie, $t_{\frac{1}{2}}$	$\frac{[A]_0}{2k}$	$\frac{0,693}{k}$	$\frac{1}{k[A]_0}$
Unités de k	$mol \cdot L^{-1} \cdot s^{-1}$	s^{-1}	$L \cdot mol^{-1} \cdot s^{-1}$

La rubrique Chimie en action décrit l'application de la cinétique chimique pour estimer l'âge de certains objets.

Chimie en action

L'évaluation de l'âge du suaire de Turin

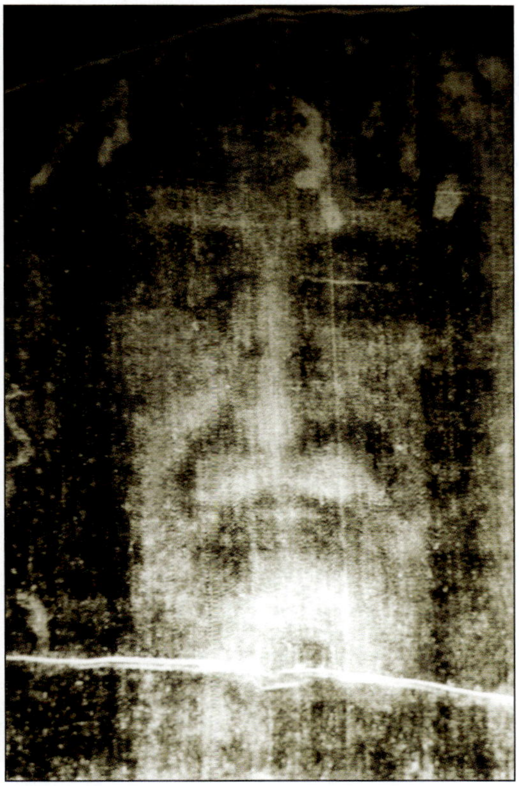

Le suaire de Turin. Durant des générations, une controverse a subsisté quant à savoir si un morceau de tissu imprégné de l'image d'un homme était le linceul dans lequel Jésus aurait été enseveli. L'âge de ce linceul a été déterminé par la méthode de datation au radiocarbone.

Comment les scientifiques déterminent-ils l'âge des artefacts découverts au cours de fouilles archéologiques ? Si quelqu'un tentait de vous vendre un manuscrit censé dater de 1 000 ans av. J.-C., comment pourriez-vous vous assurer de son authenticité ? Une momie trouvée dans une pyramide égyptienne est-elle vraiment âgée de 3 000 ans ? Le suaire de Turin est-il vraiment le linceul dans lequel a été enseveli le corps de Jésus ? Les réponses à ce genre de questions peuvent habituellement être obtenues grâce à la cinétique chimique et à la datation au carbone.

L'atmosphère terrestre est constamment bombardée de rayons cosmiques dont le pouvoir pénétrant est extrêmement élevé. Ces rayons sont constitués d'électrons, de neutrons et de noyaux atomiques. La capture des neutrons par l'azote atmosphérique (isotope azote 14), pour produire l'isotope radioactif carbone 14 et de l'hydrogène, constitue une réaction importante entre ces rayons et l'atmosphère. Ces atomes de carbone instables forment du $^{14}CO_2$, qui se mélange avec le dioxyde de carbone ($^{12}CO_2$) ordinaire. L'isotope carbone 14 se désintègre par émission de particules β (électrons). La vitesse de cette désintégration (nombre d'électrons émis par seconde) obéit à une cinétique d'ordre un. Dans l'étude de la désintégration radioactive, on écrit habituellement la loi de vitesse de la façon suivante :

$$v = kN$$

où k est la constante de vitesse d'ordre un, et N, le nombre de noyaux de ^{14}C présents. La demi-vie de cette désintégration ($t_{\frac{1}{2}}$) étant de $5{,}73 \times 10^3$ ans, on peut donc écrire d'après l'équation 3.6 :

$$k = \frac{0{,}693}{t_{\frac{1}{2}}} = \frac{0{,}693}{5{,}73 \times 10^3 \text{ années}}$$
$$= 1{,}21 \times 10^{-4} \text{ année}^{-1}$$

Les isotopes ^{14}C entrent dans la biosphère au moment où le dioxyde de carbone est utilisé par les plantes. Les animaux les ingèrent en mangeant les plantes, et ils les expirent avec le CO_2. Finalement, le carbone 14 participe à de nombreuses étapes du cycle du carbone. La perte de carbone 14 par désintégration radioactive est constamment compensée par la production de nouveaux isotopes dans l'atmosphère. Grâce à ce processus de remplacement, il s'établit un équilibre dynamique qui fait que le rapport entre ^{14}C et ^{12}C reste constant dans les êtres vivants. Cependant, lorsqu'une plante ou un animal meurt, le carbone 14 qu'il contient n'est plus remplacé ; alors, ce rapport décroît avec la désintégration du carbone 14. Ce changement se produit quand les atomes de carbone sont emprisonnés dans le charbon, le pétrole, le bois enfoui sous la terre et, bien sûr, dans les momies égyptiennes. Après un certain nombre d'années, il y a proportionnellement moins de noyaux de carbone 14 dans une momie, par exemple, que dans une personne vivante.

En 1955, Willard F. Libby* suggéra que ce phénomène pourrait être utilisé pour estimer le temps écoulé depuis que le carbone 14 d'un spécimen particulier a commencé à se désintégrer sans être remplacé. Selon l'équation 3.3, on peut écrire :

$$\ln \frac{N_0}{N} = kt$$

où N_0 et N sont les nombres respectifs de noyaux de ^{14}C présents à $t = 0$ et $t = t$. Puisque la vitesse de désintégration est directement proportionnelle au nombre de noyaux de ^{14}C présents, on peut réécrire l'équation donnée ci-dessus :

$$\begin{aligned} t &= \frac{1}{k} \ln \frac{N_0}{N} \\ &= \frac{1}{1{,}21 \times 10^{-4}\ \text{année}^{-1}} \ln \frac{v_d^{**} \text{ à } t = 0}{v_d \text{ à } t = t} \\ &= \frac{1}{1{,}21 \times 10^{-4}\ \text{année}^{-1}} \ln \frac{v_d \text{ de l'échantillon récent}}{v_d \text{ du vieil échantillon}} \end{aligned}$$

Connaissant k et les vitesses de désintégration dans un échantillon récent et dans l'échantillon à dater, on peut calculer t, qui est l'âge du vieil échantillon. Cette technique ingénieuse est basée sur une idée remarquablement simple. Son succès dépend de l'exactitude avec laquelle on peut mesurer la vitesse de désintégration. Dans un échantillon récent, le rapport $^{14}C/^{12}C$ est d'environ $1/10^{12}$; l'appareil qui mesure la désintégration radioactive doit donc être très sensible. Il est beaucoup plus difficile d'être précis dans le cas d'échantillons âgés, car ceux-ci contiennent de moins en moins de noyaux de ^{14}C. Néanmoins, la datation au carbone est devenue un outil extrêmement valable pour estimer l'âge des artefacts archéologiques, des peintures et d'autres objets âgés de 1 000 à 50 000 ans.

Pour évaluer l'âge du suaire de Turin, on a eu recours à cette technique de datation au carbone. En 1988, trois laboratoires, européens et américains, ont analysé des échantillons de moins de 50 mg du suaire. Leurs résultats, obtenus de manière indépendante, concordaient : le suaire remonte au XIIIe ou au XIVe siècle (entre 1260 et 1390 apr. J.-C.). Donc, le suaire de Turin ne peut pas être le linceul du Christ.

* Willard Frank Libby (1908-1980) est un chimiste américain qui a reçu le prix Nobel de chimie en 1960 pour ses travaux sur la datation au carbone.

** v_d = vitesse de désintégration

Chimie en ligne

Animation
- L'énergie d'activation

3.4 L'énergie d'activation et l'effet de la température sur la constante de vitesse

Aux sections 3.2 et 3.3, nous avons surtout discuté de l'influence de la concentration sur la vitesse de réaction. Dans cette section, nous utiliserons un modèle appelé théorie des collisions, basé en grande partie sur la théorie cinétique déjà étudiée au chapitre 4 de *Chimie générale*. Ce modèle permettra d'expliquer à la fois l'influence de la concentration sur la vitesse et l'influence d'un autre facteur très important passé sous silence jusqu'ici, à savoir celle de la température. En fait, une température minimale fait toute la différence dans le démarrage d'une réaction.

À quelques exceptions près, les vitesses de réaction augmentent avec la température. Par exemple, il faut beaucoup moins de temps pour cuire un œuf dur dans de l'eau bouillante à 100 °C (environ 10 min) que dans de l'eau à 80 °C (environ 30 min). Inversement, la congélation des aliments permet de ralentir la dégradation bactérienne ; elle est donc un moyen efficace de conservation de la nourriture. La figure 3.14 illustre un exemple type de relation entre la constante de vitesse d'une réaction et la température. Pour expliquer cette variation, il faut d'abord se demander comment s'amorcent les réactions.

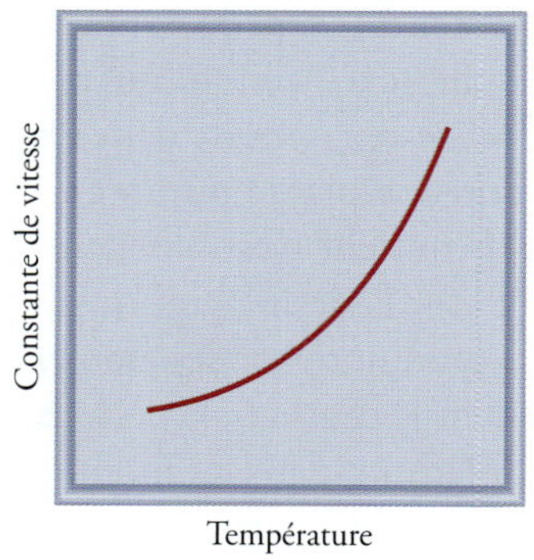

FIGURE 3.14

Variation de la constante de vitesse en fonction de la température

Les constantes de vitesse de la plupart des réactions augmentent avec la température.

La théorie des collisions en cinétique chimique

La théorie cinétique des gaz (*voir* Chimie générale, *chapitre 4*) dit que les molécules gazeuses se heurtent fréquemment entre elles. Il est donc logique de concevoir (et c'est généralement vrai) que les réactions chimiques sont le résultat des collisions entre les molécules. D'après la *théorie des collisions* en cinétique chimique, on s'attend donc à ce que la vitesse d'une réaction soit directement proportionnelle au nombre de collisions intermoléculaires par seconde ou, autrement dit, à la fréquence des collisions intermoléculaires :

$$v \propto \frac{\text{nombre de collision}}{\text{s}}$$

Cette relation simple explique pourquoi la vitesse de réaction dépend de la concentration.

Imaginons une réaction entre des molécules A et des molécules B formant un produit donné. Supposons que chaque molécule du produit est formée par la combinaison directe d'une molécule A et d'une molécule B. Si l'on double la concentration de A, le nombre de collisions A-B doublera également, car dans un volume donné, il y aura deux fois plus de molécules A susceptibles de heurter les molécules B (*voir la figure 3.15*). Par conséquent, la vitesse de réaction doublera. De même, si l'on double la concentration de B, la vitesse doublera. Dans ce cas-ci, on peut donc exprimer la loi de vitesse ainsi :

$$v = k[\text{A}][\text{B}]$$

La réaction est d'ordre un en A et en B, donc d'un ordre global deux, et l'on dit qu'elle obéit à une cinétique d'ordre deux.

Présentée de cette façon, la théorie des collisions est attrayante, mais la relation entre la vitesse et les collisions moléculaires est plus compliquée qu'elle n'y paraît. La théorie des collisions implique qu'une réaction se produit toujours quand les molécules A et B entrent en collision. Cependant, toutes les collisions ne sont pas efficaces. Les calculs basés sur la théorie cinétique moléculaire indiquent que, à pression et à température habituelles (par exemple, 101,325 kPa et 298 K), en phase gazeuse, il y a environ 1×10^{27} collisions binaires (entre deux molécules) par seconde dans un volume de 1 mL. Dans les liquides, les collisions sont encore plus fréquentes. S'il y avait formation de produit à chacune de ces collisions, la plupart des réactions se produiraient de façon presque instantanée. Or, en pratique, on constate que les vitesses des réactions varient grandement. Cela signifie donc que, dans de nombreux cas, le nombre total de collisions ne garantit pas à lui seul la réalisation d'une réaction.

Toute molécule en mouvement possède une énergie cinétique ; plus elle se déplace rapidement, plus son énergie cinétique est élevée. Quand les molécules se heurtent, une partie de leur énergie cinétique est convertie en énergie *vibratoire,* une sorte d'énergie potentielle. Si leurs énergies cinétiques initiales sont élevées, les chocs seront *efficaces,* c'est-à-dire que les molécules en collision vibreront si fort que certaines de leurs liaisons chimiques seront rompues. Cette rupture est la première étape vers la formation du produit. Si, par contre, leurs énergies cinétiques initiales sont faibles, les molécules « rebondiront » probablement l'une sur l'autre et resteront intactes. Il faut donc une énergie de collision minimale pour qu'une réaction se produise. Ainsi, ce n'est pas tant le nombre de collisions qui compte, mais plutôt le nombre de collisions efficaces.

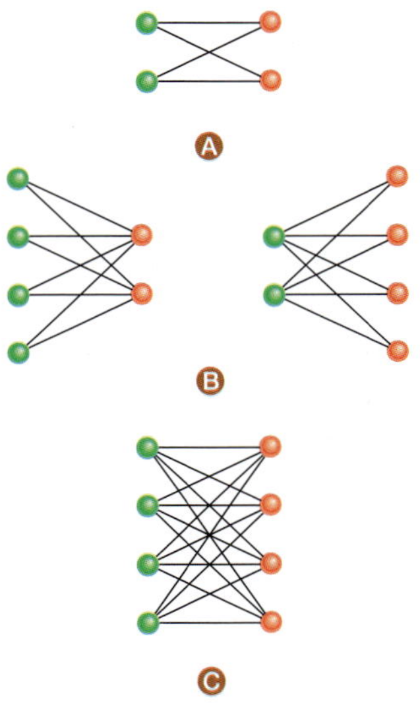

FIGURE 3.15

Relation entre le nombre de collisions et la concentration

On ne considère ici que les collisions A-B, qui peuvent mener à la formation de produits.
A Il y a quatre collisions possibles si l'on a deux molécules A et deux molécules B.
B Si l'on double le nombre d'une des molécules, on augmente à huit le nombre de collisions possibles.
C Si l'on double le nombre des molécules A et B, on augmente à 16 le nombre de collisions possibles.

On pose comme principe que, pour qu'il y ait réaction, l'énergie cinétique totale des molécules en collision doit être égale ou supérieure à l'**énergie d'activation** (E_a), qui est l'énergie minimale requise pour déclencher une réaction chimique. Sans cette énergie, les molécules restent intactes, et la collision est inefficace. L'espèce instable temporairement formée à la suite de la collision des molécules des réactifs, juste avant que ne se forme le produit, est appelée **complexe activé**.

À la figure 3.16, on voit deux courbes différentes du profil énergétique (variation de l'énergie potentielle en fonction du déroulement de la réaction) pour la réaction :

$$A + B \longrightarrow AB^{\ddagger} \longrightarrow C + D$$

Si les produits sont plus stables que les réactifs, la réaction sera accompagnée d'une libération de chaleur ; elle est *exothermique* (*voir la figure 3.16A*). Par contre, si les produits sont moins stables que les réactifs, il y aura absorption de chaleur : c'est une réaction *endothermique* (*voir la figure 3.16B*). Qualitativement, ces courbes montrent les variations de l'énergie potentielle à mesure que les réactifs sont convertis en produits.

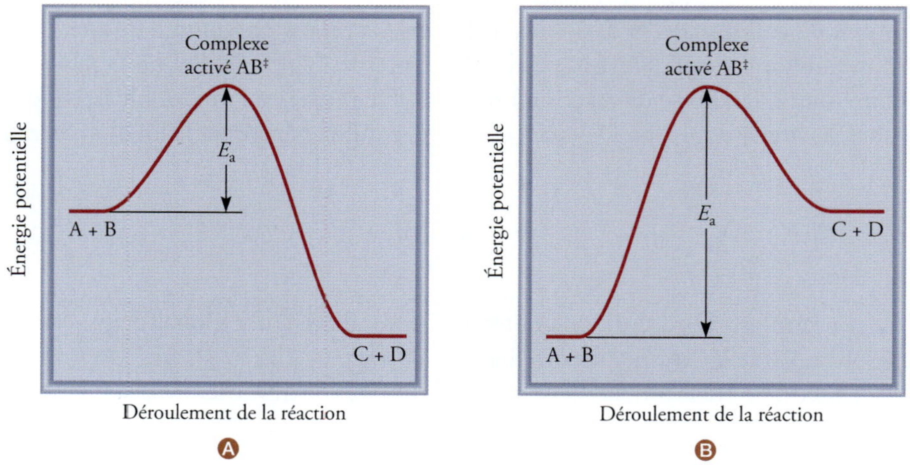

FIGURE 3.16

Courbes du profil énergétique d'une réaction : A exothermique et B endothermique

Ces courbes montrent les variations de l'énergie potentielle à mesure que les réactifs A et B sont convertis en produits C et D. Le complexe activé $AB^{\ddagger}$ est une espèce très instable dont l'énergie potentielle est élevée. L'énergie d'activation est indiquée pour la réaction directe des profils. Notez que les produits C et D sont plus stables que les réactifs en A et qu'ils sont moins stables qu'eux en B.

On peut imaginer l'énergie d'activation comme une barrière qui empêche les molécules ayant une plus faible énergie cinétique de réagir. À cause du nombre très élevé de molécules dans un mélange réactionnel ordinaire, les vitesses, ainsi que les énergies cinétiques des molécules, varient largement. Normalement, seule une petite fraction des molécules en collision (les plus rapides) ont une énergie cinétique assez élevée — plus élevée que l'énergie d'activation — pour participer à la réaction. Cela explique l'augmentation de la vitesse de réaction (ou de la constante de vitesse) avec la température : les vitesses des molécules obéissent à la relation de Maxwell, illustrée à la figure 3.17, figure déjà vue au chapitre 4 de *Chimie générale*. Comparez la distribution des vitesses à deux températures différentes. Puisque, à des températures élevées, les molécules ayant une énergie élevée sont plus nombreuses, la proportion des chocs efficaces est plus grande, et la formation du produit est alors plus rapide.

L'équation d'Arrhenius

La relation exprimant comment la constante de vitesse dépend de la température, connue sous le nom d'**équation d'Arrhenius**, s'exprime à l'aide de l'équation suivante :

$$k = Ae^{-E_a/RT} \tag{3.11}$$

où E_a est l'énergie d'activation de la réaction (en kilojoules par mole) ; R, la constante des gaz parfaits (8,314 J · K^{-1} · mol^{-1}) ; T, la température absolue ; et e, la base du logarithme naturel (*voir l'annexe 2, p. 423*). La grandeur A, appelée *facteur de fréquence*, représente la fréquence des collisions. On peut la considérer comme constante dans un système réactionnel donné pour un grand écart de températures. L'équation 3.11 indique que la constante de vitesse est directement proportionnelle à A et, par conséquent, à la fréquence des collisions. De plus, à cause du signe négatif associé à l'exposant E_a/RT, la constante de vitesse diminue à mesure que l'énergie d'activation augmente, et elle s'accroît quand la température augmente. On peut exprimer cette équation sous une forme plus pratique en prenant le logarithme naturel de chaque membre :

$$\begin{aligned} \ln k &= \ln Ae^{-E_a/RT} \\ \ln k &= \ln A - \frac{E_a}{RT} \end{aligned} \tag{3.12}$$

L'équation 3.12 a la forme d'une équation linéaire :

$$\begin{matrix} \ln k = & \left(\dfrac{-E_a}{R}\right) & \left(\dfrac{1}{T}\right) & + \ln A \\ \updownarrow & \updownarrow & \updownarrow & \updownarrow \\ y = & m & x & + b \end{matrix} \tag{3.13}$$

Donc, la mise en graphe de ln k en fonction de $1/T$ donne une droite dont la pente, m, est égale à $-E_a/R$ et dont l'ordonnée à l'origine, b, est ln A.

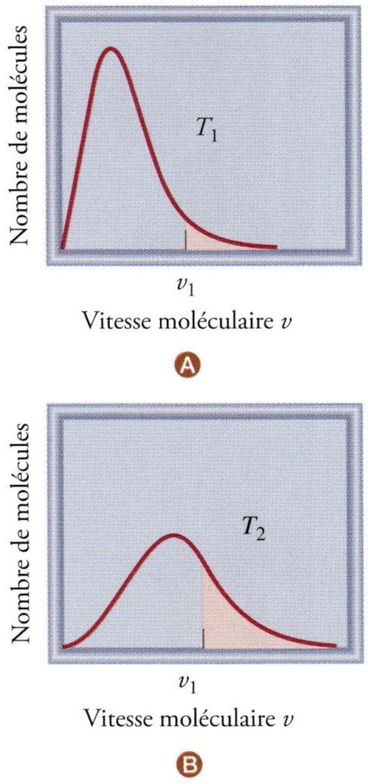

FIGURE 3.17

Courbes de Maxwell de distribution des vitesses des particules d'un gaz : A à température T_1 et B à une température plus élevée, T_2

Les surfaces ombrées représentent le nombre de molécules qui se déplacent à des vitesses égales ou supérieures à une certaine vitesse v_1. Cette vitesse v_1 est en fait un seuil ou une barrière qui correspond à la barrière de l'énergie d'activation sur l'axe des y de la figure 3.16.

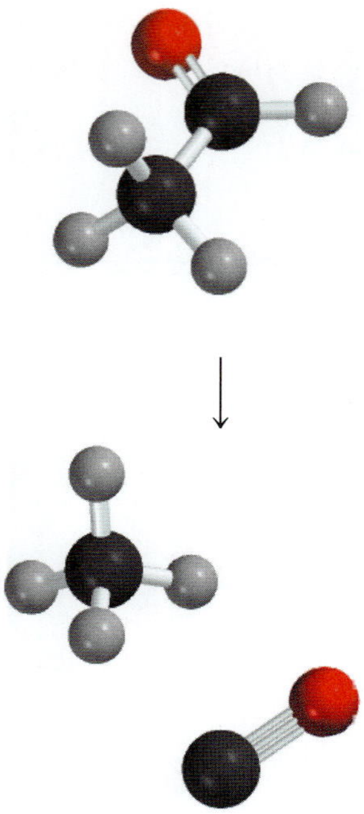

EXEMPLE 3.8 L'application de l'équation d'Arrhenius pour calculer une énergie d'activation

Les constantes de vitesse de la décomposition de l'acétaldéhyde (CH_3CHO) :

$$CH_3CHO(g) \longrightarrow CH_4(g) + CO(g)$$

ont été mesurées à cinq températures différentes. Elles sont données ci-dessous. Faites la mise en graphe de ln k en fonction de $1/T$ et déterminez l'énergie d'activation (en kilojoules par mole) de cette réaction. Notez que la réaction est d'ordre « 3/2 » par rapport à CH_3CHO, donc les unités de k sont $L^{\frac{1}{2}} \cdot mol^{-\frac{1}{2}} \cdot s^{-1}$.

k ($L^{\frac{1}{2}} \cdot mol^{-\frac{1}{2}} \cdot s^{-1}$)	T (K)
0,011	700
0,035	730
0,105	760
0,343	790
0,789	810

DÉMARCHE

Considérons l'équation d'Arrhenius comme l'équation d'une droite :

$$\ln k = \left(\frac{-E_a}{R}\right)\left(\frac{1}{T}\right) + \ln A$$

La mise en graphe de ln k en fonction de $1/T$ donnera une droite dont la pente sera égale à $-E_a/R$. L'énergie d'activation sera ensuite calculée à partir de la valeur de la pente.

SOLUTION

Il faut tracer le graphique de ln k en fonction de $1/T$. Selon les données fournies, nous obtenons :

ln k	$1/T$ (K^{-1})
−4,51	$1,43 \times 10^{-3}$
−3,35	$1,37 \times 10^{-3}$
−2,254	$1,32 \times 10^{-3}$
−1,070	$1,27 \times 10^{-3}$
−0,237	$1,23 \times 10^{-3}$

Le graphique obtenu est celui de la figure ci-après. La pente de la droite se calcule à l'aide de deux paires de coordonnées éloignées :

$$\text{pente} = \frac{-4{,}00 - (-0{,}45)}{(1{,}41 - 1{,}24) \times 10^{-3}\ K^{-1}} = -2{,}09 \times 10^4\ K$$

À partir de l'équation 3.13 : $\ln k = \left(\frac{-E_a}{R}\right)\left(\frac{1}{T}\right) + \ln A$

$$\begin{array}{ccccccc} \ln k & = & \left(\frac{-E_a}{R}\right) & \left(\frac{1}{T}\right) & + & \ln A \\ \updownarrow & & \updownarrow & \updownarrow & & \updownarrow \\ y & = & m & x & + & b \end{array}$$

>>>

$$\text{pente} = \frac{-E_a}{R} = -2{,}09 \times 10^4 \text{ K}$$

$$E_a = (8{,}314 \text{ J} \cdot \text{K}^{-1} \cdot \text{mol}^{-1})(2{,}09 \times 10^4 \text{ K})$$

$$= 1{,}74 \times 10^5 \text{ J/mol}$$

$$= 1{,}74 \times 10^2 \text{ kJ/mol}$$

NOTE

Les unités de *R* et de E_a doivent être compatibles.

Même si les unités de la constante de vitesse sont $L^{\frac{1}{2}} \cdot mol^{-\frac{1}{2}} \cdot s^{-1}$, il est important de noter que ln *k* n'a pas d'unité (on ne peut prendre le logarithme d'une unité).

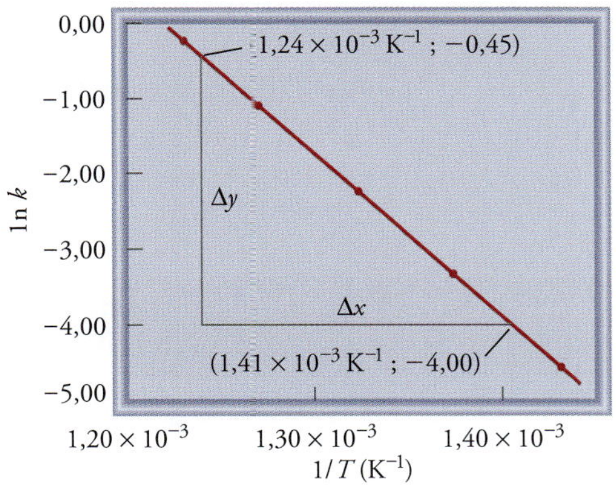

Tracé de ln *k* en fonction de 1/*T*

EXERCICE

On a déterminé la constante de vitesse d'ordre deux de la décomposition de l'oxyde de diazote (N_2O) en molécules d'azote et en atomes d'oxygène à différentes températures.

k ($L \cdot mol^{-1} \cdot s^{-1}$)	t (°C)
$1{,}87 \times 10^{-3}$	600
0,0113	650
0,0569	700
0,244	750

Déterminez l'énergie d'activation de la réaction à l'aide d'un graphique.

PROBLÈME SEMBLABLE

3.37

On peut aussi utiliser une forme modifiée de l'équation d'Arrhenius, sans avoir recours au graphique, en reliant deux constantes de vitesse k_1 et k_2 à deux températures T_1 et T_2 pour calculer l'énergie d'activation ou, si l'on connaît celle-ci, pour déterminer la constante de vitesse à une autre température. Afin d'obtenir une telle équation, on applique d'abord l'équation 3.12 à chacun de ces deux points de la droite théorique :

$$\ln k_1 = \ln A - \frac{E_a}{RT_1}$$

$$\ln k_2 = \ln A - \frac{E_a}{RT_2}$$

On soustrait $\ln k_2$ de $\ln k_1$:

$$\ln k_1 - \ln k_2 = \frac{E_a}{R}\left(\frac{1}{T_2} - \frac{1}{T_1}\right)$$

$$\ln \frac{k_1}{k_2} = \frac{E_a}{R}\left(\frac{1}{T_2} - \frac{1}{T_1}\right)$$

$$\ln \frac{k_1}{k_2} = \frac{E_a}{R}\left(\frac{T_1 - T_2}{T_1 T_2}\right) \quad (3.14)$$

Comme les concentrations ne varient pas ici, le rapport des vitesses est le même que celui des constantes de vitesse : $\ln k_1/k_2 = \ln v_1/v_2$. Cette équation peut donc aussi servir à calculer une vitesse à une certaine température à partir de la vitesse connue à une autre température.

EXEMPLE 3.9 L'application de la forme linéaire de l'équation d'Arrhenius selon l'équation 3.14

La constante de vitesse d'une réaction d'ordre un est de $3{,}46 \times 10^{-2}\ s^{-1}$ à 298 K. Quelle est la constante de vitesse à 350 K si l'énergie d'activation de cette réaction est de 50,2 kJ/mol ?

DÉMARCHE

Une forme modifiée de l'équation d'Arrhenius relie deux constantes de vitesse à deux températures différentes (*voir l'équation 3.14*). Il faut avoir des unités compatibles pour R et E_a.

SOLUTION

Les données sont :

$$k_1 = 3{,}46 \times 10^{-2}\ s^{-1} \qquad k_2 = ?$$

$$T_1 = 298\ K \qquad T_2 = 350\ K$$

Si nous les appliquons à l'équation 3.14, nous obtenons :

$$\ln \frac{3{,}46 \times 10^{-2}\ s^{-1}}{k_2} = \frac{50{,}2 \times 10^3\ J/mol}{8{,}314\ J/K \cdot mol}\left[\frac{298\ K - 350\ K}{(298\ K)(350\ K)}\right]$$

$$\ln \frac{3{,}46 \times 10^{-2}\ s^{-1}}{k_2} = -3{,}01$$

$$\frac{3{,}46 \times 10^{-2}\ s^{-1}}{k_2} = e^{-3{,}01} = 0{,}0493$$

$$k_2 = 0{,}702\ s^{-1}$$

VÉRIFICATION

La constante de vitesse devrait être plus élevée à une température supérieure. La réponse est donc plausible.

>>>

EXERCICE

La constante de vitesse de la réaction (d'ordre un) du chlorure de méthyle (CH_3Cl) avec l'eau pour former du méthanol (CH_3OH) et de l'acide chlorhydrique (HCl) est de $3{,}32 \times 10^{-10}$ s^{-1} à 25 °C. Calculez la constante de vitesse à 40 °C si l'énergie d'activation est de 116 kJ/mol.

PROBLÈME SEMBLABLE

3.40

Dans le cas des réactions simples (par exemple, les réactions entre atomes), on peut considérer comme équivalents le facteur de fréquence *A* de l'équation d'Arrhenius et la fréquence des collisions entre les espèces en réaction. Cependant, dans le cas des réactions complexes, il faut également tenir compte du « facteur d'orientation », c'est-à-dire de l'orientation relative des molécules entre elles (angles de collisions). La réaction entre l'atome de potassium (K) et l'iodure de méthyle (CH_3I) qui a pour produits l'iodure de potassium (KI) et un radical méthyle ($CH_3\cdot$) illustre bien ce facteur :

Chimie en ligne
Animation
- L'orientation des collisions

$$K + CH_3I \longrightarrow KI + CH_3\cdot$$

Cette réaction est possible seulement quand l'atome K heurte de front l'atome I de CH_3I (*voir la figure 3.18*). Autrement, il n'y a formation que de peu de produit, ou pas du tout. Seul un exposé plus approfondi des notions de cinétique chimique permettrait de mieux comprendre la nature du facteur d'orientation.

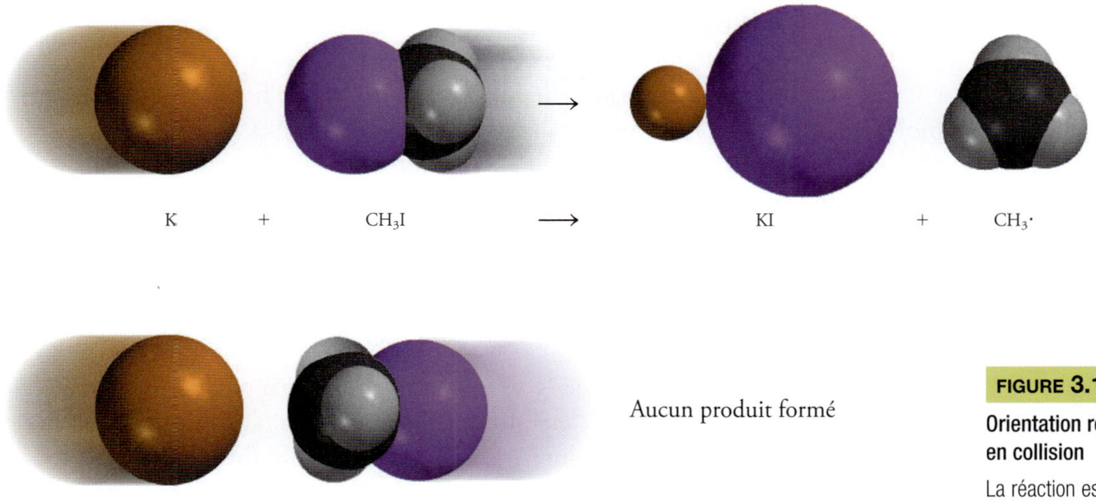

FIGURE 3.18
Orientation relative de molécules en collision
La réaction est possible seulement quand l'atome K heurte directement l'atome I.

3.5 Les mécanismes réactionnels et les lois de vitesse

Comme nous l'avons déjà mentionné, une équation globale équilibrée n'en dit pas beaucoup sur la manière dont une réaction se produit vraiment. Dans de nombreux cas, elle représente plutôt la somme d'une série de réactions simples, souvent appelées **réactions** (ou **étapes**) **élémentaires**, car celles-ci représentent le déroulement de la réaction globale au niveau moléculaire. La séquence des réactions élémentaires qui conduit à la

Chimie en ligne
Interaction
- Les mécanismes et les vitesses de réaction

formation des produits à partir des réactifs est appelée **mécanisme réactionnel**. Prenons comme exemple de mécanisme réactionnel la réaction entre l'oxyde d'azote et l'oxygène :

$$2NO(g) + O_2(g) \longrightarrow 2NO_2(g)$$

On sait que le produit ne résulte pas directement de la collision entre une molécule NO et une molécule O_2 parce que l'on détecte la présence de N_2O_2 pendant la réaction. Supposons que la réaction se produit plutôt en deux étapes comportant chacune une réaction élémentaire :

$$2NO(g) \longrightarrow N_2O_2(g)$$

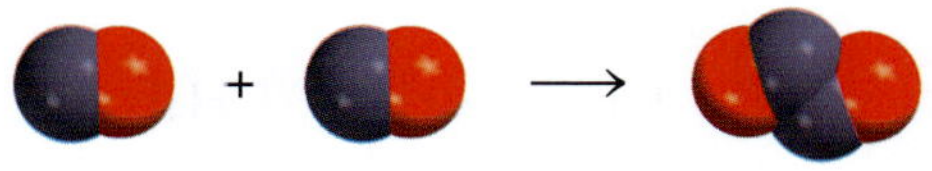

$$N_2O_2(g) + O_2(g) \longrightarrow 2NO_2(g)$$

Dans la première réaction, deux molécules NO se heurtent pour former une molécule N_2O_2. Ce phénomène est suivi de la réaction de N_2O_2 avec O_2 qui forme deux molécules NO_2. L'équation chimique nette, qui représente la réaction globale, est donnée par la somme des réactions élémentaires :

1re étape :	$NO + NO \longrightarrow \cancel{N_2O_2}$
2e étape :	$\cancel{N_2O_2} + O_2 \longrightarrow 2NO_2$
Réaction globale :	$2NO + O_2 \longrightarrow 2NO_2$

Un **intermédiaire**, comme le N_2O_2, est une espèce qui apparaît dans le mécanisme réactionnel (dans les réactions élémentaires), mais non dans la réaction globale équilibrée. Il faut se rappeler qu'un intermédiaire est toujours formé dans l'une des premières réactions élémentaires et utilisé dans une réaction élémentaire ultérieure.

Le nombre de molécules de réactifs réagissant dans une réaction élémentaire correspond à la **molécularité** de celle-ci. Chacune des réactions élémentaires illustrées ci-dessus s'appelle **réaction bimoléculaire**, car elle met en jeu deux molécules. Il existe aussi des **réactions unimoléculaires**, qui mettent en jeu une seule molécule dans le mécanisme ; la conversion du cyclopropane en propène, dont nous avons parlé à l'exemple 3.4 (*p. 118*), en est un bon exemple. On connaît toutefois très peu de **réactions trimoléculaires**, qui mettent en jeu trois molécules au cours d'une même étape élémentaire. C'est parce que, dans une réaction trimoléculaire, le produit est le résultat de la rencontre simultanée de trois molécules, un phénomène beaucoup moins probable qu'une collision bimoléculaire.

Les lois de vitesse et les étapes élémentaires

La connaissance des réactions élémentaires permet de déduire la loi de vitesse d'une réaction globale. Soit la réaction unimoléculaire suivante :

$$A \longrightarrow \text{produits}$$

Puisque cette réaction se produit ainsi au niveau moléculaire (cette seule étape correspond à la réaction globale), plus le nombre de molécules A est élevé, plus la vitesse de formation des produits est élevée. On obtient donc la loi de vitesse directement à partir de la réaction élémentaire :

$$v = k[A]$$

Dans le cas d'une réaction bimoléculaire mettant en jeu les molécules A et B :

$$A + B \longrightarrow \text{produits}$$

la vitesse de formation du produit dépend de la fréquence des collisions entre A et B qui, à son tour, dépend des concentrations de A et de B. Dans ce cas, on peut écrire la loi de vitesse de la façon suivante :

$$v = k[A][B]$$

De même, dans le cas d'une réaction bimoléculaire du type :

$$A + A \longrightarrow \text{produits} \quad \text{ou} \quad 2A \longrightarrow \text{produits}$$

l'équation de vitesse devient :

$$v = k[A]^2$$

Les exemples donnés précédemment montrent que l'ordre d'une réaction par rapport à chaque réactif en jeu dans une réaction élémentaire est égal au coefficient stœchiométrique du réactif. Cependant, si l'on a seulement l'équation globale, on ne peut pas déterminer si la réaction se produit comme indiquée ou par une série de réactions élémentaires ; cette information est obtenue en laboratoire.

Si une réaction a plus d'une étape élémentaire, la loi de vitesse de la réaction globale correspond à la loi de vitesse de l'**étape limitante** (ou **étape déterminante**), c'est-à-dire l'étape qui est la plus lente parmi toutes les étapes menant à la formation des produits.

On peut faire une analogie entre une étape limitante et le trafic sur une route étroite. Comme tout dépassement est impossible, la vitesse de l'ensemble des voitures est limitée (déterminée) par celle de la voiture la plus lente.

L'étude expérimentale d'un mécanisme réactionnel commence par la cueillette de données (mesures des vitesses). Ensuite, l'analyse des données permet de déterminer la constante de vitesse et l'ordre de la réaction, ce qui permet d'écrire la loi de vitesse. Finalement, on suggère un mécanisme réactionnel plausible comportant des réactions élémentaires (*voir la figure 3.19*). Les réactions élémentaires doivent obéir à deux règles :

- La somme des équations des réactions élémentaires doit correspondre à l'équation équilibrée de la réaction globale.
- La loi de vitesse de l'étape limitante doit être la même que celle qui a été trouvée expérimentalement.

N'oublions pas que, pour chaque schéma de réaction proposé, il faut pouvoir détecter la présence de tout intermédiaire formé dans une ou plusieurs réactions élémentaires.

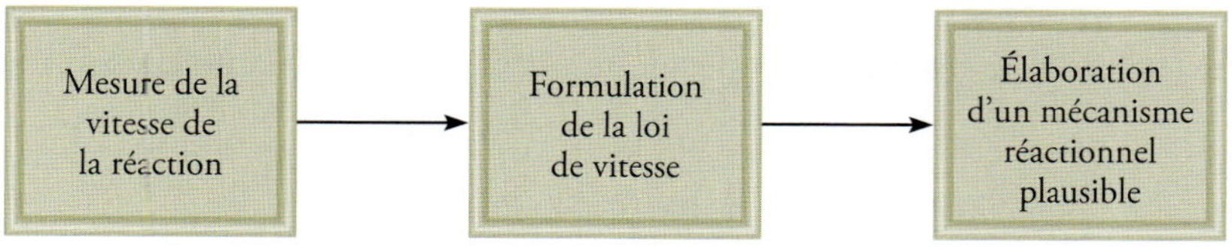

FIGURE 3.19

Étapes de l'étude d'un mécanisme réactionnel

Pour comprendre la façon d'élucider un mécanisme réactionnel à partir d'expériences, voyons deux exemples, soit la décomposition du peroxyde d'hydrogène et la formation d'iodure d'hydrogène à partir de l'hydrogène et de l'iode moléculaire.

L'élucidation d'un mécanisme réactionnel

La décomposition du peroxyde d'hydrogène

La décomposition du peroxyde d'hydrogène est facilitée par la présence d'ions iodures (*voir la figure 3.20*). La réaction globale est la suivante :

$$2H_2O_2(aq) \longrightarrow 2H_2O(l) + O_2(g)$$

Expérimentalement, on trouve la loi de vitesse suivante :

$$v = k[H_2O_2][I^-]$$

La réaction est donc d'ordre un en H_2O_2 et d'ordre un en I^- ; l'ordre global est donc de deux.

On constate que cette décomposition ne se produit pas en une seule réaction élémentaire qui correspondrait à l'équation globale équilibrée. Si cela était le cas, la réaction serait d'ordre deux en H_2O_2 (notez le coefficient 2 dans l'équation). De plus, l'ion I^-, qui n'est même pas dans l'équation globale, est présent dans l'expression de la loi de vitesse. Comment peut-on l'expliquer ?

FIGURE 3.20

Décomposition du peroxyde d'hydrogène catalysée par l'ion iodure

On a ajouté quelques gouttes de savon liquide pour mieux mettre en évidence la formation de l'oxygène. Certains des ions iodure sont oxydés en molécules d'iode, qui réagissent ensuite avec les ions iodure pour former les ions triiodure (I_3^-) de couleur brune.

On peut expliquer la loi de vitesse observée en considérant que la réaction se produit en deux réactions élémentaires distinctes, chacune d'elles étant bimoléculaire :

Réaction 1 : $H_2O_2 + I^- \xrightarrow{k_1} H_2O + IO^-$

Réaction 2 : $H_2O_2 + IO^- \xrightarrow{k_2} H_2O + O_2 + I^-$

Réaction globale : $2H_2O_2 \longrightarrow 2H_2O + O_2$

Si l'on suppose par la suite que la réaction 1 est cinétiquement limitante (la plus lente), c'est donc cette étape qui déterminera la vitesse de la réaction :

$$v = k_1[H_2O_2][I^-]$$

Cette relation correspond bien à la loi de vitesse déjà trouvée expérimentalement.

Notez que l'ion IO^- est un intermédiaire, car il n'apparaît pas dans l'équation globale équilibrée. Bien que l'ion I^- n'apparaisse pas non plus dans cette dernière, il est différent de IO^-, car il est présent au début et à la fin de la réaction. Il sert à accélérer la réaction ; c'est donc un *catalyseur.* Nous aborderons les catalyseurs dans la prochaine section. Finalement, notez que la somme des réactions 1 et 2 donne bien l'équation globale équilibrée indiquée ci-dessus, ce qui satisfait à la deuxième règle.

La figure 3.21 décrit le profil énergétique (ou profil de l'énergie potentielle) pour une telle réaction. On peut voir que la première étape (ici, l'étape déterminante) a une énergie d'activation plus élevée que celle de la deuxième étape. L'espèce intermédiaire, bien qu'elle soit assez stable pour pouvoir être observée, réagit rapidement pour former les produits.

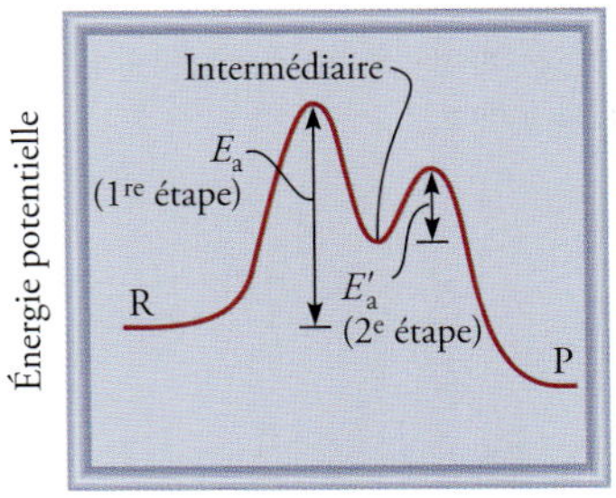

FIGURE 3.21

Courbe de profil énergétique

On voit que cette réaction a lieu en deux étapes dont la première est déterminante. R et P représentent respectivement les réactifs et les produits.

La réaction de la formation d'iodure d'hydrogène

Un grand nombre de réactions ont un mécanisme commun constitué de deux étapes élémentaires, la première étant beaucoup plus rapide que la deuxième autant dans le sens direct que dans le sens inverse. Parmi ces réactions, étudions l'exemple de la réaction entre l'hydrogène moléculaire et l'iode moléculaire pour former de l'iodure d'hydrogène :

$$H_2(g) + I_2(g) \longrightarrow 2HI(g)$$

La loi de vitesse trouvée expérimentalement est :

$$\text{vitesse} = k[H_2][I_2]$$

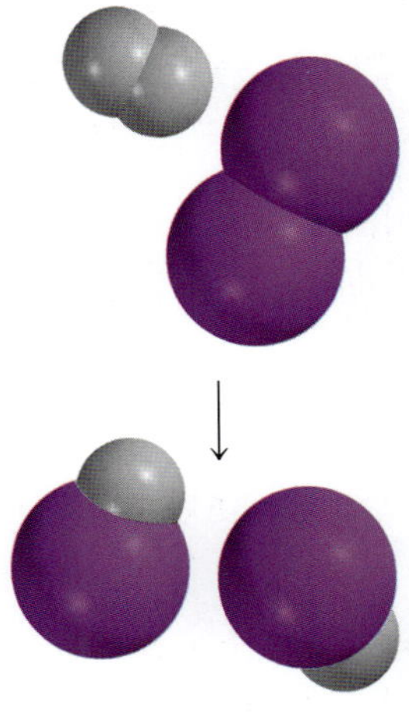

Durant plusieurs années, on a pensé que cette réaction se produisait exactement comme le décrit l'équation que nous venons de mentionner. On la considérait donc comme une réaction bimoléculaire impliquant une molécule d'hydrogène et une molécule d'iode. Cependant, dans les années 1960, des chimistes ont prouvé que le véritable mécanisme n'est pas aussi simple. Ils ont proposé le mécanisme en deux étapes suivant :

Réaction 1 : $I_2 \underset{k_{-1}}{\overset{k_1}{\rightleftharpoons}} 2I$ étape rapide

Réaction 2 : $H_2 + 2I \xrightarrow{k_2} 2HI$ étape lente

où k_1, k_{-1} et k_2 sont les constantes de vitesse pour les étapes des réactions. Les atomes I servent d'intermédiaire dans cette réaction.

NOTE

L'équilibre chimique fera l'objet du chapitre 4.

Au début, quand la réaction commence, il y a très peu d'atomes I présents. Mais à mesure que I_2 se dissocie, la concentration de I_2 diminue alors que celle de I s'accroît. Par conséquent, la vitesse directe de la première étape (v_1) diminue, et celle de la réaction inverse (v_{-1}) s'accroît. Il arrive un moment où les deux vitesses deviennent égales ; c'est l'atteinte d'un état d'équilibre chimique.

Étant donné que les réactions de la première étape sont beaucoup plus rapides que celle de la deuxième étape, l'équilibre est atteint bien avant qu'il n'y ait eu réaction significative avec l'hydrogène, et cette situation persiste durant toute la durée de la réaction.

Dans les conditions à l'équilibre de la première étape, on peut écrire les deux lois de vitesse suivantes, une pour la réaction directe et l'autre pour la réaction inverse :

$$v_1 = k_1[I_2] \text{ et } v_{-1} = k_{-1}[I]^2$$

et, comme à l'équilibre $v_1 = v_{-1}$, on peut écrire aussi :

$$k_1[I_2] = k_{-1}[I]^2$$

ce qui donne en isolant $[I]^2$:

$$[I]^2 = \frac{k_1}{k_{-1}}[I_2]$$

Cette dernière relation permettra de substituer $[I]^2$ dans la loi de vitesse de la deuxième étape, l'étape la plus lente. Examinons maintenant la relation de vitesse de cette deuxième étape :

$$\text{vitesse} = k_2[H_2][I]^2$$

On observe que la concentratin de I, [I], n'apparaît pas dans la relation de vitesse de la réaction globale. Il faudra donc substituer sa valeur dans la relation de vitesse de la deuxième étape par celle déjà trouvée en fonction de $[I_2]$ à la première étape. Après cette substitution et après avoir regroupé les constantes, on obtient :

$$\begin{aligned}\text{vitesse} &= \frac{k_1 k_2}{k_{-1}}[H_2][I_2] \\ &= k[H_2][I_2]\end{aligned}$$

où $k = k_1 k_2 / k_{-1}$. Comme vous pouvez le constater, ce mécanisme en deux étapes donne aussi la bonne loi de vitesse pour cette réaction. Cette concordance et le fait que les atomes I jouant le rôle d'intermédiaire ont pu être détectés nous incitent à croire avec encore plus de conviction qu'il s'agit bien du véritable mécanisme réactionnel.

Remarquons enfin que toutes les réactions ont toujours au moins une étape qui est lente. Il existe aussi des réactions avec deux étapes lentes ou plus, toutes presque aussi lentes les unes que les autres. L'analyse cinétique de telles réactions est plus complexe et ne sera pas abordée ici.

L'exemple suivant traite de l'étude d'un mécanisme réactionnel peu complexe.

EXEMPLE 3.10 L'étude des mécanismes réactionnels

On croit que la décomposition en phase gazeuse de l'oxyde de diazote (N_2O) se produit suivant deux réactions élémentaires :

Réaction 1 : $N_2O \xrightarrow{k_1} N_2 + O$

Réaction 2 : $N_2O + O \xrightarrow{k_2} N_2 + O_2$

Expérimentalement, on trouve la loi de vitesse suivante : $v = k[N_2O]$.

a) Écrivez l'équation de la réaction globale. b) Quelles sont les espèces intermédiaires ? c) Que peut-on dire à propos des vitesses relatives des réactions 1 et 2 ?

DÉMARCHE

a) La somme des étapes élémentaires donne la réaction globale. b) Quelles sont les caractéristiques d'un intermédiaire ? Apparaît-il dans l'équation globale ? c) Comment trouve-t-on l'étape déterminante ? En quoi la connaissance de l'étape déterminante nous aide-t-elle à écrire la loi de vitesse d'une réaction ?

SOLUTION

a) L'addition des réactions 1 et 2 donne la réaction globale suivante :

$$2N_2O \longrightarrow 2N_2 + O_2$$

b) Puisque l'atome O est produit dans la première réaction élémentaire et qu'il n'apparaît pas dans l'équation globale équilibrée, il s'agit d'un intermédiaire.

c) En supposant que la réaction 1 est l'étape déterminante (ou cinétiquement limitante), c'est-à-dire si $k_2 \gg k_1$, la vitesse de la réaction globale est :

$$v = k_1\,[N_2O]$$

et $k = k_1$.

VÉRIFICATION

La première étape doit être l'étape déterminante puisque la loi de vitesse de cette étape correspond à la loi de vitesse trouvée expérimentalement, soit vitesse $= k[N_2O]$.

EXERCICE

On croit que la formation de NO et de CO_2 à partir de NO_2 et de CO se produit en deux étapes :

Réaction 1 : $NO_2 + NO_2 \longrightarrow NO + NO_3$

Réaction 2 : $NO_3 + CO \longrightarrow NO_2 + CO_2$

La loi de vitesse déterminée expérimentalement est la suivante : $v = k[NO_2]^2$. a) Écrivez l'équation de la réaction globale. b) Indiquez l'intermédiaire. c) Que peut-on dire à propos des vitesses relatives des réactions 1 et 2 ?

PROBLÈME SEMBLABLE 3.51

Chimie en action

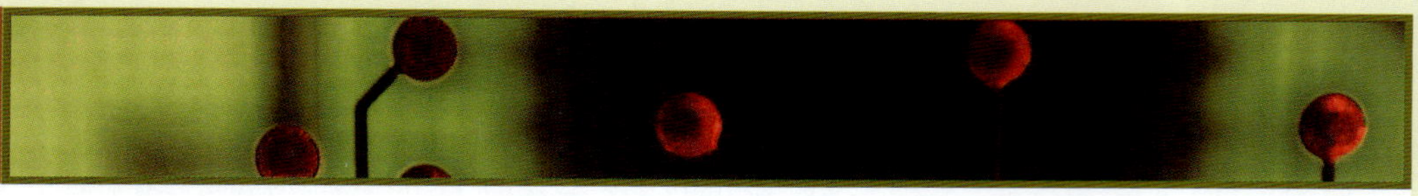

La femtochimie

Les chimistes se sont toujours fixé comme objectif de pouvoir observer un jour le déroulement des réactions chimiques au niveau moléculaire. Une fois ce but atteint, il serait possible de savoir à quel instant se produit une certaine réaction et comment celle-ci dépend de la température et d'autres facteurs. Sur le plan pratique, ces éléments d'information aideraient les chimistes à contrôler les vitesses de réaction et à en accroître les rendements. Une compréhension complète d'un mécanisme réactionnel suppose une connaissance détaillée du complexe activé (appelé aussi état de transition). Cependant, le complexe activé est une espèce très énergétique qui ne peut pas être isolée, car elle a une durée de vie très courte.

Cette situation a changé dans les années 1980 lorsque les chimistes du California Institute of Technology (CIT) ont commencé à utiliser des lasers à très courtes impulsions pour sonder les réactions chimiques. Comme les états de transition ont une durée de vie de seulement 10 à 1000 femtosecondes (fs), les pulsations laser utilisées pour les sonder doivent être de très courte durée. (Un fs équivaut à 1×10^{-15} s; afin de mieux saisir à quel point il s'agit d'un court laps de temps, sachez qu'il y a autant de femtosecondes dans 1 seconde qu'il y a de secondes dans 32 millions d'années!) L'une des réactions étudiées a été celle de la décomposition du cyclobutane, C_4H_8, en éthylène, C_2H_4. Deux mécanismes sont plausibles. Selon

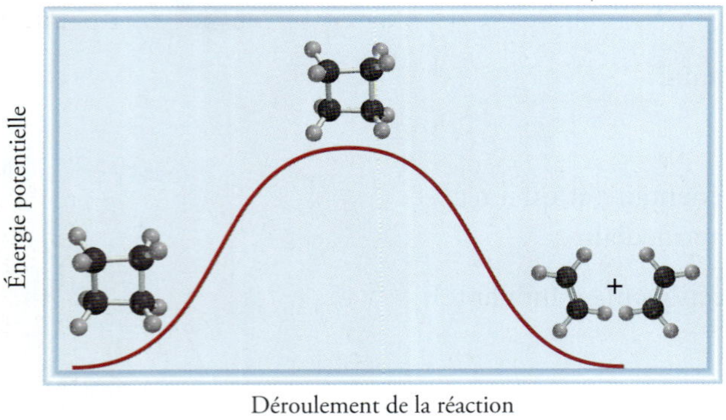

A

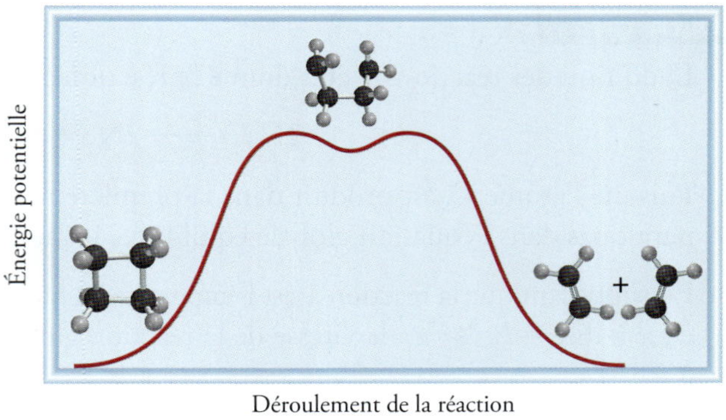

B

Décomposition du cyclobutane pour former deux molécules d'éthylène

Cette décomposition peut se produire de deux façons:

A La réaction procède en une seule étape impliquant la rupture simultanée de deux liaisons C-C.

B La réaction a lieu en deux étapes avec la formation d'un intermédiaire de courte durée par la rupture d'une seule liaison. Il n'y a qu'une petite barrière d'énergie à franchir pour que cet intermédiaire se transforme en produit final.

La femtochimie a démontré que c'est le deuxième mécanisme qui est valable.

Les preuves expérimentales des mécanismes réactionnels

Comment pouvons-nous être certains qu'un mécanisme proposé est bien le bon? Dans le cas de la décomposition du peroxyde d'hydrogène, on peut essayer de détecter la présence des ions IO^- à l'aide de preuves basées sur des méthodes spectroscopiques. La détection de ces ions corrobore le mécanisme proposé. De même, pour la réaction de la formation de l'iodure d'hydrogène, la détection d'iode à l'état d'atomes I confirmera l'hypothèse d'un mécanisme en deux étapes. Par exemple, I_2 se dissocie en atomes lorsqu'il est exposé à la lumière du domaine visible. On peut alors prédire que la vitesse de formation de HI à partir de H_2 et de I_2 sera augmentée si l'on intensifie la lumière, car une plus grande exposition à la lumière accroît la concentration des atomes I. C'est justement ce qui est observé.

le premier, la décomposition aurait lieu en une seule étape au cours de laquelle deux liaisons carbone-carbone se brisent simultanément pour former le produit :

$$\begin{array}{l}CH_2-CH_2\\ \;|\qquad\;\;|\\ CH_2-CH_2\end{array} \longrightarrow 2CH_2{=}CH_2$$

Selon le second mécanisme proposé, la réaction aurait lieu en deux étapes, avec formation d'un radical, intermédiaire dont les points représentent des électrons non appariés résultant du bris d'une première liaison. C'est ici qu'intervient l'utilisation du laser femtoseconde pour trouver quel est le mécanisme exact de cette réaction :

$$\begin{array}{l}CH_2-CH_2\\ \;|\qquad\;\;|\\ CH_2-CH_2\end{array} \longrightarrow \begin{array}{l}\dot{C}H_2-\dot{C}H_2\\ \;|\qquad\;\;|\\ CH_2-CH_2\end{array} \longrightarrow 2CH_2{=}CH_2$$

Les chimistes du CIT ont fait démarrer la réaction avec une première impulsion laser de forte énergie, ce qui a activé le réactif. Cette impulsion fut ensuite suivie de plusieurs milliers d'autres impulsions de plus faible énergie qui servaient à l'observation. Ces pulsations sondes sont espacées d'à peine 10 fs, chacune donnant lieu à un spectre d'absorption. Ce sont justement les changements produits dans le spectre qui révèlent le mouvement de la molécule et l'état de ses liaisons chimiques. Ce processus est comparable à un appareil photo qui prendrait un très grand nombre de clichés en très peu de temps pour pouvoir capter image par image le déroulement de la réaction. Les résultats ont prouvé que la réaction se déroule selon le deuxième mécanisme proposé. La durée de vie de l'intermédiaire est d'environ 700 fs.

Cette technique du laser femtoseconde a permis de confirmer les modèles macroscopiques étudiés dans ce chapitre, par exemple l'équation d'Arrhenius supposant une barrière énergétique à franchir : l'énergie d'activation. Depuis, cette technique du laser femtoseconde a été appliquée pour révéler les mécanismes réactionnels de plusieurs réactions chimiques et biochimiques telles que la photosynthèse et la vision (*voir la capsule d'information au début de ce chapitre, p. 100*). Elle a permis de créer ce nouveau domaine de la cinétique chimique, domaine dorénavant appelé femtochimie.

Montage de lasers utilisés dans le laboratoire de recherche de A. H. Zewail, détenteur d'un doctorat, au CIT. Ce chercheur a obtenu le prix Nobel 1999 de chimie pour ses travaux de pionnier dans le domaine de la femtochimie.

Supposons qu'un chimiste désire savoir laquelle des liaisons C—O est brisée au cours de la réaction entre l'acétate de méthyle et l'eau pour pouvoir mieux comprendre le mécanisme de la réaction suivante :

$$\underset{\text{Acétate de méthyle}}{CH_3-\overset{\overset{\displaystyle O}{\|}}{C}-O-CH_3} + H_2O \longrightarrow \underset{\text{Acide acétique}}{CH_3-\overset{\overset{\displaystyle O}{\|}}{C}-OH} + \underset{\text{Méthanol}}{CH_3OH}$$

Il y a deux possibilités :

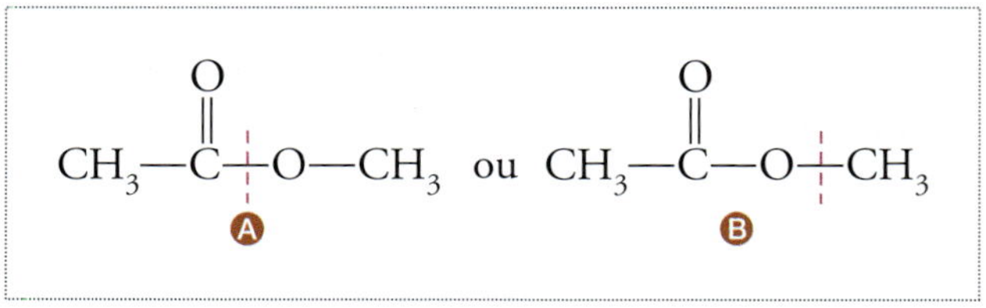

Afin de pouvoir choisir entre les scénarios Ⓐ et Ⓑ, les chimistes utilisent de l'eau constituée de l'isotope oxygène 18 au lieu de l'eau ordinaire (celle-ci contenant de l'oxygène 16). En présence de cette eau à oxygène 18, on observe que c'est seulement l'acide acétique formé qui contient de l'oxygène 18 :

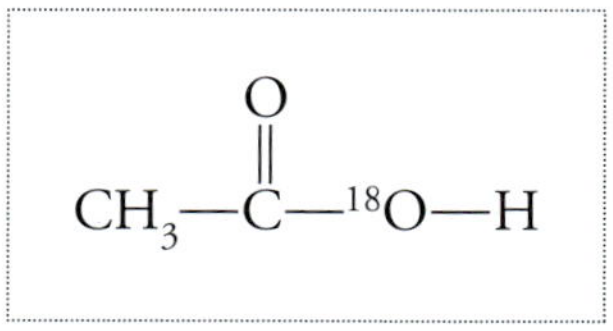

Par conséquent, la réaction a dû se produire selon le scénario Ⓐ, parce que le produit formé selon le scénario Ⓑ aurait conservé ses deux atomes d'oxygène.

Étudions comme dernier exemple le cas de la photosynthèse, le processus au cours duquel les plantes vertes produisent du glucose à partir du dioxyde de carbone et de l'eau :

$$6CO_2 + 6H_2O \longrightarrow C_6H_{12}O_6 + 6O_2$$

Les chercheurs se sont rapidement posé une question en étudiant cette réaction : est-ce que l'oxygène moléculaire produit provient de l'eau, du dioxyde de carbone ou de ces deux substances ? En utilisant de l'eau constituée d'oxygène 18, il a été démontré que l'oxygène gazeux dégagé provient de l'eau et non pas du dioxyde de carbone, car l'oxygène produit ne contient que des atomes d'oxygène 18. Cette observation est en accord avec le mécanisme proposé selon lequel les molécules d'eau sont fragmentées par la lumière :

$$2H_2O + h\nu \longrightarrow O_2 + 4H^+ + 4e^-$$

où $h\nu$ représente l'énergie d'un photon. Les protons et les électrons sont ensuite utilisés comme source d'énergie pour rendre possibles certaines réactions nécessaires à la croissance et à la santé des plantes. Sans cet apport extérieur, toutes ces réactions de biosynthèse ne seraient pas favorables sur le plan énergétique.

Ces exemples vous ont montré comment il faut être inventif pour pouvoir élucider un mécanisme réactionnel. Cependant, dans le cas de réactions complexes, il peut s'avérer presque impossible de prouver l'unicité d'un mécanisme, c'est-à-dire qu'une telle réaction procède seulement d'une certaine manière, ce qui supposerait une preuve expérimentale qui éliminerait toutes les autres possibilités. Cependant, il arrive que l'un des mécanismes prédomine.

3.6 La catalyse

Nous avons vu, dans la décomposition du peroxyde d'hydrogène, que la vitesse de réaction dépend de la concentration des ions iodure, même si ceux-ci n'apparaissent pas dans l'équation globale. L'ion I^- agit donc comme un catalyseur dans cette réaction. Un **catalyseur** est une substance qui augmente la vitesse d'une réaction chimique sans y être consommée. Le catalyseur peut réagir pour former un intermédiaire, mais on le retrouve toujours intact à la fin de la réaction.

Pour préparer de l'oxygène moléculaire en laboratoire, on chauffe du chlorate de potassium ; la réaction est la suivante :

$$2KClO_3(s) \longrightarrow 2KCl(s) + 3O_2(g)$$

Cependant, sans catalyseur, cette décomposition thermique est très lente. On peut en augmenter considérablement la vitesse en y ajoutant une petite quantité de dioxyde de manganèse (MnO_2), une poudre noire qui agit comme catalyseur. On peut recouvrer tout le MnO_2 à la fin de la réaction, tout comme les ions I^- après la décomposition de H_2O_2.

Un catalyseur accélère une réaction en la faisant procéder par un chemin (mécanisme) différent, c'est-à-dire par un ensemble de réactions élémentaires dont les cinétiques sont plus favorables que celles qui existent en son absence. D'après l'équation 3.12, on sait que la constante de vitesse k — et par conséquent la vitesse — d'une réaction dépend du facteur de fréquence A et de l'énergie d'activation E_a ; plus A est élevé ou plus E_a est basse, plus la vitesse est élevée. Dans de nombreux cas, c'est en abaissant l'énergie d'activation de la réaction qu'un catalyseur augmente la vitesse.

Supposons que la réaction suivante a une certaine constante de vitesse k et une certaine énergie d'activation E_a :

$$A + B \xrightarrow{k} C + D$$

En présence d'un catalyseur, la constante de vitesse est k_c (appelée constante de vitesse catalytique) :

$$A + B \xrightarrow{k_c} C + D$$

Selon la définition d'un catalyseur :

$$\text{vitesse}_{\text{catalysée}} > \text{vitesse}_{\text{non catalysée}}$$

La figure 3.22 (*p. 148*) montre les courbes d'énergie potentielle des deux réactions. Notez que les énergies totales des réactifs (A et B) et des produits (C et D) ne sont pas influencées par le catalyseur ; la seule différence entre les deux réactions réside dans l'abaissement de l'énergie d'activation, de E_a à E'_a. Puisqu'il abaisse du même coup l'énergie d'activation de la réaction inverse, le catalyseur augmente donc également la vitesse de la réaction inverse.

Chimie en ligne
Animation
- La catalyse

Le MnO_2 catalyse la décomposition thermique de $KClO_3$. L'oxygène gazeux produit permet la combustion de l'éclisse de bois.

NOTE

Pour poursuivre l'analogie avec le trafic sur une route, on peut comparer la présence du catalyseur au creusage d'un tunnel à travers une montagne pour raccorder deux villages qui étaient autrefois reliés seulement par une route montagneuse sinueuse et peu praticable.

FIGURE 3.22

Comparaison des énergies d'activation d'une réaction non catalysée et de la même réaction catalysée

Le catalyseur abaisse l'énergie d'activation sans modifier les énergies des réactifs et des produits. Bien que les réactifs et les produits soient les mêmes dans les deux cas, les mécanismes réactionnels et les lois de vitesse sont différents en Ⓐ et en Ⓑ, d'où l'utilisation de deux profils énergétiques distincts pour illustrer le déroulement de la réaction.

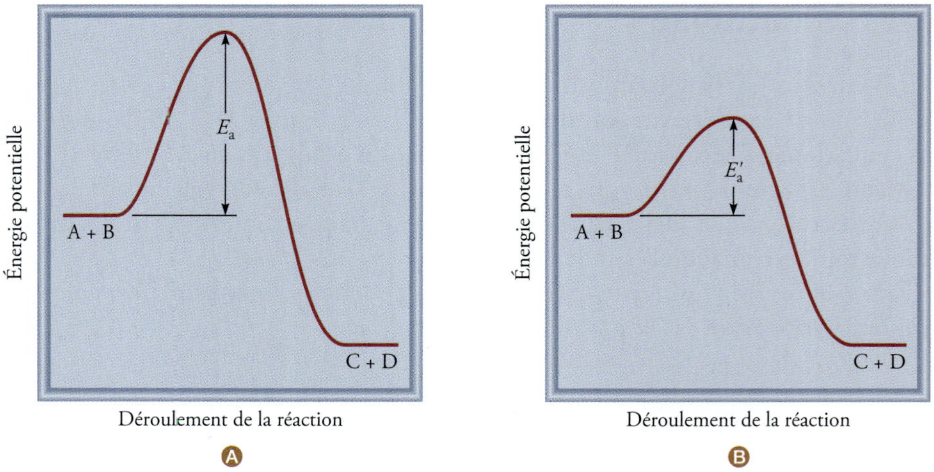

On distingue trois principaux types de catalyses, selon la nature du catalyseur : la catalyse hétérogène, la catalyse homogène et la catalyse enzymatique.

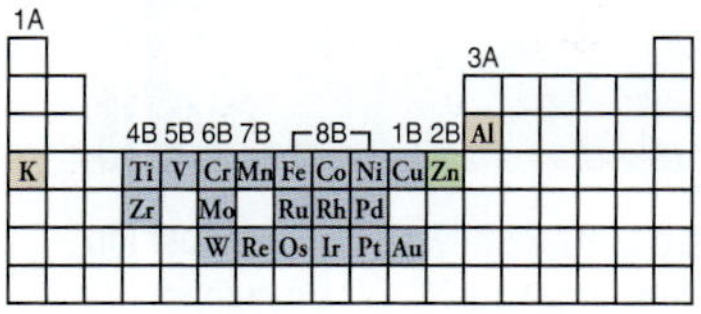

Métaux et composés métalliques les plus fréquemment utilisés comme catalyseurs en milieu hétérogène. Les catalyseurs sont très souvent des métaux de transition ou des composés de ces éléments.

La catalyse hétérogène

Dans la *catalyse hétérogène,* les réactifs et le catalyseur sont dans des phases différentes. Habituellement, le catalyseur est un solide, et les réactifs sont des gaz ou des liquides. La catalyse hétérogène est de loin le type de catalyse le plus important en chimie industrielle, notamment dans la synthèse de nombreuses substances clés. Voyons trois exemples de catalyse hétérogène, des catalyses qui permettent de produire annuellement des milliers de tonnes de produits chimiques à l'échelle industrielle.

La synthèse de l'ammoniac selon le procédé Haber

L'ammoniac a une importance économique et industrielle très grande. Il est surtout utilisée pour la production d'engrais et la fabrication d'explosifs, tout en ayant de multiples autres usages. Au début du XXe siècle, plusieurs chimistes ont tenté de synthétiser l'ammoniac à partir de l'azote et de l'hydrogène. Les réserves d'azote de l'air sont presque inépuisables, et l'hydrogène gazeux peut être produit facilement par le passage de vapeur d'eau sur du charbon chaud :

$$H_2O(g) + C(s) \longrightarrow CO(g) + H_2(g)$$

L'hydrogène est aussi un sous-produit de l'industrie pétrolière (raffinage).

La formation de NH_3 à partir de N_2 et de H_2 est exothermique :

$$N_2(g) + 3H_2(g) \longrightarrow 2NH_3(g) \qquad \Delta H^\circ = -92{,}6 \text{ kJ}$$

Mais la vitesse de réaction est très lente à la température de la pièce. Pour être utile à l'échelle industrielle, une réaction doit avoir *à la fois* une assez grande vitesse et un bon rendement. Une élévation de la température augmente la vitesse de la production de NH_3, mais elle favorise en même temps la décomposition des molécules de NH_3 en N_2 et en H_2, ce qui diminue le rendement.

En 1905, après avoir fait des essais avec des centaines de composés à différentes températures et pressions, Fritz Haber a découvert qu'un mélange de fer contenant un faible pourcentage d'oxydes de potassium et d'aluminium pouvait servir de catalyseur pour la réaction entre l'hydrogène et l'azote afin de produire de l'ammoniac à une température autour de 500 °C. Cette méthode se nomme aujourd'hui le *procédé Haber.*

Au cours d'une catalyse hétérogène, la réaction a lieu habituellement à la surface du solide catalytique. Durant la première étape du procédé Haber, il y a dissociation de N_2 et de H_2 au contact de la surface métallique (*voir la figure 3.23*). Même si les espèces dissociées ne sont pas de véritables atomes à l'état libre parce qu'elles sont liées à la surface, elles sont cependant très réactives. Les deux espèces de réactifs se comportent de manière fort différente sur la surface du catalyseur. Des recherches ont démontré que H_2 se dissocie en hydrogène atomique à des températures aussi basses que −196 °C (ce qui correspond au point d'ébullition de l'azote liquide). Par contre, les molécules d'azote se dissocient à environ 500 °C. Les atomes très réactifs de N et de H se combinent rapidement à haute température pour produire les molécules d'ammoniac désirées :

$$N + 3H \longrightarrow NH_3$$

NOTE

Nous étudierons plus en détail le procédé Haber au chapitre suivant, qui porte sur l'équilibre chimique.

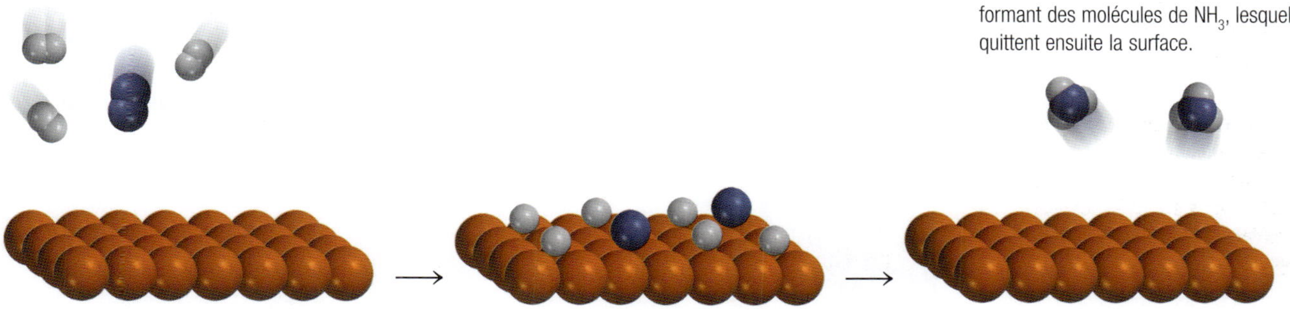

FIGURE 3.23

Action catalytique au cours de la synthèse de l'ammoniac

D'abord, les molécules de H_2 et de N_2 adhèrent à la surface. Cette interaction affaiblit les liens covalents et cause la dissociation des molécules. Les atomes très réactifs migrent sur la surface et peuvent ainsi se combiner par la suite en formant des molécules de NH_3, lesquelles quittent ensuite la surface.

La production industrielle d'acide nitrique selon le procédé Ostwald

L'acide nitrique est l'un des plus importants acides inorganiques. On l'utilise dans la production d'engrais, de colorants, de médicaments et d'explosifs. Pour produire de l'acide nitrique, l'industrie recourt surtout au *procédé Ostwald.* Ce procédé consiste à chauffer, à environ 800 °C, de l'ammoniac et de l'oxygène moléculaire en présence d'un catalyseur, du platine-rhodium (Pt/Rh) (*voir la figure 3.24*) :

$$4NH_3(g) + 5O_2(g) \xrightarrow{Pt/Rh} 4NO(g) + 6H_2O(g)$$

FIGURE 3.24

Le catalyseur platine-rhodium utilisé dans le procédé Ostwald

L'oxyde d'azote formé s'oxyde facilement (sans catalyse) en dioxyde d'azote :

$$2NO(g) + O_2(g) \longrightarrow 2NO_2(g)$$

Dissous dans l'eau, NO_2 forme de l'acide nitreux et de l'acide nitrique :

$$2NO_2(g) + H_2O(l) \longrightarrow HNO_2(aq) + HNO_3(aq)$$

Sous l'effet de la chaleur, l'acide nitreux est converti en acide nitrique :

$$3HNO_2(aq) \longrightarrow HNO_3(aq) + H_2O(l) + 2NO(g)$$

On peut récupérer le NO formé et le réutiliser pour produire du NO_2 dans la deuxième étape.

Les convertisseurs catalytiques

À haute température, dans un moteur d'automobile en marche, l'azote et l'oxygène gazeux réagissent pour former de l'oxyde d'azote :

$$N_2(g) + O_2(g) \rightleftharpoons 2NO(g)$$

NOTE

Un hydrocarbure est un composé ne contenant que des atomes de carbone et d'hydrogène. Les hydrocarbures sont les principaux constituants du gaz naturel et de l'essence pour les automobiles.

Libéré dans l'atmosphère, NO se combine rapidement à O_2 pour former NO_2. Le dioxyde d'azote et d'autres gaz émis par les automobiles, comme l'oxyde de carbone (CO) et les différents hydrocarbures non consumés, font que les gaz d'échappement sont une source importante de pollution atmosphérique.

C'est pourquoi toutes les voitures sont maintenant obligatoirement équipées d'un convertisseur catalytique (*voir la figure 3.25*), qui a deux fonctions : il oxyde le CO et les hydrocarbures non consumés en CO_2 et en H_2O ; il réduit NO et NO_2 en N_2 et en O_2.

FIGURE 3.25

Convertisseur catalytique à deux étapes utilisé dans les automobiles

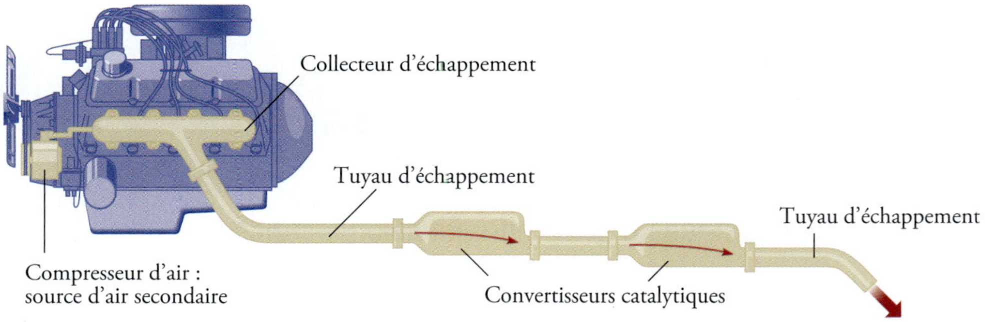

FIGURE 3.26

Écorché d'un convertisseur catalytique

Les granules contiennent du platine, du palladium et du rhodium, qui catalysent la combustion du CO et des hydrocarbures.

Pour ce faire, les gaz d'échappement chauds, dans lesquels de l'air a été injecté, passent dans la première chambre du convertisseur où la combustion complète des hydrocarbures est accélérée et où l'émission de CO est diminuée. (La figure 3.26 montre une section longitudinale d'un convertisseur catalytique, contenant du Pt ou du Pd ou un oxyde d'un métal de transition, comme CuO ou Cr_2O_3.) Cependant, puisque les températures élevées augmentent la production de NO, il faut une seconde chambre contenant un catalyseur différent (un métal de transition ou un oxyde de métal de transition comme CuO ou Cr_2O_3) et fonctionnant à des températures plus basses pour dissocier NO en N_2 et en O_2 avant que ces substances soient libérées dans l'environnement.

La catalyse homogène

Dans la *catalyse homogène,* les réactifs et le catalyseur sont dans la même phase, habituellement liquide. En solution liquide, les acides et les bases représentent les plus importants types de catalyseurs. Par exemple, la réaction de l'acétate d'éthyle avec l'eau qui forme de l'acide acétique et de l'éthanol se produit normalement trop lentement pour qu'on puisse en mesurer la vitesse :

$$\underset{\text{Acétate d'éthyle}}{CH_3{-}\overset{\overset{\displaystyle O}{\|}}{C}{-}O{-}C_2H_5} + H_2O \longrightarrow \underset{\text{Acide acétique}}{CH_3{-}\overset{\overset{\displaystyle O}{\|}}{C}{-}OH} + \underset{\text{Éthanol}}{C_2H_5OH}$$

En l'absence d'un catalyseur, la loi de vitesse est donnée par :

$$v = k[CH_3COOC_2H_5]$$

Cependant, cette réaction peut être catalysée par un acide. En présence d'acide chlorhydrique, la loi de vitesse est :

$$v = k_c[CH_3COOC_2H_5][H_3O^+]$$

Remarquons que, parce que $k_c > k$, la vitesse est déterminée seulement par l'étape catalysée de la réaction.

La catalyse homogène peut aussi avoir lieu dans la phase gazeuse. Un exemple bien connu de réaction catalysée en phase gazeuse est la production d'acide sulfurique par le *procédé des chambres de plomb,* qui a été durant plusieurs années la plus importante méthode de préparation industrielle de l'acide sulfurique. En débutant avec le soufre, on s'attendrait à ce que la production d'acide sulfurique se fasse selon les étapes suivantes :

NOTE

L'appellation *chambres de plomb* vient du fait que l'acide sulfurique est produit dans des tours recouvertes de plomb métallique qui a tôt fait de réagir en surface avec l'acide sulfurique, formant ainsi un revêtement protecteur de sulfate de plomb.

$$\begin{aligned} S(s) + O_2(g) &\longrightarrow SO_2(g) \\ 2SO_2(g) + O_2(g) &\longrightarrow 2SO_3(g) \\ H_2O(l) + SO_3(g) &\longrightarrow H_2SO_4(aq) \end{aligned}$$

En réalité, le dioxyde de soufre n'est pas converti directement en trioxyde de soufre, mais il est converti plus efficacement en présence de dioxyde d'azote agissant ici comme catalyseur :

Réaction 1 : $2SO_2(g) + 2NO_2(g) \longrightarrow 2SO_3(g) + 2NO(g)$

Réaction 2 : $2NO(g) + O_2(g) \longrightarrow 2NO_2(g)$

Réaction globale : $2SO_2(g) + O_2(g) \longrightarrow 2SO_3(g)$

Remarquez qu'il n'y a aucune perte nette de NO_2 au cours de cette réaction globale, le NO_2 agissant comme un catalyseur.

Ces dernières années, les chimistes ont fait beaucoup d'efforts dans le but de créer une classe de composés métalliques pouvant servir de catalyseurs en milieu homogène. Ces composés sont solubles dans une grande variété de solvants organiques et peuvent donc être utilisés dans le même solvant que celui qui est requis pour dissoudre les réactifs. Plusieurs réactions catalysées par ces composés métalliques sont des réactions organiques. Par exemple, le composé rouge violacé de rhodium, $[(C_6H_5)_3P]_3RhCl$, catalyse la conversion des liaisons doubles carbone-carbone en liaison simple carbone-carbone ainsi :

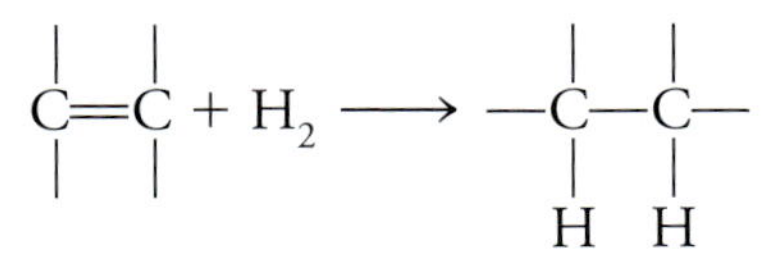

NOTE

Cette réaction est importante dans l'industrie alimentaire. Elle permet de convertir des « graisses insaturées » (des composés contenant plusieurs liaisons C═C) en « graisses saturées » (des composés contenant peu ou pas de liaisons C═C).

La catalyse homogène comporte plusieurs avantages par rapport à la catalyse hétérogène. D'une part, les réactions peuvent souvent avoir lieu dans les conditions atmosphériques, ce qui réduit les coûts de production et diminue la décomposition des produits à température élevée. D'autre part, les catalyseurs homogènes peuvent être conçus spécifiquement pour tel type de réactions tout en coûtant moins cher que les métaux précieux (comme l'or et le platine) utilisés en catalyse hétérogène.

La catalyse enzymatique

Étudions un dernier exemple de catalyse homogène, mais cette fois chez les êtres vivants. De tous les processus complexes en jeu dans les systèmes vivants, aucun n'est plus frappant ni plus essentiel que la catalyse enzymatique. Il s'agit d'une catalyse effectuée par des **enzymes**, des catalyseurs biologiques. Ce qui est remarquable dans ce cas, c'est que non seulement les enzymes accélèrent les réactions biochimiques de facteurs de l'ordre de 10^6 à 10^{12}, mais elles sont également très *spécifiques.* En effet, une enzyme n'agit que sur certaines molécules, appelées *substrats* (c'est-à-dire réactifs), tout en laissant le reste du système intact. On estime qu'une cellule vivante moyenne contient environ 3 000 enzymes différentes, et que chacune catalyse une réaction spécifique qui convertit un substrat en produits appropriés. La catalyse enzymatique est homogène, car les substrats, les enzymes et les produits sont tous en solution aqueuse.

Une enzyme est une grosse protéine qui contient un ou plusieurs *sites actifs* où ont lieu les interactions avec les substrats. Ces sites sont compatibles, du point de vue structural, avec des molécules spécifiques, à la manière d'une serrure et de sa clé (*voir la figure 3.27*). Cependant, une molécule d'enzyme (ou au moins son site actif) a une structure relativement flexible et peut modifier sa forme pour réagir avec plus de un substrat. La figure 3.28 montre un modèle moléculaire d'une enzyme en action.

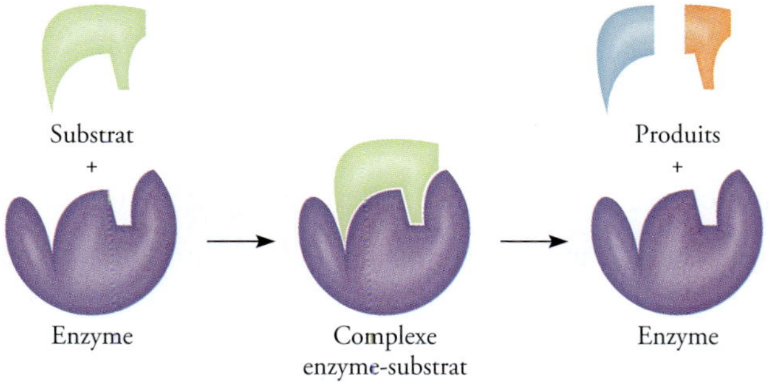

FIGURE 3.27

Analogie entre la spécificité d'une serrure pour une clé et celle d'une enzyme pour son substrat

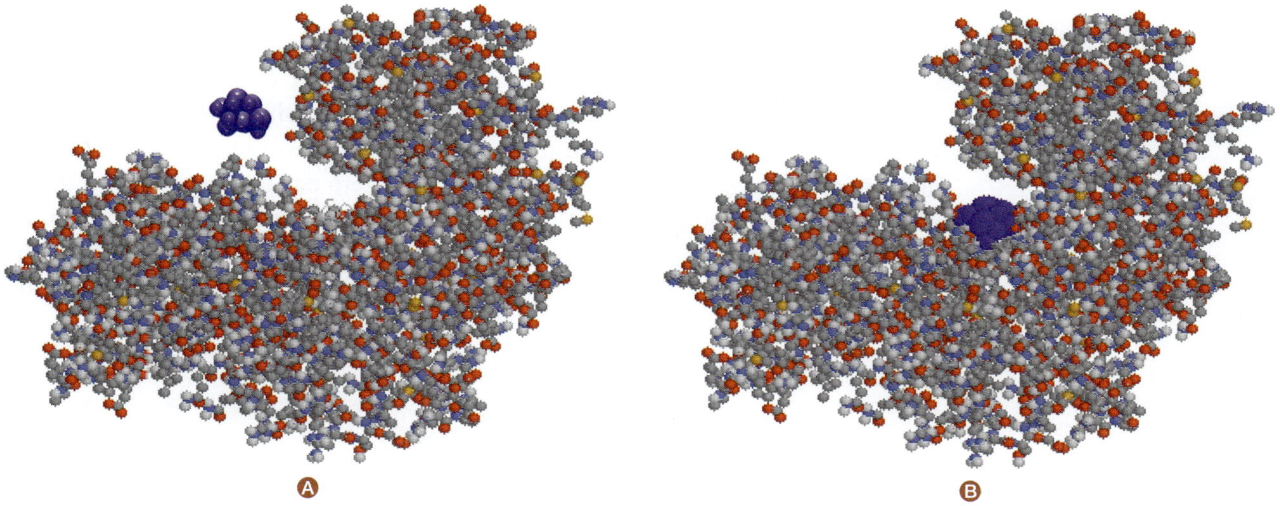

FIGURE 3.28

Fixation d'un substrat sur une enzyme

A Le substrat, une molécule de glucose, s'approche de l'enzyme hexokinase.
B La molécule de glucose est liée au site actif et va subir une modification chimique pour donner un produit.

Le traitement mathématique de la cinétique enzymatique est très complexe, même quand on connaît les principales étapes d'une telle réaction. En voici un schéma simplifié :

$$E + S \underset{k_{-1}}{\overset{k_1}{\rightleftharpoons}} ES$$

$$ES \xrightarrow{k_2} E + P$$

où E, S et P représentent l'enzyme, le substrat et le produit ; ES est l'intermédiaire enzyme-substrat. La figure 3.29 montre les courbes d'énergie potentielle de la réaction. On suppose souvent que la formation de ES et sa dissociation en enzyme et en substrat se produisent rapidement et que la réaction cinétiquement limitante est celle de la formation du produit. En général, la vitesse d'une telle réaction est donnée par l'équation suivante :

$$v = \frac{\Delta[\mathrm{P}]}{\Delta t} = k[\mathrm{ES}]$$

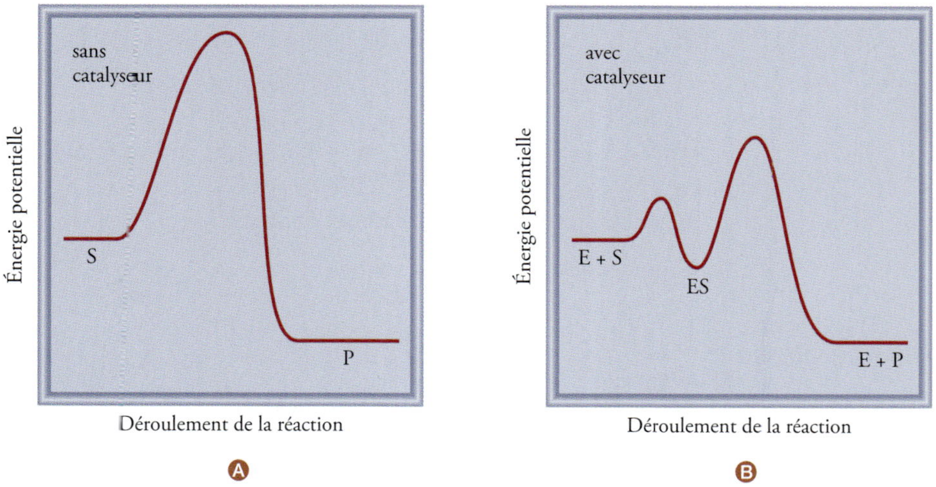

FIGURE 3.29

Comparaison entre : A une réaction non catalysée et B la même réaction catalysée par une enzyme

D'après la courbe en B, la réaction catalysée se produirait en deux étapes, et c'est la seconde (ES ⟶ E + P) qui serait cinétiquement limitante.

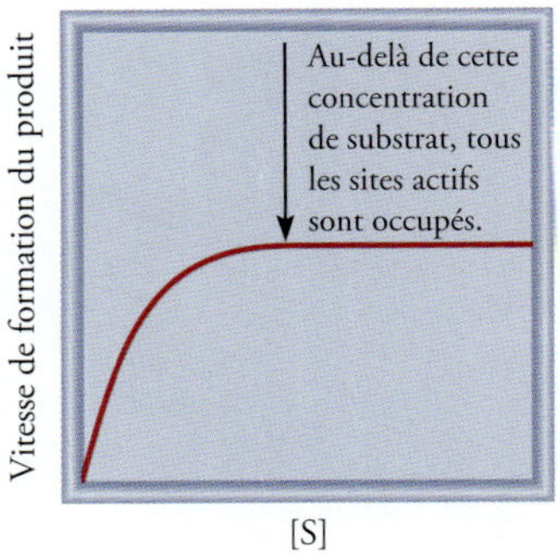

FIGURE 3.30

Variation de la vitesse de formation du produit en fonction de la concentration de substrat dans une réaction catalysée par une enzyme

La première portion de cette courbe est formée d'un segment d'une droite oblique qui correspond à une cinétique d'ordre un où $v = k[S]$. La dernière section, une droite horizontale, correspond à une cinétique d'ordre zéro où $v = k_1$.

La concentration de l'intermédiaire ES est elle-même proportionnelle à la quantité de substrat présent ; la mise en graphe de la vitesse en fonction de la concentration de substrat donne habituellement une courbe comme celle de la figure 3.30. Au début, la vitesse augmente rapidement avec la concentration du substrat et la réaction est d'ordre un ($v = k[S]$). Cependant, au-delà d'une certaine concentration, tous les sites actifs sont occupés, et la réaction devient d'ordre zéro par rapport au substrat ($v = k_1$). Autrement dit, la vitesse reste la même malgré l'augmentation de la concentration du substrat. À ce point et au-delà, la vitesse de formation du produit ne dépend plus que de la vitesse de rupture de l'intermédiaire ES, et non du nombre de molécules de substrat présentes.

RÉSUMÉ

3.1

La vitesse de réaction

La vitesse d'une réaction chimique s'exprime par la variation de la concentration des réactifs ou des produits en fonction de la variation du temps. Dans le cas d'une réaction A ⟶ B, la vitesse moyenne $= -\Delta[A]/\Delta t = \Delta[B]/\Delta t$. Ici, dans le cas de la vitesse moyenne, il s'agit d'un intervalle de temps plutôt long. En général, cette vitesse n'est pas constante, elle varie continuellement avec la concentration.

Il faut tenir compte de la stœchiométrie pour écrire l'expression de la vitesse ; ainsi pour la réaction générale $aA + bB \longrightarrow cC + dD$, la vitesse, v, est :

$$v = -\frac{1}{a}\frac{\Delta[A]}{\Delta t} = -\frac{1}{b}\frac{\Delta[B]}{\Delta t} = \frac{1}{c}\frac{\Delta[C]}{\Delta t} = \frac{1}{d}\frac{\Delta[D]}{\Delta t}$$

Dans le cas d'une vitesse instantanée, l'intervalle de temps est très petit et correspond à une tangente en un point précis de la courbe de vitesse. Sur le graphique suivant, nous pouvons visualiser la différence entre une vitesse moyenne et une vitesse instantanée.

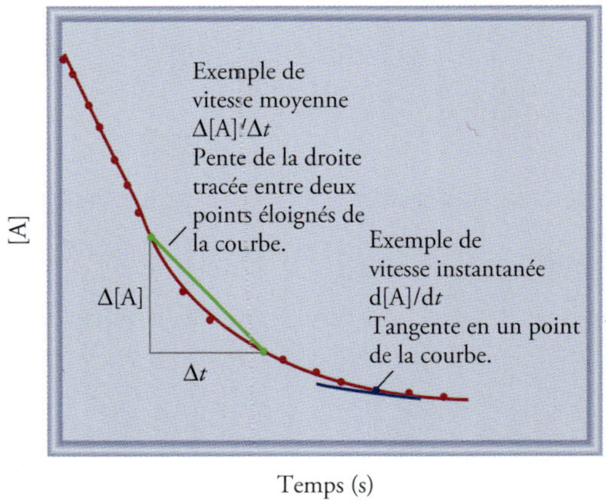

3.2

Les lois de vitesse

Une loi de vitesse (*voir l'équation clé 3.1*) est une expression reliant la vitesse d'une réaction à sa constante de vitesse k et aux concentrations des réactifs élevées aux puissances appropriées. La constante de vitesse k d'une réaction donnée ne varie qu'avec la température. Pour la réaction générale $aA + bB \longrightarrow cC + dD$, la loi de vitesse est : $v = k[A]^x [B]^y$ où la somme de x et y donne l'ordre global de la réaction. On dit aussi que cette réaction est d'ordre x par rapport à A et d'ordre y par rapport à B.

3.3

La relation entre les concentrations des réactifs et le temps

On ne peut déterminer ni la loi de vitesse ni l'ordre de la réaction à partir de la stœchiométrie d'une réaction globale ; il faut le faire expérimentalement par la méthode d'isolation, c'est-à-dire en mesurant l'effet sur la vitesse initiale d'un seul réactif à la fois tout en gardant constantes les concentrations des autres réactifs.

Pour une réaction d'ordre zéro, la vitesse de réaction est égale à la constante de vitesse.

La demi-vie d'une réaction (le temps requis à la concentration d'un réactif pour diminuer de moitié) peut servir à déterminer la constante de vitesse d'une réaction d'ordre un.

Voici un résumé des trois cinétiques étudiées dans cette section.

Résumé des cinétiques des réactions d'ordre zéro, un et deux pour une réaction du type A ⟶ produit

Ordre de réaction	Loi de vitesse	Unités de k	Loi de vitesse intégrée	Demi-vie $t_{\frac{1}{2}}$	Type de mise en graphe pour avoir une droite
0	$v = k$	$mol \cdot L^{-1} \cdot s^{-1}$	$[A]_t = -kt + [A]_0$	$\frac{[A]_0}{2k}$	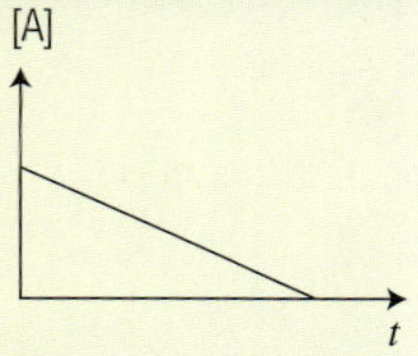
1	$v = k[A]$	s^{-1}	$\ln [A]_t = -kt + \ln [A]_0$	$\frac{0{,}693}{k}$	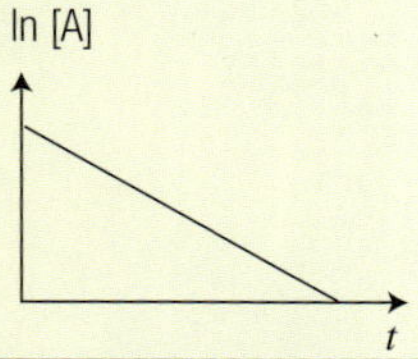
2	$v = k[A]^2$	$L \cdot mol^{-1} \cdot s^{-1}$	$\frac{1}{[A]_t} = kt + \frac{1}{[A]_0}$	$\frac{1}{k[A]_0}$	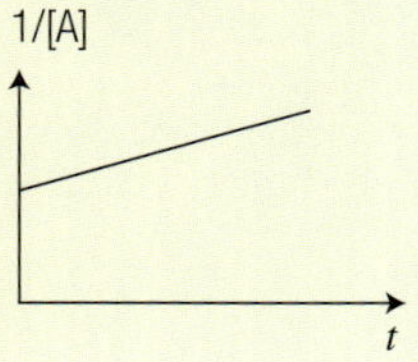

3.4

L'énergie d'activation et l'effet de la température sur la constante de vitesse

Selon la théorie des collisions, une réaction se produit quand les molécules se heurtent avec suffisamment d'énergie (énergie d'activation) pour rompre les liaisons et faire démarrer la réaction. Le complexe activé obtenu en cours de réaction est une espèce instable qui correspond à un maximum d'énergie potentielle.

L'équation d'Arrhenius (*voir les équations clés 3.11 et 3.13*) met en relation la constante de vitesse, l'énergie d'activation et la température. Sous sa forme linéaire, la pente de la droite obtenue permet de calculer la valeur de E_a à une température donnée.

3.5

Les mécanismes réactionnels et les lois de vitesse

L'équation globale équilibrée d'une réaction peut être souvent considérée comme la somme d'une série de réactions simples, dites « élémentaires » et constituant chacune une étape de réaction. La série complète des réactions élémentaires conduisant à la formation des produits en autant d'étapes constitue le mécanisme réactionnel.

Les espèces qui apparaissent dans le mécanisme réactionnel, mais pas dans la réaction globale, sont des intermédiaires. Le nombre de molécules intervenant dans une réaction élémentaire correspond à la molécularité de cette étape. Ordinairement, la molécularité d'une réaction élémentaire est unimoléculaire, bimoléculaire ou trimoléculaire. La réaction élémentaire (ou étape) la plus lente d'un mécanisme se nomme étape limitante ou étape déterminante, et c'est elle qui sert à déterminer la loi de vitesse de la réaction étudiée.

Rappelons les étapes de l'étude d'un mécanisme réactionnel :

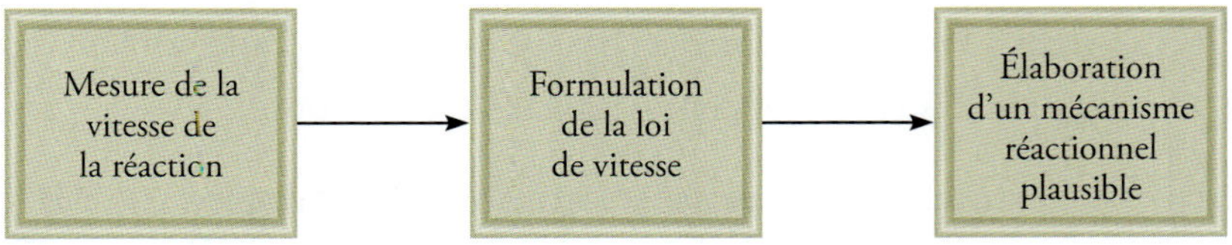

Afin de valider un mécanisme réactionnel, il faut prouver que la somme des étapes élémentaires correspond bien à l'équation globale et que la loi de vitesse du mécanisme proposé est la même que celle déterminée expérimentalement.

3.6

La catalyse

Habituellement, un catalyseur accélère une réaction en abaissant la valeur de E_a, et il se retrouve inchangé à la fin d'une réaction. La réaction catalysée ne procède pas nécessairement par le même mécanisme (le nombre d'étapes peut changer) que celui de la réaction sans catalyseur, comme dans l'exemple suivant :

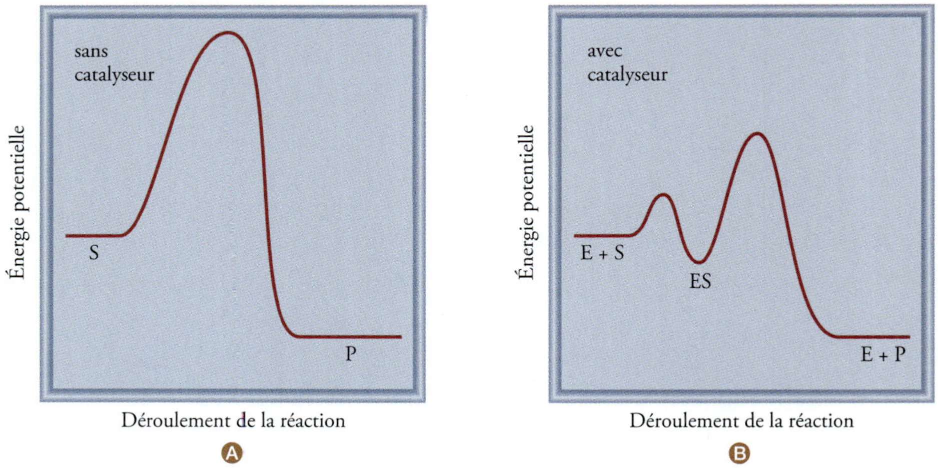

Dans la catalyse hétérogène, importante en industrie, le catalyseur est habituellement un solide, et les réactifs sont des gaz ou des liquides.

Dans la catalyse homogène, le catalyseur et les réactifs sont dans la même phase.

Dans les systèmes vivants, ce sont les enzymes qui jouent le rôle de catalyseurs. Le réactif, ou substrat, forme temporairement un intermédiaire appelé complexe enzyme-substrat.

ÉQUATIONS CLÉS

• $\text{vitesse} = k[\text{A}]^x[\text{B}]^y$	Loi de vitesse. La somme $(x + y)$ donne l'ordre global de la réaction	(3.1)
• $\ln \dfrac{[\text{A}]_0}{[\text{A}]_t} = kt$	Relation entre la concentration et le temps pour une réaction d'ordre un	(3.3)
• $\ln [\text{A}]_t = -kt + \ln [\text{A}]_0$	Loi de vitesse intégrée pour une réaction d'ordre un Équation linéaire pour déterminer graphiquement la valeur de k d'une réaction d'ordre un	(3.4)
• $t_{\frac{1}{2}} = \dfrac{0{,}693}{k}$	Permet de calculer la demi-vie d'une réaction d'ordre un	(3.6)
• $\dfrac{1}{[\text{A}]_t} = kt + \dfrac{1}{[\text{A}]_0}$	Relation entre le temps et la concentration pour une réaction d'ordre deux Loi de vitesse intégrée pour une réaction d'ordre deux	(3.7)
• $t_{\frac{1}{2}} = \dfrac{1}{k[\text{A}]_0}$	Permet de calculer la demi-vie d'une réaction d'ordre deux	(3.8)
• $[\text{A}]_t = -kt + [\text{A}]_0$	Relation entre le temps et la concentration pour une réaction d'ordre zéro Loi de vitesse intégrée pour une réaction d'ordre zéro	(3.9)
• $t_{\frac{1}{2}} = \dfrac{[\text{A}]_0}{2k}$	Permet de calculer la demi-vie d'une réaction d'ordre zéro	(3.10)
• $k = Ae^{-E_a/RT}$	L'équation d'Arrhenius exprimant la relation entre l'énergie d'activation, la température et la constante de vitesse	(3.11)
• $\ln k = \dfrac{-E_a}{RT} + \ln A$	Équation d'Arrhenius sous sa forme linéaire Permet de déterminer graphiquement l'énergie d'activation d'une réaction	(3.13)
• $\ln \dfrac{k_1}{k_2} = \dfrac{E_a}{R}\left(\dfrac{T_1 - T_2}{T_1 T_2}\right)$	Relation entre les constantes de vitesse à deux températures différentes Forme linéaire de l'équation d'Arrhenius appliquée à deux points (deux valeurs correspondantes de k et de T)	(3.14)

MOTS CLÉS

QUESTIONS ET PROBLÈMES*

Questions et problèmes ciblés

La vitesse de réaction

Questions de révision

3.1 Qu'entend-on par vitesse d'une réaction chimique?

3.2 Quelles sont les unités utilisées pour exprimer la vitesse de réaction?

3.3 Quels sont les avantages de mesurer la vitesse au début d'une réaction?

3.4 Nommez deux réactions très lentes (dont le déroulement prend des jours ou davantage) et deux réactions très rapides (dont le déroulement prend seulement quelques minutes ou quelques secondes).

Problèmes

★**3.5** Écrivez les expressions des vitesses des réactions suivantes en fonction de la disparition des réactifs et de la formation des produits:

a) $H_2(g) + I_2(g) \longrightarrow 2HI(g)$

b) $2H_2(g) + O_2(g) \longrightarrow 2H_2O(g)$

c) $5Br^-(aq) + BrO_3^-(aq) + 6H_3O^+(aq) \longrightarrow 3Br_2(aq) + 9H_2O(l)$

★**3.6** Soit la réaction suivante:

$$N_2(g) + 3H_2(g) \longrightarrow 2NH_3(g)$$

Supposons qu'à un moment précis de la réaction l'hydrogène moléculaire réagit à la vitesse de 0,074 mol · L^{-1} · s^{-1}. **a)** À quelle vitesse se forme l'ammoniac? **b)** À quelle vitesse réagit l'azote moléculaire?

Les lois de vitesse

Questions de révision

3.7 Qu'entend-on par loi de vitesse d'une réaction?

3.8 Expliquez ce qu'est l'ordre d'une réaction.

3.9 Quelles sont les unités associées aux constantes de vitesse des réactions d'ordre un et d'ordre deux?

3.10 Écrivez une équation qui relie la concentration d'un réactif A à $t = 0$ et celle à $t = t$ pour une réaction d'ordre un. Définissez tous les termes et donnez-en les unités.

3.11 Soit la réaction d'ordre zéro suivante: A $\longrightarrow$ produit. **a)** Écrivez la loi de vitesse de la réaction. **b)** Quelles sont les unités qui accompagnent la constante de vitesse? **c)** Faites un graphique de la vitesse de réaction en fonction de [A].

3.12 La constante de vitesse d'une réaction d'ordre un est de 66 s^{-1}. Quelle est la constante de vitesse en unités comportant des minutes?

3.13 De laquelle des grandeurs suivantes la constante de vitesse d'une réaction dépend-elle: **a)** les concentrations des réactifs; **b)** la nature des réactifs; **c)** la température?

3.14 Pour chacune des paires de réactions suivantes, dites quelle réaction forme le plus rapidement de l'hydrogène gazeux: **a)** le sodium ou le potassium avec l'eau; **b)** le magnésium ou le fer avec une solution de HCl 1,0 mol/L; **c)** une tige de magnésium ou de la poudre de magnésium avec une solution de HCl 1,0 mol/L; **d)** du magnésium avec une solution de HCl 0,10 mol/L ou avec une solution de HCl 1,0 mol/L.

Problèmes

★**3.15** La loi de vitesse de la réaction suivante:

$$NH_4^+(aq) + NO_2^-(aq) \longrightarrow N_2(g) + 2H_2O(l)$$

est $v = k[NH_4^+][NO_2^-]$. À 25 °C, la constante de vitesse est de $3{,}0 \times 10^{-4}$ L · mol^{-1} · s^{-1}. Calculez la vitesse de la réaction à cette température si $[NH_4^+]$ = 0,26 mol/L et $[NO_2^-]$ = 0,080 mol/L.

★**3.16** À partir des données du tableau 3.2 (*p. 111*): **a)** déduisez la loi de vitesse de la réaction; **b)** calculez la constante de vitesse; **c)** calculez la vitesse de la réaction au moment où $[F_2]$ = 0,010 mol/L et $[ClO_2]$ = 0,020 mol/L.

★**3.17** Soit la réaction suivante:

$$A + B \longrightarrow \text{produits}$$

D'après les données suivantes obtenues à une certaine température, déterminez l'ordre de la réaction et calculez la constante de vitesse:

[A]	[B]	Vitesse (mol · L^{-1} · s^{-1})
1,50	1,50	$3{,}20 \times 10^{-1}$
1,50	2,50	$3{,}20 \times 10^{-1}$
3,00	1,50	$6{,}40 \times 10^{-1}$

★**3.18** Soit la réaction suivante:

$$X + Y \longrightarrow Z$$

Les données suivantes sont obtenues à 360 K:

* Niveau de difficulté: ★ facile; ★ moyen; ★ élevé

Biologie: 3.42, 3.61, 3.62, 3.101, 3.102, 3.105; Concepts: 3.21, 3.22, 3.37, 3.52, 3.53, 3.63, 3.67, 3.68, 3.73, 3.78, 3.82, 3.83, 3.85, 3.87, 3.92, 3.93, 3.95, 3.96, 3.98, 3.106; Descriptifs: 3.64, 3.69; Environnement: 3.53, 3.91; Industrie: 3.66, 3.80, 3.97, 3.103

Vitesse initiale de disparition de X ($mol \cdot L^{-1} \cdot s^{-1}$)	[X]	[Y]
0,147	0,10	0,50
0,127	0,20	0,30
4,064	0,40	0,60
1,016	0,20	0,60
0,508	0,40	0,30

Déterminez : **a)** l'ordre de la réaction ; **b)** la vitesse initiale de disparition de X quand sa concentration est de 0,30 mol/L et quand celle de Y est de 0,40 mol/L.

★3.19 Déterminez l'ordre global des réactions qui répondent aux lois de vitesse suivantes : **a)** $v = k[NO_2]^2$; **b)** $v = k$; **c)** $v = k[H_2][Br_2]^{\frac{1}{2}}$; **d)** $v = k[NO]^2[O_2]$.

★3.20 Soit la réaction suivante :

$$A \longrightarrow B$$

La vitesse de la réaction est de $1{,}6 \times 10^{-2}$ $mol \cdot L^{-1} \cdot s^{-1}$ quand la concentration de A est de 0,35 mol/L. Calculez la constante de vitesse si la réaction est : **a)** d'ordre un en A ; **b)** d'ordre deux en A.

★3.21 Le cyclobutane se décompose en éthylène selon l'équation :

$$C_4H_8(g) \longrightarrow 2C_2H_4(g)$$

Déterminez l'ordre de la réaction et la constante de vitesse d'après les mesures de pression suivantes à 430 °C et à volume constant.

Temps (s)	P_{C4H8} (mm Hg)
0	400
2 000	316
4 000	248
6 000	196
8 000	155
10 000	122

★3.22 On a étudié la réaction suivante en phase gazeuse à 290 °C en observant les changements de pression en fonction du temps à volume constant :

$$ClCO_2CCl_3(g) \longrightarrow 2COCl_2(g)$$

Déterminez l'ordre de cette réaction et sa constante de vitesse à l'aide des données suivantes :

Temps (s)	*P* (mm Hg)
0	15,76
181	18,88
513	22,79
1 164	27,08

La relation entre les concentrations des réactifs et le temps

Questions de révision

3.23 Écrivez une équation reliant la concentration d'un réactif A au temps $t = 0$ à la concentration au temps $t = t$ pour une réaction du premier ordre. Définissez tous les termes et mentionnez les unités. Faites la même chose pour une réaction d'ordre deux.

3.24 Définissez la demi-vie d'une réaction. Écrivez l'équation qui relie la demi-vie d'une réaction d'ordre un à la constante de vitesse.

3.25 Écrivez les équations reliant la demi-vie d'une réaction d'ordre deux à la constante de vitesse. Quelle différence y a-t-il avec l'équation de la demi-vie pour une réaction d'ordre un ?

3.26 Soit une réaction d'ordre un ; combien de temps faudra-t-il pour que la concentration du réactif soit au huitième de sa valeur initiale ? Exprimez votre réponse en termes de la demi-vie ($t_{\frac{1}{2}}$) et en termes de la constante de vitesse *k*.

Problèmes

★3.27 Quelle est la demi-vie d'un composé si 75 % d'un échantillon de ce composé se décompose en 60 minutes ? Supposez qu'il s'agit d'une cinétique d'ordre un.

★3.28 La décomposition thermique de la phosphine (PH_3) en phosphore et en hydrogène moléculaire est une réaction d'ordre un :

$$4PH_3(g) \longrightarrow P_4(g) + 6H_2(g)$$

La demi-vie de la réaction est de 35,0 s à 680 °C. Calculez : **a)** la constante de vitesse de la réaction ; **b)** le temps nécessaire pour que 95 % de la phosphine se décompose.

★3.29 La constante de vitesse pour la réaction d'ordre deux suivante vaut 0,80 $L \cdot mol^{-1} \cdot s^{-1}$ à 10 °C.

$$2NOBr(g) \longrightarrow 2NO(g) + Br_2(g)$$

a) Si la concentration initiale de NOBr est de 0,086 mol/L, quelle sera la concentration de ce réactif après 22 s ? **b)** Calculez les demi-vies lorsque $[NOBr]_0 = 0{,}072$ mol/L et $[NOBr]_0 = 0{,}054$ mol/L.

★3.30 La constante de vitesse pour la réaction suivante d'ordre deux vaut 0,54 $L \cdot mol^{-1} \cdot s^{-1}$ à 300 °C.

$$2NO_2(g) \longrightarrow 2NO(g) + O_2(g)$$

Combien faudra-t-il de temps (en secondes) pour que la concentration de NO_2 change de 0,62 mol/L à 0,28 mol/L ?

L'énergie d'activation

Questions de révision

3.31 Définissez l'expression « énergie d'activation ». Quel rôle joue l'énergie d'activation en cinétique chimique ?

3.32 Écrivez l'équation d'Arrhenius et définissez tous ses termes.

3.33 Utilisez l'équation d'Arrhenius pour démontrer que la constante de vitesse d'une réaction : **a)** diminue quand l'énergie d'activation augmente ; **b)** augmente quand la température augmente.

3.34 Comme on le sait, le méthane brûle facilement en présence d'oxygène ; cette réaction est très exothermique. Cependant, on peut garder un mélange de méthane et d'oxygène gazeux indéfiniment sans changement apparent. Comment est-ce possible ?

3.35 Faites un graphique de l'énergie potentielle en fonction du déroulement de la réaction pour chacune des réactions suivantes :

a) $S(s) + O_2(g) \longrightarrow SO_2(g) \quad \Delta H° = -296{,}06\ \text{kJ}$

b) $Cl_2(g) \longrightarrow Cl(g) + Cl(g) \quad \Delta H° = 242{,}7\ \text{kJ}$

3.36 Durant de nombreuses années, on a étudié la réaction suivante : $H + H_2 \longrightarrow H_2 + H$. Faites un profil énergétique de cette réaction (variation de l'énergie potentielle en fonction du déroulement).

Problèmes

★**3.37** Le tableau ci-dessous donne la variation de la constante de vitesse en fonction de la température pour la réaction d'ordre un suivante :

$$2N_2O_5(g) \longrightarrow 2N_2O_4(g) + O_2(g)$$

Déterminez l'énergie d'activation de cette réaction à l'aide d'un graphique.

T (K)	k (s^{-1})
273	$7{,}87 \times 10^3$
298	$3{,}46 \times 10^5$
318	$4{,}98 \times 10^6$
338	$4{,}87 \times 10^7$

★**3.38** Soit la réaction suivante :

$$CO(g) + Cl_2(g) \longrightarrow COCl_2(g)$$

Pour les mêmes concentrations, cette réaction est $1{,}50 \times 10^3$ fois plus rapide à 250 °C qu'à 150 °C. Calculez son énergie d'activation. Considérez que le facteur de fréquence de collisions (A) est constant.

★**3.39** Soit la réaction suivante :

$$NO(g) + O_3(g) \longrightarrow NO_2(g) + O_2(g)$$

Si le facteur de fréquence (A) vaut $8{,}7 \times 10^{12}\ s^{-1}$ et que l'énergie d'activation vaut 63 kJ/mol, quelle est la constante de vitesse de cette réaction à 75 °C ?

★**3.40** La constante de vitesse d'une réaction d'ordre un est de $4{,}60 \times 10^{-4}\ s^{-1}$ à 350 °C. Si l'énergie d'activation est de 104 kJ/mol, calculez la température à laquelle sa constante de vitesse est de $8{,}80 \times 10^{-4}\ s^{-1}$.

★**3.41** Les constantes de vitesse de certaines réactions doublent chaque fois que la température augmente de 10 degrés. **a)** Si une réaction est observée à 295 K puis à 305 K, quelle doit être son énergie d'activation pour que sa constante de vitesse double entre les deux observations ? **b)** Est-ce que la vitesse doublera aussi pour la même augmentation de température ?

★**3.42** À 27 °C, trois criquets stridulent $2{,}0 \times 10^2$ fois par minute ; à 5 °C, seulement 39,6 fois par minute. Selon ces données, calculez « l'énergie d'activation » de ce processus. (Indice : le rapport des vitesses est égal aux rapports des constantes de vitesse.)

Les mécanismes réactionnels

Questions de révision

3.43 Qu'entend-on par mécanisme réactionnel ?

3.44 Qu'est-ce qu'une réaction élémentaire ?

3.45 Dites ce qu'est la molécularité d'une réaction.

3.46 Les réactions peuvent être dites unimoléculaires, bimoléculaires, etc. Pourquoi n'y a-t-il pas de réaction zéromoléculaire ?

3.47 Pourquoi les réactions trimoléculaires sont-elles rares ?

3.48 Qu'est-ce qu'une réaction cinétiquement limitante ? Donnez un exemple tiré de la vie quotidienne pour illustrer cette définition.

3.49 L'équation de la combustion de l'éthane (C_2H_6) est la suivante :

$$2C_2H_6 + 7O_2 \longrightarrow 4CO_2 + 6H_2O$$

Dites pourquoi il est à peu près impossible que cette équation représente aussi la réaction élémentaire.

3.50 Lesquelles des espèces suivantes ne peuvent être isolées durant une réaction : le complexe activé, le produit, l'intermédiaire ?

Problèmes

★**3.51** Soit la réaction suivante :

$$2NO(g) + Cl_2(g) \longrightarrow 2NOCl(g)$$

La loi de vitesse de cette réaction est $v = k[NO][Cl_2]$. **a)** Quel est l'ordre de cette réaction ? **b)** Pour cette réaction, on a proposé un mécanisme mettant en jeu les réactions élémentaires suivantes :

$$NO(g) + Cl_2(g) \longrightarrow NOCl_2(g)$$
$$NOCl_2(g) + NO(g) \longrightarrow 2NOCl(g)$$

Si ce mécanisme est adéquat, qu'est-ce que cela implique à propos des vitesses relatives de ces deux réactions élémentaires ? Quelle est l'étape limitante ?

★**3.52** Dans le cas de la réaction $X_2 + Y + Z \longrightarrow XY + XZ$, on constate ce qui suit : si l'on double la concentration de X_2, la vitesse de la réaction double ; si l'on triple la concentration de Y, la vitesse triple ; si l'on double la concentration de Z, il n'y a aucun changement de vitesse. **a)** Quelle est la loi de vitesse de cette réaction ? **b)** Pourquoi une modification de la concentration de Z n'a-t-elle aucun effet sur la vitesse ? **c)** Suggérez un mécanisme pour cette réaction qui soit en accord avec la loi de vitesse.

★**3.53** La loi de vitesse pour la décomposition de l'ozone en oxygène moléculaire selon l'équation :

$$2O_3(g) \longrightarrow 3O_2(g)$$

est :
$$\text{vitesse} = \frac{k\,[O_3]^2}{[O_2]}$$

Voici le mécanisme proposé pour cette réaction :

$$O_3 \underset{k_{-1}}{\overset{k_1}{\rightleftharpoons}} O + O_2$$
$$O + O_3 \xrightarrow{k_2} 2O_2$$

Déduisez la loi de vitesse à partir de ces étapes élémentaires. Expliquez clairement sur quelles suppositions vous vous basez pour proposer cette loi de vitesse. Expliquez pourquoi la vitesse de cette réaction diminue lorsque la concentration d'oxygène augmente.

★**3.54** La loi de vitesse pour la réaction :

$$2H_2(g) + 2NO(g) \longrightarrow N_2(g) + 2H_2O(g)$$

est :
$$\text{vitesse} = k\,[H_2][NO]^2$$

Lequel des mécanismes réactionnels suivants faut-il éliminer en se basant sur l'expression de la relation de vitesse observée ?

Mécanisme I

$H_2 + NO \longrightarrow H_2O + N$	(lente)
$N + NO \longrightarrow N_2 + O$	(rapide)
$O + H_2 \longrightarrow H_2O$	(rapide)

Mécanisme II

$H_2 + 2NO \longrightarrow N_2O + H_2O$	(lente)
$N_2O + H_2 \longrightarrow N_2 + H_2O$	(rapide)

Mécanisme III

$2NO \rightleftharpoons N_2O_2$	(équilibre rapide)
$N_2O_2 + H_2 \longrightarrow N_2O + H_2O$	(lente)
$N_2O + H_2 \longrightarrow N_2 + H_2O$	(rapide)

La catalyse

Questions de révision

3.55 Comment un catalyseur augmente-t-il la vitesse d'une réaction ?

3.56 Quelles sont les caractéristiques d'un catalyseur ?

3.57 Une certaine réaction se produit lentement à la température ambiante. Est-il possible que cette réaction se produise plus vite sans changement de température ?

3.58 Faites la distinction entre catalyse homogène et catalyse hétérogène. Décrivez quelques procédés industriels importants qui utilisent la catalyse hétérogène.

3.59 Les réactions catalysées par des enzymes sont-elles des exemples de catalyse homogène ou hétérogène ?

3.60 Les concentrations des enzymes dans les cellules sont habituellement assez faibles. Quelle est l'importance biologique de ce fait ?

Problèmes

★**3.61** La plupart des réactions, dont les réactions catalysées par des enzymes, se produisent plus rapidement à des températures élevées. Cependant, pour une enzyme donnée, la vitesse de réaction tombe rapidement à une certaine température. Expliquez ce phénomène.

★**3.62** Soit le mécanisme suivant pour cette réaction enzymatique :

$$E + S \underset{k_{-1}}{\overset{k_1}{\rightleftharpoons}} ES \text{ (équilibre rapidement atteint)}$$
$$ES \xrightarrow{k_2} E + P \text{ (lente)}$$

Écrivez l'expression de la loi de vitesse pour cette réaction en fonction des concentrations de E et de S. (Indice : pour substituer [ES], tenez compte du fait que, à l'équilibre, la vitesse de la réaction directe est égale à celle de la réaction inverse.)

Problèmes variés

★**3.63** Suggérez des moyens expérimentaux permettant d'observer la vitesse des réactions suivantes :

a) $CaCO_3(s) \longrightarrow CaO(s) + CO_2(g)$

b) $Cl_2(g) + 2Br^-(aq) \longrightarrow Br_2(aq) + 2Cl^-(aq)$

c) $C_2H_6(g) \longrightarrow C_2H_4(g) + H_2(g)$

★**3.64** Nommez quatre facteurs qui influencent la vitesse d'une réaction.

★**3.65** « La constante de vitesse de la réaction :

$$NO_2(g) + CO(g) \longrightarrow NO(g) + CO_2(g)$$

est de $1,64 \times 10^{-6}$ L · mol^{-1} · s^{-1} ». Que manque-t-il à cette affirmation ?

★**3.66** Dans un procédé industriel utilisant la catalyse hétérogène, le volume du catalyseur (une sphère) est de 10,0 cm^3. Calculez la surface de ce catalyseur. Si la sphère se sépare en huit sphères de 1,25 cm^3 chacune, quelle est la surface totale des sphères ? Sous laquelle de ces deux formes (la sphère ou les petites sphères) le catalyseur est-il le plus efficace ? Pourquoi ? (La surface d'une sphère est donnée par $4\pi r^2$, où *r* est le rayon de la sphère.)

★**3.67** Quand le phosphate de méthyle est chauffé en solution acide, il réagit ainsi avec l'eau :

$$CH_3OPO_3H_2 + H_2O \longrightarrow CH_3OH + H_3PO_4$$

Si cette réaction se produit dans de l'eau enrichie de ^{18}O, on retrouve l'isotope ^{18}O dans l'acide phosphorique, mais non dans le méthanol. Qu'est-ce que cela indique sur le mécanisme de la réaction ?

★**3.68** La vitesse de la réaction suivante :

$$CH_3COOC_2H_5(aq) + H_2O(l) \longrightarrow CH_3COOH(aq) + C_2H_5OH(aq)$$

présente des caractéristiques d'ordre un (c'est-à-dire que $v = k[CH_3COOC_2H_5]$) même s'il s'agit d'une réaction d'ordre deux (ordre un en $CH_3COOC_2H_5$ et ordre un en H_2O). Dites pourquoi.

★**3.69** Pourquoi la plupart des métaux utilisés comme catalyseurs sont-ils des métaux de transition ?

★**3.70** La bromation de l'acétone est catalysée par un acide :

$$CH_3COCH_3 + Br_2 \xrightarrow[\text{catalyseur}]{H_3O^+} CH_3COCH_2Br + H_3O^+ + Br^-$$

On a mesuré la vitesse de disparition du brome à différentes concentrations d'acétone, de brome et d'ions H_3O^+, à une certaine température :

	$[CH_3COCH_3]$	$[Br_2]$	$[H_3O^+]$	Vitesse de disparition de Br_2 ($mol \cdot L^{-1} \cdot s^{-1}$)
1)	0,30	0,050	0,050	$5,7 \times 10^{-5}$
2)	0,30	0,100	0,050	$5,7 \times 10^{-5}$
3)	0,30	0,050	0,10	$1,2 \times 10^{-4}$
4)	0,40	0,050	0,20	$3,1 \times 10^{-4}$
5)	0,40	0,050	0,050	$7,6 \times 10^{-5}$

a) Quelle est la loi de vitesse de cette réaction ? **b)** Déterminez la constante de vitesse.

★**3.71** La réaction $2A + 3B \longrightarrow C$ est d'ordre un en A et en B. Si les concentrations initiales sont $[A] = 1,6 \times 10^{-2}$ mol/L et $[B] = 2,4 \times 10^{-3}$ mol/L, la vitesse est de $4,1 \times 10^{-4}\ mol \cdot L^{-1} \cdot s^{-1}$. Calculez la constante de vitesse de cette réaction.

★**3.72** La décomposition de N_2O en N_2 et en O_2 est une réaction d'ordre un. À 730 °C, la demi-vie de cette réaction est de $3,58 \times 10^3$ minutes. Si la pression initiale de N_2O est de 213 kPa à 730 °C, calculez la pression gazeuse totale après une demi-vie. Supposez que le volume reste constant.

★**3.73** La réaction suivante :

$$S_2O_8^{2-} + 2I^- \longrightarrow 2SO_4^{2-} + I_2$$

se produit lentement en solution aqueuse, mais très rapidement en présence d'un catalyseur, les ions Fe^{3+}. Sachant que l'ion Fe^{3+} peut oxyder I^- et que l'ion Fe^{2+} peut réduire $S_2O_8^{2-}$, écrivez un mécanisme plausible en deux étapes (deux réactions élémentaires) pour cette réaction. Dites pourquoi la réaction non catalysée est lente.

★**3.74** Quelles sont les unités associées à la constante de vitesse dans le cas d'une réaction d'ordre trois ?

★**3.75** Soit la réaction d'ordre zéro suivante : $A \longrightarrow B$. Tracez les graphiques suivants : **a)** la vitesse de réaction en fonction de [A] ; **b)** [A] en fonction de *t*.

★**3.76** Un flacon contient un mélange des substances A et B. Ces deux substances se décomposent selon une cinétique d'ordre un. Les demi-vies sont de 50,0 minutes pour A et de 18,0 minutes pour B. Si, au départ, les concentrations de A et de B sont égales, combien de temps faudra-t-il pour que la concentration de A soit quatre fois supérieure à celle de B ?

★**3.77** En vous référant à l'exemple 3.5 (*p. 121*), dites comment vous mesureriez de façon expérimentale la pression partielle de l'azométhane en fonction du temps.

★**3.78** Soit la réaction suivante : $2NO_2(g) \longrightarrow N_2O_4(g)$. La loi de vitesse de cette réaction est $v = k[NO_2]^2$. Lesquelles des conditions suivantes changeront la valeur de *k* ? a) La pression de NO_2 double. b) La réaction se produit dans un solvant organique. c) Le volume du contenant double. d) La température diminue. e) Un catalyseur est ajouté dans le contenant.

★**3.79** La réaction de G_2 avec E_2 pour former 2EG est exothermique ; la réaction de G_2 avec X_2 pour former 2XG est endothermique. L'énergie d'activation de la réaction exothermique est supérieure à celle de la réaction endothermique. Tracez les profils énergétiques (courbes des variations des énergies potentielles en fonction du déroulement) de ces deux réactions sur le même graphique.

★**3.80** Les travailleurs de l'industrie nucléaire disent habituellement que la radioactivité d'un échantillon est relativement peu dangereuse après 10 demi-vies. Calculez la fraction résiduelle d'un échantillon radioactif après cette période. (Indice: la désintégration radioactive obéit à une cinétique d'ordre un.)

★**3.81** Décrivez brièvement l'effet d'un catalyseur sur les facteurs suivants: **a)** l'énergie d'activation; **b)** le mécanisme de réaction; **c)** l'enthalpie d'une réaction; **d)** la vitesse de la réaction directe; **e)** la vitesse de la réaction inverse.

★**3.82** On ajoute 6 g de Zn granuleux à une solution de HCl à 2 mol/L dans un bécher à la température ambiante. Il y a production d'hydrogène gazeux. Pour chacune des modifications suivantes (le volume d'acide reste constant), dites si la vitesse de formation de l'hydrogène gazeux augmente, diminue ou reste inchangée: **a)** on utilise 6 g de Zn poudreux; **b)** on utilise 4 g de Zn granuleux; **c)** on utilise de l'acide acétique 2 mol/L au lieu de HCl 2 mol/L; **d)** la température augmente à 40 °C.

★**3.83** Les données suivantes ont été recueillies au cours d'une réaction entre l'hydrogène et l'oxyde d'azote, à 700 °C:

$$2H_2(g) + 2NO(g) \longrightarrow 2H_2O(g) + N_2(g)$$

Expérience	$[H_2]$	[NO]	Vitesse initiale ($mol \cdot L^{-1} \cdot s^{-1}$)
1	0,010	0,025	$2{,}4 \times 10^{-6}$
2	0,0050	0,025	$1{,}2 \times 10^{-6}$
3	0,010	0,0125	$0{,}60 \times 10^{-6}$

a) Déterminez l'ordre de la réaction. **b)** Calculez la constante de vitesse. **c)** Suggérez un mécanisme plausible en accord avec la loi de vitesse. (Indice: supposez que l'atome d'oxygène est l'intermédiaire.)

★**3.84** Une réaction donnée d'ordre un est réalisée à 35,5 % en 4,90 minutes à 25 °C. Quelle est sa constante de vitesse?

★**3.85** On a observé la décomposition du pentoxyde de diazote dans du tétrachlorure de carbone (CCl_4) à une certaine température:

$$2N_2O_5 \longrightarrow 4NO_2 + O_2$$

$[N_2O_5]$	Vitesse initiale ($mol \cdot L^{-1} \cdot s^{-1}$)
0,92	$0{,}95 \times 10^{-5}$
1,23	$1{,}20 \times 10^{-5}$
1,79	$1{,}93 \times 10^{-5}$
2,00	$2{,}10 \times 10^{-5}$
2,21	$2{,}26 \times 10^{-5}$

Déterminez, à l'aide d'un graphique, la loi de vitesse de cette réaction et calculez sa constante de vitesse.

★**3.86** La décomposition thermique de N_2O_5 est d'ordre un. À 45 °C, une mise en graphe de ln $[N_2O_5]$ en fonction de *t* donne une droite de pente $-6{,}18 \times 10^{-4}$ min^{-1}. Quelle est la demi-vie de cette réaction?

★**3.87** Quand un mélange de méthane et de brome est exposé à la lumière, la réaction suivante se produit lentement:

$$CH_4(g) + Br_2(g) \longrightarrow CH_3Br(g) + HBr(g)$$

Suggérez un mécanisme possible pour cette réaction. (Indice: la vapeur de brome est rouge foncé; le méthane est incolore.)

★**3.88** Soit la réaction élémentaire suivante:

$$X + 2Y \longrightarrow XY_2$$

a) Écrivez la loi de vitesse de cette réaction;

b) si la vitesse initiale de formation de XY_2 est de $3{,}8 \times 10^{-3}$ $mol \cdot L^{-1} \cdot s^{-1}$ et si les concentrations initiales de X et de Y sont respectivement de 0,26 mol/L et 0,88 mol/L, quelle est la constante de vitesse de cette réaction?

★**3.89** Soit la réaction suivante:

$$C_2H_5I(aq) + 2H_2O(l) \longrightarrow C_2H_5OH(aq) + H_3O^+(aq) + I^-(aq)$$

Comment expliquer que l'on puisse suivre le déroulement de la réaction en mesurant la conductivité de la solution?

★**3.90** Un composé X subit deux réactions d'ordre un *simultanées*: $X \longrightarrow Y$ (constante de vitesse: k_1) et $X \longrightarrow Z$ (constante de vitesse: k_2). Le rapport k_1/k_2 est de 8,0 à 40 °C. Quel est ce rapport à 300 °C? Supposez que le facteur de fréquence des deux réactions est le même.

★**3.91** Depuis quelques années, on a réglementé l'usage des chlorofluorocarbures (CFC) afin d'éviter que la couche d'ozone ne se détériore davantage. Une molécule de CFC, comme $CFCl_3$, est d'abord décomposée par les rayons UV:

$$CFCl_3 \xrightarrow{UV} CFCl_2 + Cl\cdot$$

Le radical chlore réagit ensuite avec l'ozone:

$$Cl\cdot + O_3 \longrightarrow ClO\cdot + O_2$$

$$ClO\cdot + O \longrightarrow Cl\cdot + O_2$$

a) Écrivez l'équation globale de ces deux dernières réactions. **b)** Quels sont les rôles de Cl et de ClO? **c)** Pourquoi le radical fluoré n'est-il pas important dans ce mécanisme? **d)** Une suggestion pour réduire la concentration de radicaux chlore est d'ajouter des hydrocarbures, comme l'éthane (C_2H_6), à la stratosphère. Expliquez le bien-fondé de cette suggestion.

★**3.92** Si une automobile est munie d'un convertisseur catalytique, c'est durant les 10 premières minutes après le démarrage qu'elle est le plus polluante. Pourquoi ?

★**3.93** Une substance A est consécutivement convertie en B puis en C selon le schéma suivant :

$$A \longrightarrow B \longrightarrow C$$

En supposant que ces deux étapes sont d'ordre un, montrez, sur un même graphe, comment varient [A], [B] et [C] avec le temps.

★**3.94** Le mécanisme suivant a été proposé pour la réaction décrite au problème 3.70 :

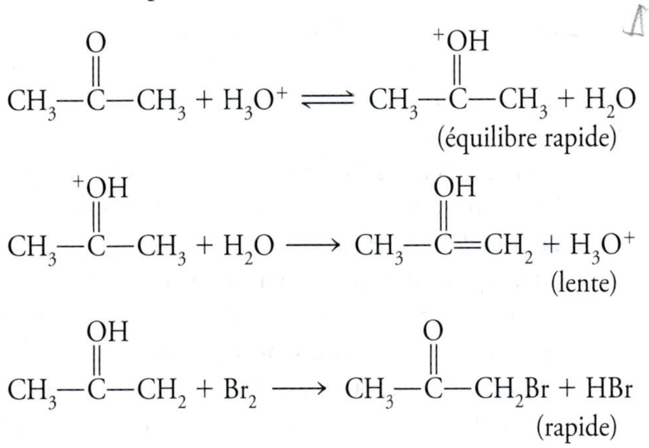

Démontrez que la loi déduite à partir de ce mécanisme est cohérente avec la loi trouvée en a) du problème 3.70.

★**3.95** **a)** Que pouvez-vous conclure quant à l'énergie d'activation d'une réaction dont la constante de vitesse change énormément pour de petites variations de la température ?

b) Si une réaction bimoléculaire se produit chaque fois que A et B entrent en collision, que devez-vous conclure quant au facteur orientation et quant à l'énergie d'activation de cette réaction ?

★**3.96** La loi de vitesse pour la réaction suivante :

$$CO(g) + NO_2(g) \longrightarrow CO_2(g) + NO(g)$$

est $v = k[NO_2]^2$.

Suggérez un mécanisme plausible pour cette réaction, sachant que l'espèce instable NO_3 est un intermédiaire.

★**3.97** Le plutonium 239 est radioactif ($t_{\frac{1}{2}} = 2{,}44 \times 10^5$ ans). On l'utilise dans la fabrication des réacteurs nucléaires et des bombes atomiques. S'il y a $5{,}0 \times 10^2$ g de cet isotope dans une petite bombe atomique, combien de temps faudra-t-il pour que le plutonium diminue par désintégration jusqu'à ce qu'il en reste $1{,}0 \times 10^2$ g, une quantité trop petite pour pouvoir exploser ? (Indice : les désintégrations radioactives se font selon une cinétique d'ordre un.)

★**3.98** Plusieurs réactions qui se font par catalyses hétérogènes sont d'ordre zéro (vitesse = k). La décomposition de la phosphine (PH_3) sur du tungstène (W) en est un exemple :

$$4PH_3(g) \longrightarrow P_4(g) + 6H_2(g)$$

On observe que cette réaction est indépendante de $[PH_3]$ pourvu que la pression de la phosphine soit suffisamment élevée ($\geq 101{,}3$ kPa). Expliquez votre réponse.

★**3.99** Le thallium(I) est oxydé par le cérium(IV) selon

$$Tl^+ + 2Ce^{4+} \longrightarrow Tl^{3+} + 2Ce^{3+}$$

Les étapes élémentaires, en présence de Mn(II), sont les suivantes :

$$Ce^{4+} + Mn^{2+} \longrightarrow Ce^{3+} + Mn^{3+}$$
$$Ce^{4+} + Mn^{3+} \longrightarrow Ce^{3+} + Mn^{4+}$$
$$Tl^{+} + Mn^{4+} \longrightarrow Tl^{3+} + Mn^{2+}$$

a) Identifiez le catalyseur, les intermédiaires et l'étape déterminante à partir de la loi de vitesse $v = k[Ce^{4+}][Mn^{2+}]$. **b)** Expliquez pourquoi la réaction est lente en l'absence du catalyseur. **c)** Quel est le type de catalyse dans ce cas (homogène ou hétérogène) ?

★**3.100** Voici trois profils de variation de l'énergie potentielle en fonction du temps pour trois réactions (de gauche à droite). **a)** Classez ces réactions par ordre croissant de vitesse. **b)** Calculez le ΔH pour chacune des réactions et dites si elles sont exothermiques ou endothermiques. On suppose que ces réactions ont le même facteur de fréquence des collisions.

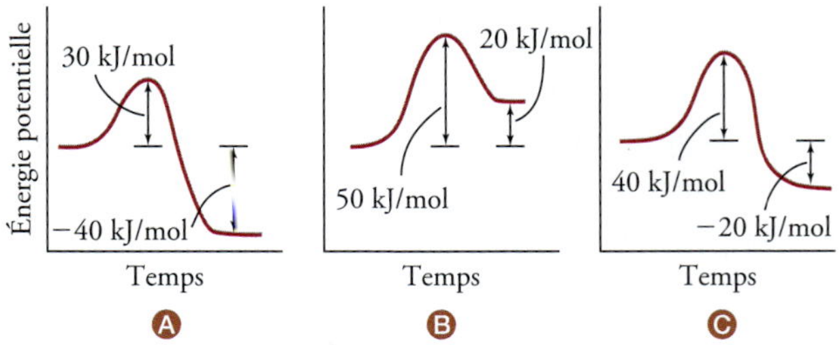

★**3.101** Soit le profil énergétique de la réaction A ⟶ D illustré à la page suivante. **a)** En combien d'étapes cette réaction a-t-elle lieu ? **b)** Combien d'intermédiaires sont-ils formés en cours de réaction ? **c)** Quelle est l'étape déterminante ? **d)** La réaction globale est-elle endothermique ou exothermique ?

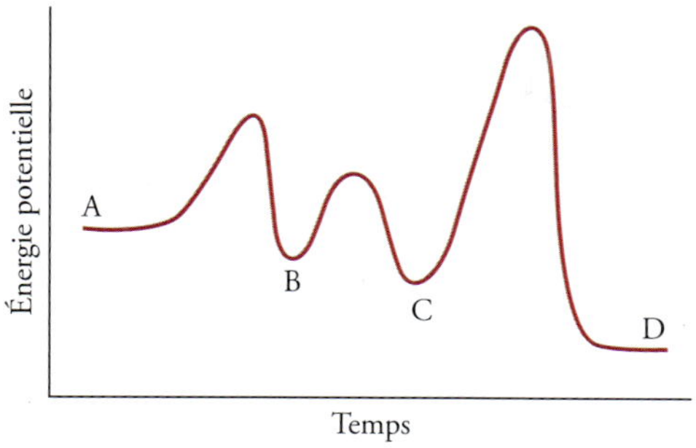

★3.102 L'énergie d'activation de la réaction de décomposition du peroxyde d'hydrogène suivante :

$$2H_2O_2(aq) \longrightarrow 2H_2O(l) + O_2(g)$$

est de 42 kJ/mol, alors qu'elle est de 7,0 kJ/mol lorsqu'elle est catalysée par une enzyme appelée *catalase.* Calculez à quelle température la réaction se ferait aussi rapidement en absence de la catalase par rapport à sa vitesse en présence de la catalase à 20 °C. On suppose que le facteur de fréquence des collisions est le même dans les deux cas.

Problèmes spéciaux

3.103 Le polyéthylène sert à la fabrication de tuyaux, de bouteilles, d'isolants électriques, de jouets et d'enveloppes pour le courrier. Il s'agit d'un *polymère,* une molécule de masse molaire très grande qui est synthétisée en joignant des molécules d'éthylène (l'unité de base se nomme monomère). La première étape se nomme initiation.

$$R_2 \xrightarrow{k_i} 2R\cdot \qquad \text{initiation}$$

L'espèce R· (appelée radical) réagit avec une molécule d'éthylène (M) pour donner un autre radical :

$$R\cdot + M \longrightarrow M_1\cdot$$

La réaction de $M_1\cdot$ avec un autre monomère mène à la croissance ou à la propagation de la chaîne polymérique

$$M_1\cdot + M \xrightarrow{k_p} M_2\cdot \qquad \text{propagation}$$

Cette étape peut être répétée avec des centaines d'unités monomériques. La propagation se termine lorsque deux radicaux se combinent :

$$M'\cdot + M''\cdot \xrightarrow{k_t} M' - M'' \qquad \text{terminaison}$$

L'initiateur utilisé dans la première étape pour la polymérisation de l'éthylène est le peroxyde de benzoyl [$(C_6H_5COO)_2$] :

$$(C_6H_5COO)_2 \longrightarrow 2C_6H_5COO\cdot$$

Il s'agit d'une réaction d'ordre un. La demi-vie du peroxyde de benzoyle à 100 °C est de 19,8 min. **a)** Calculez la constante de vitesse (en min^{-1}) de cette réaction. **b)** Si la demi-vie du peroxyde de benzoyle est de 7,30 h ou 438 min à 70 °C, quelle est l'énergie d'activation (en kJ/mol) pour la décomposition du peroxyde de benzoyle ? **c)** Écrivez les lois de vitesse pour toutes les étapes élémentaires déjà mentionnées de la polymérisation et identifiez le réactif, le ou les produits et les intermédiaires. **d)** Quelles conditions favoriseraient la croissance de longues molécules de polyéthylène à masses molaires élevées ?

3.104 L'éthanol est une substance toxique qui peut, lorsqu'il est consommé à forte dose, causer des troubles respiratoires et cardiaques par interférence avec les neurotransmetteurs du système nerveux. Dans le corps humain, l'éthanol est métabolisé en acétaldéhyde par l'enzyme de la déshydrogénase de l'alcool. L'acétaldéhyde donne des maux de tête. **a)** Expliquez, en vous basant sur vos connaissances concernant la cinétique enzymatique, pourquoi une très forte consommation d'alcool prise trop rapidement peut s'avérer fatale. **b)** Le méthanol est un alcool encore plus toxique que l'éthanol. Il est aussi métabolisé par la déshydrogénase de l'alcool, et le produit de la réaction est cette fois le formaldéhyde pouvant causer la cécité et la mort. L'antidote utilisé contre l'empoisonnement au méthanol est l'éthanol. Expliquez comment fonctionne ce traitement.

3.105 Pour rendre possible le métabolisme dans notre corps, l'oxygène est capté par l'hémoglobine (Hb) et forme de l'oxyhémoglobine (HbO_2) selon l'équation simplifiée :

$$Hb(aq) + O_2(aq) \xrightarrow{k} HbO_2(aq)$$

laquelle est une réaction d'ordre deux dont la constante de vitesse est de $2,1 \times 10^6$ L · mol^{-1} · s^{-1} à 37°C. (La réaction est d'ordre un par rapport à Hb et aussi d'ordre un par rapport à O_2.) Pour un adulte de taille moyenne, les concentrations de Hb et de O_2 dans le sang et dans les poumons sont respectivement de $8,0 \times 10^{-6}$ mol/L et $1,5 \times 10^{-6}$ mol/L. **a)** Calculez la vitesse de formation de HbO_2. **b)** Calculez la vitesse de consommation de O_2. **c)** La vitesse de formation de HbO_2 augmente à $1,4 \times 10^{-4}$ mol · L^{-1} · s^{-1} durant l'exercice afin de répondre au fonctionnement accéléré du métabolisme. En supposant que la concentration de Hb demeure constante, quelle doit être la concentration d'oxygène nécessaire au maintien de cette vitesse de formation de HbO_2 ?

3.106 L'ammoniac se décompose à la surface du tungstène métallique à une haute température selon :

$$2NH_3 \xrightarrow{W} N_2 + 3\ H_2$$

À partir du graphique suivant montrant la variation de la vitesse en fonction de la pression du NH_3, décrivez le mécanisme de cette réaction.

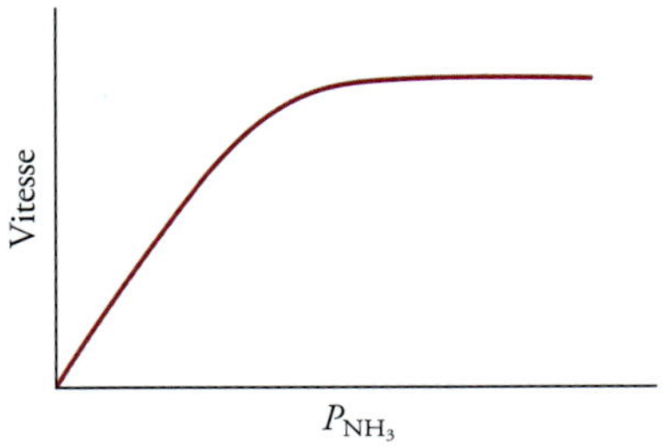

3.107 La vitesse d'une réaction a été mesurée par l'absorption de la lumière par les réactifs et les produits à trois longueurs d'onde différentes (λ_1, λ_2 et λ_3) en fonction du temps. On suppose que chacune des substances absorbe la lumière à une seule longueur d'onde, différente d'une substance à l'autre. Parmi les mécanismes suivants, lequel correspond le mieux aux données expérimentales ?

a) $A \longrightarrow B$, $A \longrightarrow C$

b) $A \longrightarrow B + C$

c) $A \longrightarrow B$, $B \longrightarrow C + D$

d) $A \longrightarrow B$, $B \longrightarrow C$

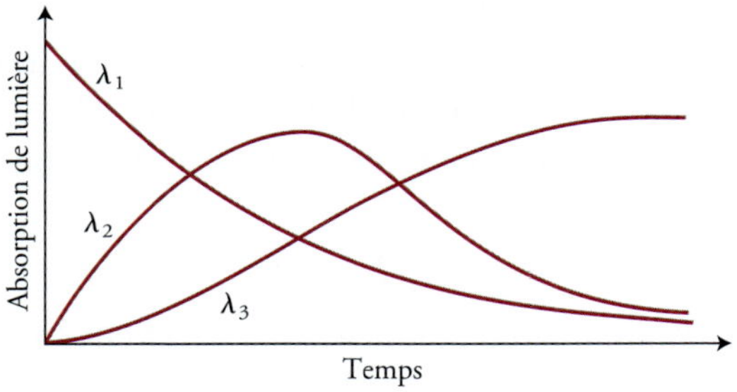

RÉPONSES AUX EXERCICES

3.1 $v = -\dfrac{\Delta[CH_4]}{\Delta t} = -\dfrac{1}{2}\dfrac{\Delta[O_2]}{\Delta t} = \dfrac{\Delta[CO_2]}{\Delta t} = \dfrac{1}{2}\dfrac{\Delta[H_2O]}{\Delta t}$

3.2 **a)** 0,013 mol · L^{-1} · s^{-1} ; **b)** −0,052 mol · L^{-1} · s^{-1}

3.3 $v = k[S_2O_8^{2-}][I^-]$, $k = 8,1 \times 10^{-2}$ L · mol^{-1} · s^{-1}

3.4 66 s

3.5 ordre un, $1,4 \times 10^{-2}$ min^{-1}

3.6 $1,2 \times 10^3$ s

3.7 **a)** 3,2 min ; **b)** 2,1 min

3.8 240 kJ/mol

3.9 $3,13 \times 10^{-9}$ s^{-1}

3.10 **a)** $NO_2 + CO \longrightarrow NO + CO_2$; **b)** NO_3 ; **c)** la première réaction est cinétiquement limitante.

CHAPITRE

4 L'équilibre chimique

Chimie en ligne

Animation
- Le principe de Le Chatelier (4.5)

Interaction
- L'équilibre chimique (l'équilibre NO_2/N_2O_4) (4.1)
- La détermination d'une constante d'équilibre (4.4)
- La détermination des concentrations à l'équilibre (4.4)

Équilibre entre les gaz N_2O_4 (incolore) et NO_2 (brun) dans une ampoule de verre scellée. L'équilibre favorise le NO_2 au fur et à mesure que la température augmente (de droite à gauche). Les modèles représentent des molécules de tétraoxyde de diazote (N_2O_4) et de dioxyde d'azote (NO_2).

NOTIONS CLÉS

4.1 Le concept d'équilibre

L'équilibre chimique correspond à l'état d'un système pour lequel les vitesses de réaction directe et inverse sont égales, et où les concentrations des réactifs et des produits demeurent inchangées dans le temps. Dans un tel cas, les propriétés macroscopiques du système seront constantes.

Cet état d'équilibre dynamique se caractérise par une constante d'équilibre, soit une expression mathématique qui constitue un rapport constant entre les concentrations des produits et celles des réactifs.

4.2 Les différentes manières d'exprimer les constantes d'équilibre

Selon la nature des espèces réagissantes, la constante d'équilibre s'écrit K_c à l'aide des concentrations molaires volumiques (surtout pour les solutions liquides) ou K_P à l'aide des pressions partielles (pour les solutions gazeuses), et elle n'a pas d'unités. La constante d'équilibre d'une réaction globale correspond au produit des constantes de chacune des réactions partielles. C'est la loi des équilibres multiples.

4.3 La relation entre la cinétique et l'équilibre

La constante d'équilibre est reliée à la cinétique (*voir le chapitre 3*), car elle résulte du rapport entre les constantes de vitesse (directe et indirecte) qui s'établissent à l'équilibre.

4.4 La signification de la constante d'équilibre

La valeur d'une constante d'équilibre nous indique la plus ou moins grande tendance d'une réaction réversible à se produire dans le sens direct, et sa valeur nous permet de prédire les concentrations finales de toutes les substances d'un mélange réactionnel une fois l'équilibre atteint. Selon les données des concentrations initiales, le calcul des concentrations finales peut nécessiter une ou plusieurs étapes basées sur la stœchiométrie de la réaction.

4.5 Les facteurs qui influencent l'équilibre chimique

Les changements de concentration peuvent influer sur la position d'un état d'équilibre, c'est-à-dire modifier les quantités relatives des réactifs et des produits.

Des changements de pression et de volume peuvent avoir le même effet sur des systèmes gazeux à l'équilibre. Seul un changement de la température peut modifier la valeur de la constante d'équilibre.

Le principe de Le Chatelier permet de déterminer dans quel sens se déplacera l'équilibre selon les différents facteurs d'influence (concentration, pression, température). D'après ce principe, quand une contrainte (facteur extérieur) agit sur un système à l'équilibre, celui-ci réagit en s'y opposant partiellement.

Un catalyseur permet d'atteindre plus rapidement l'état d'équilibre en augmentant la vitesse des réactions directe et inverse, mais sans modifier la position d'équilibre ni la valeur de la constante.

Fritz Haber, ou l'histoire d'un homme, d'une découverte et de son application

Au début du XXe siècle, certains pays connurent une pénurie de composés azotés utilisés comme engrais et comme explosifs. Les chimistes de l'époque cherchèrent donc à convertir de l'azote atmosphérique en composés utilisables (un procédé appelé fixation de l'azote), comme l'ammoniac. En 1912, le chimiste allemand Fritz Haber, ce scientifique dont on a déjà étudié le cycle de *Born-Haber* (*voir la section 7.3,* Chimie générale), développa un procédé qui porte maintenant son nom pour synthétiser l'ammoniac directement à partir de l'azote et de l'hydrogène :

$$N_2(g) + 3H_2(g) \rightleftharpoons 2NH_3(g)$$

Haber était une autorité reconnue en matière de relations entre la recherche scientifique et l'industrie.

On appelle parfois ce procédé le procédé Haber-Bosch pour souligner le fait que c'est Karl Bosch, un ingénieur, qui conçut l'équipement permettant de produire industriellement de l'ammoniac à une température de 500 °C et à une pression de $5,00 \times 10^4$ kPa, ce qui constituait un très grand défi technologique à l'époque. Le succès d'Haber reposait sur sa connaissance des facteurs qui influent sur les systèmes gazeux à l'équilibre et le choix de catalyseurs appropriés. On croit que son travail prolongea la Première Guerre mondiale de quelques années parce qu'il permit à l'Allemagne de continuer à fabriquer des explosifs, même si le blocus naval des Alliés avait interrompu son approvisionnement en nitrate de sodium en provenance du Chili.

De nos jours, on prétend que plus de 40 % de la population mondiale est nourrie grâce à ce procédé à la base de la fabrication de plusieurs variétés d'engrais, principalement l'urée. La production mondiale d'ammoniac dépasse actuellement les 130 millions de tonnes métriques et s'accroît continuellement (*voir le graphique ci-dessous*). La Chine en est le plus gros producteur avec plus de 24 millions de tonnes annuellement. Malheureusement, cette dépendance aux engrais cause plusieurs problèmes ; entre autres, ce procédé est très énergivore, et l'hydrogène nécessaire provient du gaz naturel, une grande source de gaz à effet de serre (GES). Éventuellement, l'hydrogène pourrait être produit par l'électrolyse de l'eau.

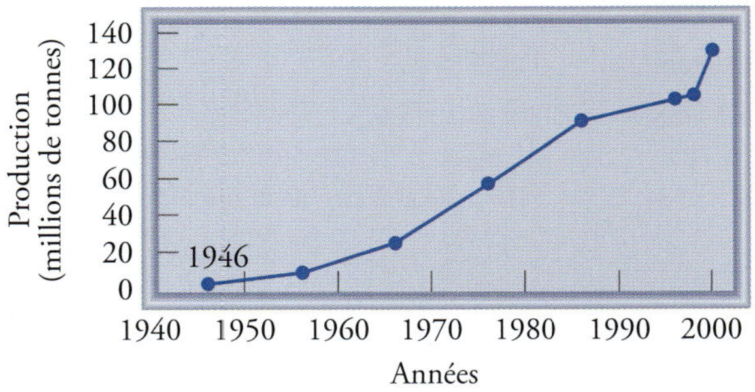

Production mondiale d'ammoniac

La croissance annuelle de la production d'ammoniac reflète les besoins croissants en fertilisant pour continuer à nourrir la population mondiale.

La contribution de Haber à la science ne se limite pas à la synthèse de l'ammoniac. Il réalisa aussi d'importants travaux en électrochimie et en chimie de la combustion ; il fut également directeur du prestigieux Kaiser Wilhelm Institute. Sa tentative d'extraire de l'or des océans est par ailleurs son échec scientifique le plus connu : il avait surestimé de 1 000 fois la concentration de l'or dans l'eau de mer! Sa contribution au développement de l'utilisation d'un gaz toxique, le chlore, sur les champs de bataille a grandement terni sa réputation. La décision de lui attribuer le prix Nobel de chimie en 1918 souleva la controverse et fut vertement critiquée, événement rare dans le domaine des sciences physiques.

En 1933, quand les nazis prirent le pouvoir, Haber fut expulsé d'Allemagne parce qu'il était juif. Il mourut en Suisse d'une crise cardiaque l'année suivante. Aujourd'hui, plusieurs historiens des sciences considèrent que la principale innovation du XXe siècle n'est pas l'ordinateur, mais plutôt le procédé Haber.

4.1 Le concept d'équilibre

Peu de réactions chimiques se produisent dans un seul sens. La plupart sont, jusqu'à un certain point, *réversibles* (*voir p. 7*). Au début d'une réaction réversible, il y a formation de produits; cependant, aussitôt que des molécules des produits apparaissent, la réaction inverse (c'est-à-dire la formation de molécules de réactifs à partir des molécules de produits) s'amorce. Quand les vitesses des réactions directe et inverse sont égales et que les concentrations des réactifs et des produits ne changent plus dans le temps, l'**équilibre chimique** est atteint.

Chimie en ligne
Interaction
- L'équilibre chimique (l'équilibre NO_2/N_2O_4)

L'équilibre chimique est un processus *dynamique*. On peut le comparer au va-et-vient des skieurs dans une station de ski achalandée, si le nombre de skieurs qui remontent la pente est égal au nombre de ceux qui la descendent. Ainsi, malgré ce transfert continuel et constant de skieurs, le nombre de personnes au sommet et celui en bas de la pente ne changent pas.

Quand on parle d'équilibre chimique, on parle d'au moins deux substances différentes: un réactif et un produit; l'**équilibre physique**, de son côté, n'implique qu'une seule substance, dans deux phases différentes: le changement produit est physique. L'évaporation de l'eau dans un contenant fermé à une température donnée est un exemple d'équilibre physique. Dans ce cas, le nombre de molécules H_2O qui quittent la phase liquide est égal au nombre de molécules qui y retournent:

$$H_2O(l) \rightleftharpoons H_2O(g)$$

Simulation d'un équilibre entre de l'eau liquide et sa vapeur à la température de la pièce.

(Au chapitre 1, nous avons vu que la double flèche indique une réaction réversible.) Même si l'équilibre physique fournit des renseignements utiles, dont la pression de vapeur à l'équilibre (*voir la section 9.6,* Chimie générale), c'est l'équilibre chimique, par exemple le cas de l'équilibre entre le dioxyde d'azote (NO_2) et le tétraoxyde de diazote (N_2O_4), qui intéresse le plus les chimistes. On peut facilement suivre le déroulement de la réaction:

$$N_2O_4(g) \rightleftharpoons 2NO_2(g)$$

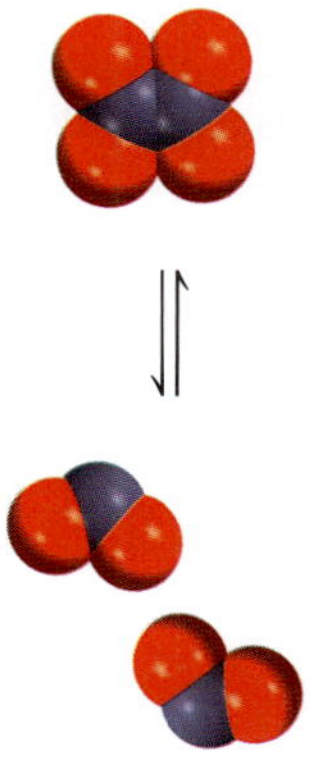

parce que N_2O_4 est un gaz incolore, tandis que NO_2 est un gaz brun foncé (que l'on peut voir, à l'occasion, quand l'air est pollué). Si l'on injecte une quantité précise de N_2O_4 dans un ballon dans lequel on a fait le vide, une couleur brune apparaît immédiatement, indiquant la formation de molécules NO_2. La couleur devient plus foncée à mesure que les molécules N_2O_4 se dissocient. Une fois l'équilibre atteint, la couleur ne change plus (*voir la figure 4.1, p. 172*). On pourrait tout aussi bien atteindre un état d'équilibre en débutant cette fois avec du NO_2 pur; certaines molécules de NO_2 se combineraient pour former du N_2O_4, ce qui ferait pâlir la couleur brune. Enfin, on pourrait aussi atteindre l'équilibre en utilisant un mélange de NO_2 et de N_2O_4, et observer le mélange jusqu'à l'atteinte d'une nouvelle coloration stable, preuve de l'atteinte d'un équilibre. Ces expériences nous démontrent que cette réaction est bien une réaction réversible. Dans chacun des cas, on observe un changement initial de couleur, causé soit par la formation de NO_2 (la couleur s'accentue), soit par la disparition de NO_2 (la couleur pâlit) ; à l'état final, la couleur ne change plus. Ce qu'il faut bien comprendre ici c'est que, à l'équilibre, les conversions de N_2O_4 en NO_2 et celles de NO_2 en N_2O_4 ont encore lieu. On n'observe plus de changement de couleur parce que les deux conversions inverses ont lieu à la même vitesse. La figure 4.2 résume les trois situations que nous venons de décrire. Selon la température et les quantités initiales de NO_2 et de N_2O_4 utilisées, les concentrations de NO_2 et de N_2O_4 à l'équilibre diffèrent d'un système à l'autre.

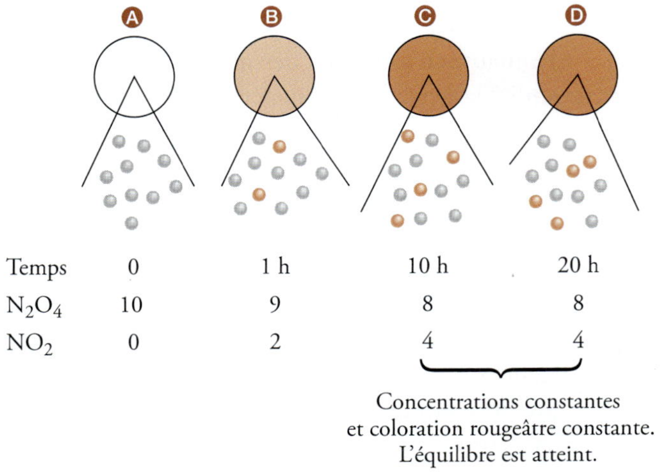

FIGURE 4.1

Évolution d'une réaction en milieu gazeux dans un ballon

Les petits cercles blancs et bruns représentent respectivement des molécules incolores de N_2O_4 et des molécules brunes de NO_2 examinées dans une portion de volume du ballon. La coloration du mélange gazeux dépend de la concentration de NO_2. **A** Au début, $t = 0$, il y a seulement du N_2O_4 et absence de coloration. **B** Après une heure, il y a eu formation d'une certaine quantité de NO_2 et l'on observe une faible coloration. **C** et **D** Les concentrations ne varient plus, et la coloration est constante ; l'équilibre était certainement atteint au moins après 10 heures.

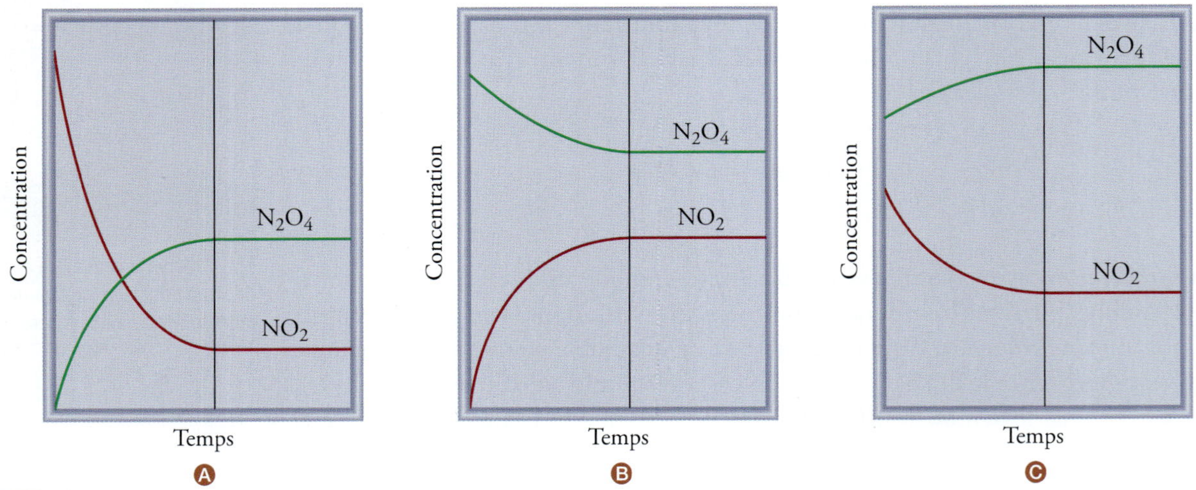

FIGURE 4.2

Variations des concentrations de NO_2 et de N_2O_4 en fonction du temps

A Initialement, seul NO_2 est présent. **B** Initialement, seul N_2O_4 est présent. **C** Initialement, on a un mélange de NO_2 et de N_2O_4. Dans chacun des cas, un état d'équilibre est atteint au-delà du trait vertical.

La constante d'équilibre

Le tableau 4.1 montre quelques données expérimentales concernant cette réaction à 25 °C. Les concentrations des gaz, exprimées en mol/L, sont calculées à partir du nombre de moles de gaz présentes au début de la réaction et à l'équilibre, et du volume du ballon en litres. Rappelons ici l'utilisation de crochets pour exprimer la concentration molaire volumique d'une substance : [A] = A mol/L. L'analyse des données à l'équilibre révèle que, même si le rapport $[NO_2]/[N_2O_4]$ donne des valeurs disparates, le rapport $[NO_2]^2/[N_2O_4]$, par contre, donne une valeur presque constante dont la moyenne est $4{,}63 \times 10^{-3}$. Cette valeur moyenne est appelée *constante d'équilibre* (K)

pour cette réaction à 25 °C. L'expression mathématique de la constante d'équilibre pour le système $NO_2-N_2O_4$ est :

$$K = \frac{[NO_2]^2}{[N_2O_4]} = 4{,}63 \times 10^{-3} \quad (4.1)$$

Notez que l'exposant 2 de $[NO_2]$ dans cette équation est égal au coefficient stœchiométrique de NO_2 dans l'équation de la réaction réversible.

TABLEAU 4.1

Le système $NO_2-N_2O_4$ à 25 °C, données expérimentales et calculs

Concentrations initiales (mol/L)		Concentrations à l'équilibre (mol/L)		Rapport des concentrations à l'équilibre	
$[NO_2]$	$[N_2O_4]$	$[NO_2]$	$[N_2O_4]$	$\frac{[NO_2]}{[N_2O_4]}$	$\frac{[NO_2]^2}{[N_2O_4]}$
0,000	0,670	0,0547	0,643	0,0851	$4{,}65 \times 10^{-3}$
0,0500	0,446	0,0457	0,448	0,102	$4{,}66 \times 10^{-3}$
0,0300	0,500	0,0475	0,491	0,0967	$4{,}60 \times 10^{-3}$
0,0400	0,600	0,0523	0,594	0,0880	$4{,}60 \times 10^{-3}$
0,200	0,000	0,0204	0,0898	0,227	$4{,}63 \times 10^{-3}$

On peut généraliser ce résultat de l'obtention d'un rapport constant entre les réactifs et les produits à l'équilibre, en considérant la réaction réversible suivante :

$$aA + bB \rightleftharpoons cC + dD$$

où *a, b, c* et *d* sont les coefficients stœchiométriques des espèces A, B, C et D. La **constante d'équilibre**, ce rapport constant (***K***) entre les concentrations à l'équilibre des produits et des réactifs, chacune des concentrations étant élevée à la puissance égale à son coefficient stœchiométrique, s'écrit :

$$K = \frac{[C]^c[D]^d}{[A]^a[B]^b} \quad (4.2)$$

L'équation 4.2 est l'expression mathématique de la **loi d'action de masse**, qui dit que la composition de tout mélange réactionnel à l'équilibre pour une réaction réversible à une température donnée peut s'exprimer à l'aide d'un certain rapport constant entre la concentration des réactifs et des produits. Ce rapport constant est appelé constante d'équilibre (*K*). Le numérateur de *K* est obtenu par la multiplication des concentrations à l'équilibre des *produits,* chacune des concentrations étant élevée à une puissance égale au coefficient stœchiométrique du produit dans l'équation équilibrée ; le dénominateur est obtenu de la même manière, mais avec les valeurs des *réactifs.* Les termes « réactifs » et « produits », qui ont déjà été définis à la section 3.7 de *Chimie générale,* peuvent porter à confusion dans le présent contexte d'une réaction réversible, car toute substance utilisée comme réactif pour la réaction directe est également un produit pour la réaction inverse. Pour éviter toute confusion, convenons tout simplement que les substances inscrites à droite de la double flèche s'appellent ici les produits et celles à gauche, les réactifs. C'est seulement après avoir étudié

Guldberg et Waage étaient deux grands amis d'enfance qui ont toujours su bien travailler en équipe.

NOTE

L'équation 4.2 est une formulation plus moderne des résultats des travaux de recherche de Guldberg et Waage portant sur la cinétique et l'équilibre chimique, publiés en 1864. L'expression « action de masse » fait référence ici au fait que, à l'époque, on parlait de « masse active » au lieu de « concentration ». Cette loi fondamentale de la chimie a été ignorée durant 15 ans, et ce n'est qu'en 1884 qu'elle a été officiellement reconnue.

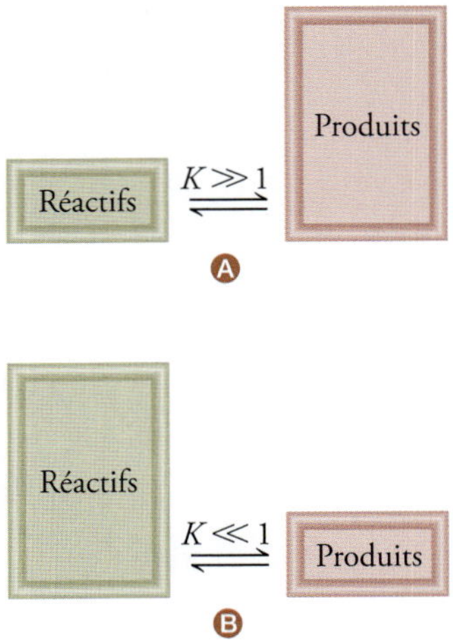

FIGURE 4.3

Signification de la valeur de *K*

A À l'équilibre, il y a plus de produits que de réactifs, on dit que l'équilibre est déplacé vers la droite.
B Dans le cas contraire, où il y a plus de réactifs que de produits à l'équilibre, on dit que l'équilibre est déplacé vers la gauche.

un grand nombre de réactions semblables à $NO_2-N_2O_4$ que Guldberg et Waage sont parvenus à formuler la loi d'action de masse. La constante d'équilibre a aussi été par la suite déduite théoriquement à partir de la thermodynamique, un sujet que nous aborderons brièvement au chapitre 7. On peut aussi relier la constante d'équilibre à l'étude de la cinétique et des mécanismes réactionnels (*voir le chapitre 3*), ce que nous ferons à la section 4.3.

Finalement, notons que, si la constante d'équilibre est beaucoup plus grande que 1 ($K \gg 1$), soit tout nombre > 10 dans ce contexte, la réaction aura tendance à procéder de manière à favoriser les produits à l'équilibre. Inversement, si la constante d'équilibre est beaucoup plus petite que 1 ($K \ll 1$), soit tout nombre $< 0{,}1$ dans ce contexte, la réaction procédera vers la gauche et favorisera les réactifs à l'équilibre (*voir la figure 4.3*).

4.2 Les différentes manières d'exprimer les constantes d'équilibre

Pour qu'elles soient pratiques, on doit exprimer les constantes d'équilibre en utilisant les concentrations des réactifs et des produits avec, comme point de repère, la loi d'action de masse (*équation 4.2*). Cependant, puisqu'il existe différents types d'unités pour exprimer la concentration et que les espèces en jeu ne sont pas toujours dans la même phase, il peut y avoir plus d'une façon d'exprimer la constante d'équilibre pour une *même* réaction. Commençons par examiner les réactions dont les produits et les réactifs sont tous dans la même phase.

L'équilibre homogène

L'expression **équilibre homogène** s'applique aux réactions dans lesquelles toutes les espèces en jeu sont dans la même phase. Un exemple d'équilibre homogène en phase gazeuse est la dissociation de N_2O_4. La constante d'équilibre, selon l'équation 4.1, est:

$$K_c = \frac{[NO_2]^2}{[N_2O_4]}$$

L'indice c, dans K_c, indique que la concentration des espèces en jeu est exprimée en moles par litre. Les concentrations dans les réactions en phase gazeuse peuvent également être exprimées à l'aide des pressions partielles. D'après l'équation $P = (n/V)RT$ (*voir la section 4.4,* Chimie générale), on sait que, à température constante, la pression P d'un gaz est directement proportionnelle à sa concentration en moles par litre, car (n/V) = mol/L. Ainsi, dans le cas de l'équilibre:

$$N_2O_4(g) \rightleftharpoons 2NO_2(g)$$

on peut écrire:

$$K_P = \frac{(P_{NO_2})^2}{P_{N_2O_4}} \qquad (4.3)$$

où P_{NO_2} et $P_{N_2O_4}$ sont respectivement les pressions partielles à l'équilibre (en kilopascals) de NO_2 et de N_2O_4. L'indice P, dans K_P, indique que les concentrations à l'équilibre sont exprimées en fonction de la pression.

En général, K_c n'est pas égale à K_p, car la pression partielle des réactifs et des produits n'est pas égale à leurs concentrations molaires. On peut toutefois déduire une relation simple entre K_p et K_c. Voyons l'équilibre suivant en phase gazeuse :

$$aA(g) \rightleftharpoons bB(g)$$

où a et b sont des coefficients stœchiométriques. La constante d'équilibre K_c est :

$$K_c = \frac{[B]^b}{[A]^a}$$

et l'expression de K_p est :

$$K_p = \frac{(P_B)^b}{(P_A)^a}$$

où P_A et P_B sont les pressions partielles de A et de B. En supposant que les gaz se comportent de façon idéale :

$$P_AV = n_ART$$
$$P_A = \frac{n_ART}{V}$$

où V est le volume du contenant en litres. Il en est de même pour le gaz B :

$$P_BV = n_BRT$$
$$P_B = \frac{n_BRT}{V}$$

Si l'on remplace ces relations dans l'expression de K_p, on obtient :

$$K_p = \frac{\left(\frac{n_BRT}{V}\right)^b}{\left(\frac{n_ART}{V}\right)^a} = \frac{\left(\frac{n_B}{V}\right)^b}{\left(\frac{n_A}{V}\right)^a}(RT)^{b-a}$$

Ensuite, comme les unités de n_A/V et de n_B/V sont des moles par litre, on peut les remplacer par [A] et [B], de sorte que :

$$K_p = \frac{[B]^b}{[A]^a}(RT)^{\Delta n}$$
$$= K_c(RT)^{\Delta n} \qquad (4.4)$$

où :

$$\Delta n = b - a$$
$$= \text{moles de produits à l'état gazeux} - \text{moles de réactifs à l'état gazeux}$$

Puisque la pression est habituellement donnée en kilopascals, la constante des gaz (R) est donnée par 8,314 kPa · L · mol^{-1} · K^{-1} ; on peut alors exprimer la relation entre K_P et K_c de la manière suivante :

$$K_P = K_c(8{,}314\ T)^{\Delta n} \tag{4.5}$$

En général, K_P n'est pas égale à K_c, sauf dans le cas particulier où $\Delta n = 0$. Dans ce cas, on peut écrire l'équation 4.5 de la manière suivante :

NOTE

Tout nombre élevé à la puissance zéro est égal à un.

$$K_P = K_c(8{,}314\ T)^0$$
$$= K_c$$

Prenons, comme autre exemple d'équilibre homogène, l'ionisation de l'acide acétique (CH_3COOH) dans l'eau :

$$CH_3COOH(aq) + H_2O(l) \rightleftharpoons CH_3COO^-(aq) + H_3O^+(aq)$$

La constante d'équilibre est :

$$K'_c = \frac{[CH_3COO^-][H_3O^+]}{[CH_3COOH][H_2O]}$$

Ici, on utilise K'_c (« K_c prime ») pour la distinguer de la forme finale de la constante d'équilibre donnée ci-après. Cependant, dans 1 L ou 1 000 g d'eau, il y a 55,5 mol d'eau, car 1 000 g/18,02 g/mol = 55,5 mol. La concentration de l'eau, ou $[H_2O]$, est donc de 55,5 mol/L. C'est une très forte concentration si on la compare à celles des autres espèces en solution (habituellement de 1 mol/L ou moins) ; on peut donc tenir pour acquis qu'elle ne change pas de manière appréciable durant une réaction. On peut alors considérer $[H_2O]$ comme une constante et réécrire la constante d'équilibre de la manière suivante :

$$K_c = \frac{[CH_3COO^-][H_3O^+]}{[CH_3COOH]}$$

où :

$$K_c = K'_c[H_2O]$$

La constante d'équilibre et les unités

Notez qu'en général on n'indique pas les unités de la constante d'équilibre ; K n'a pas d'unités, car dans la véritable expression thermodynamique, K est définie en termes d'*activités* plutôt qu'en concentrations molaires. Pour un système idéal, l'activité d'une substance est un rapport entre sa concentration (ou sa pression partielle) et une valeur standard qui est de 1 mol/L (ou 101,325 kPa). En utilisant l'activité plutôt que les concentrations, les unités s'éliminent et, par conséquent, K n'a pas d'unités. Par ailleurs, les valeurs numériques de la concentration ou de la pression demeurent ; c'est pourquoi il faut les exprimer dans les bonnes unités. Cette pratique de ne pas tenir compte des unités sera également utilisée dans le cas des équilibres acido-basiques et des équilibres de solubilité que nous étudierons aux chapitres 5 et 6.

NOTE

Dans le cas d'un système non idéal, les activités ne sont pas exactement égales aux valeurs numériques des concentrations. Dans quelques cas, elles peuvent même être fort différentes. À moins d'avis contraire, nous considérerons les systèmes étudiés ici comme étant des systèmes idéaux.

EXEMPLE 4.1 L'expression de K_c et de K_P

Écrivez l'expression de K_c et de K_P, le cas échéant, pour les réactions réversibles suivantes à l'équilibre :

a) $HF(aq) + H_2O(l) \rightleftharpoons H_3O^+(aq) + F^-(aq)$

b) $2NO(g) + O_2(g) \rightleftharpoons 2NO_2(g)$

c) $CH_3COOH(aq) + C_2H_5OH(aq) \rightleftharpoons CH_3COOC_2H_5(aq) + H_2O(l)$

DÉMARCHE

Il faut penser que l'expression de K_P s'applique seulement dans le cas de systèmes gazeux et que la concentration du solvant (habituellement l'eau) n'apparaît pas dans l'expression de la constante d'équilibre.

SOLUTION

a) Étant donné qu'il n'y a pas de substances à l'état gazeux ici, K_P ne s'applique pas, et on a seulement K_c :

$$K'_c = \frac{[H_3O^+][F^-]}{[HF][H_2O]}$$

HF est un acide faible ; la quantité d'eau consommée au cours de l'ionisation est donc négligeable comparativement à la quantité d'eau présente comme solvant. On peut donc réécrire la constante d'équilibre ainsi :

$$K_c = \frac{[H_3O^+][F^-]}{[HF]}$$

b) $$K_c = \frac{[NO_2]^2}{[NO]^2[O_2]} \quad \text{et} \quad K_P = \frac{(P_{NO_2})^2}{(P_{NO})^2 P_{O_2}}$$

c) La constante d'équilibre K'_c est donnée par :

$$K'_c = \frac{[CH_3COOC_2H_5][H_2O]}{[CH_3COOH][C_2H_5OH]}$$

Puisque la quantité d'eau produite dans la réaction est négligeable par rapport à la quantité d'eau utilisée comme solvant, on considère la concentration de l'eau comme inchangée. La nouvelle constante d'équilibre peut donc s'exprimer ainsi :

$$K_c = \frac{[CH_3COOC_2H_5]}{[CH_3COOH][C_2H_5OH]}$$

EXERCICE

Exprimez K_c et K_P pour la réaction suivante :

$$2N_2O_5(g) \rightleftharpoons 4NO_2(g) + O_2(g)$$

PROBLÈMES SEMBLABLES

4.7 et 4.8

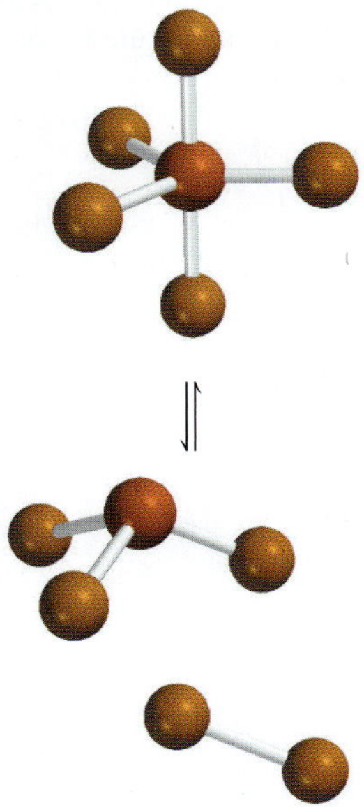

EXEMPLE 4.2 Le calcul de la pression partielle à l'équilibre

La constante d'équilibre K_p pour la réaction :

$$PCl_5(g) \rightleftharpoons PCl_3(g) + Cl_2(g)$$

est de 106 à 250 °C. Si les pressions partielles à l'équilibre de PCl_5 et de PCl_3 sont respectivement de 88,7 kPa et de 46,9 kPa, quelle est la pression partielle à l'équilibre de Cl_2 à 250 °C ?

DÉMARCHE

Les concentrations étant exprimées en termes de pressions en kilopascals, la constante d'équilibre sera K_p. Ensuite, connaissant la valeur de K_p et celle des pressions à l'équilibre de PCl_3 et de PCl_5, on peut résoudre l'équation pour P_{Cl_2}.

SOLUTION

D'abord, il faut exprimer K_p à l'aide des pressions partielles des espèces en jeu :

$$K_p = \frac{P_{PCl_3}P_{Cl_2}}{P_{PCl_5}}$$

Connaissant les pressions partielles, nous écrivons :

$$106 = \frac{(46{,}9)(P_{Cl_2})}{(88{,}7)}$$

ou :

$$P_{Cl_2} = \frac{(106)(88{,}7)}{(46{,}9)} = 200 \text{ kPa}$$

Notez que P_{Cl_2} comporte l'unité « kPa ».

PROBLÈME SEMBLABLE
4.19

EXERCICE

La constante d'équilibre K_p pour la réaction :

$$2NO_2(g) \rightleftharpoons 2NO(g) + O_2(g)$$

vaut $1{,}60 \times 10^4$ à 1 000 K. Calculez P_{O_2} si P_{NO_2} = 405 kPa et P_{NO} = 274 kPa.

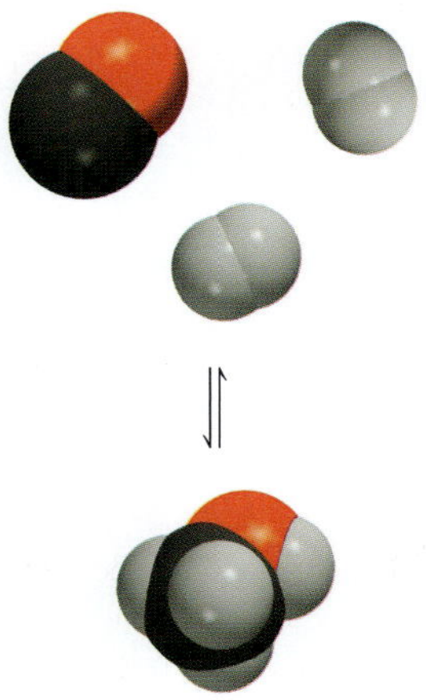

EXEMPLE 4.3 La conversion de K_p en K_c

Le méthanol est produit industriellement selon la réaction suivante :

$$CO(g) + 2H_2(g) \rightleftharpoons CH_3OH(g)$$

K_c vaut 10,5 à 220 °C. Calculez K_p pour cette réaction à la même température.

DÉMARCHE

La relation entre K_p et K_c est donnée par l'équation 4.5. Quelle est ici la valeur de la différence entre le nombre de moles de gaz des réactifs et des produits ? Rappelez-vous que :

Δn = nombre de moles de produits gazeux − nombre de moles de réactifs gazeux

Quelles devraient être les unités de la température ?

>>>

SOLUTION

Selon l'équation 4.5, nous écrivons :

$$K_p = K_c\,(8{,}314\ T)^{\Delta n}$$

Puisque $T = 273 + 220 = 493$ K et $\Delta n = 1 - 3 = -2$, nous avons :

$$K_p = (10{,}5)(8{,}314 \times 493)^{-2}$$
$$= 6{,}25 \times 10^{-7}$$

COMMENTAIRE

Cet exemple nous démontre que la constante d'équilibre peut avoir des valeurs très différentes pour une même réaction selon que les concentrations sont exprimées en moles par litre ou en kilopascals. Aussi, la constante K_p calculée avec des pressions en atmosphère n'a pas la même valeur que celle calculée avec des pressions en kilopascals. Rappelons enfin que, dans tous les cas, la constante d'équilibre n'a pas d'unités.

EXERCICE

Si, pour la réaction :

$$N_2(g) + 3H_2(g) \rightleftharpoons 2NH_3(g)$$

K_p vaut $4{,}2 \times 10^{-8}$ à 375 °C, quelle est la valeur de K_c à cette température ?

NOTE

Il peut sembler étrange à première vue de dire qu'une concentration (mol/L) puisse être rapportée en pression (kPa). Rappelons que $PV = nRT$ peut se réécrire $P = (n/V)\,RT$. Le terme n/V étant la concentration molaire volumique, et R et T étant ici des constantes, la pression (P) est donc directement proportionnelle à la concentration du gaz. En spécifiant la pression d'un gaz à une certaine température, même si les unités sont différentes, il peut donc être acceptable de dire : « Soit une concentration en oxygène de 4 kPa », ceci voulant évidemment dire une concentration équivalente à 4 kPa d'oxygène.

PROBLÈMES SEMBLABLES

4.17 et 4.21

L'équilibre hétérogène

Une réaction réversible qui met en jeu des réactifs et des produits qui sont dans des phases différentes conduit à un **équilibre hétérogène**. Par exemple, quand on chauffe du carbonate de calcium dans un contenant fermé, le système atteint l'équilibre suivant :

$$CaCO_3(s) \rightleftharpoons CaO(s) + CO_2(g)$$

La calcite est constituée de carbonate de calcium, comme le sont la craie et le marbre.

Les deux solides et le gaz constituent trois phases distinctes. À l'équilibre, la constante d'équilibre pourrait s'exprimer de la manière suivante :

$$K'_c = \frac{[CaO][CO_2]}{[CaCO_3]} \qquad (4.6)$$

Cependant, la « concentration » d'un solide, tout comme sa masse volumique, est une propriété intensive ; elle ne dépend donc pas de la quantité de substance présente. [Notez qu'il est possible de convertir les unités de concentration (moles par litre) en unités de masse volumique (grammes par centimètre cube), et vice versa.] Le rapport quantité (en moles) sur volume (en litres) demeure constant pour un solide : la « concentration » demeure constante. C'est pourquoi $[CaCO_3]$ et $[CaO]$ sont des constantes et font partie intégrante de la constante d'équilibre. Il faut alors simplifier l'expression de la constante d'équilibre donnée plus haut de la manière suivante :

$$K_c = [CO_2] \qquad \text{où} \qquad K_c = K'_c\,\frac{[CaCO_3]}{[CaO]} \qquad (4.7)$$

Cette « nouvelle » constante d'équilibre K_c est exprimée de manière plus commode en fonction d'une seule concentration, celle de CO_2. N'oubliez pas que la valeur de K_c ne dépend pas des quantités de $CaCO_3$ ou de CaO présentes, pourvu que ces deux substances soient présentes à l'équilibre (*voir la figure 4.4*).

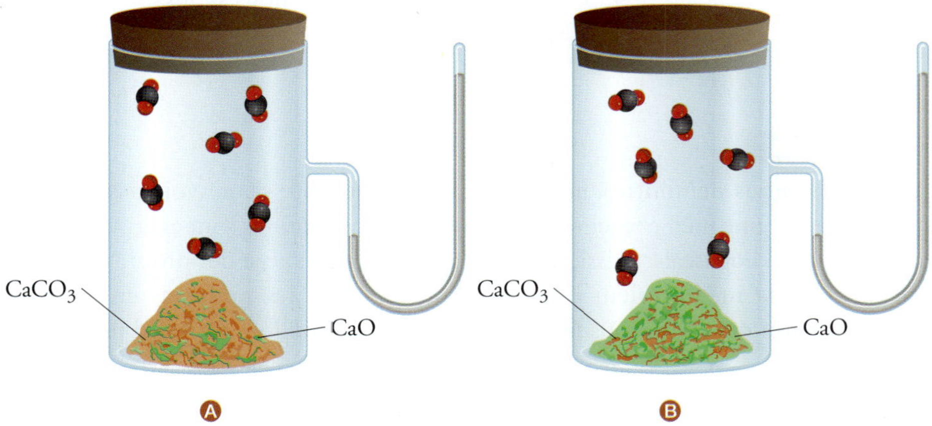

FIGURE 4.4

Pression de CO_2 à l'équilibre

Peu importe les quantités de $CaCO_3$ (représentées par la couleur orange) et de CaO (couleur verte) présentes, à une température donnée, la pression de CO_2 à l'équilibre est la même en Ⓐ et en Ⓑ.

On peut aussi obtenir plus facilement cette expression simplifiée, $K_c = [CO_2]$, en remplaçant directement les concentrations par les activités. En thermodynamique, l'activité d'un solide pur vaut 1. Ainsi, les termes des concentrations pour le $CaCO_3$ et le CaO valent tous les deux l'unité, et nous pouvons directement écrire à partir de l'équation de la réaction $K_c = [CO_2]$. Il en est de même pour les liquides purs : l'activité vaut aussi 1. Ainsi, si un réactif ou un produit est un liquide, on peut l'omettre dans l'expression de la constante d'équilibre.

Par ailleurs, d'après la définition de K_P déjà donnée au début de cette section, on peut aussi représenter la constante d'équilibre de cette réaction de la manière suivante :

$$K_P = P_{CO_2} \tag{4.8}$$

Dans ce cas, la constante d'équilibre est numériquement égale à la pression de CO_2 gazeux, une grandeur beaucoup plus facilement mesurable que celle de la concentration dans le cas d'un gaz.

EXEMPLE 4.4 Le calcul de K_P et de K_c dans le cas d'un équilibre hétérogène

Soit l'équilibre hétérogène suivant :

$$CaCO_3(s) \rightleftharpoons CaO(s) + CO_2(g)$$

À 800 °C, la pression de CO_2 est de 23,9 kPa. Pour la réaction à cette température, calculez : a) K_P ; b) K_c.

DÉMARCHE

Rappelons-nous que les solides à l'état pur n'apparaissent pas dans l'expression de la constante d'équilibre. La relation entre K_c et K_P est donnée par l'équation 4.5.

SOLUTION

a) Selon l'équation 4.8, nous écrivons :

$$K_P = P_{CO_2}$$
$$= 23{,}9$$

>>>

b) Selon l'équation 4.5, nous savons que :

$$K_p = K_c(8{,}314\ T)^{\Delta n}$$

$T = 800 + 273 = 1\,073$ K et $\Delta n = 1$; nous substituons donc ces valeurs dans l'équation et nous obtenons :

$$23{,}9 = K_c(8{,}314 \times 1\,073)$$
$$K_c = 2{,}68 \times 10^{-3}$$

Comme $K_c = [CO_2]$, on peut aussi déduire que $[CO_2] = 2{,}68 \times 10^{-3}$ mol/L

EXERCICE

Soit l'équilibre suivant à 295 K :

$$NH_4HS(s) \rightleftharpoons NH_3(g) + H_2S(g)$$

Les gaz ont la même pression partielle : 26,85 kPa. Calculez K_p et K_c pour cette réaction.

PROBLÈME SEMBLABLE

4.22

Les équilibres multiples

Les réactions envisagées jusqu'ici sont toutes assez simples. Dans des cas plus complexes, les molécules qui sont des produits dans un premier système d'une réaction réversible font partie d'un deuxième système d'une autre réaction réversible :

$$A + B \rightleftharpoons C + D$$
$$C + D \rightleftharpoons E + F$$

Les produits formés dans la première étape, C et D, sont aussi des réactifs dans une deuxième étape pour former les produits E et F. À l'équilibre, on peut décrire le système à l'aide de deux constantes d'équilibre qui s'appliquent simultanément :

$$K'_c = \frac{[C][D]}{[A][B]}$$

$$\text{et} \quad K''_c = \frac{[E][F]}{[C][D]}$$

Considérant que chacune des étapes est à l'équilibre, on peut aussi décrire le système au moyen d'une réaction globale à l'équilibre en faisant la somme des deux réactions :

$$A + B \rightleftharpoons C + D \quad K'_c$$
$$C + D \rightleftharpoons E + F \quad K''_c$$
$$\text{Réaction globale :} \quad A + B \rightleftharpoons E + F \quad K_c$$

La constante d'équilibre K_c pour la réaction globale est :

$$K_c = \frac{[E][F]}{[A][B]}$$

On obtient la même expression si l'on fait le produit des expressions pour K'_c et K''_c. On appelle cette relation la loi des équilibres multiples :

$$K'_c K''_c = \frac{[C][D]}{[A][B]} \times \frac{[E][F]}{[C][D]} = \frac{[E][F]}{[A][B]}$$

Par conséquent :

$$K_c = K'_c K''_c \qquad (4.9)$$

On peut maintenant tirer une conclusion importante concernant la **loi des équilibres multiples** : si une réaction peut être exprimée comme étant la somme de plusieurs réactions, la constante d'équilibre de la réaction globale est égale au produit des constantes d'équilibre de chacune des réactions individuelles.

Parmi les nombreux exemples d'équilibres multiples, on peut citer l'ionisation des acides diprotiques en solution aqueuse. Les constantes d'équilibre suivantes ont été déterminées pour l'acide carbonique, H_2CO_3, à 25 °C :

$$H_2CO_3(aq) + H_2O(l) \rightleftharpoons H_3O^+(aq) + HCO_3^-(aq)$$

$$K'_c = \frac{[H_3O^+][HCO_3^-]}{[H_2CO_3]} = 4{,}2 \times 10^{-7}$$

$$HCO_3^-(aq) + H_2O(l) \rightleftharpoons H_3O^+(aq) + CO_3^{2-}(aq)$$

$$K''_c = \frac{[H_3O^+][CO_3^{2-}]}{[HCO_3^-]} = 4{,}8 \times 10^{-11}$$

La réaction globale est la somme de ces deux réactions :

$$H_2CO_3(aq) + 2H_2O(l) \rightleftharpoons 2H_3O^+(aq) + CO_3^{2-}(aq)$$

et la constante d'équilibre correspondante s'écrit ainsi :

NOTE

Rappelons que $[H_2O]$ n'apparaît pas dans l'expression des constantes en milieu aqueux.

$$K_c = \frac{[H_3O^+]^2[CO_3^{2-}]}{[H_2CO_3]}$$

D'après l'équation 4.9, on obtient :

$$\begin{aligned} K_c &= K'_c K''_c \\ &= (4{,}2 \times 10^{-7})(4{,}8 \times 10^{-11}) \\ &= 2{,}0 \times 10^{-17} \end{aligned}$$

L'expression de *K* et l'équation décrivant l'équilibre

Avant de terminer cette section, il faut prendre en note les deux règles importantes suivantes concernant l'écriture des constantes d'équilibre :

- Si l'on change le sens de l'équation d'une réaction réversible, la constante d'équilibre est alors la *réciproque* de la constante d'équilibre originale. Par exemple, si l'on écrit l'équilibre de $NO_2-N_2O_4$ à 25 °C de la manière suivante :

$$N_2O_4(g) \rightleftharpoons 2NO_2(g)$$

la constante d'équilibre est celle de la réaction envisagée comme évoluant de la gauche vers la droite et, à 25 °C, elle s'exprime ainsi :

$$K_c = \frac{[NO_2]^2}{[N_2O_4]} = 4{,}63 \times 10^{-3}$$

Cependant, on peut également considérer la réaction inverse et écrire :

$$2NO_2(g) \rightleftharpoons N_2O_4(g)$$

et la constante d'équilibre est alors :

$$K'_c = \frac{[N_2O_4]}{[NO_2]^2} = \frac{1}{K_c} = \frac{1}{4{,}63 \times 10^{-3}} = 216$$

On peut donc constater que $K_c = 1/K'_c$; autrement dit, $K_cK'_c = 1{,}00$. K_c et K'_c sont deux constantes d'équilibre valables. Cependant, dire que la constante d'équilibre pour le système $NO_2-N_2O_4$ vaut $4{,}63 \times 10^{-3}$ ou 216 n'a aucun sens si l'on ne mentionne pas en même temps l'équation de la réaction qui lui est associée.

- La valeur de *K* dépend également de la manière dont l'équation est équilibrée. Voici deux manières différentes de décrire un même équilibre :

$$\tfrac{1}{2}N_2O_4(g) \rightleftharpoons NO_2(g) \qquad K'_c = \frac{[NO_2]}{[N_2O_4]^{1/2}}$$

$$N_2O_4(g) \rightleftharpoons 2NO_2(g) \qquad K_c = \frac{[NO_2]^2}{[N_2O_4]}$$

À l'examen des exposants, on s'aperçoit que $K'_c = \sqrt{K_c}$. Selon le tableau 4.1 (*p. 173*), $K_c = 4{,}63 \times 10^{-3}$; alors, $K'_c = 0{,}0680$.

NOTE

La réciproque de *x* est l'inverse de *x*, soit 1/*x*.

NOTE

Cette relation inverse entre K_c et K'_c nous indique que toute réaction favorisée, facile, dans un sens (K_c grande), est défavorisée, difficile, dans le sens inverse (K_c petite), et vice versa.

NOTE

En général, on essaie d'écrire une équation le plus simplement possible, c'est-à-dire avec les entiers les plus petits.

Selon la loi d'action de masse, chacune des concentrations dans l'expression de la constante d'équilibre est élevée à une puissance égale à son coefficient stœchiométrique. Donc, si l'on multiplie les coefficients stœchiométriques par deux, la constante d'équilibre correspondante est le carré de la valeur originale ; si on les multiplie par trois, la constante d'équilibre est le cube de la valeur originale, et ainsi de suite. L'exemple $NO_2-N_2O_4$ illustre une fois de plus la nécessité d'écrire l'équation chimique qui est associée explicitement à la valeur d'une constante d'équilibre.

4.3 La relation entre la cinétique chimique et l'équilibre chimique

Nous savons que K, déjà définie par l'équation 4.2, est une constante à une température donnée, peu importe les valeurs des concentrations à l'équilibre des espèces chimiques individuelles (*voir le tableau 4.1, p. 173*). Nous pouvons trouver pourquoi il en est ainsi et augmenter notre compréhension du phénomène de l'équilibre en considérant le point de vue de la cinétique des réactions.

NOTE

Voir la section 3.5 (*p. 137*) pour réviser les mécanismes réactionnels.

Supposons une réaction réversible qui se produit en une seule étape selon un mécanisme décrit par une seule et même *réaction élémentaire,* autant pour la réaction directe que pour la réaction inverse :

$$A + 2B \underset{k_i}{\overset{k_d}{\rightleftharpoons}} AB_2$$

La vitesse de la réaction directe, v_d, est donnée par :

$$v_d = k_d\,[A][B]^2$$

et la vitesse de la réaction inverse, v_i, est donnée par :

$$v_i = k_i\,[AB_2]$$

où k_d est la constante de vitesse pour la réaction directe (envisagée vers la droite), et k_i est la constante de vitesse pour la réaction inverse. À l'équilibre, lorsqu'il n'y a plus de changement, les deux vitesses doivent être égales :

$$v_d = v_i$$

ou :

$$k_d[A][B]^2 = k_i[AB_2]$$

$$\frac{k_d}{k_i} = K_c = \frac{[AB_2]}{[A][B]^2}$$

On retrouve donc la forme de la constante d'équilibre telle qu'on l'a déjà vue selon la loi de l'action de masse. On constate que K_c est toujours une constante, peu importe les concentrations des espèces. En effet, elle est toujours égale à k_d/k_i, le quotient de deux quantités qui sont elles-mêmes des constantes à une température donnée. Du fait que les constantes de vitesse dépendent de la température (*voir l'équation 3.11, p. 133*), il s'ensuit que la constante d'équilibre doit changer elle aussi avec la température.

Supposons maintenant que cette même réaction se déroule en deux étapes selon le mécanisme suivant :

Étape 1 :	$2B \underset{k'_i}{\overset{k'_d}{\rightleftharpoons}} B_2$
Étape 2 :	$A + B_2 \underset{k''_i}{\overset{k''_d}{\rightleftharpoons}} AB_2$
Réaction globale :	$A + 2B \rightleftharpoons AB_2$

Il s'agit d'un exemple d'équilibres multiples, comme on l'a déjà vu à la section 4.2. Écrivons les expressions pour les constantes d'équilibre :

$$K' = \frac{k'_d}{k'_i} = \frac{[B_2]}{[B]^2} \tag{4.10}$$

$$K'' = \frac{k''_d}{k''_i} = \frac{[AB_2]}{[A][B_2]} \tag{4.11}$$

En multipliant l'équation 4.10 par l'équation 4.11, nous obtenons :

$$K'K'' = \frac{[B_2][AB_2]}{[B]^2[A][B_2]} = \frac{[AB_2]}{[A][B]^2}$$

Pour la réaction globale, on peut écrire :

$$K_c = \frac{[AB_2]}{[A][B]^2} = K'K''$$

Du fait que K' et K'' sont toutes les deux des constantes, K_c est aussi une constante. On peut donc conclure que, pour la réaction générale :

$$aA + bB \rightleftharpoons cC + dD$$

peu importe que la réaction se déroule en une ou plusieurs étapes, l'expression de la constante d'équilibre s'écrit selon la loi d'action de masse déjà vue (*voir l'équation 4.2, p. 173*) :

$$K = \frac{[C]^c[D]^d}{[A]^a[B]^b}$$

En résumé, nous venons de voir que, du point de vue de la cinétique, la constante d'équilibre d'une réaction peut s'exprimer comme un rapport entre les constantes de vitesse des réactions directe et inverse. Ainsi, on a expliqué pourquoi la constante d'équilibre est une constante à une température donnée et pourquoi sa valeur change avec la température.

4.4 La signification de la constante d'équilibre

NOTE

L'expression de la constante d'équilibre d'une réaction se déduit directement de l'équation globale, alors que la loi de la vitesse globale (*voir le chapitre 3*) ne peut pas être déduite de l'équation globale.

Nous avons vu que la constante d'équilibre pour une réaction donnée peut être calculée à partir des concentrations à l'équilibre. Quand on connaît la valeur de la constante d'équilibre, on peut utiliser l'équation 4.2 pour calculer les concentrations inconnues à l'équilibre. En général, la constante d'équilibre permet de prédire dans quel sens aura lieu une réaction pour atteindre l'équilibre, et elle permet aussi de calculer la concentration des réactifs et des produits, une fois l'équilibre atteint. Ce sont ces aspects de la constante d'équilibre que cette section aborde.

La prévision du sens de l'évolution (ou de l'absence d'évolution) d'une réaction

La constante d'équilibre K_c pour la réaction :

$$H_2(g) + I_2(g) \rightleftharpoons 2HI(g)$$

vaut 54,3 à 430 °C. Supposons que l'on place 0,243 mol de H_2, 0,146 mol de I_2 et 1,98 mol de HI dans un contenant de 1 L, à 430 °C. Comment le système évoluera-t-il ? La réaction qui aura lieu formera-t-elle plus de H_2 et de I_2 ou plus de HI ? En remplaçant les concentrations initiales par leurs valeurs dans l'expression de la constante d'équilibre, on obtient :

$$\frac{[HI]_0^2}{[H_2]_0[I_2]_0} = \frac{(1{,}98)^2}{(0{,}243)(0{,}146)} = 111$$

où l'indice 0 indique qu'il s'agit des concentrations initiales. Puisque le quotient $[HI]_0^2/[H_2]_0[I_2]_0$ est supérieur à K_c, ce système n'est pas à l'équilibre. Par conséquent, une certaine quantité de HI se transformera en H_2 et en I_2 (diminuant ainsi la valeur du quotient). Alors, la réaction nette se produira vers la gauche pour atteindre l'équilibre. Remarquons que cette prévision ne permet pas de savoir vraiment si ce changement sera observé, car la vitesse de cette réaction pourrait être très lente. Il ne s'agit donc que d'une prévision de tendance.

On appelle **quotient réactionnel** (**Q_c**) la grandeur obtenue quand on utilise les concentrations initiales dans l'expression de la constante d'équilibre. Pour déterminer le sens de l'évolution de la réaction nette, il faut comparer les valeurs de Q_c et de K_c (*voir la figure 4.5*). Il y a trois cas possibles :

- $Q_c > K_c$ Le rapport entre les concentrations initiales des produits et des réactifs est trop grand. Pour atteindre l'équilibre, une certaine quantité de produits doit se convertir en réactifs. La réaction évoluera vers la gauche (transformation de produits servant à la formation de réactifs).
- $Q_c = K_c$ Les concentrations initiales sont des concentrations à l'équilibre. Le système n'évolue pas, car il est déjà à l'équilibre.
- $Q_c < K_c$ Le rapport entre les concentrations initiales des produits et des réactifs est trop petit. Pour atteindre l'équilibre, une certaine quantité de réactifs doit se convertir en produits. Le système évoluera donc vers la droite (transformation de réactifs servant à la formation de produits).

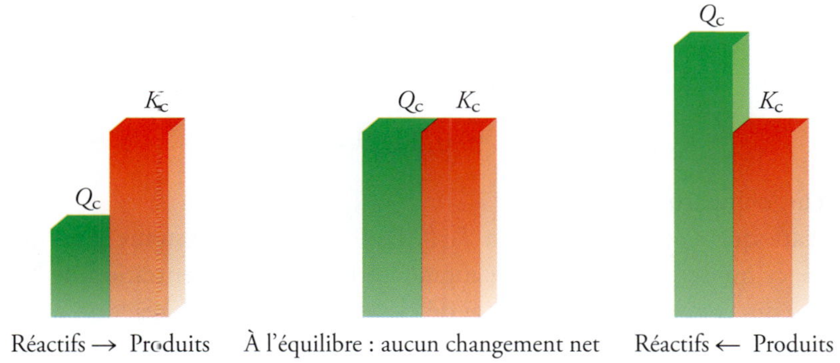

FIGURE 4.5

Comparaison entre Q_c et K_c

Dans le cas d'une réaction réversible, la comparaison des valeurs de Q_c et de K_c permet de connaître le sens de l'évolution du mélange réactionnel vers l'atteinte d'un état d'équilibre.

NOTE

Dans le cas où la constante utilisée est K_P, on fait ce test avec Q_P. Donc, d'une manière générale, on compare Q à K.

EXEMPLE 4.5 L'utilisation du quotient réactionnel (Q_c) pour prédire le sens de l'évolution d'une réaction

Au début d'une réaction donnée, il y a 0,249 mol de N_2, $3{,}21 \times 10^{-2}$ mol de H_2 et $6{,}42 \times 10^{-4}$ mol de NH_3 dans un contenant de 3,50 L, à 375 °C. Si la constante d'équilibre K_c pour la réaction :

$$N_2(g) + 3H_2(g) \rightleftharpoons 2NH_3(g)$$

vaut 1,2 à cette température, dites si ce système est à l'équilibre. Sinon, dites dans quel sens la réaction aura tendance à évoluer.

DÉMARCHE

On connaît les quantités initiales de gaz (en moles) dans le contenant d'un volume connu (en litres), ce qui permet de calculer les concentrations initiales pour ensuite pouvoir calculer le quotient réactionnel (Q_c). Comment la comparaison de Q_c avec K_c vous permettra-t-elle de prédire le sens de l'évolution de la réaction ?

SOLUTION

Les concentrations initiales des espèces en jeu sont :

$$[N_2]_0 = \frac{0{,}249 \text{ mol}}{3{,}50 \text{ L}} = 0{,}0711 \text{ mol/L}$$

$$[H_2]_0 = \frac{3{,}21 \times 10^{-2} \text{ mol}}{3{,}50 \text{ L}} = 9{,}17 \times 10^{-3} \text{ mol/L}$$

$$[NH_3]_0 = \frac{6{,}42 \times 10^{-4} \text{ mol}}{3{,}50 \text{ L}} = 1{,}83 \times 10^{-4} \text{ mol/L}$$

Ensuite, nous écrivons :

$$Q_c = \frac{[NH_3]_0^2}{[N_2]_0[H_2]_0^3} = \frac{(1{,}83 \times 10^{-4})^2}{(0{,}0711)(9{,}17 \times 10^{-3})^3} = 0{,}611$$

Finalement, comparons Q_c avec K_c :

On constate que Q_c est inférieur à K_c (0,611 < 1,2), le système n'est donc pas à l'équilibre, ce qui se traduira par une augmentation de la concentration de NH_3 et une diminution des concentrations de N_2 et de H_2. Autrement dit, la réaction nette évoluera vers la droite jusqu'à ce que l'équilibre soit atteint de sorte que Q_c devienne égal à K_c.

PROBLÈMES SEMBLABLES

4.39 et 4.40

EXERCICE

La constante d'équilibre (K_c) pour la réaction :

$$2NO(g) + Cl_2(g) \rightleftharpoons 2NOCl(g)$$

vaut $6{,}5 \times 10^4$ à 35 °C. Supposons que l'on mélange $2{,}0 \times 10^{-2}$ mol de NO, $8{,}3 \times 10^{-3}$ mol de Cl_2 et 6,8 mol de NOCl dans un ballon de 2,0 L. Dans quel sens évoluera la réaction pour atteindre l'équilibre ?

Le calcul des concentrations à l'équilibre

Si l'on connaît la constante d'équilibre pour une réaction donnée, on peut calculer les concentrations dans le mélange à l'équilibre à partir des concentrations initiales. Selon les données initiales, ce calcul peut nécessiter une ou plusieurs étapes. Le plus souvent, seules les concentrations initiales des réactifs sont connues. Voyons, par exemple, un système qui comprend une paire d'isomères géométriques dans un solvant organique (*voir la figure 4.6*), dont la constante d'équilibre (K_c) vaut 24,0 à 200 °C :

$$cis\text{-stilbène} \rightleftharpoons trans\text{-stilbène}$$

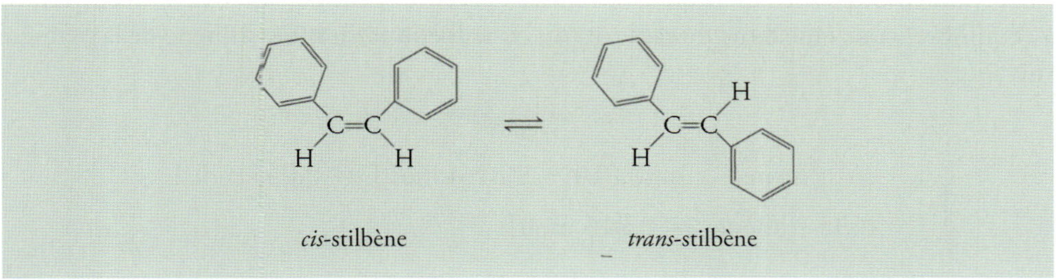

FIGURE 4.6

Structures du *cis*-stilbène et du *trans*-stilbène

Ces deux molécules sont des isomères car elles ont la même formule moléculaire (C_4H_{12}) et le même type de liaisons. Cependant, dans le *cis*-stilbène, les anneaux de benzène sont tous deux d'un même côté de la liaison C═C, et les atomes H sont de l'autre côté alors que dans le *trans*-stilbène, les anneaux de benzène (et les atomes H) sont de part et d'autre de la liaison C═C. Ces isomères géométriques sont donc deux composés différents qui ont des points de fusion et des moments dipolaires distincts.

Chimie en ligne

Interaction

- La détermination d'une constante d'équilibre
- La détermination des concentrations à l'équilibre

Supposons qu'au début, seul le *cis*-stilbène est présent et que sa concentration est de 0,850 mol/L. Comment calculer les concentrations de *cis*-stilbène et de *trans*-stilbène à l'équilibre ? Selon la stœchiométrie de la réaction, on constate que, pour chaque mole de *cis*-stilbène convertie, il y a une mole de *trans*-stilbène formée. Soit x la concentration à l'équilibre du *trans*-stilbène en moles par litre ; la concentration à l'équilibre de *cis*-stilbène est alors de $(0{,}850 - x)$ mol/L. La compilation de toutes ces données sous forme de tableau est fort utile pour aider à résoudre ce genre de problèmes :

	cis-stilbène ⇌	*trans*-stilbène
Concentration initiale (mol/L) :	0,850	0
Variation (mol/L) :	$-x$	$+x$
Concentration à l'équilibre (mol/L) :	$(0{,}850 - x)$	x

NOTE

Dans tous les problèmes d'équilibre, il est très important de bien faire la distinction entre les concentrations initiales et les concentrations à l'équilibre.

Une variation positive (+) représente une augmentation, et une variation négative (−) représente une diminution de concentration. Il faut ensuite écrire l'expression de la constante d'équilibre en fonction des concentrations à l'équilibre :

$$K_c = \frac{[\textit{trans}\text{-stilbène}]}{[\textit{cis}\text{-stilbène}]}$$

$$24{,}0 = \frac{x}{0{,}850 - x}$$

$$x = 0{,}816 \text{ mol/L}$$

Ayant résolu cette équation du premier degré, on peut calculer les concentrations à l'équilibre (troisième ligne du tableau) du *cis*-stilbène et du *trans*-stilbène de la manière suivante :

$$[\textit{cis}\text{-stilbène}] = (0{,}850 - 0{,}816) \text{ mol/L} = 0{,}034 \text{ mol/L}$$

$$[\textit{trans}\text{-stilbène}] = 0{,}816 \text{ mol/L}$$

NOTE

Avant d'effectuer ces trois étapes, il faut d'abord écrire l'équation équilibrée de la réaction et prédire correctement le sens de la réaction, ce qui nécessite parfois un calcul à l'aide du quotient réactionnel (Q_c).

On peut résumer cette méthode de résolution de problèmes concernant les calculs des concentrations à l'équilibre de la façon suivante :

1. Exprimer les concentrations à l'équilibre de toutes les espèces à l'aide des concentrations initiales et d'une seule inconnue (x), qui représente une modification de la concentration de l'une des espèces.
2. Exprimer la constante d'équilibre en fonction des concentrations à l'équilibre. La valeur de la constante d'équilibre étant connue, résoudre l'équation pour x.
3. Après avoir déterminé la valeur de x, calculer les concentrations à l'équilibre de toutes les espèces.

EXEMPLE 4.6 Le calcul des concentrations à l'équilibre

On mélange 0,500 mol de H_2 et 0,500 mol de I_2 dans un ballon en acier inoxydable de 1,00 L, à 430 °C. La constante d'équilibre K_c pour la réaction $H_2(g) + I_2(g) \rightleftharpoons 2HI(g)$ vaut 54,3. Calculez les concentrations de H_2, de I_2 et de HI à cette température.

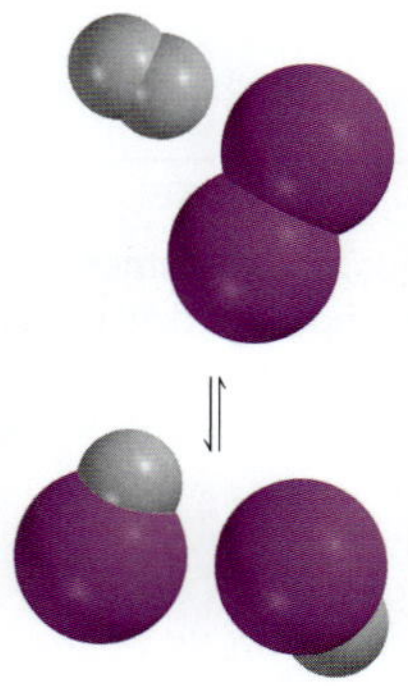

$H_2 + I_2 \rightleftharpoons 2HI$

DÉMARCHE

On connaît le nombre de moles de gaz dans un volume connu (en litres), ce qui permet de calculer les concentrations initiales. Étant donné qu'il y a absence de HI initialement, on peut immédiatement conclure que le système n'est pas à l'équilibre sans avoir à calculer le quotient réactionnel (Q_c). Il y aura donc un certain nombre de moles de H_2 qui réagiront avec un nombre égal de moles de I_2 (pourquoi ce nombre est-il égal ?) pour former du HI jusqu'à l'atteinte de l'équilibre.

>>>

SOLUTION

Étape 1 : selon la stœchiométrie de la réaction, 1 mol de H_2 réagit avec 1 mol de I_2 pour former 2 mol de HI. Soit x la diminution de la concentration (mol/L) de H_2 ou de I_2 nécessaire pour atteindre l'équilibre ; la concentration de HI à l'équilibre doit donc être de $2x$. Les variations des concentrations peuvent être résumées dans un tableau de la manière suivante :

	H_2	+	I_2	$\rightleftharpoons$	2HI
Concentration initiale (mol/L) :	0,500		0,500		0,000
Variation (mol/L) :	$-x$		$-x$		$+2x$
Concentration à l'équilibre (mol/L) :	$(0{,}500 - x)$		$(0{,}500 - x)$		$2x$

NOTE

Il est toujours préférable de poser la variable x pour un réactif ayant un coefficient stœchiométrique égal à 1 afin d'éviter des calculs avec des fractions.

Étape 2 : la constante d'équilibre est donnée par :

$$K_c = \frac{[HI]^2}{[H_2][I_2]}$$

Par substitution, en utilisant les données de la troisième ligne du tableau, nous obtenons :

$$54{,}3 = \frac{(2x)^2}{(0{,}500 - x)(0{,}500 - x)} = \frac{(2x)^2}{(0{,}500 - x)^2}$$

Dans ce cas-ci, l'équation est en x^2 (ou du second degré), mais elle se résout facilement, car il s'agit d'un carré parfait. En extrayant la racine carrée des deux membres de l'équation, nous avons :

$$7{,}37 = \frac{2x}{0{,}500 - x}$$

$$x = 0{,}393 \text{ mol/L}$$

Étape 3 : les concentrations à l'équilibre sont :

$$[H_2] = (0{,}500 - 0{,}393) \text{ mol/L} = 0{,}107 \text{ mol/L}$$

$$[I_2] = (0{,}500 - 0{,}393) \text{ mol/L} = 0{,}107 \text{ mol/L}$$

$$[HI] = 2 \times 0{,}393 \text{ mol/L} = 0{,}786 \text{ mol/L}$$

VÉRIFICATION

On peut vérifier ces réponses en calculant K_c à partir des valeurs des concentrations trouvées. Rappelez-vous que la constante K_c est une constante pour une réaction donnée à une certaine température.

EXERCICE

Soit la réaction de l'exemple 4.6. Si, initialement, on a seulement du HI à 0,040 mol/L, quelles sont les concentrations de HI, de H_2 et de I_2 à l'équilibre ?

PROBLÈME SEMBLABLE

4.48

EXEMPLE 4.7 Le calcul des concentrations à l'équilibre

Soit la même réaction et la même température qu'à l'exemple 4.6. En supposant que les concentrations initiales de H_2, de I_2 et de HI sont respectivement de 0,006 23 mol/L, de 0,004 14 mol/L et de 0,0224 mol/L, calculez les concentrations de ces espèces à l'équilibre.

DÉMARCHE

Les concentrations initiales servent à calculer le quotient réactionnel (Q_c) afin de vérifier si le système est à l'équilibre et, s'il ne l'est pas, dans quel sens il se déplacera pour l'atteindre. Cette comparaison nous permet aussi de prédire s'il y aura une diminution de H_2 et de I_2 ou plutôt de HI en atteignant cet équilibre.

SOLUTION

Calculons d'abord le quotient réactionnel (Q_c) donné par :

$$Q_c = \frac{[\mathrm{HI}]_0^2}{[\mathrm{H_2}]_0[\mathrm{I_2}]_0} = \frac{(0{,}0224)^2}{(0{,}006\,23)(0{,}004\,14)} = 19{,}5$$

Du fait que Q_c (19,5) est plus petit que K_c (54,3), la réaction nette évoluera de la gauche vers la droite jusqu'à ce que $Q_c = K_c$ (*voir la figure 4.5, p. 187*). Il y aura donc une diminution de H_2 et de I_2 et une augmentation de HI.

Étape 1 : soit x la diminution de la concentration (en moles par litre) de H_2 et de I_2 à l'équilibre. Selon la stœchiométrie de la réaction, l'augmentation de la concentration de HI doit être de $2x$. Nous écrivons alors :

	H_2	+	I_2	$\rightleftharpoons$	2HI
Concentration initiale (mol/L) :	0,006 23		0,004 14		0,0224
Variation (mol/L) :	$-x$		$-x$		$+2x$
Concentration à l'équilibre (mol/L) :	$(0{,}006\,23 - x)$		$(0{,}004\,14 - x)$		$(0{,}0224 + 2x)$

Étape 2 : la constante d'équilibre est :

$$K_c = \frac{[\mathrm{HI}]^2}{[\mathrm{H_2}][\mathrm{I_2}]}$$

Par substitution, nous obtenons :

$$54{,}3 = \frac{(0{,}0224 + 2x)^2}{(0{,}006\,23 - x)(0{,}004\,14 - x)}$$

Nous ne pouvons ici résoudre cette équation du second degré simplement en extrayant les racines carrées, comme nous l'avons fait précédemment, car cette fois les concentrations de départ de $[H_2]$ et de $[I_2]$ sont inégales. Il faut plutôt procéder par multiplications (produit croisé) :

$$54{,}3(2{,}58 \times 10^{-5} - 0{,}0104x + x^2) = 5{,}02 \times 10^{-4} + 0{,}0896x + 4x^2$$

>>>

En réarrangeant les termes, nous obtenons :

$$50{,}3x^2 - 0{,}654x + 8{,}98 \times 10^{-4} = 0$$

C'est une équation quadratique (ou du second degré) de la forme $ax^2 + bx + c = 0$. La solution d'une telle équation (*voir l'annexe 2*) est :

$$x = \frac{-b \pm \sqrt{b^2 - 4ac}}{2a}$$

Ici, $a = 50{,}3$; $b = -0{,}654$; et $c = 8{,}98 \times 10^{-4}$. Alors :

$$x = \frac{0{,}654 \pm \sqrt{(-0{,}654)^2 - 4(50{,}3)(8{,}98 \times 10^{-4})}}{2 \times 50{,}3}$$

$$x = 0{,}0114 \text{ mol/L} \quad \text{ou} \quad x = 0{,}001\,56 \text{ mol/L}$$

La première solution est physiquement impossible, car les quantités de H_2 et de I_2 qui auraient réagi seraient supérieures aux quantités initiales. La seconde solution est donc la bonne. Notez que, lorsqu'on résout une équation quadratique de ce genre, il y a toujours une seule des deux solutions mathématiques qui est physiquement une bonne réponse. Ce choix est facile à faire si l'on prouve logiquement laquelle des deux solutions a du sens, c'est-à-dire celle qui est compatible avec les données du problème.

Étape 3 : les concentrations à l'équilibre sont :

$$[H_2] = (0{,}006\,23 - 0{,}001\,56) \text{ mol/L} = 0{,}004\,67 \text{ mol/L}$$

$$[I_2] = (0{,}004\,14 - 0{,}001\,56) \text{ mol/L} = 0{,}002\,58 \text{ mol/L}$$

$$[HI] = (0{,}0224) + (2 \times 0{,}001\,56) \text{ mol/L} = 0{,}0255 \text{ mol/L}$$

VÉRIFICATION

On peut vérifier ces réponses en les utilisant dans l'expression de la constante d'équilibre et calculer K_c. Si nous arrivons à la même valeur ou presque, cela signifie que nos calculs sont corrects. Ici, on obtient 54,0 alors que la valeur utilisée était de 54,3. Nos réponses étaient donc correctes. En effet, la valeur de K_c calculée, soit 54,0, n'a que le dernier chiffre significatif (incertain) qui diffère de 54,3.

EXERCICE

À 1 280 °C, la constante d'équilibre (K_c) pour la réaction :

$$Br_2(g) \rightleftharpoons 2Br(g)$$

vaut $1{,}1 \times 10^{-3}$. Si les concentrations initiales sont $[Br_2] = 6{,}3 \times 10^{-2}$ mol/L et $[Br] = 1{,}2 \times 10^{-2}$ mol/L, calculez les concentrations de ces espèces à l'équilibre.

PROBLÈME SEMBLABLE

4.90

4.5 Les facteurs qui influencent l'équilibre chimique

L'équilibre chimique est un équilibre entre une réaction directe et la réaction inverse correspondante. Dans la plupart des cas, cet équilibre est assez précaire. Toute modification des conditions dans lesquelles une expérience a lieu peut influencer l'équilibre et déplacer la position d'équilibre de sorte qu'il y aura formation d'une plus ou moins grande quantité d'un produit désiré. Quand on dit que la position d'équilibre se déplace vers la droite, par exemple, cela signifie que la réaction nette se produit de la gauche vers la droite de l'équation qui la représente. Les différentes conditions expérimentales pouvant influencer l'équilibre sont la concentration, la pression, le volume et la température. Dans cette section, nous verrons comment chacune de ces variables influence un système à l'équilibre et quel est l'effet d'un catalyseur sur l'équilibre.

Henry Le Chatelier (1850-1936), chimiste et industriel français

Le principe de Le Chatelier

Il existe une règle générale qui permet de prédire dans quel sens un système à l'équilibre aura tendance à évoluer quand une modification de la concentration, de la pression, du volume ou de la température se produit. Cette règle, appelée **principe de Le Chatelier**, dit que si une contrainte (un facteur extérieur) agit sur un système à l'équilibre, le système réagit de manière à s'opposer partiellement à cette contrainte. Le terme « contrainte » signifie ici une modification de la concentration, de la pression, du volume ou de la température qui perturbe l'état d'équilibre du système. Nous utiliserons ce principe pour déterminer les effets de telles modifications.

Chimie en ligne

Animation

- Le principe de Le Chatelier

Les modifications de la concentration

Voyons, grâce à l'exemple suivant, comment des changements de concentration peuvent influer sur la position d'équilibre d'un système.

Le thiocyanate de fer(III) [$Fe(SCN)_3$] se dissout facilement dans l'eau pour donner une solution rouge. La couleur rouge est due à la présence d'ions $FeSCN^{2+}$ hydratés. L'équilibre entre les ions non dissociés $FeSCN^{2+}$ et les ions Fe^{3+} et SCN^- est représenté par :

$$\underset{\text{Rouge}}{FeSCN^{2+}(aq)} \rightleftharpoons \underset{\text{Jaune pâle}}{Fe^{3+}(aq)} + \underset{\text{Incolore}}{SCN^-(aq)}$$

NOTE

Le thiocyanate sert ici de source d'ions SCN^- selon $NaSCN(s) \longrightarrow Na^+(aq) + SCN^-(aq)$, l'ion $Na^+(aq)$ étant un ion spectateur (*voir p. 10*).

Qu'arrive-t-il si l'on ajoute du thiocyanate de sodium (NaSCN) à cette solution ? Dans ce cas, la contrainte qui vient agir sur le système à l'équilibre est une augmentation de la concentration de SCN^- (provenant de la dissociation de NaSCN). Pour s'opposer à cette contrainte, des ions Fe^{3+} réagissent avec des ions SCN^- ajoutés ; le système évolue de droite à gauche pour atteindre un nouvel équilibre :

$$FeSCN^{2+}(aq) \longleftarrow Fe^{3+}(aq) + SCN^-(aq)$$

Par conséquent, la coloration rouge de la solution s'intensifie (*voir la figure 4.7*).

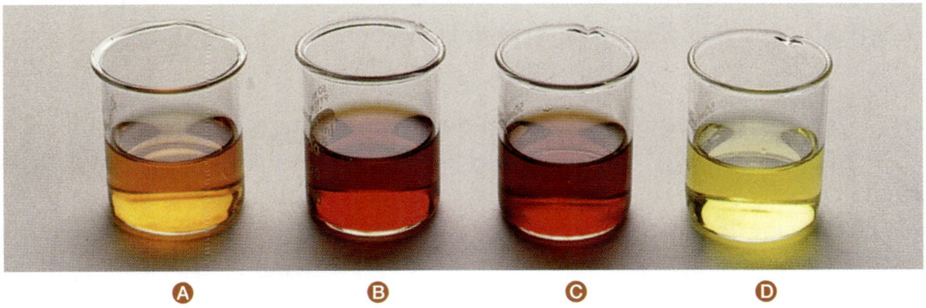

FIGURE 4.7

Effet de la concentration sur la position d'équilibre

A Une solution aqueuse de $Fe(SCN)_3$: la couleur de la solution est due à la présence du $FeSCN^{2+}$ rouge et du Fe^{3+} jaune.
B Après addition de NaSCN à la solution A, l'équilibre se déplace vers la gauche.
C Après addition de $Fe(NO_3)_3$ à la solution A, l'équilibre se déplace vers la gauche.
D Après addition de $H_2C_2O_4$ à la solution A, l'équilibre se déplace vers la droite.
La couleur jaune est due à la présence des ions $Fe(C_2O_4)_3^{3-}$.

De même, si l'on ajoute du nitrate de fer(III) [$Fe(NO_3)_3$] à la solution originale, la coloration rouge s'intensifie également, car les ions Fe^{3+} [de $Fe(NO_3)_3$] ajoutés déplacent l'équilibre vers la gauche. Les ions Na^+ et NO_3^- sont des ions spectateurs incolores.

NOTE

Dans ce cas-ci, le $Fe(NO_3)_3$ est une source de Fe^{3+} et NO_3^- est un ion spectateur.

Maintenant, si l'on ajoute de l'acide oxalique ($H_2C_2O_4$) à la solution originale, l'acide oxalique s'ionise dans l'eau pour former des ions oxalate ($C_2O_4^{2-}$), qui se lient fortement aux ions Fe^{3+}. La formation de l'ion jaune stable $Fe(C_2O_4)_3^{3-}$ réduit le nombre d'ions Fe^{3+} de la solution. Par conséquent, il y a dissociation d'ions $FeSCN^{2+}$; l'équilibre se déplace donc vers la droite :

$$FeSCN^{2+}(aq) \longrightarrow Fe^{3+}(aq) + SCN^-(aq)$$

La solution rouge devient alors jaune à cause de la formation d'ions $Fe(C_2O_4)_3^{3-}$.

Cette expérience démontre que, à l'équilibre, tous les réactifs et tous les produits sont présents dans le système. De plus, une augmentation des concentrations des produits (Fe^{3+} ou SCN^-) déplace l'équilibre vers la gauche, alors qu'une diminution de la concentration du produit Fe^{3+} déplace l'équilibre vers la droite. Ces résultats sont en accord avec le principe de Le Chatelier et s'expliquent facilement à l'aide des notions de cinétique (*voir la section 4.3, p. 184*). En effet, lors de l'augmentation de la concentration d'un réactif, par exemple, les vitesses des réactions directe et inverse ne sont plus égales comme c'était le cas à l'équilibre. La vitesse de la réaction directe est plus grande, ce qui permet une plus grande formation de produits. Toutefois, cet effet correspond aussi à une augmentation progressive de la concentration des produits qui, à son tour, fait augmenter la vitesse de la réaction inverse. Il arrive un moment où les vitesses redeviennent égales, ce qui correspond à l'atteinte d'un nouvel état d'équilibre qui est finalement plus positionné en faveur des produits.

EXEMPLE 4.8 L'effet d'une modification de la concentration sur la position d'équilibre

À 720 °C, la constante d'équilibre K_c pour la réaction :

$$N_2(g) + 3H_2(g) \rightleftharpoons 2NH_3(g)$$

vaut $2{,}37 \times 10^{-3}$. Dans une expérience donnée, les concentrations à l'équilibre sont $[N_2] = 0{,}683$ mol/L, $[H_2] = 8{,}80$ mol/L et $[NH_3] = 1{,}05$ mol/L. On ajoute une certaine quantité de NH_3 au mélange pour que sa concentration augmente à 3,65 mol/L. a) À l'aide du principe de Le Chatelier, prédisez dans quel sens la réaction nette évoluera pour atteindre un nouvel équilibre. b) Confirmez votre prédiction en calculant le quotient réactionnel Q_c et en le comparant avec K_c.

DÉMARCHE

a) Quelle est la contrainte exercée sur le système ? Comment le système répond-il à cette contrainte ? b) Dès l'addition d'un peu de NH_3, le système n'est plus à l'équilibre. Comment faut-il calculer le quotient réactionnel Q_c de la réaction dans cette situation ? Comment la comparaison entre Q_c et K_c nous indiquera-t-elle le sens du déplacement net de la réaction jusqu'à l'obtention d'un nouvel état d'équilibre ?

SOLUTION

a) La contrainte externe qui vient agir sur le système est l'addition de NH_3. Pour minimiser cette contrainte, des molécules NH_3 réagissent pour produire des molécules de N_2 et de H_2 jusqu'à ce qu'un nouvel équilibre soit atteint. La réaction nette se produit alors de droite à gauche :

$$N_2(g) + 3H_2(g) \longleftarrow 2NH_3(g)$$

b) Dès que l'on y ajoute du NH_3, le système n'est plus à l'équilibre. Le quotient réactionnel est donné par :

$$Q_c = \frac{[NH_3]_0^2}{[N_2]_0[H_2]_0^3} = \frac{(3{,}65)^2}{(0{,}683)(8{,}80)^3} = 2{,}86 \times 10^{-2}$$

Puisque cette valeur est supérieure à $2{,}37 \times 10^{-3}$, la réaction nette se produit de droite à gauche, jusqu'à ce que Q_c soit égal à K_c.

La figure ci-dessous illustre qualitativement les modifications de concentrations des espèces en jeu.

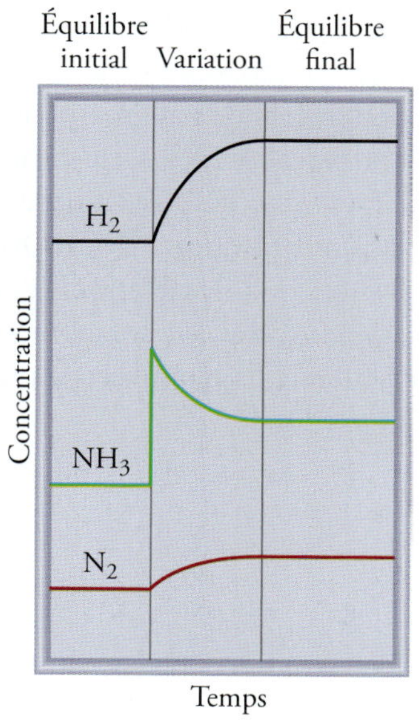

Variations des concentrations de H_2, de N_2 et de NH_3 après addition de NH_3 au système à l'équilibre

>>>

EXERCICE

À 430 °C, la constante d'équilibre (K_P) de la réaction :

$$2NO(g) + O_2(g) \rightleftharpoons 2NO_2(g)$$

vaut $1{,}5 \times 10^3$. Dans une expérience donnée, les pressions initiales de NO, de O_2 et de NO_2 sont respectivement de $2{,}1 \times 10^{-1}$ kPa, de 1,1 kPa et de 14 kPa. Calculez Q_P et prédisez dans quel sens aura lieu la réaction nette pour atteindre l'équilibre à la même température.

PROBLÈME SEMBLABLE

4.46

Les modifications de la pression et du volume

Les modifications de la pression n'influencent ordinairement pas la concentration des espèces en phases condensées (en solution aqueuse, par exemple), car les liquides et les solides sont pratiquement incompressibles. Par contre, elles influencent grandement la concentration des gaz, ce qui peut modifier un état d'équilibre. Examinons encore l'équation 4.8 de *Chimie générale* :

$$PV = nRT$$

$$P = \left(\frac{n}{V}\right)RT$$

P et *V* sont inversement proportionnels : plus la pression est grande, plus le volume est petit, et vice versa. Rappelons également que le terme (n/V) équivaut à la concentration du gaz en moles par litre et qu'il est directement proportionnel à la pression.

Étudions trois cas : l'augmentation de la pression causée par un changement de volume, l'augmentation de la pression causée par l'addition d'un gaz inerte à volume constant et l'effet de l'addition d'un gaz inerte à pression constante.

L'effet de l'augmentation de la pression causée par une diminution de volume

Soit le système suivant à l'équilibre :

$$N_2O_4(g) \rightleftharpoons 2NO_2(g) \qquad K_c = \frac{[NO_2]^2}{[N_2O_4]}$$

dans un cylindre muni d'un piston mobile. Qu'arrive-t-il si, à température constante, on augmente la pression des gaz en appuyant sur le piston ? Puisque le volume diminue, les concentrations (n/V) de NO_2 et de N_2O_4 augmentent. Puisque dans l'expression de la constante d'équilibre la concentration de NO_2 est au carré, la valeur du numérateur augmentera plus rapidement que celle du dénominateur. Le système n'est alors plus à l'équilibre, et l'on écrit :

$$Q_c = \frac{[NO_2]_0^2}{[N_2O_4]_0}$$

NOTE

Le sens du déplacement de l'équilibre peut également être prédit à l'aide du principe de Le Chatelier.

Ainsi $Q_c > K_c$, et la réaction nette se produira vers la gauche jusqu'à ce que $Q_c = K_c$ (*voir la figure 4.8*). Inversement, une diminution de pression (donc une augmentation de volume) se soldera par $Q_c < K_c$; la réaction nette se produira alors vers la droite, jusqu'à ce que $Q_c = K_c$.

En général, une augmentation de pression (donc une diminution de volume) favorise le déplacement de l'équilibre dans le sens de la réaction nette qui contribue à faire diminuer le nombre total de moles de gaz (dans le cas présent, la réaction inverse) ; une diminution de pression (donc une augmentation de volume) favorise le déplacement dans le sens de la réaction nette qui contribue à faire augmenter le nombre total de moles de gaz (ici, la réaction directe). Pour ce qui est des réactions où il n'y a aucun changement dans le nombre de moles de gaz en procédant dans un sens ou dans l'autre, une modification de la pression (ou du volume) n'a aucun effet sur la position d'équilibre.

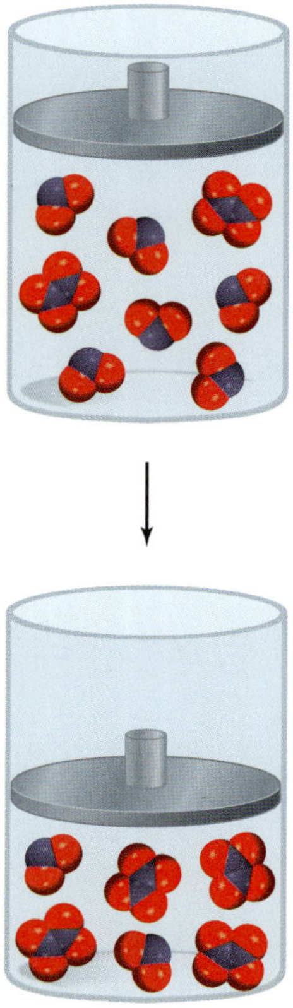

FIGURE 4.8

Illustration qualitative d'un accroissement de la pression sur le système $N_2O_4(g) \rightleftharpoons 2NO_2(g)$ à l'équilibre

L'augmentation de la pression à volume constant par l'addition d'un gaz inerte

Il est possible de changer la pression d'un système sans en changer le volume. Soit le système $NO_2-N_2O_4$ placé dans un contenant en acier inoxydable fermé dont le volume est constant. On peut augmenter la pression totale en y ajoutant un gaz rare (de l'hélium, par exemple). L'ajout d'hélium au mélange à l'équilibre, dans un *volume constant,* augmente la pression totale des gaz et diminue les fractions molaires de NO_2 et de N_2O_4 ; cependant, la pression partielle de chaque gaz, qui est le produit de la fraction molaire par la pression totale (*voir la section 4.6 de* Chimie générale), ne change pas, et Q_P est encore égal à K_P. L'état d'équilibre n'est donc pas modifié dans un tel cas.

L'effet de l'addition d'un gaz inerte à pression constante

Par contre, l'ajout d'un gaz non réactif dans un système à *pression constante* peut avoir un effet, car il modifie les pressions partielles. Donc, Q n'est plus égal à K. Il pourrait y avoir modification de l'état d'équilibre si le total du nombre de moles des produits gazeux n'est pas le même que celui des réactifs (si Δn est différent de zéro). L'équilibre se déplacera alors de manière à favoriser la production d'un plus grand nombre de molécules. En fait, ce dernier cas revient à dire que le gaz inerte n'a pas d'effet chimique comme tel, mais que son effet revient au même que celui d'un changement de volume. Cela correspond ici à un changement des concentrations, comme on l'a vu au paragraphe précédent.

EXEMPLE 4.9 Les effets de la modification de la pression et du volume sur la position d'équilibre

Soit les systèmes suivants à l'équilibre :

a) $2PbS(s) + 3O_2(g) \rightleftharpoons 2PbO(s) + 2SO_2(g)$

b) $PCl_5(g) \rightleftharpoons PCl_3(g) + Cl_2(g)$

c) $H_2(g) + CO_2(g) \rightleftharpoons H_2O(g) + CO(g)$

Dans chaque cas, prédisez le sens de la réaction nette qui suivrait une augmentation de la pression (une diminution du volume) du système à température constante.

>>>

DÉMARCHE

Un changement de pression modifie seulement le volume d'un gaz, mais pas celui d'un solide parce que les solides (et les liquides) sont beaucoup moins compressibles. La contrainte ici est l'augmentation de la pression. Selon le principe de Le Chatelier, le système va réagir de manière à s'opposer partiellement à cette contrainte. En d'autres mots, le système se comportera de façon à faire diminuer la pression, ce qui correspond à favoriser un déplacement vers le côté de l'équation qui comporte le moins de moles de gaz. Rappelez-vous que la pression est directement proportionnelle aux moles de gaz : $PV = nRT$, donc $P \propto n$.

NOTE

Puisque le principe de Le Chatelier ne fait que résumer le comportement des systèmes à l'équilibre, il est incorrect de dire qu'un changement de la position d'équilibre a lieu « à cause » du principe de Le Chatelier. *(Voir aussi p. 201.)*

SOLUTION

a) On ne tient compte que des molécules de gaz. Dans l'équation équilibrée, il y a trois moles de réactifs gazeux pour deux moles de produits gazeux. Alors, une augmentation de pression provoquera une réaction nette vers les produits (vers la droite).

b) Il y a deux moles de produits pour une mole de réactifs ; alors, la réaction nette se produira vers les réactifs (vers la gauche).

c) Le nombre de moles des produits gazeux est égal à celui des réactifs ; une modification de la pression n'a donc aucun effet sur l'équilibre.

EXERCICE

Soit la réaction :

$$2NOCl(g) \rightleftharpoons 2NO(g) + Cl_2(g)$$

Prédisez dans quel sens aura lieu la réaction nette causée par une diminution de la pression (une augmentation de volume) du système à température constante.

PROBLÈME SEMBLABLE

4.56

Les modifications de la température

Bien qu'une modification de la concentration, de la pression ou du volume puisse faire changer la position d'équilibre, elle n'influence pas la valeur de la constante d'équilibre. Seule une modification de la température peut la faire varier.

La formation de NO_2 à partir de N_2O_4 est une réaction endothermique :

$$N_2O_4(g) \longrightarrow 2NO_2(g) \qquad \Delta H° = 58,0 \text{ kJ}$$

et la réaction inverse est exothermique :

$$2NO_2(g) \longrightarrow N_2O_4(g) \qquad \Delta H° = -58,0 \text{ kJ}$$

À l'équilibre, le bilan d'échange de chaleur est nul puisqu'il n'y a pas de réaction nette. Soit le système à l'équilibre :

$$N_2O_4(g) \rightleftharpoons 2NO_2(g)$$

Qu'arrive-t-il si l'on chauffe à volume constant ? Puisque c'est la réaction endothermique (opposition à la contrainte) qui absorbe la chaleur de l'extérieur, le réchauffement (contrainte) favorise la réaction endothermique, soit la dissociation des molécules N_2O_4 en NO_2. Par conséquent, la constante d'équilibre donnée par :

$$K_c = \frac{[NO_2]^2}{[N_2O_4]}$$

augmente avec la température (*voir la figure 4.9*).

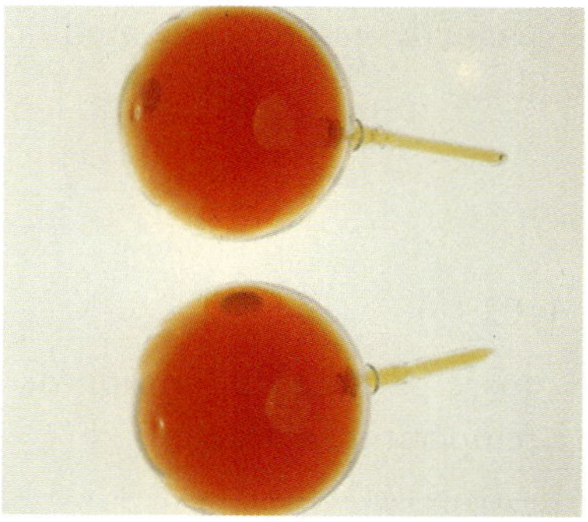

A

B

FIGURE 4.9

Effet de la température sur l'équilibre NO_2—N_2O_4

A Deux ballons contenant un mélange de NO_2 et de N_2O_4 gazeux à l'équilibre.
B Quand on immerge l'un des ballons dans l'eau glacée (à gauche), la couleur devient plus pâle, indiquant la formation de N_2O_4 gazeux incolore. Quand on immerge l'autre ballon dans l'eau chaude, la couleur s'intensifie, indiquant la formation de NO_2.

Prenons, comme autre exemple, l'équilibre entre les ions suivants :

$$\underset{\text{Bleu}}{CoCl_4^{2-}} + 6H_2O \rightleftharpoons \underset{\text{Rose}}{Co(H_2O)_6^{2+}} + 4Cl^-$$

La formation de $CoCl_4^{2-}$ est endothermique. Sous l'effet de la chaleur, l'équilibre se déplace vers la gauche, et la solution devient bleue. Un refroidissement favorise une réaction exothermique [la formation de $Co(H_2O)_6^{2+}$] ; la solution devient alors rose (*voir la figure 4.10*).

Ⓐ Ⓑ

FIGURE 4.10

Effet de la température sur l'équilibre $CoCl_4^{2-}$—$Co(H_2O)_6^{2+}$

Ⓐ Le chauffage favorise la formation d'ions $CoCl_4^{2-}$, d'où la couleur bleue.
Ⓑ Le refroidissement favorise la formation d'ions $Co(H_2O)_6^{2+}$, d'où la couleur rouge.

On peut résumer ces observations par l'affirmation suivante : *une augmentation de température favorise une réaction endothermique, et une diminution de température favorise une réaction exothermique.* Cette affirmation est en accord avec le principe de Le Chatelier. Rappelons que le principe de Le Chatelier n'est qu'une interprétation qualitative de relations quantitatives, dans ce cas-ci une relation entre le $\Delta H°$, T et K. Cette relation est d'une forme à la fois analogue à l'équation de Clausius Clapeyron (*voir le chapitre 9,* Chimie générale) et à l'équation d'Arrhenius (*voir p. 133*) et se nomme l'**équation** ou la **loi de Van't Hoff**, laquelle décrit la dépendance de la constante d'équilibre en fonction de la température Kelvin, ainsi :

$$\ln K = \frac{-\Delta H°}{RT} + C \qquad (4.12)$$

Cette relation correspond à l'équation d'une droite de ln K en fonction de $1/T$ dont la pente est égale à $-\Delta H°/R$. Si l'on applique successivement cette relation à deux valeurs correspondantes de *K et de T,* on obtient :

$$\ln \frac{K_2}{K_1} = \frac{-\Delta H°}{R}\left(\frac{1}{T_2} - \frac{1}{T_1}\right) \qquad (4.13)$$

Cette dernière relation permet de calculer, avec une précision de l'ordre de 1 %, la valeur d'une constante d'équilibre à une température donnée à partir de sa valeur à une autre température. Ainsi, selon la valeur et le signe du $\Delta H°$ et selon que la nouvelle température est plus grande ou plus petite que celle de départ, le rapport des constantes donnera une valeur supérieure ou inférieure à 1. On retrouve ainsi le principe de Le Chatelier, car, par exemple, lorsque la nouvelle valeur de K est plus grande que celle de départ, on doit conclure que le nouvel état d'équilibre favorise les produits.

EXEMPLE 4.10 Les effets de la température sur la position d'équilibre

Soit le système suivant à l'équilibre :

$$N_2(g) + 3H_2(g) \rightleftharpoons 2NH_3(g) \qquad \Delta H° = -92{,}6 \text{ kJ}$$

a) À l'aide de l'équation 4.13, démontrez quel devrait être l'effet d'une diminution de la température sur ce système initialement à l'équilibre.

b) Confirmez votre réponse obtenue en a) à l'aide du principe de Le Chatelier.

c) Si K_c à 720 °C vaut $2{,}37 \times 10^{-3}$, quelle sera sa nouvelle valeur à 700 °C ?

DÉMARCHE

a) Il faudra analyser si le rapport des constantes est inférieur ou supérieur à 1. De quoi ce rapport dépend-il dans l'équation 4.13 ?

b) Quelle est la contrainte ici ? Dans quel sens se fera la réaction pour s'y opposer partiellement ?

c) On connaît K_1, T_1 et T_2. On demande de calculer K_2. Il faudra donc résoudre l'équation 4.13 en fonction de K_2.

SOLUTION

a) Soit T_1 la température initiale, et K_1 la constante d'équilibre initiale. Comme la température diminue, on a $T_2 < T_1$, et, dans l'équation 4.13, le terme $1/T_2 - 1/T_1 > 0$ ainsi que $-\Delta H°/R = +92{,}6 \text{ kJ}/R > 0$. La multiplication de ces deux termes plus grands que zéro donne donc une valeur plus grande que zéro qui est égale au logarithme du rapport des constantes. Donc, $\ln K_2/K_1 > 0$, ce qui veut aussi nécessairement dire que $K_2/K_1 > 1$. La valeur de la nouvelle constante est plus grande que celle de départ, ce qui nous permet de conclure que le nouvel équilibre favorisera les produits.

b) Puisque la réaction directe est exothermique, on peut considérer la chaleur produite comme un produit de la réaction et réécrire l'équation ainsi :

$$N_2(g) + 3H_2(g) \rightleftharpoons 2NH_3(g) + 92{,}6 \text{ kJ}$$

La diminution de la température correspond au fait d'enlever de la chaleur produite par le système et, d'après le principe de Le Chatelier, le système s'opposera à cette contrainte en favorisant le sens de la réaction qui s'oppose à cette contrainte. Le contraire de perdre de la chaleur est d'en produire, ce qui correspond à faire évoluer la réaction vers la droite.

c) Écrivons d'abord toutes les valeurs connues dans la relation :

$$\ln \frac{K_2}{K_1} = \frac{-\Delta H°}{R}\left(\frac{1}{T_2} - \frac{1}{T_1}\right)$$

$$\ln \frac{K_2}{K_1} = \frac{-(-92\,600 \text{ J/mol})}{8{,}314 \text{ J/(K} \cdot \text{mol)}}\left(\frac{1}{973 \text{ K}} - \frac{1}{993 \text{ K}}\right) = 2{,}31 \times 10^{-1}$$

$$\frac{K_2}{K_1} = e^{2{,}31 \times 10^{-1}} = 1{,}3$$

et

$$K_2 = 1{,}3\, K_1 = (1{,}3)(2{,}37 \times 10^{-3}) = 3{,}08 \times 10^{-3}$$

NOTE

Il ne faut pas oublier que, pour avoir des unités compatibles, il faut convertir les kilojoules (kJ) en joules (J) et les degrés Celsius (°C) en kelvins (K).

PROBLÈME SEMBLABLE

4.64

EXERCICE

On observe que la constante d'équilibre d'une certaine réaction double si l'on augmente la température de 25 °C à 35 °C. Quelle est la valeur du $\Delta H°$ de cette réaction ?

Une explication de l'effet de la température du point de vue de la cinétique

À la section 3.4 (*p. 130*), nous avons vu que les constantes de vitesse augmentent avec la température. Dans un système à l'équilibre, une augmentation de la température fera varier les vitesses directe et inverse (qui étaient égales), mais pas de la même valeur. Les deux valeurs de k dépendent de la fraction des molécules qui ont l'énergie nécessaire pour franchir la barrière d'activation, et comme cette barrière est toujours plus haute du côté qui correspond au sens de la réaction endothermique, c'est là que l'élévation de la température a l'effet le plus marqué sur la vitesse (*voir la figure 4.11*). Donc, si l'on chauffe un système à l'équilibre, la réaction dans le sens endothermique va connaître temporairement une plus grande augmentation de la vitesse que celle dans le sens contraire, qui est exothermique. Il y aura augmentation progressive de produits et diminution de réactifs dans le sens favorisé par l'augmentation de la température, ce qui aura pour effet, à la longue, de rétablir l'égalité des vitesses, donc d'atteindre un nouvel état d'équilibre.

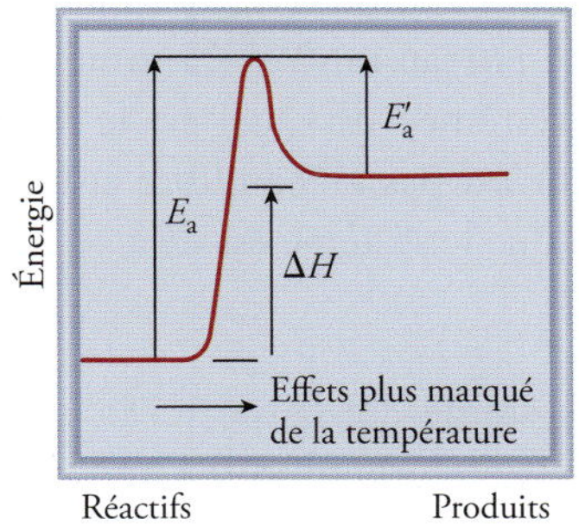

FIGURE 4.11

Effet de la température

Dans le cas de cette réaction endothermique, l'effet d'une augmentation de la température sera plus marqué dans le sens direct que dans le sens inverse, étant donné que la barrière de l'énergie d'activation est beaucoup plus élevée ($E_a > E'_a$) lorsqu'elle évolue dans le sens direct.

Le rôle d'un catalyseur

Un catalyseur augmente la vitesse d'une réaction (*voir la section 3.6, p. 147*). Dans une réaction réversible, un catalyseur influence de la même manière la vitesse des réactions directe et inverse car la barrière de l'énergie d'activation est changée de la même valeur dans les deux sens. *Ainsi, la présence d'un catalyseur ne change pas la constante d'équilibre, pas plus qu'elle ne modifie la position d'équilibre d'un système.* L'ajout d'un catalyseur à un mélange réactionnel qui n'est pas à l'équilibre augmente la vitesse des réactions directe et inverse de sorte que l'équilibre est atteint plus rapidement. Autrement dit, cet équilibre serait atteint sans catalyseur, mais cela prendrait beaucoup plus de temps.

Résumé des effets des facteurs d'influence

Nous avons vu quatre facteurs susceptibles d'influencer l'équilibre d'un système. Il est important de se rappeler qu'un seul de ces facteurs, la température, peut faire changer la valeur de la constante d'équilibre. Les modifications de la concentration, de la pression et du volume peuvent faire changer les concentrations des espèces en jeu à l'équilibre, mais elles ne peuvent faire changer la constante d'équilibre tant que la température demeure la même.

Un catalyseur peut aider à atteindre plus rapidement l'état d'équilibre, mais il n'a aucun effet sur la constante d'équilibre ni sur les concentrations à l'équilibre des espèces en jeu.

NOTE

Ce résumé de fin de section sera plus détaillé dans le résumé du chapitre, p. 209.

$N_2F_4(g) \rightleftharpoons 2NF_2(g)$

EXEMPLE 4.11 Exemple synthèse. Les effets des facteurs qui peuvent influencer la position d'équilibre ou la constante d'équilibre

Soit un système à l'équilibre représenté par la réaction suivante :

$$N_2F_4(g) \rightleftharpoons 2NF_2(g) \qquad \Delta H° = 38{,}5 \text{ kJ}$$

Prédisez les effets des changements suivants sur l'équilibre : a) le mélange réactionnel est chauffé à volume constant ; b) du N_2F_4 gazeux est retiré du mélange à température et à volume constants ; c) la pression appliquée sur le mélange est abaissée à température constante ; d) on ajoute un catalyseur au mélange réactionnel ; e) un gaz rare, comme l'hélium, est ajouté au mélange réactionnel à température et à volume constants.

DÉMARCHE

a) Qu'est-ce que le signe du $\Delta H°$ indique quant à l'échange de chaleur (endothermique ou exothermique) ? b) Est-ce que le retrait d'une partie du N_2F_4 cause une augmentation ou une diminution du Q_c de la réaction ? c) Comment la diminution de la pression change-t-elle le volume du système ? d) Quel est le rôle d'un catalyseur ? Comment influence-t-il un système qui n'est pas à l'équilibre et un système qui est à l'équilibre ? e) L'effet est-il le même selon que le système est déjà à l'équilibre ou non ?

SOLUTION

a) La chaleur ajoutée au système constitue ici la contrainte. La réaction étudiée $N_2F_4(g) \rightleftharpoons 2NF_2(g)$ est endothermique ($\Delta H° > 0$), il y a donc absorption de chaleur à partir du milieu ambiant. On peut concevoir la chaleur comme un réactif :

$$N_2F_4(g) + \text{chaleur} \rightleftharpoons 2NF_2(g)$$

Le système va s'opposer à la contrainte en absorbant une partie de la chaleur ajoutée en favorisant la réaction de décomposition (déplacement vers la droite).

COMMENTAIRE

La constante d'équilibre :

$$K_c = \frac{[NF_2]^2}{[N_2F_4]}$$

augmentera donc avec la température, car la concentration de NF_2 s'est accrue, et celle de N_2F_4 a diminué. Rappelons que la constante d'équilibre est une constante à une température donnée et si celle-ci change, la constante d'équilibre change aussi.

b) La contrainte ici est le retrait de N_2F_4 gazeux. Pour s'y opposer, le système va réagir de manière à remplacer une partie du N_2F_4 retiré en favorisant la réaction vers la gauche jusqu'à l'obtention d'un nouvel état d'équilibre (du NF_2 se recombinera pour former du N_2F_4). La constante d'équilibre K_c reste la même dans ce cas, car la température est constante. On pourrait être porté à penser que K_c change parce que du NF_2 se combine pour donner du N_2F_4. *Cependant, il ne faut pas oublier que du N_2F_4 a été enlevé et que le système s'ajuste en ne remplaçant qu'une partie du N_2F_4 enlevé.* Une fois le nouvel état d'équilibre atteint, la quantité résultante finale du N_2F_4 est inférieure à la quantité initiale. En fait, les deux substances sont en quantités inférieures par rapport à celles du début. L'expression de la constante d'équilibre sera donc constituée d'un numérateur plus petit compensé par un dénominateur plus petit, ce qui donne la même valeur à la constante d'équilibre.

c) La contrainte est la diminution de la pression (accompagnée d'une augmentation du volume des gaz), ce qui favorise la formation d'un plus grand nombre de molécules de gaz. La réaction directe sera donc favorisée, et il y aura alors formation de NF_2 gazeux. La constante d'équilibre reste la même, car la température ne varie pas.

>>>

d) La fonction d'un catalyseur est d'augmenter la vitesse de réaction. Si l'on ajoute un catalyseur à un mélange réactionnel qui n'est pas à l'équilibre, l'équilibre sera atteint plus rapidement en présence du catalyseur. Si le système est déjà à l'équilibre, la présence d'un catalyseur ne modifiera aucune des concentrations de NF_2 et de N_2F_4 ni la constante d'équilibre.

e) L'ajout, à volume constant, d'hélium dans un mélange ne modifie pas son équilibre (*voir p. 198*).

EXERCICE

Soit l'équilibre : $3O_2(g) \rightleftharpoons 2O_3(g) \qquad \Delta H° = 284 \text{ kJ}$

Quel effet sur le système aurait : a) une augmentation de la pression par diminution du volume ; b) une augmentation de la pression par addition de O_2 ; c) une diminution de la température ; d) l'ajout d'un catalyseur ?

PROBLÈMES SEMBLABLES

4.57 et 4.58

Chimie en action

La vie en altitude et la production d'hémoglobine

Notre physiologie subit l'influence des conditions environnementales. Ce fait peut être illustré par les effets d'un changement rapide d'altitude. Par exemple, aller de Montréal (à 30 m d'altitude) jusqu'à Mexico (à 2 300 m d'altitude) ou encore escalader une montagne de 3 000 m en deux jours peut occasionner le mal de l'altitude. Cela signifie avoir des maux de tête, des nausées, ressentir une fatigue inhabituelle et d'autres symptômes incommodants. Ces malaises sont tous des symptômes d'*hypoxie,* soit une distribution insuffisante d'oxygène à l'intérieur des tissus. Dans les cas les plus graves, la victime peut tomber dans le coma et mourir si elle n'est pas soignée rapidement. Toutefois, une personne qui vit en altitude durant des semaines et des mois voit ces symptômes disparaître graduellement et s'acclimate à la faible teneur en oxygène de l'atmosphère ; elle peut alors fonctionner normalement.

La combinaison de l'oxygène et de la molécule d'hémoglobine (Hb), qui transporte l'oxygène dans le sang, est une réaction complexe. Cependant, pour nos besoins, nous pouvons la représenter à l'aide d'une équation simplifiée :

$$Hb(aq) + O_2(g) \rightleftharpoons HbO_2(aq)$$

où HbO_2 est l'oxyhémoglobine, le complexe hémoglobine-oxygène qui transporte l'oxygène vers les tissus. La constante d'équilibre est :

$$K_c = \frac{[HbO_2]}{[Hb][O_2]}$$

À 3 000 m d'altitude, la pression partielle de l'oxygène n'est que de 14 kPa ; au niveau de la mer, elle est de 20 kPa. Selon le principe de Le Chatelier, une diminution de la concentration d'oxygène force la réaction à évoluer vers la gauche. Ce déplacement diminue la quantité d'oxyhémoglobine, d'où l'hypoxie. Avec le temps, l'organisme peut pallier cette carence en fabriquant plus de molécules d'hémoglobine. L'équilibre se déplacera alors vers la droite, favorisant la formation d'oxyhémoglobine. L'augmentation de production d'hémoglobine est lente à se manifester ; elle peut prendre de deux à trois semaines. La compensation complète peut exiger plusieurs années. Des études ont révélé que le taux d'hémoglobine sanguin des gens qui vivent en altitude depuis longtemps peut être de 50 % supérieur à celui des gens qui vivent au niveau de la mer.

Les alpinistes doivent s'entraîner pendant des semaines, voire des mois, avant de tenter l'ascension de sommets comme celui du mont Everest.

Chimie en action

Le procédé Haber

La connaissance des facteurs qui influent sur l'équilibre chimique est d'une grande importance pratique dans les procédés industriels comme la synthèse de l'ammoniac. On se rappelle que le procédé Haber est une réaction qui nécessite un catalyseur (*voir p. 148*). Voyons plutôt ici comment d'autres facteurs pourraient faire déplacer l'équilibre de manière à favoriser un bon rendement, c'est-à-dire le déplacement de la réaction en faveur de l'ammoniac.

Imaginez que vous êtes un chimiste reconnu, au début du xxe siècle, et qu'on vous demande de concevoir un procédé efficace qui permettra de synthétiser de l'ammoniac à partir de l'hydrogène et de l'azote. Votre objectif principal est d'obtenir un rendement élevé du produit à un coût moindre. Vous commencez par examiner soigneusement l'équation équilibrée de la production d'ammoniac :

$$N_2(g) + 3H_2(g) \rightleftharpoons 2\,NH_3(g) \qquad \Delta H° = -92{,}6\ \text{kJ}$$

Deux idées vous viennent alors en tête. *Premièrement,* puisque 1 mol de N_2 réagit avec 3 mol de H_2 pour produire 2 mol de NH_3, on peut obtenir un rendement supérieur de NH_3 à l'équilibre si la réaction est effectuée à des pressions élevées. C'est en effet le cas, comme le montre le graphique de la variation du pourcentage de moles de NH_3 en fonction de la pression totale du système (*voir la figure ci-après*).

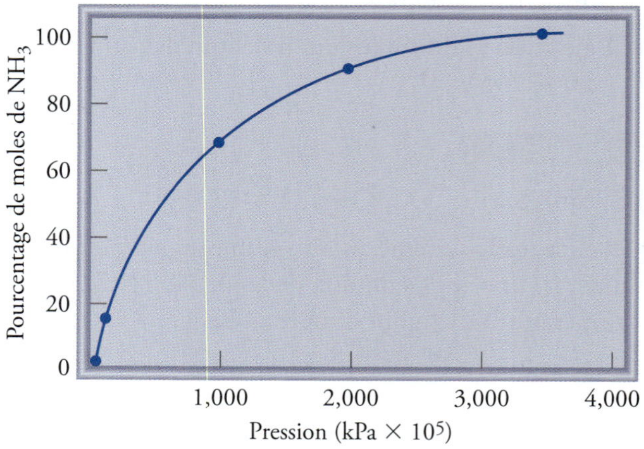

Variation du pourcentage de moles de NH_3 en fonction de la pression totale des gaz à 425 °C

Deuxièmement, la nature exothermique de la réaction directe indique que la constante d'équilibre diminuera à mesure que la température augmentera (*voir le tableau ci-dessous*).

t (°C)	K_c
25	$6{,}0 \times 10^5$
200	0,65
300	0,011
400	$6{,}2 \times 10^{-4}$
500	$7{,}4 \times 10^{-5}$

Alors, pour obtenir un rendement maximal de NH_3, on doit effectuer cette réaction à la température la plus basse possible. Le graphique de la figure suivante montre que le rendement de l'ammoniac augmente quand la température diminue. Une basse température (par exemple 220 K, soit −53 °C) est également souhaitable pour une autre raison : comme le point d'ébullition de l'ammoniac est −33,5 °C, il se condensera à mesure qu'il se formera, devenant ainsi plus facile à extraire du système (H_2 et N_2 étant toujours gazeux à cette température). Par conséquent, la réaction évoluera de gauche à droite, comme on le désire.

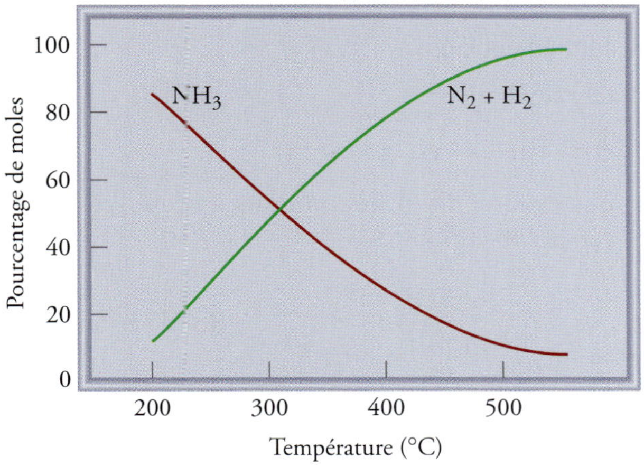

Variation de la composition (en pourcentage de moles) de NH_3 et de $H_2 + N_2$ à l'équilibre (pour un mélange de départ donné) en fonction de la température.

Telles sont vos conclusions, du moins sur papier. Comparons vos recommandations aux conditions industrielles. Habituellement, la pression employée se situe entre $5{,}0 \times 10^4$ kPa et 10×10^4 kPa ; il était donc justifié de recommander une forte pression. De plus, en industrie, la réaction n'atteint jamais l'équilibre, car le NH_3 est continuellement retiré du mélange. Ce concept est aussi en accord avec ce que vous aviez pensé. La seule différence est que l'opération se fait en général à environ 500 °C : à cette température, l'opération est pourtant coûteuse, et le rendement de NH_3 est bas. Le fait que la vitesse de production de NH_3 augmente avec la température justifie ce choix. Du point de vue commercial, une production rapide de NH_3 est préférable, même si cela signifie un rendement plus bas et des coûts d'exploitation plus élevés. Cependant, comme on le sait, augmenter uniquement la température ne suffit pas, il faut utiliser le bon catalyseur pour accélérer le processus. La figure ci-dessous illustre le procédé industriel de synthèse de NH_3 à partir de N_2 et de H_2, appelé procédé Haber.

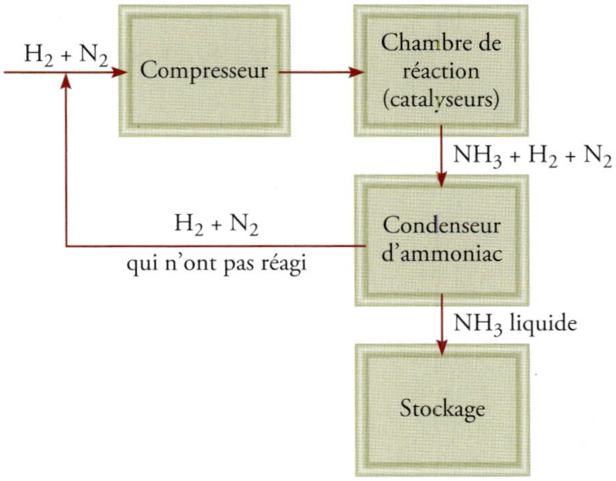

Schéma du procédé Haber de la synthèse de l'ammoniac

La chaleur produite par la réaction est utilisée pour chauffer les gaz d'entrée.

RÉSUMÉ

4.1

Le concept d'équilibre

Les caractéristiques de l'équilibre

L'équilibre chimique est un phénomène dynamique en ce sens qu'il s'y produit encore des changements à l'équilibre, mais que ces changements ont lieu à la même vitesse dans les deux directions opposées. Un système à l'équilibre a des propriétés macroscopiques constantes ; ainsi, les concentrations des réactifs et des produits sont constantes à l'équilibre. Un tel système répond rapidement aux changements (contraintes venant de l'extérieur), car les réactions directe et inverse sont réversibles.

L'expression générale de la constante d'équilibre

Pour la réaction chimique générale suivante :

$$aA + bB \rightleftharpoons cC + dD$$

la relation entre les concentrations des réactifs et des produits à l'équilibre (en moles par litre) est exprimée par la constante d'équilibre :

$$K = \frac{[C]^c[D]^d}{[A]^a[B]^b} \qquad \text{(loi d'action de masse)}$$

4.2

Les différentes manières d'exprimer les constantes d'équilibre

La constante d'équilibre K s'écrit K_c si elle est exprimée en fonction des concentrations molaires volumiques à l'équilibre, et elle s'écrit K_p si elle est plutôt exprimée en fonction des pressions partielles des gaz (en kilopascals) à l'équilibre. Il est possible de convertir ces constantes l'une en l'autre selon l'équation 4.5 : $K_p = K_c\,(8{,}314T)^{\Delta n}$.

L'équilibre homogène et l'équilibre hétérogène

Lorsque tous les réactifs et les produits d'un système à l'équilibre sont dans la même phase, l'équilibre est homogène. Si, par contre, les réactifs et les produits ne sont pas tous dans la même phase, l'équilibre est hétérogène. Les concentrations des solides purs, des liquides purs et des solvants sont constantes et n'apparaissent pas dans l'expression de la constante d'équilibre pour une réaction.

Les équilibres multiples

Si une réaction peut être considérée comme la somme de plusieurs réactions, la constante d'équilibre de la réaction globale est égale au produit des constantes de chacune des réactions individuelles.

L'expression de *K* et l'équation décrivant l'équilibre

La valeur de K pour une réaction donnée est associée à l'écriture de l'équation équilibrée qu'elle représente. Par exemple, si l'on double les coefficients stœchiométriques de l'équation équilibrée, la constante de départ devra être élevée au carré. Aussi, la constante d'équilibre de la réaction inverse est la réciproque de celle de la réaction directe correspondante.

4.3

La relation entre la cinétique et l'équilibre

Étant donné qu'à l'équilibre, la vitesse de la réaction directe et celle de la réaction inverse sont égales, on a démontré que la constante d'équilibre (K) est précisément le rapport entre ces constantes de vitesse (k_d/k_i).

4.4

La signification de la constante d'équilibre

La constante d'équilibre permet de prédire dans quel sens aura lieu une réaction pour atteindre l'équilibre ; elle permet aussi de calculer les concentrations des réactifs et des produits une fois l'équilibre atteint.

La prévision du sens de l'évolution d'une réaction et le quotient réactionnel (*Q*)

Le quotient réactionnel (Q) a la même forme que l'expression de la constante d'équilibre, mais il s'applique à une réaction qui pourrait ne pas être à l'équilibre. Si $Q_c > K_c$ (ou $Q_P > K_P$), la réaction se fera en faveur des réactifs pour atteindre l'équilibre ; si $Q_c < K_c$ (ou $Q_P < K_P$), la réaction favorisera la formation des produits.

Le calcul des concentrations à l'équilibre

Pour effectuer le calcul des concentrations à l'équilibre, il faut bien distinguer les concentrations initiales des concentrations à l'équilibre. Ensuite, il faut établir quel sera le sens des variations des concentrations ou des pressions tout en tenant compte de l'équation équilibrée, puis exprimer K en fonction des concentrations à l'équilibre ; on obtient alors x qui, à son tour, permet de trouver les concentrations à l'équilibre.

En pratique, il faut construire un « tableau » sous l'écriture de l'équation équilibrée de la réaction en comblant le plus possible les espaces prévus en dessous des réactifs et des produits avec les données du problème quant aux concentrations initiales et aux concentrations à l'équilibre connues. Ensuite, ayant choisi la variation de la concentration d'une espèce comme étant x, il faut écrire les autres variations en fonction de celle-ci en tenant compte des coefficients stœchiométriques de la réaction. On peut résumer ainsi sur quatre lignes distinctes la procédure typique de calcul pour une réaction générale $a\text{A} + b\text{B} \rightleftharpoons c\text{C}$:

1) Équation équilibrée :	aA	+	bB	$\rightleftharpoons$	cC
2) Concentration initiale (mol/L) :	$[\text{A}]_0$		$[\text{B}]_0$		$[\text{C}]_0$
3) Variation (mol/L) :	$-x$		$\dfrac{b(-x)}{a}$		$\dfrac{cx}{a}$
4) Concentration à l'équilibre (mol/L) :	$[\text{A}]_0 - x$		$[\text{B}]_0 - \dfrac{bx}{a}$		$[\text{C}]_0 + \dfrac{cx}{a}$

En appliquant l'expression de la constante d'équilibre à la ligne 4), on peut résoudre l'équation pour x, ce qui permet ensuite de calculer les concentrations à l'équilibre pour chacune des espèces.

4.5

Les facteurs qui influencent l'équilibre chimique

Le principe de Le Chatelier

Ce principe s'énonce ainsi : si une contrainte (un facteur extérieur) agit sur un système à l'équilibre, celui-ci réagira de manière à s'opposer partiellement à cette contrainte. Ces contraintes peuvent être des variations de la concentration, de la pression, du volume et de la température.

Les modifications de la concentration

Une augmentation de la concentration des réactifs cause un déplacement de l'équilibre en faveur des produits, et une augmentation de la concentration des produits provoque un déplacement en faveur des réactifs. Cela s'explique bien grâce à la loi de vitesse déjà vue en cinétique.

Les modifications de la pression et du volume

Les variations de pression influent surtout sur les systèmes gazeux. Une augmentation de la pression favorise le déplacement de l'équilibre dans le sens de la réaction qui contribue à faire diminuer le nombre total de moles de gaz. Une diminution de pression aura l'effet contraire.

Les modifications de la température

Une augmentation de la température favorise une réaction endothermique, et une diminution de la température favorise une réaction exothermique. La loi de Van't Hoff (*voir l'équation clé 4.13*) permet de calculer la valeur de K à différentes températures. L'effet de la température sur l'équilibre s'explique lui aussi grâce à l'approche cinétique.

Seule une modification de la température fait changer la valeur de la constante d'équilibre pour une réaction donnée. En ce qui concerne les autres facteurs déjà mentionnés, la constante est inchangée. C'est seulement la position de l'équilibre qui est modifiée.

Le rôle d'un catalyseur

L'ajout d'un catalyseur permet d'atteindre plus rapidement l'équilibre, mais il n'influe pas sur les concentrations à l'équilibre des réactifs et des produits, la barrière de l'énergie d'activation étant changée de la même valeur dans les deux sens de la réaction.

ÉQUATIONS CLÉS

• $K = \dfrac{[C]^c[D]^d}{[A]^a[B]^b}$	Loi d'action de masse; expression générale de la constante d'équilibre	(4.2)
• $K_p = K_c\,(8{,}314T)^{\Delta n}$	Relation entre K_p et K_c	(4.5)
• $K_c = K'_c K''_c$	Loi des équilibres multiples; pour calculer la constante d'équilibre d'une réaction complexe (en plusieurs étapes)	(4.9)
• $\ln \dfrac{K_2}{K_1} = \dfrac{-\Delta H^\circ}{R}\left(\dfrac{1}{T_2} - \dfrac{1}{T_1}\right)$	Loi de Van't Hoff; pour calculer la valeur d'une constante d'équilibre à une autre température	(4.13)

MOTS CLÉS

Constante d'équilibre (K), p. 173
Équilibre chimique, p. 171
Équilibre hétérogène, p. 179
Équilibre homogène, p. 174
Équilibre physique, p. 171
Loi d'action de masse p. 173
Loi (ou équation) de Van't Hoff, p. 201
Loi des équilibres multiples, p. 182
Principe de Le Chatelier, p. 194
Quotient réactionnel (Q_c), p. 187

QUESTIONS ET PROBLÈMES*

Questions et problèmes ciblés

Le concept d'équilibre

Questions de révision

4.1 Définissez le terme « équilibre ». Donnez deux exemples d'un équilibre dynamique.

4.2 Quelle est la différence entre un équilibre physique et un équilibre chimique ? Donnez deux exemples de chacun.

4.3 Expliquez brièvement l'importance de l'équilibre dans l'étude des réactions chimiques.

4.4 Soit le système à l'équilibre $3A \rightleftharpoons B$. Dites comment les concentrations de A et de B se modifieront avec le temps dans les situations suivantes : **a)** initialement, seul A est présent ; **b)** initialement, seul B est présent ; **c)** initialement, A et B sont présents (la concentration de A est supérieure). Dans chacun de ces cas, considérez qu'à l'équilibre la concentration de B est supérieure à celle de A.

L'expression des constantes d'équilibre

Questions de révision

4.5 Définissez les expressions « équilibre homogène » et « équilibre hétérogène ». Donnez deux exemples de chacun.

4.6 Que représentent les symboles K_c et K_P ?

Problèmes

★**4.7** Exprimez les constantes d'équilibre K_c et K_P (si elles s'appliquent) pour les réactions suivantes :

a) $2CO_2(g) \rightleftharpoons 2CO(g) + O_2(g)$

b) $3O_2(g) \rightleftharpoons 2O_3(g)$

c) $CO(g) - Cl_2(g) \rightleftharpoons COCl_2(g)$

d) $H_2O(g) + C(s) \rightleftharpoons CO(g) + H_2(g)$

e) $HCOOH(aq) + H_2O(l) \rightleftharpoons H_3O^+(aq) + HCOO^-(aq)$

f) $2HgO(s) \rightleftharpoons 2Hg(l) + O_2(g)$

★**4.8** Écrivez l'expression de la constante d'équilibre K_P pour les décompositions thermiques suivantes :

a) $2NaHCO_3(s) \rightleftharpoons Na_2CO_3(s) + CO_2(g) + H_2O(g)$

b) $2CaSO_4(s) \rightleftharpoons 2CaO(s) + 2SO_2(g) + O_2(g)$

★**4.9** Exprimez les constantes d'équilibre K_c et K_P (si elles s'appliquent) pour les réactions suivantes :

a) $2NO_2(g) + 7H_2(g) \rightleftharpoons 2NH_3(g) + 4H_2O(l)$

b) $2ZnS(s) + 3O_2(g) \rightleftharpoons 2ZnO(s) + 2SO_2(g)$

c) $C(s) + CO_2(g) \rightleftharpoons 2CO(g)$

d) $C_6H_5COOH(aq) + H_2O(l) \rightleftharpoons C_6H_5COO^-(aq) + H_3O^+(aq)$

Le calcul des constantes d'équilibre

Questions de révision

4.10 Écrivez l'équation reliant K_c et K_P et définissez tous les termes.

4.11 Quelle est la règle pour écrire la constante d'équilibre d'une réaction globale obtenue à partir de plusieurs réactions ?

4.12 Donnez un exemple de réaction avec des équilibres multiples.

Problèmes

★**4.13** La constante d'équilibre pour la réaction $A \rightleftharpoons B$ est $K_c = 10$ à une certaine température. Les sphères grises du diagramme suivant représentent les molécules de A, et les vertes, les molécules de B. **a)** Si, initialement, il y a seulement présence de A, lequel des diagrammes suivants représente le mieux le système à l'équilibre ? **b)** Lequel des diagrammes représente le mieux le système à l'équilibre si la constante $K_c = 0{,}10$? Expliquez pourquoi vous pouvez calculer K_c dans chaque cas sans connaître le volume du contenant.

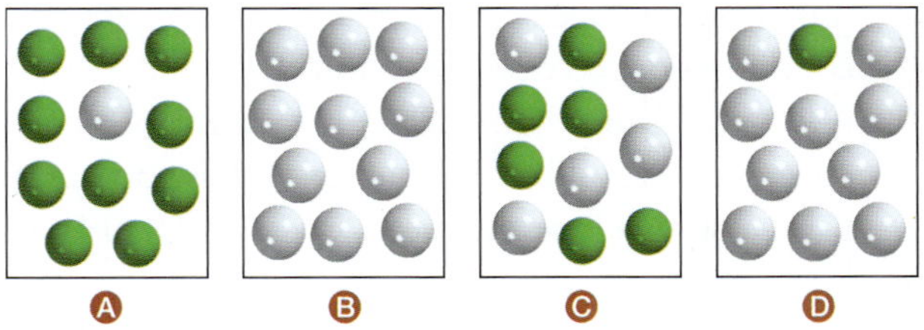

★**4.14** Les diagrammes suivants représentent l'état d'équilibre pour trois réactions du type $A + X \rightleftharpoons AX$ (où X = B, C ou D) :

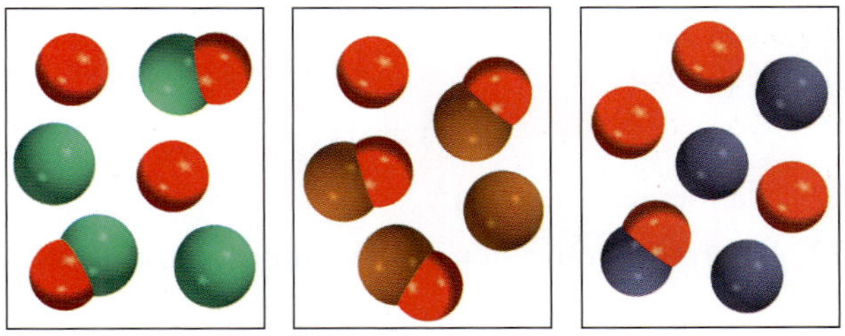

$A + B \rightleftharpoons AB$ $A + C \rightleftharpoons AC$ $A + D \rightleftharpoons AD$

Biologie : 4.83, 4.86, 4.98 ; Concepts : 4.13, 4.14, 4.23, 4.39, 4.53 à 4.62, 4.68, 4,87, 4.92, 4.103, 4.104 ; Descriptifs : 4.87, 4.92, 4.94 ; Environnement : 4.79, 4.102 ; Industriel : 4.81, 4.96, 4.100

* Niveau de difficulté : ★ facile ; ★ moyen ; ★ élevé

À quelle réaction faut-il associer: **a)** la plus grande constante d'équilibre? **b)** la plus petite constante d'équilibre?

★4.15 La constante d'équilibre K_c pour la réaction:

$$2HCl(g) \rightleftharpoons H_2(g) + Cl_2(g)$$

vaut $4,17 \times 10^{-34}$ à 25 °C. Soit la réaction inverse:

$$H_2(g) + Cl_2(g) \rightleftharpoons 2HCl(g)$$

Quelle est la valeur de la constante d'équilibre à la même température?

★4.16 Soit le système suivant à l'équilibre à 700 °C:

$$2H_2(g) + S_2(g) \rightleftharpoons 2H_2S(g)$$

Les analyses révèlent qu'il y a 2,50 mol de H_2, $1,35 \times 10^{-5}$ mol de S_2 et 8,70 mol de H_2S présentes dans un ballon de 12,0 L. Calculez la constante d'équilibre K_c pour la réaction.

★4.17 Quelle est la valeur de K_P à 1 273 °C pour la réaction:

$$2CO(g) + O_2(g) \rightleftharpoons 2CO_2(g)$$

si $K_c = 2,24 \times 10^{22}$ à la même température?

★4.18 La constante d'équilibre K_P pour la réaction:

$$2SO_3(g) \rightleftharpoons 2SO_2(g) + O_2(g)$$

vaut $5,0 \times 10^{-2}$ à 302 °C. Quelle est la valeur de K_c pour cette réaction?

★4.19 Soit la réaction suivante:

$$N_2(g) + O_2(g) \rightleftharpoons 2NO(g)$$

Si les pressions partielles à l'équilibre de N_2, de O_2 et de NO sont respectivement de 15 kPa, de 33 kPa et de 5,0 kPa à 2 200 °C, quelle est la valeur de K_P?

★4.20 Un récipient contient des molécules NH_3, N_2 et H_2 à une certaine température; le système est à l'équilibre. Les concentrations à l'équilibre sont $[NH_3] = 0,25$ mol/L, $[N_2] = 0,11$ mol/L et $[H_2] = 1,91$ mol/L. Calculez la constante d'équilibre K_c pour la synthèse de l'ammoniac selon que la réaction est décrite en **a)** ou en **b)**:

a) $N_2(g) + 3H_2(g) \rightleftharpoons 2NH_3(g)$

b) $1/2N_2(g) + 3/2H_2(g) \rightleftharpoons NH_3(g)$

★4.21 La constante d'équilibre K_c pour la réaction:

$$I_2(g) \rightleftharpoons 2I(g)$$

vaut $3,8 \times 10^{-5}$ à 727 °C. Calculez K_c et K_P pour l'équilibre:

$$2I(g) \rightleftharpoons I_2(g)$$

à la même température.

★4.22 La pression du système à l'équilibre:

$$CaCO_3(s) \rightleftharpoons CaO(s) + CO_2(g)$$

est de 10,6 kPa à 350 °C. Calculez K_P et K_c pour cette réaction.

★4.23 La constante d'équilibre K_P vaut 105 à 250 °C pour la réaction:

$$PCl_5(g) \rightleftharpoons PCl_3(g) + Cl_2(g)$$

Initialement, le mélange est composé de PCl_5, de PCl_3 et de Cl_2 à des pressions respectives de 179 kPa, de 23,6 kPa et de 11,2 kPa à 250 °C. Une fois l'équilibre atteint, quelles sont les pressions qui auront diminué et celles qui auront augmenté? Dites pourquoi.

★4.24 Le carbamate d'ammonium ($NH_4CO_2NH_2$) se décompose de la manière suivante:

$$NH_4CO_2NH_2(s) \rightleftharpoons 2NH_3(g) + CO_2(g)$$

Au début, il n'y avait que le solide; à l'équilibre, la pression totale des gaz (NH_3 et CO_2) est de 36,8 kPa à 40 °C. Calculez la constante d'équilibre K_P.

★4.25 On réalise la réaction suivante à 1 600 °C:

$$Br_2(g) \rightleftharpoons 2Br(g)$$

Quand on place 1,05 mol de Br_2 dans un ballon de 0,980 L, il y a dissociation de 1,20 % des molécules Br_2. Calculez la constante d'équilibre K_c pour cette réaction.

★4.26 On place $3,00 \times 10^{-2}$ mol de phosgène gazeux pur ($COCl_2$) dans un contenant de 1,50 L, puis on le chauffe à 800 K. À l'équilibre, la pression de CO est de 50,4 kPa. Calculez la constante d'équilibre K_P pour la réaction:

$$CO(g) + Cl_2(g) \rightleftharpoons COCl_2(g)$$

★4.27 Soit l'équilibre:

$$2NOBr(g) \rightleftharpoons 2NO(g) + Br_2(g)$$

On débute initialement avec seulement du bromure de nitrosile (NOBr). On sait qu'il se dissocie à 34 % à 25 °C, et la pression totale obtenue à l'équilibre est de 25,3 kPa. Calculez K_P et K_c pour la dissociation à cette température.

★4.28 On place 2,50 mol de NOCl dans une chambre de réaction de 1,50 L, à 400 °C. Une fois l'équilibre atteint, une analyse révèle que 28,0 % de NOCl s'est dissocié selon l'équation suivante:

$$2NOCl(g) \rightleftharpoons 2NO(g) + Cl_2(g)$$

Calculez la constante d'équilibre K_c pour cette réaction.

★4.29 Les constantes d'équilibre suivantes ont été déterminées pour l'acide sulfhydrique à 25 °C:

$$H_2S(aq) + H_2O(l) \rightleftharpoons H_3O^+(aq) + HS^-(aq) \quad K'_c = 9,5 \times 10^{-8}$$

$$HS^-(aq) + H_2O(l) \rightleftharpoons H_3O^+(aq) + S^{2-}(aq) \quad K''_c = 1,0 \times 10^{-19}$$

Calculez la constante d'équilibre pour la réaction suivante à la même température :

$$H_2S(aq) + 2H_2O(l) \rightleftharpoons 2H_3O^+(aq) + S^{2-}(aq)$$

★**4.30** Les constantes d'équilibre suivantes ont été déterminées pour l'acide oxalique à 25 °C :

$$C_2H_2O_4(aq) + H_2O(l) \rightleftharpoons H_3O^+(aq) + C_2HO_4^-(aq) \qquad K'_c = 6,5 \times 10^{-2}$$

$$C_2HO_4^-(aq) + H_2O(l) \rightleftharpoons H_3O^+(aq) + C_2O_4^{2-}(aq) \qquad K''_c = 6,1 \times 10^{-5}$$

Calculez la constante d'équilibre pour la réaction suivante à la même température :

$$C_2H_2O_4(aq) + 2H_2O(l) \rightleftharpoons 2H_3O^+(aq) + C_2O_4^{2-}(aq)$$

★**4.31** Les constantes d'équilibre suivantes ont été déterminées à 1 123 K :

$$C(s) + CO_2(g) \rightleftharpoons 2CO(g) \quad K'_P = 1,3 \times 10^{14}$$

$$CO(g) + Cl_2(g) \rightleftharpoons COCl_2(g) \quad K''_P = 6,0 \times 10^{-3}$$

Écrivez l'expression de la constante d'équilibre K_P et calculez la constante d'équilibre à 1 123 K pour :

$$C(s) + CO_2(g) + 2Cl_2(g) \rightleftharpoons 2COCl_2(g)$$

★**4.32** À une certaine température, les réactions ci-après ont les constantes suivantes :

$$S(s) + O_2(g) \rightleftharpoons SO_2(g) \quad K'_c = 4,2 \times 10^{52}$$

$$2S(s) + 3O_2(g) \rightleftharpoons 2SO_3(g) \quad K''_c = 9,8 \times 10^{128}$$

Calculez la constante d'équilibre K_c pour la réaction suivante à la même température :

$$2SO_2(g) + O_2(g) \rightleftharpoons 2SO_3(g)$$

La relation entre la cinétique chimique et l'équilibre chimique

Questions de révision

4.33 À l'aide des notions de constantes de vitesse, expliquez pourquoi les constantes d'équilibre dépendent de la température.

4.34 Expliquez pourquoi certaines réactions dont les constantes d'équilibre sont pourtant très grandes sont très lentes, comme dans le cas de la formation de la rouille (Fe_2O_3), par exemple.

Problèmes

★**4.35** L'eau est un électrolyte très faible qui s'ionise ainsi (auto-ionisation) :

$$2H_2O(l) \underset{k_{-1}}{\overset{k_1}{\rightleftharpoons}} H_3O^+(aq) + OH^-(aq)$$

a) Si $k_1 = 2,4 \times 10^{-5}\ s^{-1}$ et $k_{-1} = 7,2 \times 10^{12}\ L \cdot mol^{-1} \cdot s^{-1}$, calculez la constante d'équilibre K, où $K = [H_3O^+][OH^-]/[H_2O]^2$.

b) Calculez le produit $[H_3O^+][OH^-]$ ainsi que $[H_3O^+]$ et $[OH^-]$.

★**4.36** Soit la réaction suivante qui se déroule en une seule étape élémentaire :

$$2A + B \underset{k_{-1}}{\overset{k_1}{\rightleftharpoons}} A_2B$$

Si la constante d'équilibre K_c vaut 12,6 à une certaine température et si $k_{-1} = 5,1 \times 10^{-2}\ s^{-1}$, calculez la valeur de k_1.

Le calcul des concentrations à l'équilibre

Questions de révision

4.37 Dites ce qu'est le quotient réactionnel. En quoi est-il différent de la constante d'équilibre ?

4.38 Donnez les grandes étapes du calcul des concentrations à l'équilibre des espèces en jeu dans une réaction.

Problèmes

★**4.39** La constante d'équilibre K_P pour la réaction

$$2SO_2(g) + O_2(g) \rightleftharpoons 2SO_3(g)$$

vaut $5,53 \times 10^2$ à 350 °C. Initialement, on mélange SO_2 et O_2 à des pressions respectives de 35,5 kPa et de 77,2 kPa à 350 °C. Une fois l'équilibre atteint, la pression totale est-elle supérieure ou inférieure à la somme des pressions initiales, soit 112,7 kPa ?

★**4.40** La constante d'équilibre K_c pour la réaction de synthèse de l'ammoniac :

$$N_2(g) + 3H_2(g) \rightleftharpoons 2NH_3(g)$$

vaut 0,65 à 375 °C. Les concentrations initiales sont $[H_2]_0 = 0,76$ mol/L, $[N_2]_0 = 0,60$ mol/L et $[NH_3]_0 = 0,48$ mol/L ; une fois l'équilibre atteint, dites si la concentration a augmenté ou diminué pour chacun des gaz.

★**4.41** Soit la réaction :

$$H_2(g) + CO_2(g) \rightleftharpoons H_2O(g) + CO(g)$$

À 700 °C, $K_c = 0,534$. Calculez le nombre de moles de H_2 formées à l'équilibre si un mélange de 0,300 mol de CO et de 0,300 mol de H_2O est chauffé à 700 °C dans un contenant de 10,0 L.

★**4.42** Un échantillon de NO_2 gazeux pur chauffé à 1 000 K se décompose selon l'équation suivante :

$$2NO_2(g) \rightleftharpoons 2NO(g) + O_2(g)$$

La constante d'équilibre K_P vaut $1,60 \times 10^4$. Une analyse révèle que la pression partielle de O_2 à l'équilibre est de 25,3 kPa. Calculez les pressions de NO et de NO_2 dans le mélange.

★**4.43** La constante d'équilibre K_c pour la réaction:

$$H_2(g) + Br_2(g) \rightleftharpoons 2HBr(g)$$

vaut $2,18 \times 10^6$ à 730 °C. Si, initialement, il y a 3,20 mol de HBr dans un contenant de 12,0 L, calculez les concentrations de H_2, de Br_2 et de HBr à l'équilibre.

★**4.44** La dissociation de l'iode moléculaire en iode atomique est représentée ainsi:

$$I_2(g) \rightleftharpoons 2I(g)$$

À 1 000 K, la constante d'équilibre K_c pour cette réaction vaut $3,80 \times 10^{-5}$. Si, au départ, il y a 0,0456 mol de I_2 dans un ballon de 2,30 L, à 1 000 K, quelles seront les concentrations des gaz une fois l'équilibre atteint?

★**4.45** La constante d'équilibre K_c pour la décomposition du phosgène ($COCl_2$) vaut $4,63 \times 10^{-3}$ à 527 °C:

$$COCl_2(g) \rightleftharpoons CO(g) + Cl_2(g)$$

Calculez la pression partielle à l'équilibre de chaque composante si, au départ, il y avait seulement du phosgène à une pression de 77,0 kPa.

★**4.46** Soit le système suivant à l'équilibre à 686 °C:

$$CO_2(g) + H_2(g) \rightleftharpoons CO(g) + H_2O(g)$$

Les concentrations à l'équilibre des espèces en jeu sont [CO] = 0,050 mol/L, $[H_2]$ = 0,045 mol/L, $[CO_2]$ = 0,086 mol/L et $[H_2O]$ = 0,040 mol/L. **a)** Calculez K_c pour la réaction à 686 °C. **b)** Si l'on ajoutait du CO_2 pour en augmenter la concentration à 0,50 mol/L, quelle serait la concentration de chaque gaz une fois le nouvel équilibre atteint?

★**4.47** Soit l'équilibre hétérogène suivant:

$$C(s) + CO_2(g) \rightleftharpoons 2CO(g)$$

À 700 °C, la pression totale du système est de 456 kPa. Si la constante d'équilibre K_p vaut $1,54 \times 10^2$, calculez les pressions partielles de CO_2 et de CO à l'équilibre.

★**4.48** La constante d'équilibre K_c pour la réaction:

$$H_2(g) + CO_2(g) \rightleftharpoons H_2O(g) + CO(g)$$

vaut 4,2 à 1 650 °C. On place 0,80 mol de H_2 et 0,80 mol de CO_2 dans un ballon de 5,0 L. Calculez la concentration de chaque espèce à l'équilibre.

Le principe de Le Chatelier et les facteurs d'influence

Questions de révision

4.49 Énoncez le principe de Le Chatelier. Comment ce principe peut-il être mis à profit pour obtenir le maximum de rendement d'une réaction?

4.50 À l'aide du principe de Le Chatelier, dites pourquoi la pression de vapeur à l'équilibre d'un liquide augmente avec la température.

4.51 Nommez quatre facteurs pouvant influencer la position d'équilibre. Lequel d'entre eux peut faire changer la valeur de la constante d'équilibre?

4.52 Que signifie l'expression « position d'équilibre » ? La position d'équilibre est-elle influencée par l'ajout d'un catalyseur?

Problèmes

★**4.53** Soit le système suivant à l'équilibre:

$$SO_2(g) + Cl_2(g) \rightleftharpoons SO_2Cl_2(g)$$

Prédisez comment changera la position d'équilibre (à température constante): **a)** si l'on ajoute du Cl_2 gazeux au système; **b)** si l'on retire du SO_2Cl_2 du système; **c)** si l'on retire du SO_2 du système.

★**4.54** Sous l'effet de la chaleur, la dissociation de l'hydrogénocarbonate de sodium dans un contenant fermé atteint l'équilibre suivant:

$$2NaHCO_3(s) \rightleftharpoons Na_2CO_3(s) + H_2O(g) + CO_2(g)$$

Qu'arriverait-il à la position d'équilibre (à température constante): **a)** si une quantité de CO_2 était retirée du système; **b)** si une quantité de Na_2CO_3 solide était ajoutée au système; **c)** si une quantité de $NaHCO_3$ était retirée du système?

★**4.55** Soit les systèmes suivants à l'équilibre:

a) $A \rightleftharpoons 2B$ $\quad \Delta H° = 20,0$ kJ

b) $A + B \rightleftharpoons C$ $\quad \Delta H° = -5,4$ kJ

c) $A \rightleftharpoons B$ $\quad \Delta H° = 0,0$ kJ

Prédisez, pour chacune de ces réactions, le changement de la constante d'équilibre K_c que produirait une augmentation de la température du système.

★**4.56** Quel effet a une augmentation de pression sur chacun des systèmes suivants à l'équilibre? (La température est constante. Dans chaque cas, le mélange est contenu dans un cylindre muni d'un piston mobile.)

a) $A(s) \rightleftharpoons 2B(s)$

b) $2A(l) \rightleftharpoons B(l)$

c) $A(s) \rightleftharpoons B(g)$

d) $A(g) \rightleftharpoons B(g)$

e) $A(g) \rightleftharpoons 2B(g)$

★**4.57** Soit l'équilibre suivant:

$$2I(g) \rightleftharpoons I_2(g)$$

Quel serait l'effet, sur la position d'équilibre: **a)** d'une augmentation de la pression totale du système par diminution du volume; **b)** d'une addition de I_2; **c)** d'une diminution de la température?

★**4.58** Soit le système suivant à l'équilibre :

$$PCl_5(g) \rightleftharpoons PCl_3(g) + Cl_2(g) \qquad \Delta H° = 92{,}5 \text{ kJ}$$

Prédisez dans quel sens se déplacera l'équilibre : **a)** si la température augmente ; **b)** si l'on ajoute du chlore gazeux au mélange réactionnel ; **c)** si l'on retire du PCl_3 du mélange ; **d)** si l'on augmente la pression des gaz ; **e)** si l'on ajoute un catalyseur au mélange réactionnel.

★**4.59** Soit le système suivant à l'équilibre :

$$2SO_2(g) + O_2(g) \rightleftharpoons 2SO_3(g) \quad \Delta H° = -198{,}2 \text{ kJ}$$

Dites, pour chacune des espèces, dans quel sens (augmentation ou diminution) variera la concentration : **a)** si l'on augmentait la température ; **b)** si l'on augmentait la pression ; **c)** si l'on augmentait la quantité de SO_2 ; **d)** si l'on ajoutait un catalyseur ; **e)** si l'on ajoutait de l'hélium à volume constant.

★**4.60** Soit la réaction non catalysée suivante :

$$N_2O_4(g) \rightleftharpoons 2NO_2(g)$$

À 100 °C, les pressions des gaz à l'équilibre sont $P_{N_2O_4} = 38{,}2$ kPa et $P_{NO_2} = 158$ kPa. Qu'arriverait-il à ces pressions en présence d'un catalyseur ?

★**4.61** Soit le système en phase gazeuse à l'équilibre :

$$2CO(g) + O_2(g) \rightleftharpoons 2CO_2(g)$$

Prédisez le déplacement de la position d'équilibre que produirait un ajout d'hélium au mélange : **a)** à pression constante ; **b)** à volume constant.

★**4.62** Soit le système suivant à l'équilibre et dans un contenant fermé :

$$CaCO_3(s) \rightleftharpoons CaO(s) + CO_2(g)$$

Qu'arriverait-il : **a)** si l'on augmentait le volume ; **b)** si l'on ajoutait du CaO au mélange ; **c)** si l'on retirait du $CaCO_3$; **d)** si l'on ajoutait du CO_2 ; **e)** si l'on ajoutait quelques gouttes d'une solution de NaOH ; **f)** si l'on ajoutait quelques gouttes d'une solution de HCl au mélange (ne tenez pas compte de la réaction entre le CO_2 et l'eau) ; **g)** si l'on augmentait la température ?

★**4.63** L'équation 4.12 donne la relation entre la constante d'équilibre et la température, soit :

$$\ln K = -\Delta H°/RT + C$$

où *C* est une constante. Le tableau suivant indique les valeurs des constantes d'équilibre K_P à différentes températures pour la réaction suivante :

$$2NO(g) + O_2(g) \rightleftharpoons 2NO_2(g)$$

K_P	138	5,12	0,436	0,0626	0,0130
T(K)	600	700	800	900	1 000

Déterminez graphiquement le $\Delta H°$ de cette réaction.

★**4.64** La pression de la vapeur d'eau est de 31,82 mm Hg à 30 °C et de 92,5 mm Hg à 50 °C. Utilisez la loi de Van't Hoff (*voir l'équation 4.13, p. 201*) pour calculer la chaleur molaire de vaporisation de l'eau.

Problèmes variés

★**4.65** Soit l'affirmation suivante : la constante d'équilibre d'un mélange réactionnel constitué de NH_4Cl solide, de NH_3 gazeux et de HCl gazeux vaut 0,316. Donnez trois renseignements importants qui manquent à cette affirmation pour que l'information qu'elle donne soit utilisable.

★**4.66** On a chauffé du NOCl gazeux pur à 240 °C dans un contenant de 1,00 L. À l'équilibre, la pression totale était de 101 kPa, et la pression partielle de NOCl était de 65 kPa.

$$2NOCl(g) \rightleftharpoons 2NO(g) + Cl_2(g)$$

Calculez : **a)** les pressions partielles de NO et de Cl_2 dans le système ; **b)** la constante d'équilibre K_P.

★**4.67** Soit la réaction suivante :

$$N_2(g) + O_2(g) \rightleftharpoons 2NO(g)$$

La constante d'équilibre K_P pour la réaction vaut $1{,}0 \times 10^{-15}$ à 25 °C, et 0,050 à 2 200 °C. La formation de l'oxyde d'azote est-elle endothermique ou exothermique ? Justifiez votre réponse.

★**4.68** L'hydrogénocarbonate de sodium subit une décomposition thermique représentée par l'équation suivante :

$$2NaHCO_3(s) \rightleftharpoons Na_2CO_3(s) + CO_2(g) + H_2O(g)$$

Obtiendrait-on plus de CO_2 et de H_2O en ajoutant de l'hydrogénocarbonate de sodium au mélange réactionnel : **a)** si la réaction avait lieu dans un contenant fermé ; **b)** si elle avait lieu dans un contenant ouvert ?

★**4.69** Soit le système à l'équilibre :

$$A(g) \rightleftharpoons 2B(g)$$

Selon les données suivantes, calculez les constantes d'équilibre (K_P et K_c) à chaque température. La réaction est-elle endothermique ou exothermique ?

Température (°C)	[A]	[B]
200	0,0125	0,843
300	0,1710	0,764
400	0,2500	0,724

★**4.70** La constante d'équilibre K_P pour la réaction :

$$2H_2O(g) \rightleftharpoons 2H_2(g) + O_2(g)$$

vaut 2×10^{-40} à 25 °C. **a)** Quelle est la valeur de K_c pour cette réaction à la même température ? **b)** La très basse valeur de K_P (et de K_c) indique que la réaction favorise grandement la formation de molécules d'eau. Dites pourquoi, malgré ce fait, on peut garder un mélange d'hydrogène et d'oxygène gazeux à température ambiante sans qu'il y ait réaction.

★**4.71** Soit le système suivant :

$$2NO(g) + Cl_2(g) \rightleftharpoons 2NOCl(g)$$

Dans quelles conditions de température et de pression le rendement de NOCl serait-il maximal ? [Indice : $\Delta H°(NOCl) = 51{,}7$ kJ/mol. Vous aurez aussi besoin de consulter l'annexe 6.]

★**4.72** À une température donnée et à une pression totale de 122 kPa, on a un mélange à l'équilibre du type :

$$2A(g) \rightleftharpoons B(g)$$

Les pressions partielles sont $P_A = 61$ kPa et $P_B = 61$ kPa. **a)** Calculez la valeur de K_p pour la réaction à cette température. **b)** Si l'on élevait la pression totale à 150 kPa, quelles seraient les pressions partielles de A et de B à l'équilibre ?

★**4.73** La décomposition de l'hydrogénosulfure d'ammonium :

$$NH_4HS(s) \rightleftharpoons NH_3(g) + H_2S(g)$$

est une réaction endothermique. On place 6,1589 g de ce solide dans un contenant (dans lequel on a fait le vide) de 4,000 L à exactement 24 °C. Une fois l'équilibre atteint, la pression totale est de 71,8 kPa dans le contenant. Il y reste un peu de NH_4HS solide. **a)** Quelle est la valeur de K_p pour la réaction ? **b)** Quel pourcentage de solide s'est décomposé ? **c)** Si l'on doublait le volume du contenant à température constante, qu'arriverait-il à la quantité de solide dans le contenant ?

★**4.74** Soit la réaction :

$$2NO(g) + O_2(g) \rightleftharpoons 2NO_2(g)$$

À 430 °C, le système à l'équilibre est constitué de 0,020 mol de O_2, de 0,040 mol de NO et de 0,96 mol de NO_2. Calculez la valeur de K_p pour la réaction, sachant que la pression totale est de 20,3 kPa.

★**4.75** Sous l'effet de la chaleur, le carbamate d'ammonium se décompose selon l'équation suivante :

$$NH_4CO_2NH_2(s) \rightleftharpoons 2NH_3(g) + CO_2(g)$$

À une certaine température, la pression du système à l'équilibre est de 32,2 kPa. Calculez K_p pour la réaction.

★**4.76** On chauffe à 2 800 °C un mélange de 0,47 mol de H_2 et de 3,59 mol de HCl. Calculez les pressions partielles à l'équilibre de H_2, de Cl_2 et de HCl si la pression totale est de 203 kPa. La valeur de K_p pour la réaction $H_2(g) + Cl_2(g) \rightleftharpoons 2HCl(g)$ est de 193 à 2 800 °C.

★**4.77** Soit la réaction suivante dans un contenant fermé :

$$N_2O_4(g) \rightleftharpoons 2NO_2(g)$$

Initialement, il y avait 1,000 mol de N_2O_4. À l'équilibre, une certaine quantité de N_2O_4, α mol, s'est dissociée pour former du NO_2. **a)** Exprimez K_p en fonction de α et de P_T (pression totale). **b)** Comment l'expression de K_p trouvée en a) permet-elle de prédire le déplacement de l'équilibre causé par une augmentation de P ? Votre prédiction est-elle en accord avec le principe de Le Chatelier ?

★**4.78** On place une mole de N_2 et trois moles de H_2 dans un récipient fermé à 397 °C. Calculez la pression totale du système à l'équilibre si la fraction molaire de NH_3 est de 0,210. La valeur de K_p pour la réaction est de $4{,}19 \times 10^{-8}$.

★**4.79** À 1 130 °C, la constante d'équilibre (K_c) pour la réaction :

$$2H_2S(g) \rightleftharpoons 2H_2(g) + S_2(g)$$

vaut $2{,}25 \times 10^{-4}$. Si, à l'équilibre, $[H_2S] = 4{,}84 \times 10^{-3}$ mol/L et $[H_2] = 1{,}50 \times 10^{-3}$ mol/L, calculez $[S_2]$.

★**4.80** On place 6,75 g de SO_2Cl_2 dans un ballon de 2,00 L. À 648 K, il y a 0,0345 mol de SO_2. Calculez K_c pour la réaction :

$$SO_2Cl_2(g) \rightleftharpoons SO_2(g) + Cl_2(g)$$

★**4.81** La formation de SO_3 à partir de SO_2 et de O_2 est une étape intermédiaire dans la fabrication de l'acide sulfurique ; c'est également une réaction à l'origine des pluies acides. La constante d'équilibre K_p pour la réaction :

$$2SO_2(g) + O_2(g) \rightleftharpoons 2SO_3(g)$$

vaut $1{,}3 \times 10^{-3}$ à 830 °C. On met dans un récipient fermé 2,00 mol de SO_2 et 2,00 mol de O_2. Quelle devrait être la pression totale à l'équilibre pour que le pourcentage de rendement de SO_3 soit de 80,0 % ?

★**4.82** Soit la dissociation de l'iode :

$$I_2(g) \rightleftharpoons 2I(g)$$

On chauffe 1,00 g de I_2 à 1 200 °C dans un récipient scellé de 500 mL. À l'équilibre, la pression totale est de 153 kPa. Calculez la valeur de K_p pour la réaction. (Indice : utilisez le résultat obtenu au problème 4.77 a). Le degré de dissociation α se calcule à l'aide du rapport entre la pression observée et la pression calculée, cette dernière étant calculée en supposant qu'il n'y a aucune dissociation.)

★**4.83** Les coquilles d'œufs sont principalement constituées de carbonate de calcium ($CaCO_3$) dont la formation est représentée par l'équation suivante :

$$Ca^{2+}(aq) + CO_3^{2-}(aq) \rightleftharpoons CaCO_3(s)$$

Les ions carbonate sont fournis par le dioxyde de carbone produit par le métabolisme. Dites pourquoi les coquilles d'œufs sont plus minces en été, quand la respiration de la poule est plus rapide (halètement). Comment pourrait-on remédier à cette situation ?

★**4.84** La constante d'équilibre K_P pour la réaction suivante est de $4,18 \times 10^{-8}$ à 375 °C :

$$N_2(g) + 3H_2(g) \rightleftharpoons 2NH_3(g)$$

Un étudiant place du N_2 à 87,3 kPa et du H_2 à 37,8 kPa dans un récipient scellé à 375 °C, à volume constant. Calculez les pressions partielles de toutes les espèces une fois l'équilibre atteint.

★**4.85** On chauffe 0,20 mol de dioxyde de carbone en présence d'un excès de graphite, dans un récipient fermé, jusqu'à ce que l'équilibre suivant soit atteint :

$$C(s) + CO_2(g) \rightleftharpoons 2CO(g)$$

La masse molaire moyenne des gaz est de 35 g/mol. **a)** Calculez les fractions molaires de CO et de CO_2. (Indice : la masse molaire moyenne est la somme des produits de la fraction molaire par la masse molaire de chaque gaz.) **b)** Quelle serait la valeur de K_P à l'équilibre si la pression totale était de $1,11 \times 10^3$ kPa ?

★**4.86** Lorsqu'ils sont dissous dans l'eau, le glucose (sucre du maïs) et le fructose (sucre des fruits) sont à l'équilibre :

$$\text{fructose} \rightleftharpoons \text{glucose}$$

Un chimiste prépare une solution de fructose à 0,244 mol/L à 25 °C. À l'équilibre, cette concentration a diminué à 0,113 mol/L. **a)** Calculez la constante d'équilibre pour la réaction. **b)** À l'équilibre, quel pourcentage de fructose a été converti en glucose ?

★**4.87** À la température ambiante, l'iode solide est à l'équilibre avec sa vapeur grâce à la sublimation et à la déposition (*voir la figure 6.18,* Chimie générale). Décrivez comment vous utiliseriez de l'iode radioactif, sous forme solide ou de vapeur, pour démontrer qu'il y a équilibre dynamique entre ces deux phases.

★**4.88** À 1 024 °C, la pression de l'oxygène gazeux provenant de la décomposition de l'oxyde de cuivre(II) (CuO) est de 50 kPa :

$$4CuO(s) \rightleftharpoons 2Cu_2O(s) + O_2(g)$$

a) Quelle est la valeur de K_P pour cette réaction ? **b)** Calculez la fraction de CuO décomposé si l'on en place 0,16 mol dans un récipient scellé de 2,0 L, à 1 024 °C. **c)** Quelle serait cette fraction si l'on utilisait 1,0 mol de CuO ? **d)** Quelle est la plus petite quantité de CuO (en moles) qui permettrait d'atteindre l'équilibre ?

★**4.89** Dans un récipient scellé, on fait réagir, à une certaine température, 3,9 mol de NO et 0,88 mol de CO_2 selon l'équation suivante :

$$NO(g) + CO_2(g) \rightleftharpoons NO_2(g) + CO(g)$$

À l'équilibre, il y a 0,11 mol de CO_2. Calculez la constante d'équilibre K_c pour la réaction.

★**4.90** La constante d'équilibre K_c pour la réaction :

$$H_2(g) + I_2(g) \rightleftharpoons 2HI(g)$$

vaut 54,3 à 430 °C. Au début, il y a 0,714 mol de H_2, 0,984 mol de I_2 et 0,886 mol de HI dans une chambre de réaction de 2,40 L. Calculez les concentrations des gaz à l'équilibre.

★**4.91** Sous l'effet de la chaleur, un composé gazeux A se dissocie de la manière suivante :

$$A(g) \rightleftharpoons B(g) + C(g)$$

On chauffe A à une certaine température jusqu'à ce que sa pression à l'équilibre soit de 0,14 P_T, où P_T est la pression totale. Calculez la constante d'équilibre K_P en fonction de P_T pour cette réaction.

★**4.92** À la pression atmosphérique, si l'on chauffe un certain gaz à 25 °C, sa couleur s'intensifie ; si on le chauffe au-dessus de 150 °C, sa couleur pâlit ; à 550 °C, elle est difficile à percevoir. Cependant, à 550 °C, si l'on augmente la pression du système, sa couleur revient partiellement. Lequel des systèmes suivants correspond le mieux à ces observations ? Justifiez votre choix. a) Un mélange d'hydrogène et de brome ; b) du brome pur ; c) un mélange de dioxyde d'azote et de tétroxyde de diazote. (Indice : le brome est rougeâtre ; le dioxyde d'azote est un gaz brun. Les autres gaz sont incolores.)

★**4.93** La constante d'équilibre K_c pour la réaction :

$$N_2(g) + 3H_2(g) \rightleftharpoons 2NH_3(g)$$

vaut 0,65, à 375 °C.

a) Quelle est la valeur de K_P pour cette réaction ?

b) Quelle est la valeur de la constante d'équilibre K_c pour $2NH_3(g) \rightleftharpoons N_2(g) + 3H_2(g)$?

c) Quelle est la valeur de K_c pour $\frac{1}{2}N_2(g) + \frac{3}{2}H_2(g) \rightleftharpoons NH_3(g)$?

d) Quelles sont les valeurs de K_P pour les réactions décrites en b) et en c) ?

★**4.94** Un ballon en verre scellé contient un mélange de NO_2 et de N_2O_4 gazeux. Si l'on augmente la température du ballon de 20 °C à 40 °C, qu'arrive-t-il aux propriétés suivantes des gaz ? (Considérez que le volume reste constant. Indice : NO_2 est un gaz brun ; N_2O_4 est incolore.) **a)** La couleur ; **b)** la pression ; **c)** la masse molaire moyenne ; **d)** le degré de dissociation (de N_2O_4 en NO_2) ; **e)** la masse volumique.

★**4.95** À 20 °C, la pression de vapeur de l'eau est de 2,34 kPa. Calculez les valeurs de K_p et de K_c pour le changement de phase suivant :

$$H_2O(l) \rightleftharpoons H_2O(g)$$

★**4.96** Dans l'industrie, le sodium est obtenu par l'électrolyse du chlorure de sodium fondu. La réaction à la cathode est $Na^+ + e^- \longrightarrow Na$. On pourrait alors penser que le potassium s'obtient également par électrolyse du chlorure de potassium fondu. Cependant, comme le potassium est soluble dans le chlorure de potassium fondu, il est difficile à récupérer ; de plus, le potassium s'évapore facilement à la température d'opération de ce procédé, créant ainsi des conditions dangereuses. On prépare donc plutôt le potassium par distillation du chlorure de potassium fondu en présence de vapeur de sodium, à 892 °C :

$$Na(g) + KCl(l) \rightleftharpoons NaCl(l) + K(g)$$

Étant donné que le potassium est un agent réducteur plus fort que le sodium, expliquez pourquoi cette méthode fonctionne. (Les points d'ébullition du sodium et du potassium sont respectivement de 892 °C et de 770 °C.)

★**4.97** En phase gazeuse, le dioxyde d'azote est en réalité un mélange de dioxyde d'azote (NO_2) et de tétroxyde de diazote (N_2O_4). Si la masse volumique d'un tel mélange à 74 °C et à 130 kPa est de 2,90 g/L, calculez les pressions partielles des gaz et la valeur de K_p.

★**4.98** On peut représenter la photosynthèse par l'équation globale suivante :

$$6CO_2(g) + 6H_2O(l) \rightleftharpoons C_6H_{12}O_6(s) + 6O_2(g) \quad \Delta H° = 2\,801 \text{ kJ}$$

Expliquez comment l'équilibre pourrait être modifié par les changements suivants : **a)** la pression partielle de CO_2 est augmentée ; **b)** on retire de l'oxygène du mélange ; **c)** on extrait du glucose, $C_6H_{12}O_6$, du mélange ; **d)** on ajoute de l'eau ; **e)** on ajoute un catalyseur ; **f)** on diminue la température ; **g)** les plantes sont plus exposées à la lumière du jour.

★**4.99** Soit la décomposition du chlorure d'ammonium à une certaine température selon :

$$NH_4Cl(s) \rightleftharpoons NH_3(g) + HCl(g)$$

Calculez la constante d'équilibre K_P si la pression totale est de $2,2 \times 10^2$ kPa à cette température.

★**4.100** En 1899, le chimiste allemand Ludwig Mond a mis au point un procédé de purification du nickel par sa conversion en tétracarbonyle [$Ni(CO)_4$] volatil (point d'ébullition = 42,2 °C) :

$$Ni(s) + 4CO(g) \rightleftharpoons Ni(CO)_4(g)$$

a) Comment serait-il possible de séparer le nickel et de lui enlever ses impuretés solides ?

b) Comment faudrait-il procéder pour récupérer le nickel ? [ΔH_f° du $Ni(CO)_4$ est − 602,9 kJ/mol].

★**4.101** Pour résoudre ce problème, utilisez l'équation et les données mentionnées au problème 4.23. On place 2,50 g de PCl_5 dans un ballon de 0,500 L préalablement vidé et chauffé à 250 °C. **a)** Calculez la pression du PCl_5 lorsqu'il n'a pas commencé à se dissocier. **b)** Calculez la pression partielle de PCl_5 à l'équilibre. **c)** Quelle est la pression totale à l'équilibre ? **d)** Quel est le degré de dissociation de PCl_5 ? (Le degré de dissociation correspond à la fraction de PCl_5 dissocié.)

★**4.102** La pression de vapeur du mercure est de 0,0020 mm de Hg à 26 °C.

a) Calculez K_c et K_p pour le processus $Hg(l) \rightleftharpoons Hg(g)$.

b) Un chimiste brise un thermomètre, et le mercure se répand sur le plancher du laboratoire. Les dimensions du laboratoire sont : longueur, 6,1 m ; largeur, 5,3 m ; hauteur, 3,1 m. Calculez la masse de mercure (en grammes) vaporisée à l'équilibre ainsi que la concentration de la vapeur de mercure en mg/m^3. Est-ce que cette concentration excède le seuil de sécurité de 0,050 mg/m^3 ?

★**4.103** Les deux diagrammes d'énergie potentielle suivants se rapportent chacun à une réaction différente du type $A \rightleftharpoons B$.

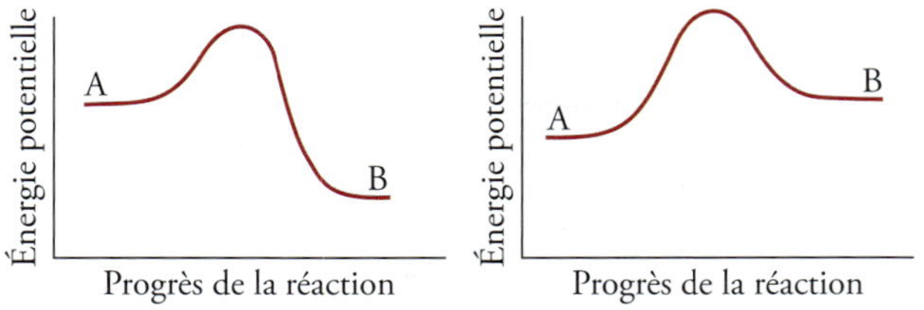

Dans chaque cas, répondez aux questions suivantes en supposant que le système est à l'équilibre. **a)** Comment un catalyseur influencerait-il les vitesses des réactions directes et inverses ? **b)** Comment un catalyseur influencerait-il les énergies du réactif et du produit ? **c)** Comment une augmentation de la température modifierait-elle la constante d'équilibre ? **d)** Si le seul effet d'un catalyseur est d'abaisser les énergies d'activation pour les réactions directes et inverses, expliquez pourquoi la constante d'équilibre demeure inchangée si l'on ajoute un catalyseur au milieu réactionnel.

Problèmes spéciaux

4.104 Dans ce chapitre, nous avons appris qu'un catalyseur n'a aucune influence sur la position d'équilibre, car il accélère autant la réaction directe que la réaction inverse. Pour vérifier cette affirmation, imaginons un équilibre du type :

$$2A(g) \rightleftharpoons B(g)$$

Cet équilibre est atteint dans un cylindre muni d'un piston sans poids. Le piston est relié par une corde au couvercle d'une boîte contenant un catalyseur. Quand le piston se soulève (l'expansion des gaz se fait contre la pression atmosphérique), il soulève également le couvercle, exposant ainsi le catalyseur aux gaz. Quand le piston descend, la boîte se referme. Supposons que le catalyseur accélère la réaction directe ($2A \longrightarrow B$), mais qu'il n'a aucun effet sur la réaction inverse ($B \longrightarrow 2A$). Supposons que le catalyseur est exposé au système au moment où l'équilibre est atteint, comme l'illustre la figure. Décrivez ce qui devrait arriver par la suite. Comment cette expérience « imaginaire » peut-elle vous convaincre qu'un tel catalyseur ne peut exister ?

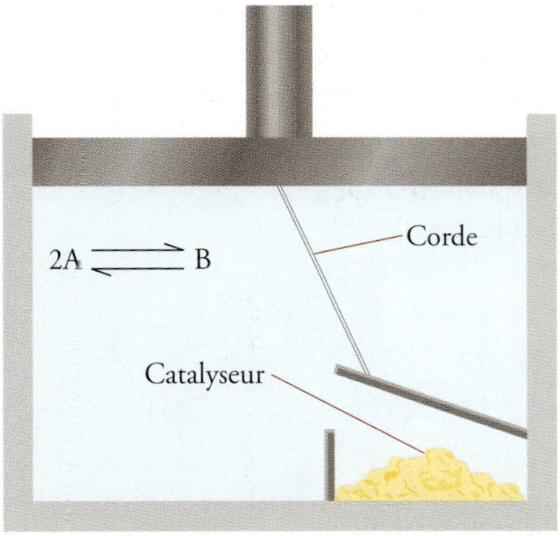

4.105 À 25 °C, un mélange gazeux de NO_2 et de N_2O_4 est à l'équilibre dans un cylindre équipé d'un piston amovible. Les concentrations sont : $[NO_2] = 0{,}0475$ mol/L et $[N_2O_4] = 0{,}491$ mol/L. Le volume du mélange est diminué de moitié si l'on abaisse le piston à température constante. Calculez les concentrations des gaz lorsque l'équilibre sera rétabli. La coloration sera-t-elle plus pâle ou plus foncée après ce changement ? [Indice : $N_2O_4(g)$ est incolore, et $NO_2(g)$ est brun.]

4.106 Les formes « chaise » et « bateau » du cyclohexane (C_6H_{12}) sont convertibles selon l'équation suivante :

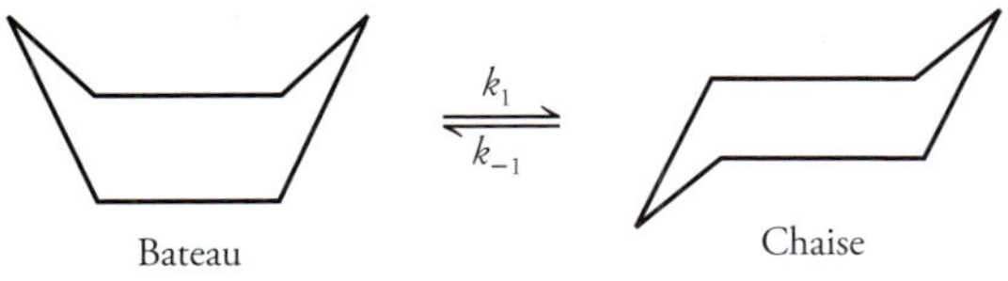

Dans cette représentation, on a omis les atomes H et l'on suppose que des atomes C sont à chacun des sommets des structures. La conversion est une réaction d'ordre un dans les deux sens. L'énergie d'activation pour la conversion chaise $\longrightarrow$ bateau est de 41 kJ/mol. Si le facteur de fréquence est de $1 \times 10^{12}\ s^{-1}$, quelle est la valeur de k_1 à 298 K ? La constante d'équilibre de cette réaction est de $9{,}83 \times 10^3$ à 298 K.

4.107 L'iode est légèrement soluble dans l'eau, mais beaucoup plus dans le tétrachlorure de carbone (CCl_4). La constante d'équilibre, aussi appelée coefficient de partage dans un cas de partage de I_2 entre deux phases comme celui-ci :

$$I_2(aq) \rightleftharpoons I_2(CCl_4)$$

est de 83 à 20 °C. **a)** Un étudiant verse 0,030 L de CCl_4 à 0,200 L d'une solution aqueuse contenant 0,032 g de I_2. Il brasse fortement le mélange, puis laisse le temps aux deux phases de bien se séparer. Calculez la fraction de I_2 qui reste dans la phase aqueuse. **b)** L'étudiant procède ensuite à une deuxième extraction de I_2 avec une nouvelle portion de 0,030 L de CCl_4. Calculez, à la suite de cette deuxième extraction consécutive, quelle est la fraction du I_2 de la solution de départ qui demeure encore dans la phase aqueuse. **c)** Comparez le résultat obtenu en b) avec celui que vous obtiendriez avec une seule extraction faite avec un volume de 0,060 L de CCl_4. Commentez cette différence.

RÉPONSES AUX EXERCICES

4.1 $K_c = \dfrac{[NO_2]^4[O_2]}{[N_2O_5]^2}$, $K_P = \dfrac{P^4_{NO_2}P_{O_2}}{P^2_{N_2O_5}}$

4.2 $3{,}50 \times 10^4$ kPa

4.3 1,2

4.4 $K_P = 7{,}02 \times 10^{-2}$, $K_c = 1{,}20 \times 10^{-4}$

4.5 de droite à gauche

4.6 $[HI] = 0{,}031$ mol/L, $[H_2] = 4{,}3 \times 10^{-3}$ mol/L, $[I_2] = 4{,}3 \times 10^{-3}$ mol/L

4.7 $[Br_2] = 0{,}065$ mol/L, $[Br] = 8{,}4 \times 10^{-3}$ mol/L

4.8 $Q_P = 4{,}0 \times 10^3$, et la réaction nette ira de droite à gauche

4.9 de gauche à droite

4.10 52,9 kJ/mol

4.11 L'équilibre se déplacera : **a)** de gauche à droite ; **b)** de gauche à droite ; **c)** de droite à gauche ; **d)** un catalyseur n'a aucun effet sur l'équilibre.

CHAPITRE

5 Les acides et les bases

Chimie en ligne

Animation
- L'ionisation des acides (5.5)
- L'ionisation des bases (5.6)

Interaction
- Les calculs du pH d'une solution acide (5.5)
- Les calculs du pH d'une solution basique (5.6)
- La relation entre la structure moléculaire et la force des acides (5.8)
- Les propriétés acido-basiques des sels (5.9)

Les végétaux contiennent plusieurs acides organiques. Les oranges, les citrons et les tomates sont des sources d'acide ascorbique et d'acide citrique. La rhubarbe et les épinards contiennent de l'acide oxalique. Les modèles représentent une molécule d'acide ascorbique, aussi appelée vitamine C (C_6H_8O), une molécule d'acide citrique ($C_6H_8O_7$) ainsi qu'une molécule d'acide oxalique ($C_2H_2O_4$).

NOTIONS CLÉS

5.1 Les acides et les bases de Brønsted-Lowry
Selon cette théorie, un acide de Brønsted-Lowry peut donner un proton, alors qu'une base de Brønsted-Lowry peut recevoir un proton. Pour chaque acide, il y a une base conjuguée, et inversement.

5.2 Les propriétés acido-basiques de l'eau
L'eau s'ionise très légèrement pour former des ions hydronium et hydroxyde. On obtient ainsi un équilibre entre l'eau et les ions hydronium et hydroxyde.

L'eau se comporte à la fois comme un acide et comme une base de Brønsted-Lowry. À 25 °C, les concentrations de H_3O^+ et de OH^- dans l'eau pure sont toutes les deux égales à 10^{-7} mol/L.

5.3 Le pH : une mesure du degré d'acidité
L'échelle de pH est une échelle logarithmique qui sert à indiquer l'acidité d'une solution. Plus la valeur de pH est petite, plus grande est la concentration de H_3O^+ et plus la solution est acide.

5.4 La force des acides et des bases
Les acides forts et les bases fortes sont des électrolytes forts qui s'ionisent complètement ou presque dans l'eau. Les acides faibles et les bases faibles ne s'ionisent que partiellement dans l'eau.

La base conjuguée d'un acide fort est faible ; l'acide conjugué d'une base forte est faible.

5.5 et 5.6 Les constantes d'ionisation des acides et des bases
La plupart des acides et des bases faibles s'ionisent peu. Les concentrations à l'équilibre de l'acide et de sa base conjuguée ainsi que la concentration de l'ion H_3O^+ peuvent être calculées à l'aide de la constante d'ionisation de l'acide qui est, en fait, la constante d'équilibre de la réaction. La procédure de calcul est semblable dans le cas des bases faibles.

Les diacides et les polyacides
On peut considérer que ces acides s'ionisent par étapes successives, lesquelles correspondent à autant de constantes d'équilibre. La comparaison de ces constantes permet d'établir la stratégie pour le calcul du pH résultant.

5.7 La relation entre les constantes d'ionisation des couples acide-base conjugués
Dans une solution aqueuse, il existe une relation entre la constante d'ionisation de l'acide, la constante d'ionisation de sa base conjuguée et le produit ionique de l'eau. On peut alors envisager d'utiliser l'une ou l'autre de ces constantes pour effectuer les calculs de pH.

5.8 La relation entre la structure moléculaire et la force des acides
On peut comparer les forces relatives d'acides ayant des structures semblables à l'aide de paramètres tels que les énergies (enthalpies) de liaison, la polarité des liaisons et les nombres d'oxydation.

5.9 et 5.10 Les propriétés acido-basiques des sels et des oxydes
Plusieurs sels réagissent avec l'eau selon un processus appelé hydrolyse. À partir de la connaissance de la nature du cation et de l'anion constitutifs d'un sel, on peut prédire le pH de la solution résultante. La plupart des oxydes réagissent eux aussi avec l'eau pour donner des solutions acides ou basiques.

5.11 Les acides et les bases de Lewis
Une définition encore plus générale des acides et des bases caractérise un acide comme une substance pouvant accepter une paire d'électrons et une base comme une substance pouvant donner une paire d'électrons. Tous les acides et toutes les bases de Brønsted-Lowry sont des acides et des bases de Lewis.

La vitamine C, une vitamine essentielle

D'où vient le surnom anglais *limeys* qu'on donne aux marins britanniques? Ce surnom est apparu à la fin du XVIe siècle quand la marine ajouta la lime (*lime* en anglais) et d'autres agrumes au menu des marins. Jusqu'à cette époque, les biscuits et la viande salée avaient constitué la seule nourriture des marins partis en mer durant des mois. Le scorbut (une maladie caractérisée par des douleurs aux articulations, des lésions cutanées, des saignements aux gencives et la perte des dents) était courant sur les navires. En 1753, on découvrit qu'on pouvait guérir de cette maladie en buvant du jus d'agrumes, qui contient une grande quantité d'acide ascorbique, ou vitamine C ($C_6H_80_6$).

L'acide ascorbique peut également faire effet d'antioxydant en réagissant avec les agents oxydants, tel le radical ·OH, qui peuvent endommager l'ADN de l'organisme. La plupart des mammifères produisent leur propre vitamine C, mais les humains et les autres primates, ainsi que les chauves-souris et les cochons d'Inde, doivent l'obtenir à partir de leur nourriture. Presque tous les régimes qui comprennent des fruits et des légumes frais fournissent suffisamment de vitamine C, dans la mesure où ces aliments ne sont pas trop cuits, car la chaleur détruit facilement ce solide blanc hydrosoluble et inodore.

Avant le début du XXe siècle, même si l'on savait que la vitamine C était essentielle à une bonne santé, on ne connaissait pas son comportement chimique. En effet, quand le biochimiste d'origine hongroise Albert von Szent-Gyorgi isola pour la première fois, en 1928, ce composé à partir d'un extrait de chou, il crut d'abord que c'était un sucre, comme le saccharose ou le fructose. Plus tard, Szent-Gyorgi et W. Norman Haworth, un chimiste britannique qui établit une méthode pour synthétiser la vitamine C, baptisèrent cette substance acide ascorbique. Ils remportèrent tous deux un prix Nobel en 1937, Szent-Gyorgi, le Nobel de médecine, et Haworth, le Nobel de chimie, pour leur travail sur cette vitamine.

La biochimie de la vitamine C est complexe; on ne connaît d'ailleurs toujours pas encore la quantité quotidienne de vitamine C nécessaire au corps humain. Néanmoins, Szent-Gyorgi, Linus Pauling et d'autres scientifiques affirmèrent que la consommation massive de comprimés de vitamine C aidait à maintenir une bonne santé. Ils croyaient qu'un taux élevé de vitamine C dans l'organisme prévenait le rhume et protégeait de certains cancers. Ces affirmations restent controversées, mais Szent-Gyorgi et Pauling vécurent quand même tous deux jusqu'à l'âge de 93 ans...

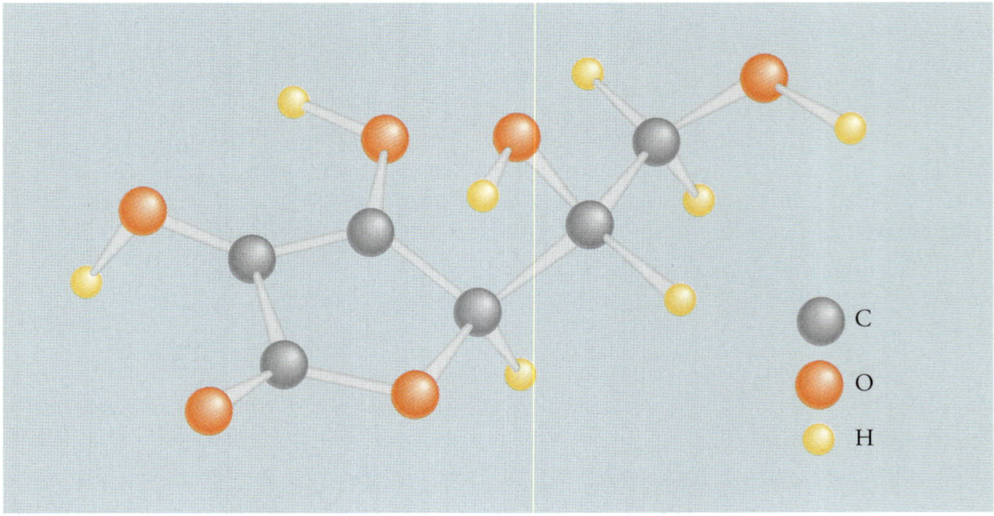

Acide ascorbique

5.1 Les acides et les bases de Brønsted-Lowry

À la section 1.3, nous avons vu qu'un acide de Brønsted-Lowry est une substance (ion ou molécule) susceptible de donner un proton (un ion H^+) et qu'une base de Brønsted-Lowry est une substance (ion ou molécule) susceptible de recevoir un proton. Ces définitions conviennent généralement quand il s'agit de mentionner les propriétés et les réactions des acides et des bases.

Les couples acide-base conjugués

Le concept de **couple acide-base conjugués** est un prolongement de la définition des acides et des bases de Brønsted-Lowry ; on peut le définir comme un acide et sa base conjuguée, ou une base et son acide conjugué. La base conjuguée d'un acide de Brønsted-Lowry, c'est ce qui reste de l'acide une fois qu'il a cédé un proton. Inversement, un acide conjugué est le résultat de l'addition d'un proton à une base de Brønsted-Lowry.

Tous les acides de Brønsted-Lowry ont une base conjuguée, et toutes les bases de Brønsted-Lowry ont un acide conjugué. Par exemple, l'ion chlorure (Cl^-) est la base conjuguée formée à partir de l'acide HCl, et H_2O est la base conjuguée de l'acide H_3O^+. De même, l'ionisation de l'acide acétique peut être représentée ainsi :

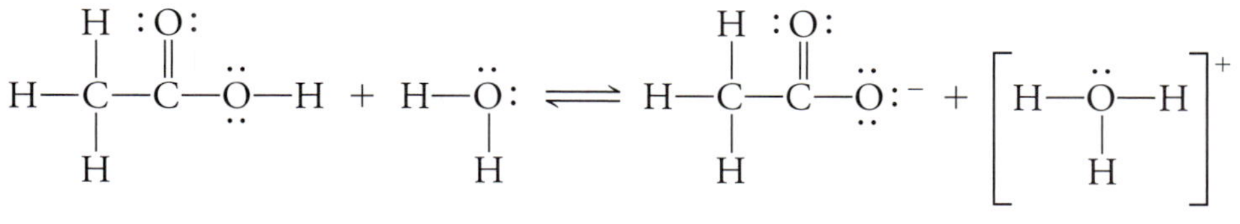

$$\underset{\text{acide}_1}{CH_3COOH(aq)} + \underset{\text{base}_2}{H_2O(l)} \rightleftharpoons \underset{\text{base}_1}{CH_3COO^-(aq)} + \underset{\text{acide}_2}{H_3O^+(aq)}$$

Les indices 1 et 2 désignent les deux couples acide-base conjugués. L'ion acétate (CH_3COO^-) est donc la base conjuguée de CH_3COOH. L'ionisation de HCl (*voir la section 1.3, p. 12*) et l'ionisation de CH_3COOH sont des exemples de réactions acido-basiques de Brønsted-Lowry.

La définition de Brønsted-Lowry permet de considérer l'ammoniac comme une base à cause de sa capacité de recevoir un proton :

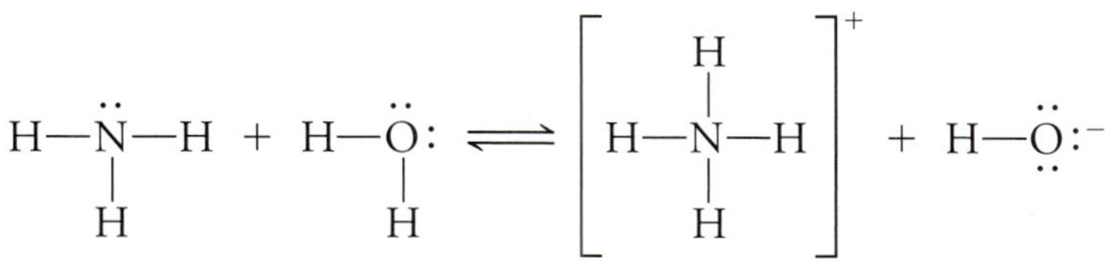

$$\underset{\text{base}_1}{NH_3(aq)} + \underset{\text{acide}_2}{H_2O(l)} \rightleftharpoons \underset{\text{acide}_1}{NH_4^+(aq)} + \underset{\text{base}_2}{OH^-(aq)}$$

Dans ce cas, NH_4^+ est l'acide conjugué de la base NH_3, et OH^- est la base conjuguée de l'acide H_2O.

Il y a cependant des cas moins évidents, comme celui de NaOH, qui n'est pas à strictement parler une base de Brønsted-Lowry parce qu'il ne peut recevoir un proton. Cependant, NaOH est un électrolyte fort qui s'ionise complètement en solution. L'ion

NOTE

Le mot « conjugué » signifie « joint », « associé ».

Diagramme de potentiel électrostatique de l'ion hydronium (H_3O^+).

Dans les solutions aqueuses, le proton est toujours associé à des molécules d'eau. L'ion H_3O^+ correspond à la formule la plus simple d'un proton hydraté.

hydroxyde (OH^-) formé par cette ionisation est, lui, une base de Brønsted-Lowry, car il peut recevoir un proton :

$$H_3O^+(aq) + OH^-(aq) \rightleftharpoons 2H_2O(l)$$

Donc, quand on dit que NaOH ou tout autre hydroxyde métallique est une base, on fait référence à l'espèce OH^- provenant de l'hydroxyde.

EXEMPLE 5.1 L'identification des couples acide-base conjugués

Quels sont les couples acide-base conjugués dans la réaction suivante ?

$$NH_3(aq) + HF(aq) \rightleftharpoons NH_4^+(aq) + F^-(aq)$$

DÉMARCHE

Il faut se rappeler qu'une base conjuguée a toujours un atome d'hydrogène en moins et une charge négative de plus (ou une charge positive de moins) que son acide correspondant.

SOLUTION

Les couples acide-base conjugués sont : 1) HF (acide) et F^- (base conjuguée) ; 2) NH_3 (base) et NH_4^+ (acide conjugué).

PROBLÈME SEMBLABLE
5.5

EXERCICE

Quels sont les couples acide-base conjugués dans la réaction suivante ?

$$CN^- + H_2O \rightleftharpoons HCN + OH^-$$

5.2 Les propriétés acido-basiques de l'eau

Comme on le sait, l'eau est un solvant particulier. L'une de ses particularités est sa capacité d'agir soit comme un acide, soit comme une base. L'eau se comporte comme une base quand elle réagit avec des acides comme HCl et CH_3COOH, et elle se comporte comme un acide quand elle réagit avec des bases comme NH_3. Étant un électrolyte très faible, l'eau conduit mal l'électricité ; elle subit quand même une faible ionisation :

$$2H_2O(l) \rightleftharpoons H_3O^+(aq) + OH^-(aq) \qquad (5.1)$$

NOTE
L'eau du robinet et l'eau de source conduisent l'électricité parce qu'elles contiennent des ions (sels dissous).

On appelle parfois cette réaction *auto-ionisation* ou *autoprotolyse* de l'eau. Pour décrire les propriétés acido-basiques de l'eau selon la théorie de Brønsted-Lowry, on exprime son auto-ionisation de la manière suivante (*voir aussi la figure 5.1*) :

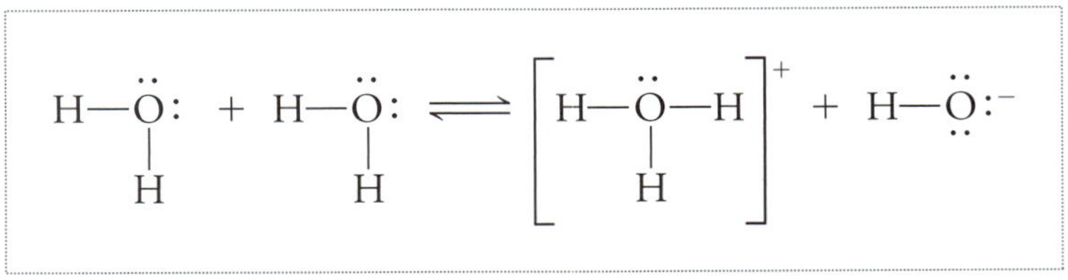

ou :

$$\underset{\text{acide}_1}{H_2O} + \underset{\text{base}_2}{H_2O} \rightleftharpoons \underset{\text{acide}_2}{H_3O^+} + \underset{\text{base}_1}{OH^-} \quad (5.2)$$

Les couples acide-base conjugués sont : 1) H_2O (acide) et OH^- (base), et 2) H_3O^+ (acide) et H_2O (base).

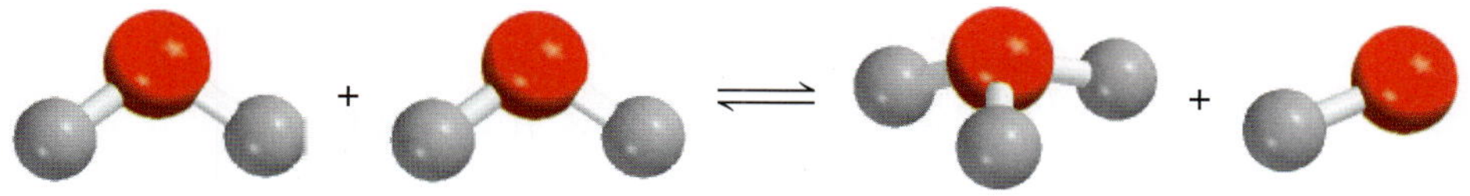

FIGURE 5.1 Réaction entre deux molécules d'eau pour former des ions hydronium (H_3O^+) et hydroxyde (OH^-)

Le produit ionique de l'eau

Dans l'étude des réactions acido-basiques en solution aqueuse, la grandeur importante est la concentration en ions hydronium ; elle indique si la solution est acide ou basique. Puisqu'il n'y a qu'une très petite fraction des molécules d'eau qui s'ionisent, la concentration de l'eau demeure pratiquement inchangée au cours de l'auto-ionisation de l'eau. Par conséquent, la constante d'équilibre de l'auto-ionisation de l'eau selon l'équation 5.2 est :

$$K_c = [H_3O^+][OH^-]$$

Afin d'indiquer que cette constante d'équilibre représente l'auto-ionisation de l'eau, on remplace K_c par K_{eau} ainsi :

$$K_{eau} = [H_3O^+][OH^-] \quad (5.3)$$

La constante d'équilibre K_{eau} est appelée **constante du produit ionique de l'eau** ; il s'agit du produit des concentrations molaires des ions H_3O^+ et OH^- à une température donnée.

Dans l'eau pure à 25 °C, les concentrations d'ions H_3O^+ et OH^- sont égales et ont pour valeurs : $[H_3O^+] = 1,0 \times 10^{-7}$ mol/L et $[OH^-] = 1,0 \times 10^{-7}$ mol/L. Donc, selon l'équation 5.3, à 25 °C :

$$K_{eau} = (1,0 \times 10^{-7})(1,0 \times 10^{-7}) = 1,0 \times 10^{-14}$$

NOTE

Si vous pouviez retirer au hasard des particules dans de l'eau pure et les examiner une à une au rythme de 10 particules (H_2O, H_3O^+ ou OH^-) par seconde dans un litre d'eau, la probabilité de trouver un ion H_3O^+ serait de 1 ion par 2 ans !

Notez que, dans l'eau pure ou dans une solution aqueuse, la relation suivante est *toujours* vraie à 25 °C :

$$\begin{aligned} K_{eau} &= [H_3O^+][OH^-] \\ &= 1,0 \times 10^{-14} \end{aligned} \quad (5.4)$$

Si $[H_3O^+] = [OH^-]$, la solution aqueuse est dite neutre. Dans une solution acide, il y a un excès d'ions H_3O^+, et $[H_3O^+] > [OH^-]$; dans une solution basique, il y a un excès d'ions OH^-, et $[H_3O^+] < [OH^-]$. En pratique, on peut changer la concentration des ions H_3O^+ ou celle des ions OH^- en solution, mais on ne peut le faire indépendamment l'une de l'autre. Si l'on ajuste la solution de sorte que $[H_3O^+] = 1{,}0 \times 10^{-6}$ mol/L, la concentration de OH^- doit alors changer et se calcule ainsi :

$$[OH^-] = \frac{K_{eau}}{[H_3O^+]} = \frac{1{,}0 \times 10^{-14}}{1{,}0 \times 10^{-6}} = 1{,}0 \times 10^{-8} \text{ mol/L}$$

Beaucoup de nettoyants domestiques contiennent de l'ammoniac.

EXEMPLE 5.2 Le calcul de $[H_3O^+]$ d'après $[OH^-]$

La concentration des ions OH^- dans une solution de nettoyant domestique contenant de l'ammoniac est de 0,0025 mol/L. Calculez la concentration des ions H_3O^+.

DÉMARCHE

La concentration des ions OH^- est connue, et l'on nous demande de calculer $[H_3O^+]$. La relation entre $[H_3O^+]$ et $[OH^-]$ dans l'eau ou dans une solution aqueuse est donnée par le produit ionique de l'eau, K_{eau} (*voir l'équation 5.4*).

SOLUTION

En réarrangeant l'équation 5.4, nous obtenons

$$[H_3O^+] = \frac{K_{eau}}{[OH^-]} = \frac{1{,}0 \times 10^{-14}}{0{,}0025} = 4{,}0 \times 10^{-12} \text{ mol/L}$$

VÉRIFICATION

Puisque $[H_3O^+] < [OH^-]$, la solution est basique, comme on pouvait s'y attendre d'après ce que l'on sait sur la réaction de l'ammoniac avec l'eau.

EXERCICE

Calculez la concentration d'ions OH^- dans une solution de HCl dont la concentration d'ions hydronium est de 1,3 mol/L.

PROBLÈMES SEMBLABLES
5.15 et 5.16

5.3 Le pH : une mesure du degré d'acidité

Puisque les concentrations d'ions H_3O^+ et OH^- en solutions aqueuses sont habituellement des valeurs très petites et peu commodes dans les calculs, le biochimiste danois Søren Sørensen proposa, en 1909, une grandeur plus pratique appelée pH. Le **pH** d'une solution est le logarithme négatif de la concentration d'ions hydronium (en moles par litre) :

> **NOTE**
> Une unité de pH correspond à un changement de la concentration des ions H_3O^+ d'un facteur 10.

$$pH = -\log [H_3O^+] \tag{5.5}$$

N'oubliez pas que l'équation 5.5 n'est qu'une définition conçue dans le but de fournir des nombres commodes pour le calcul. Le signe négatif du logarithme donne une valeur positive au pH, qui autrement serait négative à cause de la petite valeur de $[H_3O^+]$. (*Voir l'annexe 2 pour un exposé sur les logarithmes.*) De plus, le terme $[H_3O^+]$ dans l'équation 5.5 ne se rapporte qu'à la *partie numérique* de l'expression de la concentration d'ions hydronium, car on ne peut pas prendre le logarithme des unités. Ainsi, tout comme la constante d'équilibre, le pH d'une solution est une grandeur sans dimension.

Puisque le pH est simplement une manière d'exprimer la concentration d'ions hydronium, on peut alors déterminer si les solutions sont acides ou basiques, à 25 °C, par la valeur de leur pH :

> **NOTE**
> Le pH de solutions d'acides concentrés peut être négatif. Par exemple, le pH d'une solution de HCl 2,0 mol/L est de −0,30.

solutions acides :	$[H_3O^+] > 1{,}0 \times 10^{-7}$ mol/L, pH $< 7{,}00$
solutions basiques :	$[H_3O^+] < 1{,}0 \times 10^{-7}$ mol/L, pH $> 7{,}00$
solutions neutres :	$[H_3O^+] = 1{,}0 \times 10^{-7}$ mol/L, pH $= 7{,}00$

Notez que le pH augmente quand $[H_3O^+]$ diminue.

Parfois, on nous demande de calculer la concentration des ions H_3O^+ qui correspond à une certaine valeur de pH. Dans ce cas, il faut utiliser l'antilogarithme de l'équation 5.5 ainsi :

$$[H_3O^+] = 10^{-pH} \tag{5.6}$$

Il faut être bien averti que la définition du pH telle que précédemment donnée et, en fait, tous les calculs concernant les concentrations des solutions (exprimées en concentration molaire volumique et en molalité) déjà vus dans les chapitres précédents sont plus ou moins erronés parce que nous avons supposé un comportement idéal de ces solutions. De fait, la formation de paires d'ions et d'autres types d'interactions moléculaires peuvent influencer les concentrations réelles des espèces en solution. Cette situation est analogue à celle du comportement d'un gaz parfait (aussi appelé idéal) par rapport à celui des gaz réels étudiés au chapitre 4 de *Chimie générale* : selon la température, le volume et la quantité de gaz présent, la pression mesurée d'un gaz peut être différente de celle calculée d'après l'équation des gaz parfaits. De même, la concentration réelle ou « effective » d'un soluté peut être différente de celle prédite selon la quantité initiale de soluté dissous. De la même manière que l'équation de Van der Waals et certaines autres équations permettent de tenir compte de ces différences de comportement entre un gaz idéal et un gaz réel, il est possible de le faire dans le cas du comportement des solutions.

Une façon d'y parvenir est de remplacer le terme de la concentration par l'*activité,* soit la concentration effective. Le pH d'une solution à strictement parler devrait être défini ainsi :

$$\text{pH} = -\log a_{H_3O^+} \tag{5.7}$$

où $a_{H_3O^+}$ est l'activité de l'ion H_3O^+. Dans le cas d'une solution idéale, comme nous l'avons déjà mentionné au chapitre 4 (*p. 177*), l'activité est numériquement égale à la concentration. Dans le cas des solutions réelles (non idéales), l'activité est habituellement différente de la concentration, et parfois de beaucoup. Connaissant la concentration d'un soluté, il existe des méthodes fiables fondées sur la thermodynamique pour estimer son activité, mais ces notions sont vues seulement dans des études plus avancées. Toutefois, n'oubliez pas que le pH mesuré d'une solution diffère habituellement de celui calculé à l'aide de l'équation 5.5, parce que la concentration de l'ion H_3O^+ en mol/L n'est pas numériquement égale à la valeur de son activité. Même si nous continuons d'utiliser les concentrations molaires dans cet exposé, il faut se rappeler que cette approche nous donnera seulement une approximation du phénomène chimique qui a réellement lieu en solution.

En laboratoire, on mesure le pH d'une solution à l'aide d'un pH-mètre (*voir la figure 5.2*). Le tableau 5.1 donne le pH de certains liquides courants.

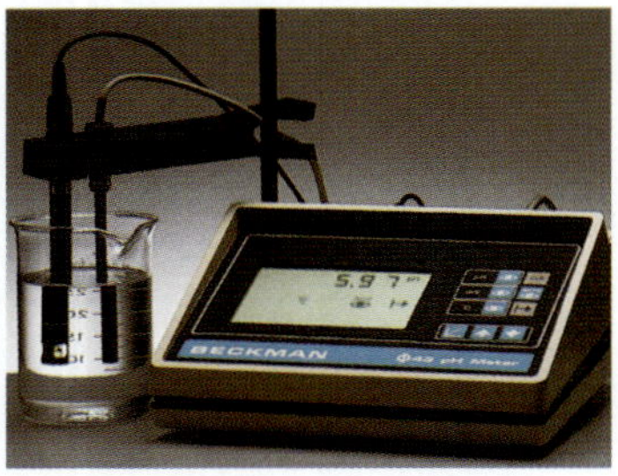

FIGURE 5.2

Un pH-mètre de laboratoire

Bien que de nombreux pH-mètres aient une échelle d'affichage analogique graduée de 1 à 14, le pH peut avoir une valeur inférieure à 1 ou supérieure à 14. Ici, il s'agit d'un modèle à affichage numérique.

TABLEAU 5.1

Le pH de certains liquides courants

Échantillon	Valeur du pH
Liquide gastrique dans l'estomac	1,0-2,0
Jus de citron	2,4
Vinaigre	3,0
Jus de pamplemousse	3,2
Jus d'orange	3,5
Urine	4,8-7,5
Eau exposée à l'air*	5,5
Salive	6,4-6,9
Lait	6,5
Eau pure	7,0
Larmes	7,4
Sang	7,35-7,45
Lait de magnésie	10,6
Ammoniac domestique	11,5

* L'eau exposée à l'air durant une longue période absorbe le CO_2 atmosphérique pour former de l'acide carbonique (H_2CO_3).

On peut également établir une échelle de pOH, analogue à l'échelle de pH, en utilisant le logarithme négatif de la concentration d'ions hydroxyde. Donc, le pOH est :

$$\text{pOH} = -\log\,[OH^-] \tag{5.8}$$

Revoyons maintenant la constante du produit ionique de l'eau :

$$[H_3O^+][OH^-] = K_{\text{eau}} = 1{,}0 \times 10^{-14}$$

Si l'on prend le logarithme négatif de chaque côté, on obtient :

$$-(\log [H_3O^+] + \log [OH^-]) = -\log (1{,}0 \times 10^{-14})$$
$$-\log [H_3O^+] - \log [OH^-] = 14{,}00$$

NOTE
Les lois des logarithmes sont données à l'annexe 2.

D'après les définitions de pH et de pOH, on obtient :

$$\text{pH} + \text{pOH} = 14{,}00 \qquad (5.9)$$

L'équation 5.9 fournit une autre façon d'exprimer la relation entre la concentration des ions H_3O^- et celle des ions OH^-.

EXEMPLE 5.3 Le calcul du pH d'après $[H_3O^+]$

La concentration d'ions H_3O^+ était de $3{,}2 \times 10^{-4}$ mol/L dans une bouteille de vin de table juste après l'avoir débouchée. On n'a bu que la moitié du vin. L'autre moitié, après avoir été exposée à l'air durant un mois, avait une concentration d'ions hydronium de $1{,}0 \times 10^{-3}$ mol/L. Calculez le pH du vin à ces deux moments.

DÉMARCHE

On connaît les concentrations de H_3O^+ et l'on nous demande de calculer le pH de ces solutions. Quelle est la définition du pH ?

SOLUTION

Selon l'équation 5.5 : $\text{pH} = -\log [H_3O^+]$.

À l'ouverture de la bouteille, $[H_3O^+] = 3{,}2 \times 10^{-4}$ mol/L.

Par substitution, dans l'équation 5.5, nous obtenons :

$$\text{pH} = -\log [H_3O^+]$$
$$= -\log (3{,}2 \times 10^{-4}) = 3{,}49$$

Un mois plus tard, $[H_3O^+] = 1{,}0 \times 10^{-3}$ mol/L, alors :

$$\text{pH} = -\log (1{,}0 \times 10^{-3}) = 3{,}00$$

NOTE
Dans les deux réponses, le pH a seulement deux chiffres significatifs, soit les deux chiffres à la droite de la virgule décimale. Le pH 3,49 nous indique qu'il y a deux chiffres significatifs dans la mesure de la concentration de départ (*voir l'annexe 2*).

COMMENTAIRE

Notez que l'augmentation de la concentration d'ions hydronium (ou la diminution du pH) est due principalement à la conversion partielle de l'alcool (éthanol) en acide acétique, une réaction lente qui se produit en présence de dioxygène.

EXERCICE

Calculez le pH d'une solution de HNO_3 dont la concentration d'ions hydronium est de 0,76 mol/L.

PROBLÈME SEMBLABLE
5.19 a) et d)

EXEMPLE 5.4 Le calcul de $[H_3O^+]$ à partir du pH

Le pH d'une eau de pluie recueillie à Sherbrooke à l'été 2008 était de 4,82. Calculez la concentration d'ions H_3O^+ de cette eau.

DÉMARCHE

Ici, c'est le pH qu'il faut convertir en H_3O^+. Étant donné que le pH est défini comme étant $pH = -\log [H_3O^+]$, on peut résoudre pour H_3O^+ en prenant l'antilogarithme du pH, c'est-à-dire $[H_3O^+] = 10^{-pH}$ (équation 5.6).

SOLUTION

D'après l'équation 5.5, $pH = -\log [H_3O^+] = 4{,}82$.
Pour calculer le pH, il faut prendre l'antilogarithme de $-4{,}82$:

$$[H_3O^+] = 10^{-4{,}82} = 1{,}5 \times 10^{-5} \text{ mol/L}$$

NOTE

Les calculatrices scientifiques ont une fonction antilogarithme souvent nommée INV log ou 10^x.

VÉRIFICATION

Puisque le pH se situe entre 4 et 5, on peut s'attendre à ce que $[H_3O^+]$ soit entre 1×10^{-4} mol/L et 1×10^{-5} mol/L. La réponse est donc plausible.

PROBLÈME SEMBLABLE

5.17

EXERCICE

Le pH d'un certain jus de fruits est 3,33. Calculez sa concentration en ions H_3O^+.

EXEMPLE 5.5 Le calcul du pH à partir de $[OH^-]$

Dans une solution de NaOH, la concentration de OH^- est de $2{,}9 \times 10^{-4}$ mol/L. Calculez le pH de cette solution.

DÉMARCHE

Il faut procéder en deux étapes. Calculons d'abord le pOH en utilisant l'équation 5.8, puis utilisons l'équation 5.9 pour calculer le pH de la solution.

SOLUTION

D'après l'équation 5.8 :

$$\begin{aligned} pOH &= -\log [OH^-] \\ &= -\log (2{,}9 \times 10^{-4}) \\ &= 3{,}54 \end{aligned}$$

Puis, selon l'équation 5.9 :

$$\begin{aligned} pH + pOH &= 14{,}00 \\ pH &= 14{,}00 - pOH \\ &= 14{,}00 - 3{,}54 = 10{,}46 \end{aligned}$$

On aurait pu tout aussi bien utiliser ici la constante du produit ionique de l'eau, $K_{eau} = [H_3O^+][OH^-]$ pour calculer $[H_3O^+]$ et convertir ensuite $[H_3O^+]$ en pH. Essayez cette deuxième méthode.

>>>

VÉRIFICATION

La réponse donne une solution basique (pH > 7), ce qui correspond bien à une solution d'une base comme NaOH.

EXERCICE

La concentration en ions OH^- d'un échantillon sanguin vaut $2,5 \times 10^{-7}$ mol/L. Calculez le pH du sang.

PROBLÈME SEMBLABLE

5.19 b)

5.4 La force des acides et des bases

Les **acides forts** sont des électrolytes forts qui s'ionisent complètement ou presque dans l'eau (*voir la figure 5.3*). La plupart des acides forts sont des acides inorganiques, par exemple l'acide chlorhydrique (HCl), l'acide nitrique (HNO_3), l'acide perchlorique ($HClO_4$) et l'acide sulfurique (H_2SO_4) :

$$HCl(aq) + H_2O(l) \longrightarrow H_3O^+(aq) + Cl^-(aq)$$
$$HNO_3(aq) + H_2O(l) \longrightarrow H_3O^+(aq) + NO_3^-(aq)$$
$$HClO_4(aq) + H_2O(l) \longrightarrow H_3O^+(aq) + ClO_4^-(aq)$$
$$H_2SO_4(aq) + H_2O(l) \longrightarrow H_3O^+(aq) + HSO_4^-(aq)$$

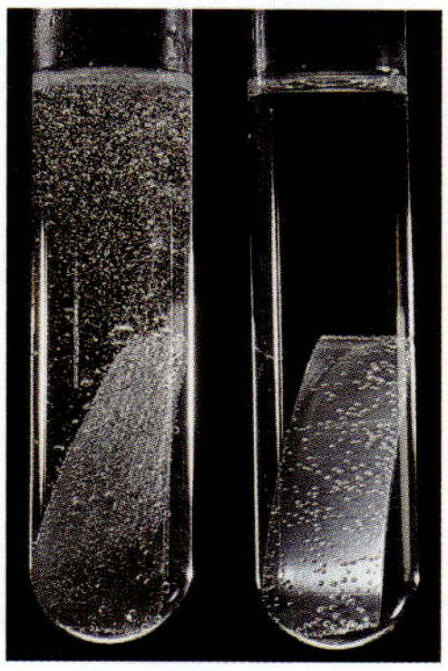

Le zinc réagit plus fortement avec un acide fort comme HCl (à gauche) qu'avec un acide faible comme CH_3COOH (à droite) pour une même concentration parce qu'il y a plus d'ions H_3O^+ dans la première solution.

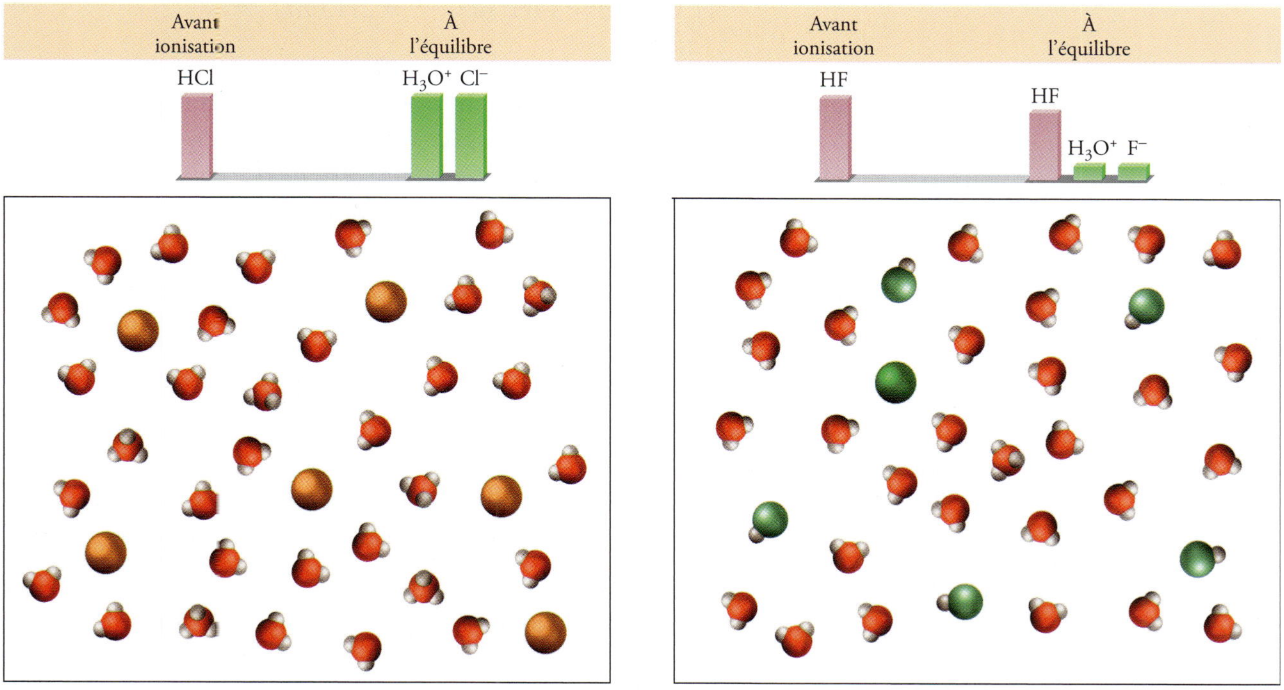

FIGURE 5.3

Modélisation du degré d'ionisation des acides

À gauche, le degré d'ionisation d'un acide fort (HCl) et, à droite, le degré d'ionisation d'un acide faible (HF). Au départ, il y avait six molécules de HCl et de HF. On peut dire que l'acide fort est complètement ionisé en solution. Le proton existe en solution sous la forme hydratée appelée ion hydronium (H_3O^+).

Notez que H_2SO_4 est un diacide ; seule sa première étape d'ionisation est indiquée ci-dessus. En pratique, on peut dire qu'une solution d'acide fort à l'équilibre ne contient aucune molécule d'acide non ionisée.

La plupart des acides sont des **acides faibles**, lequels sont des électrolytes faibles qui ne s'ionisent que partiellement dans l'eau. À l'équilibre, une solution aqueuse d'acide faible contient un mélange de molécules d'acide non ionisées, d'ions H_3O^+ et de molécules de la base conjuguée de l'acide. L'acide fluorhydrique (HF), l'acide acétique (CH_3COOH) et l'ion ammonium (NH_4^+) sont des exemples d'acides faibles. Les forces des acides faibles sont très différentes selon leur degré d'ionisation. Cette ionisation limitée est liée à la constante d'équilibre pour l'ionisation, que nous verrons à la prochaine section.

Ce que nous avons vu sur les acides forts s'applique également aux **bases fortes**, lequelles sont des électrolytes forts qui s'ionisent complètement dans l'eau. Elles comprennent les hydroxydes de métaux alcalins et de certains métaux alcalino-terreux, comme NaOH, KOH et $Ba(OH)_2$:

$$NaOH(s) \xrightarrow{H_2O} Na^+(aq) + OH^-(aq)$$
$$KOH(s) \xrightarrow{H_2O} K^+(aq) + OH^-(aq)$$
$$Ba(OH)_2(s) \xrightarrow{H_2O} Ba^{2+}(aq) + 2OH^-(aq)$$

À strictement parler, ces hydroxydes métalliques ne sont pas des bases de Brønsted-Lowry, car elles ne reçoivent pas de proton. Cependant, l'ion hydroxyde formé au cours de l'ionisation *est* une base de Brønsted-Lowry parce qu'il peut accepter un proton :

$$H_3O^+(aq) + OH^-(aq) \longrightarrow 2H_2O(l)$$

Donc, dans le cas de NaOH ou de tout autre hydroxyde métallique considéré comme une base, nous faisons allusion à l'espèce OH^- dérivée de l'hydroxyde.

Les **bases faibles**, comme les acides faibles, sont des électrolytes faibles qui s'ionisent très peu dans l'eau. Par exemple, l'ammoniac est une base faible dans l'eau :

$$NH_3(aq) + H_2O(l) \rightleftharpoons NH_4^+(aq) + OH^-(aq)$$

Dans cette réaction, NH_3 agit comme une base en acceptant un proton de l'eau pour former NH_4^+ et des ions OH^-. Il s'agit d'une base faible, parce que seule une faible proportion des molécules réagit ainsi.

Le tableau 5.2 énumère quelques couples acide-base conjugués importants, par ordre de leurs forces relatives. Il est utile de se rappeler les points suivants :

1. Dans un couple, si un acide est fort, sa base conjuguée est très faible, et vice versa. Par exemple, l'ion Cl^-, qui est la base conjuguée de l'acide fort HCl, est une base extrêmement faible.

2. L'ion H_3O^+ est l'acide le plus fort pouvant exister en solution aqueuse. Si un acide est plus fort que H_3O^+, il réagit avec l'eau pour produire des ions H_3O^+

et sa base conjuguée. Ainsi, HCl, qui est un acide plus fort que H_3O^+, réagit complètement avec l'eau pour former H_3O^+ et Cl^- :

$$HCl(aq) + H_2O(l) \longrightarrow H_3O^+(aq) + Cl^-(aq)$$

C'est pourquoi il est impossible de distinguer dans l'eau la différence de force entre deux acides forts. Ils se comportent tous deux comme s'ils étaient des solutions d'ions H_3O^+ ; on dit qu'ils sont *nivelés* à la même force dans l'eau.

Les acides plus faibles que H_3O^+ réagissent avec l'eau de manière beaucoup moins complète en produisant H_3O^+ et leur base conjuguée. Par exemple, l'équilibre suivant favorise grandement les réactifs :

$$HF(aq) + H_2O(l) \rightleftharpoons H_3O^+(aq) + F^-(aq)$$

3. L'ion OH^- est la base la plus forte pouvant exister en solution aqueuse. Si une base est plus forte que OH^-, elle réagit complètement avec l'eau pour produire des ions OH^- et son acide conjugué. Les bases fortes sont donc elles aussi « nivelées » à la même force dans l'eau. Par exemple, l'ion oxyde (O^{2-}) est une base plus forte que OH^- ; il réagit donc complètement avec l'eau de la manière suivante :

$$O^{2-}(aq) + H_2O(l) \longrightarrow 2OH^-(aq)$$

C'est pourquoi l'ion oxyde n'existe pas en solution aqueuse. (Notez que l'un des deux ions OH^- produits est considéré comme l'acide conjugué de l'ion O^{2-}.)

TABLEAU 5.2

Forces relatives des couples acide-base conjugués

		Acide	Base conjuguée	
Force croissante des acides (↑)	Acides forts	$HClO_4$ (acide perchlorique)	ClO_4^- (ion perchlorate)	Force croissante des bases (↓)
		HI (acide iodhydrique)	I^- (ion iodure)	
		HBr (acide bromhydrique)	Br^- (ion bromure)	
		HCl (acide chlorhydrique)	Cl^- (ion chlorure)	
		H_2SO_4 (acide sulfurique)	HSO_4^- (ion hydrogénosulfate)	
		HNO_3 (acide nitrique)	NO_3^- (ion nitrate)	
		H_3O^+ (ion hydronium)	H_2O (eau)	
	Acides faibles	HSO_4^- (ion hydrogénosulfate)	SO_4^{2-} (ion sulfate)	
		HF (acide fluorhydrique)	F^- (ion fluorure)	
		HNO_2 (acide nitreux)	NO_2^- (ion nitrite)	
		HCOOH (acide formique)	$HCOO^-$ (ion formate)	
		CH_3COOH (acide acétique)	CH_3COO^- (ion acétate)	
		NH_4^+ (ion ammonium)	NH_3 (ammoniac)	
		HCN (acide cyanhydrique)	CN^- (ion cyanure)	
		H_2O (eau)	OH^- (ion hydroxyde)	
		NH_3 (ammoniac)	NH_2^- (ion amidure)	

NOTE

Seulement six acides forts se rencontrent fréquemment en solution aqueuse.

NOTE

$Ba(OH)_2$ est la seule base soluble qui a deux groupements OH.

EXEMPLE 5.6 Le calcul du pH d'une solution d'un acide fort et d'une solution d'une base forte

Calculez le pH : a) d'une solution de HCl à $1{,}0 \times 10^{-3}$ mol/L ; b) d'une solution de $Ba(OH)_2$ à 0,020 mol/L.

DÉMARCHE

Il faut se rappeler que HCl est un acide fort et que $Ba(OH)_2$ est une base forte. Ces deux substances sont donc complètement ionisées dans l'eau, et il ne restera plus ni HCl ni $Ba(OH)_2$ en solution.

SOLUTION

a) L'ionisation de HCl s'écrit ainsi :

$$HCl(aq) + H_2O(l) \longrightarrow H_3O^+(aq) + Cl^-(aq)$$

On peut représenter les concentrations de toutes les espèces (HCl, H_3O^+ et Cl^-), avant et après ionisation, dans un tableau :

	$HCl(aq)$ + $H_2O(l)$ ⟶	$H_3O^+(aq)$ +	$Cl^-(aq)$
Concentration initiale (mol/L) :	$1{,}0 \times 10^{-3}$	0,0	0,0
Variation (mol/L) :	$-1{,}0 \times 10^{-3}$	$+1{,}0 \times 10^{-3}$	$+1{,}0 \times 10^{-3}$
Concentration finale (mol/L) :	0,0	$1{,}0 \times 10^{-3}$	$1{,}0 \times 10^{-3}$

Une variation positive (+) représente une augmentation de la concentration ; une variation négative (−), une diminution. Donc :

$$[H_3O^+] = 1{,}0 \times 10^{-3}\ \text{mol/L}$$
$$pH = -\log(1{,}0 \times 10^{-3})$$
$$= 3{,}00$$

b) $Ba(OH)_2$ est une base forte ; chaque unité de $Ba(OH)_2$ produit deux ions OH^- :

$$Ba(OH)_2(aq) + H_2O(l) \longrightarrow Ba^{2+}(aq) + 2OH^-(aq)$$

On peut résumer les modifications de concentrations de toutes les espèces dans le tableau suivant :

	$Ba(OH)_2(aq)$ + $H_2O(l)$ ⟶	$Ba^{2+}(aq)$ +	$2OH^-(aq)$
Concentration initiale (mol/L) :	0,020	0,00	0,00
Variation (mol/L) :	−0,020	+0,020	+2(0,020)
Concentration finale (mol/L) :	0,00	0,020	0,040

Ainsi :

$$[OH^-] = 0{,}040\ \text{mol/L}$$
$$pOH = -\log 0{,}040 = 1{,}40$$

Alors :

$$pH = 14{,}00 - pOH$$
$$= 14{,}00 - 1{,}40$$
$$= 12{,}60$$

>>>

VÉRIFICATION

Notez que, en a) et en b), nous avons négligé la contribution de l'auto-ionisation de l'eau en $[H_3O^+]$ et en $[OH^-]$ parce que $1,0 \times 10^{-7}$ mol/L est une valeur trop petite comparativement à $1,0 \times 10^{-3}$ mol/L et à 0,040 mol/L.

EXERCICE

Calculez le pH d'une solution de $Ba(OH)_2$ à $1,5 \times 10^{-2}$ mol/L.

PROBLÈME SEMBLABLE

5.19 a) et c)

Si l'on connaît les forces relatives de deux acides, on peut alors prédire dans quel sens se déplacera la réaction au cours d'une réaction entre un acide et une base conjuguée d'un autre acide, comme l'illustre l'exemple suivant.

EXEMPLE 5.7 La prédiction du sens de déplacement d'une réaction acide-base

Prédisez dans quel sens la réaction suivante sera favorisée en solution aqueuse :

$$HNO_2(aq) + CN^-(aq) \rightleftharpoons HCN(aq) + NO_2^-(aq)$$

DÉMARCHE

Ce problème consiste à déterminer si, à l'équilibre, la réaction sera déplacée vers la droite en favorisant la formation de HCN et de NO_2^- ou vers la gauche en faveur de HNO_2 et de CN^-. Laquelle de ces deux substances est un acide plus fort, donc un meilleur donneur de proton : HNO_2 ou HCN ? Laquelle de ces deux substances est une base plus forte, donc une meilleure receveuse de proton : CN^- ou NO_2^- ?

SOLUTION

Le tableau 5.2 (*p. 233*) indique que HNO_2 est un acide plus fort que HCN. Par conséquent, CN^- est une base plus forte que NO_2^-. La réaction nette procédera de la gauche vers la droite, telle qu'elle est écrite ici, parce que HNO_2 est un meilleur donneur de proton que HCN (et CN^- est un meilleur accepteur de proton que NO_2^-).

EXERCICE

Prédisez si la valeur de la constante d'équilibre de la réaction suivante est supérieure ou inférieure à 1 :

$$CH_3COOH(aq) + HCOO^-(aq) \rightleftharpoons CH_3COO^-(aq) + HCOOH(aq)$$

PROBLÈMES SEMBLABLES

5.37 et 5.38

5.5 Les acides faibles et les constantes d'ionisation des acides

Comme nous l'avons vu, la grande majorité des acides sont faibles. Soit, par exemple, un monoacide faible, HA. Son ionisation dans l'eau sera représentée par :

$$HA(aq) + H_2O(l) \rightleftharpoons H_3O^+(aq) + A^-(aq)$$

Chimie en ligne

Animation
- L'ionisation des acides

La constante d'équilibre pour cette ionisation acide, appelée **constante d'ionisation d'un acide** (K_a), est donnée par :

$$K_a = \frac{[H_3O^+][A^-]}{[HA]} \qquad (5.10)$$

NOTE

Toutes les concentrations qui apparaissent dans cette équation sont des concentrations à l'équilibre.

À une température donnée, la mesure quantitative de la force de l'acide HA correspond à la valeur de K_a. *Plus cette valeur est élevée, plus l'acide est fort,* c'est-à-dire que la concentration à l'équilibre d'ions H_3O^+ provenant de l'ionisation est plus élevée. Remarquons aussi que ce sont seulement les acides faibles qui ont des valeurs de K_a.

Puisque l'ionisation d'un acide faible n'est jamais complète, toutes les espèces (l'acide non ionisé, les ions H_3O^+ et les ions A^-) sont présentes à l'équilibre. Le tableau 5.3 énumère un certain nombre d'acides faibles et donne les valeurs de K_a correspondantes, dans l'ordre décroissant de leur force. Notez que, à l'équilibre, l'espèce prédominante en solution (à part le solvant) est l'acide non ionisé. Même si les composés nommés au tableau 5.3 sont tous des acides faibles, on remarque que, à l'intérieur de ce groupe, la force des acides varie beaucoup. Par exemple, la valeur de K_a pour HF ($7{,}1 \times 10^{-4}$) est d'environ 1,5 million de fois plus élevée que celle pour HCN ($4{,}9 \times 10^{-10}$).

NOTE

Une table plus complète des constantes d'ionisation des acides et des bases faibles est donnée à l'annexe 5.

TABLEAU 5.3

Constantes d'ionisation de quelques acides faibles et de leurs bases conjuguées à 25 °C

Nom de l'acide	Formule	Structure	K_a	Base conjuguée	K_b
Acide fluorhydrique	HF	H—F	$7{,}1 \times 10^{-4}$	F^-	$1{,}4 \times 10^{-11}$
Acide nitreux	HNO_2	O═N—O—H	$4{,}5 \times 10^{-4}$	NO_2^-	$2{,}2 \times 10^{-11}$
Acide acétylsalicylique (aspirine)	$C_9H_8O_4$	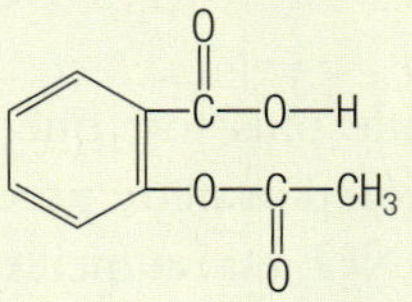	$3{,}0 \times 10^{-4}$	$C_9H_7O_4^-$	$3{,}3 \times 10^{-11}$
Acide formique	HCOOH	H—C(═O)—O—H	$1{,}7 \times 10^{-4}$	$HCOO^-$	$5{,}9 \times 10^{-11}$
Acide ascorbique* (vitamine C)	$C_6H_8O_6$	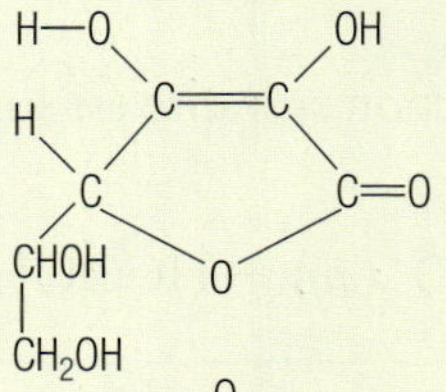	$8{,}0 \times 10^{-5}$	$C_6H_7O_6^-$	$1{,}3 \times 10^{-10}$
Acide benzoïque	C_6H_5COOH	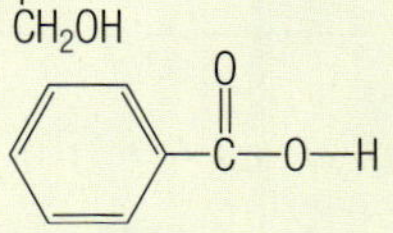	$6{,}5 \times 10^{-5}$	$C_6H_5COO^-$	$1{,}5 \times 10^{-10}$
Acide acétique	CH_3COOH	CH_3—C(═O)—O—H	$1{,}8 \times 10^{-5}$	CH_3COO^-	$5{,}6 \times 10^{-10}$
Acide cyanhydrique	HCN	H—C≡N	$4{,}9 \times 10^{-10}$	CN^-	$2{,}0 \times 10^{-5}$
Phénol	C_6H_5OH	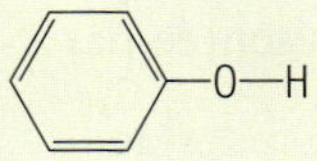	$1{,}3 \times 10^{-10}$	$C_6H_5O^-$	$7{,}7 \times 10^{-5}$

* Dans le cas de l'acide ascorbique, c'est le groupement hydroxyle (OH) supérieur gauche qui est associé à cette constante d'ionisation.

Habituellement, on peut calculer la concentration en ions hydronium ou le pH d'une solution acide à l'équilibre à partir de la connaissance de la concentration initiale de l'acide et de sa valeur de K_a. Ces calculs sont basés sur la même méthode que celle qui a déjà été expliquée au chapitre 4 (*voir la section 4.4, p. 186*). Cependant, étant donné l'importance de l'ionisation des acides et des bases comme catégorie de systèmes à l'équilibre en solution aqueuse, il importe d'expliquer une procédure détaillée permettant de résoudre ce type de problèmes. Cette procédure permettra aussi de mieux comprendre les principes chimiques à la base de ces calculs.

Supposons qu'on vous demande de calculer le pH d'une solution de HF 0,50 mol/L à 25 °C. L'ionisation de HF se décrit ainsi :

Chimie en ligne
Interaction
- Les calculs du pH d'une solution acide

$$HF(aq) + H_2O(l) \rightleftharpoons H_3O^+(aq) + F^-(aq)$$

D'après le tableau 5.3, nous pouvons écrire :

$$K_a = \frac{[H_3O^+][F^-]}{[HF]} = 7,1 \times 10^{-4}$$

La première étape consiste à déterminer toutes les espèces présentes qui peuvent influer sur le pH. Du fait que les acides s'ionisent peu, il y aura à l'équilibre beaucoup de HF non ionisé et un peu d'ions H_3O^+ et F^-. Une autre espèce présente en abondance est l'eau, H_2O, mais sa très faible valeur de constante d'ionisation, $K_{eau} = 1,0 \times 10^{-14}$, signifie que l'eau ne contribue pas de manière significative à la concentration de l'ion H_3O^+. Dorénavant, à moins d'avis contraire, nous allons toujours ignorer la contribution des ions H_3O^+ due à l'ionisation de l'eau. Remarquez aussi qu'on ne se préoccupe pas des ions OH^- qui sont aussi présents en solution. La concentration des OH^- sera évaluée à l'aide de l'équation 5.3 après avoir calculé $[H_3O^+]$.

On peut résumer ainsi les changements de concentration de HF, de H_3O^+ et de F^- selon les étapes de la page 189 (*voir chapitre 4, section « Le calcul des concentrations à l'équilibre »*) :

	$HF(aq)$ + $H_2O(l)$ $\rightleftharpoons$	$H_3O^+(aq)$ +	$F^-(aq)$
Concentration initiale (mol/L) :	0,50	0,00	0,00
Variation (mol/L) :	$-x$	$+x$	$+x$
Concentration à l'équilibre (mol/L) :	$(0,50 - x)$	x	x

Dans l'expression de la constante d'équilibre, remplaçons les concentrations de HF, de H^+ et de F^- en fonction de l'inconnue x :

$$K_a = \frac{x \cdot x}{(0,50 - x)} = 7,1 \times 10^{-4}$$

En faisant le produit croisé et en réarrangeant les termes, nous obtenons l'équation suivante :

$$x^2 + 7,1 \times 10^{-4}x - 3,6 \times 10^{-4} = 0$$

Il s'agit d'une équation quadratique de la forme polynomiale $ax^2 + bx + c = 0$, qui peut se résoudre avec la méthode expliquée à la p. 239 ainsi qu'à l'annexe 2. Toutefois, on peut aussi essayer de prendre un raccourci pour résoudre cette équation. Étant donné que HF est un acide faible, donc peu ionisé, il est raisonnable de penser que la valeur de x est petite comparativement à 0,50. Alors, on obtient l'approximation suivante :

NOTE

Le signe $\simeq$ veut dire « approximativement égal à ».

$$0{,}50 - x \simeq 0{,}50$$

L'expression de la constante d'ionisation devient donc :

$$\frac{x^2}{0{,}50 - x} \simeq \frac{x^2}{0{,}50} = 7{,}1 \times 10^{-4}$$

En réarrangeant l'équation, nous obtenons :

$$x^2 = (0{,}50)(7{,}1 \times 10^{-4}) = 3{,}55 \times 10^{-4}$$
$$x = \sqrt{3{,}55 \times 10^{-4}} = 0{,}019 \text{ mol/L}$$

On a donc résolu l'équation sans avoir recouru à l'équation quadratique. À l'équilibre, on a :

$$[\text{HF}] = (0{,}50 - 0{,}019) \text{ mol/L} = 0{,}48 \text{ mol/L}$$
$$[\text{H}_3\text{O}^+] = 0{,}019 \text{ mol/L}$$
$$[\text{F}^-] = 0{,}019 \text{ mol/L}$$

et le pH de la solution est :

$$\text{pH} = -\log (0{,}019) = 1{,}72$$

NOTE

En général, on peut considérer sans faire un essai de calcul préalable que l'approximation est valable si $K_a/[\text{HA}]_i \leq 0{,}01$. Mais il vaut mieux le vérifier avec la règle du 5 %, surtout quand l'acide est de force moyenne.

Que vaut cette approximation ? Étant donné que les valeurs de K_a pour les acides faibles sont habituellement connues avec seulement une précision de ± 5 %, il est raisonnable d'exiger que x vaille moins de 5 % de 0,50, la valeur dont il est soustrait. En d'autres mots, l'approximation est valable si l'expression suivante est égale ou inférieure à 5 % :

$$\frac{0{,}019 \text{ mol/L}}{0{,}50 \text{ mol/L}} \times 100\ \% = 3{,}8\ \%$$

L'approximation que nous avions faite était donc acceptable.

Voyons maintenant une situation différente. Si la concentration initiale de HF vaut cette fois 0,050 mol/L au lieu de 0,50 mol/L et que nous utilisons la même procédure pour trouver la valeur de x, nous obtenons $x = 6{,}0 \times 10^{-3}$ mol/L. Cette valeur est supérieure à 5 % de la concentration initiale, car :

$$\frac{6{,}0 \times 10^{-3}\ \text{mol/L}}{0{,}050\ \text{mol/L}} \times 100\ \% = 12\ \%$$

L'approximation n'est donc pas valable. Il existe alors deux façons d'obtenir la bonne réponse : par la résolution de l'équation quadratique et par la méthode des approximations successives.

L'équation quadratique

Écrivons d'abord l'expression de la constante d'ionisation en fonction de x, l'inconnue :

$$\frac{x^2}{0{,}050 - x} = 7{,}1 \times 10^{-4}$$

$$x^2 + 7{,}1 \times 10^{-4}x - 3{,}6 \times 10^{-5} = 0$$

Cette expression correspond à la forme générale de l'équation quadratique $ax^2 + bx + c = 0$. Pour la résoudre, on utilise la relation :

$$\begin{aligned}
x &= \frac{-b \pm \sqrt{b^2 - 4ac}}{2a} \\
&= \frac{-7{,}1 \times 10^{-4} \pm \sqrt{(7{,}1 \times 10^{-4})^2 - 4(1)(-3{,}6 \times 10^{-5})}}{2(1)} \\
&= \frac{-7{,}1 \times 10^{-4} \pm 0{,}012}{2} \\
&= 5{,}6 \times 10^{-3}\ \text{mol/L} \quad \text{ou} \quad -6{,}4 \times 10^{-3}\ \text{mol/L}
\end{aligned}$$

La deuxième solution ($-6{,}4 \times 10^{-3}$ mol/L) est physiquement impossible, car la concentration des ions produits ne peut être une valeur négative. En choisissant $x = 5{,}6 \times 10^{-3}$ mol/L, nous pouvons résoudre l'équation pour trouver [HF], $[H_3O^+]$ et $[F^-]$:

$$\begin{aligned}
[\text{HF}] &= (0{,}050 - 5{,}6 \times 10^{-3})\ \text{mol/L} = 0{,}044\ \text{mol/L} \\
[\text{H}_3\text{O}^+] &= 5{,}6 \times 10^{-3}\ \text{mol/L} \\
[\text{F}^-] &= 5{,}6 \times 10^{-3}\ \text{mol/L}
\end{aligned}$$

Le pH de la solution est :

$$\text{pH} = -\log 5{,}6 \times 10^{-3}\ \text{mol/L} = 2{,}25$$

La méthode des approximations successives

Selon cette méthode, nous trouvons d'abord x en supposant que $0{,}050 - x \simeq 0{,}050$, comme nous l'avons vu précédemment. Ensuite, nous utilisons la valeur approximative de x ($6{,}0 \times 10^{-3}$ mol/L) pour trouver une valeur plus exacte de la concentration de HF :

$$[\text{HF}] = (0{,}050 - 6{,}0 \times 10^{-3})\ \text{mol/L} = 0{,}044\ \text{mol/L}$$

En substituant cette valeur à [HF] dans l'expression de K_a, on obtient :

$$\frac{x^2}{0{,}044} = 7{,}1 \times 10^{-4}$$

$$x = 5{,}6 \times 10^{-3}\ \text{mol/L}$$

En utilisant $5{,}6 \times 10^{-3}$ mol/L pour x, on peut recalculer [HF] et résoudre encore pour x. Cette fois, on trouve que la réponse est de nouveau $5{,}6 \times 10^{-3}$ mol/L, de sorte qu'il n'est plus nécessaire de continuer. En général, on applique la méthode des approximations successives jusqu'à ce que la dernière valeur de x obtenue soit identique à celle qu'on a trouvée à l'étape précédente. Dans la plupart des cas, vous n'aurez qu'à effectuer deux étapes successives d'approximation pour obtenir la bonne réponse.

Voici un résumé des principales étapes menant à la résolution d'un problème concernant l'ionisation d'un acide faible.

Étape 1 : déterminer toutes les espèces qui peuvent influer sur le pH de la solution. Dans la majorité des cas, on peut ignorer la contribution de l'eau en se rappelant qu'elle s'ionise très peu. On omet aussi l'ion hydroxyde parce que sa concentration est déterminée à partir de celle de l'ion H_3O^+.

Étape 2 : exprimer les concentrations à l'équilibre des différentes espèces en fonction de la concentration initiale de l'acide et d'une seule inconnue x qui représente le changement de concentration. Construire un tableau.

Étape 3 : écrire l'expression de la constante d'ionisation de l'acide (K_a) en fonction des concentrations à l'équilibre. Résoudre d'abord à l'aide de la méthode de l'approximation. Si celle-ci n'est pas valable, résoudre avec l'équation quadratique ou la méthode des approximations successives.

Étape 4 : ayant résolu pour x, calculer les concentrations à l'équilibre de toutes les espèces ainsi que le pH de la solution.

L'exemple 5.8 illustre cette procédure.

HNO_2

EXEMPLE 5.8 Le calcul du pH d'une solution d'un acide faible

Calculez le pH d'une solution d'acide nitreux (HNO_2) à 0,036 mol/L.

$$HNO_2(aq) + H_2O(l) \rightleftharpoons H_3O^+(aq) + NO_2^-(aq)$$

DÉMARCHE

Il faut se rappeler qu'un acide faible ne s'ionise que partiellement dans l'eau. On nous donne la concentration initiale d'un acide faible et l'on nous demande de calculer le pH

>>>

de la solution à l'équilibre. Faisons un schéma de mise en forme du problème pour nous aider à identifier les espèces en jeu :

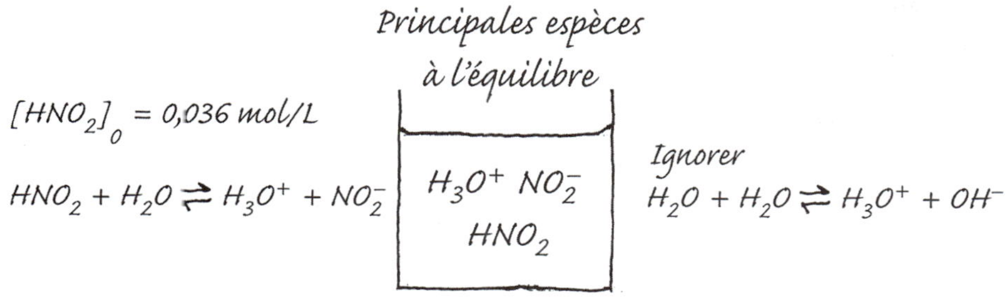

Comme dans l'exemple 5.6 (*p. 234*), nous ignorons l'ionisation de l'eau et considérons que l'acide est la principale source d'ions H_3O^+. Quant à la concentration des ions OH^-, elle est très petite, comme on peut s'y attendre dans une solution acide ; elle n'est donc pas ici une espèce majeure.

SOLUTION

Suivons la procédure décrite plus haut.

Étape 1 : les espèces susceptibles d'influer sur le pH de la solution sont HNO_2, H_3O^+ et la base conjuguée NO_2^-. Nous pouvons ignorer la contribution de l'eau à la concentration de H_3O^+.

Étape 2 : étant donné x la concentration à l'équilibre de H_3O^+ et de NO_2^- en mol/L, on peut construire le tableau suivant :

	$HNO_2(aq)$ + $H_2O(l)$ $\rightleftharpoons$	$H_3O^+(aq)$ +	$NO_2^-(aq)$
Concentration initiale (mol/L) :	0,036	0,00	0,00
Variation (mol/L) :	$-x$	x	x
Concentration à l'équilibre (mol/L) :	$(0,036 - x)$	x	x

Étape 3 : d'après le tableau 5.3 (*p. 236*), on peut écrire :

$$K_a = \frac{[H_3O^+][NO_2^-]}{[HNO_2]}$$

$$4,5 \times 10^{-4} = \frac{x^2}{0,036 - x}$$

En faisant l'approximation $0,036 - x \simeq 0,036$, nous obtenons :

$$4,5 \times 10^{-4} = \frac{x^2}{0,036 - x} \simeq \frac{x^2}{0,036}$$

$$x^2 = 1,62 \times 10^{-5}$$

$$x = 4,0 \times 10^{-3} \text{ mol/L}$$

Vérifions la validité de l'approximation :

$$\frac{4,0 \times 10^{-3} \text{ mol/L}}{0,036 \text{ mol/L}} \times 100\ \% = 11\ \%$$

Puisque la valeur obtenue est supérieure à 5 %, l'approximation n'est pas valable, et nous devons résoudre l'équation quadratique ainsi :

$$x^2 + 4,5 \times 10^{-4}x - 1,62 \times 10^{-5} = 0$$

$$x = \frac{-4,5 \times 10^{-4} \pm \sqrt{(4,5 \times 10^{-4})^2 - 4(1)(-1,62 \times 10^{-5})}}{2(1)}$$

$$= 3,8 \times 10^{-3} \text{ mol/L} \quad \text{ou} \quad -4,3 \times 10^{-3} \text{ mol/L}$$

>>>

NOTE

La validité de l'approximation à 5 % repose aussi sur le fait que les valeurs de K_a ne sont connues qu'avec une précision de ± 5 %.

La deuxième solution est impossible physiquement, puisque la concentration des ions produits au cours de l'ionisation ne peut être négative. La solution correspond donc à la racine positive. Ainsi, elle est donnée par $x = 3{,}8 \times 10^{-3}$ mol/L.
Étape 4 : à l'équilibre,

$$[H_3O^+] = 3{,}8 \times 10^{-3} \text{ mol/L}$$
$$pH = -\log (3{,}8 \times 10^{-3})$$
$$= 2{,}42$$

VÉRIFICATION

Observez que le pH calculé est celui d'une solution acide, ce qui correspond bien au pH prévu pour une solution d'un acide faible. Comparez aussi le pH obtenu à celui d'un acide fort comme HCl à la même concentration (0,036 mol/L) afin de vous convaincre de la différence qui existe entre un acide fort et un acide faible. Suggestion : vérifiez votre réponse en utilisant la méthode des approximations successives.

PROBLÈME SEMBLABLE
5.47

EXERCICE

Quel est le pH d'une solution d'un monoacide à 0,122 mol/L pour lequel K_a vaut $5{,}7 \times 10^{-4}$?

L'une des méthodes de détermination d'un K_a d'un acide consiste à mesurer le pH d'une solution de cet acide à une concentration connue. L'exemple 5.9 montre comment évaluer une constante K_a à partir d'une mesure de pH.

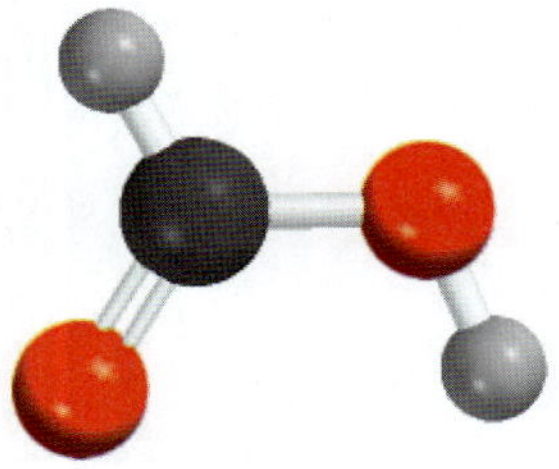

HCOOH

EXEMPLE 5.9 La détermination d'une constante K_a à partir de la mesure du pH

Le pH d'une solution d'acide formique (HCOOH) 0,10 mol/L est 2,39. Quelle est la valeur de K_a de cet acide ?

DÉMARCHE

L'acide formique est un acide faible. Il s'ionise faiblement dans l'eau. Remarquez que la concentration donnée de l'acide formique est une concentration initiale, celle existant avant le début de l'ionisation. Par contre, le pH de la solution concerne l'état d'équilibre. Pour pouvoir calculer K_a, il faut donc connaître les concentrations de ces trois espèces à l'équilibre : $[H_3O^+]$, $[HCOO^-]$ et [HCOOH]. Comme d'habitude, on ne tient pas compte des ions H_3O^+ en provenance de l'eau.
Le schéma suivant résume la mise en forme du problème :

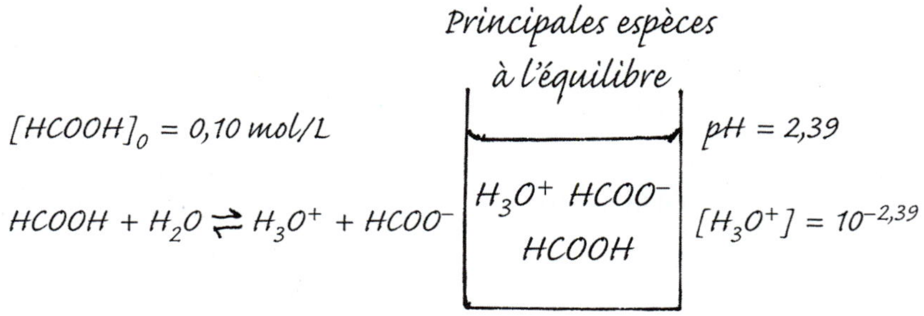

SOLUTION

Étape 1 : les principales espèces en solution sont HCOOH, H_3O^+ et la base conjuguée $HCOO^-$.

>>>

Étape 2 : il faut d'abord calculer la concentration de l'ion hydronium à partir de la valeur du pH :

$$pH = -\log [H_3O^+]$$
$$2{,}39 = -\log [H_3O^+]$$

L'antilogarithme de chaque membre de l'équation donne :

$$[H_3O^+] = 10^{-2{,}39} = 4{,}1 \times 10^{-3} \text{ mol/L}$$

Résumons ensuite les modifications :

	$HCOOH(aq) + H_2O(l) \rightleftharpoons$	$H_3O^+(aq)$	$+ HCOO^-(aq)$
Concentration initiale (mol/L) :	0,10	0,00	0,00
Variation (mol/L) :	$-4{,}1 \times 10^{-3}$	$+4{,}1 \times 10^{-3}$	$+4{,}1 \times 10^{-3}$
Concentration à l'équilibre (mol/L) :	$(0{,}10) - (4{,}1 \times 10^{-3})$	$4{,}1 \times 10^{-3}$	$4{,}1 \times 10^{-3}$

Notez que, puisque le pH est connu, la concentration de l'ion H_3O^+ l'est aussi. Ainsi, nous connaissons maintenant les concentrations de HCOOH et de $HCOO^-$ à l'équilibre.

Étape 3 : la constante d'ionisation de l'acide formique est donnée par :

$$K_a = \frac{[H_3O^+][HCOO^-]}{[HCOOH]} = \frac{(4{,}1 \times 10^{-3})(4{,}1 \times 10^{-3})}{(0{,}10) - (4{,}1 \times 10^{-3})} = 1{,}8 \times 10^{-4}$$

VÉRIFICATION

La valeur de K_a trouvée diffère un peu de celle qui a été donnée dans le tableau 5.3 (*p. 236*) à cause du processus d'arrondissement utilisé dans les calculs.

EXERCICE

Le pH d'un acide faible monoprotique à 0,060 mol/L vaut 3,44. Calculez le K_a de cet acide.

PROBLÈME SEMBLABLE

5.45

Le pourcentage d'ionisation

Nous avons vu que la valeur de K_a indique la force d'un acide. Il existe toutefois une autre grandeur qui indique la force d'un acide, le **pourcentage d'ionisation**, défini ainsi :

$$\text{pourcentage d'ionisation} = \frac{\text{concentration d'acide ionisé à l'équilibre}}{\text{concentration initiale d'acide}} \times 100\ \% \quad (5.11)$$

NOTE

On peut comparer les forces des acides à l'aide du pourcentage d'ionisation à la condition que les acides soient de la même concentration. On appelle aussi ce pourcentage d'ionisation « pourcentage de dissociation ».

Plus l'acide est fort, plus ce pourcentage est élevé. Dans le cas d'un monoacide HA, la concentration d'acide ionisé est égale à la concentration des ions H_3O^+ ou à la concentration des ions A^- à l'équilibre. On peut alors exprimer le pourcentage d'ionisation ainsi :

$$\text{pourcentage d'ionisation} = \frac{[H_3O^+]}{[HA]_0} \times 100\ \%$$

où $[H_3O^+]$ est la concentration à l'équilibre et $[HA]_0$ est la concentration initiale. Référons-nous à l'exemple 5.8 (*p. 240*) et calculons le pourcentage d'ionisation d'une solution 0,036 mol/L de HNO_2 :

$$\text{pourcentage d'ionisation} = \frac{3{,}8 \times 10^{-3}\ \text{mol/L}}{0{,}036\ \text{mol/L}} \times 100\ \% = 11\ \%$$

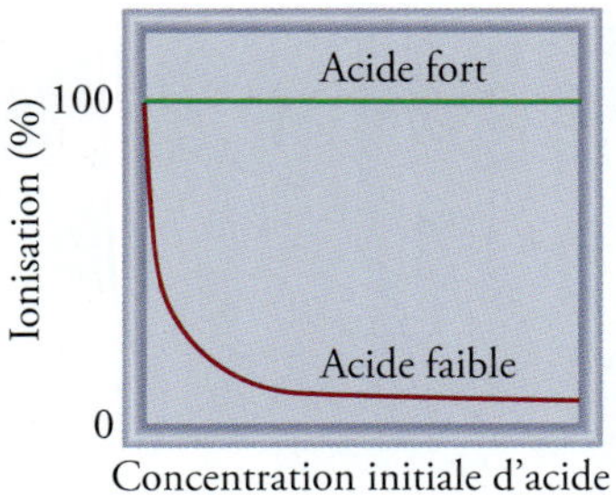

FIGURE 5.4

Pourcentage d'ionisation en fonction de la concentration initiale d'acide

Notez que, à des concentrations très basses, tous les acides (faibles ou forts) sont presque complètement ionisés.

Il y a donc seulement environ une molécule de HNO_2 sur neuf qui sont ionisées, ce qui est en accord avec le fait que HNO_2 est un acide faible. Remarquez que ce calcul est le même que celui qui a été utilisé pour vérifier la justesse de l'approximation dans l'exemple 5.8.

Le degré d'ionisation d'un acide faible dépend de la concentration initiale de l'acide. Plus l'acide est dilué, plus le pourcentage d'ionisation est élevé (*voir la figure 5.4*). En d'autres termes, quand un acide est dilué, initialement le nombre de particules par unité de volume, soit les molécules d'acide non ionisées et les ions, est réduit. Selon le principe de Le Chatelier (*voir la section 4.5, p. 194*), pour s'opposer à cette contrainte, soit la diminution de la concentration de particules causée par la dilution, l'équilibre se déplace du côté de l'acide non ionisé (une particule) vers celui de l'ion H_3O^+ et de la base conjuguée (deux particules) afin de produire plus de particules (ions). Par conséquent, le pourcentage d'ionisation de l'acide s'accroît.

Illustrons comment le pourcentage d'ionisation dépend de la concentration initiale à l'aide du cas relatif au HF expliqué à la page 237.

Pour la concentration initiale de 0,50 mol/L en HF :

$$\text{pourcentage d'ionisation} = \frac{0{,}019\ \text{mol/L}}{0{,}50\ \text{mol/L}} \times 100\ \% = 3{,}8\ \%$$

Pour la concentration initiale de 0,050 mol/L en HF :

$$\text{pourcentage d'ionisation} = \frac{5{,}6 \times 10^{-3}\ \text{mol/L}}{0{,}050\ \text{mol/L}} \times 100\ \% = 11\ \%$$

Comme prédit, on peut constater qu'une solution de HF plus diluée a un plus grand pourcentage d'ionisation.

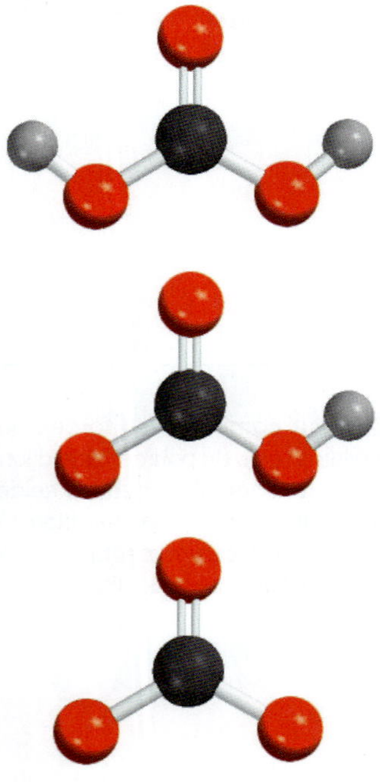

H_2CO_3, HCO_3^- et CO_3^{2-}

Les diacides et les polyacides

Les diacides et les polyacides peuvent céder plus d'un proton par molécule. Ces acides s'ionisent par étapes, c'est-à-dire qu'ils cèdent un proton à la fois. Chacune de ces étapes est reliée à une constante d'ionisation. Par conséquent, il faut souvent utiliser deux ou plusieurs expressions de constantes d'équilibre pour calculer les concentrations des espèces présentes dans la solution acide. Par exemple, dans le cas du diacide H_2CO_3, on écrit :

$$H_2CO_3(aq) + H_2O(l) \rightleftharpoons H_3O^+(aq) + HCO_3^-(aq) \qquad K_{a_1} = \frac{[H_3O^+][HCO_3^-]}{[H_2CO_3]}$$

$$HCO_3^-(aq) + H_2O(l) \rightleftharpoons H_3O^+(aq) + CO_3^{2-}(aq) \qquad K_{a_2} = \frac{[H_3O^+][CO_3^{2-}]}{[HCO_3^-]}$$

Notez que la base conjuguée de la première étape d'ionisation devient l'acide dans la deuxième étape.

Le tableau 5.4 donne les constantes d'ionisation de plusieurs diacides et polyacides. Pour un acide donné, la première constante d'ionisation est plus élevée que la deuxième, et ainsi de suite. C'est logique, car il est plus facile de retirer un ion H^+ d'une molécule neutre que de retirer un autre ion H^+ d'un ion négatif dérivé de cette molécule.

TABLEAU 5.4

Constantes d'ionisation de quelques diacides et polyacides courants et de leurs bases conjuguées à 25 °C

Nom de l'acide	Formule	Structure	K_a	Base conjuguée	K_b
Acide sulfurique	H_2SO_4	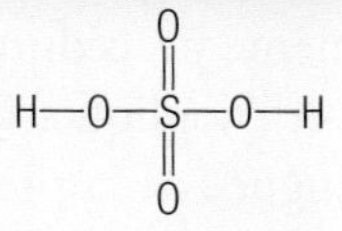	très grande	HSO_4^-	très petite
Ion hydrogénosulfate	HSO_4^-	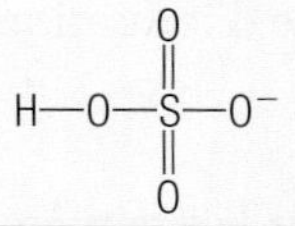	$1,3 \times 10^{-2}$	SO_4^{2-}	$7,7 \times 10^{-13}$
Acide oxalique	$C_2H_2O_4$	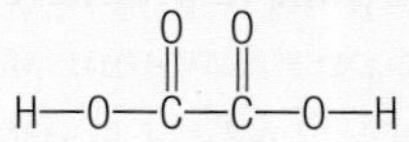	$6,5 \times 10^{-2}$	$HC_2O_4^-$	$1,5 \times 10^{-13}$
Ion hydrogénoxalate	$HC_2O_4^-$	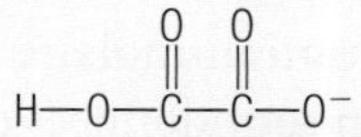	$6,1 \times 10^{-5}$	$C_2O_4^{2-}$	$1,6 \times 10^{-10}$
Acide sulfureux*	H_2SO_3	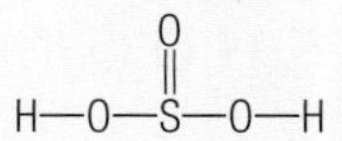	$1,3 \times 10^{-4}$	HSO_3^-	$7,7 \times 10^{-13}$
Ion hydrogénosulfite	HSO_3^-	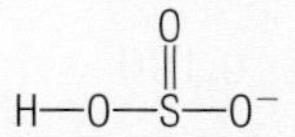	$6,3 \times 10^{-8}$	SO_3^{2-}	$1,6 \times 10^{-7}$
Acide carbonique	H_2CO_3	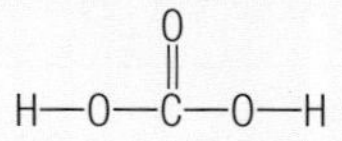	$4,2 \times 10^{-7}$	HCO_3^-	$2,4 \times 10^{-8}$
Ion hydrogénocarbonate	HCO_3^-	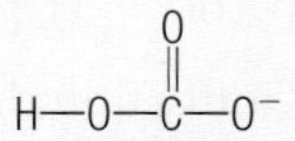	$4,8 \times 10^{-11}$	CO_3^{2-}	$2,1 \times 10^{-4}$
Acide sulfhydrique	H_2S	H—S—H	$9,5 \times 10^{-8}$	HS^-	$1,1 \times 10^{-7}$
Ion hydrogénosulfure**	HS^-	$H—S^-$	1×10^{-19}	S^{2-}	1×10^{5}
Acide phosphorique	H_3PO_4	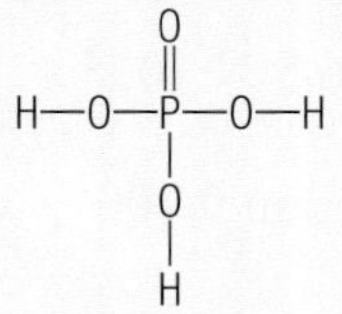	$7,5 \times 10^{-3}$	$H_2PO_4^-$	$1,3 \times 10^{-12}$
Ion dihydrogénophosphate	$H_2PO_4^-$	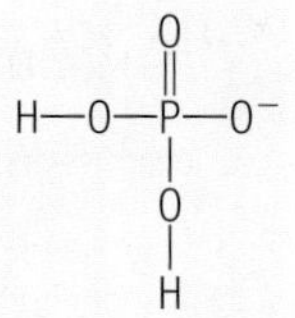	$6,2 \times 10^{-8}$	HPO_4^{2-}	$1,6 \times 10^{-7}$
Ion hydrogénophosphate	HPO_4^{2-}	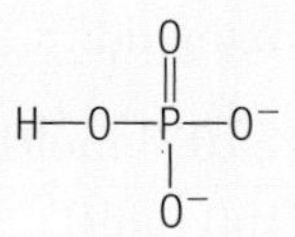	$4,8 \times 10^{-13}$	PO_4^{3-}	$2,1 \times 10^{-2}$

* On n'a jamais isolé H_2SO_3 ; ce composé n'existe qu'en concentration faible en solution aqueuse de SO_2. La valeur de K_a correspond à la réaction $SO_2(g) + H_2O(l) \rightleftharpoons H_3O^+(aq) + HSO_3^-(aq)$, la pression de SO_2 étant en kPa.

** La constante d'ionisation de HS^- est très petite et très difficile à mesurer. La valeur indiquée ici n'est qu'une estimation.

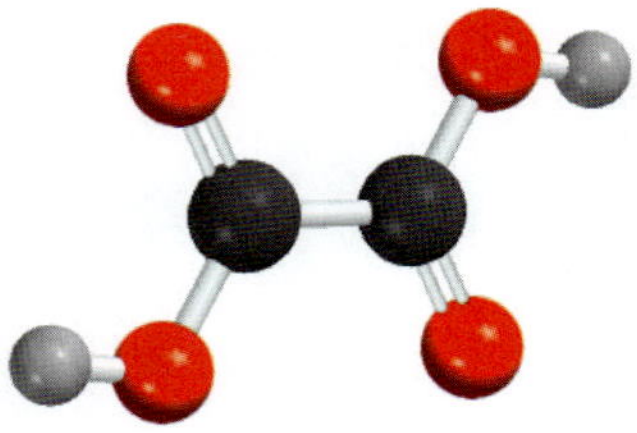

$C_2H_2O_4$

EXEMPLE 5.10 Le calcul du pH d'un diacide et des concentrations de toutes les espèces

L'acide oxalique $C_2H_2O_4$ est une substance toxique utilisée principalement comme agent de blanchiment et de nettoyage (par exemple, pour nettoyer les cernes dans la baignoire). Calculez le pH et les concentrations de toutes les espèces présentes à l'équilibre dans une solution d'acide oxalique à 0,100 mol/L.

DÉMARCHE

Les calculs comprenant des diacides et des polyacides sont plus compliqués que ceux vus jusqu'ici, car ces substances peuvent céder plus d'un atome d'hydrogène par molécule. Il faut suivre la même procédure que celle déjà expliquée pour un monoacide (*voir l'exemple 5.8, p. 240*) et l'appliquer à chacune des étapes d'ionisations successives. Rappelons que la base conjuguée de la première étape d'ionisation d'un diacide devient l'acide dans la deuxième étape d'ionisation.

SOLUTION

Voici les étapes de calcul pour la première ionisation.
Étape 1 : au cours de la première ionisation, les principales espèces en solution sont l'acide non ionisé, les ions H_3O^+ et la base conjuguée $HC_2O_4^-$.
Étape 2 : soit x la concentration molaire à l'équilibre des ions H_3O^+ et $HC_2O_4^-$. Les variations de concentration sont données dans le tableau suivant :

	$C_2H_2O_4(aq)$ + $H_2O(l)$ ⇌	$H_3O^+(aq)$ +	$HC_2O_4^-(aq)$
Concentration initiale (mol/L) :	0,100	0,00	0,00
Variation (mol/L) :	$-x$	$+x$	$+x$
Concentration à l'équilibre (mol/L) :	$(0,100 - x)$	x	x

Étape 3 : selon la constante d'ionisation du tableau 5.4 (*p. 245*), nous avons :

$$K_{a_1} = \frac{[H_3O^+][HC_2O_4^-]}{[C_2H_2O_4]}$$

$$6,5 \times 10^{-2} = \frac{x^2}{0,100 - x}$$

En appliquant l'approximation $0,100 - x \simeq 0,100$, nous obtenons :

$$6,5 \times 10^{-2} = \frac{x^2}{0,100 - x} \simeq \frac{x^2}{0,100}$$

$$x^2 = 6,5 \times 10^{-3}$$

$$x = 8,1 \times 10^{-2} \text{ mol/L}$$

Vérifions la validité de l'approximation :

$$\frac{8,1 \times 10^{-2} \text{ mol/L}}{0,100 \text{ mol/L}} \times 100\ \% = 81\ \%$$

L'approximation n'étant pas valable, résolvons à l'aide de l'équation quadratique sous la forme :

$$x^2 + 6,5 \times 10^{-2}x - 6,5 \times 10^{-3} = 0$$

Il y a deux solutions, mais la seule plausible est $x = 0,054$ mol/L.

>>>

Étape 4 : une fois l'équilibre de la première étape d'ionisation atteint, les concentrations sont :

$$[H_3O^+] = 0{,}054 \text{ mol/L}$$
$$[HC_2O_4^-] = 0{,}054 \text{ mol/L}$$
$$[C_2H_2O_4] = (0{,}100 - 0{,}054) \text{ mol/L} = 0{,}046 \text{ mol/L}$$

Voyons maintenant la seconde étape d'ionisation.

Étape 1 : à cette étape, les principales espèces dont il faut tenir compte sont $HC_2O_4^-$, ion qui agit comme un acide au cours de la deuxième ionisation, H_3O^+ et la base conjuguée $C_2O_4^{2-}$.

Étape 2 : soit y la concentration à l'équilibre de H_3O^+ et des ions $C_2O_4^{2-}$ en mol/L. La concentration à l'équilibre de $HC_2O_4^-$ doit donc être $(0{,}054 - y)$ mol/L.

Nous avons : (Attention ! $[H_3O^+]_0$ n'est pas égal à zéro ici.)

	$HC_2O_4^-(aq) + H_2O(l) \rightleftharpoons$	$H_3O^+(aq)$	$+\ C_2O_4^{2-}(aq)$
Concentration initiale (mol/L) :	0,054	0,054	0,00
Variation (mol/L) :	$-y$	$+y$	$+y$
Concentration à l'équilibre (mol/L) :	$(0{,}054 - y)$	$(0{,}054 + y)$	y

Étape 3 : en utilisant la constante d'ionisation du tableau 5.4, nous avons :

$$K_{a_2} = \frac{[H_3O^+][C_2O_4^{2-}]}{[HC_2O_4^-]}$$

$$6{,}1 \times 10^{-5} = \frac{(0{,}054 + y)y}{(0{,}054 - y)}$$

Puisque la constante d'ionisation est petite, nous pouvons faire les approximations suivantes :

$$0{,}054 + y \simeq 0{,}054 \text{ et } 0{,}054 - y \simeq 0{,}054$$

En appliquant ces approximations, nous obtenons :

$$\frac{(0{,}054)(y)}{(0{,}054)} = y = 6{,}1 \times 10^{-5} \text{ mol/L}$$

Vérifions la validité de l'approximation :

$$\frac{6{,}1 \times 10^{-5} \text{ mol/L}}{0{,}054 \text{ mol/L}} \times 100\ \% = 0{,}11\ \%$$

L'approximation est valable.

Étape 4 : ainsi, les concentrations de toutes les espèces présentes à l'équilibre sont :

$$[C_2H_2O_4] = 0{,}046 \text{ mol/L}$$
$$[HC_2O_4^-] = (0{,}054 - 6{,}1 \times 10^{-5}) \text{ mol/L} = 0{,}054 \text{ mol/L}$$
$$[H_3O^+] = (0{,}054 + 6{,}1 \times 10^{-5}) \text{ mol/L} = 0{,}054 \text{ mol/L}$$
$$[C_2O_4^{2-}] = 6{,}1 \times 10^{-5} \text{ mol/L}$$
$$[OH^-] = 1{,}0 \times 10^{-14}/0{,}054 = 1{,}9 \times 10^{-13} \text{ mol/L}$$
$$\text{et le pH} = -\log [H_3O^+] = -\log 0{,}054 = 1{,}3$$

EXERCICE

Calculez les concentrations de $C_2H_2O_4$, de $HC_2O_4^-$, de $C_2O_4^{2-}$ et de H_3O^+ dans une solution d'acide oxalique à 0,200 mol/L.

PROBLÈME SEMBLABLE 5.54

NOTE

En général, comme on peut le constater dans le tableau 5.4 (*p. 245*), les diacides et les polyacides ont des valeurs successives de K_a qui sont entre elles au moins mille fois plus petites ; c'est ce qui rend possible ce calcul simplifié.

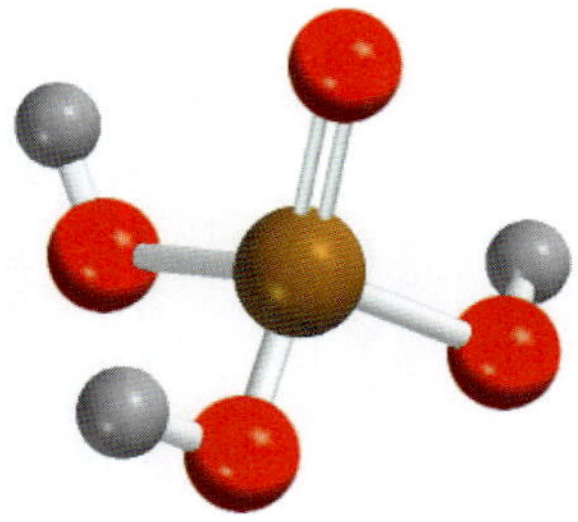

H_3PO_4

L'exemple 5.10 montre que, pour les diacides, si $K_{a_1} \gg K_{a_2}$, la concentration des ions H_3O^+ à l'équilibre peut être considérée comme le résultat de la première étape d'ionisation seulement. De plus, la concentration de la base conjuguée de la deuxième étape d'ionisation est numériquement égale à K_{a_2}.

Dans un tel cas, le pH peut donc se calculer en suivant seulement les trois premières étapes au cours de la première ionisation de l'exemple, puisque $[H_3O^+]$ a la même valeur à la fin de la deuxième ionisation.

L'acide phosphorique (H_3PO_4) est un important polyacide qui possède trois atomes d'hydrogène ionisables :

$$H_3PO_4(aq) + H_2O(l) \rightleftharpoons H_3O^+(aq) + H_2PO_4^-(aq) \quad K_{a_1} = \frac{[H_3O^+][H_2PO_4^-]}{[H_3PO_4]} = 7{,}5 \times 10^{-3}$$

$$H_2PO_4^-(aq) + H_2O(l) \rightleftharpoons H_3O^+(aq) + HPO_4^{2-}(aq) \quad K_{a_2} = \frac{[H_3O^+][HPO_4^{2-}]}{[H_2PO_4^-]} = 6{,}2 \times 10^{-8}$$

$$HPO_4^{2-}(aq) + H_2O(l) \rightleftharpoons H_3O^+(aq) + PO_4^{3-}(aq) \quad K_{a_3} = \frac{[H_3O^+][PO_4^{3-}]}{[HPO_4^{2-}]} = 4{,}8 \times 10^{-13}$$

On peut voir que l'acide phosphorique est un polyacide faible et que ses constantes d'ionisation décroissent radicalement aux deuxième et troisième étapes. On peut alors prédire que, dans une solution d'acide phosphorique, la concentration d'acide non ionisé est la plus élevée et que les seules autres espèces présentes en concentrations importantes sont les ions H_3O^+ et $H_2PO_4^-$.

5.6 Les bases faibles et les constantes d'ionisation des bases

Chimie en ligne

Animation
- L'ionisation des bases

On aborde les bases faibles de la même manière que les acides faibles. Quand l'ammoniac se dissout dans l'eau, la réaction suivante se produit :

$$NH_3(aq) + H_2O(l) \rightleftharpoons NH_4^+(aq) + OH^-(aq)$$

La constante d'équilibre est donnée par :

$$K = \frac{[NH_4^+][OH^-]}{[NH_3][H_2O]}$$

Diagramme de potentiel électrostatique de NH_3

La basicité de l'ammoniac résulte du doublet d'électrons libres (en rouge) de l'atome d'azote.

La production d'ions hydroxyde dans cette *réaction d'ionisation basique* signifie que, dans la solution à 25 °C, $[OH^-] > [H_3O^+]$, et qu'ainsi le pH > 7.

En comparaison avec la concentration totale d'eau, il n'y a que très peu de molécules d'eau utilisées comme réactif au cours de cette réaction ; on considère donc $[H_2O]$ comme une constante. On peut alors exprimer la constante d'équilibre ainsi :

$$K_b = K[H_2O] = \frac{[NH_4^+][OH^-]}{[NH_3]} = 1{,}8 \times 10^{-5}$$

où K_b, la constante d'équilibre relative à l'ionisation d'une base, est appelée **constante d'ionisation d'une base**. Le tableau 5.5 donne une liste de quelques bases faibles courantes et leurs constantes d'ionisation. Notez que la basicité de chacun de ces composés est attribuable au doublet d'électrons libres d'un atome d'azote. Ainsi, ce doublet d'électrons libres peut accepter un ion H^+, ce qui fait que ces substances se comportent comme des bases de Brønsted-Lowry.

TABLEAU 5.5

Constantes d'ionisation de quelques bases faibles courantes et de leurs acides conjugués à 25 °C

Nom de la base	Formule	Structure	K_b*	Acide conjugué	K_a
Éthylamine	$C_2H_5NH_2$	$CH_3—CH_2—\ddot{N}—H$ (avec H sous N)	$5{,}6 \times 10^{-4}$	$C_2H_5\overset{+}{N}H_3$	$1{,}8 \times 10^{-11}$
Méthylamine	CH_3NH_2	$CH_3—\ddot{N}—H$ (avec H sous N)	$4{,}4 \times 10^{-4}$	$CH_3\overset{+}{N}H_3$	$2{,}3 \times 10^{-11}$
Ammoniac	NH_3	$H—\ddot{N}—H$ (avec H sous N)	$1{,}8 \times 10^{-5}$	NH_4^+	$5{,}6 \times 10^{-10}$
Pyridine	C_5H_5N	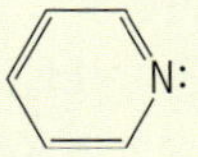	$1{,}7 \times 10^{-9}$	$C_5H_5\overset{+}{N}H$	$5{,}9 \times 10^{-6}$
Aniline	$C_6H_5NH_2$	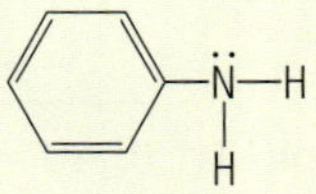	$3{,}8 \times 10^{-10}$	$C_6H_5\overset{+}{N}H_3$	$2{,}6 \times 10^{-5}$
Caféine	$C_8H_{10}N_4O_2$	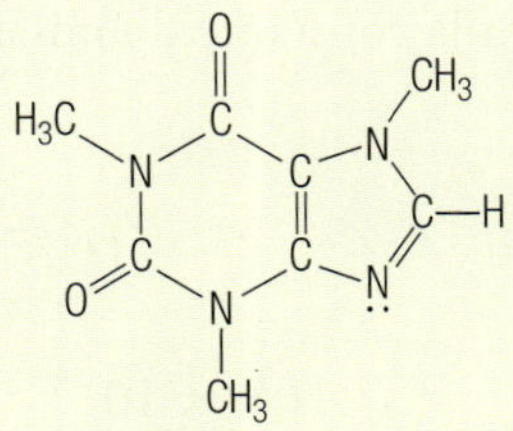	$5{,}3 \times 10^{-14}$	$C_8H_{11}\overset{+}{N}_4O_2$	0,19
Urée	H_2NCONH_2	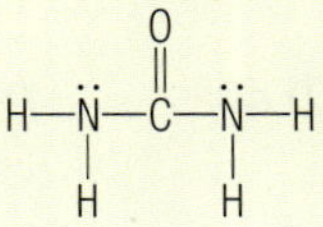	$1{,}5 \times 10^{-14}$	$H_2NCO\overset{+}{N}H_3$	0,67

* La propriété basique de chacun de ces composés est due à la présence d'un doublet d'électrons libres sur un atome d'azote. Dans le cas de l'urée, K_b peut être associée à l'un ou l'autre des atomes d'azote.

La résolution des problèmes comprenant des bases faibles se fait selon la même procédure que celle qui a été expliquée dans le cas des acides faibles. La principale différence réside dans le fait qu'il faut plutôt commencer par calculer $[OH^-]$ au lieu de $[H_3O^+]$. L'exemple suivant illustre cette démarche.

Chimie en ligne

Interaction
- Les calculs du pH d'une solution basique

EXEMPLE 5.11 Le calcul du pH d'une solution d'une base faible

Quel est le pH d'une solution d'ammoniac (NH_3) à 0,40 mol/L ?

DÉMARCHE

La procédure à suivre ici est semblable à celle déjà expliquée dans le cas d'un acide faible (*voir l'exemple 5.8, p. 240*). D'après l'équation de l'ionisation de l'ammoniac, nous constatons que les principales espèces en solution à l'équilibre sont NH_3, NH_4^+ et OH^-. La concentration en ions hydronium est très petite, comme on s'y attend d'une solution basique, et elle ne constitue donc pas une espèce principale. Notez que nous pouvons également négliger la contribution des ions OH^- provenant de l'ionisation de l'eau, pour les mêmes raisons qui nous permettaient d'ignorer la contribution des ions H_3O^+ provenant de l'ionisation de l'eau. Le schéma suivant résume la mise en forme du problème :

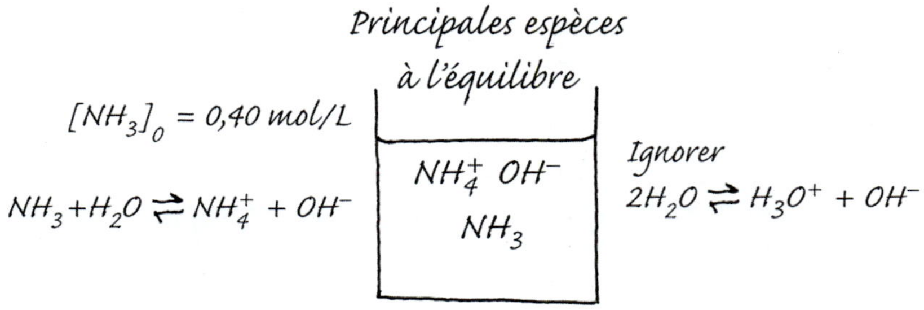

SOLUTION

Étape 1 : les principales espèces dans la solution d'ammoniac sont NH_3, NH_4^+ et OH^-. On peut ignorer la très faible contribution de l'eau en ions OH^-.

Étape 2 : soit x la concentration à l'équilibre en mol/L des ions NH_4^+ et OH^-. Résumons les données dans le tableau suivant :

	$NH_3(aq)$	$+ H_2O(l) \rightleftharpoons$	$NH_4^+(aq)$	$+ OH^-(aq)$
Concentration initiale (mol/L) :	0,40		0,00	0,00
Variation (mol/L) :	$-x$		$+x$	$+x$
Concentration à l'équilibre (mol/L) :	$(0,40 - x)$		x	x

Étape 3 : en utilisant la constante d'ionisation K_b donnée au tableau 5.5 (*p. 249*), nous écrivons :

$$K_b = \frac{[NH_4^+][OH^-]}{[NH_3]}$$

$$1,8 \times 10^{-5} = \frac{x^2}{0,40 - x}$$

En faisant l'approximation $0,40 - x \simeq 0,40$, nous obtenons :

$$1,8 \times 10^{-5} = \frac{x^2}{0,40 - x} \simeq \frac{x^2}{0,40}$$

$$x^2 = 7,2 \times 10^{-6}$$

$$x = 2,7 \times 10^{-3}\ \text{mol/L}$$

Pour valider cette approximation, nous calculons le pourcentage d'ionisation :

$$\frac{2,7 \times 10^{-3}\ \text{mol/L}}{0,40\ \text{mol/L}} \times 100\ \% = 0,68\ \%$$

L'approximation était donc acceptable.

>>>

NOTE

La règle du 5 % (*p. 238*) s'applique également dans le cas des bases.

Étape 4 : à l'équilibre, $[OH^-] = 2{,}7 \times 10^{-3}$ mol/L.
Alors :

$$\begin{aligned} pOH &= -\log (2{,}7 \times 10^{-3}) \\ &= 2{,}57 \end{aligned}$$

et selon l'équation 5.9 :

$$\begin{aligned} pH &= 14{,}00 - 2{,}57 \\ &= 11{,}43 \end{aligned}$$

VÉRIFICATION

Le pH calculé est basique, ce qui correspond au pH attendu d'une solution basique. Afin de vous convaincre de la différence entre une base forte et une base faible, comparez le pH calculé ici à celui d'une solution d'une base forte à 0,40 mol/L comme KOH.

EXERCICE

Calculez le pH d'une solution de méthylamine (CH_3NH_2) à 0,26 mol/L (*voir le tableau 5.5*).

PROBLÈME SEMBLABLE

5.57

5.7 La relation entre les constantes d'ionisation des couples acide-base conjugués

On peut déduire une importante relation entre la constante d'ionisation d'un acide et la constante d'ionisation de sa base conjuguée de la manière suivante, en prenant l'acide acétique comme exemple :

$$CH_3COOH(aq) + H_2O(l) \rightleftharpoons H_3O^+(aq) + CH_3COO^-(aq)$$

$$K_a = \frac{[H_3O^+][CH_3COO^-]}{[CH_3COOH]}$$

La base conjuguée (CH_3COO^-) réagit avec l'eau selon l'équation suivante :

$$CH_3COO^-(aq) + H_2O(l) \rightleftharpoons CH_3COOH(aq) + OH^-(aq)$$

et l'on peut exprimer la constante d'ionisation de la base ainsi :

$$K_b = \frac{[CH_3COOH][OH^-]}{[CH_3COO^-]}$$

Le produit de ces deux constantes d'ionisation est donné par :

$$\begin{aligned} K_aK_b &= \frac{[H_3O^+][CH_3COO^-]}{[CH_3COOH]} \times \frac{[CH_3COOH][OH^-]}{[CH_3COO^-]} \\ &= [H_3O^+][OH^-] \\ &= K_{eau} = 1{,}0 \times 10^{-14}\text{, à 25 °C} \end{aligned}$$

Ce résultat peut sembler étrange à première vue, mais il s'explique par le fait que la somme des réactions (1) et (2) ci-dessous correspond simplement à l'auto-ionisation de l'eau :

$$\begin{array}{lrl}
(1) & CH_3COOH(aq) + H_2O(l) \rightleftharpoons H_3O^+(aq) + CH_3COO^-(aq) & K_a \\
(2) & CH_3COO^-(aq) + H_2O(l) \rightleftharpoons CH_3COOH(aq) + OH^-(aq) & K_b \\
\hline
(3) & 2H_2O(l) \rightleftharpoons H_3O^+(aq) + OH^-(aq) & K_{eau}
\end{array}$$

Cet exemple illustre l'une des règles de l'équilibre chimique : quand deux réactions s'additionnent pour donner une troisième réaction, la constante d'équilibre pour cette dernière est le produit des constantes d'équilibre pour les deux premières (*voir p. 182*). Ainsi, pour tout couple acide-base conjugué, il est toujours vrai que :

$$K_aK_b = K_{eau} \qquad (5.12)$$

NOTE

Pour déterminer la valeur de K_a, vous devez utiliser la constante K_b de la base conjuguée formée lors de l'ionisation de l'acide, et vice-versa.

En exprimant l'équation 5.12 de ces deux manières :

$$K_a = \frac{K_{eau}}{K_b} \quad \text{ou} \quad K_b = \frac{K_{eau}}{K_a}$$

on peut en tirer une importante conclusion : plus l'acide est fort (plus K_a est grand), plus sa base conjuguée est faible (plus K_b est petit), et vice versa (*voir les tableaux 5.3 et 5.4, p. 236 et 245*).

On peut utiliser l'équation 5.12 pour calculer la valeur de K_b de la base conjuguée (CH_3COO^-) de CH_3COOH à 25 °C. On trouve d'abord la valeur de K_a de CH_3COOH dans le tableau 5.3 et l'on écrit :

$$\begin{aligned}
K_b &= \frac{K_{eau}}{K_a} \\
&= \frac{1,0 \times 10^{-14}}{1,8 \times 10^{-5}} \\
&= 5,6 \times 10^{-10}
\end{aligned}$$

5.8 La relation entre la structure moléculaire et la force des acides

Chimie en ligne

Interaction

- La relation entre la structure moléculaire et la force des acides

La force d'un acide dépend de plusieurs facteurs, dont la nature du solvant, la température et la structure moléculaire de l'acide. Lorsqu'on compare les forces de deux acides, on peut éliminer certaines variables en faisant les observations dans un même solvant, à une même température et à une même concentration. Ainsi, on peut ensuite observer l'effet de la structure des acides sur leurs forces relatives.

Soit un certain acide de formule générale HX. Rappelons que la force de l'acide se mesure par sa plus ou moins grande tendance à s'ioniser selon :

$$HX \longrightarrow H^+ + X^-$$

Deux facteurs influencent le degré d'ionisation d'un acide. L'un est la force de la liaison H—X (*voir le tableau 5.6*) ; plus le lien est fort, plus il est difficile de briser la liaison et *plus faible* sera l'acide. L'autre facteur est la polarité de la liaison H—X ; la différence d'électronégativité entre H et X rend la liaison polaire décrite ainsi :

$$\overset{\delta+}{H}-\overset{\delta-}{X}$$

TABLEAU 5.6

Énergies (ou enthalpies) de liaison (en kilojoules par mole) des halogénures d'hydrogène et forces des hydracides halogénés

Liaison	Énergie de liaison (kJ/mol)	Force de l'acide
H—F	568,2	faible
H—Cl	431,9	fort
H—Br	366,1	fort
H—I	298,3	fort

Si la liaison est fortement polarisée, c'est-à-dire si elle a de fortes charges partielles (l'une positive sur H et l'autre négative sur X), la rupture de la liaison se fera facilement pour donner les ions H^+ et X^-. Une plus grande polarisation de la liaison correspond donc à un acide *plus fort*. Voyons maintenant quelques exemples qui illustrent lequel de ces deux facteurs, la force de liaison ou la polarité, joue un rôle prédominant dans la détermination de la force d'un acide.

Les acides hydrohalogénés

Les halogènes forment une série d'acides binaires (à deux constituants) qui sont des hydracides halogénés (ils ne contiennent que de l'hydrogène et un halogène) appelés acides hydrohalogénés, comme HCl, HBr et HI. Dans cette série, quel facteur l'emporte pour déterminer la force des acides binaires, la force de liaison ou la polarité ? Examinons d'abord la force de la liaison H—X pour chacun de ces acides. Le tableau 5.6 nous montre que HF possède la plus forte liaison parmi ces halogénures et HI, la plus faible. En effet, il faut 568,2 kJ pour briser une mole de liaisons H—F alors qu'il en faut seulement 298,3 dans le cas des liaisons H—I. Si l'on se fie aux forces comparatives de liaison, HI devrait donc être l'acide le plus fort des deux parce que la liaison H—I est beaucoup plus facile à rompre pour former les ions H^+ et I^-. Mais il faut aussi considérer la polarité des liaisons. Dans cette série d'acides, la polarité des liaisons décroît de HF à HI parce que F est le plus électronégatif des halogènes (*voir la figure 7.5 de* Chimie générale). D'après la polarité des liaisons, HF devrait donc être l'acide le plus fort étant donné ses plus grandes charges partielles sur les atomes H et F. La force de ces acides halogénés dépend donc de deux facteurs qui jouent en sens contraire. Expérimentalement, on observe que HI est un acide fort et HF, un acide faible, ce qui indique que la force de la liaison est le facteur prédominant dans la détermination de la force de ces acides. Dans cette série d'acides hydrohalogénés, plus la liaison est faible, plus l'acide est fort selon la relation suivante :

$$HF \ll HCl < HBr < HI$$

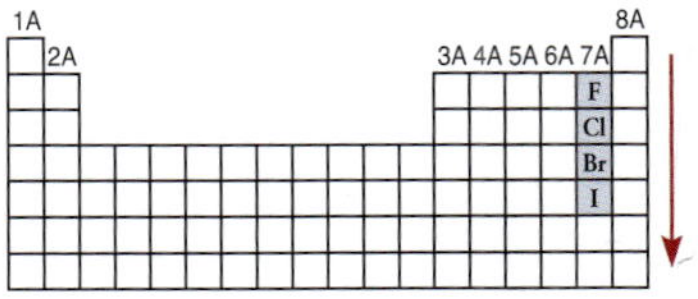

La force des acides binaires halogénés s'accroît de HF à HI.

NOTE

Ces acides sont trop forts pour être comparés dans l'eau (effet de nivellement), mais on peut observer leurs forces relatives dans des solvants moins basiques.

Les oxacides

Voyons maintenant les critères de comparaison de la force des oxacides. Les oxacides (*voir la section 2.7 de* Chimie générale) sont constitués d'hydrogène, d'oxygène et d'un autre élément Z, lequel occupe une position centrale. La figure 5.5 montre les structures de Lewis de plusieurs oxacides usuels. Comme vous pouvez le constater, ces acides se caractérisent par la présence de une ou plusieurs liaisons O—H. Aussi, l'atome central Z peut avoir d'autres groupes d'atomes qui lui sont rattachés. En général, on a la structure :

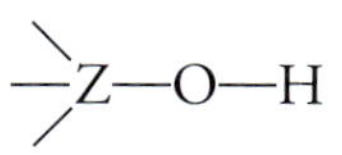

FIGURE 5.5

Structures de Lewis de quelques oxacides usuels

Pour plus de simplicité, on a omis d'indiquer les charges formelles.

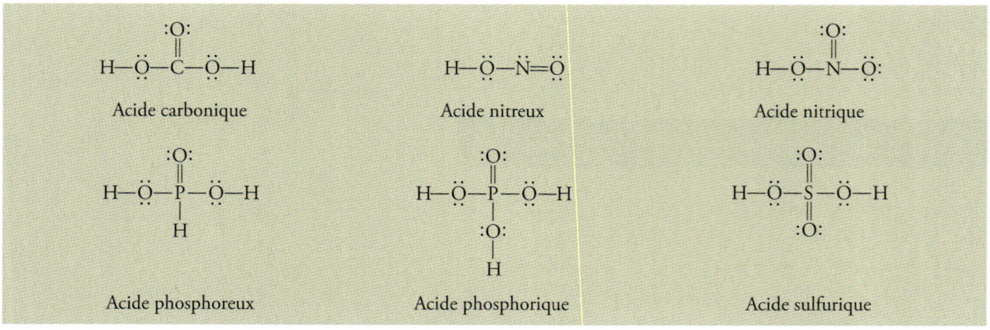

Si Z est un élément électronégatif, ou dans un état d'oxydation élevé, il attire les électrons, ce qui a pour effet de rendre la liaison Z—O plus covalente (moins polaire) et la liaison O—H plus polaire. Par conséquent, la tendance pour l'hydrogène à être cédé comme ion H^+ s'accroît :

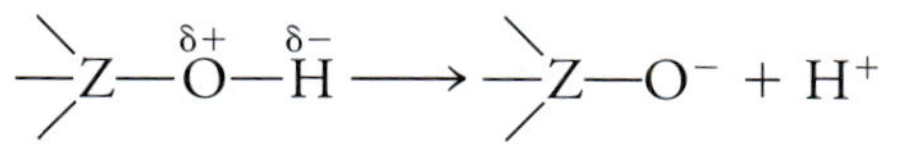

NOTE

Étant donné qu'un nombre d'oxydation élevé dépend de l'atome auquel il est lié et du nombre de ces atomes, plus le nombre d'oxydation d'un atome est élevé, plus sa capacité à attirer les électrons dans une liaison augmente.

Afin de comparer leurs forces, il convient de diviser les oxacides en deux catégories.

1. *Les oxacides ayant différents atomes centraux qui sont du même groupe d'éléments dans le tableau périodique et qui ont le même état d'oxydation.* Dans cette catégorie, la force des acides s'accroît selon l'électronégativité croissante de l'atome central, comme l'illustre la comparaison de $HClO_3$ et $HBrO_3$:

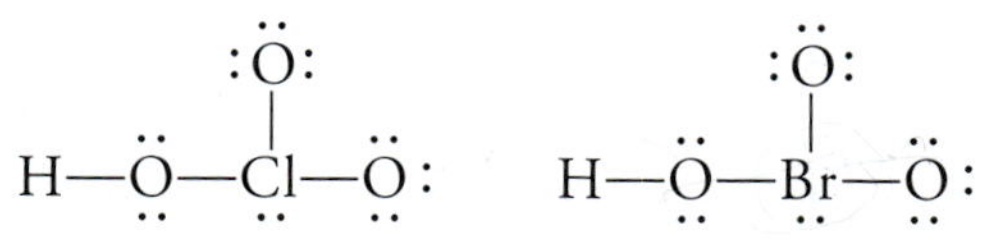

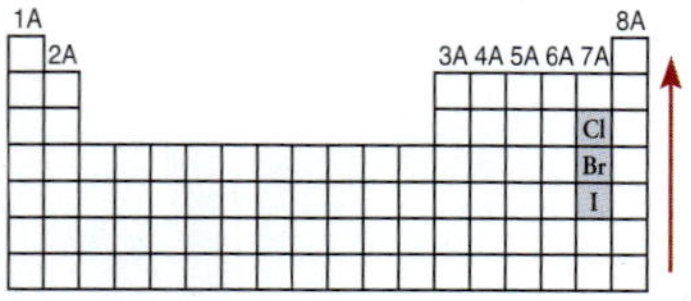

La force des oxacides halogénés contenant le même nombre d'atomes d'oxygène augmente de bas en haut.

Les atomes Cl et Br ont le même degré d'oxydation, +5. Cependant, Cl est plus électronégatif que Br, ce qui fait qu'il attire davantage vers lui la paire d'électrons qu'il partage dans sa liaison avec l'oxygène (dans le groupe d'atomes Cl—O—H) par rapport à Br. La liaison O—H est donc plus polaire dans l'acide chlorique que dans l'acide bromique, et elle s'ionise plus facilement. Les forces relatives de ces acides sont donc :

$$HClO_3 > HBrO_3$$

2. *Les oxacides qui ont le même atome central, mais des nombres différents de groupes d'atomes rattachés à l'atome central.* Dans ce cas, la force des acides s'accroît avec l'augmentation du nombre d'oxydation de l'atome central. Examinons les oxacides chlorés décrits à la figure 5.6. Dans cette série, la facilité du chlore à attirer les électrons du O—H vers lui (ce qui rend la liaison O—H plus polaire) s'accroît selon le nombre d'atomes électronégatifs O attachés au Cl. L'acide le plus fort est donc $HClO_4$ parce qu'il a le plus grand nombre d'atomes d'oxygène liés à Cl. La force de ces acides diminue selon la relation suivante :

$$HClO_4 > HClO_3 > HClO_2 > HClO$$

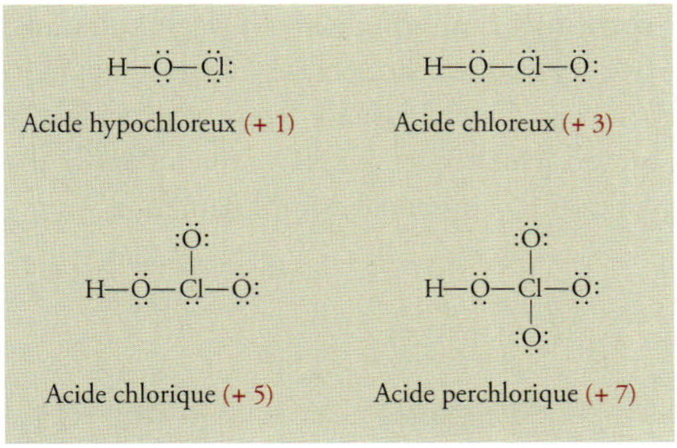

FIGURE 5.6

Structure de Lewis des oxacides du chlore

On indique entre parenthèses le degré d'oxydation du chlore. On a omis d'écrire les charges formelles pour simplifier. Notez que, même si l'acide hypochloreux s'écrit HClO, l'atome H est lié à l'atome O.

EXEMPLE 5.12 La prédiction des forces relatives des oxacides

Prédisez les forces relatives des groupes d'oxacides suivants : a) HClO, HBrO et HIO ; b) HNO_3 et HNO_2.

DÉMARCHE

Comparons les structures moléculaires. En a), les trois acides ont des structures similaires, mais diffèrent par l'atome central (Cl, Br et I). Quel est l'atome central le plus électronégatif ? En b), les acides ont le même atome central, N, mais diffèrent par le nombre d'atomes O. Quel est le nombre d'oxydation (ou degré d'oxydation) de l'azote dans chacun de ces deux acides ?

SOLUTION

a) Ces acides ont tous la même structure, et les halogènes ont tous le même nombre d'oxydation (+1). Comme l'électronégativité décroît du Cl vers I, la polarité de la liaison X—O (où X représente un atome d'un halogène) augmente de HClO vers HIO, et la polarité de la liaison O—H décroît de HClO vers HIO. La force relative de ces acides décroît donc selon la relation suivante :

$$HClO > HBrO > HIO$$

b) Les structures de HNO_3 et de HNO_2 apparaissent à la figure 5.5. Étant donné que le nombre d'oxydation de N est +5 dans HNO_3 et +3 dans HNO_2, HNO_3 est un acide plus fort que HNO_2.

EXERCICE

Lequel des acides suivants est le plus faible : $HClO_3$ ou $HClO_2$?

PROBLÈME SEMBLABLE

5.64

5.9 Les propriétés acido-basiques des sels

Comme nous l'avons vu à la section 1.3 *(p. 17)*, un sel est un composé ionique qui a été formé par la réaction entre un acide et une base. Les sels sont des électrolytes forts qui se dissocient complètement dans l'eau et qui, dans certains cas, réagissent avec elle. On appelle **hydrolyse d'un sel** la réaction entre un anion ou un cation (ou les deux) d'un sel et l'eau. Cette réaction influence habituellement le pH d'une solution. En fait, il s'agit d'une réaction acido-basique comme les autres, sauf que ce sont des ions provenant de sels qui réagissent avec l'eau.

NOTE

Le mot «hydrolyse» vient de la langue grecque, *hydro*, qui signifie «eau» et *lyse* qui veut dire «se briser, se couper».

Les sels qui produisent des solutions neutres

Généralement, les sels constitués d'un ion de métal alcalin ou d'un ion de métal alcalino-terreux (excepté l'ion Be^{2+}) et d'une base conjuguée d'un acide fort (par exemple, Cl^-, Br^- et NO_3^-) ne subissent pas d'hydrolyse de façon appréciable, et leurs solutions sont neutres. Par exemple, quand le composé $NaNO_3$, formé par la réaction entre NaOH et HNO_3, se dissout dans l'eau, il se dissocie complètement :

NOTE

En réalité, tous les ions positifs donnent des solutions acides dans l'eau. Le mécanisme selon lequel les ions métalliques donnent des solutions acides sera expliqué à la page 260.

$$NaNO_3(s) \xrightarrow{H_2O} Na^+(aq) + NO_3^-(aq)$$

L'ion Na^+ hydraté ne donne ni ne reçoit d'ions H^+. Par ailleurs, l'ion NO_3^-, étant la base conjuguée de l'acide fort HNO_3, n'a pas d'affinité pour les ions H^+. Par conséquent, une solution contenant des ions Na^+ et NO_3^- est neutre ; son pH est 7. Par extension, on appelle souvent de tels sels «sels neutres». Il faut porter attention au mot «neutre» ici ; il est employé dans le sens qu'il n'influence pas le pH (le pH est dit «neutre» pour une valeur de 7,0). Il ne faut pas confondre avec la neutralité électrique. De ce point de vue, tous les sels sont «neutres».

Les sels qui produisent des solutions basiques

Chimie en ligne

Interaction

- Les propriétés acido-basiques des sels

La solution d'un sel qui est le produit d'une réaction entre une base forte et un acide faible est basique. Par exemple, la dissociation de l'acétate de sodium (CH_3COONa) dans l'eau est donnée par :

$$CH_3COONa(s) \xrightarrow{H_2O} Na^+(aq) + CH_3COO^-(aq)$$

L'ion Na^+ hydraté n'a aucune propriété basique ni acide.

$$Na^+(aq) + H_2O(l) \not\rightleftharpoons$$

Cependant, l'ion acétate (CH_3COO^-), étant la base conjuguée de l'acide faible CH_3COOH, a une affinité pour les ions H^+. La réaction d'hydrolyse est donnée par :

$$CH_3COO^-(aq) + H_2O(l) \rightleftharpoons CH_3COOH(aq) + OH^-(aq)$$

Puisque cette réaction produit des ions OH^-, la solution d'acétate de sodium sera basique. La constante d'équilibre pour cette réaction d'hydrolyse est la constante d'ionisation de la base CH_3COO^- ; on écrit donc :

$$K_b = \frac{[CH_3COOH][OH^-]}{[CH_3COO^-]} = 5{,}6 \times 10^{-10}$$

On peut donc dire que l'acétate de sodium est un sel basique.

Puisque pour chaque ion CH_3COO^- qui s'hydrolyse il y a production d'un ion OH^-, la concentration de OH^- à l'équilibre est la même que la concentration de CH_3COO^- qui s'est hydrolysée.

On définit ainsi le *pourcentage d'hydrolyse* :

$$\text{pourcentage d'hydrolyse} = \frac{[CH_3COO^-]_{\text{hydrolysée}}}{[CH_3COO^-]_{\text{initiale}}} \times 100\ \%$$
$$= \frac{[OH^-]_{\text{équilibre}}}{[CH_3COO^-]_{\text{initiale}}} \times 100\ \%$$

L'exemple 5.13 illustre un calcul de pH basé sur l'hydrolyse de CH_3COONa. La procédure de calcul utilisée pour résoudre des problèmes concernant l'hydrolyse est la même que celle qui a été employée dans les cas des acides faibles et des bases faibles.

EXEMPLE 5.13 Le calcul du pH d'une solution d'un sel basique

Calculez le pH d'une solution d'acétate de sodium, CH_3COONa, à 0,15 mol/L. Quel est le pourcentage d'hydrolyse ?

DÉMARCHE

Qu'est-ce qu'un sel ? En solution, CH_3COONa se dissocie complètement en ions Na^+ et CH_3COO^-. Il faut ensuite examiner séparément les possibilités de réactions avec l'eau pour chacune des deux espèces d'ions. Nous avons déjà vu que l'ion Na^+ ne réagissant pas avec l'eau, il n'a aucun effet sur le pH de la solution. Quant à CH_3COO^-, il est la base conjuguée de l'acide faible CH_3COOH. Comme il n'y a pas de CH_3COOH initialement lorsque le sel est dissous, le quotient réactionnel Q_c (*voir la section 4.4, p. 187*) n'est pas égal à K_c, et la réaction d'hydrolyse produira une certaine quantité de CH_3COOH et de OH^- jusqu'à l'atteinte de l'équilibre, ce qui rendra la solution basique.

SOLUTION

Étape 1 : les espèces prédominantes dans la solution d'acétate de sodium sont les ions CH_3COO^- et Na^+. Comme on a débuté avec une solution d'acétate de sodium à 0,15 mol/L, les concentrations initiales des ions sont aussi égales à 0,15 mol/L :

	$CH_3COONa(s) \xrightarrow{H_2O}$	$Na^+(aq)$ +	$CH_3COO^-(aq)$
Concentration initiale (mol/L) :	0,15	0,00	0,00
Variation (mol/L) :	−0,15	+0,15	+0,15
Concentration finale (mol/L) :	0	0,15	0,15

Ici, seul l'ion acétate va s'hydrolyser. La réaction d'hydrolyse s'écrit :

$$CH_3COO^-(aq) + H_2O(l) \rightleftharpoons CH_3COOH(aq) + OH^-(aq)$$

Les principales espèces obtenues à l'équilibre sont CH_3COOH, CH_3COO^- et OH^-. La concentration des ions H_3O^+ est très petite, comme il faut s'y attendre dans une solution basique. On ne tient pas compte de l'ionisation de l'eau.
Étape 2 : soit x la concentration à l'équilibre des ions CH_3COO^- et OH^- en mol/L. Résumons :

	$CH_3COO^-(aq)$ + $H_2O(l) \rightleftharpoons$	$CH_3COOH(aq)$ +	$OH^-(aq)$
Concentration initiale (mol/L) :	0,15	0,00	0,00
Variation (mol/L) :	$-x$	$+x$	$+x$
Concentration à l'équilibre (mol/L) :	$0,15 - x$	x	x

Étape 3 : comme nous l'avons expliqué, on écrit l'expression de la constante d'équilibre de l'hydrolyse. C'est la même que celle donnée par la constante d'équilibre K_b de CH_3COO^- dans le tableau 5.3 (*p. 236*).

$$K_b = \frac{[CH_3COOH][OH^-]}{[CH_3COO^-]}$$

$$5,6 \times 10^{-10} = \frac{x^2}{0,15 - x}$$

>>>

Du fait que la valeur de K_b est très petite et que la concentration de la base est grande, on peut appliquer l'approximation $0{,}15 - x \simeq 0{,}15$:

$$5{,}6 \times 10^{-10} = \frac{x^2}{0{,}15 - x} \simeq \frac{x^2}{0{,}15}$$

$$x = 9{,}2 \times 10^{-6} \text{ mol/L}$$

Étape 4 : à l'équilibre :

$$[OH^-] = 9{,}2 \times 10^{-6} \text{ mol/L}$$

$$pOH = -\log (9{,}2 \times 10^{-6})$$

$$= 5{,}04$$

$$pH = 14{,}00 - 5{,}04$$

$$= 8{,}96$$

La solution est donc faiblement basique, comme nous l'avions prévu. Calculons le pourcentage d'hydrolyse :

$$\text{pourcentage d'hydrolyse} = \frac{[CH_3COO^-]_{\text{hydrolysée}}}{[CH_3COO^-]_{\text{initiale}}}$$

$$= \frac{9{,}2 \times 10^{-6} \text{ mol/L}}{0{,}15 \text{ mol/L}} \times 100\ \% = 0{,}0061\ \%$$

VÉRIFICATION

Ce résultat permet de réaliser que seule une très faible quantité de l'anion s'hydrolyse. Remarquez aussi que ce calcul du pourcentage d'hydrolyse correspond au même calcul que celui du test de la validité de l'approximation, qui est adéquat dans ce cas-ci.

EXERCICE

Calculez le pH d'une solution de formiate de sodium, HCOONa, à 0,24 mol/L.

PROBLÈME SEMBLABLE

5.75

Les sels qui produisent des solutions acides

Quand un sel dérivé d'un acide fort tel HCl et d'une base faible comme NH_3 se dissout dans l'eau, la solution résultante est acide. Prenons, par exemple, la réaction suivante :

$$NH_4Cl(s) \xrightarrow{H_2O} NH_4^+(aq) + Cl^-(aq)$$

Puisque l'ion Cl^- est la base conjuguée d'un acide fort, HCl, il n'a aucune affinité pour H^+ et n'a pas tendance à s'hydrolyser. L'ion ammonium (NH_4^+), pour sa part, est l'acide conjugué faible d'une base faible, NH_3, et il s'ionise de la manière suivante :

$$NH_4^+(aq) + H_2O(l) \rightleftharpoons NH_3(aq) + H_3O^+(aq)$$

Puisque cette réaction produit des ions H_3O^+, le pH de la solution diminue, et l'on dira que le chlorure d'ammonium est un sel acide. Comme on peut le constater, l'hydrolyse de l'ion NH_4^+ est équivalante à l'ionisation de l'acide NH_4^+. La constante d'équilibre (ou la constante d'ionisation) pour cette réaction est donnée par :

NOTE

Le K_a de NH_4^+ a la même valeur que le K_b de CH_3COO^-. C'est une pure coïncidence.

$$K_a = \frac{[NH_3][H_3O^+]}{[NH_4^+]} = \frac{K_{eau}}{K_b} = \frac{1{,}0 \times 10^{-14}}{1{,}8 \times 10^{-5}} = 5{,}6 \times 10^{-10}$$

Pour calculer le pH d'une telle solution, il reste à appliquer les étapes semblables à celles déjà expliquées à l'exemple 5.11 (*p. 250*).

L'hydrolyse de certains ions métalliques

En principe, *tous* les ions métalliques réagissent avec l'eau pour donner des solutions acides. Cependant, comme le degré d'hydrolyse est beaucoup plus grand dans le cas de cations petits et fortement chargés (comme c'est le cas pour Al^{3+}, Cr^{3+}, Fe^{3+}, Bi^{3+} et Be^{2+}), on peut considérer comme négligeable le faible degré d'hydrolyse des métaux alcalins et de la plupart des éléments de transition. Donc, les sels qui contiennent de petits cations métalliques de charge élevée et les bases conjuguées d'acides forts produisent des solutions acides. Par exemple, quand le chlorure d'aluminium ($AlCl_3$) se dissout dans l'eau, les ions Al^{3+} prennent la forme hydratée $Al(H_2O)_6^{3+}$ selon:

$$Al^{3+}(aq) + 6H_2O(l) \rightleftharpoons Al(H_2O)_6^{3+}(aq)$$

Examinons une liaison entre l'ion métallique et l'atome d'oxygène de l'une des six molécules d'eau formant $Al(H_2O)_6^{3+}$:

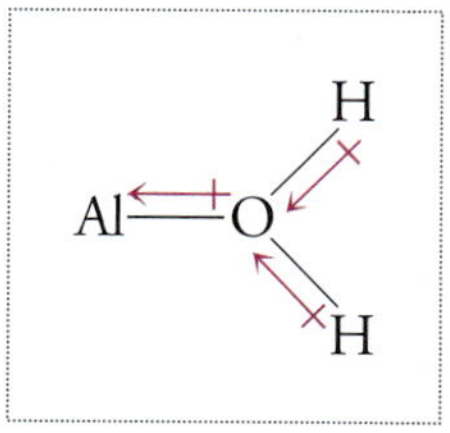

L'ion positif Al^{3+} attire vers lui le nuage électronique, polarisant davantage la liaison O—H. Par conséquent, ces atomes H ont une plus grande tendance à s'ioniser que ceux des molécules d'eau qui ne participent pas à l'hydratation. L'ionisation qui en résulte peut être décrite ainsi (*voir aussi la figure 5.7*) :

NOTE

L'ion d'aluminium hydraté agit ici comme un donneur de proton ; il se comporte donc comme un acide de Brønsted-Lowry dans cette réaction.

$$Al(H_2O)_6^{3+}(aq) + H_2O(l) \rightleftharpoons Al(OH)(H_2O)_5^{2+}(aq) + H_3O^+(aq)$$

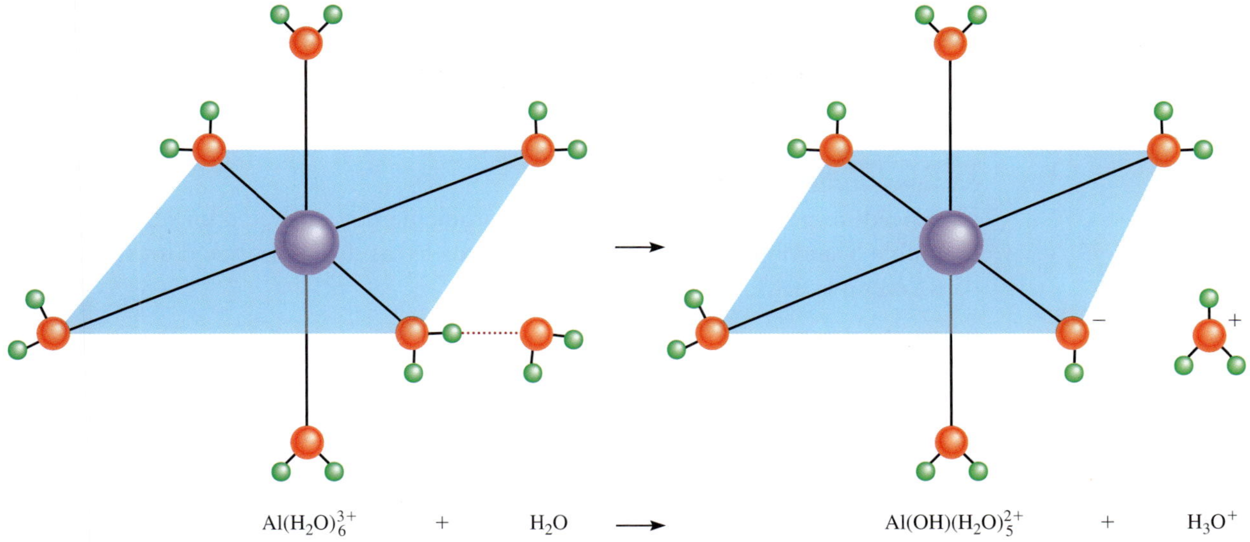

FIGURE 5.7

Hydrolyse du $Al(H_2O)_6^{3+}$

Les six molécules H_2O entourent l'ion Al^{3+} de manière octaédrique. L'attraction du petit ion Al^{3+} pour les doublets d'électrons libres des atomes d'oxygène est si grande que les liaisons O—H des molécules H_2O attachées au cation métallique en sont affaiblies, ce qui permet la perte d'un proton (H^+) qui est reçu par une molécule H_2O environnante. Cette hydrolyse du cation métallique rend la solution acide.

La constante d'équilibre pour l'hydrolyse du cation métallique est donnée par :

$$K_a = \frac{[Al(OH)(H_2O)_5^{2+}][H_3O^+]}{[Al(H_2O)_6^{3+}]} = 1,3 \times 10^{-5}$$

NOTE

$Al(H_2O)_6^{3+}$ est un acide presque aussi fort que CH_3COOH.

Notez que $Al(OH)(H_2O)_5^{2+}$ peut subir une ionisation ultérieure :

$$Al(OH)(H_2O)_5^{2+}(aq) + H_2O(l) \rightleftharpoons Al(OH)_2(H_2O)_4^{+}(aq) + H_3O^+(aq)$$

et ainsi de suite. Toutefois, on peut habituellement s'en tenir à la première étape de l'hydrolyse.

L'hydrolyse se fait plus abondamment dans le cas de petits ions très chargés, car un ion ayant une densité de charge plus grande est plus efficace pour polariser la liaison O—H ; il facilite ainsi l'ionisation. C'est pourquoi les ions relativement gros et peu chargés, comme Na^+ et K^+, ne s'hydrolysent pratiquement pas.

EXEMPLE 5.14 Le calcul du pH d'une solution d'un ion métallique

Calculez le pH d'une solution de $Al(NO_3)_3$ à 0,020 mol/L. La constante d'hydrolyse du cation métallique vaut $1,3 \times 10^{-5}$ mol/L.

DÉMARCHE

La procédure permettant de résoudre ce problème d'hydrolyse d'un ion métallique ressemble beaucoup à celle déjà expliquée dans le cas de l'hydrolyse d'un sel, comme dans l'exemple 5.13.

SOLUTION

Étape 1 : $Al(NO_3)_3$ étant un électrolyte fort, il faut d'abord considérer sa dissociation selon :

$$Al(NO_3)_3(s) \xrightarrow{H_2O} \underset{0,020 \text{ mol/L}}{Al^{3+}(aq)} + \underset{0,060 \text{ mol/L}}{3NO_3^-(aq)}$$

Seul l'ion Al^{3+} s'hydrolyse. Comme dans le cas de NH_4^+, nous pouvons traiter l'hydrolyse de Al^{3+} comme l'ionisation de son ion hydraté.

Étape 2 : soit x les concentrations molaires à l'équilibre de $Al(OH)(H_2O)_5^{2+}$ et de H_3O^+.

$$Al(H_2O)_6^{3+}(aq) + H_2O(l) \rightleftharpoons Al(OH)(H_2O)_5^{2+}(aq) + H_3O^+(aq)$$

	$Al(H_2O)_6^{3+}(aq)$	$Al(OH)(H_2O)_5^{2+}(aq)$	$H_3O^+(aq)$
Concentration initiale (mol/L) :	0,020	0,00	0,00
Variation (mol/L) :	$-x$	$+x$	$+x$
Concentration à l'équilibre (mol/L) :	$0,020 - x$	x	x

Étape 3 : la constante d'équilibre pour l'ionisation est :

$$K_a = \frac{[Al(OH)(H_2O)_5^{2+}][H_3O^+]}{[Al(H_2O)_6^{3+}]}$$

$$1,3 \times 10^{-5} = \frac{x^2}{0,020 - x} \simeq \frac{x^2}{0,020}$$

$$x = 5,1 \times 10^{-4} \text{ mol/L}$$

Le pH de la solution est :

$$pH = -\log(5,1 \times 10^{-4}) = 3,29$$

EXERCICE

Quel est le pH d'une solution de $AlCl_3$ à 0,050 mol/L ?

Les sels dont le cation et l'anion s'hydrolysent

Jusqu'ici, nous n'avons vu que des sels dont seul un des deux ions s'hydrolyse. Toutefois, dans le cas d'un sel dérivé d'un acide faible et d'une base faible, le cation et l'anion s'hydrolysent tous les deux. Ce sont les forces relatives de la base et de l'acide du sel qui feront que la solution sera basique, acide ou neutre. Les calculs associés à ce type de système étant assez complexes, nous nous contenterons de faire des prédictions qualitatives. Considérons trois situations :

- $K_b > K_a$: si la valeur de K_b pour l'anion est supérieure à celle de K_a pour le cation, la solution doit être basique, car l'anion s'hydrolysera en plus grande quantité que le cation et influencera davantage le pH. À l'équilibre, il y aura plus d'ions OH^- que d'ions H_3O^+.

- $K_b < K_a$: si la valeur de K_b pour l'anion est inférieure à celle de K_a pour le cation, la solution sera acide, car le cation s'hydrolysera en plus grande quantité que l'anion.
- $K_b \simeq K_a$: si la valeur de K_b est presque égale à celle de K_a, la solution sera pratiquement neutre.

Le tableau 5.7 résume le comportement en solution aqueuse des sels nommés dans cette section.

TABLEAU 5.7

Propriétés acido-basiques des sels

Type de sel	Exemples	Ions qui s'hydrolysent	pH de la solution
Cation d'une base forte ; anion d'un acide fort	NaCl, KI, KNO_3, RbBr, $BaCl_2$	Aucun	$\simeq 7$
Cation d'une base forte ; anion d'un acide faible	CH_3COONa, KNO_2	Anion	> 7
Cation d'une base faible ; anion d'un acide fort	NH_4Cl, NH_4NO_3	Cation	< 7
Cation d'une base faible ; anion d'un acide faible	NH_4NO_2, CH_3COONH_4, NH_4CN	Anion et cation	< 7 si $K_b < K_a$ $\simeq 7$ si $K_b \simeq K_a$ > 7 si $K_b > K_a$
Cation petit et de charge élevée ; anion d'un acide fort	$AlCl_3$, $Fe(NO_3)_3$	Cation hydraté	< 7

EXEMPLE 5.15 La prédiction des propriétés acido-basiques de solutions salines

Prédisez si les solutions suivantes seront acides, basiques ou presque neutres : a) NH_4I ; b) $NaNO_2$; c) $FeCl_3$; d) NH_4F.

DÉMARCHE

Pour savoir si un sel va s'hydrolyser, posez-vous les questions suivantes : le cation est-il un ion métallique fortement chargé ou s'agit-il de l'ion ammonium ? L'anion est-il la base conjuguée d'un acide faible ? Si vous répondez oui à l'une ou l'autre de ces questions, il y aura hydrolyse. Dans les cas où le cation et l'anion réagissent tous deux avec l'eau, le pH de la solution dépendra des forces relatives du K_a du cation et du K_b de l'anion (*voir le tableau 5.7*).

SOLUTION

Il faut d'abord considérer que le sel s'ionise en anions et en cations pour ensuite examiner la réaction de chacune des espèces d'ions avec l'eau.

a) Le cation est NH_4^+ ; il s'hydrolysera pour produire NH_3 et H_3O^+. L'anion I^- est la base conjuguée de l'acide fort HI. Alors, I^- ne s'hydrolysera pas. La solution sera donc acide.

b) Le cation Na^+ ne s'hydrolyse pas. L'anion NO_2^- est la base conjuguée de l'acide faible HNO_2 et s'hydrolyse pour donner HNO_2 et OH^-. La solution sera donc basique.

c) Le cation Fe^{3+} est un petit cation métallique fortement chargé, et il s'hydrolyse en produisant des ions H_3O^+. L'anion Cl^- ne s'hydrolyse pas. La solution sera donc acide.

d) Les deux ions, NH_4^+ et F^-, s'hydrolysent. D'après les tableaux 5.5 et 5.3 (*p. 249 et 236*), on constate que le K_a de NH_4^+ ($5{,}6 \times 10^{-10}$) est plus grand que le K_b de F^- ($1{,}4 \times 10^{-11}$). Par conséquent, la solution sera acide.

EXERCICE

Prédisez le pH (pH > 7, < 7 ou $\simeq 7$) des solutions salines suivantes : a) $LiClO_4$; b) Na_3PO_4 ; c) $Bi(NO_3)_2$; d) NH_4CN.

PROBLÈME SEMBLABLE

5.72

Finalement, notez que certains anions ont un comportement amphotère, c'est-à-dire qu'ils peuvent agir soit comme un acide, soit comme une base. Par exemple, l'ion hydrogénocarbonate (HCO_3^-) peut s'ioniser ou s'hydrolyser (*voir le tableau 5.4, p. 245*) ainsi :

$$HCO_3^-(aq) + H_2O(l) \rightleftharpoons H_3O^+(aq) + CO_3^{2-}(aq) \quad K_a = 4{,}8 \times 10^{-11}$$
$$HCO_3^-(aq) + H_2O(l) \rightleftharpoons H_2CO_3(aq) + OH^-(aq) \quad K_b = 2{,}4 \times 10^{-8}$$

Puisque $K_b > K_a$, on prédit que l'hydrolyse l'emportera sur l'ionisation. Ainsi, une solution d'hydrogénocarbonate de sodium ($NaHCO_3$), par exemple, sera basique.

5.10 Les propriétés acido-basiques des oxydes

Comme nous l'avons vu à la section 6.6 de *Chimie générale,* les oxydes sont classés comme acides, basiques ou amphotères. Dans le cadre d'une étude des réactions acido-basiques, il est essentiel de décrire les propriétés acido-basiques de ces composés.

La figure 5.8 donne les formules de certains oxydes d'éléments représentatifs (groupes 1A à 7A) à leur degré d'oxydation le plus élevé. Notez que tous les oxydes de métaux alcalins et tous les oxydes de métaux alcalino-terreux (sauf BeO) sont basiques. L'oxyde de béryllium et plusieurs oxydes de métaux des groupes 3A et 4A sont amphotères. Les oxydes non métalliques dont l'élément représentatif a un degré d'oxydation élevé sont acides (par exemple, N_2O_5, SO_3 et Cl_2O_7). Ceux dont l'élément représentatif a un degré d'oxydation bas (par exemple, CO et NO) ne présentent aucune propriété acide mesurable. On ne connaît aucun oxyde non métallique ayant des propriétés basiques.

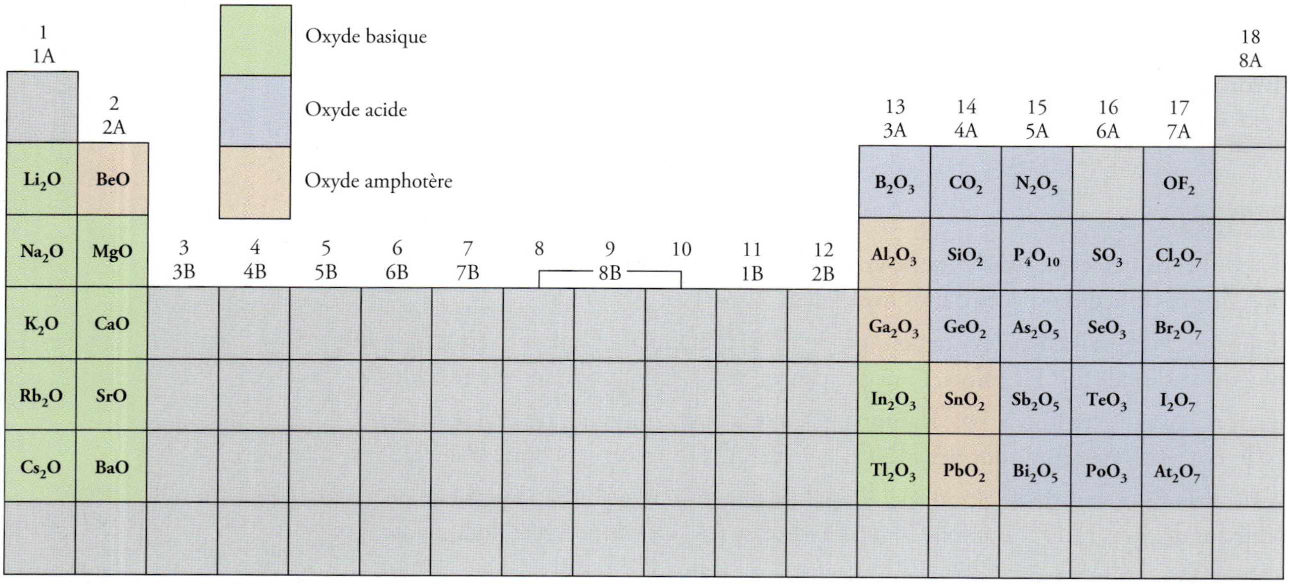

FIGURE 5.8

Oxydes d'éléments représentatifs à leur degré d'oxydation le plus élevé

Les oxydes métalliques basiques réagissent avec l'eau pour former des hydroxydes métalliques :

$$Na_2O(s) + H_2O(l) \longrightarrow 2NaOH(aq)$$
$$BaO(s) + H_2O(l) \longrightarrow Ba(OH)_2(aq)$$

Voici quelques exemples de réactions entre les oxydes acides et l'eau :

$$CO_2(g) + H_2O(l) \rightleftharpoons H_2CO_3(aq)$$
$$SO_3(g) + H_2O(l) \longrightarrow H_2SO_4(aq)$$
$$N_2O_5(s) + H_2O(l) \longrightarrow 2HNO_3(aq)$$
$$P_4O_{10}(s) + 6H_2O(l) \longrightarrow 4H_3PO_4(aq)$$
$$Cl_2O_7(g) + H_2O(l) \longrightarrow 2HClO_4(aq)$$

La réaction entre CO_2 et H_2O explique le fait que l'eau pure exposée à l'air (qui contient du CO_2) prend graduellement un pH d'environ 5,5 (*voir la figure 5.9*). La réaction entre SO_3 et H_2O est principalement responsable des pluies acides.

Les réactions entre les oxydes acides et les bases, et celles entre les oxydes basiques et les acides, ressemblent aux réactions acido-basiques normales par le fait qu'elles produisent un sel et de l'eau :

$$\underset{\text{oxyde acide}}{CO_2(g)} + \underset{\text{base}}{2NaOH(aq)} \longrightarrow \underset{\text{sel}}{Na_2CO_3(aq)} + \underset{\text{eau}}{H_2O(l)}$$
$$\underset{\text{oxyde basique}}{BaO(s)} + \underset{\text{acide}}{2HNO_3(aq)} \longrightarrow \underset{\text{sel}}{Ba(NO_3)_2(aq)} + \underset{\text{eau}}{H_2O(l)}$$

Comme le montre la figure 5.8, l'oxyde d'aluminium (Al_2O_3) est amphotère. Selon les conditions de la réaction, il peut agir soit comme un oxyde acide, soit comme un oxyde basique. Par exemple, Al_2O_3 agit comme une base en présence d'acide chlorhydrique pour produire un sel ($AlCl_3$) et de l'eau :

$$Al_2O_3(s) + 6HCl(aq) \longrightarrow 2AlCl_3(aq) + 3H_2O(l)$$

Il agit aussi comme un acide en présence d'hydroxyde de sodium :

$$Al_2O_3(s) + 2NaOH(aq) + 3H_2O(l) \longrightarrow 2NaAl(OH)_4(aq)$$

Notez que cette dernière réaction ne forme qu'un sel, $NaAl(OH)_4$ (contenant les ions Na^+ et $Al(OH)_4^-$) ; elle ne produit pas d'eau. Néanmoins, on peut tout de même la qualifier d'acido-basique, car Al_2O_3 neutralise NaOH.

Forêt endommagée par les pluies acides

NOTE

La pluie est naturellement acide, car elle dissout une certaine quantité de gaz carbonique (CO_2) sous forme d'acide carbonique. La présence de SO_3 rend l'eau de pluie encore plus acide, d'où cette appellation de « pluie acide ».

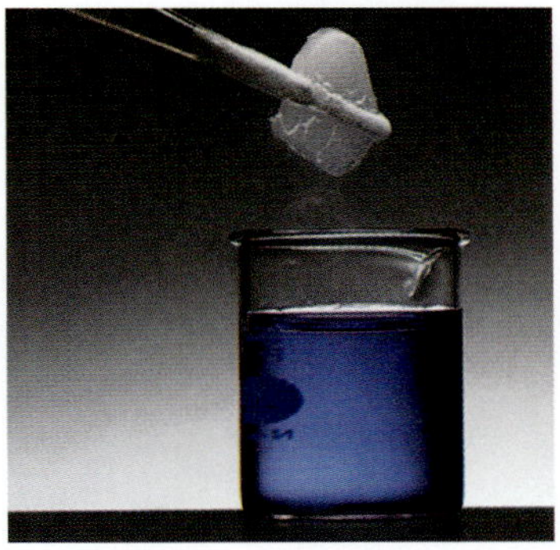

A

B

FIGURE 5.9

Réaction entre le CO_2 et l'eau

A Un bécher d'eau dans lequel on a ajouté quelques gouttes de bleu de bromothymol, un indicateur.
B Quand on ajoute de la glace sèche ($CO_2(s)$) à l'eau, le CO_2 réagit pour former de l'acide carbonique, ce qui rend la solution acide et la fait passer du bleu au jaune. L'eau douce de pluie est souvent légèrement acide, car elle contient naturellement du gaz carbonique (CO_2) dissous. C'est ainsi qu'une partie du CO_2 (un GES) de l'air se trouve lessivé par la pluie.

Certains oxydes de métaux de transition dont le nombre d'oxydation est élevé agissent comme les oxydes acides. Par exemple, l'oxyde de manganèse(VII) (Mn_2O_7) et l'oxyde de chrome(VI) (CrO_3) réagissent tous les deux avec l'eau pour produire des acides :

$$Mn_2O_7(l) + H_2O(l) \longrightarrow \underset{\text{acide permanganique}}{2HMnO_4(aq)}$$

$$CrO_3(s) + H_2O(l) \longrightarrow \underset{\text{acide chromique}}{H_2CrO_4(aq)}$$

5.11 Les acides et les bases de Lewis

Jusqu'à maintenant, nous avons parlé des propriétés acido-basiques selon la théorie de Brønsted-Lowry. Pour agir comme une base de Brønsted-Lowry, par exemple, une substance doit pouvoir recevoir un proton. Selon cette définition, l'ion hydroxyde et l'ammoniac sont tous deux des bases :

$$H^+ + {}^-:\ddot{\underset{\cdot\cdot}{O}}-H \longrightarrow H-\ddot{\underset{\cdot\cdot}{O}}-H$$

$$H^+ + \begin{array}{c} H \\ | \\ :N-H \\ | \\ H \end{array} \longrightarrow \left[\begin{array}{c} H \\ | \\ H-N-H \\ | \\ H \end{array}\right]^+$$

Dans chaque cas, l'atome auquel le proton se lie possède au moins un doublet d'électrons libres. Cette caractéristique de l'ion OH^-, de NH_3 et de bien d'autres bases de Brønsted-Lowry suggère une définition plus générale pour les acides et les bases.

Le chimiste américain G. N. Lewis formula une telle définition. Selon lui, une **base de Lewis** est une substance qui peut donner un doublet d'électrons, et un **acide de Lewis** est une substance qui peut recevoir un doublet d'électrons. Par exemple, dans la protonation de l'ammoniac, NH_3 agit comme une base de Lewis, car il donne un doublet d'électrons au proton H^+ qui, lui, agit comme un acide de Lewis en acceptant ce doublet. Une réaction acido-basique de Lewis est donc une réaction dans laquelle il y a transfert d'un doublet d'électrons d'une espèce à une autre. Une telle réaction ne produit pas de sel ni d'eau.

Ce qui rend la définition de Lewis importante, c'est qu'elle est beaucoup plus générale que celles données par ses prédécesseurs ; elle inclut dans les réactions acido-basiques beaucoup de réactions dont l'acide n'est pas un acide de Brønsted-Lowry. Prenons, par exemple, la réaction entre le trifluorure de bore (BF_3) et l'ammoniac (*voir la figure 5.10*) :

$$\underset{\text{acide}}{\begin{array}{c} F \\ | \\ F-B \\ | \\ F \end{array}} + \underset{\text{base}}{\begin{array}{c} H \\ | \\ :N-H \\ | \\ H \end{array}} \longrightarrow \begin{array}{c} F\ \ H \\ |\ \ \ | \\ F-B-N-H \\ |\ \ \ | \\ F\ \ H \end{array}$$

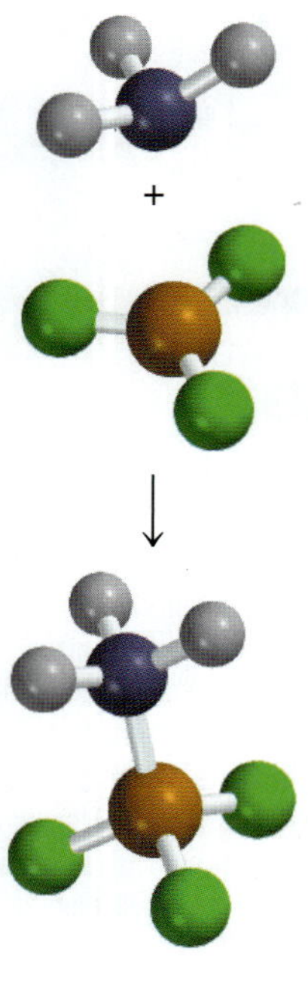

$NH_3 + BF_3 \longrightarrow H_3N{-}BF_3$

À la section 8.4 de *Chimie générale,* nous avons vu que l'atome B dans BF_3 est à l'état d'hybridation sp^2. L'orbitale $2p$ non hybridée et inoccupée reçoit le doublet d'électrons de NH_3. Ainsi, BF_3 agit comme un acide selon la définition de Lewis, même s'il ne contient aucun proton ionisable. Notez qu'une liaison covalente de coordinence s'est formée entre les atomes B et N.

L'acide borique (un acide faible utilisé dans les gouttes pour les yeux) est un autre acide de Lewis qui contient du bore; c'est un oxacide dont voici la structure:

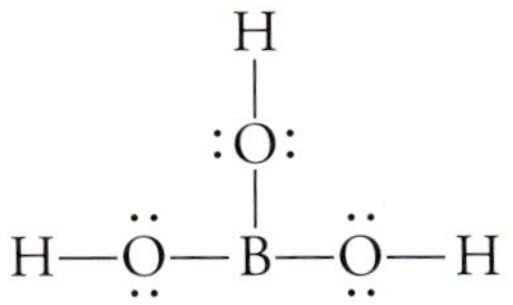

acide borique

FIGURE 5.10

Réaction acido-basique de Lewis mettant en jeu BF_3 et NH_3

L'acide borique ne s'ionise pas dans l'eau en cédant l'ion H^+. Sa réaction avec l'eau est plutôt:

$$B(OH)_3(aq) + 2H_2O(l) \rightleftharpoons B(OH)_4^-(aq) + H_3O^+(aq)$$

Dans cette réaction acido-basique de Lewis, l'acide borique reçoit un doublet d'électrons de l'ion hydroxyde provenant d'une molécule H_2O et le H^+ restant réagit à son tour avec une autre molécule d'eau pour donner H_3O^+.

L'hydratation du dioxyde de carbone pour produire de l'acide carbonique:

$$CO_2(g) + H_2O(l) \rightleftharpoons H_2CO_3(aq)$$

peut être comprise selon le concept de Lewis: la première étape comprend le transfert d'un doublet d'électrons de l'atome d'oxygène de H_2O à l'atome de carbone de CO_2. Le retrait du doublet liant de la liaison pi C—O libère une orbitale de l'atome C, qui peut alors recevoir le doublet libre et faire ainsi un lien covalent entre C et O. Les déplacements d'électrons sont indiqués par des flèches courbes:

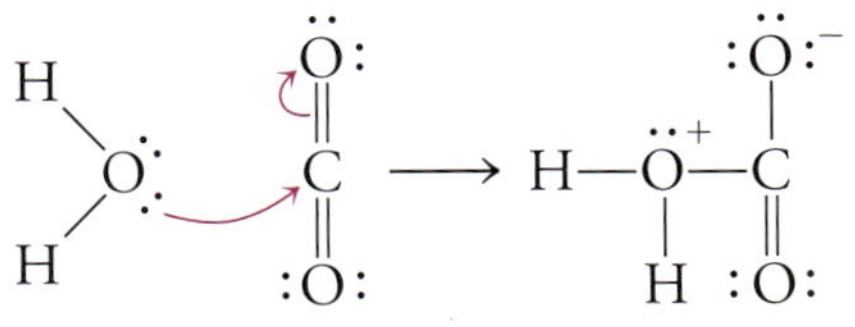

Ainsi, H_2O est une base de Lewis et CO_2 est un acide de Lewis. À la seconde étape, un proton est transféré à l'atome O ayant une charge négative pour former H_2CO_3:

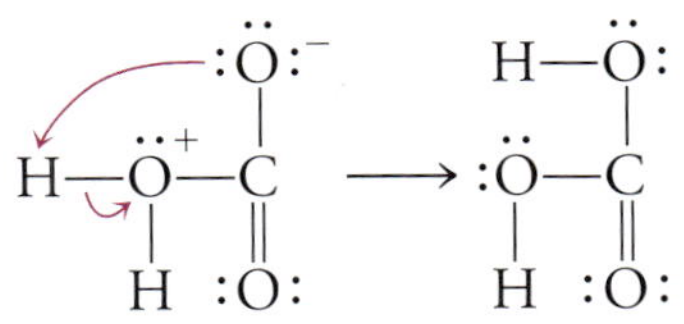

NOTE

Remarquez qu'à la seconde étape, la flèche courbe pointe dans la direction inverse du transfert de l'atome d'hydrogène. Ces flèches indiquent les transferts d'électrons, et ceux-ci ne se font pas nécessairement dans le même sens que le transfert des atomes.

Chimie en action

Les antiacides et la régulation du pH dans l'estomac

Un adulte produit chaque jour de deux à trois litres de liquide gastrique, un liquide clair et acide sécrété par des glandes qui se trouvent dans la muqueuse de l'estomac. Le liquide gastrique contient, entre autres, de l'acide chlorhydrique. Son pH est environ 1,5, ce qui correspond à une concentration d'acide chlorhydrique de 0,03 mol/L, une concentration assez forte pour dissoudre du zinc! Pourquoi ce liquide est-il tellement acide? D'où viennent les ions H_3O^+? Qu'arrive-t-il quand il y a un excès d'ions H_3O^+ dans l'estomac?

La paroi interne de l'estomac est formée de cellules épithéliales serrées les unes contre les autres. L'intérieur de chaque cellule est protégé du milieu extérieur par une membrane cellulaire. Cette membrane permet le passage de l'eau et des molécules neutres, mais elle bloque habituellement le passage aux ions tels que H_3O^+, Na^+, K^+ et Cl^-. Les ions H_3O^+ proviennent de l'acide carbonique (H_2CO_3), lequel est produit par l'hydratation du CO_2 (réaction déjà vue à la section 5.11), un produit final du métabolisme:

$$CO_2(g) + H_2O(l) \rightleftharpoons H_2CO_3(aq)$$

$$H_2CO_3(aq) + H_2O(l) \rightleftharpoons H_3O^+(aq) + HCO_3^-(aq)$$

Ces réactions se produisent dans le plasma sanguin entourant les cellules de la muqueuse. Grâce à un processus appelé *transport actif*, les ions H_3O^+ traversent la membrane pour se retrouver dans l'estomac. (On sait que le transport actif est possible grâce à des enzymes, mais on ne connaît pas encore très bien les détails de ce phénomène.) Pour maintenir la neutralité, il y a également transfert d'ions Cl^- dans l'estomac. Une fois dans l'estomac, la plupart de ces ions ne peuvent retourner dans le plasma, les membranes cellulaires leur en bloquant l'accès.

Le rôle du liquide gastrique est de digérer la nourriture et d'activer certaines enzymes digestives. Le fait de manger stimule la sécrétion d'ions H_3O^+. Une petite fraction de ces ions est réabsorbée par la muqueuse, ce qui crée de nombreuses hémorragies minuscules, un phénomène normal. Chaque minute, environ un demi-million de cellules se détachent de la paroi; un estomac sain renouvelle sa paroi tous les trois jours. Cependant, si l'acidité du liquide est trop élevée, le reflux constant des ions H_3O^+ à travers la membrane vers le plasma sanguin peut provoquer des contractions musculaires, des douleurs, de l'enflure, de l'inflammation et des saignements.

La prise d'antiacide réduit temporairement la concentration d'ions H_3O^+ dans l'estomac. La principale fonction de ce type de substance est de neutraliser le HCl en excès dans le liquide gastrique. Le tableau ci-dessous donne les ingrédients actifs de quelques antiacides populaires.

Quelques préparations antiacides commerciales*

Nom commercial	Ingrédients actifs
Alka-2	Carbonate de calcium
Alka-Seltzer	Aspirine, hydrogénocarbonate de sodium, acide citrique
Bufferin	Aspirine, carbonate de magnésium, glycinate d'aluminium
Buffered aspirin	Aspirine, carbonate de magnésium, glycine d'hydroxyde d'aluminium
Lait de magnésie	Hydroxyde de magnésium
Rolaids	Carbonate de calcium, hydroxyde d'aluminium
Tums	Carbonate de calcium

* Ces produits ne sont pas tous disponibles au Canada. Les ingrédients actifs ne sont pas nécessairement les mêmes au Canada pour une même marque de commerce.

Voici d'autres exemples de réactions acide-base de Lewis:

$$\underset{\text{acide}}{Ag^+(aq)} + \underset{\text{base}}{2NH_3(aq)} \rightleftharpoons Ag(NH_3)_2^+(aq)$$

$$\underset{\text{acide}}{Cd^{2+}(aq)} + \underset{\text{base}}{4I^-(aq)} \rightleftharpoons CdI_4^{2-}(aq)$$

$$\underset{\text{acide}}{Ni(s)} + \underset{\text{base}}{4CO(aq)} \rightleftharpoons Ni(CO)_4(aq)$$

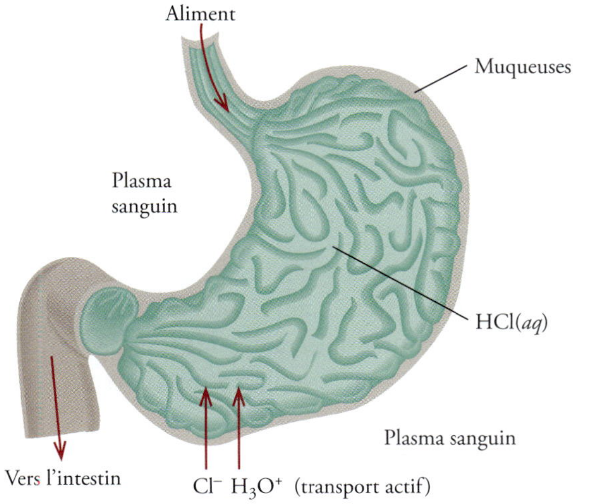

Schéma simplifié de l'estomac

Les réactions de neutralisation de l'acidité gastrique par ces antiacides sont les suivantes :

$$NaHCO_3(aq) + HCl(aq) \longrightarrow NaCl(aq) + H_2O(l) + CO_2(g)$$

$$CaCO_3(s) + 2HCl(aq) \longrightarrow CaCl_2(aq) + H_2O(l) + CO_2(g)$$

$$MgCO_3(s) + 2HCl(aq) \longrightarrow MgCl_2(aq) + H_2O(l) + CO_2(g)$$

$$Mg(OH)_2(s) + 2HCl(aq) \longrightarrow MgCl_2(aq) + 2H_2O(l)$$

$$Al(OH)_2NaCO_3(s) + 4HCl(aq) \longrightarrow AlCl_3(aq) + NaCl(aq) + 3H_2O(l) + CO_2(g)$$

Le CO_2 libéré par la plupart de ces réactions augmente la pression gazeuse dans l'estomac, ce qui fait éructer (aérophagie). L'effervescence qui se produit quand une pastille d'Alka-Seltzer se dissout dans de l'eau est causée par la libération du dioxyde de carbone résultant de la réaction entre l'acide citrique et l'hydrogénocarbonate de sodium :

$$\underset{\text{acide citrique}}{C_4H_7O_5COOH(aq)} + NaHCO_3(aq) \longrightarrow \underset{\text{citrate de sodium}}{C_4H_7O_5COONa(aq)} + H_2O(l) + CO_2(g)$$

La muqueuse de l'estomac peut aussi être endommagée par l'action de l'aspirine. L'aspirine, ou acide acétylsalicylique, est elle-même un acide modérément faible.

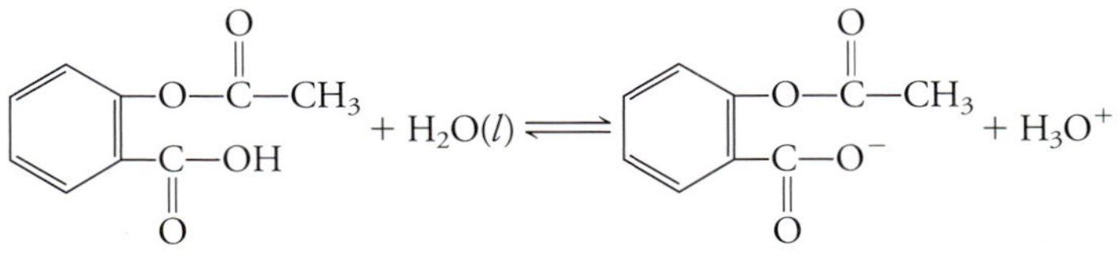

Acide acétylsalicylique — Ion acétylsalicylate

Quand la concentration d'ions H_3O^+ dans l'estomac est élevée, cet acide reste largement non ionisé. La molécule d'acide acétylsalicylique est peu polaire, de sorte qu'elle peut pénétrer les barrières des membranes qui sont aussi constituées de molécules non polaires. Cependant, ces membranes contiennent de nombreuses petites poches d'eau et, quand une molécule d'acide acétylsalicylique entre dans l'une de ces poches, elle s'ionise en ions H_3O^+ et en ions acétylsalicylate. Ces ions sont alors emprisonnés à l'intérieur des membranes. Si cette production d'ions persiste, la structure de la membrane s'affaiblit, et des saignements s'ensuivent. On perd environ 2 mL de sang pour chaque comprimé d'aspirine absorbé, perte qui n'est généralement pas dangereuse. Cependant, l'aspirine peut provoquer des saignements abondants chez certaines personnes. Il est intéressant de noter que la présence d'alcool rend l'acide acétylsalicylique encore plus soluble dans la membrane et favorise ainsi le saignement.

Lorsqu'un comprimé d'Alka-Seltzer se dissout dans l'eau, il y a réaction entre les ions hydrogénocarbonates et l'acide citrique contenus dans le comprimé. L'effervescence est causée par la production de dioxyde de carbone que produit cette réaction.

Il est important de remarquer que l'hydratation des ions métalliques en solution est en fait une réaction acide-base de Lewis. Ainsi, lorsque le sulfate de cuivre(II), $CuSO_4$, se dissout dans l'eau, chaque ion Cu^{2+} s'associe avec six molécules d'eau pour donner l'ion $Cu(H_2O)_6^{2+}$. Dans ce cas, les ions Cu^{2+} agissent comme l'acide, et l'eau agit comme la base.

Bien que la définition de Lewis des acides et des bases revêt une grande importance à cause de sa généralité, habituellement on parle davantage d'un acide ou d'une base par rapport à la définition de Brønsted-Lowry. Le terme « acide de Lewis » est habituellement réservé pour les substances qui peuvent accepter une paire d'électrons, mais qui ne contiennent pas d'atomes d'hydrogène ionisables.

EXEMPLE 5.16 La classification des acides et des bases de Lewis

Identifiez les acides et les bases de Lewis dans les réactions suivantes :

a) $C_2H_5OC_2H_5 + AlCl_3 \rightleftharpoons (C_2H_5)_2OAlCl_3$

b) $Hg^{2+}(aq) + 4CN^-(aq) \rightleftharpoons Hg(CN)_4^{2-}(aq)$

DÉMARCHE

Dans les réactions acido-basiques de Lewis, l'acide est habituellement un cation ou une molécule déficiente en électrons, alors que la base est un anion ou une molécule possédant un doublet d'électrons libres. a) Écrivez la structure moléculaire de $C_2H_5OC_2H_5$. Quel est l'état d'hybridation de Al dans $AlCl_3$? b) Quel ion devrait être l'accepteur d'électrons ? Lequel devrait être le donneur d'électrons ?

SOLUTION

a) Dans $AlCl_3$, l'atome de Al est hybridé sp^2 avec une orbitale $2p$ vide. Al est déficient en électrons, ne partageant que six électrons. Par conséquent, l'atome de Al aura tendance à capter deux électrons pour compléter son octet. Cette tendance fait que $AlCl_3$ se comporte comme un acide de Lewis. Par ailleurs, les doublets d'électrons de l'atome O dans $C_2H_5OC_2H_5$ font de ce composé une base de Lewis :

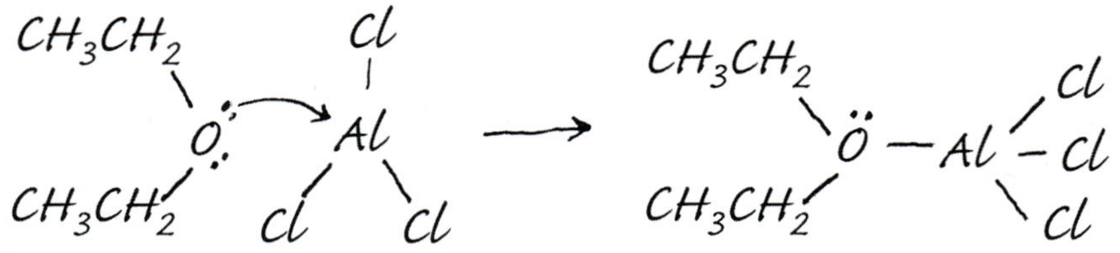

b) Cette fois, l'ion Hg^{2+} accepte quatre paires d'électrons des ions CN^-. Par conséquent, Hg^{2+} est un acide de Lewis, et CN^- une base de Lewis.

PROBLÈME SEMBLABLE 5.82

EXERCICE

Identifiez les acides de Lewis et les bases de Lewis dans la réaction suivante :

$$Co^{3+}(aq) + 6NH_3(aq) \rightleftharpoons Co(NH_3)_6^{3+}(aq)$$

RÉSUMÉ

5.1

Les acides et les bases de Brønsted-Lowry

Les couples acide-base conjugués

Les acides de Brønsted-Lowry donnent des protons, et les bases en reçoivent. À chaque acide correspond sa base conjuguée, et vice versa. Les réactions acide-base sont considérées comme un transfert de protons :

$$\text{acide 1} + \text{base 2} \rightleftharpoons \text{base 1} + \text{acide 2}$$

Exemple : $HF + NH_3 \rightleftharpoons F^- + NH_4^+$

Il y a ici deux couples d'acide-base conjugués, le couple acide 1/base 1 et le couple base 2/acide 2. Les membres de chacun des couples ne sont pas du même côté ; par exemple, l'acide de gauche aura comme conjugué sa base correspondante à droite.

5.2

Les propriétés acido-basiques de l'eau

L'eau est un électrolyte très faible qui s'ionise (auto-ionisation) ainsi, d'après la définition des couples acide-base conjugués :

$$\begin{array}{ccccccc} H_2O & + & H_2O & \rightleftharpoons & H_3O^+ & + & OH^- \\ \text{acide 1} & + & \text{base 2} & \rightleftharpoons & \text{acide 2} & + & \text{base 1} \end{array}$$

En combinant les termes constants (la concentration de l'eau) dans l'expression de la constante d'équilibre de cette réaction et en remplaçant, on obtient la constante du produit ionique de l'eau, soit $K_{eau} = [H_3O^+][OH^-] = 1{,}0 \times 10^{-14}$ à 25 °C.

Si l'eau est pure, $[H_3O^+]$ est nécessairement égal à $[OH^-]$. Dans les autres cas (addition d'un acide ou d'une base), si l'une des deux concentrations est connue, l'autre se calcule facilement en l'isolant dans l'expression de K_{eau}.

5.3

Le pH : une mesure du degré d'acidité

Une manière commode d'exprimer l'acidité d'une solution aqueuse consiste à utiliser une échelle logarithmique appelée pH ; c'est le logarithme négatif de la concentration (en moles par litre) d'ions hydronium en solution, soit $pH = -\log [H_3O^+]$. Pour les bases, on exprime la basicité par $pOH = -\log [OH^-]$.

Les relations entre les concentrations de H_3O^+ et de OH^- et les échelles de pH et de pOH

Concentrations (mol/L)	pH	pOH	Qualificatif du milieu
$[H_3O^+] = [OH^-]$	7,00	7,00	Neutre
$[H_3O^+] > [OH^-]$	$< 7{,}00$	$> 7{,}00$	Acide
$[H_3O^+] < [OH^-]$	$> 7{,}00$	$< 7{,}00$	Basique

Quand $[H_3O^+]$ augmente, le pH diminue.

5.4

La force des acides et des bases

Les acides forts sont des électrolytes forts qui s'ionisent presque complètement dans l'eau. C'est le cas des substances suivantes : $HClO_4$, HI, HBr, HCl, H_2SO_4 (première étape d'ionisation) et HNO_3.

La plupart des acides sont faibles ; ils ne s'ionisent donc que partiellement dans l'eau. Les hydroxydes de métaux alcalins et de métaux alcalino-terreux (excepté le béryllium) sont des bases fortes, car ils s'ionisent complètement en solution aqueuse, alors que les bases faibles s'ionisent peu.

Le calcul du pH d'un acide fort

Comme un acide fort s'ionise complètement, il n'y aura pas d'équilibre, et la concentration finale de H_3O^+ obtenue sera égale à la concentration initiale de l'acide. Donc :

$$pH = -\log [H_3O^+] = -\log [HA]_{initiale}$$

La prédiction qualitative d'une réaction acide-base

Dans un couple d'acide-base conjugué, si un acide est très fort, sa base conjuguée est très faible, et vice versa. L'ion H_3O^+ est l'acide le plus fort pouvant exister dans l'eau, et l'ion OH^- est la base la plus forte pouvant exister dans l'eau (effet de nivellement).

On peut prédire le sens de déplacement d'une réaction acide-base par l'examen des positions relatives des couples dans une liste de classement des acides selon leurs forces relatives (*voir l'exemple 5.7, p. 235*).

5.5

Les acides faibles et les constantes d'ionisation des acides

Les constantes d'ionisation (K_a) expriment les forces des acides : plus K_a est grand, plus l'acide est fort. (De la même façon, les K_b expriment la force des bases : plus K_b est grand, plus la base est forte.)

Le calcul du pH d'un acide faible

On peut calculer la concentration en ions hydronium ou le pH d'une solution d'un acide faible à l'équilibre à partir de la connaissance de sa concentration initiale et de la valeur de K_a. Voici un résumé des principales étapes de calculs accompagné d'un exemple général :

Soit la réaction d'un acide faible HA dans l'eau	$HA + H_2O \rightleftharpoons A^- + H_3O^+$
1. Déterminer toutes les espèces qui peuvent influer sur le pH de la solution. Dans la majorité des cas, on peut ignorer la contribution de l'eau en se rappelant qu'elle s'ionise très peu. On omet aussi l'ion hydroxyde parce que sa concentration est déterminée à partir de celle de l'ion H_3O^+.	HA, A^-, H_3O^+
2. Exprimer les concentrations à l'équilibre des différentes espèces en fonction de la concentration initiale de l'acide et d'une seule inconnue x qui représente le changement de concentration.	$\begin{array}{lccccc} & HA & + & H_2O \rightleftharpoons & A^- & + H_3O^+ \\ \text{initial} & [HA] & & & 0 & 0 \\ \text{a réagi} & -x & & & +x & +x \\ \hline \text{équilibre} & [HA]-x & & & x & x \end{array}$
3. Écrire l'expression de la constante d'ionisation de l'acide (K_a) en fonction des concentrations à l'équilibre. Résoudre d'abord à l'aide de la méthode de l'approximation. Si celle-ci n'est pas valable (règle du 5 %), résoudre avec l'équation quadratique ou avec la méthode des approximations successives.	$K_a = \dfrac{x^2}{[HA]-x}$ $x = [H_3O^+]$
4. Ayant résolu pour x, calculer les concentrations à l'équilibre de toutes les espèces ainsi que le pH de la solution.	$[A^-]_{\text{équilibre}} = [H_3O^+]_{\text{équilibre}}$ $[HA]_{\text{équilibre}} = [HA]_{\text{initiale}} - x$ $pH = -\log x$

Le pourcentage d'ionisation

Le pourcentage d'ionisation tel que défini par l'équation clé 5.11 est une autre façon d'exprimer la force des acides si l'on compare des acides de même concentration. Le pourcentage d'ionisation d'un acide faible augmente avec sa dilution. À très forte dilution, un acide faible peut même s'ioniser à 100 %.

Le calcul du pH d'un diacide ou d'un polyacide faible

Les diacides et les polyacides cèdent plus de un proton par molécule au cours de l'ionisation. Dans ces cas, en général, la deuxième constante d'ionisation et les suivantes, s'il y a lieu, sont beaucoup plus faibles que la première, ce qui permet de ne considérer que la première ionisation pour calculer le pH. On peut donc appliquer ici les mêmes étapes de calculs que celles du cas résumé dans le tableau précédent.

5.6

Les bases faibles et les constantes d'ionisation des bases

Comme dans le cas des acides faibles, les bases faibles se caractérisent par une constante d'ionisation appelée K_b. Les mêmes raisonnements que ceux déjà expliqués concernant les calculs et les approximations pour les acides s'appliquent dans le cas des bases. La notion de pourcentage d'ionisation s'applique également. Il faut remarquer que ces calculs nous donnent la valeur de $[OH^-]$, valeur facilement convertie en $[H_3O^+]$ à l'aide de la constante d'ionisation de l'eau, K_{eau} (*voir l'exemple 5.11, p. 250*).

5.7

La relation entre les constantes d'ionisation des couples acide-base conjugués

Le produit de la constante d'ionisation d'un acide et de la constante d'ionisation de sa base conjuguée est égal à la constante du produit ionique de l'eau, autrement dit, $K_aK_b = K_{eau}$. Cette expression confirme le fait que la base conjuguée d'un acide fort soit toujours une base faible, et elle permet aussi d'interconvertir ces constantes. Ainsi, une liste complète des acides faibles peut suffire pour effectuer les calculs concernant des bases faibles. Les bases faibles se retrouvent du côté droit de la liste des acides faibles, et la force des bases augmente de haut en bas.

5.8

La relation entre la structure moléculaire et la force des acides

Le cas des hydracides halogénés

La force de la liaison mesurée par l'énergie de liaison et la polarité de la liaison sont deux facteurs qui s'opposent pour déterminer la force d'un hydracide halogéné (HX). Le facteur force de liaison l'emporte sur le facteur polarité dans le cas de ces hydracides. C'est ainsi, par exemple, qu'il est possible d'expliquer pourquoi HI est un acide plus fort que HF. La liaison H—F est est plus polarisée que la liaison H—I, mais l'énergie de la liaison H—I est plus faible que celle de H—F.

Le cas des oxacides

Ces acides possèdent un atome central (Z) et un ou plusieurs —O—H. Pour comparer la force des oxacides, on les subdivise en deux catégories.

1. Les oxacides dont l'atome central est différent, mais dans une même famille : lorsque l'atome Z est plus électronégatif ou dans un état d'oxydation élevé, la polarisation entre O et H du —O—H augmente et facilite le départ de H^+. Exemple : HClO est un acide plus fort que HIO, car Cl est plus électronégatif que I .

2. Les oxacides dont l'atome central est le même, mais dont l'environnement varie : si des groupements rattachés à l'atome central ont pour effet de polariser davantage la liaison O—H, le caractère acide augmentera. Exemple : $HClO_4$ est un acide plus fort que HClO, car son atome central Cl est rattaché à un plus grand nombre de O, ce qui tend à polariser davantage la liaison O—H (*voir la figure 5.6, p. 255*).

5.9

Les propriétés acido-basiques des sels

Un grand nombre de sels sont des électrolytes forts ; en solution, ils se dissocient complètement en ions. Plusieurs sels donnent dans l'eau des ions qui sont en fait des conjugués d'un acide ou d'une base. C'est pourquoi, pour rétablir un équilibre qui n'existe pas au moment de la dissolution du sel, ces ions auront tendance à réagir plus ou moins complètement avec l'eau, phénomène appelé hydrolyse, afin de former leur conjugué. Cette réaction d'hydrolyse, en plus de former le conjugué, donne aussi des ions OH^- ou des ions H_3O^+, selon le cas, d'où l'appellation de sels dits acides, neutres ou basiques. Quand un sel s'hydrolyse, la base conjuguée d'un acide faible produit une solution basique, et l'acide conjugué d'une base faible produit une solution acide. Pour prédire le comportement acido-basique d'un sel, il faut donc examiner à la fois le comportement de l'anion et du cation. Le tableau ci-après (*p. 274*) résume les différentes situations.

Tableau récapitulatif des propriétés acido-basiques des sels

Type de sel	Exemples	Ions qui s'hydrolysent	pH de la solution
Cation d'une base forte ; anion d'un acide fort	NaCl, KI, KNO_3, RbBr, $BaCl_2$	Aucun	$\simeq 7$
Cation d'une base forte ; anion d'un acide faible	CH_3COONa, KNO_2	Anion	> 7
Cation d'une base faible ; anion d'un acide fort	NH_4Cl, NH_4NO_3	Cation	< 7
Cation d'une base faible ; anion d'un acide faible	NH_4NO_2, CH_3COONH_4, NH_4CN	Anion et cation	< 7 si $K_b < K_a$ $\simeq 7$ si $K_b \simeq K_a$ > 7 si $K_b > K_a$
Cation petit et de charge élevée ; anion d'un acide fort	$AlCl_3$, $Fe(NO_3)_3$	Cation hydraté	< 7

Une fois les propriétés du sel bien prévues, il est possible d'effectuer des calculs de pH en tenant compte de la principale réaction. Ces calculs se font de la même manière que ceux montrés précédemment dans les autres sections pour les acides et les bases en général.

Les petits ions métalliques de charge élevée, comme Al^{3+} et Fe^{3+}, s'hydrolysent eux aussi pour former des solutions acides.

5.10

Les propriétés acido-basiques des oxydes

On peut classer la plupart des oxydes comme étant acides, basiques ou amphotères, car ces oxydes réagissent avec l'eau pour donner des solutions acides ou basiques. En examinant la position des oxydes dans le tableau périodique, on constate que les oxydes métalliques (des solides ioniques) donnent en général des solutions basiques, alors que les oxydes non métalliques (composés moléculaires) donnent des solutions acides. Certains éléments situés à la démarcation entre les métaux et les non-métaux dans le tableau périodique sont amphotères, c'est-à-dire qu'ils peuvent donner des solutions acides ou basiques.

5.11

Les acides et les bases de Lewis

Les acides de Lewis reçoivent des doublets d'électrons ; les bases de Lewis donnent des doublets d'électrons. La base a, en général, un doublet d'électrons libres comme dans le cas du N de NH_3 qu'elle peut partager avec un acide qui dispose d'un atome ayant une orbitale vide, comme B de BF_3. L'expression « acide de Lewis » désigne généralement une substance qui peut recevoir un doublet d'électrons, mais qui n'a pas d'atomes d'hydrogène ionisables.

ÉQUATIONS CLÉS

- $K_{eau} = [H_3O^+][OH^-]$ — Constante du produit ionique de l'eau (5.4)
- $pH = -\log [H_3O^+]$ — Définition du pH d'une solution (5.5)
- $[H_3O^+] = 10^{-pH}$ — Autre forme de l'équation 5.5 (5.6)
- $pOH = -\log [OH^-]$ — Définition du pOH d'une solution (5.8)
- $pH + pOH = 14{,}00$ — Autre forme de l'équation 5.2 (5.9)
- $K_a = \dfrac{[H_3O^+][A^-]}{[HA]}$ — Constante d'ionisation d'un acide faible (5.10)
- $\text{pourcentage d'ionisation} = \dfrac{\text{concentration d'acide ionisé à l'équilibre}}{\text{concentration initiale d'acide}} \times 100\,\%$ (5.11)
- $K_aK_b = K_{eau}$ — Relation entre les constantes d'ionisation d'un acide et de sa base conjuguée (5.12)

MOTS CLÉS

Acide de Lewis, p. 266
Acide faible, p. 232
Acide fort, p. 231
Base de Lewis, p. 266
Base faible, p. 232
Base forte, p. 232
Constante d'ionisation d'un acide (K_a), p. 236
Constante d'ionisation d'une base (K_b), p. 249
Constante du produit ionique de l'eau (K_{eau}), p. 225
Couple acide-base conjugués, p. 223
Hydrolyse d'un sel, p. 256
pH, p. 227
Pourcentage d'ionisation, p. 243

QUESTIONS ET PROBLÈMES*

Questions et problèmes ciblés

Les acides et les bases de Brønsted-Lowry

Questions de révision

5.1 Dites ce que sont un acide et une base de Brønsted-Lowry. En quoi la définition de Brønsted-Lowry diffère-t-elle de la définition d'Arrhenius ?

5.2 Pour qu'une espèce agisse comme une base de Brønsted-Lowry, un de ses atomes doit posséder un doublet d'électrons libres ; pourquoi ?

Problèmes

★**5.3** Dites si chacune des espèces suivantes est un acide ou une base de Brønsted-Lowry, ou les deux : **a)** H_2O ; **b)** OH^- ; **c)** H_3O^+ ; **d)** NH_3 ; **e)** NH_4^+ ; **f)** NH_2^- ; **g)** NO_3^- ; **h)** CO_3^{2-} ; **i)** HBr ; **j)** HCN.

★**5.4** Quels sont les noms et les formules des bases conjuguées des acides suivants ? **a)** HNO_2 ; **b)** H_2SO_4 ; **c)** H_2S ; **d)** HCN ; **e)** HCOOH (acide formique).

★**5.5** Quels sont les couples acide-base conjugués dans chacune des réactions suivantes ?

a) $CH_3COO^- + HCN \rightleftharpoons CH_3COOH + CN^-$

b) $HCO_3^- + HCO_3^- \rightleftharpoons H_2CO_3 + CO_3^{2-}$

c) $H_2PO_4^- + NH_3 \rightleftharpoons HPO_4^{2-} + NH_4^+$

d) $HClO + CH_3NH_2 \rightleftharpoons CH_3NH_3^+ + ClO^-$

e) $CO_3^{2-} + H_2O \rightleftharpoons HCO_3^- + OH^-$

f) $CH_3COO^- + H_2O \rightleftharpoons CH_3COOH + OH^-$

★**5.6** Donnez l'acide conjugué de chacune des bases suivantes : **a)** HS^- ; **b)** HCO_3^- ; **c)** CO_3^{2-} ; **d)** $H_2PO_4^-$; **e)** HPO_4^{2-} ; **f)** PO_4^{3-} ; **g)** HSO_4^- ; **h)** SO_4^{2-} ; **i)** HSO_3^- ; **j)** SO_3^{2-}.

★**5.7** Donnez la base conjuguée de chacun des acides suivants : **a)** $CH_2ClCOOH$; **b)** HIO_4 ; **c)** H_3PO_4 ; **d)** $H_2PO_4^-$; **e)** HPO_4^{2-} ; **f)** H_2SO_4 ; **g)** HSO_4^- ; **h)** HCOOH ; **i)** HSO_3^- ; **j)** NH_4^+ ; **k)** H_2S ; **l)** HS^- ; **m)** HClO.

★**5.8** La structure de l'acide oxalique ($C_2H_2O_4$) est la suivante :

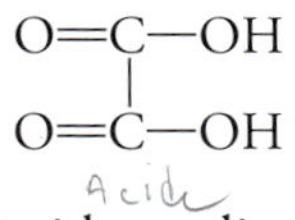

Une solution d'acide oxalique contient les espèces suivantes en concentrations variées : $C_2H_2O_4$, $HC_2O_4^-$, $C_2O_4^{2-}$ et H_3O^+. **a)** Donnez les structures de Lewis de $HC_2O_4^-$ et de $C_2O_4^{2-}$. **b)** Pour chacune de ces espèces, dites si elle peut se comporter seulement comme un acide, seulement comme une base ou comme les deux.

Le calcul du pH et du pOH

Questions de révision

5.9 Qu'est-ce que la constante du produit ionique de l'eau ?

5.10 Écrivez une équation qui met en relation $[H_3O^+]$ et $[OH^-]$ en solution, à 25 °C.

5.11 La valeur de la constante du produit ionique de l'eau est $1,0 \times 10^{-14}$, à 25 °C, et $3,8 \times 10^{-14}$, à 40 °C. La réaction suivante est-elle endothermique ou exothermique ?

$$H_2O(l) + H_2O(l) \rightleftharpoons H_3O^+(aq) + OH^-(aq)$$

5.12 Définissez le pH. Pourquoi les chimistes préfèrent-ils le pH à la concentration d'ions hydronium, $[H_3O^+]$, pour exprimer l'acidité d'une solution ?

5.13 Le pH d'une solution est 6,7. D'après cette seule donnée, pouvez-vous dire que la solution est acide ? Sinon, de quel renseignement additionnel avez-vous besoin ? Le pH d'une solution peut-il être nul ou négatif ? Si oui, donnez des exemples qui illustrent ces valeurs.

5.14 Définissez le pOH. Écrivez une équation qui met en relation pH et pOH.

* Niveau de difficulté : ★ facile ; ★ moyen ; ★ élevé

Biologie : 5.86, 5.96, 5.109, 5.111, 5.112 ; Concepts : 5.31, 5.32, 5.35, 5.36, 5.66, 5.70, 5.72 à 5.74, 5.77, 5.82 à 5.84, 5.88, 5.90, 5.103 ; Descriptifs : 5.37, 5.38, 5.63 à 5.65, 5.85, 5.89, 5.92, 5.93, 5.99, 5.103 ; Environnement : 5.98, 5.99, 5.104, 5.114

Problèmes

★**5.15** Calculez la concentration des ions OH^- dans une solution de HCl dont la concentration est $1,4 \times 10^{-3}$ mol/L.

★**5.16** Calculez la concentration des ions H_3O^+ dans une solution de NaOH dont la concentration est de 0,62 mol/L.

★**5.17** Calculez les concentrations d'ions hydronium dans les solutions dont les pH sont les suivants : **a)** 2,42 ; **b)** 11,21 ; **c)** 6,96 ; **d)** 15,00.

★**5.18** Calculez la concentration d'ions hydronium en mol/L de chacune des solutions suivantes : **a)** une solution dont le pH est 5,20 ; **b)** une solution dont le pH est 16,00 ; **c)** une solution dont la concentration d'hydroxyde est de $3,7 \times 10^{-9}$ mol/L.

★**5.19** Calculez le pH de chacune des solutions suivantes : **a)** HCl à 0,0010 mol/L ; **b)** KOH à 0,76 mol/L ; **c)** $Ba(OH)_2$ à $2,8 \times 10^{-4}$ mol/L ; **d)** HNO_3 à $5,2 \times 10^{-4}$ mol/L.

★**5.20** Calculez le pH de l'eau pure à 40 °C, sachant que la valeur de K_{eau} est $3,8 \times 10^{-14}$ à cette température.

★**5.21** Complétez le tableau suivant :

pH	$[H_3O^+]$	La solution est
< 7		
	$< 1,0 \times 10^{-7}$ mol/L	
		neutre

★**5.22** Pour chacune des solutions suivantes, utilisez un des qualificatifs suivants pour la décrire : « acide », « basique » ou « neutre ».

a) pOH > 7 ; la solution est ____________________.

b) pOH = 7 ; la solution est ____________________.

c) pOH < 7 ; la solution est ____________________.

★**5.23** Le pOH d'une solution est 9,40. Calculez la concentration d'ions hydronium de cette solution.

★**5.24** Calculez le nombre de moles de OH contenues dans 5,50 mL d'une solution de KOH à 0,360 mol/L. Quel est le pOH de cette solution ?

★**5.25** On prépare une solution en dissolvant 18,4 g de HCl dans 662 mL d'eau. Calculez le pH de la solution. (Considérez que le volume de la solution est également de 662 mL.)

★**5.26** Quelle quantité de NaOH (en grammes) faut-il pour préparer 546 mL d'une solution dont le pH est 10,00 ?

La force des acides et des bases

Questions de révision

5.27 Dites ce que l'on entend par force d'un acide.

5.28 Sans consulter le manuel, écrivez les formules de quatre acides forts et de quatre acides faibles.

5.29 Quel est l'acide le plus fort et quelle est la base la plus forte pouvant exister dans l'eau ?

5.30 H_2SO_4 est un acide fort, mais HSO_4^- est un acide faible. Expliquez la différence de force entre ces deux espèces apparentées.

Problèmes

★**5.31** **a)** Parmi les schémas suivants, lequel représente une solution aqueuse d'un acide fort comme HCl ? **b)** Lequel représente un acide faible ? **c)** Lequel représente un acide très faible ? [Le proton hydraté est représenté ici par l'ion hydronium (H_3O^+), et l'on a omis de dessiner les molécules d'eau pour plus de clarté.]

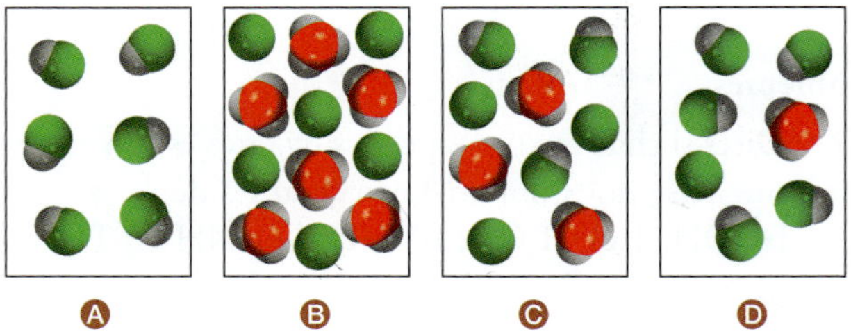

★**5.32** **a)** Parmi les schémas suivants, lequel représente une solution aqueuse d'un diacide faible ? **b)** Lesquels représentent des situations impossibles chimiquement autant pour un diacide fort que faible ? [Le proton hydraté est représenté ici par l'ion hydronium (H_3O^+), et l'on a omis de dessiner les molécules d'eau pour plus de clarté.]

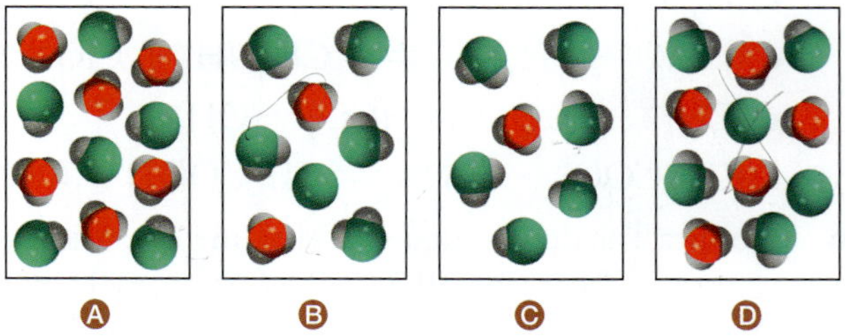

★**5.33** Dites si chacune des espèces suivantes est un acide fort ou un acide faible : **a)** HNO_3 ; **b)** HF ; **c)** H_2SO_4 ; **d)** HSO_4^- ; **e)** H_2CO_3 ; **f)** HCO_3^- ; **g)** HCl ; **h)** HCN ; **i)** HNO_2.

★**5.34** Dites si chacune des espèces suivantes est une base forte ou une base faible : **a)** LiOH ; **b)** CN^- ; **c)** H_2O ; **d)** ClO_4^- ; **e)** NH_2^-.

★**5.35** Pour chacune des affirmations suivantes, dites si elle peut ou non s'appliquer à une solution d'un acide faible HA à 0,10 mol/L.

a) Le pH est 1,00.

b) $[H_3O^+] \gg [A^-]$

c) $[H_3O^+] = [A^-]$

d) Le pH est inférieur à 1.

★**5.36** Pour chacune des affirmations suivantes, dites si elle peut ou non s'appliquer à une solution d'un acide fort HA à 1,0 mol/L.

a) $[A^-] > [H_3O^+]$

b) Le pH est 0,00.

c) $[H_3O^+] = 1{,}0$ mol/L

d) $[HA] = 1{,}0$ mol/L

★**5.37** Dites dans quel sens est favorisée la réaction suivante :

$$F^-(aq) + H_2O(l) \rightleftharpoons HF(aq) + OH^-(aq)$$

★**5.38** Prédisez si la réaction suivante se produira dans le sens indiqué ici :

$$CH_3COOH(aq) + Cl^-(aq) \longrightarrow$$

Les constantes d'ionisation des acides faibles

Questions de révision

5.39 Que révèle la constante d'ionisation sur la force d'un acide ?

5.40 Énumérez les facteurs dont dépend la valeur de K_a pour un acide faible.

5.41 Pourquoi ne spécifie-t-on généralement pas la valeur de K_a pour les acides forts comme HCl et HNO_3 ? Pourquoi faut-il préciser la température quand on donne la valeur de K_a ?

5.42 Laquelle des solutions suivantes a le pH le plus élevé ? **a)** HCOOH à 0,40 mol/L ; **b)** $HClO_4$ à 0,40 mol/L ; **c)** CH_3COOH à 0,40 mol/L.

Problèmes

★**5.43** La valeur de K_a pour l'acide benzoïque est $6{,}5 \times 10^{-5}$. Calculez les concentrations de toutes les espèces (C_6H_5COOH, $C_6H_5COO^-$, H_3O^+ et OH^-) contenues dans une solution d'acide benzoïque à 0,10 mol/L.

★**5.44** On dissout 0,0560 g d'acide acétique dans assez d'eau pour préparer 50,0 mL de solution. Calculez les concentrations de H_3O^+, de CH_3COO^- et de CH_3COOH à l'équilibre. (K_a pour l'acide acétique $= 1{,}8 \times 10^{-5}$.)

★**5.45** Une solution acide a un pH de 6,20. Calculez le K_a de cet acide dont la concentration initiale est 0,010 mol/L.

★**5.46** Quelle est la concentration molaire initiale d'une solution d'acide formique (HCOOH) dont le pH est 3,26 à l'équilibre ?

★**5.47** Calculez le pH d'une solution de HF à 0,060 mol/L.

★**5.48** Calculez le pourcentage d'ionisation de l'acide fluorhydrique lorsque les concentrations sont : **a)** 0,60 mol/L ; **b)** 0,080 mol/L ; **c)** 0,0046 mol/L ; **d)** 0,000 28 mol/L. Commentez la tendance que vous observez.

★**5.49** Une solution d'un monoacide à 0,040 mol/L est ionisée à 14 %. Calculez la constante d'ionisation de cet acide.

★**5.50** **a)** Calculez le pourcentage d'ionisation d'une solution d'acide acétylsalicylique (aspirine) à 0,20 mol/L ($K_a = 3{,}0 \times 10^{-4}$). **b)** Le pH du liquide gastrique dans l'estomac d'une certaine personne est 1,00. Après absorption de quelques cachets d'aspirine, la concentration d'acide acétylsalicylique dans l'estomac est de 0,20 mol/L. **I)** Calculez le pourcentage d'ionisation de l'acide dans ces conditions. **II)** Quel sera l'effet de cet acide non ionisé sur la muqueuse de l'estomac ? (*Voir Chimie en action, p. 268*)

Les diacides et les polyacides

Questions de révision

5.51 L'acide malonique est un diacide. Expliquez ce que cela signifie.

5.52 Nommez toutes les espèces présentes dans une solution d'acide phosphorique. Indiquez les espèces qui peuvent agir comme un acide de Brønsted-Lowry, celles qui peuvent agir comme une base de Brønsted-Lowry et celles qui peuvent agir comme les deux.

Problèmes

★**5.53** Quelles sont les concentrations de HSO_4^-, de SO_4^{2-} et de H_3O^+ dans une solution de $KHSO_4$ à 0,20 mol/L ? (Indice : H_2SO_4 est un acide fort ; K_a pour HSO_4^- $= 1{,}3 \times 10^{-2}$.)

★**5.54** Calculez les concentrations de H_3O^+, de HCO_3^- et de CO_3^{2-} dans une solution de H_2CO_3 à 0,025 mol/L.

Les constantes d'ionisation des bases faibles : la relation entre K_a et K_b

Questions de révision

5.55 Utilisez NH_3 comme exemple pour illustrer ce que l'on veut dire par la force d'une base.

5.56 Écrivez l'équation qui met en relation K_a pour un acide faible et K_b pour sa base conjuguée. Utilisez NH_3 et son acide conjugué NH_4^+ pour démontrer la relation entre K_a et K_b.

Problèmes

★**5.57** Calculez le pH de chacune des solutions suivantes: **a)** NH_3 à 0,10 mol/L; **b)** la pyridine à 0,050 mol/L.

★**5.58** Le pH d'une solution d'une base faible à 0,30 mol/L est 10,66. Quelle est la valeur de K_b pour cette base?

★**5.59** Quelle est la concentration molaire initiale d'une solution d'ammoniac dont le pH est 11,22?

★**5.60** Dans une solution de NH_3 à 0,080 mol/L, quel pourcentage de NH_3 est présent sous forme de NH_4^+?

La structure moléculaire et la force des acides

Questions de révision

5.61 Mentionnez quatre facteurs pouvant influencer la force d'un acide.

5.62 Comment la force d'un oxacide dépend-elle de l'électronégativité et du degré d'oxydation de son atome central?

Problèmes

★**5.63** Prédisez les forces relatives des acides suivants: H_2O, H_2S, H_2Se.

★**5.64** Comparez les forces relatives des paires d'acides suivantes: **a)** H_2SO_4 et H_2SeO_4; **b)** H_3PO_4 et H_3AsO_4.

★**5.65** Lequel des acides suivants est le plus fort: CH_3COOH ou $CH_2ClCOOH$? Justifiez votre choix.

★**5.66** Soit les composés suivants:

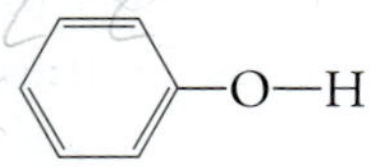

$CH_3—O—H$

Phénol Méthanol

On sait, par expérience, que le phénol est un acide plus fort que le méthanol. Expliquez cette différence à l'aide des structures de leurs bases conjuguées. (Indice: une base conjuguée stable favorise l'ionisation. Une seule des deux bases conjuguées peut être stabilisée par résonance.)

Les propriétés acido-basiques des solutions salines

Questions de révision

5.67 Définissez l'expression «hydrolyse des sels». Classez les sels selon la manière dont ils influencent le pH d'une solution.

5.68 Dites pourquoi les petits ions métalliques de charge élevée peuvent s'hydrolyser.

5.69 Al^{3+} n'est pas un acide de Brønsted-Lowry, mais $Al(H_2O)_6^{3+}$ en est un. Pourquoi?

5.70 Dites lesquels des sels suivants seront portés à s'hydrolyser: KF, $NaNO_3$, NH_4NO_2, $MgSO_4$, KCN, C_6H_5COONa, RbI, Na_2CO_3, $CaCl_2$, HCOOK.

5.71 Quel ion des métaux alcalino-terreux est le plus susceptible de s'hydrolyser?

Problèmes

★**5.72** Prédisez le pH (>7, <7 ou $\simeq 7$) des solutions aqueuses contenant les sels suivants: **a)** KBr; **b)** $Al(NO_3)_3$; **c)** $BaCl_2$; **d)** $Bi(NO_3)_3$.

★**5.73** On dissout un certain sel, MX (formé des ions M^+ et X^-), dans l'eau; le pH de la solution finale est 7,0. Que peut-on dire sur la force de l'acide et la force de la base à partir desquels le sel a été obtenu?

★**5.74** Au cours d'une expérience, un étudiant constate que les pH de trois solutions de sels de potassium KX, KY et KZ sont respectivement 7,0, 9,0 et 11,0 à une concentration de 0,10 mol/L. Classez les acides HX, HY et HZ par ordre croissant de leur force.

★**5.75** Calculez le pH d'une solution de CH_3COONa à 0,36 mol/L.

★**5.76** Calculez le pH d'une solution de NH_4Cl à 0,42 mol/L.

★**5.77** Dites si une solution saline de K_2HPO_4 sera acide, basique ou neutre.

★**5.78** Quel serait le pH (>7, <7, $\simeq 7$) d'une solution de $NaHCO_3$?

Les acides et les bases de Lewis

Questions de révision

5.79 Comment Lewis a-t-il défini un acide et une base? En quoi ces définitions sont-elles plus générales que celles de Brønsted-Lowry?

5.80 En fonction des orbitales et de la disposition des électrons, quelles conditions doivent être présentes pour qu'une molécule ou un ion agisse comme un acide de Lewis (prenez H_3O^+ et BF_3 comme exemples)? Pour qu'il agisse comme une base de Lewis (prenez OH^- et NH_3 comme exemples)?

Problèmes

★**5.81** Dites si chacune des espèces suivantes est un acide ou une base de Lewis: **a)** CO_2; **b)** H_2O; **c)** I^-; **d)** SO_2; **e)** NH_3; **f)** OH^-; **g)** H^+; **h)** BCl_3.

★**5.82** Décrivez la réaction suivante selon le concept de Lewis des acides et des bases:

$$AlCl_3(s) + Cl^-(aq) \longrightarrow AlCl_4^-(aq)$$

★**5.83** Pour chacune des paires d'acides suivantes, dites quel acide est le plus fort : **a)** BF_3 et BCl_3 ; **b)** Fe^{2+} et Fe^{3+}. Justifiez vos choix.

★**5.84** Tous les acides de Brønsted-Lowry sont des acides de Lewis, mais l'inverse n'est pas vrai. Donnez deux exemples d'acides de Lewis qui ne sont pas des acides de Brønsted-Lowry.

Problèmes variés

★**5.85** Les oxydes suivants sont-ils acides, basiques, amphotères ou neutres ? **a)** CO_2 ; **b)** K_2O ; **c)** CaO ; **d)** N_2O_5 ; **e)** CO ; **f)** NO ; **g)** SnO_2 ; **h)** SO_3 ; **i)** Al_2O_3 ; **j)** BaO.

★**5.86** Une réaction typique entre un antiacide et l'acide chlorhydrique dans le liquide gastrique est :

$$NaHCO_3(aq) + HCl(aq) \longrightarrow NaCl(aq) + H_2O(l) + CO_2(g)$$

Calculez le volume (en litres) de CO_2 généré par 0,350 g de $NaHCO_3$ et un excès de liquide gastrique à 101,325 kPa et à 37,0 °C.

★**5.87** Dans laquelle des solutions suivantes l'addition d'un volume égal de NaOH à 0,60 mol/L abaisserait-elle le pH ? **a)** Eau ; **b)** HCl à 0,30 mol/L ; **c)** KOH à 0,70 mol/L ; **d)** $NaNO_3$ à 0,40 mol/L.

★**5.88** Le pH d'une solution d'un monoacide à 0,0642 mol/L est 3,86. S'agit-il d'un acide fort ?

★**5.89** Dans l'ammoniac liquide, l'ammoniac s'auto-ionise (comme l'eau) :

$$NH_3 + NH_3 \rightleftharpoons NH_4^+ + NH_2^-$$

a) Indiquez les bases et les acides de Brønsted-Lowry dans cette réaction. **b)** Quelles espèces correspondent à H_3O^+ et à OH^-, et quelle est la condition pour qu'une solution soit neutre ?

★**5.90** HA et HB sont deux acides faibles, bien que HB soit plus fort que HA. Faudrait-il un volume plus grand de solution de NaOH à 0,10 mol/L pour neutraliser 50,0 mL d'une solution de HB à 0,10 mol/L que pour neutraliser 50,0 mL d'une solution de HA à 0,10 mol/L ?

★**5.91** Un échantillon de 1,87 g de Mg réagit avec 80,0 mL d'une solution de HCl dont le pH est −0,544. Quel est le pH de la solution une fois que tout le Mg a réagi ? Considérez que le volume de la solution est constant.

★**5.92** Les trois oxydes de chrome courants sont CrO, Cr_2O_3 et CrO_3. Si Cr_2O_3 est amphotère, que peut-on dire à propos des propriétés acido-basiques de CrO et de CrO_3 ?

★**5.93** La plupart des hydrures des métaux des groupes 1A et 2A sont ioniques (sauf BeH_2 et MgH_2, qui sont des composés covalents). **a)** Décrivez la réaction entre l'ion hydrure (H^-) et l'eau selon une réaction acido-basique de Brønsted-Lowry. **b)** Cette réaction peut également être une oxydoréduction. Indiquez les oxydants et les réducteurs.

★**5.94** À l'aide du tableau 5.3 (*p. 236*), calculez la constante d'équilibre pour la réaction suivante :

$$CH_3COOH(aq) + NO_2^-(aq) \rightleftharpoons CH_3COO^-(aq) + HNO_2(aq)$$

★**5.95** Calculez le pH d'une solution d'acétate d'ammonium (CH_3COONH_4) à 0,20 mol/L.

★**5.96** La novocaïne, utilisée comme anesthésique local par les dentistes, est une base faible ($K_b = 8{,}91 \times 10^{-6}$). Quel est le rapport entre la concentration de cette base et celle de son acide conjugué dans le plasma sanguin (pH = 7,40) d'un patient ?

★**5.97** Calculez les concentrations molaires de toutes les espèces dans une solution de Na_2CO_3 0,100 mol/L.

★**5.98** La constante de la loi de Henry pour le CO_2 à 38 °C vaut $2{,}25 \times 10^{-5}$mol/L · kPa. Calculez le pH d'une solution de CO_2 à 38 °C en équilibre avec ce gaz à une pression partielle de 324 kPa.

★**5.99** L'acide cyanhydrique (HCN), un acide faible, est un poison mortel qui a été utilisé à l'état gazeux (cyanure d'hydrogène) dans les chambres à gaz. Pourquoi est-il dangereux de traiter le cyanure de sodium, NaCN, avec des acides comme HCl en l'absence de ventilation adéquate ?

★**5.100** Le pH d'une solution d'acide formique, HCOOH, vaut 2,53. Combien de grammes d'acide formique y a-t-il dans 100,00 mL de cette solution ?

★**5.101** Calculez le pH de 1 L d'une solution contenant 0,150 mol de CH_3COOH et 0,100 mol de HCl.

★**5.102** Une solution d'acide formique à 0,400 mol/L gèle à −0,758 °C. Calculez la valeur de K_a de cet acide à cette température. (Note : supposez que la concentration molaire volumique est égale à la molalité dans ce cas. Exécutez vos calculs avec trois chiffres significatifs, puis arrondissez à deux chiffres pour la valeur de K_a.)

★**5.103** Appliquez le principe de Le Chatelier pour prédire les effets sur l'hydrolyse d'une solution de nitrite de sodium ($NaNO_2$) dans les cas suivants : **a)** on ajoute du HCl ; **b)** on ajoute du NaOH ; **c)** on ajoute du NaCl ; **d)** la solution est diluée.

★**5.104** Les ions amidures, NH_2^-, et nitrures, N_3^-, sont tous deux des bases plus fortes que l'ion hydroxyde, ce qui explique qu'ils n'existent pas en solution aqueuse. **a)** Écrivez les équations montrant les réactions de ces ions avec l'eau et identifiez dans chaque cas l'acide et la base de Brønsted-Lowry. **b)** Lequel de ces ions est la base la plus forte?

★**5.105** La concentration de dioxyde de soufre est de 0,12 ppm par volume dans l'air ambiant d'une certaine région. Calculez le pH de l'eau de pluie dans cette région. (Note: supposez que la dissolution du SO_2 n'influe pas sur sa pression et que le pH de l'eau de pluie est déterminé par cette seule substance.)

★**5.106** Quelle est la base la plus forte, NF_3 ou NH_3? (Indice: F est plus électronégatif que H.)

★**5.107** Quelle est la base la plus forte, PH_3 ou NH_3? (Indice: la liaison N—H est plus forte que la liaison P—H.)

★**5.108** Combien de millilitres d'une solution d'un monoacide fort dont le pH est 4,12 faut-il ajouter à 528 mL d'une solution du même acide à pH = 5,76 pour faire changer son pH à 5,34? (Note: on suppose que les volumes sont additifs.)

★**5.109** La mauvaise odeur du poisson est principalement due à une classe de composés organiques (RNH_2) constitués du groupement $—NH_2$, les amines, dans lesquels R symbolise le reste de la molécule. Les amines sont des bases qui ressemblent à l'ammoniac. Expliquez pourquoi on peut réduire de beaucoup cette odeur simplement en ajoutant du jus de citron sur le poisson.

Problèmes spéciaux

5.110 Plus de la moitié de l'acide chlorhydrique produit dans le monde sert à traiter les métaux afin d'enlever les couches d'oxyde métallique avant d'appliquer un apprêt. **a)** Écrivez l'équation ionique globale entre l'oxyde de fer(III), constituant de la couche d'oxyde sur le fer, et le HCl. Identifiez l'acide et la base de Brønsted-Lowry. **b)** L'acide chlorhydrique sert aussi à enlever les dépôts dans les tuyaux, dépôts principalement constitués de $CaCO_3$. L'acide chlorhydrique réagit avec le carbonate de calcium en deux étapes; durant la première étape, il se forme des ions hydrogénocarbonates qui réagissent ensuite pour donner du dioxyde de carbone. Écrivez les équations des réactions décrivant ces deux étapes ainsi que l'équation globale. **c)** L'acide chlorhydrique est aussi utilisé pour récupérer le pétrole dans les puits. Il dissout des roches (souvent, il s'agit de $CaCO_3$), ce qui facilite le pompage du pétrole. Dans l'un de ces procédés, une solution de HCl à 15 % (pourcentage massique) est injectée dans le puits de pétrole afin de dissoudre les roches. Si la masse volumique de la solution acide vaut 1,073 g/mL, quel est le pH de cette solution?

5.111 L'hémoglobine du sang est une protéine de transport de l'oxygène dans le sang. Elle peut exister sous la forme protonée HbH^+. L'équation simplifiée suivante décrit la fixation de l'oxygène par l'hémoglobine:

$$HbH^+ + O_2 \rightleftharpoons HbO_2 + H^+$$

a) Quelle est la forme d'hémoglobine favorisée dans les poumons lorsque la concentration d'oxygène est à son maximum? **b)** Dans les tissus, là où du gaz carbonique est relâché comme produit du métabolisme, le milieu est plus acide à cause de cette formation de gaz carbonique. Quelle est la forme d'hémoglobine la plus favorisée dans ces conditions? **c)** Lorsqu'une personne souffre d'hyperventilation, la concentration de CO_2 dans son sang décroît. Comment cette condition influe-t-elle sur l'équilibre décrit précédemment? Souvent, on recommande à une personne qui souffre d'hyperventilation de respirer dans un sac en papier. Quel est le bien-fondé de cette recommandation?

5.112 L'émail des dents est principalement constitué d'hydroxyapatite $[Ca_5(PO_4)_3OH]$. Lorsqu'il se dissout dans l'eau (un phénomène appelé déminéralisation), l'hydroxyapatite se dissocie ainsi:

$$Ca_5(PO_4)_3OH \longrightarrow 5Ca^{2+} + 3PO_4^{3-} + OH^-$$

La réaction inverse, appelée reminéralisation, constitue la défense naturelle de notre corps contre la carie dentaire. L'acidité produite par certains aliments en présence de bactéries favorise la dissolution de la couche d'émail. La plupart des dentifrices contiennent un composé fluoré tel le NaF ou le SnF_2. Quel est le rôle de ces composés dans la prévention de la carie dentaire?

5.113 Utilisez la loi de Van't Hoff (*voir l'équation 4.13, p. 201*) et les données de l'annexe 6 pour calculer le pH de l'eau à son point d'ébullition normal.

5.114 On utilise l'hypochlorite de calcium $[Ca(OCl)_2]$ comme désinfectant dans les piscines. Dissous dans l'eau, il produit de l'acide hypochloreux,

$$Ca(OCl)_2(s) + 2H_2O(l) \rightleftharpoons 2HClO(aq) + Ca(OH)_2(s)$$

lequel s'ionise ainsi:

$$HClO(aq) + H_2O(l) \rightleftharpoons H_3O^+(aq) + ClO^-(aq) \quad K_a = 3{,}0 \times 10^{-8}$$

HClO et ClO^- agissent tous deux comme puissants agents oxydants en tuant les bactéries par l'attaque des membranes cellulaires. Cependant, une trop forte concentration de HClO cause une irritation des yeux, et une trop forte concentration de ClO^- cause la décomposition de cet ion (d'où une perte importante de chlore dans l'air ambiant) par la lumière du soleil. Idéalement, on recommande de maintenir le pH de l'eau des piscines à près de 7,8. Calculez le pourcentage de ces deux ions à cette valeur de pH.

RÉPONSES AUX EXERCICES

5.1 H_2O (acide) et OH^- (base), HCN (acide) et CN^- (base)

5.2 $7,7 \times 10^{-15}$ mol/L

5.3 0,12

5.4 $4,7 \times 10^{-4}$ mol/L

5.5 7,40

5.6 12,48

5.7 Inférieure à 1

5.8 2,09

5.9 $2,2 \times 10^{-6}$

5.10 $[H_2C_2O_4] = 0,11$ mol/L, $[HC_2O_4^-] = 0,086$ mol/L, $[C_2O_4^{2-}] = 6,1 \times 10^{-5}$ mol/L, $[H_3O^+] = 0,086$ mol/L

5.11 12,03

5.12 $HClO_2$

5.13 8,58

5.14 3,09

5.15 **a)** $LiClO_4$: $\simeq 7$; **b)** Na_3PO_4 : > 7 ; **c)** $Bi(NO_3)_2$: < 7 ; **d)** NH_4CN: > 7

5.16 Acide de Lewis : Co^{3+}, base de Lewis : NH_3

CHAPITRE

6 L'équilibre acido-basique et l'équilibre de solubilité

Chimie en ligne

Animation
- Les solutions tampons (6.3)
- Les titrages acido-basiques (6.4)

Interaction
- Les réactions de neutralisation I et II (6.4)

Du carbonate de calcium se dépose durant des milliers d'années pour former des stalactites et des stalagmites. Les modèles montrent des ions calcium et carbonate ainsi qu'un cristal de carbonate de calcium.

NOTIONS CLÉS

6.1 et 6.2 L'effet d'ion commun en milieux homogène et hétérogène
Dans une solution, lorsque deux solutés ont un ion en commun, la présence de cet ion influe grandement sur le déplacement de l'équilibre autant dans les systèmes acide-base en milieu homogène que dans les équilibres de solubilité en milieu hétérogène. Cet effet s'explique facilement à l'aide du principe de Le Chatelier.

6.3 Les solutions tampons
Une solution tampon contient un acide faible et un sel dérivé de cet acide. Pour maintenir un pH relativement constant, les constituants acides et basiques d'une solution tampon réagissent avec l'acide ou la base ajoutée. Les solutions tampons jouent un rôle important comme régulateurs de pH dans plusieurs systèmes chimiques et biologiques.

6.4 et 6.5 Les titrages et les indicateurs acido-basiques
Les caractéristiques d'un titrage acido-basique dépendent des forces des acides et des bases en jeu. Ces titrages permettent le dosage de certaines substances acides ou basiques à l'aide de mesures volumétriques. Par exemple, il s'agit de trouver la quantité exacte d'acide qui a complètement réagi avec un volume déterminé d'une base de concentration connue, ce qui correspond au point d'équivalence. Ce point d'équivalence peut être reconstitué par la suite à l'aide d'une courbe de titrage. Il peut aussi être simplement déterminé au moment où une goutte en excès du titrant fait changer subitement de couleur un colorant approprié : c'est le point de virage. Selon le type de titrage, il faut savoir choisir le bon indicateur. Quant aux calculs de titrage, il s'agit de calculs stœchiométriques basés sur les équations équilibrées.

6.6 L'équilibre de solubilité
Une autre application du concept de l'équilibre est la solubilité de sels peu solubles, qui s'exprime quantitativement par le produit de solubilité. Il est possible de prédire la formation d'un précipité ou la solubilité d'une substance à l'aide de tables de constantes de produits de solubilité.

6.7 La séparation des ions par précipitation sélective
En ajoutant progressivement un certain ion commun à d'autres ions en solution, on peut les séparer en les faisant précipiter successivement.

6.8 et 6.9 L'effet d'ion commun et du pH sur la solubilité
La solubilité d'un sel subit l'effet de la présence d'un anion ou d'un cation commun, ou celui du pH. Il y a précipitation dès que le produit ionique dépasse la valeur de la constante du produit de la solubilité. Il est possible de calculer la solubilité d'un composé ionique donné dans différentes conditions d'ion commun, l'ion commun pouvant être, par exemple, H_3O^+ ou OH^-.

6.10 L'équilibre des ions complexes et la solubilité
La formation d'ion complexe, sorte de réaction acide-base de Lewis, fait accroître la solubilité d'un sel très peu soluble. La constante de formation d'un complexe permet d'effectuer des calculs de solubilité à partir des concentrations des espèces en équilibre.

6.11 L'application du principe de l'équilibre de solubilité à l'analyse qualitative
L'analyse qualitative est une méthode d'identification des ions présents dans une solution. Les ions sont regroupés en cinq catégories, puis il s'agit d'appliquer une méthode de précipitation sélective permettant d'isoler une vingtaine de cations courants. La dernière étape de cette méthode est la confirmation de la présence de certains ions par un test d'émission à la flamme.

La formation d'une coquille d'œuf, une question d'acidité et de solubilité

Comment la coquille d'un œuf de poule se forme-t-elle ? Cette coquille est principalement composée de calcite, une forme cristalline de carbonate de calcium ($CaCO_3$).

Œufs de poule

Les coquilles d'œufs, qui pèsent en moyenne 5 g, sont constituées à 40 % de calcium. Il faut 16 heures à ce calcium pour se fixer sur la coquille. Le calcium se dépose donc à une vitesse de 125 mg/h. Aucune poule ne peut consommer autant de calcium en si peu de temps pour être en mesure de suffire à cette demande. Les poules utilisent plutôt le calcium contenu dans des masses osseuses spéciales localisées dans leurs os longs, qui accumulent de grandes réserves de calcium destinées à la formation des coquilles. [Le calcium y est présent sous forme de phosphate de calcium, $Ca_3(PO_4)_2$, un autre composé insoluble et un constituant de l'os.] Si le régime d'une poule est faible en calcium, la coquille de ses œufs s'amincit progressivement. La poule peut alors employer 10 % de la quantité totale de calcium contenu dans ses os pour pondre un seul œuf ! Si cette carence continue, la poule cesse de pondre.

Normalement, le sang véhicule les substances de base nécessaires à la formation des coquilles (les ions Ca^{2+} et CO_3^{2-}) jusqu'à la glande coquillière. Dans cette glande, la calcification se fait par une réaction de précipitation :

$$Ca^{2+}(aq) + CO_3^{2-}(aq) \rightleftharpoons CaCO_3(s)$$

Dans le sang, les ions Ca^{2+} libres sont en équilibre avec les ions calcium liés à des protéines. À mesure que les ions libres sont utilisés par la glande coquillière, ceux qui sont liés aux protéines se libèrent.

De leur côté, les ions carbonate sont un dérivé métabolique. Le dioxyde de carbone produit durant le métabolisme est converti en acide carbonique (H_2CO_3) par l'enzyme appelée *anhydrase carbonique* :

$$CO_2(g) + H_2O(l) \xrightleftharpoons{\text{anhydrase carbonique}} H_2CO_3(aq)$$

L'acide carbonique s'ionise par étapes pour produire des ions carbonate :

$$H_2CO_3(aq) + H_2O(l) \rightleftharpoons H_3O^+(aq) + HCO_3^-(aq)$$

$$HCO_3^-(aq) + H_2O(l) \rightleftharpoons H_3O^+(aq) + CO_3^{2-}(aq)$$

Les poules ne transpirent pas ; pour se rafraîchir, elles doivent haleter. Cependant, le halètement élimine plus de CO_2 de leur organisme que la respiration normale. Selon le principe de Le Chatelier, le halètement déplace l'équilibre CO_2 — H_2CO_3, montré ci-dessus, vers la gauche, ce qui diminue la concentration d'ions CO_3^{2-} en solution et donne, par conséquent, des coquilles d'œufs plus minces. Durant les journées chaudes, il est donc bon de faire boire de l'eau gazeuse aux poules pour remédier à cette situation. Le CO_2 dissous dans l'eau s'ajoute alors aux liquides corporels de la poule, ce qui déplace l'équilibre CO_2 — H_2CO_3 vers la droite.

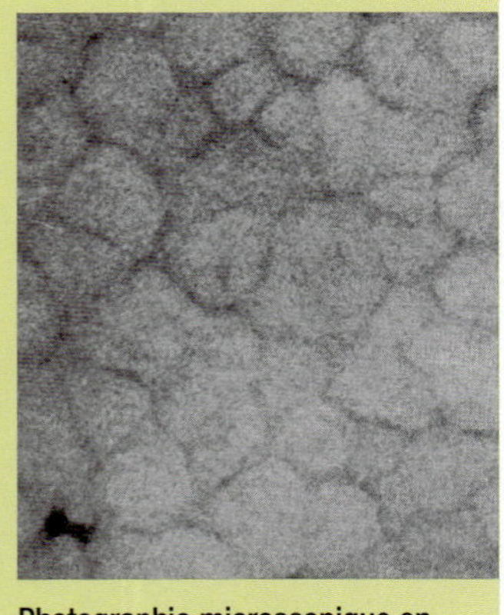

Photographie microscopique en plongée d'une coquille d'œuf prise aux rayons X ; on peut y voir les colonnes de calcite.

6.1 L'équilibre des solutions en milieux homogène et hétérogène

Au chapitre 5, nous avons vu que les acides faibles et les bases faibles ne s'ionisent jamais complètement dans l'eau. Ainsi, à l'équilibre, une solution d'acide faible, par exemple, contient aussi bien de l'acide non ionisé que de sa base conjuguée et des ions H_3O^+. Néanmoins, toutes ces espèces sont dissoutes, faisant du système un exemple d'équilibre homogène (*voir le chapitre 4*).

Dans la deuxième partie de ce chapitre, nous verrons un autre type important d'équilibre qui met en jeu la dissolution et la précipitation de substances légèrement solubles. Ces systèmes sont des exemples d'équilibre hétérogène, c'est-à-dire des systèmes dans lesquels les réactions mettent en jeu des composantes qui sont dans des phases différentes.

6.2 L'effet d'ion commun

Notre étude de l'ionisation des acides et des bases ainsi que l'hydrolyse des sels au chapitre 5 s'est limitée aux solutions contenant un seul soluté. Dans cette section, nous allons considérer les propriétés acido-basiques de solutions de deux solutés dissous qui sont constitués en partie d'un même ion (le cation ou l'anion), appelé *ion commun.*

La présence d'un ion commun réprime l'ionisation d'un acide faible ou d'une base faible. Si, par exemple, de l'acétate de sodium et de l'acide acétique sont dissous dans la même solution, les deux se dissocient et s'ionisent pour produire des ions CH_3COO^- :

$$CH_3COONa(s) \xrightarrow{H_2O} CH_3COO^-(aq) + Na^+(aq)$$
$$CH_3COOH(aq) + H_2O(l) \rightleftharpoons CH_3COO^-(aq) + H_3O^+(aq)$$

CH_3COONa est un électrolyte fort, et il se dissocie donc complètement en solution. Par contre, CH_3COOH, un acide faible, s'ionise un peu. Selon le principe de Le Chatelier, l'addition d'ions CH_3COO^- provenant de CH_3COONa à une solution de CH_3COOH va réprimer l'ionisation de CH_3COOH (l'équilibre se déplace de la droite vers la gauche), ce qui provoque du même coup une diminution de la concentration des ions hydronium; une solution contenant à la fois du CH_3COOH et du CH_3COONa sera donc moins acide qu'une solution ne contenant que du CH_3COOH à la même concentration. Le déplacement du système à l'équilibre de l'ionisation de l'acide acétique est provoqué par les ions acétate (CH_3COO^-) du sel, qui est l'ion commun parce qu'il est à la fois fourni par CH_3COOH et CH_3COONa.

L'**effet d'ion commun** est le déplacement d'un équilibre, causé par l'addition d'un composé ayant un ion en commun avec une substance dissoute. L'effet d'ion commun a un effet marquant sur le pH des solutions ainsi que sur la solubilité des sels peu solubles (nous les aborderons plus loin dans ce chapitre). Pour le moment, étudions l'effet d'ion commun en relation avec le pH d'une solution, mais rappelez-vous que l'effet d'ion commun est seulement un cas particulier de l'application du principe de Le Chatelier.

Étudions le pH d'une solution constituée d'un acide faible, HA, mélangée à une solution d'un sel d'un acide faible, comme NaA. La solution résultante est décrite par l'équilibre suivant:

$$HA(aq) + H_2O(l) \rightleftharpoons H_3O^+(aq) + A^-(aq)$$

La constante d'ionisation K_a est donnée par :

$$K_a = \frac{[H_3O^+][A^-]}{[HA]} \tag{6.1}$$

En réarrangeant l'équation 6.1 :

$$[H_3O^+] = \frac{[K_a][HA]}{[A^-]}$$

En extrayant le logarithme négatif de chaque membre de l'équation, on obtient :

$$-\log [H_3O^+] = -\log K_a - \log \frac{[HA]}{[A^-]}$$
$$-\log [H_3O^+] = -\log K_a + \log \frac{[A^-]}{[HA]} \tag{6.2}$$

Si l'on définit :

$$pK_a = -\log K_a \tag{6.3}$$

On peut réécrire l'équation 6.2 ainsi :

$$pH = pK_a + \log \frac{[A^-]}{[HA]} \tag{6.4}$$

NOTE

Le pK_a est lié à K_a de la même manière que le pH est relié à $[H_3O^+]$. Souvenez-vous que, plus l'acide est fort (plus élevée est la valeur de K_a), plus la valeur de pK_a est petite.

Cette dernière équation s'appelle l'*équation de Henderson-Hasselbalch*. Cette expression peut s'écrire ainsi sous une forme encore plus générale :

$$pH = pK_a + \log \frac{[\text{base conjuguée}]}{[\text{acide}]} \tag{6.5}$$

NOTE

Pour ce qui est du pOH, on utilise aussi la relation

$$pOH = pK_b + \log \frac{[\text{acide conjugué}]}{[\text{base}]}$$

Dans notre exemple, HA est l'acide, et A^- est la base conjuguée. Ainsi, si l'on connaît la valeur de K_a et les valeurs des concentrations de l'acide et du sel de l'acide, on peut calculer le pH de la solution.

Il est important de se souvenir que l'équation de Henderson-Hasselbalch s'obtient à partir de l'expression de la constante d'équilibre. Elle est valable, peu importe la source de la base conjuguée (qu'elle provienne de l'acide seul ou à la fois de l'acide et de son sel).

Dans les problèmes qui portent sur l'effet d'ion commun, on donne habituellement les concentrations initiales d'un acide faible HA et de son sel, comme NaA. Pourvu que les concentrations de ces espèces soient assez fortes ($\geq$ 0,1 mol/L), nous pouvons négliger l'ionisation de l'acide et l'hydrolyse du sel, comme nous le verrons dans l'exemple suivant. Il s'agit d'une approximation valable, car HA est un acide faible, et l'hydrolyse de A^- se fait généralement en très petite quantité. Cette approximation est encore plus justifiée du fait que la présence de A^- (provenant de NaA) réprime l'ionisation de HA et que la présence de HA réprime l'hydrolyse de A^-. Nous pouvons donc remplacer les concentrations à l'équilibre dans les équations 6.1 et 6.4 par les concentrations *initiales.*

EXEMPLE 6.1 Le calcul du pH d'une solution d'un acide faible sans ion commun et avec un ion commun

a) Calculez le pH d'une solution de CH_3COOH 0,20 mol/L.

b) Calculez le pH d'une solution contenant CH_3COOH 0,20 mol/L et CH_3COONa 0,30 mol/L.

DÉMARCHE

a) Les calculs de $[H_3O^+]$ et de pH se font de la manière exposée à l'exemple 5.8 (*p. 240*).

b) CH_3COOH est un acide faible ($CH_3COOH + H_2O \rightleftharpoons CH_3COO^- + H_3O^+$), et CH_3COONa, selon le tableau 1.2 (*p. 8*), est un sel soluble complètement dissocié en solution ($CH_3COONa \longrightarrow CH_3COO^- + Na^+$). Dans ce cas-ci, l'ion commun est l'acétate, CH_3COO^-. Les principales espèces présentes à l'équilibre sont CH_3COOH, CH_3COO^-, Na^+, H_3O^+ et H_2O. L'ion Na^+ n'a pas d'effet sur le pH, et l'on considère comme négligeable la contribution de l'eau au pH par son ionisation. Comme K_a est une constante d'équilibre, sa valeur est la même, peu importe qu'il y ait seulement présence de l'acide ou d'un mélange de l'acide avec son sel en solution. On peut donc calculer $[H_3O^+]$ à l'équilibre et le pH à partir des concentrations connues à l'équilibre de CH_3COOH et de CH_3COO^-.

SOLUTION

a) Voyons les changements:

	$CH_3COOH(aq) + H_2O(l)$	$\rightleftharpoons$	$CH_3COO^-(aq) +$	$H_3O^+(aq)$
Concentration initiale (mol/L):	0,20		0	0
Variation (mol/L):	$-x$		$+x$	$+x$
Concentration à l'équilibre (mol/L):	$0,20 - x$		x	x

$$K_a = \frac{[H_3O^+][CH_3COO^-]}{[CH_3COOH]}$$

$$1,8 \times 10^{-5} = \frac{x^2}{(0,20 - x)}$$

En supposant que $0,20 - x \simeq 0,20$, on obtient:

$$1,8 \times 10^{-5} = \frac{x^2}{0,20 - x} \simeq \frac{x^2}{0,20}$$

soit : $x = [H_3O^+] = 1,9 \times 10^{-3}$ mol/L

et : $pH = -\log(1,9 \times 10^{-3}) = 2,72$

b) L'acétate de sodium, comme tous les composés des métaux alcalins, est un électrolyte fort, il se dissocie donc complètement en solution:

$$CH_3COONa(s) \xrightarrow{H_2O} \underset{0,30\ \text{mol/L}}{CH_3COO^-(aq)} + \underset{0,30\ \text{mol/L}}{Na^+(aq)}$$

>>>

NOTE

Dans le cas de la présence d'un ion commun, la ligne de données des concentrations initiales n'indique pas zéro partout du côté droit. Remarquez ici le 0,30 mol/L pour l'ion acétate.

Construisons le tableau montrant les conditions initiales ainsi que les changements et la situation résultante à l'équilibre :

	$CH_3COOH(aq)$ + $H_2O(l)$ ⇌	$CH_3COO^-(aq)$ +	$H_3O^+(aq)$
Concentration initiale (mol/L) :	0,20	0,30	0
Variation (mol/L) :	$-x$	$+x$	$+x$
Concentration à l'équilibre (mol/L) :	$0{,}20 - x$	$0{,}30 + x$	x

Selon l'équation 6.1 :

$$K_a = \frac{[H_3O^+][CH_3COO^-]}{[CH_3COOH]}$$

$$1{,}8 \times 10^{-5} = \frac{(x)(0{,}30 + x)}{(0{,}20 - x)}$$

En supposant que $0{,}30 + x \simeq 0{,}30$ et que $0{,}20 - x \simeq 0{,}20$, on obtient :

$$1{,}8 \times 10^{-5} = \frac{(x)(0{,}30 + x)}{0{,}20 - x} \simeq \frac{(x)(0{,}30)}{0{,}20}$$

$$x = [H_3O^+] = 1{,}2 \times 10^{-5}\ \text{mol/L}$$

$$\text{pH} = -\log [H_3O^+]$$

$$= -\log (1{,}2 \times 10^{-5}) = 4{,}92$$

On peut aussi calculer le pH de cette solution à l'aide de l'équation de Henderson-Hasselbalch. Il faut d'abord calculer le pK_a de l'acide (*voir l'équation 6.3, p. 286*) :

$$\text{p}K_a = -\log K_a$$

$$= -\log (1{,}8 \times 10^{-5})$$

$$= 4{,}74$$

Le pH de la solution se calcule ensuite en substituant la valeur de pK_a et des concentrations de l'acide et de sa base conjuguée dans l'équation 6.5 (*p. 286*) :

$$\text{pH} = \text{p}K_a + \log \frac{[CH_3COO^-]}{[CH_3COOH]}$$

$$= 4{,}74 + \log \frac{0{,}30}{0{,}20}$$

$$= 4{,}74 + 0{,}18 = 4{,}92$$

VÉRIFICATION

En comparant les résultats obtenus en a) et en b), nous constatons, en accord avec le principe de Le Chatelier, qu'en présence de l'ion commun CH_3COO^-, l'équilibre se déplace davantage de la droite vers la gauche. Il y a donc une moins grande ionisation de l'acide faible et moins d'ions H_3O^+ sont produits en b), ce qui correspond à un pH plus élevé qu'en a). Aussi, comme d'habitude, vous devriez vérifier la validité des approximations.

PROBLÈME SEMBLABLE

6.3

EXERCICE

Quel est le pH d'une solution contenant HCOOH 0,30 mol/L et HCOOK 0,52 mol/L ? Comparez votre résultat au pH d'une solution de HCOOH à 0,30 mol/L.

L'effet d'ion commun peut également se produire dans une solution contenant une base faible, comme NH_3, et un sel de cette base, NH_4Cl par exemple. À l'équilibre, on a :

$$NH_4^+(aq) + H_2O(l) \rightleftharpoons NH_3(aq) + H_3O^+(aq)$$
$$K_a = \frac{[NH_3][H_3O^+]}{[NH_4^+]}$$

On peut trouver l'équation de Henderson-Hasselbalch pour ce système en réarrangeant ainsi l'équation plus haut :

$$[H_3O^+] = \frac{K_a[NH_4^+]}{[NH_3]}$$

En extrayant le logarithme négatif de chaque membre de l'équation, on obtient :

$$-\log [H_3O^+] = -\log K_a - \log \frac{[NH_4^+]}{[NH_3]}$$
$$-\log [H_3O^+] = -\log K_a + \log \frac{[NH_3]}{[NH_4^+]}$$

ou :

$$pH = pK_a + \log \frac{[NH_3]}{[NH_4^+]}$$

Une solution contenant à la fois NH_3 et son sel NH_4Cl est *moins* basique qu'une solution contenant seulement NH_3 à la même concentration. La présence de l'ion commun NH_4^+ réprime l'ionisation de NH_3 dans la solution contenant à la fois la base et son sel.

6.3 Les solutions tampons

La composition d'un tampon et le pouvoir tampon

Une **solution tampon** est une solution constituée 1) d'un acide faible ou d'une base faible et 2) du sel de cet acide ou de cette base ; ces deux composantes doivent être présentes. La solution a la capacité de maintenir son pH presque constant, malgré l'ajout de petites quantités d'acide ou de base. Ce type de solution est très important pour les systèmes chimiques et biologiques. Dans l'organisme humain, le pH varie beaucoup d'un liquide à l'autre ; par exemple, le pH du sang est environ 7,4, tandis que celui du liquide gastrique est environ 1,5. Dans la plupart des cas, ces pH sont maintenus constants grâce aux systèmes tampons, ce qui est essentiel à l'efficacité des enzymes et à l'équilibre de la pression osmotique.

Chimie en ligne
Animation
- Les solutions tampons

Une solution tampon doit avoir une concentration relativement élevée d'acide pour pouvoir réagir avec les ions OH^- qui peuvent y être ajoutés ; elle doit également avoir

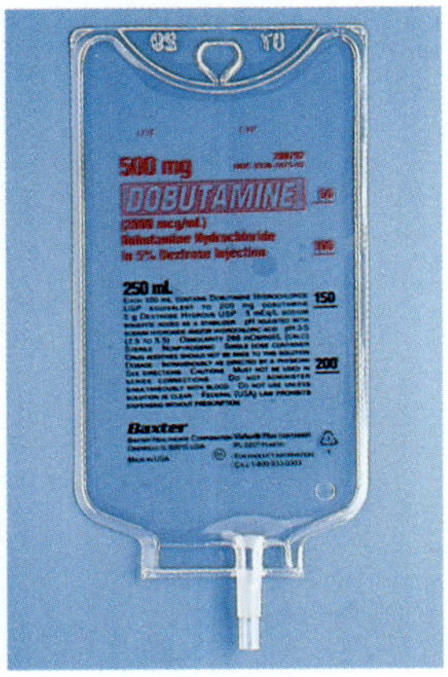

Les liquides destinés aux injections intraveineuses doivent contenir des systèmes tampons pour que le pH sanguin ne soit pas perturbé.

une concentration semblable de base pour pouvoir réagir avec les ions H_3O^+ ajoutés. De plus, l'acide et la base faisant partie d'un système tampon ne doivent pas se neutraliser mutuellement. On retrouve ces caractéristiques dans un couple acide-base conjugués, par exemple un acide faible et sa base conjuguée (fournie par un sel) ou une base faible et son acide conjugué (fourni par un sel).

On peut préparer une solution tampon simple en ajoutant à de l'eau des quantités molaires comparables d'acide acétique (CH_3COOH) et d'acétate de sodium (CH_3COONa). On considère alors que les concentrations à l'équilibre de l'acide et de sa base conjuguée (provenant de CH_3COONa) sont les mêmes que les concentrations initiales (*voir p. 286*) ; c'est d'abord parce que CH_3COOH est un acide faible et que l'hydrolyse des ions CH_3COO^- est très faible ; ensuite, parce que la présence d'ions CH_3COO^- réprime l'ionisation de CH_3COOH et que la présence de CH_3COOH réprime, de son côté, l'hydrolyse des ions CH_3COO^-. Une solution qui contient ces deux substances peut neutraliser tout aussi bien de petites quantités ajoutées d'un acide ou d'une base. L'acétate de sodium, qui est un électrolyte fort, se dissocie complètement dans l'eau :

$$CH_3COONa(s) \xrightarrow{H_2O} CH_3COO^-(aq) + Na^+(aq)$$

Si l'on ajoute un acide, la base conjuguée (CH_3COO^-) contenue dans le système tampon captera les ions H^+ de H_3O^+, selon l'équation suivante :

$$CH_3COO^-(aq) + H_3O^+(aq) \longrightarrow CH_3COOH(aq) + H_2O(l)$$

Si l'on ajoute une base au système tampon, l'acide qui y est déjà neutralisera les ions OH^- :

$$CH_3COOH(aq) + OH^-(aq) \longrightarrow CH_3COO^-(aq) + H_2O(l)$$

Comme vous pouvez le constater, les deux réactions qui caractérisent ce système tampon sont identiques à celles qui sont décrites pour expliquer l'effet d'ion commun à l'exemple 6.1 (*p. 287*).

Le **pouvoir tampon**, ou cette capacité de la solution tampon de neutraliser de l'acide ou de la base, dépend des quantités de l'acide et de sa base conjuguée qui forment le système tampon. Plus cette quantité est élevée, plus le pouvoir tampon est grand.

En général, on peut représenter un système tampon comme un système sel/acide ou base conjuguée/acide. Alors, le système tampon acétate de sodium/acide acétique peut être exprimé de l'une des façons suivantes : CH_3COONa/CH_3COOH ou CH_3COO^-/CH_3COOH. La figure 6.1 montre ce système en action.

FIGURE 6.1

Effet tampon

On utilise le bleu de bromophénol, un indicateur coloré acido-basique (ajouté à toutes ces solutions), pour illustrer l'effet tampon. Quand le pH est supérieur à 4,6, cet indicateur est bleu-mauve ; quand le pH est inférieur à 3,0, l'indicateur est jaune.
(A) Solution tampon constituée de 50 mL de CH_3COOH 0,1 mol/L et de 50 mL de CH_3COONa 0,1 mol/L. Le pH de la solution est 4,7, l'indicateur est bleu-mauve.
(B) Après l'ajout de 40 mL d'une solution de HCl 0,1 mol/L à la solution (A), la couleur reste bleu-mauve à cause de l'effet tampon.
(C) Solution de CH_3COOH (100 mL) dont le pH est 4,7.
(D) Après l'ajout de six gouttes (environ 0,3 mL) d'une solution de HCl 0,1 mol/L, la solution devient jaune. Sans l'effet tampon, l'ajout de quelques gouttes de HCl 0,1 mol/L fait rapidement diminuer le pH de la solution à une valeur inférieure à 3,0.

EXEMPLE 6.2 La distinction entre un système tampon et un mélange d'acides et de bases qui ne sont pas un système tampon

Lesquelles des solutions suivantes sont des systèmes tampons ? a) KH_2PO_4/H_3PO_4 ; b) $NaClO_4/HClO_4$; c) C_5H_5N/C_5H_5NHCl (C_5H_5N est de la pyridine ; sa valeur de K_b est donnée au tableau 5.5, p. 249). Justifiez vos réponses.

DÉMARCHE

Quelle est la composition générale d'un système tampon ? Lesquelles des solutions précédentes contiennent un acide faible et son sel (constitué de sa base conjuguée, une base faible) ? Lesquelles contiennent une base faible et son sel (constitué de son acide conjugué faible) ? Pourquoi la base conjuguée d'un acide fort ne peut-elle pas neutraliser un acide ajouté ?

SOLUTION

Pour obtenir un tampon, il faut à la fois la présence d'un acide faible et de son sel (qui contient sa base conjuguée, une base faible) ou d'une base faible et de son sel (qui contient son acide conjugué, un acide faible).

a) H_3PO_4 est un acide faible ; sa base conjuguée ($H_2PO_4^-$) est une base faible (*voir le tableau 5.4, p. 245*). Il s'agit donc d'un système tampon.

b) Puisque $HClO_4$ est un acide fort, sa base conjuguée (ClO_4^-) est une base extrêmement faible. Cela signifie que l'ion ClO_4^- ne réagira pas avec l'ion H_3O^+ en solution pour former $HClO_4$. Alors, ce système ne peut agir comme un système tampon.

c) Comme l'indique le tableau 5.5, C_5H_5N est une base faible, et son acide conjugué ($C_5H_5NH^+$, cation du sel C_5H_5NHCl) est un acide faible. Il s'agit donc d'un système tampon.

EXERCICE

Lesquelles des solutions suivantes sont des systèmes tampons ? a) KF/HF ; b) KBr/HBr ; c) $Na_2CO_3/NaHCO_3$.

PROBLÈMES SEMBLABLES

6.9 et 6.10

EXEMPLE 6.3 Le calcul du pH d'un système tampon

a) Calculez le pH d'un système tampon contenant du CH_3COOH à 1,0 mol/L et du CH_3COONa à 1,0 mol/L.

b) Quel est le pH du système tampon après addition de 0,10 mol de HCl gazeux à 1 L de la solution ? Considérez que le volume de la solution ne change pas quand on ajoute le HCl.

DÉMARCHE

a) Le pH du système tampon avant l'addition de HCl peut être calculé selon la procédure déjà décrite à l'exemple 6.1 b) (*p. 287*), car il s'agit d'un cas d'effet d'ion commun. La constante K_a de CH_3COOH est de $1{,}8 \times 10^{-5}$ (*voir le tableau 5.3, p. 236*).

b) Il est avantageux de faire une esquisse décrivant les données de ce problème :

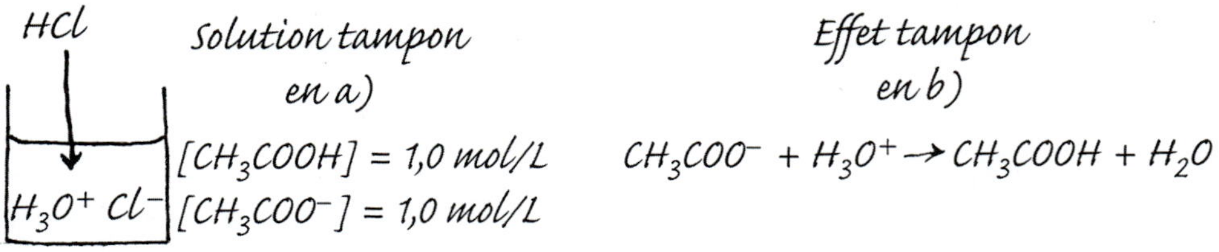

SOLUTION

a) Construisons le tableau montrant les conditions initiales ainsi que les changements et la situation résultante à l'équilibre :

	$CH_3COOH(aq) + H_2O(l)$	$\rightleftharpoons$ $CH_3COO^-(aq)$	$+ H_3O^+(aq)$
Concentration initiale (mol/L) :	1,0	1,0	0
Variation (mol/L) :	$-x$	$+x$	$+x$
Concentration à l'équilibre (mol/L) :	$1{,}0 - x$	$1{,}0 + x$	x

$$K_a = \frac{[H_3O^+][CH_3COO^-]}{[CH_3COOH]}$$

$$1{,}8 \times 10^{-5} = \frac{(x)(1{,}0 + x)}{(1{,}0 - x)}$$

En supposant que $1{,}0 + x \simeq 1{,}0$ et que $1{,}0 - x \simeq 1{,}0$, on obtient :

$$1{,}8 \times 10^{-5} = \frac{(x)(1{,}0 + x)}{(1{,}0 - x)} \simeq \frac{x(1{,}0)}{1{,}0}$$

d'où : $x = [H_3O^+] = 1{,}8 \times 10^{-5}$ mol/L

et : $\text{pH} = -\log(1{,}8 \times 10^{-5}) = 4{,}74$

Voici une autre manière de calculer ce pH. D'après l'équation 6.5 (*p. 286*), on peut écrire :

$$\text{pH} = \text{p}K_a + \log \frac{[CH_3COO^-]}{[CH_3COOH]}$$

$$= -\log 1{,}8 \times 10^{-5} + \log \frac{1{,}0}{1{,}0}$$

$$= 4{,}74$$

>>>

b) Le HCl additionné est complètement ionisé :

	$HCl(aq)$ + $H_2O(l)$ ⟶	$H_3O^+(aq)$ +	$Cl^-(aq)$
Initial (mol) :	0,10	0	0
Variation (mol) :	−0,10	+0,10	+0,10
Final (mol) :	0	0,10	0,10

L'ion Cl^- est un ion spectateur en solution parce qu'il est la base conjuguée d'un acide fort.

Les ions H_3O^+ fournis par l'acide fort HCl réagissent complètement avec la base conjuguée du tampon, soit CH_3COO^-. Dans ce genre de situation, il est préférable d'effectuer les calculs avec les moles plutôt qu'avec les concentrations molaires, parce que, dans certains cas, le volume de la solution peut changer en cours d'addition d'une substance. Un changement de volume va modifier la concentration, mais pas le nombre de moles. Résumons ainsi la réaction de neutralisation :

	$CH_3COO^-(aq)$ +	$H_3O^+(aq)$ ⟶	$CH_3COOH(aq) + H_2O(l)$
Initial (mol) :	1,0	0,10	1,0
Variation (mol) :	−0,10	−0,10	+0,10
Final (mol) :	0,90	0	1,1

Ensuite, pour calculer le pH du tampon après la neutralisation de l'acide, on décrit à nouveau le système à l'équilibre en utilisant cette fois les concentrations molaires obtenues ici en divisant les moles par le volume de la solution (1,0 L) :

	$CH_3COOH(aq) + H_2O(l)$ ⇌	$CH_3COO^-(aq)$ +	$H_3O^+(aq)$
Concentration initiale (mol/L) :	1,1	0,90	0
Variation (mol/L) :	$-x$	$+x$	$+x$
Concentration à l'équilibre (mol/L) :	$1,1 - x$	$0,90 + x$	x

$$K_a = \frac{[H_3O^+][CH_3COO^-]}{[CH_3COOH]}$$

$$1,8 \times 10^{-5} = \frac{(x)(0,90 + x)}{(1,1 - x)}$$

En supposant que $0,90 + x \simeq 0,90$ et que $1,1 - x \simeq 1,1$, on obtient :

$$1,8 \times 10^{-5} = \frac{(x)(0,90 + x)}{(1,1 - x)} \simeq \frac{x\,(0,90)}{1,1}$$

d'où : $x = [H_3O^+] = 2,2 \times 10^{-5}$ mol/L

et : $pH = -\log(2,2 \times 10^{-5}) = 4,66$

Ici aussi, à la suite de la neutralisation, on aurait pu simplement appliquer l'équation de Henderson-Hasselbalch à ces données :

$$pH = pK_a + \log \frac{[CH_3COO^-]}{[CH_3COOH]}$$

$$pH = -\log 1,8 \times 10^{-5} + \log \frac{0,9}{1,1}$$

$$= 4,66$$

>>>

VÉRIFICATION

Le pH a diminué très peu après l'addition de l'acide, ce qui correspond bien au comportement d'une solution tampon.

PROBLÈMES SEMBLABLES

6.13 et 6.14

EXERCICE

Calculez le pH du système tampon suivant : NH_3 0,30 mol/L/NH_4Cl 0,36 mol/L. Que devient le pH après l'addition de 20,0 mL de NaOH à 0,050 mol/L dans 80,0 mL de la solution tampon ?

On constate que, dans la solution tampon présentée à l'exemple 6.3 (*p. 292*), le pH diminue de 0,08 unité (la solution devient plus acide) après l'ajout de HCl. On peut également comparer les concentrations d'ions H_3O^+ :

$$\text{avant l'ajout de HCl : } [H_3O^+] = 1{,}8 \times 10^{-5} \text{ mol/L et pH} = 4{,}74$$
$$\text{après l'ajout de HCl : } [H_3O^+] = 2{,}2 \times 10^{-5} \text{ mol/L et pH} = 4{,}66$$

Alors, la concentration d'ions H_3O^+ augmente par un facteur de :

$$\frac{2{,}2 \times 10^{-5} \text{ mol/L}}{1{,}8 \times 10^{-5} \text{ mol/L}} = 1{,}2$$

Pour évaluer l'efficacité du système tampon CH_3COONa/CH_3COOH, voyons ce qui serait arrivé si l'on avait ajouté 0,10 mol de HCl à 1 L d'eau et comparons l'augmentation des concentrations de H_3O^+ :

$$\text{avant l'ajout de HCl : } [H_3O^+] = 1{,}0 \times 10^{-7} \text{ mol/L et pH} = 7{,}00$$
$$\text{après l'ajout de HCl : } [H_3O^+] = 0{,}10 \text{ mol/L et pH} = 1{,}00$$

Alors, après l'ajout de HCl, la concentration d'ions H_3O^+ augmente par un facteur de :

$$\frac{0{,}10 \text{ mol/L}}{1{,}0 \times 10^{-7} \text{ mol/L}} = 1{,}0 \times 10^{6}$$

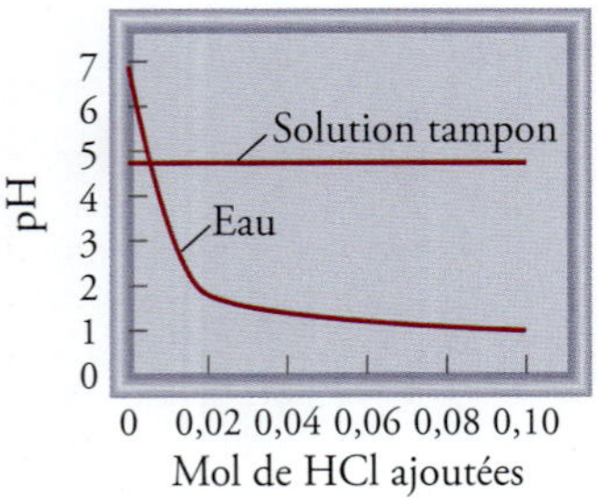

FIGURE 6.2

Effet tampon

Comparaison des changements de pH observés lors de l'addition de 0,10 mol de HCl dans de l'eau pure et dans une solution tampon contenant de l'acétate, comme déjà décrit à l'exemple 6.3.

Cela représente une augmentation de un million de fois, alors qu'elle n'était que de 1,2 fois dans le cas de la solution tampon ! Cette comparaison démontre qu'une solution tampon adéquate peut maintenir presque constante une concentration d'ions H_3O^+ (ou un pH) malgré l'addition d'acide ou de base (*voir la figure 6.2*). On peut évaluer, par des calculs semblables, que les rapports entre les conjugués constitutifs d'un bon tampon varient entre 0,1 et 10, soit :

$$0{,}1 < \frac{[\text{base conjugée}]}{[\text{acide}]} < 10 \qquad (6.6)$$

La visualisation de la composition idéale d'un tampon

La relation entre le pH et la quantité d'acide faible ou de sa base conjuguée se comprend plus facilement en examinant la *courbe de répartition* de la figure 6.3. Dans le cas étudié ici, on peut voir la courbe de distribution des fractions d'acide acétique et d'ions acétate présentes dans une solution en fonction du pH. À faible pH, la concentration de CH_3COOH est beaucoup plus grande que celle de l'ion CH_3COO^-, parce que la forte concentration des ions H_3O^+ fait déplacer l'équilibre de la droite vers la gauche (effet d'ion commun, principe de Le Chatelier) :

$$CH_3COOH(aq) + H_2O(l) \rightleftharpoons CH_3COO^-(aq) + H_3O^+(aq)$$

Il y a donc prédominance de molécules d'acide acétique non ionisées. À pH élevé, le contraire se produit, les ions OH^- faisant diminuer cette fois le nombre de molécules d'acide acétique tout en faisant augmenter le nombre d'ions acétate :

$$CH_3COOH(aq) + OH^-(aq) \rightleftharpoons CH_3COO^-(aq) + H_2O(l)$$

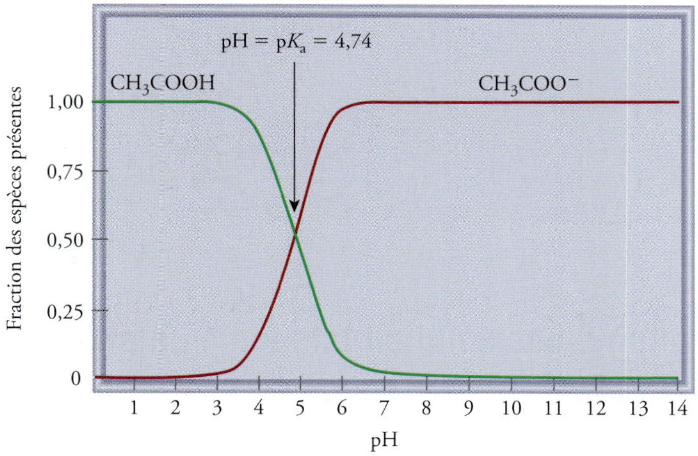

FIGURE 6.3

Courbes de répartition de l'acide acétique et de l'ion acétate en fonction du pH

La fraction d'une espèce présente est donnée par le rapport de sa concentration sur la concentration totale des deux espèces. Ainsi, à très bas pH (milieu très acide), il y a beaucoup de molécules d'acide acétique et très peu d'ions acétate. C'est le contraire à un pH très élevé (milieu très basique). C'est entre pH 3,74 et 5,74 (la zone tampon) que le système tampon CH_3COO^-/CH_3COOH est le plus efficace. Lorsque $[CH_3COOH] = [CH_3COO^-]$ ou lorsque la fraction vaut 0,5, le pH de la solution est égal au pK_a de l'acide (4,74).

Il y a maintenant prédominance d'ions acétate. Pour que l'effet tampon soit possible, la solution tampon doit contenir des quantités comparables d'acide et de base conjuguée. Cette situation existe seulement dans un certain intervalle de pH. On appelle **zone tampon** l'intervalle de pH pour lequel un tampon est efficace, soit :

$$pK_a - 1 < pH < pK_a + 1 \quad (6.7)$$

NOTE

Cette relation provient de l'application de l'équation de Henderson-Hasselbalch aux situations déjà décrites des rapports idéaux des concentrations molaires entre les conjugués d'une solution tampon, soit entre 10/1 et 1/10.

Le pK_a de l'acide acétique valant 4,74, la zone tampon du système CH_3COO^-/CH_3COOH se situe donc entre pH = 3,74 et pH = 5,74.

Remarquez que l'action tampon optimale est à pH = 4,74, c'est-à-dire lorsque $[CH_3COOH] = [CH_3COO^-]$. Toutefois, une autre condition doit être remplie pour que le tampon soit efficace : les concentrations de l'acide faible et de sa base conjuguée doivent être assez fortes pour constituer de bonnes réserves pouvant éventuellement neutraliser de fortes quantités de H_3O^+ ou de OH^- sans grandes variations de pH.

Le système tampon CH_3COO^-/CH_3COOH n'a pas d'importance sur le plan biologique. Par contre, le système tampon hydrogénocarbonate-acide carbonique

(HCO_3^-/H_2CO_3) joue un rôle important chez les êtres vivants (*voir la rubrique Chimie en action, p. 298*). H_2CO_3 pouvant donner deux protons, on peut donc avoir deux systèmes tampons différents, HCO_3^-/H_2CO_3 et CO_3^{2-}/HCO_3^-. L'ion hydrogénocarbonate HCO_3^- est un amphotère, il agit comme la base conjuguée du premier système et comme l'acide du second. À l'aide des données du tableau 5.4 (*p. 245*), nous pouvons calculer ainsi les zones tampons :

HCO_3^-/H_2CO_3	$pH = pK_a \pm 1{,}00 = 6{,}38 \pm 1{,}00$
Zone tampon	$5{,}38 \leqslant pH \leqslant 7{,}38$
CO_3^{2-}/HCO_3^-	$pH = pK_a \pm 1{,}00 = 10{,}32 \pm 1{,}00$
Zone tampon	$9{,}32 \leqslant pH \leqslant 11{,}32$

La figure 6.4 nous montre les courbes de répartition obtenues pour ces deux systèmes tampons. On constate qu'ils opèrent dans des zones de pH bien différentes.

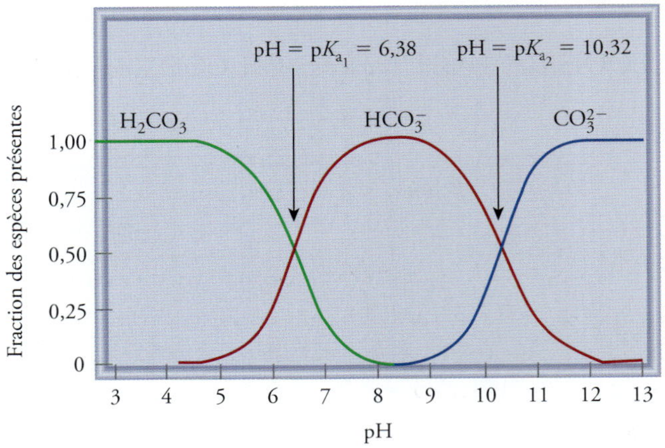

FIGURE 6.4

Courbes de répartition de l'acide carbonique et de l'ion hydrogénocarbonate en fonction du pH

Pour toute valeur de pH, il y a toujours seulement deux espèces prédominantes en solution (H_2CO_3 et HCO_3^- ou HCO_3^- et CO_3^{2-}).
Lorsque $[H_2CO_3] = [HCO_3^-]$, on a $pH = pK_a = 6{,}38$.
Lorsque $[HCO_3^-] = [CO_3^{2-}]$, on a $pH = pK_a = 10{,}32$.

La préparation d'une solution tampon à un pH déterminé

Maintenant, supposons que vous voulez préparer une solution tampon à un pH déterminé. Comment y arriverez-vous ?

L'équation 6.4 (*p. 286*) nous indique que, si les concentrations molaires de l'acide et de sa base conjuguée sont approximativement égales, c'est-à-dire si [acide] ≃ [base conjuguée], alors :

$$\log \frac{[\text{base conjuguée}]}{[\text{acide}]} \simeq \log 1 = 0$$

et l'équation de Henderson-Hasselbalch s'écrit :

$$pH = pK_a + \log 1$$
$$pH = pK_a$$

Ainsi, pour préparer une solution tampon, on recommande de choisir un acide faible dont la valeur de pK_a est près du pH désiré. Ce choix donne non seulement le pH désiré, mais il fait également en sorte que les quantités de l'acide et de sa base conjuguée soient comparables ; ces deux quantités sont essentielles au bon fonctionnement du système tampon, donc à son efficacité.

EXEMPLE 6.4 La préparation d'une solution tampon à un pH déterminé

Décrivez comment vous prépareriez un « tampon phosphate » dont le pH serait environ 7,40.

DÉMARCHE

Pour qu'une solution tampon soit efficace, il faut que les concentrations des conjugués soient approximativement égales. Selon l'équation 6.5 (*p. 286*), lorsque le pH désiré se situe près du pK_a de l'acide, c'est-à-dire lorsque pH $\simeq$ pK_a, on a :

$$\log \frac{[\text{base conjugée}]}{[\text{acide}]} \simeq 0$$

ou :

$$\frac{[\text{base conjugée}]}{[\text{acide}]} \simeq 1$$

SOLUTION

L'acide phosphorique étant un triacide, écrivons les trois étapes d'ionisation. Les valeurs de K_a sont données au tableau 5.4 (*p. 245*) ; les valeurs de pK_a sont établies grâce à l'équation 6.3 (*p. 286*) :

$$H_3PO_4(aq) + H_2O(l) \rightleftharpoons H_3O^+(aq) + H_2PO_4^-(aq) \quad K_{a_1} = 7{,}5 \times 10^{-3};\ pK_{a_1} = 2{,}12$$
$$H_2PO_4^-(aq) + H_2O(l) \rightleftharpoons H_3O^+(aq) + HPO_4^{2-}(aq) \quad K_{a_2} = 6{,}2 \times 10^{-8};\ pK_{a_2} = 7{,}21$$
$$HPO_4^{2-}(aq) + H_2O(l) \rightleftharpoons H_3O^+(aq) + PO_4^{3-}(aq) \quad K_{a_3} = 4{,}8 \times 10^{-13};\ pK_{a_3} = 12{,}32$$

Le plus approprié de ces trois systèmes tampons est $HPO_4^{2-}/H_2PO_4^-$, parce que la valeur du pK_a de l'acide $H_2PO_4^-$ est celle qui est la plus près du pH désiré. Selon la relation de Henderson-Hasselbalch, nous écrivons :

$$\text{pH} = \text{p}K_a + \log \frac{[\text{base conjugée}]}{[\text{acide}]}$$

$$7{,}40 = 7{,}21 + \log \frac{[HPO_4^{2-}]}{[H_2PO_4^-]}$$

$$\log \frac{[HPO_4^{2-}]}{[H_2PO_4^-]} = 0{,}19$$

En opérant l'antilogarithme, on obtient :

$$\frac{[HPO_4^{2-}]}{[H_2PO_4^-]} = 10^{0{,}19} = 1{,}5$$

Ainsi, on peut préparer un tampon phosphate dont le pH est de 7,40 en dissolvant dans l'eau de l'hydrogénophosphate de sodium (Na_2HPO_4) et du dihydrogénophosphate de sodium (NaH_2PO_4) dans un rapport molaire de 1,5 : 1,0. Par exemple, on pourrait dissoudre 1,5 mol de Na_2HPO_4 et 1,0 mol de NaH_2PO_4 dans assez d'eau pour préparer une solution de 1 L.

EXERCICE

Comment prépareriez-vous un litre de « tampon carbonate » à pH 10,10 ? On vous fournit de l'acide carbonique (H_2CO_3), de l'hydrogénocarbonate de sodium ($NaHCO_3$) et du carbonate de sodium (Na_2CO_3). Les valeurs des K_a sont données dans le tableau 5.4 (*p. 245*).

PROBLÈMES SEMBLABLES

6.19 et 6.20

Chimie en action

Le contrôle du pH sanguin et les échanges gazeux

Tous les animaux ont besoin d'un système circulatoire pour se maintenir en vie. Dans le corps humain, le système circulatoire permet des échanges vitaux grâce à un liquide polyvalent, le sang. Le volume sanguin chez un adulte est d'environ cinq litres. Le sang pénètre profondément dans les tissus pour apporter l'oxygène et les nutriments nécessaires à la survie, ainsi que pour éliminer les déchets. C'est en utilisant plusieurs systèmes tampons que la nature a mis au point un mécanisme très efficace pour fournir l'oxygène et retirer le dioxyde de carbone.

Le sang est un liquide très complexe, mais pour expliquer le contrôle du pH sanguin, nous allons nous limiter à considérer deux composantes essentielles du sang : le plasma et les globules rouges aussi appelés *érythrocytes.* Le plasma sanguin contient plusieurs substances, y compris des protéines, des ions métalliques et des phosphates inorganiques. Les érythrocytes contiennent des molécules d'hémoglobine ainsi qu'une enzyme appelée *anhydrase carbonique* (AC), qui catalyse autant la réaction de formation que la décomposition de l'acide carbonique (H_2CO_3) :

$$CO_2(aq) + H_2O(l) \xrightleftharpoons{AC} H_2CO_3(aq)$$

Les érythrocytes possèdent une membrane servant de compartiment pour certaines substances qui s'y retrouvent alors isolées du liquide extracellulaire (le plasma sanguin). La membrane joue aussi un rôle de barrière sélective ne laissant diffuser à travers elle que certaines substances.

Le pH du plasma sanguin se maintient autour de 7,40 grâce à plusieurs systèmes tampons dont le plus important est le système HCO_3^-/H_2CO_3. Dans les érythrocytes, où le pH est 7,25, les principaux systèmes tampons sont HCO_3^-/H_2CO_3 et l'hémoglobine. La molécule d'hémoglobine est une protéine complexe (masse molaire de 65 000 g/mol) qui possède plusieurs protons ionisables. De manière très simplifiée, on peut considérer l'hémoglobine comme un monoacide de la forme HHb :

$$HHb(aq) + H_2O(l) \rightleftharpoons H_3O^+(aq) + Hb^-(aq)$$

où HHb représente la molécule d'hémoglobine, et Hb^-, la base conjuguée de HHb. L'oxyhémoglobine ($HHbO_2$),

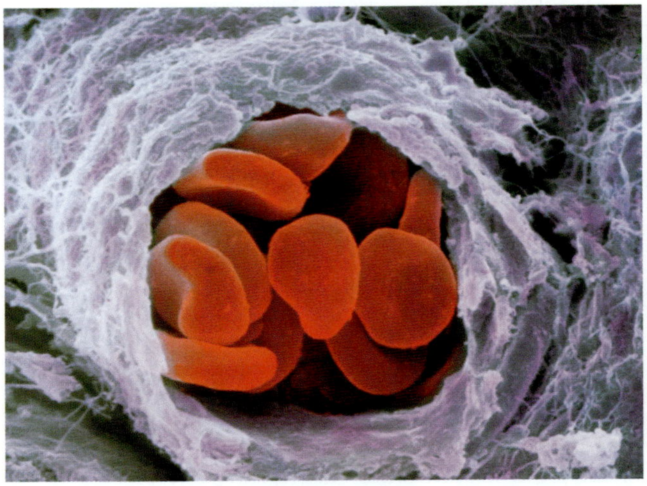

Micrographie électronique de globules rouges dans une artériole pulmonaire

résultat de la combinaison de l'oxygène avec l'hémoglobine, est un acide plus fort que HHb :

$$HHbO_2(aq) + H_2O(l) \rightleftharpoons H_3O^+(aq) + HbO_2^-(aq)$$

Comme le montrent les illustrations à la page suivante, le dioxyde de carbone produit par le métabolisme diffuse dans les érythrocytes, où il est rapidement converti en H_2CO_3 par l'anhydrase carbonique :

$$CO_2(aq) + H_2O(l) \xrightleftharpoons{AC} H_2CO_3(aq)$$

L'ionisation de l'acide carbonique :

$$H_2CO_3(aq) + H_2O(l) \rightleftharpoons H_3O^+(aq) + HCO_3^-(aq)$$

a deux conséquences importantes. Premièrement, l'ion hydrogénocarbonate diffuse à l'extérieur de l'érythrocyte, et il est transporté par le plasma sanguin vers les poumons. C'est le principal mécanisme de rejet du dioxyde de carbone. Deuxièmement, les ions H_3O^+ font déplacer l'équilibre en faveur de la forme non ionisée de la molécule d'hémoglobine :

$$H_3O^+(aq) + HbO_2^-(aq) \rightleftharpoons HHbO_2(aq) + H_2O(l)$$

Puisque $HHbO_2$ relâche l'oxygène plus facilement que sa base conjuguée HbO_2^-, la formation de l'acide favorise la réaction suivante vers la droite :

$$HHbO_2(aq) \rightleftharpoons HHb(aq) + O_2(aq)$$

Les molécules d'oxygène diffusent en dehors des érythrocytes vers les cellules des tissus pour les alimenter en oxygène.

Quand le sang veineux retourne vers les poumons, ce mécanisme se renverse. Cette fois, les ions hydrogénocarbonate diffusent vers les érythrocytes où ils réagissent avec l'hémoglobine pour former de l'acide carbonique :

$$HHb(aq) + HCO_3^-(aq) \rightleftharpoons Hb^-(aq) + H_2CO_3(aq)$$

Presque tout l'acide est alors converti en CO_2 par l'anhydrase carbonique (AC) :

$$H_2CO_3(aq) \overset{AC}{\rightleftharpoons} H_2O(l) + CO_2(aq)$$

Le dioxyde de carbone diffuse vers les poumons pour ensuite être exhalé. La formation des ions Hb^- (causée par la réaction entre HHb et HCO_3^- déjà mentionnée) favorise en même temps la fixation d'oxygène dans les poumons :

$$Hb^-(aq) + O_2(aq) \rightleftharpoons HbO_2^-(aq)$$

parce que l'affinité de Hb^- pour l'oxygène est plus grande que celle de HHb.

Lorsque le sang artériel retourne vers les différents tissus du corps, le cycle est complété, puis il se répète.

Ainsi, selon la plus ou moins grande activité métabolique, plusieurs réactions chimiques rapides faisant partie de systèmes à l'équilibre peuvent répondre rapidement aux différents besoins de l'organisme. Le maintien dans certaines limites de différents paramètres, *l'homéostasie,* constitue sans doute l'une des caractéristiques fondamentales des êtres vivants. Notre vie dépend de tous ces équilibres chimiques mettant en jeu plusieurs systèmes tampons qui contribuent à maintenir le pH du sang entre 7,35 et 7,45. Par exemple, si le gaz carbonique produit dans notre sang était relâché sans la présence de sels carbonatés (bases conjuguées) dans le sang, le pH sanguin serait à 5,5. À cette valeur de pH, la plupart des enzymes deviennent inactifs, et tous les muscles paralysent !

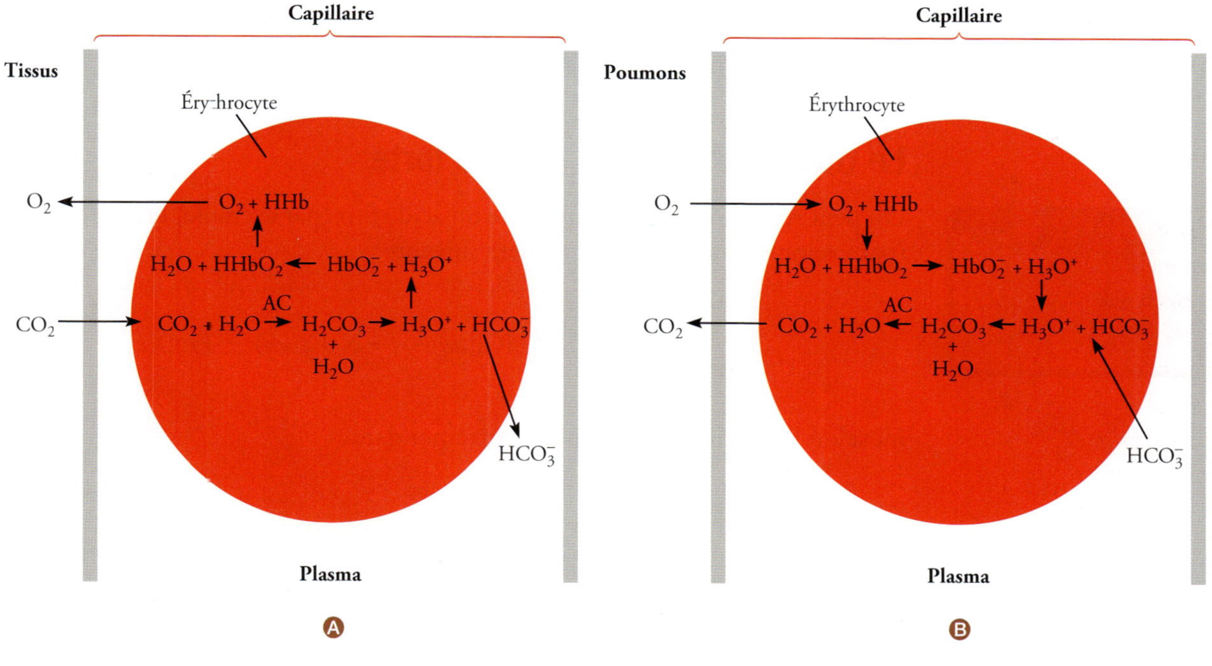

Transport et transferts de l'oxygène et du dioxyde de carbone dans le sang

A La pression partielle de CO_2 est plus grande dans les tissus actifs que dans le plasma sanguin. Le CO_2 va donc diffuser spontanément vers les capillaires sanguins, puis vers les érythrocytes où il est transformé en acide carbonique par l'enzyme anhydrase carbonique (AC). Ensuite, les protons fournis par l'acide carbonique se combinent avec les anions HbO_2^- pour former $HHbO_2$, qui va par la suite se dissocier en HHb et en O_2. Quant à la pression partielle de O_2, elle se trouve plus élevée dans les érythrocytes que dans les tissus, d'où sa tendance spontanée à diffuser en dehors des érythrocytes vers les tissus. Les ions hydrogénocarbonate diffusent eux aussi en dehors des érythrocytes et sont transportés dans le plasma sanguin vers les poumons.

B Dans les poumons, c'est exactement le phénomène inverse qui se produit. Les molécules d'oxygène diffusent de l'intérieur des poumons, où la pression partielle de O_2 est plus élevée, vers les érythrocytes. Là, elles se combinent avec HHb, formant $HHbO_2$. Les protons fournis par $HHbO_2$ se combinent avec les ions hydrogénocarbonate qui ont diffusé vers les érythrocytes pour former de l'acide carbonique. En présence de l'anhydrase carbonique, l'acide carbonique est transformé en H_2O et en CO_2. Le CO_2 diffuse alors en dehors des érythrocytes vers les poumons où il est exhalé.

6.4 Les titrages acido-basiques

Chimie en ligne
Animation
- Les titrages acido-basiques

Connaissant les solutions tampons, nous pouvons examiner plus en détail les aspects quantitatifs du titrage acido-basique (*voir p. 36*). Il faut se rappeler que le titrage est une technique de dosage permettant de déterminer la concentration d'une solution à partir d'une autre solution de concentration connue appelée *solution standard* ou *solution étalon*. Nous examinerons trois types de réactions : 1) le titrage mettant en jeu un acide fort et une base forte ; 2) le titrage mettant en jeu un acide faible et une base forte ; 3) le titrage mettant en jeu un acide fort et une base faible. Le titrage mettant en jeu un acide faible et une base faible est compliqué à cause de l'hydrolyse des cations et des anions du sel formé. Nous n'aborderons donc pas ce type de titrage ici. La figure 6.5 montre le dispositif qui permet de suivre la variation du pH durant le titrage.

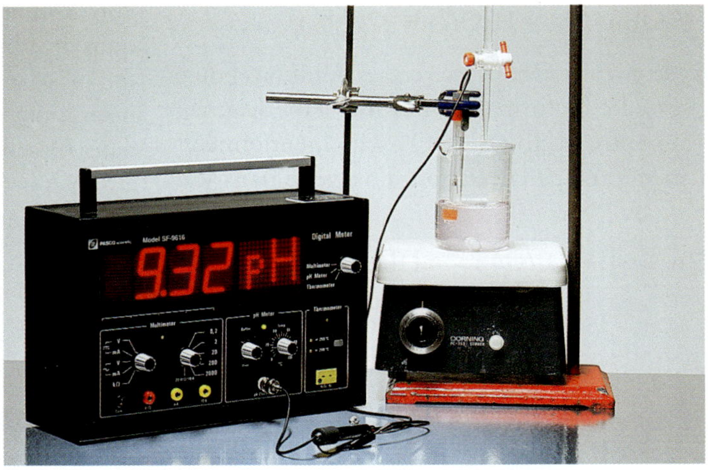

FIGURE 6.5

Dispositif pour effectuer un titrage acido-basique

Ici, on a fait écouler lentement d'une burette une base forte dans un bécher contenant un acide fort. Tout au long de ce titrage, il a fallu bien noter les valeurs de volumes de la base ajoutée et les valeurs des pH correspondants.

Le titrage acide fort – base forte

Chimie en ligne
Interaction
- Les réactions de neutralisation I et II

On peut représenter la réaction entre un acide fort (par exemple, HCl) et une base forte (par exemple, NaOH) de la manière suivante :

$$NaOH(aq) + HCl(aq) \longrightarrow NaCl(aq) + H_2O(l)$$

ou selon l'équation ionique nette correspondante :

$$H_3O^+(aq) + OH^-(aq) \longrightarrow 2H_2O(l)$$

NOTE

Il peut sembler bizarre d'effectuer un titrage en connaissant déjà les concentrations de l'acide et de la base. Le but, ici, est d'étudier les courbes caractéristiques des variations de pH lors des titrages selon la nature des acides et des bases mis en réaction.

Supposons qu'on ajoute une solution de NaOH 0,100 mol/L (à l'aide d'une burette) à 25,0 mL d'une solution de HCl 0,100 mol/L contenue dans un erlenmeyer. Pour plus de commodité, n'utilisons que trois chiffres significatifs pour le volume et la concentration, et deux chiffres significatifs pour le pH. La figure 6.6 montre la variation du pH durant le titrage ; cette variation du pH en fonction du volume ajouté est appelée *courbe de titrage*. Avant toute addition de NaOH, le pH de l'acide est donné par $-\log(0{,}100)$, ou 1,00. Quand on ajoute du NaOH, le pH de la solution commence par augmenter lentement. Près du point d'équivalence, il amorce une montée en flèche ; puis, au point d'équivalence (qui est le point où des quantités équimolaires d'acide et de base ont réagi), la courbe est presque à la verticale. Dans un titrage acide fort – base forte, les concentrations d'ions hydronium et d'ions hydroxyde sont toutes deux très basses (environ 1×10^{-7} mol/L) au point d'équivalence ; par conséquent, l'ajout d'une seule goutte de base en excès peut provoquer une forte augmentation de $[OH^-]$ et du pH de la solution. Au-delà du point d'équivalence, le pH augmente lentement avec l'ajout de NaOH.

Il est possible de calculer le pH de la solution à chaque étape du titrage ; voici trois exemples de calculs.

NOTE

La notion de point d'équivalence a déjà été vue à la page 36.

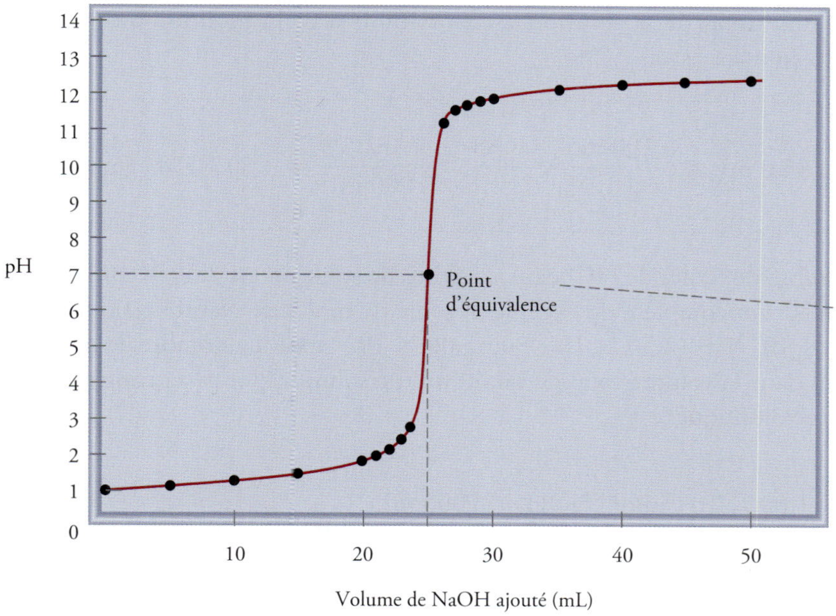

Volume de NaOH ajouté (mL)	pH
0,0	1,00
5,0	1,18
10,0	1,37
15,0	1,60
20,0	1,95
22,0	2,20
24,0	2,69
25,0	7,00
26,0	11,29
28,0	11,75
30,0	11,96
35,0	12,22
40,0	12,36
45,0	12,46
50,0	12,52

FIGURE 6.6

Variation de pH en fonction du volume ajouté au cours d'un titrage acide fort – base forte.

On déverse lentement d'une burette une solution de NaOH 0,100 mol/L dans un erlenmeyer contenant 25,00 mL d'une solution de HCl 0,100 mol/L (*voir la figure 6.5*). Après avoir pris en note plusieurs mesures correspondantes de volumes et de pH, on trace la courbe appelée *courbe de titrage*. Le point d'équivalence est ensuite déterminé graphiquement ou à l'aide de différentes méthodes de calcul. Il correspond à la mi-hauteur de la partie abrupte de la courbe et constitue un point d'inflexion (la dérivée deuxième d^2pH/dV en ce point est égale à zéro).

1. **Après addition de 10,0 mL de NaOH 0,100 mol/L à 25,0 mL de HCl 0,100 mol/L**
   Le volume total de la solution est de 35,0 mL. Le nombre de moles de NaOH dans 10,0 mL est :

$$10{,}0\ \text{mL} \times \frac{0{,}100\ \text{mol NaOH}}{1\ \text{L NaOH}} \times \frac{1\ \text{L}}{1000\ \text{mL}} = 1{,}00 \times 10^{-3}\ \text{mol}$$

Au départ, le nombre de moles de HCl dans 25,0 mL de solution est :

$$25{,}0\ \text{mL} \times \frac{0{,}100\ \text{mol HCl}}{1\ \text{L HCl}} \times \frac{1\ \text{L}}{1000\ \text{mL}} = 2{,}50 \times 10^{-3}\ \text{mol}$$

Ainsi, la quantité résiduelle de HCl après neutralisation partielle est $(2{,}50 \times 10^{-3}) - (1{,}00 \times 10^{-3})$ ou $1{,}50 \times 10^{-3}$ mol. Finalement, on trouve la concentration d'ions H_3O^+ à l'aide du volume total de la solution, soit 35,0 mL :

$$\frac{1{,}50 \times 10^{-3}\ \text{mol HCl}}{35{,}0\ \text{mL}} \times \frac{1000\ \text{mL}}{1\ \text{L}} = 0{,}0429\ \text{mol HCl/L}$$

Ainsi, $[H_3O^+] = 0{,}0429$ mol/L ; le pH de la solution est donc :

$$\text{pH} = -\log 0{,}0429 = 1{,}37$$

NOTE

Il faut se rappeler que 1 mol de NaOH équivaut à 1 mol de HCl.

NOTE

Le principe du fonctionnement du pH-mètre sera expliqué au chapitre 7.

2. **Après addition de 25,0 mL de NaOH 0,100 mol/L à 25,0 mL de HCl 0,100 mol/L** Il s'agit d'un calcul simple parce que cela met en jeu une neutralisation complète et que les ions Na^+ et Cl^- du sel (NaCl) obtenu ne s'hydrolysent pas. Au point d'équivalence, $[H_3O^+] = [OH^-]$; le pH de la solution est donc 7,00.

3. **Après addition de 35,0 mL de NaOH 0,100 mol/L à 25,0 mL de HCl 0,100 mol/L** Le volume total de la solution est alors 60,0 mL. Le nombre de moles de NaOH ajoutées est :

$$35{,}0 \text{ mL} \times \frac{0{,}100 \text{ mol NaOH}}{1 \text{ L NaOH}} \times \frac{1 \text{ L}}{1000 \text{ mL}} = 3{,}50 \times 10^{-3} \text{ mol}$$

Le nombre de moles de HCl dans 25,0 mL de solution est $2{,}50 \times 10^{-3}$. Après neutralisation complète de HCl, le nombre de moles de NaOH résiduelles est $(3{,}50 \times 10^{-3}) - (2{,}50 \times 10^{-3})$ ou $1{,}00 \times 10^{-3}$ mol. Le nombre de moles de NaOH dans le volume total de 60,00 mL de solution donne sa concentration molaire volumique :

$$\frac{1{,}00 \times 10^{-3} \text{ mol NaOH}}{60{,}0 \text{ mL}} \times \frac{1000 \text{ mL}}{1 \text{ L}} = 0{,}0167 \text{ mol NaOH/L}$$

Alors, $[OH^-] = 0{,}0167$ mol/L et $pOH = -\log 0{,}0167 = 1{,}78$. Donc, le pH de la solution est :

$$\begin{aligned} pH &= 14{,}00 - pOH \\ &= 14{,}00 - 1{,}78 \\ &= 12{,}22 \end{aligned}$$

Le tableau 6.1 donne un ensemble plus complet des données recueillies au cours de ce titrage.

TABLEAU 6.1

Données du titrage de HCl — NaOH*

Volume de NaOH ajouté (mL)	Volume total (mL)	Excès d'acide ou de base (mol)	pH de la solution
0,0	25,0	$2{,}50 \times 10^{-3}$ H_3O^+	1,00
10,0	35,0	$1{,}50 \times 10^{-3}$	1,37
20,0	45,0	$5{,}00 \times 10^{-4}$	1,95
24,0	49,0	$1{,}00 \times 10^{-4}$	2,69
24,5	49,5	$5{,}00 \times 10^{-5}$	3,00
25,0	50,0	0,00	7,00
25,5	50,5	$5{,}00 \times 10^{-5}$ OH^-	11,00
26,0	51,0	$1{,}00 \times 10^{-4}$	11,29
30,0	55,0	$5{,}00 \times 10^{-4}$	11,96
40,0	65,0	$1{,}50 \times 10^{-3}$	12,36
50,0	75,0	$2{,}50 \times 10^{-3}$	12,52

* On effectue le titrage en versant lentement une solution de NaOH 0,100 mol/L d'une burette dans 25,0 mL d'une solution de HCl 0,100 mol/L contenue dans un bécher.

Le titrage acide faible – base forte

Voyons comme exemple la neutralisation entre l'acide acétique (un acide faible) et l'hydroxyde de sodium (une base forte):

$$CH_3COOH(aq) + NaOH(aq) \longrightarrow CH_3COONa(aq) + H_2O(l)$$

On peut simplifier cette équation ainsi:

$$CH_3COOH(aq) + OH^-(aq) \longrightarrow CH_3COO^-(aq) + H_2O(l)$$

L'ion acétate s'hydrolyse:

$$CH_3COO^-(aq) + H_2O(l) \rightleftharpoons CH_3COOH(aq) + OH^-(aq)$$

Donc, au point d'équivalence, le pH sera *supérieur* à 7, car il y aura des ions OH^- formés en excès (*voir la figure 6.7*). Cette situation est semblable à celle de l'hydrolyse de l'acétate de sodium, CH_3COONa (*voir p. 257*). L'exemple suivant montre que vous avez déjà toutes les connaissances nécessaires pour effectuer les calculs de pH dans le cas d'un titrage d'un acide faible par une base forte.

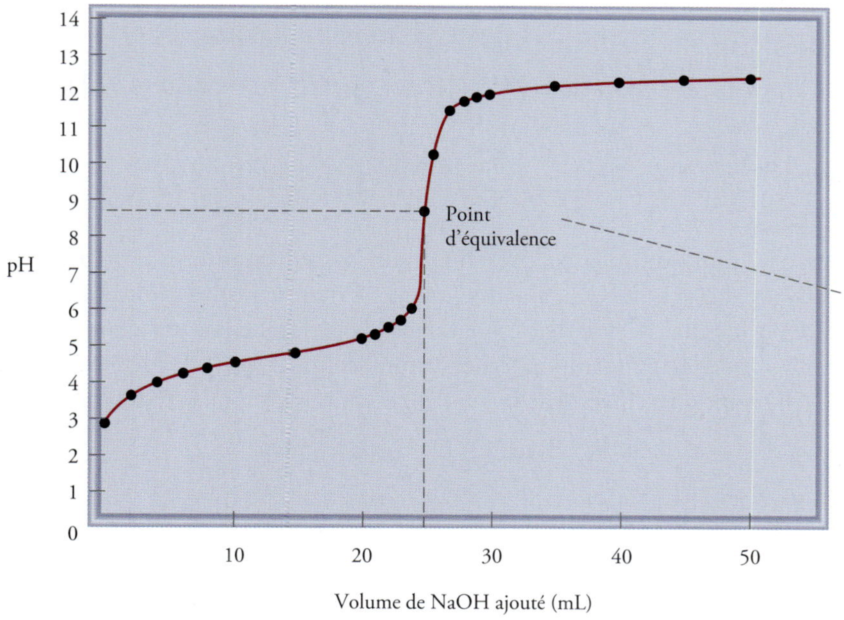

Volume de NaOH ajouté (mL)	pH
0,0	2,87
5,0	4,14
10,0	4,57
15,0	4,92
20,0	5,35
22,0	5,61
24,0	6,12
25,0	8,72
26,0	10,29
28,0	11,75
30,0	11,96
35,0	12,22
40,0	12,36
45,0	12,46
50,0	12,52

FIGURE 6.7

Courbe de titrage acide faible – base forte

Une solution de NaOH 0,100 mol/L contenue dans une burette est déversée lentement dans un erlenmeyer contenant 25,00 mL d'une solution de CH_3COOH 0,100 mol/L. Le pH obtenu au point d'équivalence est supérieur à 7 parce que l'hydrolyse des ions acétate du sel obtenu en cours de neutralisation produit des ions OH^-.

EXEMPLE 6.5 Les calculs de pH dans le cas d'un titrage acide faible – base forte

Calculez le pH au cours du titrage de 25,0 mL d'une solution 0,100 mol/L d'acide acétique CH_3COOH par de l'hydroxyde de sodium (NaOH) 0,100 mol/L après chacune des étapes suivantes : a) après l'addition de 10,0 mL de NaOH ; b) après l'addition de 25,0 mL de NaOH ; c) après l'addition de 35,0 mL de NaOH.

DÉMARCHE

La réaction entre CH_3COOH et NaOH est :

$$CH_3COOH(aq) + NaOH(aq) \rightleftharpoons CH_3COONa(aq) + H_2O(l)$$

Selon cette équation, 1 mol $CH_3COOH \triangleq$ 1 mol NaOH. On peut donc calculer le nombre de moles de base qui ont réagi avec l'acide à toutes les étapes du titrage, et le pH se calcule à partir de l'excès d'acide ou de base qu'il reste dans la solution. Cependant, au point d'équivalence, la neutralisation est complète, et le pH de la solution dépend du degré d'hydrolyse du sel formé, soit le CH_3COONa.

SOLUTION

a) Le nombre initial de moles de CH_3COOH dans 25,0 mL de solution est :

$$25{,}0\ \text{mL} \times \frac{0{,}100\ \text{mol}\ CH_3COOH}{1\ \text{L soln}\ CH_3COOH} \times \frac{1\ \text{L}}{1000\ \text{mL}} = 2{,}50 \times 10^{-3}\ \text{mol}$$

Le nombre de moles de NaOH contenues dans 10,0 mL est :

$$10{,}0\ \text{mL} \times \frac{0{,}100\ \text{mol NaOH}}{1\ \text{L soln NaOH}} \times \frac{1\ \text{L}}{1000\ \text{mL}} = 1{,}00 \times 10^{-3}\ \text{mol}$$

Résumons les changements des nombres de moles :

	$CH_3COOH(aq)$ +	$NaOH(aq) \longrightarrow$	$CH_3COONa(aq) + H_2O(l)$
Initial (mol) :	$2{,}50 \times 10^{-3}$	$1{,}00 \times 10^{-3}$	0
Variation (mol) :	$-1{,}00 \times 10^{-3}$	$-1{,}00 \times 10^{-3}$	$+1{,}00 \times 10^{-3}$
Final (mol) :	$1{,}50 \times 10^{-3}$	0	$1{,}00 \times 10^{-3}$

À cette étape, nous sommes en présence d'un système tampon constitué de CH_3COONa et de CH_3COOH. Il faut d'ailleurs remarquer, sur la courbe de la figure 6.7 (*p. 303*), que le pH varie très peu dans la portion de la courbe qui correspond à la région de la zone tampon située autour de pH = pK_a ± 1. Le calcul du pH d'une telle solution s'effectue de la manière décrite à l'exemple 6.3 a) (*p. 292*).

$$K_a = \frac{[H_3O^+][CH_3COO^-]}{[CH_3COOH]}$$

$$[H_3O^+] = \frac{K_a[CH_3COOH]}{[CH_3COO^-]}$$

$$= \frac{(1{,}8 \times 10^{-5})(1{,}50 \times 10^{-3})}{1{,}00 \times 10^{-3}} = 2{,}7 \times 10^{-5}\ \text{mol/L}$$

$$\text{pH} = -\log(2{,}7 \times 10^{-5}) = 4{,}57$$

NOTE

Étant donné que le volume de solution est le même pour CH_3COOH et CH_3COO^-, le rapport entre les nombres de moles présentes est le même que celui de leurs concentrations molaires. Il faut aussi remarquer que ce calcul de pH aurait pu se faire en utilisant l'équation de Henderson-Hasselbalch.

b) Ces quantités (soit 25,0 mL de NaOH 0,100 mol/L ayant réagi avec 25,0 mL de CH_3COOH 0,100 mol/L) correspondent au point d'équivalence. Le nombre de moles de NaOH et de CH_3COOH dans 25,0 mL est :

$$25{,}00\ \text{mL} \times \frac{0{,}100\ \text{mol NaOH}}{1\ \text{L soln NaOH}} \times \frac{1\ \text{L}}{1000\ \text{mL}} = 2{,}50 \times 10^{-3}\ \text{mol}$$

>>>

Résumons les changements des nombres de moles :

	$CH_3COOH(aq)$ +	$NaOH(aq) \longrightarrow$	$CH_3COONa(aq)$ + $H_2O(l)$
Initial (mol) :	$2{,}50 \times 10^{-3}$	$2{,}50 \times 10^{-3}$	0
Variation (mol) :	$-2{,}50 \times 10^{-3}$	$-2{,}50 \times 10^{-3}$	$+2{,}50 \times 10^{-3}$
Final (mol) :	0	0	$2{,}50 \times 10^{-3}$

Au point d'équivalence, les concentrations de l'acide et de la base sont toutes les deux égales à zéro. Le volume total étant (25,00 mL + 25,00 mL), soit 50,0 mL, la concentration du sel est donc :

$$[CH_3COONa] = \frac{2{,}50 \times 10^{-3}\ \text{mol}}{50{,}0\ \text{mL}} \times \frac{1000\ \text{mL}}{1\ \text{L}}$$
$$= 0{,}0500\ \text{mol/L}$$

Il reste ensuite à calculer le pH d'une solution qui résulte de l'hydrolyse des ions CH_3COO^-. La constante d'ionisation (K_b) de CH_3COO^- est donnée au tableau 5.3 (*p. 236*). Suivons la procédure déjà décrite à l'exemple 5.13 (*p. 258*) :

$$K_b = 5{,}6 \times 10^{-10} = \frac{[CH_3COOH][OH^-]}{[CH_3COO^-]} = \frac{x^2}{0{,}0500 - x}$$
$$x = [OH^-] = 5{,}3 \times 10^{-6}\ \text{mol/L},\ \text{pH} = 8{,}72$$

c) Après l'addition de 35,00 mL de NaOH, la solution obtenue se situe bien au-delà du point équivalent. Le nombre total de moles de NaOH ajouté est :

$$35{,}00\ \text{mL} \times \frac{0{,}100\ \text{mol NaOH}}{1\ \text{L soln NaOH}} \times \frac{1\ \text{L}}{1000\ \text{mL}} = 3{,}50 \times 10^{-3}\ \text{mol}$$

Résumons les changements des nombres de moles :

	$CH_3COOH(aq)$ +	$NaOH(aq) \longrightarrow$	$CH_3COONa(aq)$ + $H_2O(l)$
Initial (mol) :	$2{,}50 \times 10^{-3}$	$3{,}50 \times 10^{-3}$	0
Variation (mol) :	$-2{,}50 \times 10^{-3}$	$-2{,}50 \times 10^{-3}$	$+2{,}50 \times 10^{-3}$
Final (mol) :	0	$1{,}00 \times 10^{-3}$	$2{,}50 \times 10^{-3}$

À cette étape, les deux espèces qui sont importantes pour déterminer le pH et rendre la solution basique sont CH_3COO^- et OH^-. Cependant, puisque OH^- est une base beaucoup plus forte que CH_3COO^-, on peut correctement négliger la contribution des ions CH_3COO^- dans la détermination du pH et calculer ce dernier en utilisant seulement les ions OH^-. Le volume total à la suite de l'addition du volume de la base est (25,00 mL + 35,00 mL), soit 60,00 mL, et la concentration de OH^- est :

$$[OH^-] = \frac{1{,}00 \times 10^{-3}\ \text{mol}}{60{,}0\ \text{mL}} \times \frac{1000\ \text{mL}}{1\ \text{L}}$$
$$= 0{,}0167\ \text{mol/L}$$
$$\text{pOH} = -\log 0{,}0167 = 1{,}78$$
$$\text{pH} = 14{,}00 - 1{,}78 = 12{,}22$$

EXERCICE

Exactement 100 mL d'acide nitreux (HNO_2) 0,10 mol/L sont titrés avec une solution de NaOH 0,10 mol/L. Calculez le pH dans les cas suivants : a) au point de départ (0 mL de base ajoutée) ; b) après l'addition de 80 mL de base ; c) au point d'équivalence ; d) après l'addition de 105 mL de base.

PROBLÈME SEMBLABLE

6.96

Le titrage acide fort – base faible

Comme exemple de ce type de titrage, examinons celui de l'acide chlorhydrique (un acide fort) par l'ammoniac (une base faible) :

$$HCl(aq) + NH_3(aq) \longrightarrow NH_4Cl(aq)$$

ou plus simplement :

$$H_3O^+(aq) + NH_3(aq) \longrightarrow NH_4^+(aq)$$

Le pH au point d'équivalence est inférieur à 7, résultat de l'hydrolyse de l'ion NH_4^+ du sel (*voir la courbe de titrage à la figure 6.8, p. 308*) :

$$NH_4^+(aq) + H_2O(l) \rightleftharpoons NH_3(aq) + H_3O^+(aq)$$

Étant donné la grande volatilité des solutions d'ammoniac, c'est la solution de l'acide qui sera placée cette fois dans la burette pour être déversée dans une solution d'ammoniac. La figure 6.8 décrit la courbe de titrage obtenue au cours de ce titrage (NH_3 0,10 mol/L par du HCl 0,10 mol/L).

EXEMPLE 6.6 Le calcul du pH au point d'équivalence

Calculez le pH obtenu au point d'équivalence au cours du titrage de 25,0 mL de NH_3 0,100 mol/L par une solution de HCl 0,100 mol/L.

DÉMARCHE

La réaction entre NH_3 et HCl est :

$$NH_3(aq) + HCl(aq) \longrightarrow NH_4Cl(aq)$$

D'après cette équation, 1 mol NH_3 ≏ 1 mol HCl. Au point équivalent, les principales espèces sont le sel soluble NH_4Cl (NH_4^+ et Cl^-) et H_2O. Il faudra d'abord calculer la concentration de NH_4Cl formé, puis le pH à la suite de l'hydrolyse de l'ion NH_4^+. L'ion Cl^- étant la base conjuguée d'un acide fort, il n'aura pas tendance à s'hydrolyser ; comme toujours, on peut ignorer ici l'ionisation de l'eau.

SOLUTION

Le nombre de moles de NH_3 dans 25,0 mL de solution 0,100 mol/L est :

$$25{,}0 \text{ mL} \times \frac{0{,}100 \text{ mol NH}_3}{1 \text{ L}} \times \frac{1 \text{ L}}{1\,000 \text{ mL}} = 2{,}50 \times 10^{-3} \text{ mol}$$

Étant donné que 1 mol de NH_3 équivaut exactement à 1 mol de HCl, au point d'équivalence, le nombre de moles de HCl qui ont réagi est aussi $2{,}50 \times 10^{-3}$ mol.

>>>

Résumons les changements des nombres de moles :

	$NH_3(aq)$ +	$HCl(aq)$ ⟶	$NH_4Cl(aq)$
Initial (mol) :	$2,50 \times 10^{-3}$	$2,50 \times 10^{-3}$	0
Variation (mol) :	$-2,50 \times 10^{-3}$	$-2,50 \times 10^{-3}$	$+2,50 \times 10^{-3}$
Final (mol) :	0	0	$2,50 \times 10^{-3}$

Au point d'équivalence, les concentrations de l'acide et de la base sont toutes deux égales à zéro. Le volume total étant (25,0 mL + 25,0 mL), soit 50,0 mL, la concentration de NH_4Cl est :

$$[NH_4Cl] = \frac{2,50 \times 10^{-3}\ \text{mol}}{50,0\ \text{mL}} \times \frac{1000\ \text{mL}}{1\ \text{L}}$$
$$= 0,0500\ \text{mol/L}$$

Le pH de la solution au point d'équivalence est déterminé par l'hydrolyse des ions NH_4^+. Il faut suivre la procédure déjà expliquée à l'exemple 5.13 de la page 258.

Étape 1 : écrivons l'équation décrivant l'hydrolyse du cation NH_4^+, où x symbolise la concentration à l'équilibre des ions NH_3 et H_3O^+ en moles par litre :

	$NH_4^+(aq)$ + $H_2O(l)$ ⇌	$NH_3(aq)$ +	$H_3O^+(aq)$
Concentration initiale (mol/L) :	0,0500	0	0
Variation (mol/L) :	$-x$	$+x$	$+x$
Concentration à l'équilibre (mol/L) :	$(0,0500 - x)$	x	x

Étape 2 : d'après le tableau 5.5 (*p. 249*), la valeur de K_a pour NH_4^+ est de $5,6 \times 10^{-10}$, et l'on peut écrire :

$$K_a = \frac{[NH_3][H_3O^+]}{[NH_4^+]}$$

$$5,6 \times 10^{-10} = \frac{x^2}{0,0500 - x}$$

En faisant l'approximation $0,0500 - x \simeq 0,0500$, nous obtenons :

$$5,6 \times 10^{-10} = \frac{x^2}{0,0500 - x} \simeq \frac{x^2}{0,0500}$$

$$x = 5,3 \times 10^{-6}\ \text{mol/L}$$

et le pH est :

$$\text{pH} = -\log(5,3 \times 10^{-6})$$
$$= 5,28$$

NOTE

Vérifiez toujours la validité des approximations.

VÉRIFICATION

On a obtenu un pH inférieur à 7,0, ce qui correspond bien à l'hydrolyse d'un ion acide comme NH_4^+.

EXERCICE

Calculez le pH au point d'équivalence au cours du titrage de 50 mL de méthylamine 0,10 mol/L (*voir le tableau 5.5*) avec une solution de HCl 0,20 mol/L.

PROBLÈME SEMBLABLE

6.29

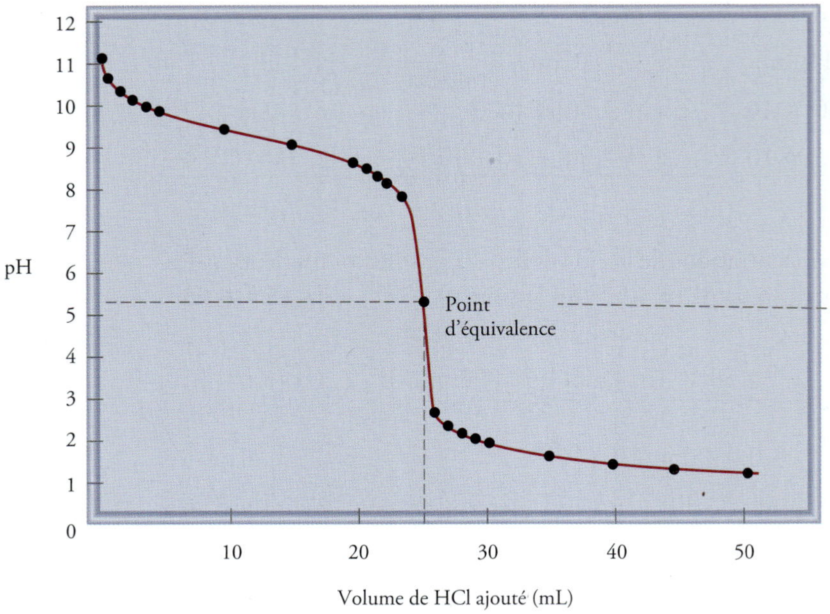

Volume de HCl ajouté (mL)	pH
0,0	11,13
5,0	9,86
10,0	9,44
15,0	9,08
20,0	8,66
22,0	8,39
24,0	7,88
25,0	5,28
26,0	2,70
28,0	2,22
30,0	2,00
35,0	1,70
40,0	1,52
45,0	1,40
50,0	1,30

FIGURE 6.8

Courbe de titrage acide fort – base faible

Une solution de HCl 0,100 mol/L contenue dans une burette est déversée lentement dans un erlenmeyer contenant 25,0 mL d'une solution de NH_3 0,100 mol/L. Le pH obtenu au point d'équivalence est inférieur à 7 parce qu'il y a hydrolyse du sel produit en cours de neutralisation, ce sel étant un sel acide.

6.5 Les indicateurs acido-basiques

Comme nous venons de le voir à la section précédente, le point d'équivalence d'un titrage acido-basique correspond au point de la courbe de dosage où le nombre de moles de OH^- ajoutées à une solution est égal au nombre de moles d'acide H_3O^+ qui étaient présentes initialement. Voyons une autre méthode que celle de l'analyse d'une courbe de titrage pour déterminer le point d'équivalence d'un titrage. Il faut recourir à une technique de détection du volume exact de base déversée de la burette qui correspond au moment précis à partir duquel la réaction peut être considérée comme totale avec la solution de l'acide contenue dans l'erlenmeyer. L'une de ces techniques courantes de détection du point d'équivalence consiste à ajouter quelques gouttes d'un indicateur acido-basique à la solution d'acide avant de commencer le titrage.

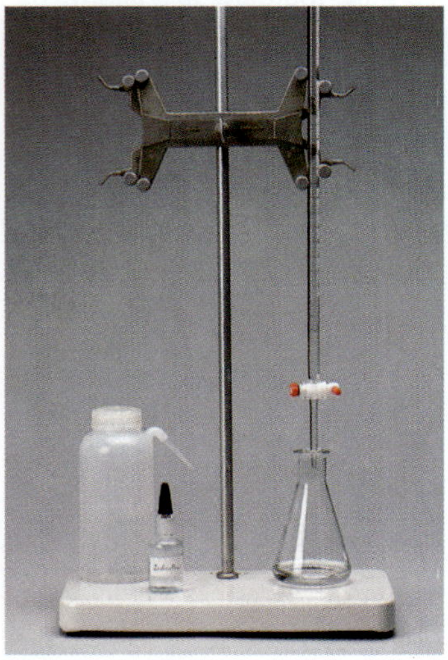

Montage pour effectuer un titrage acido-basique à l'aide d'un indicateur

Les propriétés des indicateurs acido-basiques

L'indicateur est en général un acide ou une base organique faible dont la couleur varie selon sa forme ionisée ou non ionisée. La prédominance d'une forme ou d'une autre dépend du pH de la solution dans laquelle il est dissous, comme nous le verrons plus loin. C'est ce changement de couleur de l'indicateur en fonction du pH qui est mis à profit pour pouvoir suivre le déroulement d'un titrage.

Les indicateurs ne changent pas tous de couleur au même pH ; il faut donc choisir l'indicateur approprié à un titrage particulier selon la nature de l'acide et de la base (s'ils sont forts ou faibles). Prenons comme exemple d'indicateur un monoacide faible de formule générale HIn et qui s'ionise ainsi en solution :

$$HIn(aq) + H_2O(l) \rightleftharpoons H_3O^+(aq) + In^-(aq)$$

Si cet indicateur est dans un milieu suffisamment acide, selon le principe de Le Chatelier, l'équilibre se déplace vers la gauche; la couleur prédominante de l'indicateur est donc celle de sa forme non ionisée (HIn). Par contre, dans un milieu basique, l'équilibre se déplace vers la droite de sorte que la couleur de la base conjuguée (In^-) prédomine. En gros, on peut utiliser les rapports suivants entre les concentrations pour prédire la couleur de l'indicateur:

NOTE

Voici un autre bel exemple de l'effet d'ion commun. Quel est l'ion commun ici ?

$$\frac{[\mathrm{HIn}]}{[\mathrm{In}^-]} \geqslant 10 \quad \text{la couleur de l'acide HIn prédomine}$$

$$\frac{[\mathrm{In}^-]}{[\mathrm{HIn}]} \geqslant 10 \quad \text{la couleur de la base conjuguée In}^- \text{ prédomine}$$

Si $[\mathrm{HIn}] \simeq [\mathrm{In}^-]$, la couleur de l'indicateur est une combinaison des couleurs de HIn et de In^-.

Si l'on considère que le colorant est lui-même un acide faible et qu'il a sa propre valeur de K_a, on peut donc lui appliquer l'équation de Henderson-Hasselbalch:

$$\mathrm{pH} = \mathrm{p}K_a + \log \frac{[\mathrm{In}^-]}{[\mathrm{HIn}]}$$

On peut constater que lorsque les concentrations des deux formes ionisées et non ionisées sont égales:

$$\mathrm{pH} = \mathrm{p}K_a + \log 1$$
$$\mathrm{pH} = \mathrm{p}K_a$$

Aussi, on peut voir que les rapports des concentrations 10/1 et 1/10 mentionnés plus haut correspondent à une variation de une unité de pH en plus ou en moins par rapport au $\mathrm{p}K_a$. Cette zone de pH qui s'étend de $\mathrm{p}K_a - 1$ à $\mathrm{p}K_a + 1$ constitue la **zone de virage** d'un indicateur. Lorsque l'indicateur change de couleur, même dans un intervalle de pH, étant donné qu'une seule goutte de réactif (environ 0,05 mL) ajoutée en trop suffit pour produire ce changement, on dit qu'on est au **point de virage**, soit le changement de couleur qui correspond au point d'équivalence.

Le choix d'un indicateur

À la section 1.6 (*p. 36*), nous avons mentionné que la phénolphtaléine est un indicateur approprié pour le titrage de HCl par NaOH. Cet indicateur est incolore en milieu acide ou neutre, et d'un rose rouge en milieu basique. Les mesures expérimentales démontrent que si le pH est inférieur à 8,3, cet indicateur est incolore; il commence à prendre une teinte rose rouge quand le pH dépasse 8,3. Près du point d'équivalence, la pente très abrupte de la courbe montre que l'ajout d'une très petite quantité de NaOH (par exemple, 0,05 mL, environ le volume d'une goutte d'une burette) provoque une forte augmentation du pH de la solution (*voir la figure 6.6, p. 301*). Ce qui est important dans le choix de l'indicateur, c'est que la partie très abrupte de la courbe du pH comprenne la zone de virage de l'indicateur, là où la phénolphtaléine passe d'incolore à rose rouge. Si tel est le cas, l'indicateur peut servir à déterminer le point d'équivalence du titrage (*voir la figure 6.10*).

De nombreux indicateurs acido-basiques sont des pigments végétaux. Par exemple, en faisant bouillir du chou rouge haché dans de l'eau, on peut extraire des pigments qui présentent différentes couleurs selon le pH (*voir la figure 6.9*). Le tableau 6.2 énumère certains indicateurs couramment utilisés dans les titrages acido-basiques. Le critère qui guide le *choix de l'indicateur* approprié pour un titrage donné est le suivant : il faut que la zone de virage (où l'indicateur change de couleur) corresponde à la partie abrupte de la courbe de titrage (*voir la figure 6.10*). Si ce n'est pas le cas, l'indicateur utilisé n'indiquera pas le point d'équivalence de façon exacte.

FIGURE 6.9

Couleurs de pigments selon le pH

Les solutions contenant des extraits de chou rouge (obtenus en faisant bouillir du chou dans de l'eau) prennent des couleurs différentes lorsqu'elles sont en milieux acides ou basiques. Le pH des solutions augmente de gauche à droite.

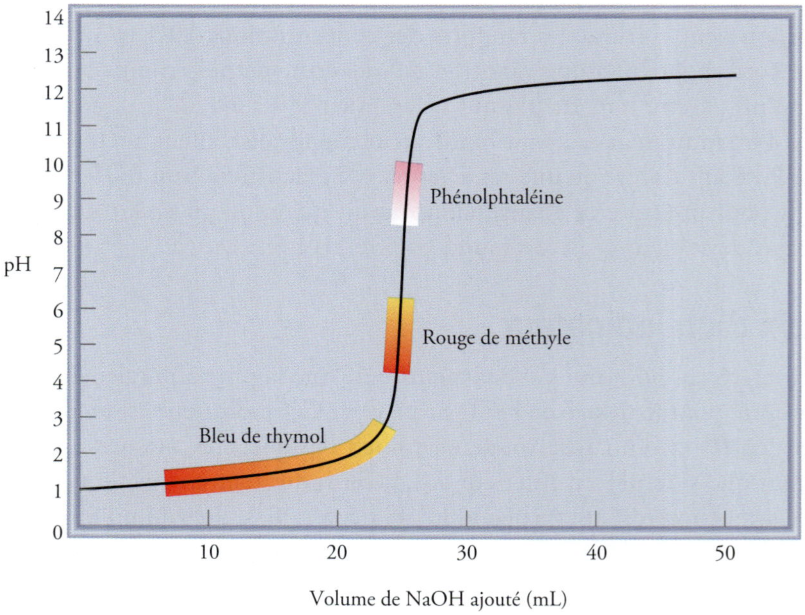

FIGURE 6.10

Courbe de titrage d'un acide fort par une base forte

La phénolphtaléine et le rouge de méthyle sont tous deux de bons choix d'indicateurs pour déterminer le point d'équivalence de ce titrage, parce qu'ils ont tous deux une zone de virage comprise dans la partie abrupte de la courbe (*voir le tableau 6.2*). Par contre, le bleu de thymol ne serait pas un bon choix dans ce cas-ci.

TABLEAU 6.2

Certains indicateurs acido-basiques courants

Indicateur	Couleur		Zone de virage*
	En milieu acide	En milieu basique	
Bleu de thymol	Rouge	Jaune	1,2 – 2,8
Bleu de bromophénol	Jaune	Mauve bleuâtre	3,0 – 4,6
Orange de méthyle	Orange	Jaune	3,1 – 4,4
Vert de bromocrésol	Jaune	Bleu	4,0 – 5,6
Rouge de méthyle	Rouge	Jaune	4,2 – 6,3
Bleu de chlorophénol	Jaune	Rouge	4,8 – 6,4
Tournesol	Rouge	Bleu	5,0 – 8,0
Bleu de bromothymol	Jaune	Bleu	6,0 – 7,6
Rouge de crésol	Jaune	Rouge	7,2 – 8,8
Phénolphtaléine	Incolore	Rose-rouge	8,3 – 10,0
Alizarine	Rouge	Violet	11,0 – 12,4

* La zone de virage est la zone de pH dans laquelle l'indicateur passe de sa couleur acide à sa couleur basique. Cette zone se situe en général autour de $pK_a \pm 1$ par rapport à sa valeur de pK_a.

EXEMPLE 6.7 Le choix d'indicateurs acido-basiques appropriés

Lequel ou lesquels des indicateurs présentés au tableau 6.2 choisiriez-vous pour le titrage acide-base illustré : a) à la figure 6.6 (*p. 301*) ; b) à la figure 6.7 (*p. 303*) ; c) à la figure 6.8 (*p. 308*) ?

DÉMARCHE

Dans chaque espèce de titrage, il faut choisir un indicateur dont la zone de virage correspond à la partie abrupte de la courbe de titrage qui incorpore le point d'équivalence (*voir la figure 6.10*). Si ce n'est pas le cas, l'indicateur utilisé n'indiquera pas le point d'équivalence de façon exacte.

SOLUTION

a) Au voisinage du point d'équivalence, le pH de la solution passe brusquement de 4 à 10. Donc, tous les indicateurs, sauf le bleu de thymol, le bleu de bromophénol, l'orange de méthyle et l'alizarine, sont appropriés pour ce titrage.

b) Ici, la partie abrupte va du pH 7 au pH 10 ; les indicateurs appropriés sont donc le rouge de crésol et la phénolphtaléine.

c) Ici, la partie abrupte va du pH 3 au pH 7 ; les indicateurs appropriés sont donc le bleu de bromophénol, l'orange de méthyle, le vert de bromocrésol, le rouge de méthyle, le bleu de chlorophénol et le tournesol.

EXERCICE

À l'aide du tableau 6.2, dites quels indicateurs vous utiliseriez pour les titrages suivants : a) entre HBr et CH_3NH_2 ; b) entre HNO_3 et NaOH ; c) entre HNO_2 et KOH.

PROBLÈME SEMBLABLE
6.13

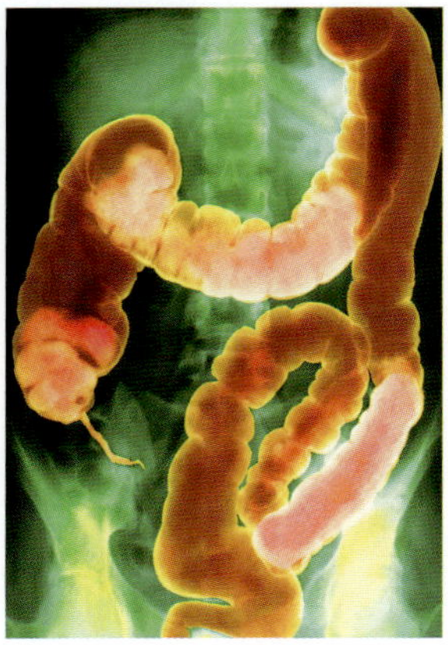
On utilise une suspension aqueuse de $BaSO_4$ pour examiner le tube digestif.

6.6 L'équilibre de solubilité

Les réactions de précipitation jouent un rôle important dans l'industrie, en médecine et dans la vie de tous les jours. Par exemple, la préparation de nombreux produits chimiques industriels essentiels, comme le carbonate de sodium (Na_2CO_3), fait appel aux réactions de précipitation. La dissolution de l'émail des dents, principalement constitué d'hydroxyapatite [$Ca_5(PO_4)_3OH$], cause la carie dentaire dans un milieu acide (*voir la rubrique Chimie en action, p. 327*). Le sulfate de baryum ($BaSO_4$), un composé insoluble opaque aux rayons X, est utilisé pour diagnostiquer certaines maladies du tube digestif. De même, les stalactites et les stalagmites, constituées de carbonate de calcium ($CaCO_3$), sont la conséquence d'une réaction de précipitation ; ce type de réaction est également nécessaire dans les procédés de préparation de nombreux aliments.

À la section 1.2 (*p. 8*), nous avons vu les règles générales qui servent à prédire la solubilité des composés ioniques dans l'eau. Bien qu'elles soient utiles, ces règles ne permettent pas de prédire quantitativement cette solubilité. Pour pouvoir faire des prédictions quantitatives, il faut d'abord tenir compte des connaissances déjà acquises concernant l'équilibre chimique.

Des stalactites, qui croissent vers le bas, et des stalagmites, qui croissent vers le haut

Le produit de solubilité

Prenons une solution saturée de chlorure d'argent qui entre en contact avec du chlorure d'argent solide. On peut représenter l'équilibre de solubilité ainsi :

$$AgCl(s) \rightleftharpoons Ag^+(aq) + Cl^-(aq)$$

Puisque dans le cas de sels peu solubles, comme AgCl, le sel dissout dans l'eau se dissocie complètement en ions Ag^+ et Cl^-, nous pourrons écrire une relation simple entre les ions en solution et le solide non dissous. Nous avons vu au chapitre 4 que, dans le cas d'un équilibre hétérogène, la concentration d'un solide est une constante. Ainsi, on peut écrire la constante d'équilibre pour la dissolution de AgCl de la manière suivante :

$$K_{ps} = [Ag^+][Cl^-]$$

où K_{ps} est la constante du produit de solubilité ou simplement le produit de solubilité. En général, le **produit de solubilité** (K_{ps}) est le produit des concentrations molaires des ions qui constituent un composé, chacune de ces concentrations étant élevée à l'exposant équivalant à son coefficient stœchiométrique dans l'équation équilibrée.

Puisque chaque unité de AgCl ne contient qu'un seul ion Ag^+ et un seul ion Cl^-, l'expression de son produit de solubilité est simple. Les cas suivants sont plus compliqués :

NOTE

Nous ignorons la formation possible de paires d'ions ainsi que l'hydrolyse du sel.

- MgF_2

$$MgF_2(s) \rightleftharpoons Mg^{2+}(aq) + 2F^-(aq) \qquad K_{ps} = [Mg^{2+}][F^-]^2$$

- Ag_2CO_3

$$Ag_2CO_3(s) \rightleftharpoons 2Ag^+(aq) + CO_3^{2-}(aq) \qquad K_{ps} = [Ag^+]^2[CO_3^{2-}]$$

- $Ca_3(PO_4)_2$

$$Ca_3(PO_4)_2(s) \rightleftharpoons 3Ca^{2+}(aq) + 2PO_4^{3-}(aq) \qquad K_{ps} = [Ca^{2+}]^3[PO_4^{3-}]^2$$

Le tableau 6.3 (*p. 314*) donne les produits de solubilité de certains sels légèrement solubles. Les sels solubles, comme NaCl et KNO_3, dont les valeurs de K_{ps} sont très élevées, n'apparaissent pas dans ce tableau, de la même manière que les acides forts n'apparaissent pas dans le tableau 5.3 (*p. 236*) des valeurs de K_a.

Dans le cas de la dissolution d'un solide ionique en solution aqueuse, le système peut se trouver dans l'une des situations suivantes : 1) la solution est insaturée ; 2) la solution est saturée ; 3) la solution est sursaturée. En s'inspirant de la méthode expliquée à la section 4.4 (*p. 186*), on utilise ***Q***, le **produit ionique**, pour représenter le produit des concentrations molaires des ions, chacune de ces concentrations étant élevée à la puissance équivalant à son coefficient stœchiométrique. Alors, dans le cas d'une solution aqueuse contenant des ions Ag^+ et Cl^-, à 25 °C :

$$Q = [Ag^+]_0[Cl^-]_0$$

L'indice 0 indique qu'il s'agit de concentrations initiales qui ne sont pas nécessairement égales aux concentrations à l'équilibre. Les relations possibles entre Q et K_{ps} sont :

$Q < K_{ps}$ $[Ag^+]_0[Cl^-]_0 < 1,6 \times 10^{-10}$	solution insaturée : il n'y aura pas de précipitation
$Q = K_{ps}$ $[Ag^+][Cl^-] = 1,6 \times 10^{-10}$	solution saturée : il n'y aura pas de précipitation
$Q > K_{ps}$ $[Ag^+]_0[Cl^-]_0 > 1,6 \times 10^{-10}$	solution sursaturée : il y aura précipitation de AgCl jusqu'à ce que le produit ionique soit égal à $1,6 \times 10^{-10}$

La solubilité molaire et la solubilité

La valeur de K_{ps} est une mesure de la solubilité d'un composé ionique ; plus cette valeur est petite, moins le composé est soluble dans l'eau. Cependant, quand on utilise les valeurs de K_{ps} pour comparer entre elles les solubilités des substances, il faut que ces substances aient des formules similaires, comme AgCl et ZnS ou CaF_2 et $Fe(OH)_2$. On peut aussi exprimer la solubilité de deux autres façons : la **solubilité molaire**, qui est le nombre de moles de soluté par litre de solution saturée (moles par litre), et la **solubilité**, qui est le nombre de grammes de soluté par litre de solution saturée. Notez que ces grandeurs

NOTE

On désigne ici la solubilité en grammes par litre simplement par le mot « solubilité » parce que c'est la manière la plus courante de rapporter la solubilité.

expriment la concentration des solutions saturées à une température donnée (habituellement 25 °C). La figure 6.11 montre les relations entre la solubilité, la solubilité molaire et K_{ps}.

FIGURE 6.11

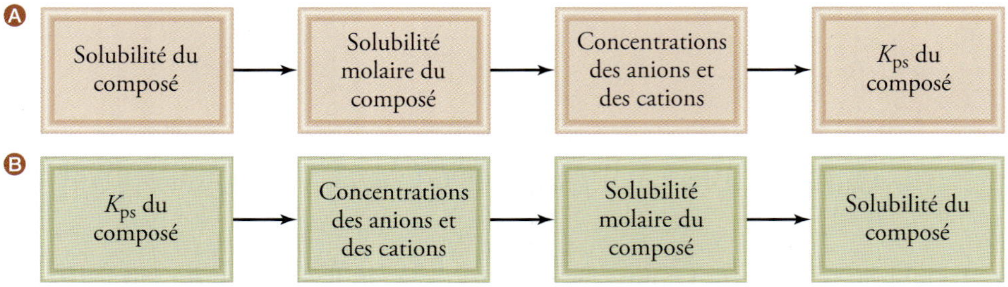

Étapes de calcul

A Étape de calcul de la valeur de K_{ps} à partir de la solubilité.
B Étape de calcul de la solubilité à partir de la valeur de K_{ps}.

TABLEAU 6.3

Produits de solubilité de certains composés ioniques légèrement solubles à 25 °C

Composé	K_{ps}	Composé	K_{ps}
Bromure d'argent ($AgBr$)	$7,7 \times 10^{-13}$	Hydroxyde de magnésium [$Mg(OH)_2$]	$1,2 \times 10^{-11}$
Bromure de cuivre(I) ($CuBr$)	$4,2 \times 10^{-8}$	Hydroxyde de zinc [$Zn(OH)_2$]	$1,8 \times 10^{-14}$
Carbonate d'argent (Ag_2CO_3)	$8,1 \times 10^{-12}$	Iodure d'argent (AgI)	$8,3 \times 10^{-17}$
Carbonate de baryum ($BaCO_3$)	$8,1 \times 10^{-9}$	Iodure de cuivre(I) (CuI)	$5,1 \times 10^{-12}$
Carbonate de calcium ($CaCO_3$)	$8,7 \times 10^{-9}$	Iodure de plomb(II) (PbI_2)	$1,4 \times 10^{-8}$
Carbonate de magnésium ($MgCO_3$)	$4,0 \times 10^{-5}$	Phosphate de calcium [$Ca_3(PO_4)_2$]	$1,2 \times 10^{-26}$
Carbonate de plomb(II) ($PbCO_3$)	$3,3 \times 10^{-14}$	Sulfate d'argent (Ag_2SO_4)	$1,4 \times 10^{-5}$
Carbonate de strontium ($SrCO_3$)	$1,6 \times 10^{-9}$	Sulfate de baryum ($BaSO_4$)	$1,1 \times 10^{-10}$
Chlorure d'argent ($AgCl$)	$1,6 \times 10^{-10}$	Sulfate de strontium ($SrSO_4$)	$3,8 \times 10^{-7}$
Chlorure de mercure(I) (Hg_2Cl_2)	$3,5 \times 10^{-18}$	Sulfure d'argent (Ag_2S)	$6,0 \times 10^{-51}$
Chlorure de plomb(II) ($PbCl_2$)	$2,4 \times 10^{-4}$	Sulfure d'étain(II) (SnS)	$1,0 \times 10^{-26}$
Chromate de plomb(II) ($PbCrO_4$)	$2,0 \times 10^{-14}$	Sulfure de bismuth (Bi_2S_3)	$1,6 \times 10^{-72}$
Fluorure de baryum (BaF_2)	$1,7 \times 10^{-6}$	Sulfure de cadmium (CdS)	$8,0 \times 10^{-28}$
Fluorure de calcium (CaF_2)	$4,0 \times 10^{-11}$	Sulfure de cobalt(II) (CoS)	$4,0 \times 10^{-21}$
Fluorure de plomb(II) (PbF_2)	$4,1 \times 10^{-8}$	Sulfure de cuivre(II) (CuS)	$6,0 \times 10^{-37}$
Hydroxyde d'aluminium [$Al(OH)_3$]	$1,8 \times 10^{-33}$	Sulfure de fer(II) (FeS)	$6,0 \times 10^{-19}$
Hydroxyde de calcium [$Ca(OH)_2$]	$8,0 \times 10^{-6}$	Sulfure de manganèse(II) (MnS)	$3,0 \times 10^{-14}$
Hydroxyde de chrome(III) [$Cr(OH)_3$]	$3,0 \times 10^{-29}$	Sulfure de mercure(II) (HgS)	$4,0 \times 10^{-54}$
Hydroxyde de cuivre(II) [$Cu(OH)_2$]	$2,2 \times 10^{-20}$	Sulfure de nickel(II) (NiS)	$1,4 \times 10^{-24}$
Hydroxyde de fer(II) [$Fe(OH)_2$]	$1,6 \times 10^{-14}$	Sulfure de plomb(II) (PbS)	$3,4 \times 10^{-28}$
Hydroxyde de fer(III) [$Fe(OH)_3$]	$1,1 \times 10^{-36}$	Sulfure de zinc (ZnS)	$3,0 \times 10^{-23}$

Le sulfate de calcium est utilisé comme déshydratant et dans la fabrication des peintures, de la céramique et du papier. Une forme hydratée de sulfate de calcium [$(CaSO_4)_2 \cdot H_2O$], appelée plâtre de Paris, sert à faire des plâtres pour les fractures osseuses.

EXEMPLE 6.8 Le calcul de K_{ps} à partir de la solubilité

La solubilité du sulfate de calcium ($CaSO_4$) est 0,67 g/L. Calculez la valeur de K_{ps} pour $CaSO_4$.

DÉMARCHE

On connaît la solubilité de $CaSO_4$, et l'on nous demande de calculer le K_{ps}. Voici la séquence des conversions selon la figure 6.11A :

$$\text{Solubilité de } CaSO_4 \text{ en g/L} \longrightarrow \text{solubilité molaire de } CaSO_4 \longrightarrow [Ca^{2+}] \text{ et } [SO_4^{2-}] \longrightarrow K_{ps} \text{ de } CaSO_4$$

SOLUTION

Voyons d'abord la dissociation de $CaSO_4$ dans l'eau. Soit s la solubilité molaire (en mol/L) de $CaSO_4$:

>>>

	$CaSO_4(s)$	$\rightleftharpoons$	$Ca^{2+}(aq)$	+	$SO_4^{2-}(aq)$
Concentration initiale (mol/L) :			0		0
Variation (mol/L) :	$-s$		$+s$		$+s$
Concentration à l'équilibre (mol/L) :			s		s

Le produit de solubilité de $CaSO_4$ est :

$$K_{ps} = [Ca^{2+}][SO_4^{2-}] = s^2$$

Calculons d'abord le nombre de moles de $CaSO_4$ dissoutes dans 1 L de solution :

$$\frac{0{,}67 \text{ g } \cancel{CaSO_4}}{1 \text{ L soln}} \times \frac{1 \text{ mol } CaSO_4}{136{,}2 \text{ g } \cancel{CaSO_4}} = 4{,}9 \times 10^{-3} \text{ mol/L} = s$$

D'après l'équation décrivant l'équilibre de solubilité, pour chaque mole de $CaSO_4$ qui se dissout, il y a production de 1 mol de Ca^{2+} et de 1 mol de SO_4^{2-}. Ainsi, à l'équilibre :

$$[Ca^{2+}] = 4{,}9 \times 10^{-3} \text{ mol/L et } [SO_4^{2-}] = 4{,}9 \times 10^{-3} \text{ mol/L}$$

On peut maintenant calculer le K_{ps} :

$$\begin{aligned} K_{ps} &= [Ca^{2+}][SO_4^{2-}] = s^2 \\ &= (4{,}9 \times 10^{-3})(4{,}9 \times 10^{-3}) = (4{,}9 \times 10^{-3})^2 \\ &= 2{,}4 \times 10^{-5} \end{aligned}$$

NOTE

Dans un problème de ce genre, il n'est pas nécessaire de connaître la quantité initiale du solide (sel), car les concentrations des ions apparaissant dans la relation du K_{ps} ne dépendent pas de la quantité de solide. On laisse donc un espace en blanc vis-à-vis le $CaSO_4$ sur la ligne de la concentration initiale.

EXERCICE

La solubilité du chromate de plomb ($PbCrO_4$) est $4{,}5 \times 10^{-5}$ g/L. Calculez le produit de solubilité de ce composé.

PROBLÈME SEMBLABLE

6.48

On peut parfois avoir à calculer la solubilité molaire d'un composé à partir de sa valeur de K_{ps}. Par exemple, le K_{ps} du bromure d'argent (AgBr) est $7{,}7 \times 10^{-13}$. La solubilité molaire se calcule selon une procédure semblable à celle utilisée pour déterminer la constante d'ionisation d'un acide. Il faut d'abord identifier les espèces présentes à l'équilibre ; ici, ce sont les ions Ag^+ et Br^-. Soit s la solubilité molaire (en mol/L) de AgBr. Comme une unité formulaire de AgBr donne un ion Ag^+ et un ion Br^-, à l'équilibre $[Ag^+] = [Br^-] = s$. Résumons les changements de concentration :

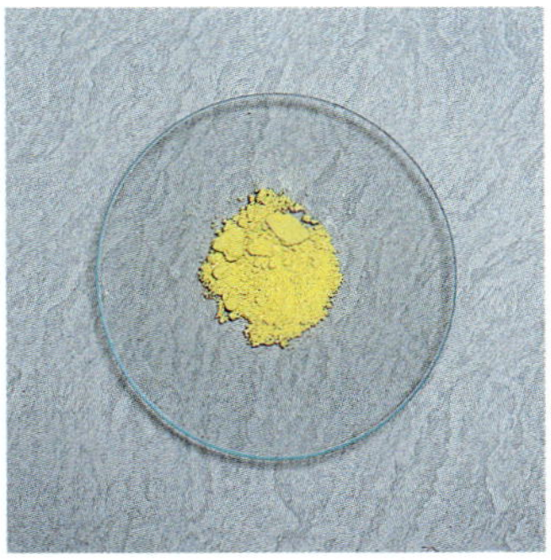

Le bromure d'argent est utilisé pour les émulsions photographiques.

	$AgBr(s)$	$\rightleftharpoons$	$Ag^+(aq)$	+	$Br^-(aq)$
Concentration initiale (mol/L) :			0		0
Variation (mol/L) :	$-s$		$+s$		$+s$
Concentration à l'équilibre (mol/L) :			s		s

D'après le tableau 6.3, nous pouvons écrire :

$$\begin{aligned} K_{ps} &= [Ag^+][Br^-] \\ 7{,}7 \times 10^{-3} &= (s)(s) = s^2 \\ s &= \sqrt{7{,}7 \times 10^{-13}} = 8{,}8 \times 10^{-7} \text{ mol/L} \end{aligned}$$

et $[Ag^+] = [Br^-] = 8{,}8 \times 10^{-7}$ mol/L. La solubilité molaire de AgBr vaut aussi $8{,}8 \times 10^{-7}$ mol/L.

Connaissant la solubilité molaire, on peut ensuite calculer la solubilité en grammes par litre, comme dans l'exemple suivant.

L'hydroxyde de cuivre(II) est utilisé comme pesticide et pour traiter les semences contre certaines maladies bactériennes.

EXEMPLE 6.9 Le calcul de la solubilité à partir de K_{ps}

À l'aide des données du tableau 6.3 (*p. 314*), calculez la solubilité de l'hydroxyde de cuivre(II) [$Cu(OH)_2$] en grammes par litre.

DÉMARCHE

On connaît la valeur du K_{ps} et l'on nous demande de calculer la solubilité en grammes par litre. La séquence de calculs selon les étapes de conversion déjà présentées à la figure 6.11B (*p. 314*) est:

$$K_{ps} \text{ de } Cu(OH)_2 \longrightarrow [Cu^{2+}] \text{ et } [OH^-] \longrightarrow \begin{matrix}\text{solubilité molaire}\\ \text{de } Cu(OH)_2\end{matrix} \longrightarrow \begin{matrix}\text{solubilité de}\\ Cu(OH)_2 \text{ en g/L}\end{matrix}$$

SOLUTION

Soit s la solubilité molaire de $Cu(OH)_2$. Les variations de concentrations se résument ainsi:

	$Cu(OH)_2(s)$	$\rightleftharpoons$	$Cu^{2+}(aq)$	+	$2OH^-(aq)$
Concentration initiale (mol/L):			0		0
Variation (mol/L):	$-s$		$+s$		$+2s$
Concentration à l'équilibre (mol/L):			s		$2s$

Puisqu'une unité formulaire de $Cu(OH)_2$ donne un ion Cu^{2+} et deux ions OH^-, à l'équilibre, $[Cu^{2+}]$ est égale à s, et $[OH^-]$ à $2s$:

$$K_{ps} = [Cu^{2+}][OH^-]^2$$
$$= (s)(2s)^2 = 4s^3$$

Selon la valeur de K_{ps} du tableau 6.3, on peut résoudre cette dernière équation pour trouver la valeur de s:

$$2,2 \times 10^{-20} = 4s^3$$
$$s^3 = \frac{2,2 \times 10^{-20}}{4} = 5,5 \times 10^{-21}$$
$$s = (5,5 \times 10^{-21})^{1/3} = 1,8 \times 10^{-7} \text{ mol/L}$$

Sachant que la masse molaire de $Cu(OH)_2$ est de 97,57 g/mol et connaissant sa solubilité molaire, nous pouvons calculer sa solubilité en g/L:

$$\text{solubilité de } Cu(OH)_2 = \frac{1,8 \times 10^{-7} \text{ mol } Cu(OH)_2}{1 \text{ L soln}} \times \frac{97,57 \text{ g } Cu(OH)_2}{1 \text{ mol } Cu(OH)_2}$$
$$= 1,8 \times 10^{-5} \text{ g/L}$$

EXERCICE

Calculez la solubilité du chlorure d'argent (AgCl) en grammes par litre.

PROBLÈME SEMBLABLE

6.50

Comme le montrent les exemples 6.8 (*p. 314*) et 6.9, la solubilité et le produit de solubilité sont reliés. Si l'on connaît l'une de ces grandeurs, on peut calculer l'autre;

chacune d'elles fournit toutefois des renseignements différents. Le tableau 6.4 montre la relation entre solubilité molaire et produit de solubilité pour un certain nombre de composés ioniques.

En calculant la solubilité ou le produit de solubilité, n'oubliez pas les points suivants:

1. La solubilité est la quantité maximale d'une substance qui peut se dissoudre dans une certaine quantité d'eau à une température donnée. Elle est habituellement exprimée en *grammes* de soluté par litre de solution. La solubilité molaire, elle, est le nombre de *moles* de soluté par litre de solution.
2. Le produit de solubilité est une constante d'équilibre.
3. La solubilité molaire, la solubilité et le produit de solubilité se rapportent tous à des *solutions saturées.*

TABLEAU 6.4

Relation entre K_{ps} et solubilité molaire (s)

Composé	Expression K_{ps}	Concentration à l'équilibre (mol/L)		Relation entre K_{ps} et s
		Cation	Anion	
$AgCl$	$[Ag^+][Cl^-]$	s	s	$K_{ps} = s^2$; $s = (K_{ps})^{1/2}$
$BaSO_4$	$[Ba^{2+}][SO_4^{2-}]$	s	s	$K_{ps} = s^2$; $s = (K_{ps})^{1/2}$
Ag_2CO_3	$[Ag^+]^2[CO_3^{2-}]$	$2s$	s	$K_{ps} = 4s^3$; $s = \left(\frac{K_{ps}}{4}\right)^{1/3}$
PbF_2	$[Pb^{2+}][F^-]^2$	s	$2s$	$K_{ps} = 4s^3$; $s = \left(\frac{K_{ps}}{4}\right)^{1/3}$
$Al(OH)_3$	$[Al^{3+}][OH^-]^3$	s	$3s$	$K_{ps} = 27s^4$; $s = \left(\frac{K_{ps}}{27}\right)^{1/4}$
$Ca_3(PO_4)_2$	$[Ca^{2+}]^3[PO_4^{3-}]^2$	$3s$	$2s$	$K_{ps} = 108s^5$; $s = \left(\frac{K_{ps}}{108}\right)^{1/5}$

La prédiction des réactions de précipitation

À partir des règles de solubilité (*voir la section 1.2, p. 8*) et des produits de solubilité donnés au tableau 6.3, on peut prédire s'il y aura ou non formation d'un précipité quand on mélange deux solutions ou lorsqu'on ajoute un composé soluble dans une solution. Cette possibilité de prédiction offre des avantages pratiques. Au cours de la préparation de produits en laboratoire ou en industrie, il est possible d'ajuster les concentrations ioniques jusqu'à ce que le produit ionique dépasse la valeur de K_{ps} dans le but d'obtenir un composé donné (sous forme de précipité). La prévision de réactions de précipitation est utile aussi en médecine. Par exemple, les pierres aux reins, lesquelles peuvent causer de grandes douleurs, sont principalement constituées d'oxalate de calcium, CaC_2O_4 ($K_{ps} = 2{,}3 \times 10^{-9}$). La concentration physiologique normale des ions calcium dans le plasma sanguin est environ 5 mmol/L (1 mmol/L = 1×10^{-3} mol/L). L'ion oxalate $C_2O_4^{2-}$ est un dérivé de l'acide oxalique présent dans plusieurs végétaux tels la rhubarbe et les épinards. Les ions oxalate peuvent réagir avec les ions calcium pour former des cristaux insolubles d'oxalates de calcium, lesquels peuvent graduellement s'accumuler dans les reins. Le médecin recommandera alors une diète appropriée au patient pour réduire cette formation de précipité.

EXEMPLE 6.10 La prédiction d'une réaction de précipitation

On ajoute exactement 200 mL de $BaCl_2$ 0,0040 mol/L à exactement 600 mL de K_2SO_4 0,0080 mol/L. Y aura-t-il formation d'un précipité?

DÉMARCHE

Quelles sont les conditions requises pour qu'un composé ionique précipite? Les ions en solution sont Ba^{2+}, Cl^-, K^+ et SO_4^{2-}. Selon les règles de la solubilité des composés ioniques énoncées au tableau 1.2 de la page 8, le seul précipité qui pourrait se former est $BaSO_4$. Les données du problème nous permettent de calculer $[Ba^{2+}]$ et $[SO_4^{2-}]$, car nous connaissons le nombre de moles d'ions dans les solutions de départ ainsi que le volume total de la solution obtenue à la suite de l'addition des deux volumes. Il faudra ensuite calculer le produit ionique Q ($Q = [Ba^{2+}]_0[SO_4^{2-}]_0$) et le comparer au K_{ps} de $BaSO_4$ pour pouvoir confirmer s'il y aura formation ou non d'un précipité. Il est avantageux de faire une esquisse décrivant les données de ce problème:

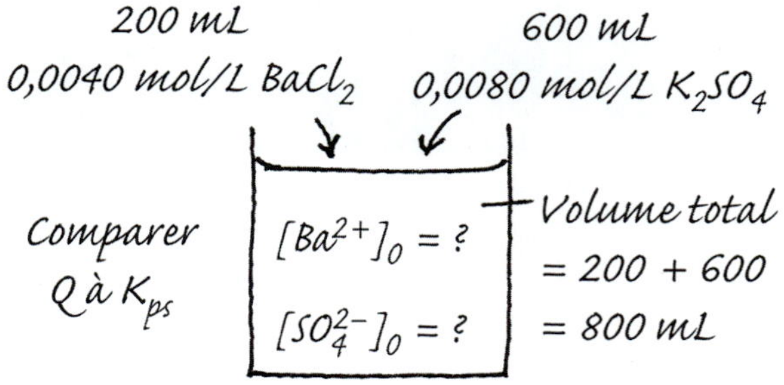

NOTE

On suppose que les volumes sont additifs.

SOLUTION

Le nombre de moles de Ba^{2+} présentes dans le volume de 200 mL de la solution de $BaCl_2$ est:

$$200 \text{ mL} \times \frac{0{,}0040 \text{ mol } Ba^{2+}}{1 \text{ L soln}} \times \frac{1 \text{ L}}{1000 \text{ mL}} = 8{,}0 \times 10^{-4} \text{ mol } Ba^{2+}$$

Le volume total est de 800 mL après le mélange des deux solutions. La concentration de Ba^{2+} est:

$$[Ba^{2+}] = \frac{8{,}0 \times 10^{-4} \text{ mol}}{800 \text{ mL}} \times \frac{1000 \text{ mL}}{1 \text{ L soln}}$$
$$= 1{,}0 \times 10^{-3} \text{ mol/L}$$

Le nombre de moles de SO_4^{2-} dans la solution originale de 600 mL est:

$$600 \text{ mL} \times \frac{0{,}0080 \text{ mol } SO_4^{2-}}{1 \text{ L soln}} \times \frac{1 \text{ L}}{1000 \text{ mL}} = 4{,}8 \times 10^{-3} \text{ mol } SO_4^{2-}$$

La concentration de SO_4^{2-} dans cette solution d'un volume total de 800 mL est:

$$[SO_4^{2-}] = \frac{4{,}8 \times 10^{-3} \text{ mol}}{800 \text{ mL}} \times \frac{1000 \text{ mL}}{1 \text{ L soln}}$$
$$= 6{,}0 \times 10^{-3} \text{ mol/L}$$

>>>

Maintenant, nous pouvons comparer Q avec K_{ps}. Selon le tableau 6.3 (*p. 314*) :

$$BaSO_4(s) \rightleftharpoons Ba^{2+}(aq) + SO_4^{2-}(aq) \qquad K_{ps} = 1,1 \times 10^{-10}$$

La valeur de Q est :

$$Q = [Ba^{2+}]_0[SO_4^{2-}]_0 = (1,0 \times 10^{-3})(6,0 \times 10^{-3}) = 6,0 \times 10^{-6}$$

Alors :

$$Q > K_{ps}$$

La solution est sursaturée, car la valeur de Q indique que les concentrations des ions sont trop élevées. Il y aura donc précipitation de $BaSO_4$ jusqu'à ce que :

$$[Ba^{2+}][SO_4^{2-}] = 1,1 \times 10^{-10}$$

EXERCICE

Si l'on verse 2,00 mL de NaOH 0,200 mol/L dans 1,00 L de $CaCl_2$ 0,100 mol/L, y aura-t-il précipitation ?

PROBLÈME SEMBLABLE
6.53

6.7 La séparation des ions par précipitation sélective

Pour détecter la présence de certains cations métalliques en solution, les méthodes d'analyse chimique suivent souvent un protocole appelé **précipitation sélective** qui met en évidence la présence d'une seule espèce à la fois en se basant sur la différence de solubilité de composés distincts, par une ou plusieurs réactions de précipitation successives. Par exemple, l'addition d'ions sulfate à une solution contenant à la fois des ions potassium et baryum cause la précipitation de $BaSO_4$, ce qui a pour effet d'enlever presque tous les ions Ba^{2+} de la solution. L'autre possibilité de formation d'un composé était celle de produire du K_2SO_4, mais ce composé est soluble, donc les ions potassium resteront en solution. Le précipité de $BaSO_4$ peut donc être séparé de la solution par filtration.

Toutefois, même lorsqu'il y a formation de *deux* produits insolubles, il est encore possible de les séparer presque complètement par le choix du réactif approprié pour produire la précipitation. Par exemple, étudions le cas d'une solution qui contient des ions Cl^-, Br^- et I^-. Une façon de les séparer consiste à les transformer en halogénures d'argent insolubles. Comme l'indiquent les valeurs de K_{ps} dans le tableau ci-dessous, la solubilité des halogénures décroît de AgCl à AgI. Ainsi, en ajoutant *lentement* une solution d'un composé soluble comme le nitrate d'argent, AgI commence à précipiter le premier, suivi de AgBr et de AgCl.

Composé	K_{ps}
AgCl	$1,6 \times 10^{-10}$
AgBr	$7,7 \times 10^{-13}$
AgI	$8,3 \times 10^{-17}$

Les exemples suivants décrivent la séparation de seulement deux ions (Cl^- et Br^-), mais la même procédure peut être appliquée à une solution contenant plus de deux espèces d'ions si les précipités formés ont des solubilités différentes.

NOTE

Si l'on compare les K_{ps} de deux composés de stœchiométries différentes, par exemple $BaCO_3$ et Ag_2CO_3, on ne peut pas se fier seulement aux valeurs de K_{ps} pour savoir lequel des deux est le moins soluble. Pourquoi ?

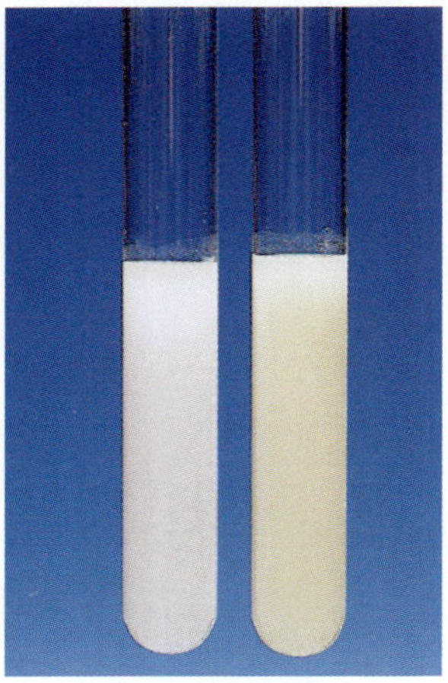

AgCl (à gauche) et AgBr (à droite)

EXEMPLE 6.11 Le calcul de la concentration nécessaire d'un réactif pour pouvoir amorcer une précipitation sélective

On ajoute lentement du nitrate d'argent ($AgNO_3$) solide à une solution contenant des ions Cl^- 0,020 mol/L et des ions Br^- 0,020 mol/L. Calculez la concentration minimale requise en ions Ag^+ (en mol/L) pour causer la précipitation la plus complète possible de AgBr sans provoquer celle de AgCl.

DÉMARCHE

En solution aqueuse, $AgNO_3$ se dissocie en ions Ag^+ et NO_3^-. Les ions Ag^+ se combinent ensuite avec les ions Cl^- et Br^- pour former les précipités AgCl et AgBr. Étant moins soluble, AgBr (son K_{ps} est inférieur à celui de AgCl) précipite en premier. Il s'agit donc d'un cas de précipitation sélective. Connaissant les concentrations des ions Cl^- et Br^-, on peut calculer $[Ag^+]$ à partir des valeurs de K_{ps}. Rappelez-vous que les K_{ps} s'appliquent à des solutions saturées. Pour que la précipitation s'amorce, il faut dans chaque cas que le produit ionique Q soit plus grand que la valeur du K_{ps} considéré, c'est-à-dire que $[Ag^+]$ dépasse la concentration dans la solution saturée.

SOLUTION

L'équilibre de solubilité pour AgBr s'écrit ainsi :

$$AgBr(s) \rightleftharpoons Ag^+(aq) + Br^-(aq) \qquad K_{ps} = [Ag^+][Br^-]$$

La concentration de Br^- étant déjà fixée à 0,020 mol/L, la concentration minimale de Ag^+ qui pourrait faire que Q soit égal au K_{ps} est :

$$[Ag^+] = \frac{K_{ps}}{[Br^-]} = \frac{7{,}7 \times 10^{-13}}{0{,}020} = 3{,}9 \times 10^{-11} \text{ mol/L}$$

Il faudra donc $[Ag^+] > 3{,}9 \times 10^{-11}$ mol/L pour amorcer la précipitation de AgBr.

Pour AgCl, l'équilibre de solubilité est :

$$AgCl(s) \rightleftharpoons Ag^+(aq) + Cl^-(aq) \qquad K_{ps} = [Ag^+][Cl^-]$$

et :

$$[Ag^+] = \frac{K_{ps}}{[Cl^-]} = \frac{1{,}6 \times 10^{-10}}{0{,}020} = 8{,}0 \times 10^{-9} \text{ mol/L}$$

Il faut donc $[Ag^+] > 8{,}0 \times 10^{-9}$ mol/L pour amorcer la précipitation de AgCl.

La précipitation de AgBr sans la précipitation des ions Cl^- sera donc possible si $[Ag^+]$ est supérieure à $3{,}9 \times 10^{-11}$ mol/L et inférieure à $8{,}0 \times 10^{-9}$ mol/L.

PROBLÈMES SEMBLABLES

6.55 et 6.56

EXERCICE

Les produits de solubilité de AgCl et de Ag_3PO_4 sont respectivement $1{,}6 \times 10^{-10}$ et $1{,}8 \times 10^{-18}$. Supposons qu'on ajoute des ions Ag^+ (sans changer le volume) à 1,00 L d'une solution contenant 0,10 mol de Cl^- et 0,10 mol de PO_4^{3-}. Calculez la concentration requise en ions Ag^+ (en moles par litre) pour que la précipitation s'amorce dans chacun des cas suivants : a) précipitation de AgCl ; b) précipitation de Ag_3PO_4.

À la suite de l'exemple 6.11, on est porté à se poser la question suivante : quelle est la concentration résiduelle des ions Br^- en solution au moment où AgCl commence à précipiter ? Sachant que $[Ag^+] = 8{,}0 \times 10^{-9}$ mol/L, on a :

$$[Br^-] = \frac{K_{ps}}{[Ag^+]} = \frac{7{,}7 \times 10^{-13}}{8{,}0 \times 10^{-9}} = 9{,}6 \times 10^{-5}\ \text{mol/L}$$

Le pourcentage de Br^- restant en solution (le Br^- *non* précipité) à cette concentration critique de Ag^+ est :

$$\%\ Br^- = \frac{[Br^-]_{\text{non précipité}}}{[Br^-]_{\text{initiale}}} \times 100\ \% = \frac{9{,}6 \times 10^{-5}\ \text{mol/L}}{0{,}020\ \text{mol/L}} \times 100\ \% = 0{,}48\ \%\ \text{de}\ Br^-\ \text{non précipité}$$

Ainsi, (100 − 0,48) %, ou 99,52 %, du Br^- aura précipité sous forme de AgBr juste avant que AgCl ne commence à précipiter. Ce processus permet donc de séparer quantitativement les ions Cl^-.

6.8 L'effet d'ion commun et la solubilité

À la section 6.2 (*p. 285*), nous avons discuté l'effet de l'ion commun sur l'ionisation des bases et des acides. Cet effet d'ion commun s'applique tout aussi bien aux équilibres de solubilité. La solubilité d'un composé peut être modifiée par la présence d'un ion commun. Voyons comment.

Comme nous l'avons déjà dit, le produit de solubilité est une constante ; la précipitation d'un composé ionique en solution se produit dès que la valeur du produit ionique dépasse la valeur de la constante du produit de solubilité K_{ps} de cette substance. Dans une solution saturée de AgCl, par exemple, le produit ionique $[Ag^+][Cl^-]$ est évidemment égal à K_{ps} et, de plus, on peut déduire par la stœchiométrie que $[Ag^+] = [Cl^-]$. Toutefois, cette égalité ne s'applique pas dans tous les cas.

Supposons que nous sommes en présence d'une solution constituée de deux substances qui ont un ion en commun, disons AgCl et $AgNO_3$. En plus de la faible dissociation possible de AgCl qui constitue une première source de Ag^+, il y en a une deuxième qui contribue à la concentration totale des ions argent en solution :

$$AgNO_3(s) \xrightarrow{H_2O} Ag^+(aq) + NO_3^-(aq)$$

L'équilibre de solubilité est :

$$AgCl(s) \rightleftharpoons Ag^+(aq) + Cl^-(aq)$$

Si l'on ajoute du $AgNO_3$ à une solution saturée en AgCl, l'accroissement de $[Ag^+]$ va rendre le produit ionique supérieur au produit de solubilité :

$$Q = [Ag^+]_0[Cl^-]_0 > K_{ps}$$

NOTE

À une température constante, pour un composé donné, seule sa solubilité est modifiée (elle diminue) par l'effet d'ion commun. Quant à son produit de solubilité, une constante d'équilibre, il demeure le même en présence ou non d'autres substances en solution.

Un nouvel équilibre va s'établir par la formation d'une certaine quantité d'un précipité de AgCl, en accord avec le principe de Le Chatelier, jusqu'à ce que la valeur du produit ionique soit de nouveau égale à celle de K_{ps}. L'ajout d'un ion déjà présent dans la solution (ion commun) se solde donc par une *diminution* de la solubilité du composé ionique (AgCl) en solution. Notez que, dans ce cas, $[Ag^+]$ n'est plus égale à $[Cl^-]$ à l'équilibre. On a plutôt la relation $[Ag^+] > [Cl^-]$.

EXEMPLE 6.12 L'effet d'ion commun sur la solubilité

Calculez la solubilité du chlorure d'argent (en grammes par litre) dans une solution de nitrate d'argent à $6{,}5 \times 10^{-3}$ mol/L.

DÉMARCHE

Il s'agit d'un cas d'ion commun, car Ag^+ provient de deux sources, AgCl et $AgNO_3$. L'ion commun est Ag^+. Rappelons que, dans un tel problème portant sur l'effet d'ion commun, la présence de l'ion commun Ag^+ modifie la solubilité de AgCl (en g/L), mais n'influe pas sur la valeur du K_{ps} de AgCl puisqu'il s'agit d'une constante d'équilibre.

SOLUTION

Voici les étapes à suivre :

Étape 1 : les espèces importantes en solution qu'il faut considérer ici sont les ions Ag^+ (provenant à la fois de AgCl et de $AgNO_3$) ainsi que les ions Cl^-. Les ions NO_3^- sont des ions spectateurs.

Étape 2 : puisque $AgNO_3$ est à la fois soluble et un électrolyte fort, il se dissocie complètement :

$$\underset{}{AgNO_3(s)} \xrightarrow{H_2O} \underset{6{,}5 \times 10^{-3}\ \text{mol/L}}{Ag^+(aq)} + \underset{6{,}5 \times 10^{-3}\ \text{mol/L}}{NO_3^-(aq)}$$

Soit s la solubilité molaire de AgCl dans une solution de $AgNO_3$. Les variations de concentrations se résument ainsi :

	$AgCl(s)$	$\rightleftharpoons$	$Ag^+(aq)$	+	$Cl^-(aq)$
Concentration initiale (mol/L) :			$6{,}5 \times 10^{-3}$		0
Variation (mol/L) :	$-s$		$+s$		$+s$
Concentration à l'équilibre (mol/L) :			$(6{,}5 \times 10^{-3} + s)$		s

Étape 3 :

$$K_{ps} = [Ag^+][Cl^-]$$
$$1{,}6 \times 10^{-10} = (6{,}5 \times 10^{-3} + s)(s)$$

>>>

Puisque AgCl est très peu soluble et que la présence d'ions Ag^+ provenant de $AgNO_3$ en réduit encore plus la solubilité, la valeur de s doit être très petite par rapport à $6,5 \times 10^{-3}$. C'est pourquoi, en appliquant l'approximation $6,5 \times 10^{-3} + s \simeq 6,5 \times 10^{-3}$, nous obtenons :

$$1,6 \times 10^{-10} = 6,5 \times 10^{-3}\, s$$
$$s = 2,5 \times 10^{-8} \text{ mol/L}$$

Étape 4 : à l'équilibre :

$$[Ag^+] = (6,5 \times 10^{-3} + 2,5 \times 10^{-8}) \text{ mol/L} \simeq 6,5 \times 10^{-3} \text{ mol/L}$$
$$[Cl^-] = 2,5 \times 10^{-8} \text{ mol/L}$$

L'approximation $6,5 \times 10^{-3} + 2,5 \times 10^{-8} \simeq 6,5 \times 10^{-3}$ était donc tout à fait justifiée à l'étape 3. Puisque tous les ions Cl^- doivent provenir de AgCl, s est donc la solubilité molaire de AgCl dissoute dans la solution de $AgNO_3$ et vaut alors $2,5 \times 10^{-8}$ mol/L. En connaissant la masse molaire de AgCl (143,4 g/mol), nous pouvons dès lors calculer sa solubilité :

$$\text{Solubilité de AgCl dans une solution de } AgNO_3 = \frac{2,5 \times 10^{-8} \text{ mol AgCl}}{1 \text{ L soln}} \times \frac{143,3 \text{ g AgCl}}{1 \text{ mol AgCl}}$$
$$= 3,6 \times 10^{-6} \text{ g/L}$$

VÉRIFICATION

La solubilité de AgCl dans l'eau pure est de $1,9 \times 10^{-3}$ g/L (*voir l'exercice de l'exemple 6.9, p. 316*). La plus faible solubilité de AgCl en présence de $AgNO_3$ est donc plausible. Vous devriez aussi être capable de prédire qualitativement cette plus faible solubilité à l'aide du principe de Le Chatelier. L'addition d'ions Ag^+ cause un déplacement de l'équilibre vers la gauche, ce qui diminue par le fait même la solubilité de AgCl.

EXERCICE

Calculez la solubilité (en grammes par litre) de AgBr : a) dans l'eau pure ; b) dans NaBr 0,0010 mol/L.

PROBLÈME SEMBLABLE

6.60

6.9 Le pH et la solubilité

Le pH peut faire varier la solubilité d'un grand nombre de composés. Par exemple, voyons le cas de l'hydroxyde de magnésium :

$$Mg(OH)_2(s) \rightleftharpoons Mg^{2+}(aq) + 2OH^-(aq)$$

En ajoutant des ions OH^-, le pH augmente, et l'équilibre se déplace vers la gauche (c'est encore un effet d'ion commun, en accord avec le principe de Le Chatelier), ce qui rend le $Mg(OH)_2$ moins soluble. Par contre, en ajoutant des ions H_3O^+, le pH diminue, et l'équilibre se déplace cette fois vers la droite, ce qui correspond à une augmentation de la solubilité du $Mg(OH)_2$. On peut donc parvenir ainsi à dissoudre des bases ou des acides normalement insolubles en ajustant correctement le pH. Les bases insolubles ont tendance à se dissoudre en milieu acide, et les acides insolubles ont tendance à se dissoudre en milieu basique.

Voyons de plus près, de manière quantitative, comment le pH influe sur la solubilité du $Mg(OH)_2$. Commençons par calculer le pH d'une solution saturée de $Mg(OH)_2$:

$$K_{ps} = [Mg^{2+}][OH^-]^2 = 1{,}2 \times 10^{-11}$$

Soit s la solubilité molaire de $Mg(OH)_2$. Procédons comme dans l'exemple 6.9 (*p. 316*) :

$$K_{ps} = (s)(2s)^2 = 4s^3$$
$$4s^3 = 1{,}2 \times 10^{-11}$$
$$s^3 = 3{,}0 \times 10^{-12}$$
$$s = 1{,}4 \times 10^{-4}\ \text{mol/L}$$

On a donc, à l'équilibre :

$$[OH^-] = 2 \times 1{,}4 \times 10^{-4}\ \text{mol/L} = 2{,}8 \times 10^{-4}\ \text{mol/L}$$
$$\text{pOH} = -\log(2{,}8 \times 10^{-4}) = 3{,}55$$
$$\text{pH} = 14{,}00 - 3{,}55 = 10{,}45$$

Le lait de magnésie contient du $Mg(OH)_2$. Il est utilisé comme antiacide.

Dans un milieu dont le pH est inférieur à 10,45, la solubilité de $Mg(OH)_2$ augmente. Un pH plus bas veut dire que $[H_3O^+]$ augmente, donc que $[OH^-]$ diminue comme on peut le prédire d'après $K_{eau} = [H_3O^+][OH^-]$. En conséquence, $[Mg^{2+}]$ augmente pour établir un nouvel état d'équilibre, ce qui correspond à une augmentation de solubilité. On peut résumer ainsi le phénomène de la dissolution en présence d'une augmentation d'ions H_3O^+ :

$$Mg(OH)_2(s) \rightleftharpoons Mg^{2+}(aq) + 2OH^-(aq)$$
$$2H_3O^+(aq) + 2OH^-(aq) \rightleftharpoons 4H_2O(l)$$

Équation globale : $Mg(OH)_2(s) + 2H_3O^+(aq) \rightleftharpoons Mg^{2+}(aq) + 4H_2O(l)$

Si le pH du milieu était supérieur à 10,45, $[OH^-]$ serait plus grande, et la solubilité de $Mg(OH)_2$ diminuerait par l'effet de l'ion commun $[OH^-]$.

Le pH influe aussi sur la solubilité de sels constitués d'un anion basique. Par exemple, l'équilibre de solubilité pour BaF_2 est :

$$BaF_2(s) \rightleftharpoons Ba^{2+}(aq) + 2F^-(aq)$$

et :

$$K_{ps} = [Ba^{2+}][F^-]^2$$

NOTE

Rappelez-vous que HF est un acide faible. Sa base conjuguée, F^-, a donc une grande affinité pour H^+ fourni par H_3O^+.

En milieu acide, la forte concentration de H_3O^+ va faire en sorte de déplacer l'équilibre suivant de la gauche vers la droite :

$$H_3O^+(aq) + F^-(aq) \rightleftharpoons HF(aq) + H_2O(l)$$

Quand $[F^-]$ diminue, $[Ba^{2+}]$ doit augmenter pour établir un nouvel état d'équilibre, ce qui fait augmenter la quantité de BaF_2 dissoute. On peut résumer ainsi le phénomène de la dissolution et de l'influence du pH sur la solubilité du BaF_2 :

$$BaF_2(s) \rightleftharpoons Ba^{2+}(aq) + 2F^-(aq)$$
$$2H_3O^+(aq) + 2F^-(aq) \rightleftharpoons 2HF(aq) + 2H_2O(l)$$

Équation globale : $$BaF_2(s) + 2H_3O^+(aq) \rightleftharpoons Ba^{2+}(aq) + 2HF(aq) + 2H_2O(l)$$

Le pH n'a pas d'effet sur la solubilité des sels dont les anions ne s'hydrolysent pas. C'est le cas, par exemple, des anions Cl^-, Br^- et I^-.

EXEMPLE 6.13 Prévision qualitative de l'effet du pH sur la solubilité

Pour chacun des composés suivants, prévoyez s'il sera plus soluble en milieu acide que dans l'eau : a) CuS ; b) AgCl ; c) $PbSO_4$.

DÉMARCHE

Dans chaque cas, écrivez l'équation de la dissolution du sel en son cation et son anion. Le cation ne réagira pas avec l'ion H_3O^+, car ils sont tous deux chargés positivement. Quant à l'anion, il agira comme accepteur de proton seulement s'il est la base conjuguée d'un acide faible. Comment le retrait de l'anion influence-t-il la solubilité du sel ?

SOLUTION

a) L'équilibre de solubilité est :

$$CuS(s) \rightleftharpoons Cu^{2+}(aq) + S^{2-}(aq)$$

Le CuS sera plus soluble en milieu acide parce que l'anion S^{2-} est la base conjuguée d'un acide faible HS^-. Par conséquent, l'ion S^{2-} réagit ainsi avec l'ion H_3O^+ :

$$S^{2-}(aq) + H_3O^+(aq) \rightleftharpoons HS^-(aq) + H_2O(l)$$

Cette réaction fait diminuer la concentration des ions S^{2-} en solution. En accord avec le principe de Le Chatelier, l'équilibre se déplacera vers la droite pour remplacer partiellement les ions S^{2-}, ce qui correspond à une augmentation de la solubilité de CuS.

b) L'équilibre de solubilité est :

$$AgCl(s) \rightleftharpoons Ag^+(aq) + Cl^-(aq)$$

Du fait que Cl^- est la base conjuguée d'un acide fort (HCl), la solubilité de AgCl n'est pas touchée par le milieu acide.

c) L'équilibre de solubilité est :

$$PbSO_4(s) \rightleftharpoons Pb^{2+}(aq) + SO_4^{2-}(aq)$$

L'ion sulfate est une base faible parce qu'elle est la base conjuguée d'un acide faible, HSO_4^-. Par conséquent, SO_4^{2-} réagira ainsi avec l'ion H_3O^+ :

$$SO_4^{2-}(aq) + H_3O^+(aq) \rightleftharpoons HSO_4^-(aq) + H_2O(l)$$

Cette réaction cause une diminution d'ions SO_4^{2-} en solution. En accord avec le principe de Le Chatelier, l'équilibre se déplacera vers la droite pour remplacer quelques ions SO_4^{2-}, ce qui correspond à une augmentation de la solubilité du $PbSO_4$.

Cependant, comme HSO_4^- est un acide dont la constante d'ionisation est assez grande (*voir le tableau 5.5, p. 249*), l'équilibre ci-dessus n'est que légèrement déplacé vers la droite. La solubilité du $PbSO_4$ ne fait donc qu'augmenter un peu en milieu acide.

EXERCICE

Les composés suivants sont-ils plus solubles dans une solution acide que dans l'eau ? a) $Ca(OH)_2$; b) $Mg_3(PO_4)_2$; c) $PbBr_2$.

PROBLÈME SEMBLABLE
6.64

EXEMPLE 6.14 Prévision quantitative de l'effet du pH sur la solubilité

Calculez quelle devrait être la concentration d'une solution aqueuse d'ammoniac nécessaire pour amorcer la précipitation de l'hydroxyde de fer(II) dans une solution de $FeCl_2$ 0,0030 mol/L.

DÉMARCHE

Pour qu'une précipitation d'hydroxyde de fer(II) ait lieu, le produit ionique $[Fe^{2+}][OH^-]^2$ doit être plus grand que la constante de solubilité, K_{ps}. Il faut d'abord calculer $[OH^-]$ à partir de la concentration connue de fer, $[Fe^{2+}]$, et de la valeur de K_{ps} trouvée dans le tableau 6.3 (*p. 314*). Il s'agit de la concentration de OH^- dans une solution saturée de $Fe(OH)_2$. Ensuite, il faut calculer la concentration de NH_3 qui pourra fournir cette concentration d'ions OH^-. Finalement, toute valeur de concentration de NH_3 supérieure à celle calculée va causer la précipitation de $Fe(OH)_2$ parce que la solution sera devenue sursaturée.

SOLUTION

L'ammoniac réagit avec l'eau pour produire des ions OH^-, lesquels réagissent ensuite avec Fe^{2+} pour former $Fe(OH)_2$. Les équilibres en jeu sont les suivants:

$$NH_3(aq) + H_2O(l) \rightleftharpoons NH_4^+(aq) + OH^-(aq)$$
$$Fe^{2+}(aq) + 2OH^-(aq) \rightleftharpoons Fe(OH)_2(s)$$

Calculons d'abord la concentration de OH^- minimale nécessaire à un commencement de formation du précipité $Fe(OH)_2$. Écrivons:

$$K_{ps} = [Fe^{2+}][OH^-]^2 = 1,6 \times 10^{-14}$$

Du fait que $FeCl_2$ est un électrolyte fort, $[Fe^{2+}] = 0,0030$ mol/L et:

$$[OH^-]^2 = \frac{1,6 \times 10^{-14}}{0,0030} = 5,3 \times 10^{-12}$$
$$[OH^-] = 2,3 \times 10^{-6} \text{ mol/L}$$

Ensuite, calculons la concentration de NH_3 qui pourrait fournir $2,3 \times 10^{-6}$ mol/L en ions OH^-. Soit x la concentration initiale de NH_3 en moles par litre. Résumons les changements de concentration provoqués par l'ionisation de NH_3:

	$NH_3(aq)$ + $H_2O(l)$ $\rightleftharpoons$	$NH_4^+(aq)$ +	$OH^-(aq)$
Concentration initiale (mol/L):	x	0	0
Variation (mol/L):	$-2,3 \times 10^{-6}$	$+2,3 \times 10^{-6}$	$+2,3 \times 10^{-6}$
Concentration à l'équilibre (mol/L):	$(x) - (2,3 \times 10^{-6})$	$2,3 \times 10^{-6}$	$2,3 \times 10^{-6}$

Remplaçons les concentrations dans l'expression de la constante d'équilibre par leurs valeurs à l'équilibre:

$$K_b = \frac{[NH_4^+][OH^-]}{[NH_3]}$$
$$1,8 \times 10^{-5} = \frac{(2,3 \times 10^{-6})(2,3 \times 10^{-6})}{(x) - (2,3 \times 10^{-6})}$$

En résolvant pour déterminer x, on obtient:

$$x = 2,6 \times 10^{-6} \text{ mol/L}$$

>>>

Il faudra donc une concentration de NH_3 légèrement supérieure à $2{,}6 \times 10^{-6}$ mol/L pour avoir un début de formation du précipité $Fe(OH)_2$.

EXERCICE

Prouvez s'il y aura formation ou non d'un précipité lorsqu'on ajoute 2,0 mL de NH_3 0,60 mol/L à 1,0 L de $ZnSO_4$ $1{,}0 \times 10^{-3}$ mol/L.

PROBLÈME SEMBLABLE
6.68

Chimie en action

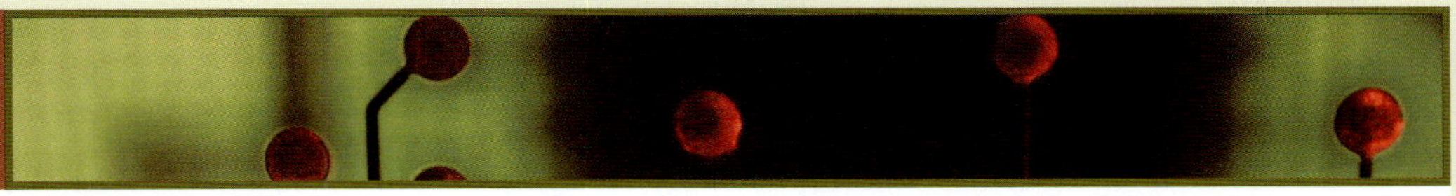

Le pH, la solubilité et la carie dentaire

La carie dentaire a ennuyé les humains durant des siècles. Encore aujourd'hui, même si l'on en connaît bien les causes, on ne peut la prévenir totalement.

Les dents sont protégées par une couche d'émail dur d'une épaisseur d'environ 2 mm ; cet émail est composé d'une substance minérale appelée hydroxyapatite [$Ca_5(PO_4)_3OH$]. Quand l'émail se dissout (un processus appelé déminéralisation), les ions se retrouvent en solution dans la salive :

$$Ca_5(PO_4)_3OH(s) \longrightarrow 5Ca^{2+}(aq) + 3PO_4^{3-}(aq) + OH^-(aq) \quad (1)$$

Puisque les phosphates de métaux alcalino-terreux (comme le calcium) sont insolubles, cette réaction se produit d'une façon limitée. Le processus inverse, appelé reminéralisation, constitue la défense naturelle de l'organisme contre la carie dentaire :

$$5Ca^{2+}(aq) + 3PO_4^{3-}(aq) + OH^-(aq) \longrightarrow Ca_5(PO_4)_3OH(s)$$

Chez les enfants, la minéralisation (fabrication de la couche d'émail) se fait plus rapidement que la déminéralisation ; chez les adultes, la déminéralisation et la reminéralisation se font presque à la même vitesse.

Après un repas, les bactéries de la bouche dégradent une certaine quantité de nourriture, ce qui produit des acides organiques comme l'acide acétique (CH_3COOH) et l'acide lactique [$CH_3CH(OH)COOH$]. Cette production d'acide est plus importante quand la nourriture contient beaucoup de sucre, comme c'est le cas pour les friandises, la crème glacée et les boissons sucrées. La diminution du pH qui accompagne ce phénomène provoque le retrait d'ions OH^- en favorisant le déplacement de la réaction (1) :

$$H_3O^+(aq) + OH^-(aq) \longrightarrow 2H_2O(l)$$

Les dentifrices commerciaux contiennent des composés fluorés pour combattre la carie dentaire.

La meilleure façon de combattre la carie est de manger peu de nourriture sucrée et de se brosser les dents immédiatement après chaque repas. La plupart des dentifrices contiennent du fluorure, comme NaF ou SnF_2, qui aide à prévenir la carie. Les ions F^- de ces composés remplacent certains des ions OH^- durant le processus de reminéralisation :

$$5Ca^{2+}(aq) + 3PO_4^{3-}(aq) + F^-(aq) \longrightarrow Ca_5(PO_4)_3F(s)$$

Puisque F^- est une base plus faible que OH^-, l'émail modifié obtenu, appelé fluorapatite, résiste mieux à l'acide.

NOTE

On a déjà étudié les acides et les bases de Lewis à la section 5.11 (*p. 266*).

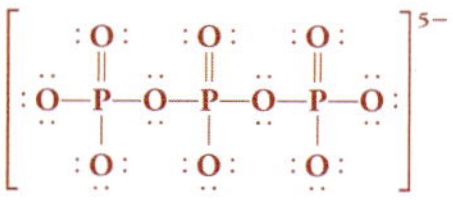

Ion tripolyphosphate des détergents

Ces phosphates sont de plus en plus bannis, car ils sont en partie responsables du problème des cyanobactéries et de l'eutrophisation des lacs.

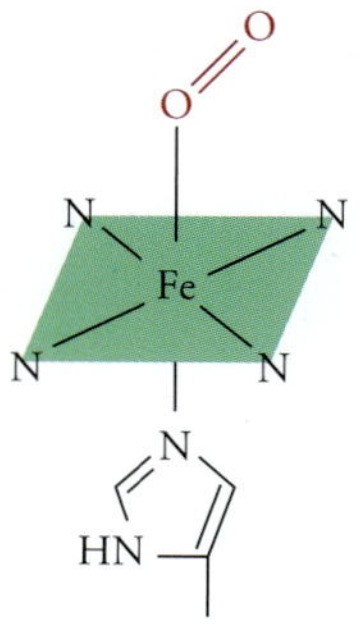

Exemple d'un complexe d'un métal de transition

Le fer situé au centre de l'hème de l'hémoglobine permet de fixer de l'oxygène de l'air des poumons, ce qui donne la coloration rouge au sang artériel. Une fois l'oxygène libéré dans les tissus, une molécule d'eau prend la place de l'oxygène dans le complexe. La désoxyhémoglobine est bleue, d'où la coloration bleue du sang veineux.

6.10 L'équilibre des ions complexes et la solubilité

Les réactions acido-basiques de Lewis dans lesquelles un cation métallique (receveur d'un doublet d'électrons) se combine à une base de Lewis (donneur d'un doublet d'électrons) se soldent par la formation d'un ion complexe :

$$\underset{\text{acide}}{Ag^+(aq)} + \underset{\text{base}}{2NH_3(aq)} \rightleftharpoons \underset{\text{ion complexe}}{Ag(NH_3)_2^+(aq)}$$

On peut définir un **ion complexe** comme un ion contenant un cation métallique central lié à un ou à plusieurs ions ou molécules. Ce type d'ion est impliqué dans de nombreux phénomènes chimiques et biologiques. Par exemple, l'hémoglobine des globules rouges du sang et les cytochromes du foie sont des complexes du fer, alors que la chlorophylle est un complexe du magnésium. Dans la présente section, nous verrons l'effet de la formation d'ions complexes sur la solubilité. Par exemple, jusqu'à récemment, les phosphates étaient très utilisés dans les détergents, car ils empêchent de faire précipiter les résidus du lavage sous forme de dépôts de sels de calcium. C'est que l'ion calcium est monopolisé sous forme de complexe soluble par le polyphosphate, et il n'est plus disponible pour former des sels peu solubles (cernes ou dépôts sur les vêtements).

Les métaux de transition ont particulièrement tendance à former des ions complexes. Par exemple, une solution de chlorure de cobalt(II) est rose à cause de la présence d'ions $Co(H_2O)_6^{2+}$ (*voir la figure 6.12*). Quand on y ajoute du HCl, la solution devient bleue à cause de la formation de l'ion complexe $CoCl_4^{2-}$:

$$Co^{2+}(aq) + 4Cl^-(aq) \rightleftharpoons CoCl_4^{2-}(aq)$$

Le sulfate de cuivre(II) ($CuSO_4$) se dissout dans l'eau pour former une solution bleue. Ce sont les ions cuivre(II) hydratés qui sont responsables de cette couleur ; beaucoup d'autres sulfates (Na_2SO_4, par exemple) sont incolores. L'ajout de *quelques gouttes* d'une solution d'ammoniac concentrée à une solution de $CuSO_4$ provoque la formation d'un précipité bleu clair [l'hydroxyde de cuivre(II)] :

$$Cu^{2+}(aq) + 2OH^-(aq) \longrightarrow Cu(OH)_2(s)$$

où les ions OH^- sont fournis par la solution d'ammoniac. S'il y a ajout d'un *excès* de NH_3, le précipité bleu se dissout à nouveau pour former une solution bleu foncé : la couleur est due, cette fois, à la formation de l'ion complexe $Cu(NH_3)_4^{2+}$ (*voir la figure 6.13*) :

$$Cu(OH)_2(s) + 4NH_3(aq) \rightleftharpoons Cu(NH_3)_4^{2+}(aq) + 2OH^-(aq)$$

Donc, la formation de l'ion complexe $Cu(NH_3)_4^{2+}$ augmente la solubilité de $Cu(OH)_2$.

Ⓐ Ⓑ

FIGURE 6.12

Formation d'un complexe

Ⓐ Une solution aqueuse de chlorure de cobalt(II). La couleur rose est due à la présence d'ions $Co(H_2O)_6^{2+}$.
Ⓑ Après ajout d'une solution de HCl, la solution devient bleue à cause de la formation des ions complexes $CoCl_4^{2-}$.

Ⓐ Ⓑ Ⓒ

FIGURE 6.13

Formation de complexes en milieu ammoniacal

Ⓐ Un bécher contenant une solution aqueuse de sulfate de cuivre(II).
Ⓑ Après addition de quelques gouttes d'une solution d'ammoniac concentrée, il y a formation d'un précipité bleu clair de $Cu(OH)_2$.
Ⓒ Quand on ajoute un excès d'une solution d'ammoniac concentrée, le précipité de $Cu(OH)_2$ se dissout pour former les ions complexes $Cu(NH_3)_4^{2+}$, responsables de la couleur bleu foncé.

La **constante de formation K_f** (aussi appelée constante de stabilité ou constante de complexation) exprime la tendance d'un ion métallique à former un ion complexe particulier ; cette constante est la constante d'équilibre pour la formation d'un ion complexe. Plus la valeur de K_f est grande, plus l'ion complexe est stable. Le tableau 6.5 donne les constantes de formation de certains ions complexes.

On peut exprimer la formation de l'ion $Cu(NH_3)_4^{2+}$ de la manière suivante :

$$Cu^{2-}(aq) + 4NH_3(aq) \rightleftharpoons Cu(NH_3)_4^{2+}(aq)$$

pour laquelle la constante de formation est :

$$K_f = \frac{[Cu(NH_3)_4^{2+}]}{[Cu^{2+}][NH_3]^4} = 5{,}0 \times 10^{13}$$

Dans ce cas, la très grande valeur de K_f traduit la grande stabilité de l'ion complexe en solution et explique la très faible concentration d'ions cuivre(II).

TABLEAU 6.5

Constantes de formation de certains ions complexes dans l'eau à 25 °C

Ion complexe	Expression de l'équilibre	Constante de formation (K_f)
$Ag(NH_3)_2^+$	$Ag^+ + 2NH_3 \rightleftharpoons Ag(NH_3)_2^+$	$1{,}5 \times 10^7$
$Ag(CN)_2^-$	$Ag^+ + 2CN^- \rightleftharpoons Ag(CN)_2^-$	$1{,}0 \times 10^{21}$
$Cu(CN)_4^{2-}$	$Cu^{2+} + 4CN^- \rightleftharpoons Cu(CN)_4^{2-}$	$1{,}0 \times 10^{25}$
$Cu(NH_3)_4^{2+}$	$Cu^{2+} + 4NH_3 \rightleftharpoons Cu(NH_3)_4^{2+}$	$5{,}0 \times 10^{13}$
$Cd(CN)_4^{2-}$	$Cd^{2+} + 4CN^- \rightleftharpoons Cd(CN)_4^{2-}$	$7{,}1 \times 10^{16}$
CdI_4^{2-}	$Cd^{2+} + 4I^- \rightleftharpoons CdI_4^{2-}$	$2{,}0 \times 10^6$
$HgCl_4^{2-}$	$Hg^{2+} + 4Cl^- \rightleftharpoons HgCl_4^{2-}$	$1{,}7 \times 10^{16}$
HgI_4^{2-}	$Hg^{2+} + 4I^- \rightleftharpoons HgI_4^{2-}$	$2{,}0 \times 10^{30}$
$Hg(CN)_4^{2-}$	$Hg^{2+} + 4CN^- \rightleftharpoons Hg(CN)_4^{2-}$	$2{,}5 \times 10^{41}$
$Co(NH_3)_6^{3+}$	$Co^{3+} + 6NH_3 \rightleftharpoons Co(NH_3)_6^{3+}$	$5{,}0 \times 10^{31}$
$Zn(NH_3)_4^{2+}$	$Zn^{2+} + 4NH_3 \rightleftharpoons Zn(NH_3)_4^{2+}$	$2{,}9 \times 10^9$

EXEMPLE 6.15 Le calcul de la concentration à l'équilibre d'un ion à la suite de la formation d'un ion complexe

On ajoute 0,20 mol de $CuSO_4$ à 1 L de solution NH_3 1,20 mol/L. Quelle est la concentration des ions Cu^{2+} à l'équilibre?

DÉMARCHE

L'addition de $CuSO_4$ à la solution de NH_3 cause la formation d'un ion complexe selon l'équation suivante:

$$Cu^{2+}(aq) + 4NH_3(aq) \rightleftharpoons Cu(NH_3)_4^{2+}(aq)$$

Puisque la valeur de la constante de formation (*voir le tableau 6.5, p. 329*) est très élevée ($5,0 \times 10^{13}$), la réaction sera très favorisée vers la droite. À l'équilibre, la concentration de Cu^{2+} sera très petite. On peut donc considérer cette réaction comme étant une réaction totale (complète), c'est-à-dire que tous les ions Cu^{2+} dissous finiront par devenir des ions $Cu(NH_3)_4^{2+}$. Combien de moles de $Cu(NH_3)_4^{2+}$ seront produites? Il restera très peu de Cu^{2+} à l'équilibre. Écrivez l'expression de la constante de formation K_f de ce complexe afin de déterminer cette très faible concentration de Cu^{2+} à l'équilibre.

SOLUTION

Étape 1: puisque la valeur de la constante de formation (*voir le tableau 6.5*) est très élevée ($5,0 \times 10^{13}$), considérons d'abord cette réaction comme étant une réaction totale (complète) et calculons les concentrations des espèces à la fin de cette réaction. En examinant la stœchiométrie et les quantités en jeu, on constate que l'ion Cu^{2+} est le réactif limitant:

	$Cu^{2+}(aq)$	$+ \; 4NH_3(aq)$	$\longrightarrow Cu(NH_3)_4^{2+}(aq)$
Concentration initiale (mol/L):	0,20	1,20	0
Variation (mol/L):	−0,20	−0,80	+0,20
Concentration finale (mol/L):	0	0,40	0,20

Étape 2: supposons maintenant qu'il y aurait, à la suite de cette réaction considérée en pratique comme complète, une certaine quantité restante de Cu^{2+} en équilibre avec le complexe.

L'expression de la constante d'équilibre avec les valeurs des concentrations à l'équilibre est:

$$K_f = \frac{[Cu(NH_3)_4^{2+}]}{[Cu^{2+}][NH_3]^4}$$

$$5,0 \times 10^{13} = \frac{0,20}{x(0,40)^4}$$

En résolvant pour déterminer x, on obtient:

$$x = [Cu^{2+}] = 1,6 \times 10^{-13} \text{ mol/L}$$

VÉRIFICATION

Cette concentration très faible de $[Cu^{2+}]$ à l'équilibre par rapport à la concentration initiale confirme la validité des approximations.

PROBLÈME SEMBLABLE 6.71

EXERCICE

Si l'on dissout 2,50 g de $CuSO_4$ dans $9,0 \times 10^2$ mL de NH_3 0,30 mol/L, quelles sont les concentrations de Cu^{2+}, de $Cu(NH_3)_4^{2+}$ et de NH_3 à l'équilibre?

En général, la formation d'un complexe cause une *augmentation* de la solubilité d'une substance, comme le démontre l'exemple suivant.

EXEMPLE 6.16 L'influence de la formation d'un ion complexe sur la solubilité d'une substance

Calculez la solubilité molaire de AgCl dans une solution de NH_3 1,0 mol/L.

DÉMARCHE

AgCl est très peu soluble dans l'eau :

$$AgCl(s) \rightleftharpoons Ag^+(aq) + Cl^-(aq)$$

et les ions Ag^+ forment un complexe avec NH_3 (*voir le tableau 6.5*) selon :

$$Ag^+(aq) + 2NH_3(aq) \rightleftharpoons Ag(NH_3)_2^+(aq)$$

En combinant ces deux équilibres, on obtient la réaction globale du phénomène.

SOLUTION

Étape 1 : au début, les espèces en solution sont les ions Ag^+, Cl^- et NH_3. C'est la réaction entre Ag^+ et NH_3 qui produit l'ion complexe $Ag(NH_3)_2^+$.

Étape 2 : les systèmes à l'équilibre sont les suivants :

$$AgCl(s) \rightleftharpoons Ag^+(aq) + Cl^-(aq)$$

$$K_{ps} = [Ag^+][Cl^-] = 1,6 \times 10^{-10}$$

$$Ag^+(aq) + 2NH_3(aq) \rightleftharpoons Ag(NH_3)_2^+(aq)$$

$$K_f = \frac{[Ag(NH_3)_2^+]}{[Ag^+][NH_3]^2} = 1,5 \times 10^7$$

Équation globale : $AgCl(s) + 2NH_3(aq) \rightleftharpoons Ag(NH_3)_2^+(aq) + Cl^-(aq)$

Selon la loi des équilibres multiples (*p. 182*), la constante d'équilibre K de la réaction globale est le produit des constantes d'équilibre des réactions individuelles :

$$K = K_{ps} K_f = \frac{[Ag(NH_3)_2^+][Cl^-]}{[NH_3]^2}$$

$$= (1,6 \times 10^{-10})(1,5 \times 10^7)$$

$$= 2,4 \times 10^{-3}$$

Soit s la solubilité molaire de AgCl (en moles par litre). Résumons ainsi les changements des concentrations à la suite de la formation de l'ion complexe :

	$AgCl(s)$ +	$2NH_3(aq)$ $\rightleftharpoons$	$Ag(NH_3)_2^+(aq)$ +	$Cl^-(aq)$
Concentration initiale (mol/L) :		1,0	0	0
Variation (mol/L) :	$-s$	$-2s$	$+s$	$+s$
Concentration à l'équilibre (mol/L) :		$(1,0 - 2s)$	s	s

La constante de formation de $Ag(NH_3)_2^+$ est suffisamment grande pour permettre la complexation de la majorité des ions argent. En l'absence d'ammoniac, à l'équilibre, $[Ag^+] = [Cl^-]$, mais en sa présence, nous avons plutôt $[Ag(NH_3)_2^+] = [Cl^-]$.

Étape 3 :

$$K = \frac{(s)(s)}{(1,0 - 2s)^2}$$

$$2,4 \times 10^{-3} = \frac{s^2}{(1,0 - 2s)^2}$$

>>>

En extrayant la racine carrée des deux côtés, on obtient :

$$0{,}049 = \frac{s}{1{,}0 - 2s}$$

$$s = 0{,}045 \text{ mol/L}$$

La solubilité de AgCl dans 1 L de NH_3 1,0 mol/L est donc 0,045 mol/L.

VÉRIFICATION

La solubilité molaire de AgCl dans l'eau pure est $1{,}3 \times 10^{-5}$ mol/L. La formation de l'ion complexe $[Ag(NH_3)_2^+]$ fait donc augmenter la solubilité de AgCl (*voir la figure 6.14*).

EXERCICE

Calculez la solubilité molaire de AgBr dans une solution de NH_3 1,0 mol/L.

PROBLÈME SEMBLABLE

6.74

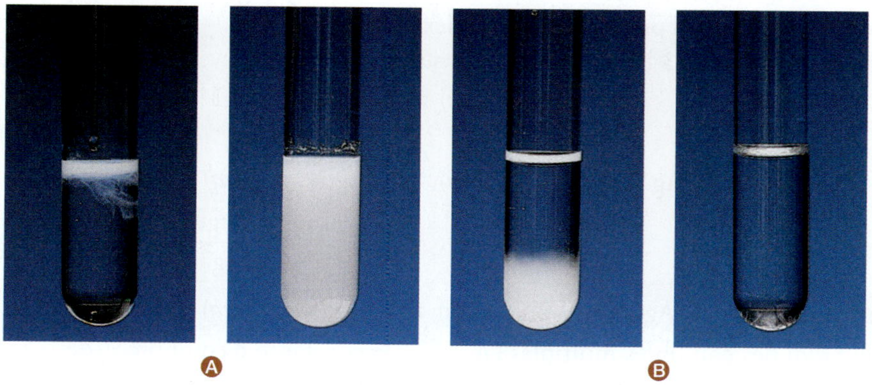

FIGURE 6.14

Augmentation de la solubilité par la formation d'un ion complexe

A Formation d'un précipité de AgCl au cours de l'addition d'une solution de $AgNO_3$ dans une solution de NaCl. **B** Ensuite, en ajoutant une solution de NH_3, le précipité se dissout en formant les ions $Ag(NH_3)_2^+$, un ion complexe soluble.

Finalement, notons qu'il y a une classe d'hydroxydes appelés *hydroxydes amphotères* qui peuvent réagir avec les acides comme avec les bases. On y trouve $Al(OH)_3$, $Pb(OH)_2$, $Cr(OH)_3$, $Zn(OH)_2$ et $Cd(OH)_2$. Par exemple, l'hydroxyde d'aluminium réagit avec les acides et avec les bases de la manière suivante :

NOTE

Tous les hydroxydes amphotères sont des composés insolubles.

$$Al(OH)_3(s) + 3H_3O^+(aq) \longrightarrow Al^{3+}(aq) + 6H_2O(l)$$

$$Al(OH)_3(s) + OH^-(aq) \rightleftharpoons Al(OH)_4^-(aq)$$

L'augmentation de la solubilité de $Al(OH)_3$ en milieu basique est le résultat de la formation de l'ion complexe $Al(OH)_4^-$, dans lequel $Al(OH)_3$ agit comme un acide de Lewis, et OH^- comme une base de Lewis (*voir la figure 6.15*). Les autres hydroxydes amphotères agissent de façon semblable.

FIGURE 6.15

Augmentation de la solubilité de $Al(OH)_3$ en milieu basique

A Il y a formation d'un précipité de $Al(OH)_3$ quand on ajoute une solution de NaOH à une solution de $Al(NO_3)_3$. **B** On ajoute encore de la solution de NaOH, ce qui provoque la dissolution du précipité $Al(OH)_3$, à cause de la formation de l'ion complexe $[Al(OH)_4^-]$.

6.11 L'application du principe de l'équilibre de solubilité à l'analyse qualitative

À la section 1.6 (*p. 33*), nous avons parlé du principe de l'analyse gravimétrique, grâce à laquelle on peut mesurer la quantité d'un ion donné dans un échantillon d'une substance inconnue. Ici, nous parlerons brièvement de l'**analyse qualitative**, c'est-à-dire d'une méthode d'identification des ions présents dans une solution. Nous limiterons notre exposé à l'identification des cations.

On peut facilement analyser 20 cations courants en solution aqueuse. On divise d'abord ces cations en cinq groupes selon les produits de solubilité de leurs sels insolubles (*voir le tableau 6.6, p. 334*). Puisqu'une solution inconnue peut contenir un ou plusieurs de ces 20 ions, il faut effectuer l'analyse de manière systématique en partant du groupe 1 jusqu'au groupe 5. Utilisons le procédé général de séparation des ions par l'ajout de réactifs qui vont permettre la formation de précipités.

NOTE

On applique ici le principe de la précipitation sélective déjà vu à la section 6.7 (*p. 319*).

- Les cations du groupe 1 : quand on ajoute du HCl dilué dans la solution inconnue, seuls les ions Ag^+, Hg_2^{2+} et Pb^{2+} forment des précipités : des chlorures insolubles. Les autres ions, dont les chlorures sont solubles, restent en solution.

- Les cations du groupe 2 : une fois les précipités de chlorure retirés par filtration, on fait réagir du sulfure d'hydrogène avec la solution acide inconnue. En milieu acide, la concentration d'ions S^{2-} en solution est négligeable. Alors, la précipitation des sulfures de métaux s'exprime ainsi :

$$M^{2+}(aq) + H_2S(aq) + 2H_2O(l) \rightleftharpoons MS(s) + 2H_3O^+(aq)$$

L'ajout d'acide à la solution déplace l'équilibre vers la gauche de sorte que seuls les sulfures de métaux les moins solubles (ceux pour lesquels les valeurs de K_{ps} sont les plus petites) précipiteront. Ce sont Bi_2S_3, CdS, CuS et SnS (*voir le tableau 6.6*).

- Les cations du groupe 3 : à ce stade, on ajoute de l'hydroxyde de sodium à la solution pour la rendre basique. En solution basique, l'équilibre ci-dessus se déplace vers la droite. Alors, les sulfures plus solubles (CoS, FeS, MnS, NiS et ZnS) précipitent. Notez que les ions Al^{3+} et Cr^{3+} forment des précipités qui sont des hydroxydes [$Al(OH)_3$ et $Cr(OH)_3$] plutôt que des sulfures, car les hydroxydes sont moins solubles. On retire alors les sulfures et les hydroxydes insolubles par filtration.

- Les cations du groupe 4 : une fois tous les cations des groupes 1, 2 et 3 retirés de la solution, on ajoute du carbonate de sodium à la solution basique pour que les ions Ba^{2+}, Ca^{2+} et Sr^{2+} forment les précipités $BaCO_3$, $CaCO_3$ et $SrCO_3$. On retire ces précipités également par filtration.

- Les cations du groupe 5 : à ce stade, les seuls cations qui peuvent rester en solution sont Na^+, K^+ et NH_4^+. On peut déceler la présence d'ions NH_4^+ par l'ajout d'hydroxyde de sodium :

$$NaOH(aq) + NH_4^+(aq) \longrightarrow Na^+(aq) + H_2O(l) + NH_3(g)$$

On peut déceler l'ammoniac gazeux par son odeur caractéristique ou en plaçant un papier tournesol rouge humide au-dessus de la solution ; en présence d'ammoniac, ce papier devient bleu. Pour confirmer la présence d'ions Na^+ et K^+, on utilise habituellement un *test d'émission à la flamme* : on plonge un fil de platine (choisi parce que le platine est inerte) dans la solution et on le place ensuite dans la flamme d'un bec Bunsen. La flamme change alors de couleur selon le type d'ion métallique présent. Par exemple, la couleur émise par l'ion Na^+ est jaune, celle de l'ion K^+ est violette et celle de l'ion Cu^{2+} est verte (*voir la figure 6.16*).

FIGURE 6.16

Test d'émission à la flamme

De gauche à droite : lithium, sodium, potassium et cuivre.

NOTE

Il ne faut pas confondre les groupes du tableau 6.6, qui sont basés sur les valeurs du K_{ps}, avec les groupes du tableau périodique.

TABLEAU 6.6

Séparation des cations en groupes selon leurs réactions de précipitation avec différents réactifs

Groupe	Cation	Réactifs de précipitation	Composé insoluble	K_{ps}
1	Ag^+	HCl	AgCl	$1,6 \times 10^{-10}$
	Hg_2^{2+}		Hg_2Cl_2	$3,5 \times 10^{-18}$
	Pb^{2+}	↓	$PbCl_2$	$2,4 \times 10^{-4}$
2	Bi^{3+}	H_2S	Bi_2S_3	$1,6 \times 10^{-72}$
	Cd^{2+}	en solution	CdS	$8,0 \times 10^{-28}$
	Cu^{2+}	acide	CuS	$6,0 \times 10^{-37}$
	Sn^{2+}	↓	SnS	$1,0 \times 10^{-26}$
3	Al^{3+}	H_2S	$Al(OH)_3$	$1,8 \times 10^{-33}$
	Co^{2+}	en solution	CoS	$4,0 \times 10^{-21}$
	Cr^{3+}	basique	$Cr(OH)_3$	$3,0 \times 10^{-29}$
	Fe^{2+}		FeS	$6,0 \times 10^{-19}$
	Mn^{2+}		MnS	$3,0 \times 10^{-14}$
	Ni^{2+}		NiS	$1,4 \times 10^{-24}$
	Zn^{2+}	↓	ZnS	$3,0 \times 10^{-23}$
4	Ba^{2+}	Na_2CO_3	$BaCO_3$	$8,1 \times 10^{-9}$
	Ca^{2+}		$CaCO_3$	$8,7 \times 10^{-9}$
	Sr^{2+}	↓	$SrCO_3$	$1,6 \times 10^{-9}$
5	K^+	Aucun	Aucun	
	Na^+	réactif	Aucun	
	NH_4^+	de précipitation	Aucun	

La figure 6.17 résume le protocole de cette méthode de séparation des ions métalliques.

Deux aspects concernant l'analyse qualitative doivent être mentionnés. Premièrement, la séparation des cations en groupes est faite de la manière la plus sélective possible ; c'est-à-dire que les anions choisis comme réactifs doivent limiter la formation de précipités au plus petit nombre de types de cations possible. Par exemple, tous les cations du groupe 1 forment des sulfures insolubles. Alors, si dès la première étape, on faisait réagir H_2S avec la solution, sept sulfures différents (les sulfures des groupes 1 et 2) formeraient des précipités, ce qui n'est pas souhaité. Deuxièmement, la séparation des cations doit être effectuée de façon complète à chaque étape. Par exemple, si l'on n'ajoute pas assez de HCl à la solution inconnue pour retirer tous les cations du groupe 1, ceux-ci formeront avec les cations du groupe 2 des sulfures insolubles ; ce phénomène pourrait fausser les analyses chimiques ultérieures et mener à des conclusions erronées.

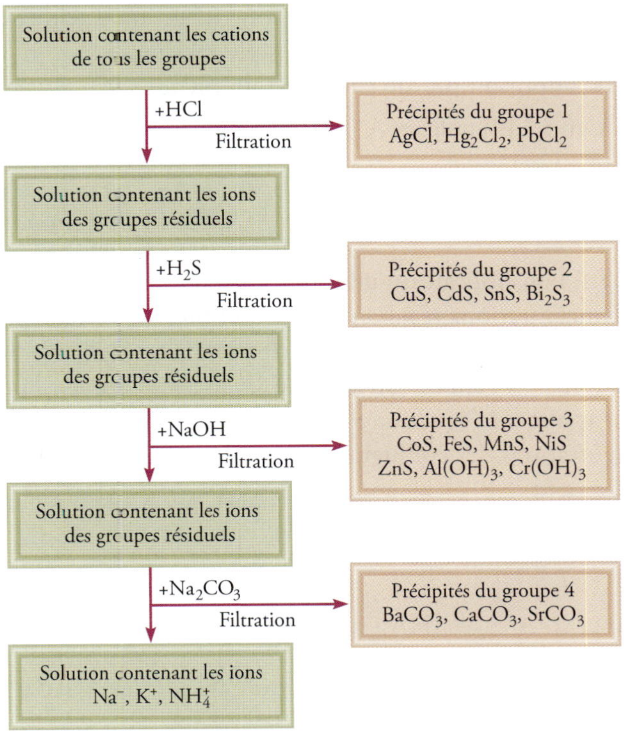

FIGURE 6.17
Schéma opératoire de la séparation des cations dans l'analyse qualitative

RÉSUMÉ

6.1

L'équilibre des solutions en milieux homogène et hétérogène

Les équilibres qui mettent en jeu des acides faibles ou des bases faibles en solution aqueuse sont des équilibres homogènes :

$$HA(aq) + H_2O(l) \rightleftharpoons H_3O^+(aq) + A^-(aq)$$

Les équilibres de solubilité sont des exemples d'équilibres hétérogènes mettant en jeu un solide ionique en présence de ses ions en solution aqueuse :

$$XY(s) \rightleftharpoons X^+(aq) + Y^-(aq)$$

6.2

L'effet d'ion commun

Un équilibre peut être déplacé par le fait d'ajouter dans une solution un composé ayant un ion en commun avec une substance déjà dissoute et à l'équilibre. L'effet d'ion commun cause la diminution de l'ionisation d'un acide faible ou d'une base faible, ce qui est en accord avec le principe de Le Chatelier. Sachant que $pK_a = -\log K_a$, la relation de Henderson-Hasselbalch (*voir l'équation clé 6.5*) permet de relier le pH d'une solution au pK_a de l'acide HA qu'elle contient et au rapport des conjugués $[A^-]/[HA]$ peu importe la provenance des ions communs.

6.3

Les solutions tampons

La composition d'une solution tampon

Une solution tampon est un mélange, soit d'un acide faible et de sa base conjuguée faible (fournie par un sel), soit d'une base faible et de son acide conjugué faible (fourni par un sel). Ce type de solution réagit avec de petites quantités d'acide ou de base ajoutées de manière à garder le pH de la solution presque constant. La zone tampon se situe à ± 1 unité de pH autour du pK_a de l'acide ou du pK_b de la base utilisé.

Exemple : Soit HA un acide faible, et A^- son conjugué provenant d'un sel soluble MA.

L'équilibre en jeu est :

$$HA(aq) + H_2O(l) \rightleftharpoons A^-(aq) + H_3O^+(aq)$$

Rappelons ici que si l'on utilisait un tableau montrant les concentrations initiales, les variations et les concentrations résultantes à l'équilibre, on verrait bien qu'on ne peut pas supposer que $[A^-] = [H_3O^+]$, car la principale source de A^- n'est pas attribuable à l'ionisation de HA, mais à l'apport du sel MA. Pour connaître le pH d'un tel tampon, il faut simplement appliquer l'équation de Henderson-Hasselbalch en prenant les valeurs initiales des concentrations des conjugués comme étant les mêmes à l'équilibre :

$$pH = pK_a + \log \frac{[A^-]_0}{[HA]_0}$$

Si le pK_a vaut 5,0 et si $[A^-]_0 = [HA]_0$ alors pH = 5,0.

Le pouvoir tampon

Si l'on ajoute au tampon décrit précédemment x mol/L d'un acide fort, il faut considérer que x mol/L de la base A^- sera neutralisée pour faire augmenter de x mol/L HA, et le nouveau pH sera :

$$pH = pK_a + \log \frac{([A^-]_0 - x)}{([HA]_0 + x)}$$

Dans le cas d'une addition de x mol/L d'une base forte, on obtiendrait par un raisonnement analogue :

$$pH = pK_a + \log \frac{([A^-]_0 + x)}{([HA]_0 - x)}$$

L'exemple 6.3 (*p. 292*) nous a démontré par des calculs détaillés que le pH d'un tampon varie très peu lors d'addition de petites quantités d'un acide fort ou d'une base forte.

Ce pouvoir tampon dépend non seulement des bonnes proportions du mélange des conjugués, mais aussi des quantités absolues des ingrédients, c'est-à-dire du nombre de moles présentes de chacun des conjugués. Si ces moles de conjugués en réserve sont abondantes, le tampon pourra résister plus longtemps à l'addition d'acide ou de base. Les systèmes tampons jouent un rôle vital dans la régulation du pH des liquides de l'organisme.

La préparation d'une solution tampon

On peut procéder de différentes manières pour préparer une solution tampon à un pH désiré. Par exemple, en neutralisant à moitié un acide faible avec une base forte, on obtient un équilibre résultant qui est le même que si l'on avait ajouté un sel soluble dont l'anion est la base conjuguée de l'acide et dont la quantité ajoutée correspond à celle obtenue à la demi-neutralisation au cours d'un titrage acido-basique. Dans ces deux cas, [HA] = [A$^-$], et le pH sera donc pH = pK_a. Le tableau suivant compile les différentes manières équivalentes de préparer un tampon acide ou un tampon basique. Assurez-vous de reconnaître et de bien comprendre les cas semblables dans les exemples donnés.

Préparation de tampons			Caractéristiques des tampons obtenus		
Substance de départ	Substance de départ à demi neutralisée par...	Sel ajouté à la substance de départ	Rapport des conjugués	pH résultant	Couple de conjugués
Acide faible	base forte		1	pK_a	
Exemple : CH_3COOH	NaOH		1	4,74	CH_3COOH/CH_3COO^-
Base faible	acide fort		1	14 − pK_b*	
Exemple : NH_3	HCl		1	9,3	NH_3/NH_4^+
Sel dont l'anion est une base faible.	acide fort		1	pK_a	
Exemple : CH_3COONa	HCl		1	4,74	CH_3COOH/CH_3COO^-
Sel dont le cation est un acide faible.	base forte		1	14 − pK_b	
Exemple : NH_4Cl	NaOH		1	9,3	NH_3/NH_4^+
Acide faible		Sel dont l'anion est la base conjuguée de l'acide faible.	1	pK_a	
Exemple : CH_3COOH		Exemple : CH_3COONa	1	4,74	CH_3COOH/CH_3COO^-
Base faible		Sel dont le cation est l'acide conjugué de l'acide faible.	1	14 − pK_b	
Exemple : NH_3		Exemple : NH_4Cl	1	9,3	NH_3/NH_4^+

* À la section 5.3 (*p. 229*), nous avons vu que pH + pOH = 14.

6.4

Les titrages acido-basiques

Le pH au point d'équivalence d'un titrage acido-basique dépend de l'hydrolyse du sel formé pendant la neutralisation, c'est-à-dire de la réaction entre le cation ou l'anion obtenu et l'eau à la suite de la neutralisation. Le tableau suivant résume les différents cas étudiés et décrits par les figures 6.6, 6.7 et 6.8 (*p. 301, 303 et 308*).

Titrages				
Acide	**Base**	**Sel formé**	**pH au point équivalent**	**Allure générale de la courbe de titrage**
Fort Exemple : HCl	Forte NaOH	Neutre NaCl	7,0	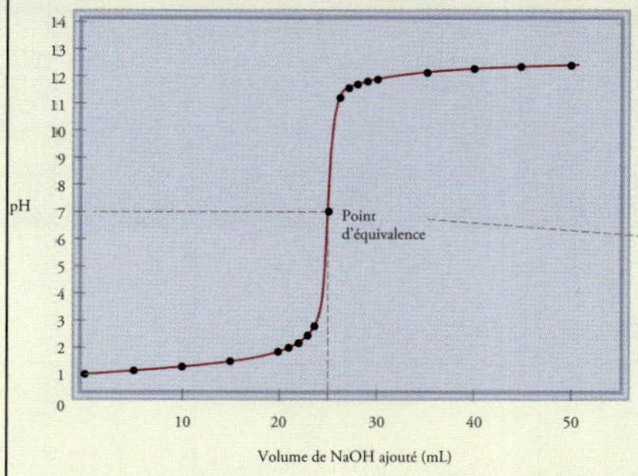
Faible Exemple : CH_3COOH	Forte NaOH	Basique CH_3COONa	> 7,0	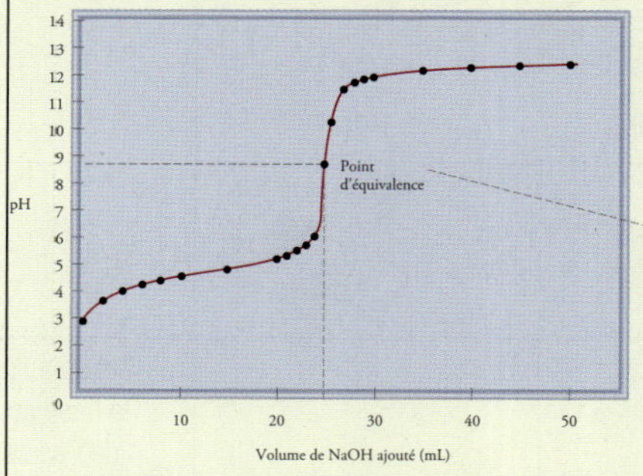
Fort Exemple : HCl	Faible NH_3	Acide NH_4Cl	< 7,0	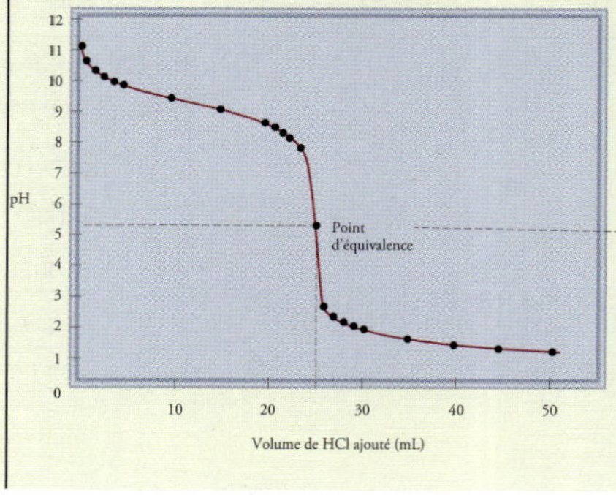

Volume de NaOH ajouté (mL)	pH
0,0	1,00
5,0	1,18
10,0	1,37
15,0	1,60
20,0	1,95
22,0	2,20
24,0	2,69
25,0	7,00
26,0	11,29
28,0	11,75
30,0	11,96
35,0	12,22
40,0	12,36
45,0	12,46
50,0	12,52

Volume de NaOH ajouté (mL)	pH
0,0	2,87
5,0	4,14
10,0	4,57
15,0	4,92
20,0	5,35
22,0	5,61
24,0	6,12
25,0	8,72
26,0	10,29
28,0	11,75
30,0	11,96
35,0	12,22
40,0	12,36
45,0	12,46
50,0	12,52

Volume de HCl ajouté (mL)	pH
0,0	11,13
5,0	9,86
10,0	9,44
15,0	9,08
20,0	8,66
22,0	8,39
24,0	7,88
25,0	5,28
26,0	2,70
28,0	2,22
30,0	2,00
35,0	1,70
40,0	1,52
45,0	1,40
50,0	1,30

6.5

Les indicateurs acido-basiques

Les indicateurs colorés acido-basiques sont des acides ou des bases organiques faibles qui doivent être choisis de manière que le changement de couleur à leur point de virage coïncide le plus possible avec le point d'équivalence au cours d'une neutralisation. Comme le changement de pH est habituellement très prononcé autour du point d'équivalence (ce qui correspond à une montée ou à une descente verticale sur une courbe de titrage), il suffit de choisir un indicateur dont la zone de virage se situe dans cette zone de grande variation de pH.

6.6

L'équilibre de solubilité

Le produit de solubilité (K_{ps}) exprime l'équilibre entre un solide et ses ions en solution. On distingue la solubilité exprimée en grammes par litre (g/L) de la solubilité molaire exprimée en moles par litre (mol/L). On peut déterminer la solubilité à partir du K_{ps} et inversement, comme le montre la séquence des calculs de la figure 6.11 (*p. 314*).

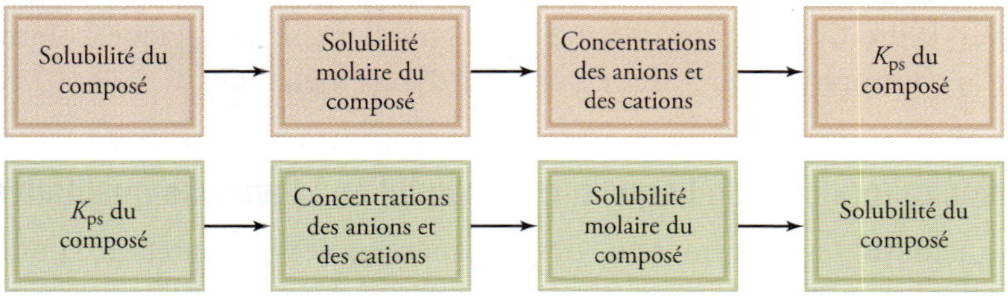

On peut se fier à la comparaison des K_{ps} pour comparer les solubilités de deux solides ioniques à la condition que les formules comportent les mêmes indices (même stœchiométrie).

6.7

La séparation des ions par précipitation sélective

La précipitation sélective permet de séparer des substances qui ont un ion en commun en les faisant précipiter successivement par l'addition lente d'un réactif. Les substances les moins solubles auront tendance à précipiter en premier. Par exemple, en ajoutant peu à peu des ions chlorures (Cl^-) à un mélange de différents ions métalliques pouvant donner des précipités sous forme de chlorures, on atteindra progressivement des valeurs de produits ioniques (Q) qui dépasseront les valeurs des K_{ps}. Si les valeurs des K_{ps} ne sont pas trop rapprochées les unes des autres, on est assuré d'une précipitation sélective, c'est-à-dire avec très peu d'impuretés.

6.8

L'effet d'ion commun et la solubilité

Les raisonnements pour exécuter correctement les calculs sont analogues à ceux de la présence d'un ion commun dans le cas d'un acide faible qui a pour effet de réduire l'ionisation de l'acide. Ici, la présence d'un ion commun fait diminuer la solubilité d'un sel peu soluble. Par exemple, si l'on ajoute du NaCl dans une solution saturée de $PbCl_2$, l'addition de l'ion commun Cl^- causera une diminution de l'apport de chlorure dû au $PbCl_2$ par une précipitation, donc une diminution de solubilité jusqu'à l'atteinte d'un nouvel état d'équilibre de solubilité. Révisez l'exemple 6.12 (*p. 322*) pour une meilleure compréhension.

6.9

Le pH et la solubilité

La solubilité de sels peu solubles constitués d'anions basiques s'accroît en milieu acide. (La solubilité des sels dont les anions proviennent d'acides forts n'est pas modifiée par le pH.) Dans ces cas, contrairement à ce qui est expliqué au paragraphe précédent, l'équilibre de solubilité est déplacé vers la droite, car l'acide, en neutralisant la base OH^-, vient consommer la très faible concentration de OH^- qui provenait du solide ionique. Celui-ci doit se solubiliser davantage pour remplacer partiellement les ions OH^- neutralisés par la base jusqu'à l'obtention d'un nouvel état d'équilibre de solubilité. Vous pouvez réviser les calculs de solubilité en fonction du pH aux exemples 6.13 et 6.14 (*p. 325 et 326*).

6.10

L'équilibre des ions complexes et la solubilité

Les ions complexes sont formés en solution par la combinaison d'un cation métallique et d'une base de Lewis. La constante de formation (K_f) exprime la tendance à la formation d'un ion complexe donné. La formation d'un ion complexe peut faire augmenter énormément la solubilité d'une substance insoluble dans l'eau, car les valeurs des K_f sont habituellement très élevées, ce qui déplace presque complètement les équilibres de solubilité vers la droite. Plusieurs substances d'un grand intérêt biologique, comme l'hémoglobine et la chlorophylle, sont des complexes d'ions métalliques.

6.11

L'application du principe de l'équilibre de solubilité à l'analyse qualitative

L'analyse qualitative est un processus permettant de détecter la présence des cations et des anions dans une solution inconnue. Une vingtaine de cations classés en cinq groupes peuvent être analysés avec différents réactifs. Cette méthode d'analyse est principalement fondée sur les principes de l'équilibre de solubilité et de la précipitation sélective.

ÉQUATIONS CLÉS

- $pK_a = -\log K_a$ — Définition du pK_a d'un acide (6.3)
- $pH = pK_a + \log \frac{[\text{base conjuguée}]}{[\text{acide}]}$ — Équation de Henderson-Hasselbalch (6.5)
- $pK_a - 1 < pH < pK_a + 1$ — Zone tampon (6.7)

MOTS CLÉS

QUESTIONS ET PROBLÈMES†*

Questions et problèmes ciblés

L'effet d'ion commun

Questions de révision

6.1 Appliquez le principe de Le Chatelier pour montrer comment l'effet d'ion commun influe sur le pH d'une solution.

6.2 Dans chacun des cas suivants, on ajoute une substance à la solution initiale. Quel sera l'effet de cet ajout sur le pH (augmentation, diminution ou aucun effet)? **a)** acétate de potassium à une solution d'acide acétique; **b)** nitrate d'ammonium à une solution d'ammoniac; **c)** formate de sodium (HCOONa) à une solution d'acide formique (HCOOH); **d)** chlorure de potassium à une solution d'acide chlorhydrique; **e)** iodure de baryum à une solution d'acide iodhydrique.

Problèmes

★**6.3** Calculez le pH des solutions suivantes: **a)** solution de CH_3COOH 0,400 mol/L; **b)** solution contenant à la fois CH_3COOH 0,40 mol/L et CH_3COONa 0,20 mol/L.

★**6.4** Calculez le pH des solutions suivantes: **a)** solution de NH_3 0,20 mol/L; **b)** solution contenant à la fois NH_3 0,20 mol/L et NH_4Cl 0,30 mol/L.

Les solutions tampons

Questions de révision

6.5 Définissez l'expression «solution tampon».

6.6 Définissez le pK_a d'un acide faible et expliquez la relation entre la valeur de pK_a et la force d'un acide. Faites de même pour pK_b et une base faible.

6.7 Les pK_a de deux monoacides HA et HB sont respectivement 5,9 et 8,1. Lequel des deux acides est le plus fort?

6.8 Les valeurs de pK_b des bases X^-, Y^- et Z^- sont respectivement 2,72, 8,66 et 4,57. Classez les acides suivants par ordre croissant de leur force: HX, HY et HZ.

Problèmes

★**6.9** Lesquels des systèmes suivants peuvent être qualifiés de tampons: **a)** KCl/HCl; **b)** $KHSO_4/H_2SO_4$; **c)** Na_2HPO_4/NaH_2PO_4; **d)** KNO_2/HNO_2.

★**6.10** Lesquels des systèmes suivants peuvent être qualifiés de tampons: **a)** KCN/HCN; **b)** $Na_2SO_4/NaHSO_4$; **c)** NH_3/NH_4NO_3; **d)** NaI/HI.

★**6.11** Le pH d'un système tampon hydrogénocarbonate/acide carbonique est 8,00. Calculez le rapport entre la concentration d'acide carbonique et celle des ions hydrogénocarbonate.

★**6.12** Calculez le pH des deux solutions tampons suivantes: **a)** CH_3COONa 2,0 mol/L/CH_3COOH 2,0 mol/L; **b)** CH_3COONa 0,20 mol/L/CH_3COOH 0,20 mol/L. Laquelle de ces solutions a le meilleur pouvoir tampon? Pourquoi?

★**6.13** Calculez le pH du système tampon suivant: NH_3 0,15 mol/L/NH_4Cl 0,35 mol/L.

★**6.14** Calculez le pH du système tampon suivant: Na_2HPO_4 0,10 mol/L/KH_2PO_4 0,15 mol/L.

★**6.15** Le pH d'un système tampon acétate de sodium/acide acétique est 4,50. Calculez le rapport $[CH_3COO^-]/[CH_3COOH]$.

★**6.16** Le pH du plasma sanguin est 7,40. En considérant que son principal système tampon est HCO_3^-/H_2CO_3, calculez le rapport $[HCO_3^-]/[H_2CO_3]$. Ce tampon est-il plus efficace contre l'ajout d'un acide ou d'une base?

★**6.17** Calculez le pH d'une solution tampon préparée par l'addition de 20,5 g de CH_3COOH et de 17,8 g de CH_3COONa à suffisamment d'eau pour former $5,00 \times 10^2$ mL de solution.

★**6.18** Calculez le pH de 1,00 L du système tampon CH_3COONa 1,00 mol/L/CH_3COOH 1,00 mol/L avant et après addition: **a)** de 0,080 mol de NaOH; et **b)** de 0,12 mol de HCl.
Considérez qu'il n'y a aucune variation de volume.

★**6.19** Les constantes d'ionisation d'un diacide (H_2A) sont les suivantes: $K_{a_1} = 1,1 \times 10^{-3}$ et $K_{a_2} = 2,5 \times 10^{-6}$. Pour former une solution tampon dont le pH est 5,80, quelle combinaison choisiriez-vous: $NaHA/H_2A$ ou $Na_2A/NaHA$?

★**6.20** Une étudiante veut préparer une solution tampon à pH 8,60. Lequel des acides faibles suivants devrait-elle choisir et pourquoi: HA ($K_a = 2,7 \times 10^{-3}$), HB ($K_a = 4,4 \times 10^{-6}$) ou HC ($K_a = 2,6 \times 10^{-9}$)?

† À moins de mention contraire, on suppose une température de 25 °C pour tous les problèmes.

* Niveau de difficulté: ★ facile; ★ moyen; ★ élevé

Biologie: 6.16, 6.98, 6.113, 6.114, 6.116; Concepts: 6.19, 6.20, 6.63, 6.64, 6.97, 6.107, 6.115; Descriptifs: 6.36, 6.76, 6.79, 6.81, 6.82, 6.89, 6.91, 6.98, 6.102 a), 6.105, 6.106, 6.111; Environnement: 6.63, 6.64, 6.71, 6.110, 6.112; Industrie: 6.110; Organique: 6.15, 6.16, 6.87, 6.113, 6.116

Les titrages acido-basiques

Questions de révision

6.21 Décrivez brièvement ce qui se passe durant un titrage acido-basique.

6.22 Dessinez l'allure générale des courbes de titrage dans les cas suivants: **a)** HCl avec NaOH; **b)** HCl avec CH_3NH_2; **c)** CH_3COOH avec NaOH. Dans tous ces cas, la base est déversée d'une burette dans un erlenmeyer qui contient l'acide. Sur vos graphes, le pH devrait apparaître sur l'axe des *y*, et le volume ajouté de la base, sur l'axe des *x*.

Problèmes

★**6.23** Un échantillon de 0,2688 g d'un monoacide neutralise 16,4 mL d'une solution de KOH 0,081 33 mol/L. Calculez la masse molaire de l'acide.

★**6.24** On dissout 5,00 g d'un diacide dans assez d'eau pour obtenir une solution de 250 mL. Calculez la masse molaire de l'acide s'il faut 11,1 mL de KOH 1,00 mol/L pour neutraliser 25,0 mL de cette solution. Supposez que les deux protons de l'acide sont titrés.

★**6.25** Au cours d'un titrage, il a fallu 12,5 mL de H_2SO_4 0,500 mol/L pour neutraliser 50,0 mL de NaOH. Quelle était la concentration de la solution de NaOH?

★**6.26** Au cours d'un titrage, il a fallu 20,4 mL de HCOOH 0,883 mol/L pour neutraliser 19,3 mL de $Ba(OH)_2$. Quelle était la concentration de la solution de $Ba(OH)_2$?

★**6.27** On a dissous 0,1276 g d'un monoacide inconnu dans 25,0 mL d'eau et on l'a titré avec une solution de NaOH 0,0633 mol/L. Il a fallu 18,4 mL de cette base pour atteindre le point d'équivalence. **a)** Calculez la masse molaire de l'acide. **b)** Après avoir ajouté 10,0 mL de la base pendant le titrage, le pH était 5,87. Quelle est la valeur de K_a pour l'acide inconnu?

★**6.28** On prépare une solution en mélangeant $5,00 \times 10^2$ mL de NaOH 0,167 mol/L avec $5,00 \times 10^2$ mL de CH_3COOH 0,100 mol/L. Calculez les concentrations à l'équilibre de H_3O^+, CH_3COOH, CH_3COO^-, OH^- et Na^+.

★**6.29** Calculez le pH au point équivalent dans le cas du titrage suivant: HCl 0,20 mol/L avec CH_3NH_2 (méthylamine) 0,20 mol/L.

★**6.30** Calculez le pH au point équivalent dans le cas du titrage suivant: HCOOH 0,10 mol/L avec NaOH 0,10 mol/L.

★**6.31** Un échantillon de 25,00 mL de CH_3COOH 0,100 mol/L est titré avec une solution de KOH 0,200 mol/L. Calculez le pH obtenu à la suite des additions suivantes de la solution de KOH: **a)** 0,0 mL; **b)** 5,0 mL; **c)** 10,0 mL; **d)** 12,5 mL; **e)** 15,0 mL.

★**6.32** Un échantillon de 10,00 mL d'une solution de NH_3 0,300 mol/L est titrée par une solution de HCl 0,100 mol/L. Calculez le pH après les additions suivantes de la solution de HCl: **a)** 0,0 mL; **b)** 10,00 mL; **c)** 20,0 mL; **d)** 30,00 mL; **e)** 40,0 mL.

Les indicateurs acido-basiques

Questions de révision

6.33 Expliquez le fonctionnement d'un indicateur acido-basique au cours d'un titrage. Selon quels critères faut-il choisir un indicateur acido-basique pour pouvoir effectuer correctement un certain titrage acido-basique?

6.34 Pourquoi la quantité d'indicateur utilisée dans un titrage acido-basique doit-elle être petite?

Problèmes

★**6.35** À l'aide du tableau 6.2 (*p. 311*), dites quel(s) indicateur(s) vous utiliseriez pour les titrages suivants: **a)** HCOOH par NaOH; **b)** HCl par KOH; **c)** HNO_3 par NH_3.

★**6.36** Un étudiant effectue un titrage acido-basique en ajoutant une solution de NaOH à l'aide d'une burette à une solution de HCl contenue dans un erlenmeyer; il utilise la phénolphtaléine comme indicateur. Au point d'équivalence, il observe une légère couleur rose-rouge. Cependant, après quelques minutes, la solution devient graduellement incolore. Selon vous, qu'est-il arrivé?

★**6.37** La valeur de la constante d'ionisation K_a pour HIn est $1,0 \times 10^{-6}$. La forme non ionisée de cet indicateur est rouge, et sa forme ionisée est jaune. Quelle est sa couleur dans une solution dont le pH est 4,00?

★**6.38** Le K_a d'un certain indicateur est $2,0 \times 10^{-6}$. La couleur de HIn est verte alors que celle de Ind^- est rouge. On ajoute quelques gouttes de cet indicateur à une solution de HCl qui est ensuite titrée par une solution de NaOH. À quel pH l'indicateur changera-t-il de couleur?

La solubilité et le produit de solubilité

Questions de révision

6.39 Définissez les termes suivants: solubilité, solubilité molaire et produit de solubilité. Expliquez la différence entre la solubilité et le produit de solubilité d'une substance légèrement soluble comme $BaSO_4$.

6.40 Pourquoi ne spécifie-t-on généralement pas les valeurs de K_{ps} pour les composés ioniques solubles?

6.41 Écrivez l'équation équilibrée et l'expression du produit de solubilité pour les équilibres de solubilité des composés suivants: **a)** $CuBr$; **b)** ZnC_2O_4; **c)** Ag_2CrO_4; **d)** Hg_2Cl_2; **e)** $AuCl_3$; **f)** $Mn_3(PO_4)_2$.

6.42 Écrivez l'expression du produit de solubilité du composé ionique A_xB_y.

6.43 Comment peut-on prédire s'il y aura formation ou non d'un précipité quand on mélange deux solutions?

6.44 La valeur de K_{ps} pour le chlorure d'argent est supérieure à celle de K_{ps} pour le carbonate d'argent (*voir le tableau 6.3, p. 314*). Cela signifie-t-il que la solubilité molaire du premier est supérieure à celle du second?

Problèmes

★**6.45** Calculez la concentration des ions dans chacune des solutions saturées suivantes: **a)** $[I^-]$ dans une solution de AgI dont $[Ag^+] = 9,1 \times 10^{-9}$ mol/L; **b)** $[Al^{3+}]$ dans une solution de $Al(OH)_3$ dont $[OH^-] = 2,9 \times 10^{-9}$ mol/L.

★**6.46** À l'aide des solubilités fournies, calculez le produit de solubilité de chacun des composés suivants: **a)** SrF_2, $7,3 \times 10^{-2}$ g/L; **b)** Ag_3PO_4, $6,7 \times 10^{-3}$ g/L.

★**6.47** Quelle est la valeur de K_{ps} pour $MnCO_3$ si sa solubilité molaire est de $4,2 \times 10^{-6}$ mol/L?

★**6.48** La solubilité d'un composé ionique MX (masse molaire = 346 g/mol) est de $4,63 \times 10^{-3}$ g/L. Quelle est la valeur de K_{ps} pour ce composé?

★**6.49** La solubilité d'un composé ionique M_2X_3 (masse molaire = 288 g/mol) est de $3,6 \times 10^{-17}$ g/L. Quelle est la valeur de K_{ps} pour ce composé?

★**6.50** À l'aide du tableau 6.3 (*p. 314*), calculez la solubilité molaire de CaF_2.

★**6.51** Quel est le pH d'une solution saturée d'hydroxyde de zinc?

★**6.52** Le pH d'une solution saturée d'un hydroxyde métallique MOH est 9,68. Calculez la valeur de K_{ps} pour ce composé.

★**6.53** On verse 20,0 mL de $Ba(NO_3)_2$ 0,10 mol/L dans 50,0 mL de Na_2CO_3 0,10 mol/L. Y aura-t-il précipitation de $BaCO_3$?

★**6.54** On mélange 75 mL de NaF 0,060 mol/L à 25 mL de $Sr(NO_3)_2$ 0,15 mol/L. Calculez les concentrations de NO_3^-, de Na^+, de Sr^{2+} et de F^- dans la solution finale (K_{ps} de $SrF_2 = 2,0 \times 10^{-10}$).

La précipitation sélective

Problèmes

★**6.55** On ajoute lentement du NaI solide à une solution qui contient du Cu^+ 0,010 mol/L et du Ag^+ 0,010 mol/L.

a) Lequel des composés commencera à précipiter en premier?

b) Quelle est la concentration molaire de l'argent $[Ag^+]$ lorsque CuI commence à peine à précipiter?

c) Quel est le pourcentage de Ag^+ restant en solution lorsque CuI commence à précipiter?

★**6.56** Une solution contient des ions Fe^{3+} et Zn^{2+}, tous deux à 0,010 mol/L. Quelle est la zone approximative de pH qui permettrait la séparation des ions Fe^{3+} des ions Zn^{2+} par réaction de précipitation du Fe^{3+} produisant du $Fe(OH)_3(s)$?

L'effet d'ion commun et la solubilité

Questions de révision

6.57 Comment un ion commun influence-t-il la solubilité? Utilisez le principe de Le Chatelier pour expliquer la diminution de solubilité de $CaCO_3$ dans une solution de Na_2CO_3.

6.58 Dans une solution de $AgNO_3$ $6,5 \times 10^{-3}$ mol/L, la solubilité molaire de AgCl est de $2,5 \times 10^{-8}$ mol/L. Si l'on calcule la valeur de K_{ps} à partir de ces données, lesquelles des affirmations suivantes sont plausibles?

a) La valeur de K_{ps} est la même que celle de la solubilité.

b) La valeur de K_{ps} pour AgCl est la même dans une solution de $AgNO_3$ $6,5 \times 10^{-3}$ mol/L que dans l'eau pure.

c) La solubilité de AgCl est indépendante de la concentration de $AgNO_3$.

d) Dans une solution de $AgNO_3$ $6,5 \times 10^{-3}$ mol/L, $[Ag^+]$ ne change pas de façon importante après l'ajout de AgCl.

e) La valeur de $[Ag^+]$ en solution après ajout de AgCl à une solution de $AgNO_3$ $6,5 \times 10^{-3}$ mol/L est la même que si l'on ajoutait AgCl à l'eau pure.

Problèmes

★**6.59** Combien de grammes de $CaCO_3$ se dissoudront dans $3,0 \times 10^2$ mL de $Ca(NO_3)_2$ 0,050 mol/L?

★**6.60** Le produit de solubilité de $PbBr_2$ est $8,9 \times 10^{-6}$. Calculez sa solubilité molaire: **a)** dans l'eau pure; **b)** dans une solution de KBr 0,20 mol/L; **c)** dans une solution de $Pb(NO_3)_2$ 0,20 mol/L.

★**6.61** Calculez la solubilité molaire de AgCl dans 1,00 L de solution contenant 10,0 g de $CaCl_2$.

★**6.62** Calculez la solubilité molaire de $BaSO_4$: **a)** dans l'eau; **b)** dans une solution contenant des ions SO_4^{2-} 1,0 mol/L.

Le pH et la solubilité

Problèmes

★**6.63** Parmi les composés ioniques suivants, lesquels seront plus solubles dans un milieu acide que dans l'eau? **a)** $BaSO_4$; **b)** $PbCl_2$; **c)** $Fe(OH)_3$; **d)** $CaCO_3$.

★**6.64** Parmi les composés suivants, lesquels seront plus solubles dans un milieu acide que dans l'eau? **a)** CuI; **b)** Ag_2SO_4; **c)** $Zn(OH)_2$; **d)** BaC_2O_4; **e)** $Ca_3(PO_4)_2$.

★**6.65** Comparez la solubilité molaire de $Mg(OH)_2$ dans l'eau à celle dans un milieu tampon à pH 9,0.

★**6.66** Calculez la solubilité molaire de $Fe(OH)_2$ aux valeurs suivantes de pH: **a)** à pH 8,00; **b)** à pH 10,00.

★**6.67** La valeur du produit de solubilité de $Mg(OH)_2$ est de $1,2 \times 10^{-11}$. Quelle concentration minimale en OH^- faudrait-il atteindre (en ajoutant, par exemple, du NaOH) pour que la concentration des ions Mg^{2+} soit inférieure à $1,0 \times 10^{-10}$ mol/L?

★**6.68** Prouvez s'il y aura ou non formation d'un précipité au cours de l'addition de 2,00 mL de NH_3 0,60 mol/L à 1,0 L d'une solution de $FeSO_4$ $1,0 \times 10^{-3}$ mol/L.

Les ions complexes et la solubilité

Questions de révision

6.69 Expliquez la formation des ions complexes du tableau 6.5 (*p. 329*) selon la théorie des acides et des bases de Lewis.

6.70 Donnez un exemple qui illustre l'effet général qu'a la formation d'un ion complexe sur la solubilité.

Problèmes

★**6.71** Si l'on dissout 2,50 g de $CuSO_4$ dans $9,0 \times 10^2$ mL d'une solution de NH_3 0,30 mol/L, quelles sont les concentrations de Cu^{2+}, de $Cu(NH_3)_4^{2+}$ et de NH_3 à l'équilibre?

★**6.72** Calculez les concentrations de Cd^{2+}, de $Cd(CN)_4^{2-}$ et de CN^- à l'équilibre si l'on dissout 0,50 g de $Cd(NO_3)_2$ dans $5,0 \times 10^2$ mL d'une solution de NaCN 0,50 mol/L.

★**6.73** Si l'on ajoute du NaOH à une solution de Al^{3+} 0,010 mol/L, quelle sera l'espèce prédominante à l'équilibre: $Al(OH)_3$ ou $Al(OH)_4^-$? Le pH de la solution est 14,00. [K_f pour $Al(OH)_4^- = 2,0 \times 10^{33}$]

★**6.74** Calculez la solubilité molaire de AgI dans une solution de NH_3 1,0 mol/L.

★**6.75** Les ions Ag^+ et Zn^{2+} forment tous deux des ions complexes avec NH_3. Écrivez les équations équilibrées de ces réactions. Cependant, expliquez pourquoi $Zn(OH)_2$ est soluble dans le NaOH 6 mol/L alors que AgOH ne l'est pas.

★**6.76** Expliquez, avec les équations ioniques équilibrées, pourquoi: **a)** CuI_2 est soluble dans une solution ammoniacale; **b)** AgBr est soluble dans une solution de NaCN; **c)** $HgCl_2$ est soluble dans une solution de KCl.

L'analyse qualitative

Questions de révision

6.77 Résumez le principe général de l'analyse qualitative.

6.78 Donnez deux exemples d'ions métalliques appartenant à chaque groupe (de 1 à 5) de l'analyse qualitative.

Problèmes

★**6.79** Au cours de l'analyse du groupe 1, une étudiante obtient un précipité contenant les composés AgCl et $PbCl_2$. Suggérez un réactif qui permettrait de séparer $AgCl(s)$ de $PbCl_2(s)$.

★**6.80** Au cours de l'analyse du groupe 1, un étudiant ajoute de l'acide chlorhydrique à la solution inconnue pour que $[Cl^-]$ atteigne 0,15 mol/L. Un précipité de $PbCl_2$ se forme. Calculez la concentration de Pb^{2+} restant en solution.

★**6.81** Les composés KCl et NH_4Cl sont tous deux des solides blancs. Suggérez un réactif qui permettrait de les différencier.

★**6.82** Décrivez un test simple qui permettrait de différencier $AgNO_3(s)$ et $Cu(NO_3)_2(s)$.

Problèmes variés

★**6.83** La zone de virage est définie par l'équation $pH = pK_a \pm 1$. Calculez la zone du rapport [base conjuguée]/[acide] qui correspond à cette équation.

★**6.84** Le pK_a de l'indicateur orange de méthyle est 3,46. Dans quel intervalle de pH cet indicateur passe-t-il de 90 % de HIn à 90 % de In^-?

★**6.85** Tracez la courbe de titrage d'un acide faible par une base forte, comme le montre la figure 6.7 (*p. 303*). Sur votre graphique, indiquez le volume de la base utilisée au point d'équivalence, ainsi qu'au point de demi-équivalence (ou de demi-neutralisation), le point où la moitié de la base nécessaire à la neutralisation a été ajoutée. Illustrez comment vous pouvez mesurer le pH de la solution au point de demi-équivalence. À l'aide de l'équation clé 6.5, dites comment cette méthode vous permet de déterminer la valeur du pK_a de l'acide.

★**6.86** On a ajouté 200 mL d'une solution de NaOH à 400 mL d'une solution de HNO_2 2,00 mol/L. Le pH de la solution finale est de 1,50 unité plus élevé que celui de la solution acide de départ. Calculez la concentration molaire de la solution de NaOH.

★**6.87** Le pK_a de l'acide butyrique (HBut) est 4,7. Calculez la valeur de K_b pour l'ion butyrate (But^-).

★**6.88** On prépare une solution en mélangeant exactement 500 mL de NaOH 0,167 mol/L avec exactement 500 mL de CH_3COOH 0,100 mol/L. Calculez les concentrations à l'équilibre de H_3O^+, de CH_3COOH, de CH_3COO^-, de OH^- et de Na^+.

★**6.89** Le composé $Cd(OH)_2$ est pratiquement insoluble. Il se dissout toutefois dans un excès de NaOH en solution. Écrivez l'équation ionique équilibrée de cette réaction. De quel type de réaction s'agit-il ?

★**6.90** Un étudiant mélange 50,0 mL de $Ba(OH)_2$ 1,00 mol/L avec 86,4 mL de H_2SO_4 0,494 mol/L. Calculez la masse de $BaSO_4$ formée et le pH de la solution finale.

★**6.91** Pour laquelle des réactions suivantes la constante d'équilibre est-elle égale au produit de solubilité ?

a) $Zn(OH)_2(s) + 2OH^-(aq) \rightleftharpoons Zn(OH)_4^{2-}(aq)$

b) $3Ca^{2+}(aq) + 2PO_4^{3-}(aq) \rightleftharpoons Ca_3(PO_4)_2(s)$

c) $CaCO_3(s) + 2H_3O^+(aq) \rightleftharpoons Ca^{2+}(aq) + 3H_2O(l) + CO_2(g)$

d) $PbI_2(s) \rightleftharpoons Pb^{2+}(aq) + 2I^-(aq)$

★**6.92** Une bouilloire de 2,0 L contient un dépôt de 116 g de carbonate de calcium. Combien de fois devra-t-on remplir complètement la bouilloire d'eau distillée pour enlever tout ce dépôt, à 25 °C ?

★**6.93** On mélange des volumes égaux de $AgNO_3$ 0,12 mol/L et de $ZnCl_2$ 0,14 mol/L. Calculez les concentrations à l'équilibre de Ag^+, de Cl^-, de Zn^{2+} et de NO_3^-.

★**6.94** Calculez la solubilité (en grammes par litre) de Ag_2CO_3.

★**6.95** On titre 25,0 mL de HCl 0,100 mol/L en faisant déverser d'une burette du NH_3 0,100 mol/L. Calculez les valeurs du pH de la solution : **a)** après addition de 10,0 mL de la solution de NH_3 ; **b)** après addition de 25,0 mL de la solution de NH_3 ; **c)** après addition de 35,0 mL de la solution de NH_3.

★**6.96** La solubilité molaire de $Pb(IO_3)_2$ dans une solution de $NaIO_3$ 0,10 mol/L est de $2,4 \times 10^{-11}$ mol/L. Quelle est la valeur de K_{ps} pour $Pb(IO_3)_2$?

★**6.97** Quand on a ajouté une solution de KI à une solution de chlorure de mercure(II), il y a eu formation d'un précipité [iodure de mercure(II)]. Une étudiante a fait une courbe de la masse du précipité formé en fonction du volume de la solution de KI ajoutée, et elle a obtenu le graphique suivant. Expliquez cette courbe.

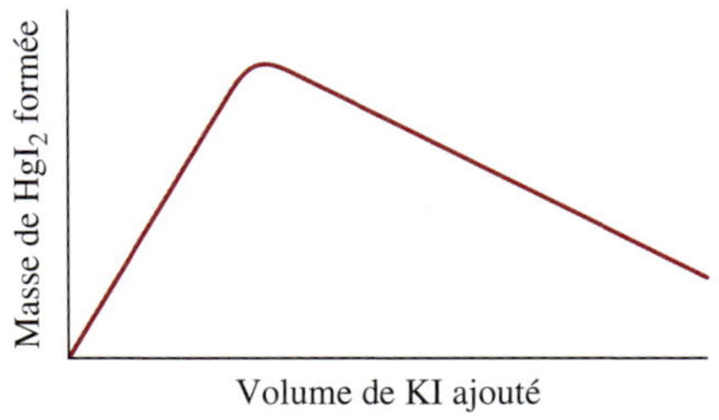

★**6.98** Le baryum est une substance toxique qui peut provoquer une détérioration grave des fonctions cardiaques. Au cours d'un lavement baryté (pour diagnostiquer certaines maladies du tube digestif), un patient boit une suspension aqueuse de 20 g de $BaSO_4$. À l'équilibre, combien de grammes de $BaSO_4$ seraient dissous dans les 5,0 L de sang du patient ? Pour une bonne approximation, on peut considérer que la température est de 25 °C. Pourquoi ne choisit-on pas $Ba(NO_3)_2$ pour établir ce diagnostic ?

★**6.99** Le pK_a de la phénolphtaléine est 9,10. Dans quel intervalle de pH cet indicateur passe-t-il de 95 % de HIn à 95 % de In^- ?

★**6.100** On ajoute lentement du NaBr solide à une solution contenant un mélange de Cu^+ 0,010 mol/L et de Ag^+ 0,010 mol/L. **a)** Quel composé commencera à précipiter le premier ? **b)** Calculez $[Ag^+]$ lorsque CuBr commence à précipiter. **c)** Quel pourcentage de Ag^+ reste-t-il en solution à ce moment-là ?

★**6.101** À l'aide des valeurs de K_{ps} pour $BaSO_4$ et $SrSO_4$ données au tableau 6.3 (*p. 314*), calculez les valeurs de $[Ba^{2+}]$, de $[Sr^{2+}]$ et de $[SO_4^{2-}]$ dans une solution saturée de ces deux composés.

★**6.102** Afin de déterminer la masse molaire d'un certain carbonate métallique, MCO_3, on fait d'abord réagir complètement le carbonate avec du HCl en excès, puis on fait un titrage « de retour en arrière » pour connaître la quantité de HCl qui était en excès. **a)** Écrivez les équations de ces réactions. **b)** Après avoir fait réagir 20,00 mL de HCl 0,0800 mol/L avec un échantillon de 0,1022 g du carbonate métallique inconnu, MCO_3, il a fallu 5,64 mL de NaOH pour neutraliser l'excès d'acide HCl. Calculez la masse molaire de ce carbonate et déterminez le métal M.

★**6.103** En règle générale, les réactions acido-basiques sont des réactions complètes. Prouvez-le en calculant les constantes d'équilibre dans chacun des cas suivants : **a)** un acide fort réagit avec une base forte ; **b)** un acide fort réagit avec la base faible NH_3 ; **c)** un acide faible, CH_3COOH, réagit avec une base forte ; d) un acide faible, CH_3COOH, réagit avec une base faible (NH_3). (Indice : les acides forts existent sous forme d'ions H_3O^+

et les bases fortes, sous forme d'ions OH^-. Il faut penser à mettre en relation K_a, K_b et K_{eau}.)

★**6.104** Calculez *x*, le nombre de molécules d'eau présentes dans un hydrate d'acide oxalique de formule $H_2C_2O_4 \cdot xH_2O$. Voici les données : on dissout 5,00 g du composé dans exactement 250 mL d'eau, et un échantillon de 25,00 mL de cette solution nécessite 15,9 mL d'une solution de NaOH 0,500 mol/L pour être neutralisé.

★**6.105** Décrivez comment vous procéderiez pour préparer 1,0 L d'une solution tampon CH_3COONa 0,20 mol/L/CH_3COOH 0,20 mol/L : **a)** en mélangeant une solution de CH_3COOH avec une solution de CH_3COONa ; **b)** en faisant réagir une solution de CH_3COOH avec une solution de NaOH ; **c)** en faisant réagir une solution de CH_3COONa avec une solution de HCl.

★**6.106** Quels réactifs faudrait-il utiliser pour séparer les paires d'ions suivantes : **a)** Na^+ et Ba^{2+} ; **b)** K^+ et Pb^{2+} ; **c)** Zn^{2+} et Hg^{2+} ?

★**6.107** $CaSO_4$ a une valeur de K_{ps} ($2,4 \times 10^{-5}$) plus grande que celle de Ag_2SO_4 ($1,4 \times 10^{-5}$). Cela signifie-t-il que $CaSO_4$ a une plus grande solubilité en grammes par litre ?

★**6.108** Combien de millilitres de NaOH 1,0 mol/L doit-on ajouter à 200 mL de NaH_2PO_4 0,10 mol/L pour préparer une solution tampon à pH 7,50 ?

★**6.109** Parmi les solutions suivantes, laquelle a la plus forte concentration en ions H_3O^+ ? **a)** HF 0,10 mol/L ; **b)** HF 0,10 mol/L dans NaF 0,10 mol/L ; **c)** HF 0,10 mol/L avec SbF_5 0,10 mol/L. (Indice : SbF_5 réagit avec F^- pour former l'ion complexe SbF_6^-.)

★**6.110** L'*eau dure* est une eau qui contient des ions Ca^{2+} et Mg^{2+} en concentrations élevées, ce qui la rend impropre à certains usages industriels et domestiques. Ces ions réagissent avec le savon, le transformant en sels insolubles, et ils forment aussi des dépôts dans les bouilloires. Il est possible d'adoucir une eau dure en enlevant les ions Ca^{2+} par l'addition de soda à laver ($Na_2CO_3 \cdot 10\,H_2O$). **a)** La solubilité molaire du $CaCO_3$ vaut $9,3 \times 10^{-5}$ mol/L. Quelle est sa solubilité molaire dans une solution de Na_2CO_3 0,050 mol/L ? **b)** Pourquoi cette procédure n'enlève-t-elle pas les ions Mg^{2+} ? **c)** Les ions Mg^{2+} sont retirés de l'eau dure par formation du précipité $Mg(OH)_2$, à la suite de l'addition de chaux éteinte, $Ca(OH)_2$, jusqu'à l'obtention d'une solution saturée. Calculez le pH d'une solution saturée en $Ca(OH)_2$. **d)** Quelle est la concentration des ions Mg^{2+} à ce pH ? **e)** En général, lequel de ces ions (le Ca^{2+} ou le Mg^{2+}) faut-il enlever en premier ? Pourquoi ?

★**6.111** Si l'on ajoute quelques gouttes de jus de citron dans du thé, la couleur de celui-ci pâlit. Ce changement dépend en partie de la dilution, mais il est surtout causé par une réaction acido-basique. Quelle est cette réaction ? (Indice : le thé contient des « polyphénols » qui sont des acides faibles, alors que le jus de citron contient de l'acide citrique.)

★**6.112** Dans l'eau potable, la concentration maximale permise d'ions Pb^{2+} est de 0,05 ppm (c'est-à-dire 0,05 g de Pb^{2+} par million de grammes d'eau). Cette norme est-elle dépassée dans le cas d'un approvisionnement en eau souterraine qui constitue une solution en équilibre de solubilité avec de l'anglésite, un minéral constitué principalement de $PbSO_4$ ($K_{ps} = 1,6 \times 10^{-8}$) ?

★**6.113** Les acides aminés constituent les blocs de construction des protéines. Ils contiennent au moins un groupement amine ($-NH_2$) qui est basique et un groupement carboxyle ($-COOH$) qui est acide. Examinons la structure d'un acide aminé peu complexe, soit celle de la glycine (NH_2CH_2COOH). Selon le pH de la solution, la glycine peut exister sous trois formes possibles :

Cationique (complètement protonée) :

$$\overset{+}{N}H_3{-}CH_2{-}COOH$$

Ion dipolaire (*zwitterion*) :

$$\overset{+}{N}H_3{-}CH_2{-}COO^-$$

Anionique (complètement déprotonée) :

$$NH_2{-}CH_2{-}COO^-$$

Prédisez la forme prédominante de la glycine aux pH de 1,0, de 7,0 et de 12,0, sachant que le pK_a du groupement carboxyle vaut 2,3 et celui du groupement ammonium ($-NH_3^+$) vaut 9.6.

Problèmes spéciaux

6.114 La pénicilline G (l'acide de benzylpénicilline) est un des antibiotiques les plus utilisés en médecine. Voici sa structure :

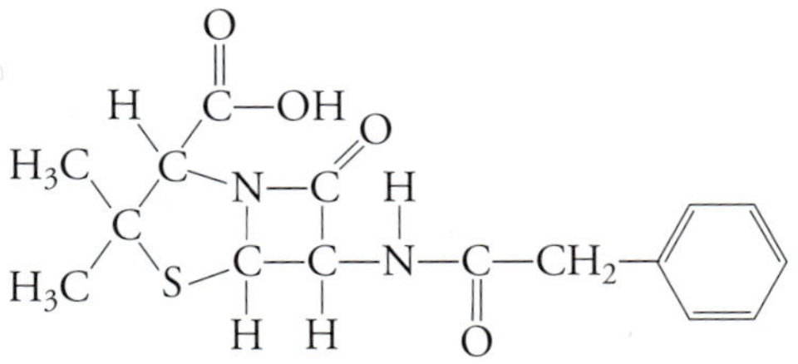

Il s'agit d'un monoacide faible dont on peut représenter l'ionisation ainsi :

$$HP + H_2O(l) \rightleftharpoons H_3O^+ + P^- \quad K_a = 1{,}64 \times 10^{-3}$$

HP représente la forme acide, et P^- représente sa base conjuguée. La pénicilline G est produite dans un milieu de culture de moisissures (champignons microscopiques) dans des bassins de fermentation maintenus à une température de 25 °C et à un pH pouvant se situer entre 4,5 et 5,0. La forme brute de cet antibiotique s'obtient par extraction du liquide fermenté avec un solvant organique dans lequel l'acide est soluble. **a)** Quel est l'hydrogène qui a des propriétés acides dans la molécule de pénicilline ? **b)** Dans l'une des étapes de purification, l'extrait de la pénicilline G brute est traité avec une solution tampon à pH de 6,50. À ce pH, quel est le rapport entre la base conjuguée de la pénicilline et l'acide ? Prévoyez-vous que la base conjuguée sera plus soluble dans l'eau que dans l'acide ? **c)** La pénicilline G ne peut pas être administrée par voie orale, mais son sel de sodium, NaP, le peut parce qu'il est soluble dans l'eau. Calculez le pH d'une solution NaP 0,12 mol/L obtenue par la dissolution d'un comprimé de ce sel dans un verre d'eau.

6.115 **a)** En vous référant à la figure 6.8 (*p. 308*), décrivez comment vous feriez pour déterminer le pK_b de la base.

b) Écrivez une équation semblable à celle de Henderson-Hasselbalch, mais reliant cette fois le pK_b d'une base faible B et de son acide conjugué HB^+. Montrez l'allure générale de la courbe de titrage obtenue en indiquant la variation du pOH de la solution contenant la base en fonction du volume d'acide fort ajouté à l'aide d'une burette. Décrivez comment vous pourriez utiliser cette courbe pour déterminer le pK_b.

6.116 L'histidine est l'un des 20 acides aminés constitutifs des protéines. Voici la structure de la forme cationique (complètement protonée) de la molécule d'histidine ; les chiffres indiquent les valeurs des différents groupements acides.

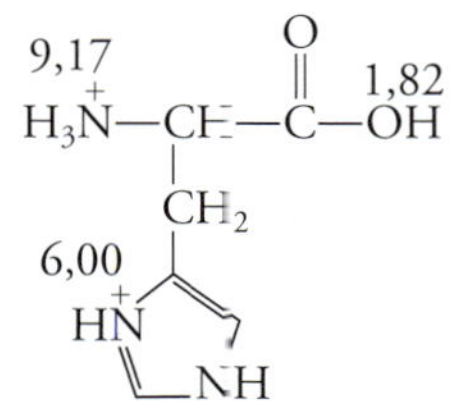

a) Montrez les étapes de l'ionisation de l'histidine en solution. (Indice : L'ion H^+ proviendra d'abord du groupement acide le plus fort, suivi du suivant plus fort et ainsi de suite.)

b) Un ion dipolaire est une sorte d'ion possédant un nombre égal de charges positives et négatives. Identifiez l'ion dipolaire dans votre réponse en a).

c) La valeur du pH pour laquelle prédomine la forme ionique dipolaire s'appelle *point isoélectrique,* p*I*. Le point isoélectrique correspond à la moyenne des valeurs des pK_a dont résulte la formation de l'ion dipolaire. Calculez le p*I* de l'histidine.

d) L'histidine joue un rôle important dans le système tampon du sang (*voir Chimie en action, p. 298*). À quel couple d'acide-base conjugués attribuez-vous ce pouvoir tampon ?

6.117 On traite 1,0 L d'une solution saturée de carbonate d'argent à 25 °C avec assez d'acide chlorhydrique pour faire réagir complètement le carbonate. Le volume du dioxyde de carbone dégagé est recueilli dans un ballon de 19 mL et exerce une pression de 114 mm Hg à 25 °C. Calculez la valeur de K_{ps} pour Ag_2CO_3 à 25 °C.

RÉPONSES AUX EXERCICES

6.1 4,01 ; 2,15

6.2 a) et c)

6.3 9,17 ; 9,20

6.4 Peser Na_2CO_3 et le $NaHCO_3$ dans un rapport de moles de 0,60 pour 1,0 et dissoudre dans assez d'eau pour obtenir 1 L de solution.

6.5 **a)** 2,19 ; **b)** 3,95 ; **c)** 8,02 ; **d)** 11,39

6.6 5,92

6.7 **a)** bleu de bromophénol, orange de méthyle, rouge de méthyle et bleu de chlorophénol ; **b)** tous ceux inscrits sous l'orange de méthyle excepté l'alizarine ; **c)** le rouge de crésol et la phénolphtaléine

6.8 $2{,}0 \times 10^{-14}$

6.9 $1{,}9 \times 10^{-3}$ g/L

6.10 Non

6.11 **a)** $> 1{,}6 \times 10^{-9}$ mol/L ; **b)** $> 2{,}6 \times 10^{-6}$ mol/L

6.12 **a)** $1{,}7 \times 10^{-4}$ g/L ; **b)** $1{,}4 \times 10^{-7}$ g/L

6.13 **a)** plus soluble en milieu acide ; **b)** plus soluble en milieu acide ; **c)** pas de différence

6.14 Il y aura formation du précipité $Zn(OH)_2(s)$.

6.15 $[Cu^{2+}] = 1{,}2 \times 10^{-13}$ mol/L, $[Cu(NH_3)_4^{2+}] = 0{,}017$ mol/L, $[NH_3] = 0{,}23$ mol/L

6.16 $3{,}5 \times 10^{-3}$ mol/L

CHAPITRE

7 Les réactions d'oxydoréduction et l'électrochimie

Chimie en ligne

Animation
- Les cellules galvaniques (7.2)

Interaction
- Simulation de l'électrochimie (7.6)

Production d'hydrogène gazeux par la lumière captée sur une photoélectrode. Cette utilisation de l'énergie lumineuse pour produire de l'hydrogène par la décomposition de l'eau pourrait jouer un rôle important comme source d'énergie dans le déploiement de la technologie des piles à combustible. Les modèles montrent des molécules d'eau, d'oxygène et d'hydrogène.

NOTIONS CLÉS

7.1 Les réactions d'oxydoréduction

Au cours d'une réaction d'oxydoréduction, il y a transfert d'électrons d'un agent réducteur vers un agent oxydant. Ces équations s'équilibrent en général par la méthode des demi-réactions.

Les titrages redox

Il est possible de doser une substance en milieu aqueux si elle peut se comporter comme un oxydant ou comme un réducteur dans une réaction d'oxydoréduction.

7.2 Les cellules galvaniques

En compartimentant les réactifs, on obtient des cellules galvaniques (ou piles électrochimiques) dans lesquelles les électrons doivent s'échanger par un circuit externe. La tension électrique ainsi obtenue est mesurée en volts et peut être scindée en deux potentiels d'électrode distincts, celui de l'anode (où l'oxydation a lieu) et celui de la cathode (où la réduction a lieu).

7.3 Les potentiels standard d'électrode

Comme il est impossible de mesurer le potentiel d'une seule électrode, c'est l'électrode d'hydrogène qui a été choisie comme électrode standard, et sa valeur conventionnelle est de zéro volt. On a pu ainsi établir une liste des potentiels standard de réduction pour chacune des demi-réactions étudiées.

7.4 La spontanéité des réactions en général

La science de la thermodynamique spécifie que la variation d'enthalpie libre (ΔG) d'une réaction résulte de deux termes : le changement d'enthalpie (ΔH) et le changement de température multiplié par le changement d'entropie ($T\Delta S$). Une diminution de l'enthalpie libre constitue le critère de spontanéité d'une réaction donnée.

7.5 La spontanéité des réactions d'oxydoréduction

La tension électrique d'une cellule peut être reliée à sa variation d'enthalpie libre (ΔG) ainsi qu'à la constante d'équilibre (K) de la réaction d'oxydoréduction qui produit cette tension.

7.6 L'effet de la concentration sur la fem d'une cellule

L'équation de Nernst permet de relier la tension électrique d'une cellule galvanique à la tension électrique standard et aux concentrations des réactifs et des produits dans des conditions non standard.

7.7 Les piles et les accumulateurs

Les piles sont des cellules électrochimiques qui peuvent fournir du courant à voltage constant. Plusieurs sortes de batteries (assemblages de piles) ou d'accumulateurs sont utilisées pour les automobiles, les lampes de poche ou les régulateurs cardiaques. Les piles à combustible sont des types spéciaux de cellules électrochimiques qui produisent de l'électricité par l'oxydation de l'hydrogène ou d'hydrocarbures.

7.8 La corrosion

La corrosion est une réaction d'oxydoréduction spontanée lors de la formation de la rouille à partir du fer, de la formation du sulfure d'argent à partir de l'argent et de la patine (carbonate de cuivre) à partir du cuivre.

La corrosion cause d'énormes dommages aux bâtiments et à diverses structures, aux bateaux et aux automobiles. Il existe plusieurs méthodes permettant de prévenir ou de ralentir la corrosion.

7.9 et 7.10 L'électrolyse et l'électrométallurgie

L'électrolyse est un processus chimique où l'énergie électrique est utilisée pour rendre possible une réaction d'oxydoréduction non spontanée, c'est-à-dire impossible à se produire par elle-même sans un apport d'énergie. Le faraday est une charge électrique permettant de relier le courant d'électrolyse aux nombres de moles de réactifs et de produits. L'électrolyse est la principale méthode de production de plusieurs métaux actifs et de nombreux non-métaux. Plusieurs produits chimiques industriels sont obtenus par électrolyse. L'électrométallurgie constitue l'ensemble des procédés d'électrolyse comme ceux requis pour la production de l'aluminium et du cuivre.

Michael Faraday, un grand expérimentateur et un grand scientifique

« Prométhée livra le feu à l'humanité ; mais c'est à Faraday que nous devons l'électricité*. »

Michael Faraday, 1791-1867

Michael Faraday est considéré comme l'un des plus grands expérimentateurs du XIXe siècle et l'un des plus grands scientifiques de tous les temps, ce qui est d'autant plus remarquable qu'il dut laisser l'école après le primaire. Né en Angleterre en 1791, il faisait partie d'une famille de 10 enfants dont le père était simple forgeron. À 14 ans, il devint apprenti chez un relieur. C'est la lecture d'un livre de chimie qui l'amena à s'intéresser aux sciences. Faraday assista à une série de conférences données par le renommé chimiste sir Humphry Davy, durant lesquelles il prit de nombreuses notes. Plus tard, lorsqu'il postula un emploi auprès de Davy à la Royal Institution, il soumit ses notes comme preuve de son sérieux. Davy l'engagea sur-le-champ comme assistant. Durant une série de conférences en Europe, Faraday et Davy utilisèrent une lentille pour concentrer les rayons du soleil sur un diamant afin de le transformer en dioxyde de carbone, prouvant ainsi que le diamant, comme le graphite — plus commun —, était formé d'atomes de carbone.

Pendant sa carrière, Faraday contribua de manière importante à l'avancement des sciences. Il découvrit le benzène et détermina sa composition. Il fut le premier à liquéfier de nombreux gaz et à produire de l'acier inoxydable. Il découvrit la rotation de la lumière polarisée dans un champ magnétique (un phénomène maintenant connu sous le nom d'effet Faraday) et il démontra l'existence de l'induction électromagnétique en utilisant un aimant mobile pour produire de l'électricité dans un fil. Il énonça également les lois de l'électrolyse et inventa les termes « anion », « cation », « électrode » et « électrolyte ».

En 1822, Faraday remplaça Davy au poste de directeur de la Royal Institution. Il fut admis à la Royal Society en 1824. Faraday aurait pu faire fortune avec certaines de ses découvertes, mais il abandonnait tout projet dès que celui-ci prenait une valeur commerciale. Né dans la pauvreté, il mourut dans la pauvreté en 1867. Son travail acharné constituait, pour lui, une gratification suffisante.

Michael Faraday dans son laboratoire

* Traduction d'une citation attribuée à sir Lawrence Bragg, physicien britannique.

7.1 Les réactions d'oxydoréduction

L'**électrochimie** est la branche de la chimie qui étudie l'interconversion entre l'énergie électrique et l'énergie chimique. Les processus électrochimiques sont des réactions d'oxydoréduction au cours desquelles l'énergie libérée par une réaction spontanée est convertie en électricité, ou au cours desquelles l'énergie électrique est utilisée pour déclencher une réaction non spontanée. Bien que nous ayons traité des réactions d'oxydoréduction au chapitre 1, il serait utile de revoir quelques notions de base qui reviendront dans ce chapitre.

NOTE

Une réaction spontanée est une réaction qui se produit par elle-même, sans aucune intervention extérieure et en particulier sans apport d'énergie. Nous y reviendrons plus loin.

Les réactions d'oxydoréduction impliquent le transfert d'électrons d'une substance à une autre. La réaction entre le magnésium et l'acide chlorhydrique en est un exemple :

$$\overset{0}{Mg}(s) + 2\overset{+1}{H}Cl(aq) \longrightarrow \overset{+2}{Mg}Cl_2(aq) + \overset{0}{H_2}(g)$$

Souvenez-vous que les chiffres inscrits au-dessus des éléments sont les nombres d'oxydation. La perte d'électrons subie durant l'oxydation se traduit par l'augmentation du nombre d'oxydation de l'élément. Dans la réduction, il y a gain d'électrons, indiqué par une diminution du nombre d'oxydation de l'élément. Dans la réaction présentée ci-dessus, Mg est oxydé, et les ions H^+ sont réduits ; quant aux ions Cl^-, ce sont des ions spectateurs.

L'équilibrage des équations d'oxydoréduction

Les équations d'oxydoréduction présentées ici et au chapitre 1 sont relativement faciles à équilibrer. Cependant, en laboratoire, on observe fréquemment des réactions d'oxydoréduction plus compliquées qui, souvent, mettent en jeu des oxoanions comme les ions chromate (CrO_4^{2-}), dichromate ($Cr_2O_7^{2-}$), permanganate (MnO_4^-), nitrate (NO_3^-) et sulfate (SO_4^{2-}). En principe, on peut équilibrer toute équation d'oxydoréduction grâce à la méthode valable pour tous les types d'équations expliquée à la section 3.7 de *Chimie générale*, mais il existe des techniques spéciales, dans le cas des réactions d'oxydoréduction, qui permettent de suivre le transfert d'électrons. Nous verrons ici l'une de ces méthodes, la *méthode des demi-réactions*, aussi appelée *ions-électrons*. Dans cette méthode, on divise la réaction globale en deux demi-réactions : une d'oxydation et une de réduction. On équilibre séparément les deux demi-réactions qu'on additionne ensuite pour obtenir l'équation globale équilibrée.

Supposons qu'on nous demande d'équilibrer l'équation de l'oxydation de Fe^{2+} en Fe^{3+} par l'ion dichromate ($Cr_2O_7^{2-}$) en milieu acide. L'ion $Cr_2O_7^{2-}$ est réduit en ion Cr^{3+}. Voyons les étapes pour résoudre ce problème aux pages suivantes.

Étape 1 : *écrire l'équation non équilibrée de la réaction sous forme ionique.*

$$Fe^{2+} + Cr_2O_7^{2-} \longrightarrow Fe^{3+} + Cr^{3+}$$

Étape 2 : *séparer l'équation en deux demi-réactions.*

NOTE

Bien que cette méthode n'utilise pas les nombres d'oxydation comme tels, on les indique ici, car ils sont utiles dans bien des cas pour faciliter l'identification des deux demi-réactions.

$$\text{Oxydation :} \quad \overset{+2}{Fe^{2+}} \longrightarrow \overset{+3}{Fe^{3+}}$$

$$\text{Réduction :} \quad \overset{+6}{Cr_2O_7^{2-}} \longrightarrow \overset{+3}{Cr^{3+}}$$

Étape 3 : *équilibrer le nombre d'atomes autres que O et H dans chacune des demi-réactions.*

La demi-réaction d'oxydation est déjà équilibrée dans le cas des atomes Fe. Pour ce qui est de la demi-réaction de réduction, il faut multiplier par 2 l'ion Cr^{3+} :

$$Cr_2O_7^{2-} \longrightarrow 2Cr^{3+}$$

Étape 4 : *dans le cas des réactions en milieu acide, ajouter H_2O pour équilibrer le nombre d'atomes O et ajouter H^+ pour équilibrer le nombre d'atomes H.*

Puisque la réaction a lieu en milieu acide, il faut ajouter sept molécules H_2O du côté droit de la demi-réaction de réduction pour équilibrer le nombre d'atomes O :

$$Cr_2O_7^{2-} \longrightarrow 2Cr^{3+} + 7H_2O$$

Pour équilibrer le nombre d'atomes H, il faut 14 ions H^+ du côté gauche :

$$14H^+ + Cr_2O_7^{2-} \longrightarrow 2Cr^{3+} + 7H_2O$$

Étape 5 : *ajouter des électrons à un côté de chaque demi-réaction pour équilibrer les charges. Au besoin, égaliser le nombre d'électrons dans les deux demi-réactions en multipliant une ou les deux demi-réactions par des coefficients appropriés.*

Pour la demi-réaction d'oxydation, nous écrivons :

$$Fe^{2+} \longrightarrow Fe^{3+} + e^-$$

Nous avons ajouté un électron du côté droit pour que la charge soit de 2+ de chaque côté.

Dans la demi-réaction de réduction, il y a 12 charges positives nettes du côté gauche et seulement 6 du côté droit. Il faut donc ajouter six électrons à gauche :

$$14H^+ + Cr_2O_7^{2-} + 6e^- \longrightarrow 2Cr^{3+} + 7H_2O$$

NOTE

En réalité, le $14H^+$ devrait ici être remplacé par des protons hydratés, soit $14H_3O^+$, ce qui aurait pour effet d'augmenter le nombre de molécules d'eau à 21 à droite. Comme cela ne change rien au reste de l'équation, pour ne pas alourdir inutilement les équations, nous utiliserons la notation H^+ dans ce chapitre.

Pour égaliser le nombre d'électrons dans les deux demi-réactions, on multiplie par 6 la demi-réaction d'oxydation :

$$6Fe^{2+} \longrightarrow 6Fe^{3+} + 6e^-$$

Étape 6 : *additionner les deux demi-réactions et équilibrer l'équation finale par simplification. Les électrons des deux côtés doivent s'éliminer.*

L'addition des deux demi-réactions donne :

$$14H^+ + Cr_2O_7^{2-} + 6Fe^{2+} + \cancel{6e^-} \longrightarrow 2Cr^{3+} + 6Fe^{3+} + 7H_2O + \cancel{6e^-}$$

Les électrons éliminés, il reste l'équation ionique nette équilibrée :

$$14H^+ + Cr_2O_7^{2-} + 6Fe^{2+} \longrightarrow 2Cr^{3+} + 6Fe^{3+} + 7H_2O$$

NOTE

On peut obtenir cette réaction en dissolvant du dichromate de potassium et du sulfate de fer(II) dans une solution diluée d'acide sulfurique.

Étape 7 : *vérifier que, de chaque côté de l'équation, il y a le même type et le même nombre d'atomes, ainsi que la même charge nette.*

Cette dernière vérification indique que l'équation finale est équilibrée des points de vue atomique et électrique. Dans le cas d'une réaction en milieu basique, il faut d'abord équilibrer le nombre d'atomes — comme on le fait dans le cas d'un milieu acide (étape 4) —, puis, pour chaque ion H^+, ajouter un ion OH^- *des deux côtés* de l'équation. Ensuite, si d'un côté de l'équation il y a des H^+ et des OH^- qui apparaissent ensemble, on les combine pour obtenir des H_2O. L'exemple suivant illustre cette méthode.

EXEMPLE 7.1 L'équilibrage d'une équation d'oxydoréduction

Écrivez l'équation ionique équilibrée qui représente l'oxydation de l'ion iodure (I^-) par l'ion permanganate (MnO_4^-), en milieu basique, pour donner de l'iode moléculaire (I_2) et de l'oxyde de manganèse(IV) (MnO_2).

DÉMARCHE

Suivez les étapes déjà décrites pour équilibrer ce type de réaction. Remarquez que la réaction a lieu en milieu basique.

SOLUTION

Étape 1 : l'équation non équilibrée est :

$$MnO_4^- + I^- \longrightarrow MnO_2 + I_2$$

Étape 2 : les deux demi-réactions sont :

$$\text{Oxydation :} \quad \overset{-1}{I^-} \longrightarrow \overset{0}{I_2}$$

$$\text{Réduction :} \quad \overset{+7}{MnO_4^-} \longrightarrow \overset{+4}{MnO_2}$$

Étape 3 : pour équilibrer le nombre d'atomes I dans la demi-réaction d'oxydation, nous écrivons :

$$2I^- \longrightarrow I_2$$

Étape 4 : dans la demi-réaction de réduction, pour équilibrer le nombre d'atomes O, il faut ajouter deux molécules H_2O à droite :

$$MnO_4^- \longrightarrow MnO_2 + 2H_2O$$

Pour équilibrer le nombre d'atomes H, il faut ajouter quatre ions H^+ à gauche :

$$MnO_4^- + 4H^+ \longrightarrow MnO_2 + 2H_2O$$

Puisque la réaction se produit en milieu basique et qu'il y a quatre ions H^+, il faut ajouter quatre ions OH^- des deux côtés de l'équation :

$$MnO_4^- + 4H^+ + 4OH^- \longrightarrow MnO_2 + 2H_2O + 4OH^-$$

En combinant les ions H^+ et OH^- pour former des molécules H_2O et en soustrayant $2H_2O$ de chaque côté, nous obtenons :

$$MnO_4^- + 2H_2O \longrightarrow MnO_2 + 4OH^-$$

Étape 5 : il faut équilibrer les charges des deux demi-réactions :

$$2I^- \longrightarrow I_2 + 2e^-$$

$$MnO_4^- + 2H_2O + 3e^- \longrightarrow MnO_2 + 4OH^-$$

Pour égaliser le nombre d'électrons, il faut multiplier par 3 la demi-réaction d'oxydation et par 2 la demi-réaction de réduction :

$$6I^- \longrightarrow 3I_2 + 6e^-$$

$$2MnO_4^- + 4H_2O + 6e^- \longrightarrow 2MnO_2 + 8OH^-$$

Étape 6 : on additionne les deux demi-réactions pour obtenir :

$$6I^- + 2MnO_4^- + 4H_2O + \cancel{6e^-} \longrightarrow 3I_2 + 2MnO_2 + 8OH^- + \cancel{6e^-}$$

Après élimination des électrons, nous obtenons :

$$6I^- + 2MnO_4^- + 4H_2O \longrightarrow 3I_2 + 2MnO_2 + 8OH^-$$

NOTE

On peut obtenir cette réaction en mélangeant des solutions de KI et de $KMnO_4$ en milieu basique.

>>>

Étape 7 : une vérification finale révèle que l'équation est équilibrée autant du point de vue atomique qu'électrique.

EXERCICE

Équilibrez l'équation suivante en milieu acide par la méthode des demi-réactions.

$$Fe^{2+} + MnO_4^- \longrightarrow Fe^{3+} + Mn^{2+}$$

PROBLÈMES SEMBLABLES

7.1 et 7.2

Les titrages redox

Comme dans le cas d'un acide qui peut être titré par une base, il est possible de titrer un oxydant par un réducteur (ou le contraire) selon une procédure semblable. Par exemple, on peut ajouter lentement une solution contenant un oxydant à une solution contenant un réducteur. Le *point d'équivalence* est atteint lorsque l'agent réducteur est complètement oxydé par l'agent oxydant.

Comme dans le cas des titrages acido-basiques, les titrages redox nécessitent en général l'ajout d'un indicateur approprié. En présence de grandes quantités de l'agent réducteur, la couleur de l'indicateur est caractéristique de sa forme réduite.

Par contre, la couleur de la forme oxydée de l'indicateur apparaît en milieu oxydant. Au point équivalent ou tout près, il se produit un changement net d'une forme à l'autre, ce qui permet de bien déterminer ce point.

NOTE

Il existe beaucoup moins d'indicateurs redox que d'indicateurs acido-basiques. Il s'agit le plus souvent de composés organiques, comme le bleu de méthylène, ou de complexes, comme le nitrophénanthroline, un complexe du fer.

Le permanganate de potassium ($KMnO_4$) et le dichromate de potassium ($K_2Cr_2O_7$) sont parmi les agents oxydants les plus couramment utilisés. Comme nous le montre la figure 7.1, les couleurs des anions permanganate et chromate sont nettement différentes de celles de leurs formes réduites :

$$\underset{\text{violet}}{MnO_4^-} \longrightarrow \underset{\text{rose pâle}}{Mn^{2+}}$$

$$\underset{\text{jaune orange}}{Cr_2O_7^{2-}} \longrightarrow \underset{\text{vert}}{Cr^{3+}}$$

FIGURE 7.1

Colorations d'ions selon les formes oxydées et réduites

De gauche à droite : solutions contenant des ions MnO_4^-, Mn^{2+}, $Cr_2O_7^{2-}$ et Cr^{3+}.

Dans ces deux cas, les agents oxydants peuvent en même temps servir d'indicateur *interne* au cours d'un titrage redox parce qu'ils ont des couleurs différentes sous leurs formes oxydées et réduites.

Les titrages redox nécessitent le même type de calculs (basés sur la méthode des moles) que ceux exécutés lors des réactions de neutralisations acido-basiques. Par contre, les équations et la stœchiométrie sont plus complexes dans le cas des réactions d'oxydoréduction. Voici un exemple de calculs effectués au cours d'un titrage redox.

NOTE

Essayez de retrouver par vous-même cette équation nette équilibrée en appliquant la méthode d'équilibrage par demi-réactions.

Titrage redox

Une solution de $KMnO_4$ contenue dans une burette est ajoutée lentement à une solution de $FeSO_4$.

EXEMPLE 7.2 Le titrage redox d'une solution de sulfate de fer(II)

Il a fallu déverser 16,42 mL d'une solution de $KMnO_4$ 0,1327 mol/L pour oxyder complètement une solution de $FeSO_4$ en milieu acide. Calculez la concentration molaire volumique de la solution de $FeSO_4$. L'équation ionique nette est :

$$5Fe^{2+} + MnO_4^- + 8H^+ \longrightarrow Mn^{2+} + 5Fe^{3+} + 4H_2O$$

DÉMARCHE

Il faut trouver la concentration molaire volumique de la solution de $FeSO_4$. D'après la définition de la concentration molaire volumique, on écrit :

$$\underbrace{\text{concentration molaire volumique de } FeSO_4}_{\text{à calculer}} = \frac{\overbrace{\text{mol de } FeSO_4}^{\text{à calculer}}}{\underbrace{\text{L soln}}_{\text{connu}}}$$

Le volume de la solution étant connu, il reste à calculer le nombre de moles de $FeSO_4$ pour ensuite calculer sa concentration. Selon l'équation ionique nette, quelle est l'équivalence stœchiométrique entre les ions Fe^{2+} et MnO_4^- ? Combien y a-t-il de moles de $KMnO_4$ dans 16,42 mL d'une solution de $KMnO_4$ 0,1327 mol/L ?

SOLUTION

Le nombre de moles de $KMnO_4$ dans 16,42 mL de solution est :

$$\text{moles de } KMnO_4 = \frac{0{,}1327 \text{ mol } KMnO_4}{1\,000 \text{ mL soln}} \times 16{,}42 \text{ mL}$$
$$= 2{,}179 \times 10^{-3} \text{ mol } KMnO_4$$

D'après l'équation ionique, on observe que 5 mol $Fe^{2+} \simeq$ 1 mol MnO_4^-. Par conséquent, le nombre de moles de $FeSO_4$ oxydé est :

$$\text{moles de } FeSO_4 = 2{,}179 \times 10^{-3} \text{ mol } KMnO_4 \times \frac{5 \text{ mol } FeSO_4}{1 \text{ mol } KMnO_4}$$
$$= 1{,}090 \times 10^{-2} \text{ mol } FeSO_4$$

La concentration de la solution de $FeSO_4$ en moles de $FeSO_4$ par litre de solution est :

$$\text{concentration molaire volumique de } FeSO_4 = \frac{\text{mol } FeSO_4}{\text{L soln}}$$
$$= \frac{1{,}090 \times 10^{-2} \text{ mol } FeSO_4}{25{,}00 \text{ mL soln}} \times \frac{1000 \text{ mL soln}}{1 \text{ L soln}}$$
$$= 0{,}4360 \text{ mol/L}$$

PROBLÈMES SEMBLABLES

7.5 et 7.6

EXERCICE

Combien de millilitres d'une solution de HI 0,206 mol/L faudrait-il pour réduire complètement 22,5 mL d'une solution de $KMnO_4$ 0,374 mol/L, selon l'équation suivante ?

$$10HI + 2KMnO_4 + 3H_2SO_4 \longrightarrow 5I_2 + 2MnSO_4 + K_2SO_4 + 8H_2O$$

Chimie en action

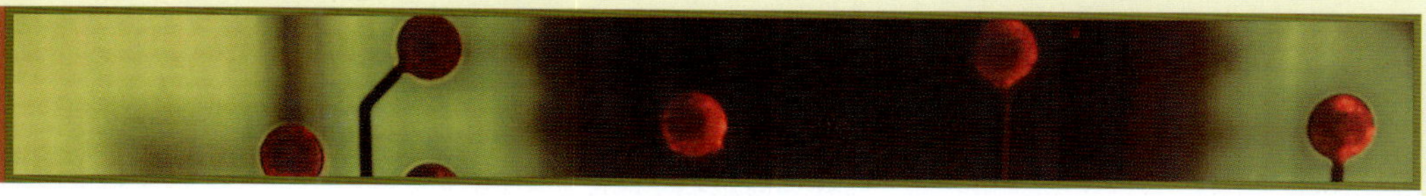

L'alcootest

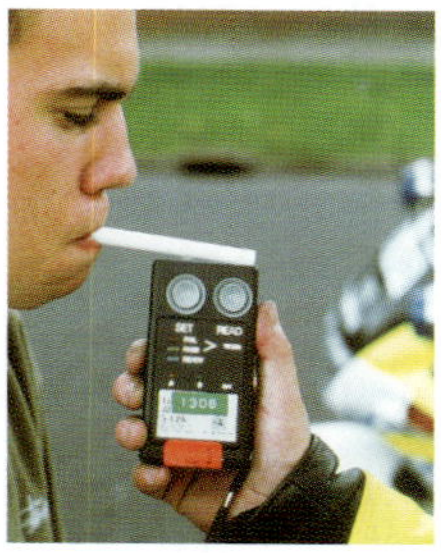

Conducteur soumis à l'alcootest avec un appareil portatif muni d'un détecteur électronique constitué d'un capteur (électrode semi-conductrice développant une tension électrique proportionnelle à la concentration de l'alcool).

Chaque année au Québec, la conduite avec les facultés affaiblies par l'alcool cause au-delà de 200 décès et des blessures graves à plus de 600 personnes. Malgré bien des efforts pour éduquer la population quant aux méfaits de l'alcool au volant et en dépit des lois de plus en plus sévères, il reste encore beaucoup de travail à faire pour empêcher les personnes ayant consommé une certaine dose d'alcool de prendre le volant.

C'est en 1954 que Robert Borkenstein, un capitaine de police de l'État de l'Indiana, a mis au point un premier appareil (*breathalyzer*) pour mesurer le taux d'alcool sanguin à partir de l'alcool prélevé dans un échantillon d'haleine. Aujourd'hui, il existe plusieurs types d'appareils basés sur différentes technologies pour mesurer la concentration (ou taux) d'alcool chez les conducteurs. En fait, l'alcootest est une marque de commerce déposée pour nommer cet appareil (parfois appelé éthylomètre), mais on emploie souvent ce nom pour désigner la procédure générale de mesure de l'alcool dans l'haleine (ou éthylométrie). Le fonctionnement de ces premiers appareils dépend d'une réaction d'oxydoréduction et d'une mesure photométrique. Un échantillon de l'haleine du conducteur est prélevé et introduit dans l'appareil où il est mélangé avec une solution de dichromate de potassium en milieu acide. L'alcool (éthanol) prélevé de l'haleine est alors converti en acide acétique, et le chrome(VI) de l'ion jaune orange du dichromate est réduit en ion vert du chrome(III) selon l'équation suivante :

$$\underset{\text{éthanol}}{3CH_3CH_2OH} + \underset{\substack{\text{dichromate}\\\text{de potassium}\\\text{(jaune orange)}}}{2K_2Cr_2O_7} + \underset{\substack{\text{acide}\\\text{sulfurique}}}{8H_2SO_4} \longrightarrow$$

$$\underset{\text{acide acétique}}{3CH_3COOH} + \underset{\substack{\text{sulfate}\\\text{de chrome(III)}\\\text{(vert)}}}{2Cr_2(SO_4)_3} + \underset{\substack{\text{sulfate}\\\text{de potassium}}}{2K_2SO_4} + 11H_2O$$

(*Voir aussi la figure 7.1, p. 355.*) La concentration de l'alcool dans le sang (alcoolémie) du conducteur est mesurée rapidement par le changement de couleur plus ou moins prononcé obtenu selon la concentration d'alcool mesurée dans son haleine et détectée par une cellule photoélectrique. La lecture est aussitôt affichée sur l'écran de l'instrument préalablement calibré. La limite légale d'alcoolémie au Québec est présentement de 80 mg /100 mL et pourrait être abaissée à 50 mg/100 mL. Elle est de 0 mg pour les conducteurs ayant un permis d'apprenti ou un permis probatoire (source : site Web de la Société de l'assurance automobile du Québec : http ://www.saaq.gouv.qc.ca).

Nous ne discutons pas ici de la précision ni des sources d'erreurs de ces appareils et des différentes technologies, mais il est intéressant de se demander sur quels principes scientifiques (physiques et physiologiques) repose l'assertion selon laquelle l'alcool mesuré dans l'haleine est en relation directe avec la concentration de l'alcool sanguin. L'application de la loi de Henry (*voir la section 2.5, p. 64*) nous fait considérer que dès que l'alcool sanguin, un soluté volatil, est mis en contact avec les alvéoles pulmonaires, il s'établit rapidement une répartition de l'alcool entre le sang (solution aqueuse) et l'air des alvéoles ; il en résulte un état d'équilibre entre l'alcool des alvéoles pulmonaires et l'alcool sanguin. Le rapport constant entre les concentrations d'alcool sanguin et d'alcool gazeux (de l'haleine) observé chez la plupart des gens est de 2 100 : 1 à une température constante de 34 °C, soit la température de l'air expiré. Pour différentes raisons physiologiques, ce rapport peut varier de 1 300 : 1 à 3 100 : 1. Les résultats de l'analyse de l'alcootest étant basés sur un rapport de 2 100 : 1, la précision de cette analyse peut s'avérer plutôt faible dans le cas d'un individu donné ; c'est pourquoi une analyse sanguine subséquente plus précise pourrait être nécessaire.

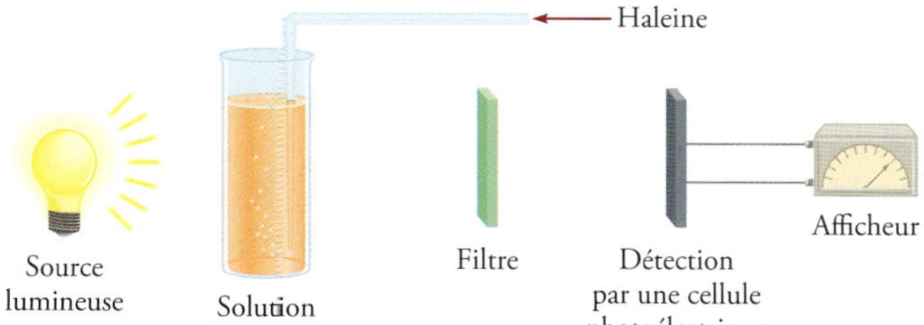

Schéma de l'alcootest chimique. L'alcool provenant de l'haleine du conducteur réagit avec une solution de dichromate de potassium. Le changement de l'absorption de la lumière occasionné par la formation du sulfate de chrome(III) est mesuré par le détecteur et affiché par l'appareil, lequel indique directement la concentration de l'alcool dans le sang (alcoolémie). Le filtre permet de faire l'analyse à une seule longueur d'onde.

7.2 Les cellules galvaniques

À la section 1.4, nous avons vu que si un morceau de zinc est placé dans une solution de $CuSO_4$, l'atome Zn est oxydé en ion Zn^{2+}, et l'ion Cu^{2+} est réduit en atome Cu (*voir la figure 1.14A, p. 26*):

$$Zn(s) + Cu^{2+}(aq) \longrightarrow Zn^{2+}(aq) + Cu(s)$$

Chimie en ligne
Animation
- Les cellules galvaniques

Les électrons passent directement du réducteur (Zn) à l'oxydant (Cu^{2+}) dans la solution. Cependant, si le réducteur et l'oxydant sont physiquement séparés dans deux compartiments, le transfert des électrons peut se faire en empruntant un milieu conducteur extérieur. À mesure que la réaction se produit, il s'établit un courant continu d'électrons, il y a donc génération d'électricité (autrement dit, il y a production de travail électrique).

Le dispositif expérimental permettant de générer de l'électricité est appelé *cellule électrochimique*. La figure 7.2 montre les composantes essentielles d'un type de ces cellules, la **cellule galvanique**, appelée aussi cellule voltaïque, dans laquelle il y a production d'électricité par réaction d'oxydoréduction spontanée. Cette cellule est constituée d'une tige de zinc plongée dans une solution de $ZnSO_4$ et d'une tige de cuivre plongée dans une solution de $CuSO_4$. La cellule galvanique fonctionne selon le principe que l'oxydation de Zn en Zn^{2+} et la réduction de Cu^{2+} en Cu peuvent se produire simultanément dans des compartiments séparés, le transfert des électrons se faisant par le circuit extérieur. Les tiges de zinc et de cuivre sont appelées *électrodes*. Par définition, l'électrode où a lieu l'oxydation s'appelle l'**anode**; l'électrode où se produit la réduction se nomme la **cathode**.

NOTE

Un truc mnémotechnique consiste à retenir que les mots associés «oxydation» et «anode» commencent par des voyelles alors que les mots associés «réduction» et «cathode» commencent par des consonnes.

Dans le cas du système illustré à la figure 7.2, chaque réaction d'oxydation et de réduction qui se produit aux électrodes, appelée individuellement **réaction de demi-cellule**, est:

NOTE

Les demi-cellules ou demi-piles sont similaires aux demi-réactions vues précédemment.

$$\text{électrode de Zn (anode)}: \quad Zn(s) \longrightarrow Zn^{2+}(aq) + 2e^-$$
$$\text{électrode de Cu (cathode)}: \quad Cu^{2+}(aq) + 2e^- \longrightarrow Cu(s)$$

Notez que, à moins que les deux solutions ne soient séparées l'une de l'autre, les ions Cu^{2+} réagissent directement avec la tige de zinc:

$$Cu^{2+}(aq) + Zn(s) \longrightarrow Cu(s) + Zn^{2+}(aq)$$

et, par conséquent, aucun travail électrique utile ne peut être obtenu.

Pour que le circuit électrique soit complet, les solutions doivent être reliées par un milieu conducteur dans lequel les anions et les cations peuvent se déplacer. Un *pont salin* remplit très bien ce rôle; il s'agit, dans sa forme la plus simple, d'un tube en U renversé contenant un électrolyte inerte, comme KCl ou NH_4NO_3, dont les ions ne réagiront ni avec les autres ions en solution ni avec les électrodes (*voir la figure 7.2*). Durant la réaction globale d'oxydoréduction, les électrons circulent de l'anode (électrode de Zn) à la cathode (électrode de Cu) en empruntant le fil extérieur et en passant par le voltmètre. En solution, les cations (Zn^{2+}, Cu^{2+} et K^+) se déplacent vers la cathode, tandis que les anions (SO_4^{2-} et Cl^-) vont dans la direction opposée, vers l'anode. En l'absence du pont salin qui relie les deux solutions, l'accumulation des charges positives dans le compartiment de l'anode (causée par la formation des ions Zn^{2+})

et des charges négatives dans le compartiment de la cathode (causée par la réduction d'ions Cu^{2+} en Cu) aurait tôt fait d'empêcher le fonctionnement de la cellule, car l'accumulation de ces charges empêche de plus en plus l'arrivée de nouvelles charges de même signe.

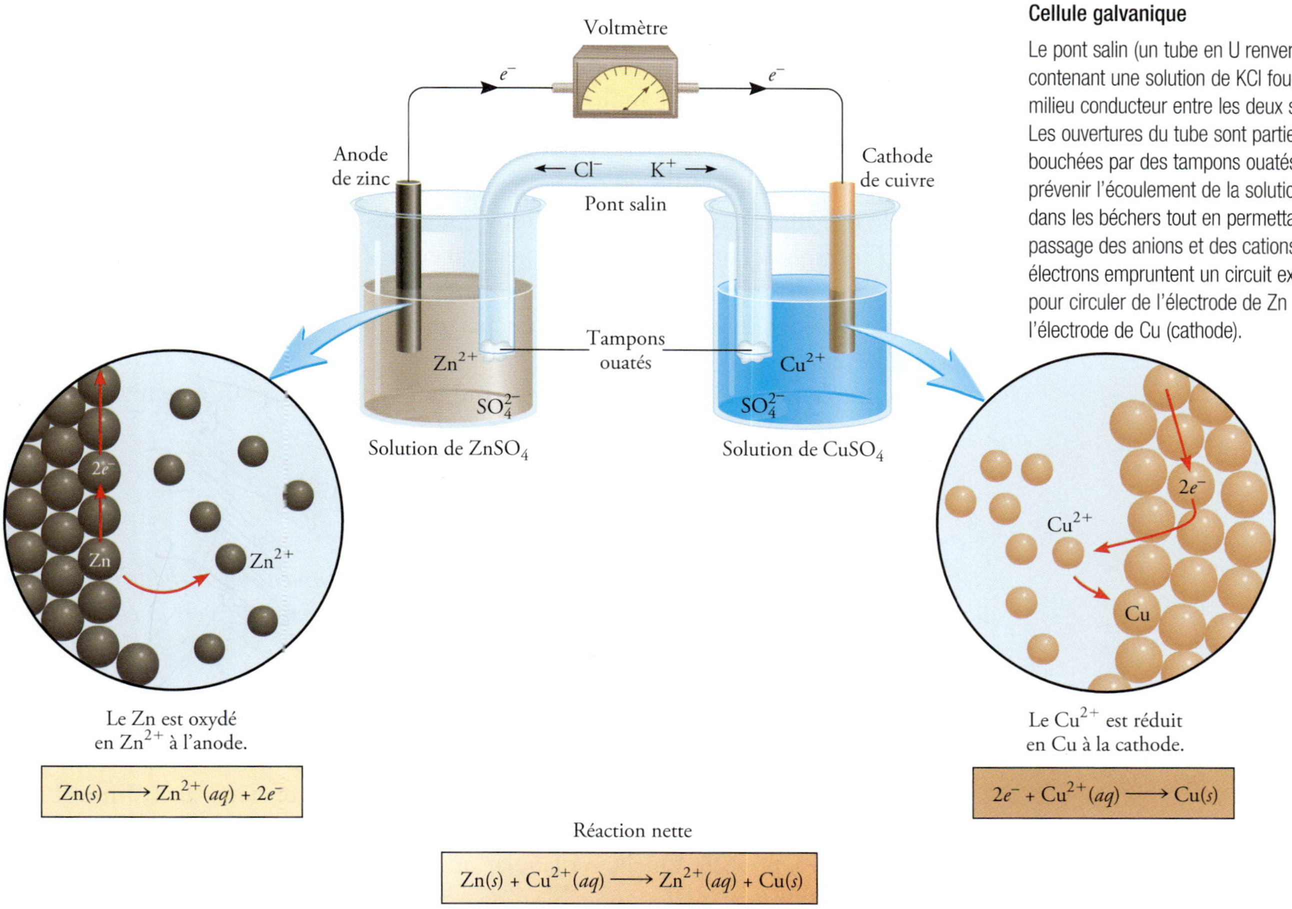

FIGURE 7.2

Cellule galvanique

Le pont salin (un tube en U renversé) contenant une solution de KCl fournit un milieu conducteur entre les deux solutions. Les ouvertures du tube sont partiellement bouchées par des tampons ouatés afin de prévenir l'écoulement de la solution de KCl dans les béchers tout en permettant le passage des anions et des cations. Les électrons empruntent un circuit extérieur pour circuler de l'électrode de Zn (anode) à l'électrode de Cu (cathode).

La migration des électrons d'une électrode à l'autre est due à une différence d'énergie potentielle, appelée aussi tension électrique, entre les deux électrodes. Cette circulation de courant électrique est analogue à un courant d'eau qui descend d'une chute parce qu'il y a une différence d'énergie potentielle de gravitation ou encore à l'écoulement d'un gaz d'une région à haute pression vers une région à basse pression. Cette différence de potentiel mesurée à très faible courant s'appelle **force électromotrice**, ou **fem** (ϵ), et peut se mesurer grâce à un voltmètre branché aux deux électrodes (*voir la figure 7.3*). Habituellement, on exprime la fem d'une cellule galvanique en volts (V). Nous verrons que la fem d'une cellule dépend non seulement de la nature des électrodes et des ions, mais aussi de la concentration des ions et de la température de fonctionnement de la cellule.

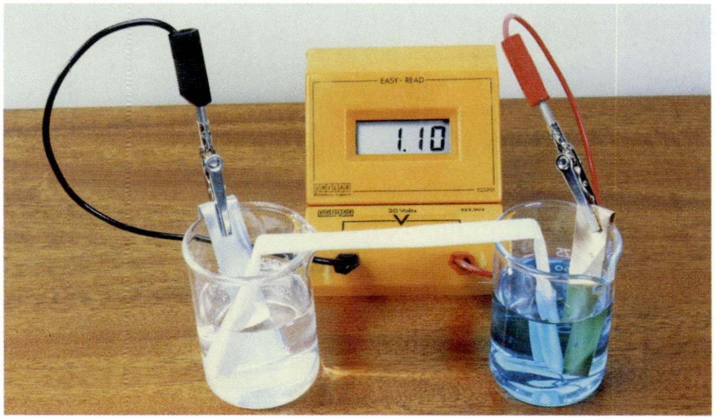

FIGURE 7.3

Montage de la cellule galvanique décrite à la figure 7.2

Notez le tube en U (le pont salin) reliant les deux béchers. Quand les concentrations de $ZnSO_4$ et de $CuSO_4$ sont à 1 mol/L, à 25 °C, la tension de la cellule est de 1,10 V.

La représentation d'une cellule galvanique par un diagramme conventionnel s'appelle **diagramme de cellule**. Par exemple, dans le cas de la cellule que nous venons de décrire (celle dont le pont salin contient du KCl comme électrolyte, en supposant que les concentrations sont exactement de 1 mol/L), le diagramme de cette cellule est :

$$Zn(s)|Zn^{2+}(aq,\ 1\ mol/L)|KCl(saturé)|Cu^{2+}(aq,\ 1\ mol/L)|Cu(s)$$

où les lignes verticales indiquent une démarcation entre deux phases. Par exemple, l'électrode de zinc est un solide, et les ions Zn^{2+} (de $ZnSO_4$) sont en solution ; pour indiquer l'interphase, on inscrit un trait vertical entre Zn et Zn^{2+}. Notez qu'il y a également un trait vertical entre la solution de $ZnSO_4$ et la solution de KCl dans le pont salin parce que ces deux solutions n'étant pas mélangées, elles constituent ainsi deux phases différentes.

Plus simplement, la cellule peut être représentée par le diagramme suivant :

$$Zn(s)|Zn^{2+}(1\ mol/L)||Cu^{2+}(1\ mol/L)|Cu(s)$$

Le double trait vertical représente le pont salin. *Par convention, l'anode est toujours à gauche, puis les autres composantes suivent dans l'ordre du montage vers la cathode.*

7.3 Les potentiels standard d'électrode

Quand les concentrations des ions Cu^{2+} et Zn^{2+} sont toutes deux de 1,0 mol/L, on constate que la fem de la cellule illustrée à la figure 7.2 (*p. 359*) est de 1,10 V, à 25 °C (*voir la figure 7.3, p. 359*). Quelle est la relation entre cette tension et la réaction d'oxydoréduction ? De même qu'il est possible d'imaginer la réaction globale comme la somme de deux demi-réactions, on peut considérer la tension mesurée de la cellule comme la somme des potentiels électriques aux électrodes de Zn et de Cu. Ainsi, connaissant l'un de ces potentiels, on peut obtenir l'autre par soustraction (de 1,10 V). Cependant, il est impossible de mesurer le potentiel d'une seule électrode, mais si l'on définit comme étant zéro la valeur du potentiel d'une électrode standard, on pourra ensuite l'utiliser pour déterminer les potentiels relatifs d'autres électrodes. C'est l'électrode à hydrogène, illustrée à la figure 7.4, qui a été choisie comme standard. On fait barboter de l'hydrogène gazeux dans une solution d'acide chlorhydrique à 25 °C et à 101,3 kPa. L'électrode de platine qui s'y trouve a deux fonctions. La première est de fournir une surface qui permet la dissociation des molécules d'hydrogène :

NOTE

Le choix d'une référence arbitraire pour mesurer le potentiel d'une électrode est analogue au choix de la surface des océans comme référence pour l'altitude, en lui attribuant une valeur de zéro mètre, pour ensuite pouvoir mesurer toute autre altitude terrestre comme étant un certain nombre de mètres au-dessus ou en dessous du niveau de la mer.

$$H_2 \longrightarrow 2H^+ + 2e^-$$

La seconde est de servir de conducteur électrique vers le circuit extérieur.

Dans les conditions standard, c'est-à-dire quand la pression de H_2 est de 101,3 kPa et la concentration de la solution de HCl, ou $[H^+]$, est de 1 mol/L, on considère que le potentiel de réduction de H^+, à 25 °C, a la valeur *exacte* de zéro :

$$2H^+(aq,\ 1\ mol/L) + 2e^- \longrightarrow H_2(g,\ 101{,}3\ kPa) \qquad \epsilon° = 0\ V$$

L'exposant « o » indique qu'il s'agit de conditions standard. La valeur $\epsilon°$ représente le **potentiel standard de réduction**, soit le potentiel associé à une réaction de réduction à une électrode, tous les solutés étant à une concentration de 1 mol/L et tous les gaz à une pression de 101,3 kPa. Donc, le potentiel standard de réduction d'une électrode à hydrogène est fixé à zéro et cette électrode à hydrogène dans les conditions standard est alors appelée **électrode standard à hydrogène** (**ESH**).

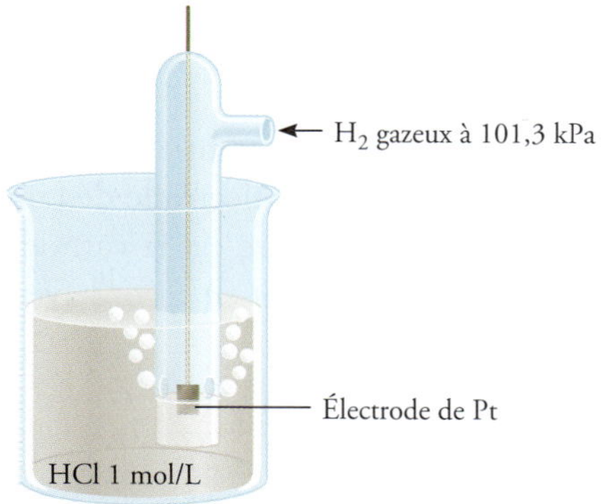

FIGURE 7.4

Électrode à hydrogène fonctionnant dans des conditions standard

L'hydrogène gazeux à 101,3 kPa barbote dans une solution de HCl à 1 mol/L. L'électrode de platine fait partie de l'électrode à hydrogène.

NOTE

Le potentiel de la réaction inverse étant une mesure de la force inverse, il correspond au potentiel inverse, soit 0 dans le cas de l'électrode à hydrogène.

On peut utiliser l'ESH pour mesurer les potentiels des autres types d'électrodes. La figure 7.5A (*p. 363*) montre une cellule galvanique munie d'une électrode de zinc et d'une ESH. L'électrode de zinc est l'anode, et l'ESH est la cathode, car on observe que la masse de l'électrode de zinc diminue durant le fonctionnement de la cellule ; le zinc passe en solution à cause de la réaction d'oxydation :

$$Zn(s) \longrightarrow Zn^{2+}(aq) + 2e^-$$

Le diagramme de cette cellule est le suivant :

$$Zn(s)|Zn^{2+}(1\ mol/L)||H^+(1\ mol/L)|H_2(101{,}3\ kPa)|Pt(s)$$

Comme déjà mentionné, l'électrode de platine fournit une surface permettant à la réaction de réduction d'avoir lieu. Quand tous les réactifs sont à l'état standard (H_2 à 101,3 kPa, H^+ et Zn^{2+} à 1 mol/L), la fem de cette cellule est de 0,76 V. On peut exprimer les demi-réactions de la cellule de la manière suivante :

Anode (oxydation) : $Zn(s) \longrightarrow Zn^{2+}(aq, 1\ mol/L) + 2e^-$

Cathode (réduction) : $2H^+(aq, 1\ mol/L) + 2e^- \longrightarrow H_2(g, 101{,}3\ kPa)$

Globale : $Zn(s) + 2H^+(aq, 1\ mol/L) \longrightarrow Zn^{2+}(aq, 1\ mol/L) + H_2(g, 101{,}3\ kPa)$

La **fem standard** de la cellule, $\epsilon°_{cell}$, qui provient de la contribution des demi-réactions à l'anode et à la cathode, est donnée par la différence entre les potentiels standard de réduction à la cathode et à l'anode :

$$\epsilon°_{cell} = \epsilon°_{cathode} - \epsilon°_{anode} \quad (7.1)$$

où $\epsilon°_{cathode}$ et $\epsilon°_{anode}$ sont *tous deux* les potentiels standards de réduction des électrodes.

Appliquons cette relation dans le cas de notre cellule galvanique Zn-ESH :

$$\epsilon^\circ_{cell} = \epsilon^\circ_{H^+/H_2} - \epsilon^\circ_{Zn^{2+}/Zn}$$
$$0{,}76 \text{ V} = 0 - \epsilon^\circ_{Zn^{2+}/Zn}$$

où H^+/H_2 écrit en indice signifie $2H^+ + 2e^- \longrightarrow H_2$ et où Zn^{2+}/Zn en indice signifie $Zn^{2+} + 2e^- \longrightarrow Zn$. Par conséquent, le potentiel standard de réduction du zinc vaut −0,76 V.

On peut de la même manière obtenir le potentiel standard d'électrode du cuivre en utilisant une cellule galvanique munie d'une électrode de cuivre et d'une ESH (*voir la figure 7.5B*). Dans ce cas, l'électrode de cuivre est la cathode, car sa masse augmente durant le fonctionnement de la cellule, résultat en accord avec la réaction de réduction :

$$Cu^{2+}(aq) + 2e^- \longrightarrow Cu(s)$$

Le diagramme de cette cellule est le suivant :

$$Pt(s)|H_2(101{,}3 \text{ kPa})|H^+(1 \text{ mol/L})||Cu^{2+}(1 \text{ mol/L})|Cu(s)$$

et les demi-réactions sont :

Anode (oxydation) : $H_2(g,\ 101{,}3 \text{ kPa}) \longrightarrow 2H^+(aq,\ 1 \text{ mol/L}) + 2e^-$

Cathode (réduction) : $Cu^{2+}(aq,\ 1 \text{ mol/L}) + 2e^- \longrightarrow Cu(s)$

Globale : $H_2(g,\ 101{,}3 \text{ kPa}) + Cu^{2+}(aq,\ 1 \text{ mol/L}) \longrightarrow 2H^+(aq,\ 1 \text{ mol/L}) + Cu(s)$

Dans des conditions standard et à 25 °C, la fem de la cellule est de 0,34 V. On écrit donc :

$$\epsilon^\circ_{cell} = \epsilon^\circ_{cathode} - \epsilon^\circ_{anode}$$
$$0{,}34 \text{ V} = \epsilon^\circ_{Cu^{2+}/Cu} - \epsilon^\circ_{H^+/H_2}$$
$$= \epsilon^\circ_{Cu^{2+}/Cu} - 0$$

Le potentiel standard de réduction du cuivre $\epsilon^\circ_{Cu^{2+}/Cu}$ est donc de 0,34 V. Les symboles Cu^{2+}/Cu écrits en indice signifient $Cu^{2+} + 2e^- \longrightarrow Cu$.

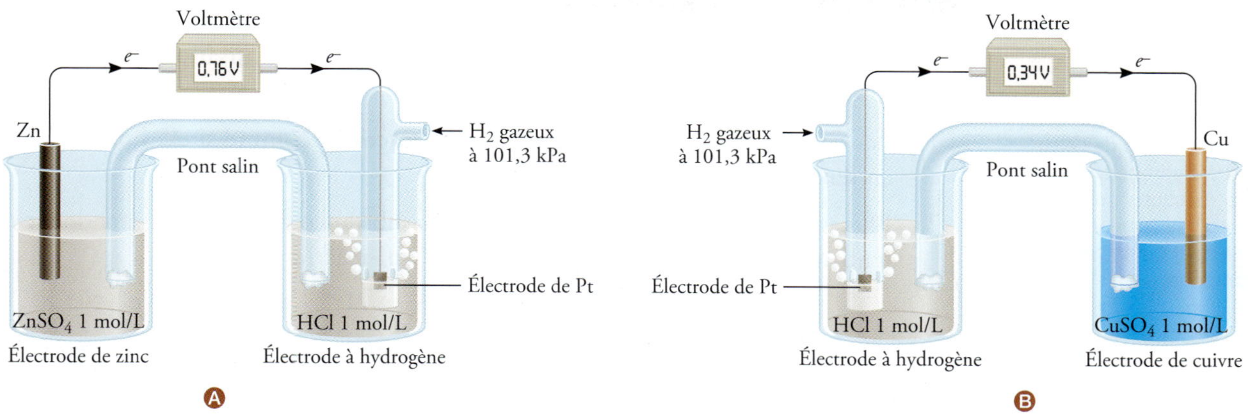

FIGURE 7.5

Détermination de potentiels standard à l'aide de l'électrode standard à hydrogène (ESH)

Ⓐ Cellule constituée d'une électrode de zinc et d'une électrode à hydrogène.
Ⓑ Cellule constituée d'une électrode de cuivre et d'une électrode à hydrogène. Les deux cellules fonctionnent dans des conditions standard. Notez que l'ESH agit en Ⓐ comme la cathode et en Ⓑ comme l'anode.

Dans le cas de la cellule illustrée à la figure 7.2 (*p. 359*), on peut maintenant écrire :

Anode (oxydation) : $Zn(s) \longrightarrow Zn^{2+}(aq,\ 1\ mol/L) + 2e^-$

Cathode (réduction) : $Cu^{2+}(aq,\ 1\ mol/L) + 2e^- \longrightarrow Cu(s)$

Globale : $Zn(s) + Cu^{2+}(aq,\ 1\ mol/L) \longrightarrow Zn^{2+}(aq,\ 1\ mol/L) + Cu(s)$

La fem de la cellule est :

$$\begin{aligned}\epsilon^\circ_{cell} &= \epsilon^\circ_{cathode} - \epsilon^\circ_{anode}\\ &= \epsilon^\circ_{Cu^{2+}/Cu} - \epsilon^\circ_{Zn^{2+}/Zn}\\ &= 0{,}34\ V - (-0{,}76\ V)\\ &= 1{,}10\ V\end{aligned}$$

Cet exemple illustre comment le *signe* de la fem de la cellule permet de prédire la spontanéité d'une réaction d'oxydoréduction. Dans des conditions standard pour les réactifs et les produits, une réaction d'oxydoréduction est spontanée dans le sens indiqué si la fem standard de la cellule est positive. Si celle-ci est négative, la réaction est spontanée dans le sens opposé. Mentionnons aussi qu'une valeur négative de ϵ°_{cell} *ne veut pas dire* que la réaction ne se produira pas si les réactifs sont mélangés à une concentration de 1 mol/L. Cela signifie plutôt que l'équilibre de la réaction, une fois atteint, favorisera les réactifs. Nous verrons dans la prochaine section de ce chapitre les relations entre ϵ°_{cell}, K et une autre grandeur appelée ΔG°.

NOTE

La série d'activité des métaux déjà vue à la figure 1.15 (*p. 27*) peut être déduite à partir du tableau 7.1. Repérez la ligne de $\epsilon° = 0$ de l'électrode standard à hydrogène (ESH) et déduisez les réactions possibles des métaux avec l'hydrogène selon leur position (en haut ou en bas) par rapport à l'hydrogène.

Le tableau 7.1 énumère les potentiels standard de réduction de plusieurs demi-réactions. Voici quelques remarques importantes concernant l'utilisation de ces valeurs de potentiels de réduction dans les calculs :

1. Les valeurs de $\epsilon°$ s'appliquent aux demi-réactions comme si elles procédaient en sens direct (de la gauche vers la droite).

2. Plus une valeur de $\epsilon°$ est grande pour une substance donnée, plus grande est sa tendance à être réduite. Par exemple, la demi-réaction suivante :

$$F_2(101{,}3\ \text{kPa}) + 2e^- \longrightarrow 2F^-(1\ \text{mol/L}) \qquad \epsilon° = 2{,}87\ \text{V}$$

a la plus grande valeur positive de $\epsilon°$ de toutes les demi-réactions et, par conséquent, F_2 est l'agent oxydant *le plus fort* parce qu'il a la plus grande tendance à être réduit. À l'autre extrême de cette liste, on a la demi-réaction :

$$Li^+(1\ \text{mol/L}) + e^- \longrightarrow Li(s) \qquad \epsilon° = -3{,}05\ \text{V}$$

qui a la plus faible valeur (la plus grande négative) de $\epsilon°$. On peut donc dire que Li^+ est l'agent oxydant *le plus faible* parce qu'il est la substance la plus difficile à réduire. On peut également affirmer que F^- est l'agent réducteur le plus faible et que le métal Li est l'agent réducteur le plus fort. Dans les conditions standard, les agents oxydants (les substances placées du côté gauche des demi-réactions du tableau 7.1) sont de plus en plus forts de bas en haut, et les agents réducteurs (les substances placées du côté droit du tableau) sont de plus en plus forts de haut en bas.

3. Les réactions de demi-pile sont réversibles. Selon les conditions, toute électrode peut agir comme anode ou comme cathode. Nous avons déjà vu que l'électrode d'hydrogène (ESH) est la cathode (H^+ est réduit en H_2) lorsque couplée avec le zinc dans une cellule galvanique et qu'elle devient une anode (H_2 est oxydé en H^+) lorsque couplée avec le cuivre dans une autre cellule galvanique.

4. Dans les conditions standard, toute espèce à la gauche d'une demi-réaction réagira spontanément avec une espèce située *plus bas* du côté droit d'une autre demi-réaction. On nomme parfois ce principe *règle de la diagonale*. Dans le cas de la pile déjà décrite à la figure 7.2 (*p. 359*), on trouve l'ordre suivant des deux demi-réactions dans le tableau 7.1 :

$$Cu^{2+}(1\ \text{mol/L}) + 2e^- \longrightarrow Cu(s) \qquad \epsilon° = 0{,}34\ \text{V}$$

$$Zn^{2+}(1\ \text{mol/L}) + 2e^- \longrightarrow Zn(s) \qquad \epsilon° = -0{,}76\ \text{V}$$

On constate que la substance de gauche de la réaction de la première demi-pile est le Cu^{2+} et que la substance de droite de la réaction de la deuxième demi-pile est le Zn. On arrive donc ainsi au même résultat déjà connu, à savoir que le Zn réduit spontanément le Cu^{2+} pour former du Zn^{2+} et du Cu.

5. Le fait de changer les coefficients stœchiométriques d'une demi-réaction *ne modifie pas* sa valeur de $\epsilon°$ parce que le potentiel d'électrode est une propriété intensive, ce qui signifie que la valeur du potentiel n'est pas influencée par la grosseur de l'électrode ni par les quantités de solutions mises en présence. Par exemple, si l'on a :

$$I_2(s) + 2e^- \longrightarrow 2I^-(1\ \text{mol/L}) \qquad \epsilon° = 0{,}53\ \text{V}$$

la valeur de $\epsilon°$ ne change pas si l'on multiplie la demi-réaction par 2 :

$$2I_2(s) + 4e^- \longrightarrow 4I^-(1\ \text{mol/L}) \qquad \epsilon° = 0{,}53\ \text{V}$$

6. Comme dans le cas de ΔH, seul le signe de $\epsilon°$ change lorsqu'il s'agit de considérer la réaction inverse.

On constate une relation générale entre l'électronégativité (*voir la section 7.5 de* Chimie générale) et le pouvoir réducteur ou oxydant. On observe par exemple que le lithium et le fluor se situent tous deux aux extrêmes des listes de potentiels de réduction et d'électronégativité.

NOTE

Les listes de potentiels de réduction et d'électronégativité ne sont pas exactement les mêmes, car les électronégativités sont déterminées pour des atomes à l'état gazeux alors que les potentiels de réduction sont mesurés dans des solutions aqueuses.

NOTE

Vous trouverez une liste plus complète des potentiels standard de réduction à l'annexe 7.

TABLEAU 7.1

Potentiels standard de réduction à 25 °C*

(Flèche vers le haut : Augmentation du pouvoir oxydant ; flèche vers le bas : Augmentation du pouvoir réducteur)

Demi-réaction	$\epsilon°$ (V)
$F_2(g) + 2e^- \longrightarrow 2F^-(aq)$	+2,87
$O_3(g) + 2H^+(aq) + 2e^- \longrightarrow O_2(g) + H_2O(l)$	+2,07
$Co^{3+}(aq) + e^- \longrightarrow Co^{2+}(aq)$	+1,82
$H_2O_2(aq) + 2H^+(aq) + 2e^- \longrightarrow 2H_2O(l)$	+1,77
$PbO_2(s) + 4H^+(aq) + SO_4^{2-}(aq) + 2e^- \longrightarrow PbSO_4(s) + 2H_2O(l)$	+1,70
$Ce^{4+}(aq) + e^- \longrightarrow Ce^{3+}(aq)$	+1,61
$MnO_4^-(aq) + 8H^+(aq) + 5e^- \longrightarrow Mn^{2+}(aq) + 4H_2O(l)$	+1,51
$Au^{3+}(aq) + 3e^- \longrightarrow Au(s)$	+1,50
$Cl_2(g) + 2e^- \longrightarrow 2Cl^-(aq)$	+1,36
$Cr_2O_7^{2-}(aq) + 14H^+(aq) + 6e^- \longrightarrow 2Cr^{3+}(aq) + 7H_2O(l)$	+1,33
$MnO_2(s) + 4H^+(aq) + 2e^- \longrightarrow Mn^{2+}(aq) + 2H_2O(l)$	+1,23
$O_2(g) + 4H^+(aq) + 4e^- \longrightarrow 2H_2O(l)$	+1,23
$Br_2(l) + 2e^- \longrightarrow 2Br^-(aq)$	+1,07
$NO_3^-(aq) + 4H^+(aq) + 3e^- \longrightarrow NO(g) + 2H_2O(l)$	+0,96
$2Hg^{2+}(aq) + 2e^- \longrightarrow Hg_2^{2+}(aq)$	+0,92
$Hg_2^{2+}(aq) + 2e^- \longrightarrow 2Hg(l)$	+0,85
$Ag^+(aq) + e^- \longrightarrow Ag(s)$	+0,80
$Fe^{3+}(aq) + e^- \longrightarrow Fe^{2+}(aq)$	+0,77
$O_2(g) + 2H^+(aq) + 2e^- \longrightarrow H_2O_2(aq)$	+0,68
$MnO_4^-(aq) + 2H_2O(l) + 3e^- \longrightarrow MnO_2(s) + 4OH^-(aq)$	+0,59
$I_2(s) + 2e^- \longrightarrow 2I^-(aq)$	+0,53
$O_2(g) + 2H_2O(l) + 4e^- \longrightarrow 4OH^-(aq)$	+0,40
$Cu^{2+}(aq) + 2e^- \longrightarrow Cu(s)$	+0,34
$AgCl(s) + e^- \longrightarrow Ag(s) + Cl^-(aq)$	+0,22
$SO_4^{2-}(aq) + 4H^+(aq) + 2e^- \longrightarrow SO_2(g) + 2H_2O(l)$	+0,20
$Cu^{2+}(aq) + e^- \longrightarrow Cu^+(aq)$	+0,15
$Sn^{4+}(aq) + 2e^- \longrightarrow Sn^{2+}(aq)$	+0,13
$2H^+(aq) + 2e^- \longrightarrow H_2(g)$	0,00
$Pb^{2+}(aq) + 2e^- \longrightarrow Pb(s)$	−0,13
$Sn^{2+}(aq) + 2e^- \longrightarrow Sn(s)$	−0,14
$Ni^{2+}(aq) + 2e^- \longrightarrow Ni(s)$	−0,25
$Co^{2+}(aq) + 2e^- \longrightarrow Co(s)$	−0,28
$PbSO_4(s) + 2e^- \longrightarrow Pb(s) + SO_4^{2-}(aq)$	−0,31
$Cd^{2+}(aq) + 2e^- \longrightarrow Cd(s)$	−0,40
$Fe^{2+}(aq) + 2e^- \longrightarrow Fe(s)$	−0,44
$Cr^{3+}(aq) + 3e^- \longrightarrow Cr(s)$	−0,74
$Zn^{2+}(aq) + 2e^- \longrightarrow Zn(s)$	−0,76
$2H_2O + 2e^- \longrightarrow H_2(g) + 2OH^-(aq)$	−0,83
$Mn^{2+}(aq) + 2e^- \longrightarrow Mn(s)$	−1,18
$Al^{3+}(aq) + 3e^- \longrightarrow Al(s)$	−1,66
$Be^{2+}(aq) + 2e^- \longrightarrow Be(s)$	−1,85
$Mg^{2+}(aq) + 2e^- \longrightarrow Mg(s)$	−2,37
$Na^+(aq) + e^- \longrightarrow Na(s)$	−2,71
$Ca^{2+}(aq) + 2e^- \longrightarrow Ca(s)$	−2,87
$Sr^{2+}(aq) + 2e^- \longrightarrow Sr(s)$	−2,89
$Ba^{2+}(aq) + 2e^- \longrightarrow Ba(s)$	−2,90
$K^+(aq) + e^- \longrightarrow K(s)$	−2,93
$Li^+(aq) + e^- \longrightarrow Li(s)$	−3,05

* Dans chaque demi-réaction, la concentration des espèces dissoutes est de 1 mol/L, et la pression des gaz est de 101,3 kPa. Ce sont les valeurs dans les conditions standard.

Comme le démontrent les deux exemples suivants, le tableau 7.1 (*p. 365*) nous permet de prédire la spontanéité des réactions d'oxydoréduction dans les conditions standard, peu importe qu'elles aient lieu dans une cellule galvanique, où les agents réducteur et oxydant sont physiquement séparés l'un de l'autre, ou dans un bécher, où les réactifs sont tous mélangés ensemble.

EXEMPLE 7.3 La prédiction des réactions à l'aide des potentiels standard de réduction

Quelle réaction pourrait se produire si l'on ajoutait du dibrome (Br_2) à une solution contenant du NaCl et du NaI à 25 °C? On suppose que toutes les substances sont à l'état standard.

DÉMARCHE

La prédiction des réactions possibles d'oxydoréduction ici se fait en comparant les potentiels standard de réduction de Cl_2, Br_2 et I_2 et en appliquant la règle de la diagonale.

SOLUTION

Le tableau 7.1 nous donne les potentiels standard de réduction dans l'ordre suivant :

$$Cl_2(101{,}3\text{ kPa}) + 2e^- \longrightarrow 2Cl^-(1\text{ mol/L}) \qquad \epsilon° = 1{,}36\text{ V}$$

$$Br_2(l) + 2e^- \longrightarrow 2Br^-(1\text{ mol/L}) \qquad \epsilon° = 1{,}07\text{ V}$$

$$I_2(s) + 2e^- \longrightarrow 2I^-(1\text{ mol/L}) \qquad \epsilon° = 0{,}53\text{ V}$$

En appliquant la règle de la diagonale, on constate que Br_2 va oxyder I^-, mais pas Cl^-. Écrivons l'équation de la seule réaction d'oxydoréduction qui pourrait se produire de manière appréciable dans les conditions standard :

Oxydation : $2I^-(1\text{ mol/L}) \longrightarrow I_2(s) + 2e^-$

Réduction : $Br_2(l) + 2e^- \longrightarrow 2Br^-(1\text{ mol/L})$

Réaction globale : $2I^-(1\text{ mol/L}) + Br_2(l) \longrightarrow I_2(s) + 2Br^-(1\text{ mol/L})$

VÉRIFICATION

La réponse peut être confirmée par le calcul du $\epsilon°$ de la réaction globale. Notons que les ions Na^+ ne réagissent pas ici et sont considérés comme étant inertes.

EXERCICE

Sn peut-il réduire $Zn^{2+}(aq)$ dans les conditions standard ? Prouvez votre réponse.

PROBLÈMES SEMBLABLES
7.18 et 7.19

EXEMPLE 7.4 Le calcul de $\epsilon°$ d'une cellule galvanique

Une pile galvanique est constituée d'une électrode de Mg plongée dans une solution de $Mg(NO_3)_2$ 1,0 mol/L et d'une électrode de Ag dans une solution de $AgNO_3$ 1,0 mol/L. Calculez la fem standard de cette cellule électrochimique, à 25 °C.

DÉMARCHE

À première vue, il n'est pas évident de déterminer l'anode et la cathode de cette cellule galvanique. Il faut d'abord écrire les réactions de potentiel standard de réduction pour Ag et Mg selon leur position dans le tableau 7.1 et appliquer ensuite la règle de la diagonale pour déterminer quel métal est l'anode et lequel est la cathode.

>>>

SOLUTION

Le tableau 7.1 donne les potentiels standard de réduction des deux électrodes :

$$Ag^+(aq,\ 1{,}0\ \text{mol/L}) + e^- \longrightarrow Ag(s) \qquad \epsilon° = 0{,}80\ \text{V}$$
$$Mg^{2+}(aq,\ 1{,}0\ \text{mol/L}) + 2e^- \longrightarrow Mg(s) \qquad \epsilon° = -2{,}37\ \text{V}$$

En appliquant la règle de la diagonale, on constate que Ag^+ peut oxyder Mg selon les demi-réactions suivantes :

Anode (oxydation) : $$Mg(s) \longrightarrow Mg^{2+}(aq,\ 1\ \text{mol/L}) + 2e^-$$

Cathode (réduction) : $$2Ag^+(aq,\ 1\ \text{mol/L}) + 2e^- \longrightarrow 2Ag(s)$$

Globale : $$Mg(s) + 2Ag^+(aq,\ 1{,}0\ \text{mol/L}) \longrightarrow Mg^{2+}(aq,\ 1{,}0\ \text{mol/L}) + 2Ag(s)$$

Notez que, pour équilibrer l'équation globale, nous avons multiplié par 2 la réduction de Ag^+. On vient de voir que $\epsilon°$ est une propriété intensive qui n'est pas influencée par ce procédé. On trouve la fem de la cellule grâce à l'équation 7.1 et au tableau 7.1 :

$$\begin{aligned}\epsilon°_{cell} &= \epsilon°_{cathode} - \epsilon°_{anode}\\ &= \epsilon°_{Ag^+/Ag} - \epsilon°_{Mg^{2+}/Mg}\\ &= 0{,}80\ \text{V} - (-2{,}37\ \text{V})\\ &= 3{,}17\ \text{V}\end{aligned}$$

COMMENTAIRE

La valeur positive de la réponse indique que cette réaction aura lieu.

EXERCICE

Quelle est la fem standard d'une cellule galvanique constituée d'une électrode de Cd dans une solution de $Cd(NO_3)_2$ 1,0 mol/L et d'une électrode de Cr dans une solution de $Cr(NO_3)_3$ 1,0 mol/L à 25 °C ?

NOTE

On voit ici que le tableau de potentiels (tableau 7.1) peut servir à équilibrer des équations s'il est possible d'y trouver les deux demi-piles en jeu. De fait, c'est comme si l'on passait directement à l'étape 5 de la méthode déjà expliquée à la page 352.

PROBLÈMES SEMBLABLES

7.16 et 7.17

7.4 La spontanéité des réactions en général

Afin de pouvoir mieux comprendre la spontanéité des réactions d'oxydoréduction, nous allons maintenant aborder les critères de spontanéité des réactions. Dans plusieurs chapitres étudiés précédemment, il a été très souvent question de systèmes à l'équilibre ; il est donc normal de se demander pourquoi certaines réactions sont complètes alors que d'autres sont soit incomplètes, soit tout simplement impossibles à réaliser dans certaines conditions. Les réponses à ces questions sont données par une science physique appelée *thermodynamique*. Cette discipline fait appel à des concepts assez abstraits et nécessite l'utilisation d'outils mathématiques comme le calcul des probabilités (statistique) et le calcul intégral. Ici, notre exposé se limitera à décrire les résultats de la thermodynamique pour les appliquer et à réaliser quelles en sont les conséquences en chimie, principalement en ce qui concerne l'équilibre, la spontanéité des réactions et la force électromotrice en oxydoréduction.

NOTE

Une réaction spontanée ne veut pas dire nécessairement qu'elle est instantanée. Il faut aussi tenir compte des contraintes cinétiques.

La variation d'enthalpie, ΔH

Commençons par une quantité thermodynamique que vous connaissez déjà, la **variation d'enthalpie, ΔH**. Celle-ci est la différence entre l'enthalpie finale et l'enthalpie initiale, ou chaleur de réaction, comme appelée précédemment lors de l'étude de la

NOTE

La variation d'enthalpie et la thermochimie ont déjà été abordées à la section 7.10 de *Chimie générale*.

thermochimie. Par exemple, lorsqu'on a étudié les forces de liaison et les changements de phase, on a utilisé la notation $\Delta H°$, où le « o » en exposant indique qu'il s'agit d'une mesure faite dans des conditions standard (à 25 °C et 101,3 kPa). Rappelons aussi que, comme dans le cas des autres quantités thermodynamiques que nous verrons plus loin, le ΔH est exprimé par mole pour nous rappeler qu'il s'agit d'une grandeur macroscopique rattachée à des quantités de matière exprimées en moles (en kilojoules par mole). La valeur du ΔH est nécessairement liée à la nature des réactifs et des produits, à l'équation équilibrée (en moles), et elle dépend aussi des différents états physiques [(*s*), (*l*) et (*g*)]. La « standardisation » des définitions permet de rendre compatibles les différents calculs thermodynamiques. Ainsi, $\Delta H°$ concerne obligatoirement une réaction à une pression de 101,3 kPa et à une température de 25 °C. Voyons un exemple :

$$N_2(g) + 3H_2(g) \rightleftharpoons 2NH_3(g) \qquad \Delta H° = -92 \text{ kJ/mol}$$

NOTE

H_f veut dire H final et H_i veut dire H initial. $\Delta H_f°$ signifie $\Delta H°$ de formation.

Rappelons que la valeur négative du ΔH signifie que l'enthalpie des produits est inférieure à celle des réactifs, $\Delta H = H_f - H_i$, et que c'est le cas d'une réaction exothermique. On doit aussi supposer ici que le ΔH est donné pour 2 mol de NH_3, même s'il s'agit d'une réaction incomplète. À l'annexe 6, vous trouverez une table des données thermodynamiques. Toutes ces données sont des **fonctions d'état**, c'est-à-dire qu'elles dépendent seulement de l'état initial et de l'état final et non pas du « chemin suivi » par lequel se produit le phénomène. Ainsi, pour $NH_3(g)$, on peut lire $\Delta H_f° = -46{,}3$ kJ/mol, ce qui est en accord avec l'équation ci-dessus, écrite pour 2 mol de NH_3.

Comment pourrait-on calculer la variation d'enthalpie dans le cas d'une réaction plus complexe comme celle de la combustion du méthane (CH_4) :

$$CH_4(g) + 2O_2(g) \longrightarrow CO_2(g) + 2H_2O(l) \qquad \Delta H° = ?$$

Rappelons qu'il faut simplement repérer les chaleurs de formation en kJ/mol des produits (à partir des éléments) dans les tables, et d'en faire la somme qui, elle, sera soustraite de la somme des chaleurs de formation des réactifs (application de la loi de Hess) :

$$\begin{aligned}\Delta H°_{\text{réaction}} &= [2 \times \Delta H_f° H_2O(l) + \Delta H_f° CO_2(g)] - [\Delta H_f° CH_4(g) + 2 \times \Delta H_f° O_2(g)] \\ &= [2 \times (-285{,}8) + (-395{,}5)] - [-74{,}85 + 2 \times 0] \\ &= -967{,}1 - (-74{,}85) \\ &= -892{,}3 \text{ kJ/mol}\end{aligned}$$

Le $\Delta H_f°$ du CH_4 apparaît dans les tables des composés organiques. Le $\Delta H_f°$ de O_2 est égal à zéro, comme c'est le cas pour tout élément dans sa forme la plus stable.

Vous avez sans doute remarqué qu'en règle générale, les réactions qui produisent beaucoup de chaleur sont des réactions complètes et irréversibles, donc sans possibilités d'obtenir un système à l'équilibre ou de revenir en arrière. La valeur du ΔH_r est donc l'une des caractéristiques thermodynamiques très importantes à considérer. C'est un des critères importants quand on veut savoir si une **réaction** est **spontanée**, c'est-à-dire si elle peut avoir lieu par elle-même sans aucune intervention extérieure et sans apport d'énergie. Cela s'explique par une loi de la thermodynamique qui revient à dire que *tous les systèmes tendent vers un minimum d'énergie*. Par analogie, on peut penser à une bille placée en haut d'un plan incliné. Si l'on ne la retient pas, elle va spontanément descendre la pente et atteindra le plus bas niveau d'énergie possible, niveau comparé ici à sa position finale par rapport à son point de départ. Il en est de même lorsqu'on compare les contenus énergétiques (enthalpies) des produits et des réactifs. Le plus ou moins grand déplacement de la réaction vers les produits dépendra des possibilités d'atteinte d'un plus bas niveau d'énergie pour l'ensemble du système. Dans le cas d'une dénivellation très grande, le retour en arrière est impossible. En effet, la réaction est complète, sinon il faudrait admettre que la bille peut remonter par elle-même la pente, comme dans un film visionné en marche arrière. Le ΔH°_r nous semble donc, pour le moment, constituer un bon critère de prévision de la spontanéité d'une réaction.

La variation d'entropie, ΔS

Phénomène non spontané et phénomène spontané

Cependant, la nature n'est pas aussi simple qu'on le voudrait ! En fait, vous connaissez probablement des phénomènes qui ont lieu spontanément tout en ayant une valeur de $\Delta H > 0$. Rappelons-nous par exemple le cas de certains sels qui, lorsqu'ils sont dissous dans l'eau, causent un refroidissement, ou encore le cas de l'eau qui bout spontanément à 100 °C malgré un $\Delta H > 0$. Il nous faudrait donc au moins un deuxième critère pour pouvoir prédire correctement la spontanéité des réactions. Les chimistes « thermodynamiciens » l'ont trouvé au XIXe siècle. Il s'agit du **ΔS**, ou **variation d'entropie**, une mesure de la variation du désordre entre un état final et un état initial, qui peut être rapportée elle aussi dans l'état standard (à 101,3 kPa et 25 °C) et qui s'évalue pour une réaction donnée de la même manière que pour les ΔH°_r à l'aide des valeurs des tables données à l'annexe 6. Les valeurs de ΔS° sont données en J/mol.

Par exemple, évaluons le ΔS° de la réaction de la synthèse de l'ammoniac (NH_3) :

$$N_2(g) + 3H_2(g) \rightleftharpoons 2NH_3(g) \qquad \Delta S^\circ = ?\ \text{J/K} \cdot \text{mol}$$
$$\Delta S^\circ = (2 \times 193{,}0) - [(191{,}5) + (3 \times 131{,}0)]$$
$$= 386{,}0 - 584{,}5 = -198{,}5\ \text{J/mol} \cdot \text{K}$$

La réponse indique que le désordre a diminué (l'ordre a augmenté). Remarquons aussi que les unités comportent des joules plutôt que des kilojoules, car les valeurs des ΔS sont petites comparativement à celles des ΔH. Aussi, les éléments ont des valeurs d'entropie différentes de zéro dans ce cas-ci. On peut maintenant se demander quelle est la signification de cette grandeur thermodynamique et comment on peut concevoir cette notion d'entropie ou de désordre. La réponse est donnée en bonne partie par un autre grand principe de la thermodynamique qui précise que *tous les systèmes tendent vers le maximum de désordre*. Donc, comme on prétend que ΔS est la différence entre l'état du désordre contenu dans les produits par rapport à celui des réactifs, selon ce deuxième critère de spontanéité, les réactions dont le ΔS est positif auraient tendance à se produire spontanément.

Nous sommes maintenant en mesure d'expliquer les deux exemples de phénomènes endothermiques mentionnés précédemment. Certains sels se dissolvent dans l'eau parce qu'il y a une grande augmentation du désordre, si l'on compare le mélange obtenu à l'état cristallin du solide avant la dissolution. Aussi, l'eau bout à 100 °C grâce au facteur entropique. Comment peut-on expliquer cette idée d'entropie ? Procédons encore par analogie ou intuitivement comme nous l'avons fait dans le cas du ΔH. Considérons un gaz confiné dans un ballon séparé d'un autre ballon par une valve fermée (*voir la figure 7.6, p. 370*). Si l'on ouvre la valve, les molécules vont spontanément traverser dans l'autre ballon, et l'état le plus probable obtenu à la fin sera celui qui correspond au maximum de désordre, c'est-à-dire que les concentrations gazeuses seront égales dans les deux ballons. Pensez-vous qu'ici encore il serait possible de faire marche arrière, que les molécules pourraient revenir spontanément dans un seul ballon ? Plusieurs réactions chimiques ressemblent à cette situation où les produits sont dans un état qui correspond à un désordre beaucoup plus grand que celui de l'état initial. C'est le cas notamment des réactions comprenant des solides ou des liquides qui produisent des gaz ou encore des réactifs gazeux qui produisent d'autres gaz en nombre de molécules beaucoup plus grand qu'initialement. Il est logique de penser qu'il y a plus de désordre dans des molécules à l'état gazeux.

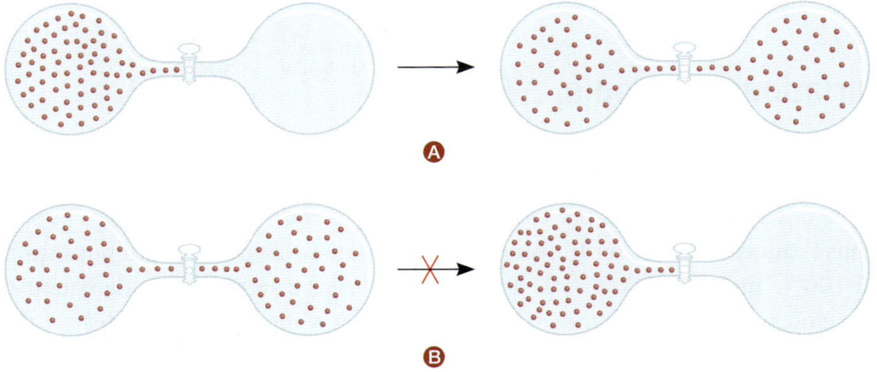

FIGURE 7.6

Variation d'entropie comme critère de spontanéité

(A) La détente d'un gaz dans le vide est spontanée, le désordre augmente. (B) La contraction d'un gaz dans une enceinte est non spontanée, le désordre diminue.

Ces deux tendances, tendance vers l'énergie minimale ($\Delta H < 0$) et tendance vers le maximum de désordre ($\Delta S > 0$), peuvent agir en sens contraire ou dans le même sens. C'est ce qui explique que certaines réactions sont complètes, car les deux critères de spontanéité étant favorables, la réaction sera totale. Par contre, si $\Delta S < 0$ et $\Delta H > 0$, les deux critères de spontanéité étant défavorables, l'opposition est totale, et la réaction est impossible. Il y a aussi toutes les situations où les deux tendances s'opposent, ($\Delta H < 0$ et $\Delta S < 0$) ou ($\Delta H > 0$ et $\Delta S > 0$), l'un des critères de spontanéité étant favorable alors que l'autre ne l'est pas. La réaction devrait alors se produire dans le sens correspondant à la résultante des deux tendances opposées, de la même manière que se composent vectoriellement tous les systèmes de forces. La réaction se fera dans le sens qui l'emporte, mais elle sera incomplète, c'est-à-dire qu'elle évoluera de manière à obtenir un système à l'équilibre. Il y a enfin le cas où, dès le moment de la mise en contact des réactifs, les deux tendances s'opposent également. Le système n'évoluera ni dans un sens ni dans l'autre, car il était déjà initialement en état d'équilibre. Bien que l'équilibre soit un phénomène dynamique (*voir la section 4.1, p. 171*), il n'y a pas de tendance nette pour que la réaction se produise plus dans un sens que dans l'autre.

La variation d'enthalpie libre, ΔG (ou fonction de Gibbs)

Nous venons de voir que la spontanéité d'une réaction dépend de la résultante d'une combinaison de tendances plus ou moins favorables. En thermodynamique, cette réalité s'exprime par une relation (ou équation) appelée **fonction de Gibbs** ou enthalpie libre ou énergie libre, fonction exprimant la différence entre l'enthalpie et le produit de l'entropie par la température Kelvin, TS, et qui équivaut à une mesure de l'énergie disponible qui pourrait servir à effectuer un travail. Cette fonction s'écrit ainsi :

$$G = H - TS \tag{7.2}$$

et qui, réécrite sous forme de variation d'enthalpie libre, s'écrit :

$$\Delta G = \Delta H - T\Delta S \quad (7.3)$$

où T est la température (en kelvins). Ce qui rend possible une réaction, c'est sa capacité à produire de l'énergie (= énergie libre) qui peut éventuellement faire un travail sur le monde extérieur (environnement). Cette énergie disponible dépend du jeu des deux grandes tendances.

L'examen minutieux de cette fonction permet d'apporter une nuance importante aux affirmations précédentes. On voit que le facteur entropique de cette fonction inclut le facteur température. Il est en effet facile de concevoir, par exemple, que le désordre dans un échantillon de gaz augmente avec la température si l'on se souvient que celle-ci est une mesure de l'énergie cinétique moyenne des molécules. Une élévation de la température augmente l'agitation des molécules et la dispersion de leurs vitesses (ou de leurs énergies), et les molécules se retrouvent dans un plus grand désordre. Le facteur température peut être déterminant, car le produit $T\Delta S$ peut devenir prédominant si la température est élevée. *Une réaction non spontanée à une température donnée peut le devenir à une température plus élevée.*

Timbre commémoratif émis en 2005 par la poste américaine en l'honneur de Josiah Willard Gibbs, physicien américain (1839-1903)

Nos deux critères de spontanéité basés sur les deux grandes tendances, énergie minimale et désordre maximal, se ramènent à un seul véritable critère de spontanéité, celui qui est donné par le signe algébrique de la valeur de ΔG :

$\Delta G < 0$: réaction spontanée dans le sens indiqué

$\Delta G > 0$: réaction non spontanée ; la réaction est spontanée dans le sens opposé

$\Delta G = 0$: système en équilibre ; il n'a pas tendance à évoluer ni dans un sens ni dans l'autre, car $\Delta H = T\Delta S$

Comme dans les cas de ΔH et de ΔS, la fonction de Gibbs peut s'écrire en termes d'énergie standard. La **variation d'enthalpie libre standard, $\Delta G°$**, est la variation d'enthalpie libre lorsque les réactifs et les produits sont à l'état standard :

$$\Delta G° = \Delta H° - T\Delta S° \quad (7.4)$$

et les valeurs de $\Delta G°$ sont elles aussi données dans les tables de l'annexe 6. Nous montrerons plus loin un exemple de calcul de $\Delta G°$.

L'enthalpie libre et l'équilibre chimique

Supposons le démarrage d'une réaction en solution avec tous les réactifs à leur état standard (c'est-à-dire qu'ils sont tous à une concentration de 1 mol/L). Dès que la réaction s'amorce, on ne peut plus parler d'état standard : les réactifs et les produits ne sont plus à une concentration de 1 mol/L. Quand les conditions ne sont pas standard, il faut utiliser ΔG plutôt que $\Delta G°$ pour prédire le sens de la réaction. La relation entre ΔG et $\Delta G°$ est :

$$\Delta G = \Delta G° + RT \ln Q \quad (7.5)$$

NOTE

Pour ne pas alourdir les équations, nous écrivons ici simplement Q à la place de Q_c, et K au lieu de K_c.

où R est la constante des gaz (8,314 J · mol^{-1} · K^{-1}) ; T, la température absolue ; ln, le logarithme naturel (*voir l'annexe 2*) ; et Q, le quotient réactionnel, défini à la page 187. On constate que ΔG dépend de deux valeurs : $\Delta G°$ et $RT \ln Q$. À une température T, pour une réaction donnée, la valeur de $\Delta G°$ ne varie pas, ce qui n'est pas le cas pour $RT \ln Q$, car Q varie selon la composition du mélange en réaction. Voyons deux cas particuliers.

Cas 1 Si la valeur de $\Delta G°$ est grande négative, ΔG aura aussi tendance à être négative. La réaction nette procédera donc de la gauche vers la droite jusqu'à ce que la quantité de produit formé soit assez grande de manière à rendre le terme $RT \ln Q$ assez grand positif pour l'emporter sur la valeur négative de l'autre terme, $\Delta G°$.

Cas 2 Si la valeur de $\Delta G°$ est grande positive, ΔG aura aussi tendance à être positive. La réaction nette procédera donc de la droite vers la gauche jusqu'à ce que la quantité de réactifs formés soit assez grande de manière à rendre le terme $RT \ln Q$ assez grand négatif pour l'emporter sur la valeur positive de l'autre terme, $\Delta G°$.

À l'équilibre, $\Delta G = 0$ et $Q = K$, où K est la constante d'équilibre. Donc, en remplaçant ΔG par 0 et Q par K dans l'équation 7.5, on obtient :

$$0 = \Delta G° + RT \ln K$$

ou :

$$\Delta G° = -RT \ln K \qquad (7.6)$$

Dans cette équation, on utilise K_p pour les réactions en phase gazeuse et K_c pour les réactifs en solution. Notez que plus la valeur de K est élevée, plus celle de $\Delta G°$ est grande négative.

Pour le chimiste, l'équation 7.6 est l'une des équations les plus importantes en thermodynamique, car elle met en relation la constante d'équilibre d'une réaction et la variation de l'enthalpie libre standard. Donc, à partir de la valeur de K, on peut calculer celle de $\Delta G°$ et vice versa. La figure 7.7 montre les variations d'enthalpie libre de deux systèmes en réaction (deux types de réaction) en fonction de leur composition : cela correspond à la progression de la réaction. Comme on peut le constater, si $\Delta G° < 0$, les produits sont favorisés à l'équilibre. Inversement, si $\Delta G° > 0$, les réactifs sont favorisés à l'équilibre. Le tableau 7.2 résume les trois relations possibles entre $\Delta G°$ et K que décrit l'équation 7.6.

TABLEAU 7.2

Relations entre $\Delta G°$ et K selon l'équation $\Delta G° = -RT \ln K$

K	$\ln K$	$\Delta G°$	Commentaires
> 1	Positif	Négative	À l'équilibre, les produits seront favorisés.
$= 1$	0	0	À l'équilibre, les produits et les réactifs seront également favorisés.
< 1	Négatif	Positive	À l'équilibre, les réactifs seront favorisés.

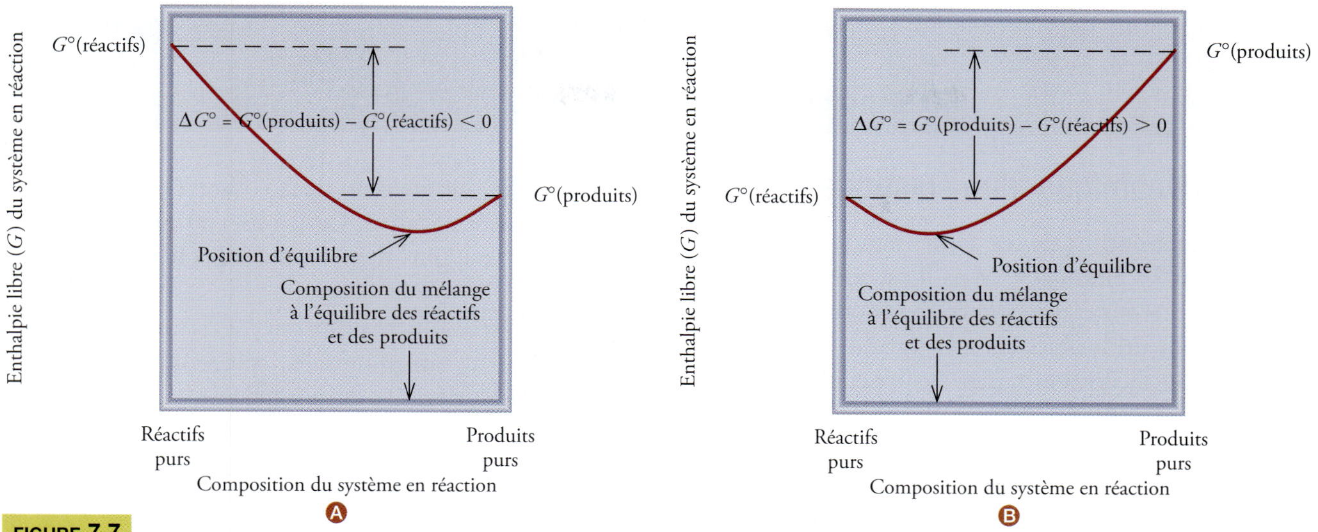

FIGURE 7.7

Variation de l'enthalpie libre en fonction de la composition de deux systèmes en réaction

A $G^\circ_{\text{produits}} < G^\circ_{\text{réactifs}}$, donc $\Delta G^\circ < 0$. À l'équilibre, il y a une transformation importante de réactifs en produits.
B $G^\circ_{\text{produits}} > G^\circ_{\text{réactifs}}$, donc $\Delta G^\circ > 0$. À l'équilibre, les réactifs sont favorisés par rapport aux produits.
À l'une ou l'autre extrémité des courbes, les concentrations sont de 1 mol/L. À l'équilibre, la pente $\Delta G = 0$ correspond au creux des courbes. Par analogie, on peut comparer cette tendance à atteindre l'équilibre comme s'il s'agissait d'une bille qui, en tombant le long de cette courbe, finirait par rester stable dans le creux.

L'utilisation de ΔG° pour calculer la constante d'équilibre

À l'aide des données de l'annexe 6, calculons la valeur de ΔG° pour la réaction suivante :

$$2H_2O(l) \rightleftharpoons 2H_2(g) + O_2(g)$$

$$\begin{aligned}\Delta G^\circ_{\text{réaction}} &= [2\Delta G^\circ_f(H_2) + \Delta G^\circ_f(O_2)] - [2\Delta G^\circ_f(H_2O)] \\ &= [(2\ \text{mol})(0\ \text{kJ/mol}) + (1\ \text{mol})(0\ \text{kJ/mol})] - [(2\ \text{mol})(-237{,}2\ \text{kJ/mol})] \\ &= 474{,}4\ \text{kJ}\end{aligned}$$

En utilisant l'équation 7.6 :

$$\begin{aligned}\Delta G^\circ_{\text{réaction}} &= -RT \ln K_p \\ 474{,}4\ \text{kJ} \times \frac{1\,000\ \text{J}}{1\ \text{kJ}} &= -(8{,}314\ \text{J} \cdot \text{mol}^{-1} \cdot \text{K}^{-1})(298\ \text{K}) \ln K_p \\ \ln K_p &= -191{,}5 \\ K_p &= e^{-191{,}5} \\ &= 7 \times 10^{-84}\end{aligned}$$

Avec ce dernier calcul, on constate que les valeurs de ΔG° ont permis de trouver la valeur d'une constante d'équilibre très petite, ce qui serait impossible ici par simple analyse directe des concentrations molaires. Avant de présenter notre deuxième exemple de l'utilisation de ΔG°, rappelons que dans l'équation 7.5, le quotient réactionnel (Q) a la même forme que la constante d'équilibre (K), mais que les concentrations dans Q ne sont pas celles qui sont observées à l'équilibre (*p. 187*). Notre deuxième exemple montre comment le calcul de ΔG permet de prédire le sens de l'évolution d'une réaction.

Chimie en action

La thermodynamique d'un élastique

Tous connaissent l'utilité de ces petites bandes de caoutchouc que sont les élastiques. Mais il est intéressant de découvrir que certaines propriétés thermodynamiques de l'élastique sont attribuables à la structure du caoutchouc.

Vous pouvez facilement tenter l'expérience suivante. Trouvez un élastique propre d'une largeur d'au moins 0,5 cm. Étirez-le rapidement et appuyez-le sur vos lèvres. Vous sentirez un léger réchauffement. Vous pouvez également effectuer le processus inverse. D'abord, étirez l'élastique et maintenez-le ainsi pendant quelques secondes. Relâchez soudainement la tension et appuyez l'élastique sur vos lèvres. Cette fois, vous sentirez un léger refroidissement. Une analyse thermodynamique de ces deux expériences peut nous aider à comprendre la structure du caoutchouc :

À partir de $\Delta G = \Delta H - T\Delta S$, on peut écrire $T\Delta S = \Delta H - \Delta G$. Le réchauffement (processus exothermique) causé par l'étirement signifie que $\Delta H < 0$; et puisque l'étirement n'est pas spontané (c'est-à-dire que $\Delta G > 0$ et $-\Delta G < 0$), la valeur de $T\Delta S$ doit être négative. Puisque T (température absolue) est toujours positive, on conclut que la valeur de ΔS observée au moment de l'étirement est négative. Cette observation révèle que le caoutchouc est plus désordonné à l'état naturel que sous tension.

Quand la tension est supprimée, l'élastique reprend spontanément sa forme initiale ; cela veut dire que la valeur de ΔG est négative et que celle de $-\Delta G$ est positive. Le refroidissement signifie qu'il s'agit d'un processus endothermique ($\Delta H > 0$) et que la valeur de $T\Delta S$ est positive. Donc, l'entropie de l'élastique augmente quand celui-ci passe de sa forme étirée à sa forme naturelle.

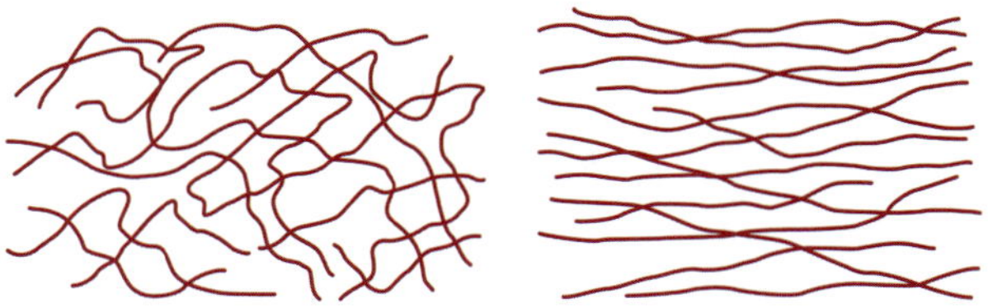

A B

Structure du caoutchouc

A Les molécules de caoutchouc dans leur état normal. Notez le degré élevé de désordre (entropie élevée).
B Sous tension, les molécules s'alignent, et leur arrangement devient beaucoup plus ordonné (faible entropie).

Chimie en action

La thermodynamique chez les vivants

Il existe de nombreuses réactions biochimiques nonspontanées (c'est-à-dire où la valeur de $\Delta G°$ est positive) qui sont pourtant essentielles au maintien de la vie. Ces réactions deviennent possibles si elles sont couplées à une autre réaction énergétiquement favorable, dont la valeur de $\Delta G°$ est négative. Le principe de réactions couplées est basé sur un concept simple, même si le dispositif nécessaire pour produire ces réactions dans le corps humain a pris des milliards d'années à se développer.

Durant le catabolisme, les molécules de nourriture, par exemple le glucose ($C_6H_{12}O_6$), sont transformées en dioxyde de carbone et en eau ; cette transformation s'accompagne d'une importante variation négative d'enthalpie libre :

$$C_6H_{12}O_6(s) + 6O_2(g) \longrightarrow 6CO_2(g) + 6H_2O(l) \qquad \Delta G° = -2\,880 \text{ kJ}$$

Le fonctionnement d'une poulie constitue une bonne analogie d'une réaction couplée. Avec une poulie, il est possible de faire monter un poids (un phénomème non spontané) par couplage avec un poids plus lourd en chute libre (phénomène spontané).

Dans une cellule vivante, cette réaction ne se produit pas en une seule étape (contrairement à la combustion du glucose dans une flamme) ; la dégradation du glucose, en présence d'enzymes, s'y produit plutôt en de nombreuses étapes pour donner les produits finaux. La plus grande partie de l'énergie produite durant ce processus est utilisée (stockée) pour la synthèse de l'adénosine triphosphate (ATP) à partir de l'adénosine diphosphate (ADP) et de l'acide phosphorique (*voir la figure ci-dessous*) :

$$ADP + H_3PO_4 \longrightarrow ATP + H_2O \qquad \Delta G° = +31\ kJ$$

Dans des conditions adéquates, l'ATP s'hydrolyse pour redonner de l'ADP et de l'acide phosphorique ; cette réaction produit 31 kJ d'enthalpie libre qui peuvent être utilisés pour fournir de l'énergie à des réactions qui ne se produiraient pas sans cet apport d'énergie. C'est le cas, par exemple, d'une réaction de synthèse (anabolisme), la synthèse de l'alanylglycine, un dipeptide :

$$\text{alanine} + H_2O \longrightarrow \text{alanylglycine} \qquad \Delta G° = +29\ kJ$$

Ce processus non spontané constitue la première étape de la formation d'une chaîne polypeptidique (protéine). Avec l'aide d'une enzyme, la réaction est couplée à l'hydrolyse de l'ATP :

$$ATP + H_2O + \text{alanine} + \text{glycine} \longrightarrow ADP + H_3PO_4 + \text{alanylglycine}$$

La variation d'enthalpie libre globale est donnée par $\Delta G° = -31\ kJ + 29\ kJ = -2\ kJ$, ce qui signifie que la réaction couplée est spontanée. En réalité, il faudrait tenir compte ici des conditions de températures et de concentrations qui diffèrent des conditions standard. La figure au bas de cette page illustre les interconversions ATP-ADP qui permettent le stockage d'énergie puis son relâchement par l'hydrolyse de l'ATP, ce qui permet de produire des réactions de synthèse (anabolisme) essentielles à la vie. L'ensemble des réactions de catabolisme et d'anabolisme constituent le métabolisme.

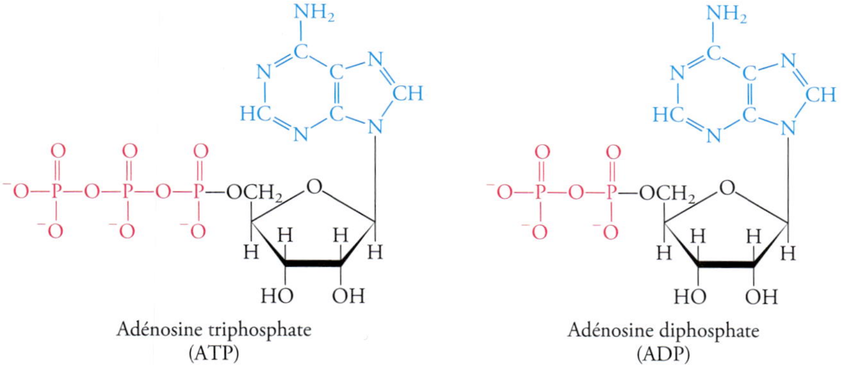

Les structures des formes ionisées de l'ATP et de l'ADP. Le groupe adénine est en bleu, le groupe ribose est en noir et le groupe phosphate est en rouge. Notez que l'ADP a un groupe phosphate de moins que l'ATP.

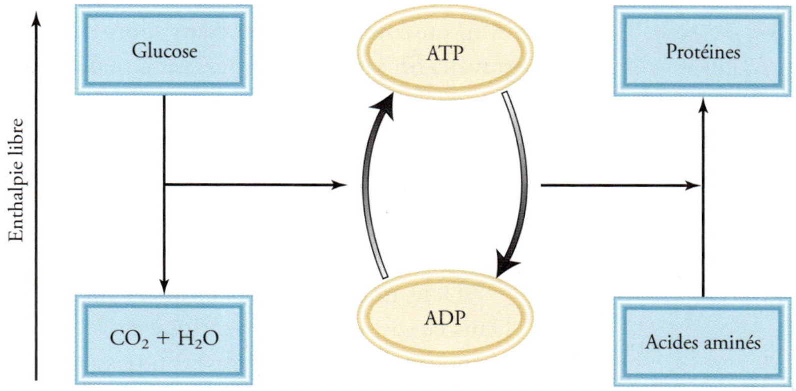

Illustration des réactions ATP-ADP couplées à des réactions biochimiques. La conversion du glucose en dioxyde de carbone et en eau libère de l'énergie, qui est utilisée pour convertir l'ADP en ATP. Les molécules d'ATP sont ensuite utilisées comme source d'énergie pour produire des réactions non spontanées, comme la synthèse des protéines à partir des acides aminés.

L'utilisation de $\Delta G°$ pour prédire le sens de l'évolution d'une réaction

La variation d'enthalpie libre standard de la réaction :

$$N_2(g) + 3H_2(g) \rightleftharpoons 2NH_3(g)$$

est de −33,2 kJ à 25 °C. Au cours d'une expérience, les pressions initiales sont P_{H_2} = 25,3 kPa, P_{N_2} = 81,1 kPa et P_{NH_3} = 1 307 kPa. Calculons la valeur de ΔG de cette réaction qui a lieu à ces pressions afin de prédire le sens de la réaction.

Nous pouvons écrire l'équation 7.5 ainsi :

$$\begin{aligned} \Delta G &= \Delta G° + RT \ln Q_p \\ &= \Delta G° + RT \ln \frac{P^2_{NH_3}}{P^3_{H_2} P_{N_2}} \\ \Delta G &= \left(-33{,}2 \text{ kJ} \times \frac{1\,000 \text{ J}}{1 \text{ kJ}}\right) + (8{,}314 \text{ J} \cdot \text{mol}^{-1} \cdot \text{K}^{-1})(298 \text{ K}) \times \ln \frac{(1\,307)^2}{(25{,}3)^3(81)} \\ &= -33{,}2 \times 10^3 \text{ J} + 649 \text{ J} \\ &= -32 \text{ kJ} \end{aligned}$$

Puisque ΔG est négative, la réaction nette se produira vers la droite.

7.5 La spontanéité des réactions d'oxydoréduction

Le tableau 7.1 (*p. 365*) permet de prédire les réactions d'oxydoréduction dans des conditions standard, qu'elles aient lieu soit dans une cellule électrochimique, où le réducteur et l'oxydant sont dans deux compartiments distincts, soit dans un bécher, où les réactifs sont mélangés, donc en contact les uns avec les autres. Abordons maintenant la relation entre $\epsilon°_{cell}$ et des grandeurs thermodynamiques comme $\Delta G°$ et K.

À la section précédente, nous avons vu que la variation d'enthalpie libre (diminution) au cours d'un processus spontané correspond à l'énergie utilisable pour faire un travail. En fait, si un processus a lieu à température et à pression constantes, on aura :

$$\Delta G = w_{max}$$

où w_{max} est la quantité maximale de travail pouvant être produite.

Dans une cellule galvanique, l'énergie chimique est convertie en énergie électrique. Dans ce cas, l'énergie électrique est le produit de la fem de la cellule par la charge électrique totale (en coulombs) qui passe dans la cellule :

$$\begin{aligned} \text{énergie électrique} &= \text{coulombs} \times \text{volts} \\ &= \text{joules} \end{aligned}$$

La charge totale est déterminée par le nombre de moles d'électrons (n) transférés du réducteur à l'oxydant dans l'équation globale d'oxydoréduction. Par définition :

$$\text{charge totale} = nF$$

où ***F*, la constante de Faraday**, est la charge électrique de une mole d'électrons. On a établi expérimentalement la valeur de **un faraday** à 96 487 coulombs, ou $9{,}65 \times 10^4$ coulombs, arrondi à trois chiffres significatifs. Donc :

$$1\ F = 9{,}65 \times 10^4\ \text{C/mol}$$

Puisque :

$$1\ \text{J} = 1\ \text{C} \times 1\ \text{V}$$

les unités du faraday peuvent également s'exprimer ainsi :

$$1\ F = 9{,}65 \times 10^4\ \text{J/V} \cdot \text{mol}$$

Pour mesurer la fem d'une cellule, on utilise couramment un *potentiomètre*, un appareil qui peut mesurer la tension exacte de la cellule tout en drainant très peu de courant. La valeur de fem ainsi obtenue correspond à la tension *maximale* que la cellule peut atteindre. On utilise cette valeur pour calculer la quantité maximale d'énergie électrique pouvant être obtenue d'une réaction chimique. Cette énergie sert à faire un travail électrique ($w_{\text{él}}$), alors :

$$\begin{aligned} w_{\text{max}} &= w_{\text{él}} \\ &= -nF\epsilon_{\text{cell}} \end{aligned}$$

Le signe négatif du côté droit de l'équation indique que le travail électrique est effectué par le système sur le milieu extérieur. Maintenant, puisque :

$$\Delta G = w_{\text{max}}$$

on obtient :

$$\Delta G = -nF\epsilon_{\text{cell}} \tag{7.7}$$

Les valeurs de n et de F sont toujours toutes deux positives, et dans le cas d'un processus spontané, ΔG est négative ; donc ϵ_{cell} doit alors être positive. Si les réactifs et les produits sont à l'état standard, l'équation 7.7 devient :

$$\Delta G° = -nF\epsilon°_{cell} \tag{7.8}$$

Ici encore, la valeur de $\epsilon°_{cell}$ est positive pour un processus spontané.

Rappelons la relation entre la variation d'enthalpie libre standard ($\Delta G°$) et la constante d'équilibre d'une réaction selon l'équation 7.6 :

$$\Delta G° = -RT \ln K$$

On obtient donc à partir des équations 7.8 et 7.6 :

$$-nF\epsilon°_{cell} = -RT \ln K$$

La valeur de $\epsilon°_{cell}$ devient donc :

$$\epsilon°_{cell} = \frac{RT}{nF} \ln K \tag{7.9}$$

Quand T = 298 K, on peut simplifier l'équation 7.9 en remplaçant R et F par leurs valeurs :

NOTE

Si vous faites l'analyse dimensionnelle de cette équation, vous obtiendrez, tel que prévu, une réponse en volts.

$$\epsilon°_{cell} = \frac{(8{,}314 \text{ J/K} \cdot \text{mol})(298 \text{ K})}{n(9{,}6500 \times 10^4 \text{ J/V} \cdot \text{mol})} \ln K$$

$$= \frac{0{,}0257}{n} \ln K \tag{7.10}$$

Aussi, on peut réécrire l'équation 7.10 en utilisant le logarithme de base 10 de K :

$$\epsilon°_{cell} = \frac{0{,}0592}{n} \log K \tag{7.11}$$

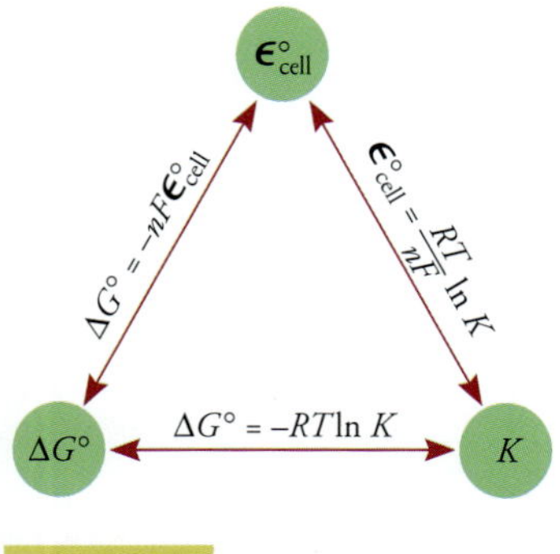

FIGURE 7.8

Relations entre $\epsilon°_{cell}$, K et $\Delta G°$

Alors, si l'on connaît l'une des trois grandeurs $\Delta G°$, K ou $\epsilon°_{cell}$, on peut calculer les deux autres grâce aux équations 7.6, 7.8 ou 7.9 (*voir la figure 7.8*). Le tableau 7.3 résume les relations entre $\Delta G°$, K et $\epsilon°_{cell}$ et indique si la réaction est spontanée.

TABLEAU 7.3

Relations entre $\Delta G°$, K et $\epsilon°_{cell}$

$\Delta G°$	K	$\epsilon°_{cell}$	Réaction dans les conditions standard
Négative	> 1	Positive	Spontanée
0	$= 1$	0	À l'équilibre
Positive	< 1	Négative	Non spontanée. La réaction est spontanée dans le sens opposé.

EXEMPLE 7.5 Le calcul d'une constante d'équilibre à partir de $\epsilon°_{cell}$

Calculez la constante d'équilibre de la réaction suivante à 25 °C :

$$Sn(s) + 2Cu^{2+}(aq) \rightleftharpoons Sn^{2+}(aq) + 2Cu^{+}(aq)$$

DÉMARCHE

L'équation 7.10 décrit la relation entre la constante d'équilibre K et la force électromotrice standard (fem) : $\epsilon°_{cell} = (0{,}0257/n) \ln K$. Ainsi, en calculant la fem standard, $\epsilon°_{cell}$, il sera ensuite possible de calculer la constante d'équilibre. On peut calculer le $\epsilon°_{cell}$ d'une cellule galvanique constituée de deux couples (Sn^{2+}/Sn et Cu^{2+}/Cu) d'après la liste des potentiels standard de réduction du tableau 7.1 (*p. 365*).

SOLUTION

Les demi-réactions sont :

$$\text{Anode (oxydation) :} \quad Sn(s) \longrightarrow Sn^{2+}(aq) + 2e^-$$

$$\text{Cathode (réduction) :} \quad 2Cu^{2+}(aq) + 2e^- \longrightarrow 2Cu^{+}(aq)$$

$$\begin{aligned} \epsilon°_{cell} &= \epsilon°_{cathode} - \epsilon°_{anode} \\ &= \epsilon°_{Cu^{2+}/Cu^+} - \epsilon°_{Sn^{2+}/Sn} \\ &= 0{,}15 \text{ V} - (-0{,}14 \text{ V}) \\ &= 0{,}29 \text{ V} \end{aligned}$$

L'équation 7.10 peut se réécrire ainsi :

$$\ln K = \frac{n\epsilon°}{0{,}0257}$$

Comme dans la réaction globale $n = 2$, alors :

$$\ln K = \frac{(2)(0{,}29)}{0{,}0257} = 22{,}6$$

$$K = e^{22{,}6} = 7 \times 10^9$$

EXERCICE

Calculez la constante d'équilibre de la réaction suivante à 25 °C :

$$Fe^{2+}(aq) + 2Ag(s) \rightleftharpoons Fe(s) + 2Ag^{+}(aq)$$

PROBLÈMES SEMBLABLES

7.27 et 7.28

EXEMPLE 7.6 Le calcul de $\Delta G°$ à partir de $\epsilon°_{cell}$

Calculez la variation d'enthalpie libre standard de la réaction suivante, à 25 °C:

$$2Au(s) + 3Ca^{2+}(aq,\ 1{,}0\ mol/L) \longrightarrow 2Au^{3+}(aq,\ 1{,}0\ mol/L) + 3Ca(s)$$

DÉMARCHE

La relation entre la variation d'enthalpie libre et la fem standard de la cellule est donnée par l'équation 7.8: $\Delta G° = -nF\epsilon°_{cell}$. Donc, si l'on peut calculer $\epsilon°_{cell}$, on pourra ensuite calculer $\Delta G°$. Il est possible de calculer le $\epsilon°_{cell}$ d'une cellule galvanique hypothétique constituée de deux couples (Au^{3+}/Au et Ca^{2+}/Ca) d'après la liste des potentiels standard de réduction du tableau 7.1 (*p. 365*).

SOLUTION

Les demi-réactions qui correspondent aux demi-piles sont:

Anode (oxydation): $2Au(s) \longrightarrow 2Au^{3+}(aq,\ 1{,}0\ mol/L) + 6e^-$

Cathode (réduction): $3Ca^{2+}(aq,\ 1{,}0\ mol/L) + 6e^- \longrightarrow 3Ca(s)$

$$\begin{aligned}\epsilon°_{cell} &= \epsilon°_{cathode} - \epsilon°_{anode}\\ &= \epsilon°_{Ca^{2+}/Ca} - \epsilon°_{Au^{3+}/Au}\\ &= -2{,}87\ V - 1{,}50\ V\\ &= -4{,}37\ V\end{aligned}$$

D'après l'équation 7.8:

$$\Delta G° = -nF\epsilon°_{cell}$$

Le nombre de moles d'électrons échangés n vaut 6, donc:

$$\begin{aligned}\Delta G° &= -(6)(96\,500\ J/V \cdot mol)(-4{,}37\ V)\\ &= 2{,}53 \times 10^6\ J/mol\\ &= 2{,}53 \times 10^3\ kJ/mol\end{aligned}$$

VÉRIFICATION

La grande valeur positive du $\Delta G°$ obtenu signifie que les réactifs seront favorisés à l'équilibre, ce qui est en accord avec la valeur négative du $\epsilon°$ de la cellule galvanique.

EXERCICE

Calculez $\Delta G°$ pour la réaction suivante, à 25 °C:

$$2Al^{3+}(aq) + 3Mg(s) \rightleftharpoons 2Al(s) + 3Mg^{2+}(aq)$$

NOTE

Les mesures électrochimiques fournissent les évaluations les plus directes des $\Delta G°$ et, par conséquent, des valeurs de K.

PROBLÈME SEMBLABLE

7.30

7.6 L'effet de la concentration sur la fem d'une cellule

Jusqu'à présent, nous avons vu des réactions d'oxydoréduction dans lesquelles les réactifs et les produits étaient à l'état standard, c'est-à-dire des gaz à 101,3 kPa et des solutés à 1 mol/L, mais il est souvent difficile, voire impossible, de maintenir les conditions de l'état standard, car ces conditions correspondent rarement à l'état d'équilibre qui devra être atteint tôt ou tard dans le cas des réactions réversibles.

L'équation de Nernst

Chimie en ligne
Interaction
- Simulation de l'électrochimie

Cependant, dans le cas d'une réaction d'oxydoréduction du type :

$$aA + bB \longrightarrow cC + dD$$

on peut obtenir la relation entre la fem de la cellule et les concentrations des réactifs et des produits dans des conditions non standard : à partir de l'équation 7.5 :

$$\Delta G = \Delta G° + RT \ln Q$$

où Q est le quotient réactionnel. Puisque $\Delta G = -nF\epsilon$ et $\Delta G° = -nF\epsilon°$, on peut écrire l'équation 7.5 différemment :

$$-nF\epsilon = -nF\epsilon° + RT \ln Q$$

En divisant l'équation par $-nF$, on obtient :

$$\epsilon = \epsilon° - \frac{RT}{nF} \ln Q \qquad (7.12)$$

L'équation 7.12 est appelée **équation de Nernst**, une relation entre la fem d'une cellule et les concentrations des réactifs et des produits, d'après le nom du chimiste allemand Walter Hermann Nernst, qui fut le premier à l'obtenir et qui travailla beaucoup en thermodynamique et en électrochimie. Quand $T = 298$ K, l'équation 7.12 devient :

$$\epsilon = \epsilon° - \frac{0{,}0257}{n} \ln Q \qquad (7.13)$$

et, en convertissant le logarithme naturel en logarithme de base 10, on obtient :

$$\epsilon = \epsilon° - \frac{0{,}0592}{n} \log Q \qquad (7.14)$$

Durant le fonctionnement de la cellule galvanique, les électrons circulent de l'anode vers la cathode ; il en résulte la formation de produits et une diminution de la concentration des réactifs. Ainsi, Q augmente, ce qui veut dire que ϵ diminue, et la cellule finira par atteindre l'équilibre. À l'équilibre, il n'y a pas de transfert net d'électrons, donc $\epsilon = 0$ et $Q = K$, où K est la constante d'équilibre de la réaction d'oxydoréduction. L'équation de Nernst permet de calculer ϵ en fonction des concentrations des réactifs et des produits d'une réaction d'oxydoréduction. En se rapportant à la cellule galvanique de la figure 7.2 (*p. 359*), on a :

$$Zn(s) + Cu^{2+}(aq) \longrightarrow Zn^{2+}(aq) + Cu(s)$$

L'équation de Nernst correspondant à cette cellule à $T = 25\,°C$ est :

$$\epsilon = 1{,}10\ \text{V} - \frac{0{,}0257}{2}\ln\frac{[\text{Zn}^{2+}]}{[\text{Cu}^{2+}]}$$

Si le rapport $[Zn^{2+}]/[Cu^{2+}]$ est inférieur à 1, la valeur de ln $[Zn^{2+}]/[Cu^{2+}]$ est négative ; le second terme du côté droit de l'équation ci-dessus est alors positif. Dans ce cas, la valeur de ϵ est supérieure à celle de la fem standard ($\epsilon°$). Par contre, si ce rapport est supérieur à 1, la valeur de ϵ est inférieure à celle de $\epsilon°$.

EXEMPLE 7.7 L'utilisation de l'équation de Nernst pour prédire la spontanéité d'une réaction d'oxydoréduction

Prédisez si la réaction suivante se produira spontanément dans le sens indiqué, à 298 K :

$$\text{Co}(s) + \text{Fe}^{2+}(aq) \longrightarrow \text{Co}^{2+}(aq) + \text{Fe}(s)$$

sachant que $[Co^{2+}] = 0{,}15$ mol/L et $[Fe^{2+}] = 0{,}68$ mol/L.

DÉMARCHE

Cette réaction n'ayant pas lieu dans les conditions standard (les concentrations ne sont pas 1 mol/L), il faudra appliquer l'équation de Nernst (équation 7.12) pour calculer la force électromotrice (ϵ) d'une cellule galvanique hypothétique et déterminer la spontanéité de la réaction. La fem standard ($\epsilon°$) se calcule en utilisant la liste des potentiels standard de réduction du tableau 7.1 (*p. 365*). Rappelons-nous que les solides n'apparaissent pas dans le terme du quotient réactionnel (Q) de l'équation de Nernst. Notons aussi que deux moles d'électrons étant transférés au cours de la réaction, on a donc $n = 2$.

SOLUTION

Les réactions de demi-piles sont :

Anode (oxydation) : $\text{Co}(s) \longrightarrow \text{Co}^{2+}(aq) + 2e^-$

Cathode (réduction) : $\text{Fe}^{2+}(aq) + 2e^- \longrightarrow \text{Fe}(s)$

Au tableau 7.1, nous voyons que $\epsilon°_{\text{Co}^{2+}/\text{Co}} = -0{,}28$ V et $\epsilon°_{\text{Fe}^{2+}/\text{Fe}} = -0{,}44$ V. Alors, la fem standard est :

$$\begin{aligned}\epsilon° &= \epsilon°_{\text{cathode}} - \epsilon°_{\text{anode}}\\ &= \epsilon°_{\text{Fe}^{2+}/\text{Fe}} - \epsilon°_{\text{Co}^{2+}/\text{Co}}\\ &= -0{,}44\ \text{V} - (-0{,}28\ \text{V})\\ &= -0{,}16\ \text{V}\end{aligned}$$

>>>

Selon l'équation 7.13 :

$$\epsilon = \epsilon^\circ - \frac{0{,}0257}{n} \ln Q$$

$$\begin{aligned}\epsilon &= \epsilon^\circ - \frac{0{,}0257}{n} \ln \frac{[Co^{2+}]}{[Fe^{2+}]} \\ &= -0{,}16 \text{ V} - \frac{0{,}0257}{2} \ln \frac{0{,}15}{0{,}68} \\ &= -0{,}16 \text{ V} + 0{,}019 \text{ V} \\ &= -0{,}14 \text{ V}\end{aligned}$$

Puisque la valeur de ϵ est négative (ce qui correspond à une valeur positive de ΔG), la réaction *n'est pas* spontanée dans le sens indiqué.

EXERCICE

La réaction suivante se produira-t-elle spontanément à 25 °C si $[Fe^{2+}] = 0{,}60$ mol/L et $[Cd^{2+}] = 0{,}010$ mol/L?

$$Cd(s) + Fe^{2+}(aq) \longrightarrow Cd^{2+}(aq) + Fe(s)$$

PROBLÈMES SEMBLABLES

7.35 et 7.36

Il serait intéressant de déterminer à partir de quel rapport $[Co^{2+}]/[Fe^{2+}]$ la réaction de l'exemple 7.7 devient spontanée. Pour ce faire, il faut d'abord utiliser l'équation de Nernst pour une température de 298 K (équation 7.13) :

$$\epsilon = \epsilon^\circ - \frac{0{,}0257}{n} \ln Q$$

On donne à ϵ° la valeur zéro, ce qui correspond à l'état d'équilibre :

$$0 = -0{,}16 \text{ V} - \frac{0{,}0257}{2} \ln \frac{[Co^{2+}]}{[Fe^{2+}]}$$

$$\ln \frac{[Co^{2+}]}{[Fe^{2+}]} = -12{,}5$$

En calculant l'antilogarithme de chaque membre de l'équation, on obtient :

$$\frac{[Co^{2+}]}{[Fe^{2+}]} = e^{-12{,}5} = 4 \times 10^{-6} = K$$

Donc, pour que la réaction soit spontanée, le rapport $[Co^{2+}]/[Fe^{2+}]$ doit être inférieur à 4×10^{-6}, de manière que ϵ devienne positive.

NOTE

Lorsque $\epsilon = 0$, $Q = K$.

EXEMPLE 7.8 L'utilisation de l'équation de Nernst pour calculer une concentration

Soit la cellule galvanique illustrée à la figure 7.5A (*p. 363*). Dans une expérience effectuée à 25 °C, on constate que la fem (ϵ) de la cellule est de 0,54 V. Supposons que $[Zn^{2+}] = 1{,}0$ mol/L et $P_{H_2} = 101{,}3$ kPa. Calculez la concentration molaire de H^+.

DÉMARCHE

L'équation de Nernst relie la fem standard et la fem non standard. La réaction globale de la cellule est la suivante :

$$Zn(s) + 2H^+(aq, ?\ \text{mol/L}) \longrightarrow Zn^{2+}(aq, 1{,}0\ \text{mol/L}) + H_2(g, 101{,}3\ \text{kPa})$$

SOLUTION

Comme nous l'avons déjà vu à la figure 7.5A, la fem standard de la cellule est de 0,76 V. D'après l'équation de Nernst :

$$\epsilon = \epsilon° - \frac{0{,}0257}{n} \ln Q$$

$$\epsilon = \epsilon° - \frac{0{,}0257}{n} \ln \frac{[Zn^{2+}]P_{H_2}}{[H^+]^2}$$

$$0{,}54\ \text{V} = 0{,}76\ \text{V} - \frac{0{,}0257}{2} \ln \frac{(1{,}0)(1{,}0)}{[H^+]^2} \quad (\textit{voir note})$$

$$-0{,}22\ \text{V} = -\frac{0{,}0257}{2} \ln \frac{1}{[H^+]^2}$$

$$17{,}1 = \ln \frac{1}{[H^+]^2}$$

$$e^{17{,}1} = \frac{1}{[H^+]^2}$$

$$[H^+] = \sqrt{\frac{1}{3 \times 10^7}} = 2 \times 10^{-4}\ \text{mol/L}$$

VÉRIFICATION

Le fait que la fem soit différente de la fem standard nous amène à conclure que $[H^+]$ n'est pas dans la condition standard 1 mol/L, car les autres réactifs, les ions Zn^{2+} et le gaz H_2, le sont.

EXERCICE

Quelle est la fem d'une cellule galvanique constituée d'une demi-cellule Cd^{2+}/Cd et d'une demi-cellule $Pt/H^+/H_2$ si $[Cd^{2+}] = 0{,}20$ mol/L, $[H^+] = 0{,}16$ mol/L et $P_{H_2} = 81$ kPa ?

NOTE

L'équation de Nernst s'applique aussi aux demi-réactions. Dans le cas de l'électrode à hydrogène (ESH), on a :

$$2H^+ + 2e^- \longrightarrow H_2(g)$$

$$\epsilon = 0\ \text{V} - \frac{0{,}0257}{2} \ln \frac{P_{H_2}}{[H^+]^2}$$

Pour obtenir $\epsilon = 0{,}00$ V avec $[H^+] = 1$ mol/L, il faut que $P_{H_2} = 1$. Les unités de la pression dans la convention de l'ESH doivent donc être exprimées en atmosphères (atm). La pression donnée dans l'énoncé est de 101,3 kPa, ce qui donne exactement 1 atm.

PROBLÈME SEMBLABLE

7.72

L'exemple 7.8 démontre qu'une cellule galvanique dont la réaction met en jeu des ions H^+ peut servir à mesurer $[H^+]$ ou le pH. Le pH-mètre décrit à la section 5.3 (*p. 228*) est basé sur ce principe. Cependant, l'électrode à hydrogène (*voir la figure 7.4, p. 361*) est très peu utilisée dans les laboratoires, car son montage et son maniement demeurent difficiles. Donc, pour des raisons pratiques, les électrodes utilisées dans un pH-mètre sont très différentes de l'ESH et de l'électrode de zinc de la pile galvanique. On utilise plutôt une *électrode de verre* (*voir la figure 7.9*) constituée d'une très mince paroi de verre qui est perméable aux ions H^+. À l'intérieur, un fil d'argent recouvert de chlorure d'argent [$AgCl(s)$] est immergé dans une solution diluée d'acide chlorhydrique [$HCl(aq)$].

NOTE

Rappelons que nous avons convenu au début de ce chapitre de remplacer la formule de l'ion hydronium H_3O^+ par H^+ pour simplifier l'écriture des équations redox.

FIGURE 7.9

Électrode de verre

Le pH-mètre utilise une électrode de verre couplée à une autre électrode à potentiel constant appelée électrode de référence.

Lorsque cette électrode est placée dans une solution dont le pH diffère de celui de la solution interne de l'électrode, une différence de potentiel électrique se développe alors de part et d'autre de la membrane de verre. Cette différence de potentiel se mesure à l'aide d'une électrode de référence. La fem produite par la cellule galvanique formée par l'électrode de verre et l'électrode de référence se mesure avec un voltmètre calibré en unités de pH. De nos jours, l'ensemble de ces piles est offert en une seule sonde pratique appelée électrode combinée (*voir la figure 7.10*).

FIGURE 7.10

Électrode combinée

Il s'agit d'une sonde constituée d'une électrode de verre couplée avec une électrode de référence. L'électrode combinée est offerte dans le commerce pour être utilisée avec les pH-mètres.

Les piles à concentration

Du fait que le potentiel d'une électrode dépend des concentrations ioniques, il est possible de construire une cellule à partir de deux demi-piles composées des mêmes substances, mais en concentrations ioniques différentes. Une telle pile s'appelle **pile à concentration**.

Considérons une situation où des électrodes de zinc sont placées dans des solutions de sulfate de zinc de concentrations différentes, l'une à 0,10 mol/L et l'autre à 1,0 mol/L. Les deux solutions sont mises en contact par un pont salin, et les électrodes sont reliées par un fil conducteur selon un montage semblable à celui décrit à la figure 7.2 (*p. 359*).

En accord avec le principe de Le Chatelier, la tendance de la réaction de réduction :

$$Zn^{2+}(aq) + 2e^- \longrightarrow Zn(s)$$

s'accroît avec l'augmentation de la concentration des ions Zn^{2+}. La réduction devrait donc se produire dans le compartiment le plus concentré, et l'oxydation, dans le plus dilué. Le diagramme de la pile s'écrit ainsi :

$$Zn(s)|Zn^{2+}(0{,}10\ mol/L)||Zn^{2+}(1{,}0\ mol/L)|Zn(s)$$

et les demi-réactions sont :

Oxydation : $Zn(s) \longrightarrow Zn^{2+}(0{,}10\ mol/L) + 2e^-$

Réduction : $Zn^{2+}(1{,}0\ mol/L) + 2e^- \longrightarrow Zn(s)$

Réaction globale : $Zn^{2+}(1{,}0\ mol/L) \longrightarrow Zn^{2+}(0{,}10\ mol/L)$

La force électromotrice de la pile est :

$$\epsilon = \epsilon° - \frac{0{,}0257}{2} \ln \frac{[Zn^{2+}]_{dil}}{[Zn^{2+}]_{conc}}$$

où les indices « dil » et « conc » font respectivement référence aux concentrations 0,10 mol/L et 1,0 mol/L.

Le $\epsilon°$ de cette cellule étant zéro (présence des mêmes électrodes et des mêmes ions en concentrations égales), on a :

$$\begin{aligned}\epsilon &= 0 - \frac{0{,}0257}{2} \ln \frac{0{,}10}{1{,}0} \\ &= 0{,}0296 \text{ V}\end{aligned}$$

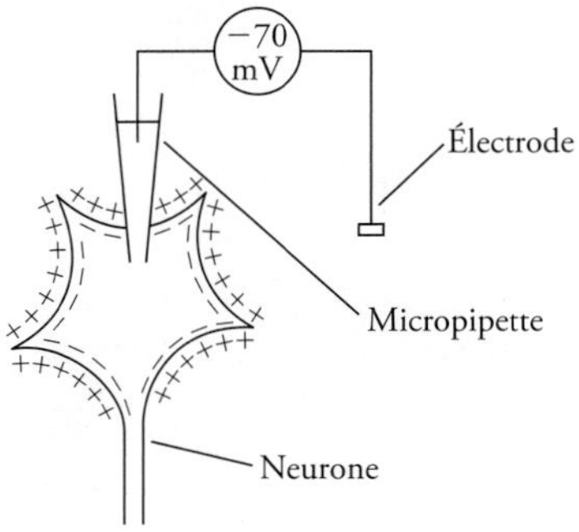

Potentiel membranaire d'un neurone au repos mesuré par une micropipette et une électrode

En règle générale, la fem des piles à concentration est faible et diminue continuellement à mesure que les concentrations se rapprochent l'une de l'autre dans les deux compartiments. Lorsqu'elles sont les mêmes, ϵ est alors égal à zéro, et il ne s'y produit plus aucun changement.

Une cellule vivante peut être considérée comme une pile à concentration, ce qui permet l'évaluation du *potentiel membranaire* aussi appelé *potentiel de repos*. Le potentiel de repos est la différence de potentiel électrique qui existe de part et d'autre des membranes cellulaires d'une grande variété de cellules, dont les cellules musculaires et les cellules nerveuses. On dit alors que les membranes sont polarisées, car elles ont une plus grande concentration de charges positives d'un côté que de l'autre. C'est précisément de cette différence de potentiel que dépendent l'influx nerveux (propagation des impulsions nerveuses) et les battements de cœur (contractions musculaires). Une différence de potentiel se produit dès qu'il y a rétablissement de concentrations inégales d'une même espèce d'ions de part et d'autre de la membrane. Par exemple, les concentrations des ions K^+ sont de 400 mmol/L à l'intérieur d'une cellule nerveuse et de 15 mmol/L à l'extérieur. En considérant cette situation comme une pile à concentration où s'applique l'équation de Nernst, on peut écrire :

NOTE

1 mmol/L = 1 millimol/L
= 1×10^{-3} mol/L

$$\begin{aligned}\epsilon &= \epsilon° - \frac{0{,}0257}{1} \ln \frac{[K^+]_{ext}}{[K^+]_{int}} \\ &= 0 - 0{,}0257 \ln \frac{15}{400} \\ &= 0{,}084 \text{ V ou } 84 \text{ mV}\end{aligned}$$

où « ext » signifie extérieur et « int », intérieur. Il y a donc un potentiel de repos de 84 mV dû à la différence de concentration des ions K^+ de part et d'autre des membranes cellulaires.

On peut se demander comment ce potentiel de repos peut se renouveler pour permettre des influx nerveux successifs. Pour ce faire, les cellules doivent avoir un système de transport actif qui nécessite des structures (l'équivalent de pompes sélectives) alimentées par une source d'énergie externe. Les biochimistes appellent couplage un tel système (*voir la rubrique Chimie en action, « La thermodynamique chez les vivants », p. 374*).

7.7 Les piles et les accumulateurs

Les **piles** et les **accumulateurs** sont des cellules électrochimiques pouvant servir de source de courant électrique continu à tension constante. Bien qu'en principe le fonctionnement d'une pile ou d'un accumulateur soit semblable à celui des cellules galvaniques décrites à la section 7.2 (*p. 358*), ces appareils ont l'avantage d'être confinés dans des boîtiers et ne nécessitent pas de composantes auxiliaires comme un pont salin. Voyons maintenant quelques types de piles et d'accumulateurs largement utilisés.

La pile sèche

La pile sèche est une pile sans composante liquide ; la plus courante est la *pile Leclanché*, qu'on utilise dans les lampes de poche et les baladeurs. Son anode est constituée d'un boîtier de zinc en contact avec du dioxyde de manganèse (MnO_2) et un électrolyte. Ce dernier est constitué de chlorure d'ammonium et de chlorure de zinc dans de l'eau, à laquelle on a ajouté de l'amidon pour former une pâte moins susceptible de fuir qu'une solution liquide (*voir la figure 7.11*). La cathode est formée d'une tige de carbone plongée dans l'électrolyte au centre de la pile. Les réactions dans cette pile sont les suivantes :

Anode : $Zn(s) \longrightarrow Zn^{2+}(aq) + 2e^-$

Cathode : $2NH_4^+(aq) + 2MnO_2(s) + 2e^- \longrightarrow Mn_2O_3(s) + 2NH_3(aq) + H_2O(l)$

Globale : $Zn(s) + 2NH_4^+(aq) + 2MnO_2(s) \longrightarrow Zn^{2+}(aq) + 2NH_3(aq) + H_2O(l) + Mn_2O_3(s)$

En fait, les réactions qui se produisent dans la pile sont beaucoup plus complexes que le font voir les équations. La tension produite par une pile sèche est d'environ 1,5 V.

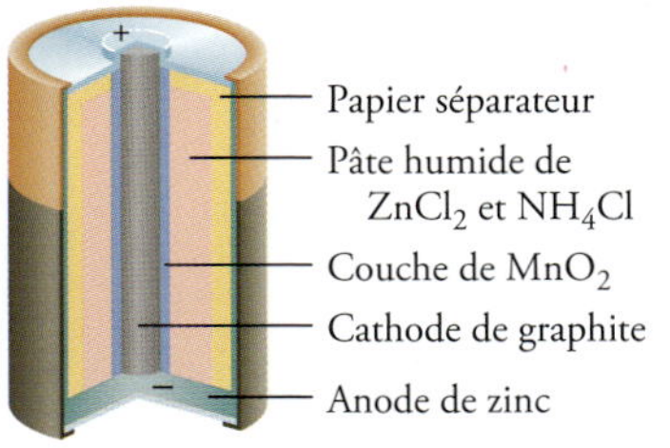

FIGURE 7.11

Pile sèche

Il s'agit de la vue en coupe d'une pile sèche du type utilisé dans les lampes de poche et certains jouets. En fait, la pile n'est pas complètement sèche, car elle contient des électrolytes en pâte humide.

La pile au mercure

On utilise fréquemment la pile au mercure, plus chère que la pile sèche, en médecine et en électronique. Contenue dans un cylindre en acier inoxydable, la pile au mercure est constituée d'une anode de zinc (amalgamé à du mercure) en contact avec un électrolyte très basique contenant de l'oxyde de zinc et de l'oxyde de mercure(II) (*voir la figure 7.12*). Les réactions dans cette pile sont les suivantes :

Anode : $Zn(Hg) + 2OH^-(aq) \longrightarrow ZnO(s) + H_2O(l) + 2e^-$

Cathode : $HgO(s) + H_2O(l) + 2e^- \longrightarrow Hg(l) + 2OH^-(aq)$

Globale : $Zn(Hg) + HgO(s) \longrightarrow ZnO(s) + Hg(l)$

Puisque la composition de l'électrolyte ne change pas durant le fonctionnement de la pile (la réaction globale de la pile ne met en jeu que des substances solides), la pile au mercure fournit une tension plus constante (1,35 V) que la pile Leclanché ; elle a également une puissance plus élevée et une durée de vie plus longue. Ces qualités en font le type de pile idéal pour les régulateurs cardiaques, les prothèses auditives, les montres électriques et les posemètres.

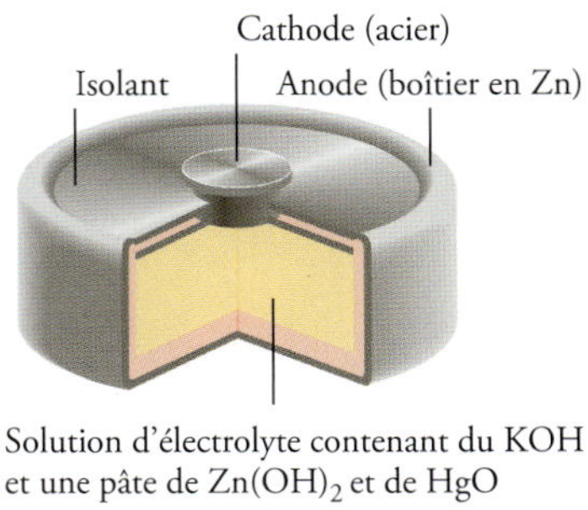

FIGURE 7.12

Section d'une pile au mercure

L'accumulateur au plomb

Une **batterie** est constituée d'un assemblage de plusieurs piles raccordées en série. La batterie couramment utilisée dans les automobiles comporte six piles au plomb identiques raccordées en série. Chacune d'elles a une anode de plomb et une cathode métallique imprégnée de dioxyde de plomb (PbO_2) (*voir la figure 7.13*). L'anode et la cathode trempent toutes deux dans une solution aqueuse d'acide sulfurique qui sert d'électrolyte. Les réactions dans la batterie sont les suivantes :

$$\text{Anode :} \quad Pb(s) + SO_4^{2-}(aq) \longrightarrow PbSO_4(s) + 2e^-$$

$$\text{Cathode :} \quad PbO_2(s) + 4H^+(aq) + SO_4^{2-}(aq) + 2e^- \longrightarrow PbSO_4(s) + 2H_2O(l)$$

$$\text{Globale :} \quad Pb(s) + PbO_2(s) + 4H^+(aq) + 2SO_4^{2-}(aq) \longrightarrow 2PbSO_4(s) + 2H_2O(l)$$

Normalement, chaque cellule produit 2 V ; au total, les six cellules fournissent 12 V pour alimenter le circuit de démarrage et le système électrique de la voiture. Ce type de batterie est capable de fournir beaucoup de courant sur une courte période, ce qui suffit normalement pour faire démarrer un moteur.

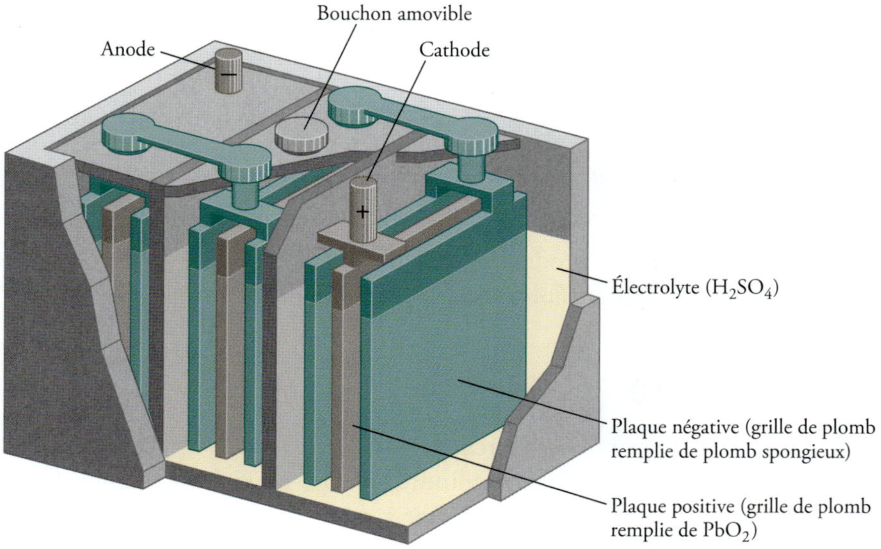

FIGURE 7.13

Écorché d'une batterie d'accumulateurs au plomb

Dans des conditions normales, la concentration de la solution d'acide sulfurique est d'environ 38 % en pourcentage massique. Dans les batteries dites « sans entretien », il n'y a plus de bouchons amovibles.

Contrairement à la pile Leclanché et à la pile au mercure, l'accumulateur au plomb est rechargeable. Pour le recharger, on inverse la réaction électrochimique normale en appliquant une tension extérieure à l'anode et à la cathode : on appelle ce procédé *électrolyse* (*p. 395*). Les réactions qui restaurent les espèces initiales sont les suivantes :

$$\text{Anode :} \quad PbSO_4(s) + 2e^- \longrightarrow Pb(s) + SO_4^{2-}(aq)$$

$$\text{Cathode :} \quad PbSO_4(s) + 2H_2O(l) \longrightarrow PbO_2(s) + 4H^+(aq) + SO_4^{2-}(aq) + 2e^-$$

$$\text{Globale :} \quad 2PbSO_4(s) + 2H_2O(l) \longrightarrow Pb(s) + PbO_2(s) + 4H^+(aq) + 2SO_4^{2-}(aq)$$

La réaction globale est exactement l'inverse de la réaction normale de l'accumulateur quand il débite du courant.

Deux aspects du fonctionnement de l'accumulateur au plomb sont particulièrement intéressants. Premièrement, puisque la réaction électrochimique consomme de l'acide sulfurique, on peut vérifier l'état de charge d'une batterie en mesurant la masse volumique de l'électrolyte à l'aide d'un *hydromètre*, comme on le fait couramment dans les stations-service. La masse volumique du liquide dans une batterie en ordre et totalement chargée devrait être égale ou supérieure à 1,2 g/mL. Deuxièmement, les gens qui vivent dans les climats froids ont quelquefois de la difficulté à faire démarrer leur

NOTE

Avec les batteries sans entretien, l'état de charge et la puissance de la batterie s'évaluent maintenant plutôt avec des instruments de mesures électriques.

voiture : la batterie est « à plat ». Des calculs thermodynamiques révèlent que la tension de nombreux accumulateurs électrochimiques diminue quand la température baisse. Cependant, dans le cas d'une batterie de voiture, le coefficient de température est d'environ $1{,}5 \times 10^{-4}$ V/°C ; autrement dit, la tension de la batterie diminue de $1{,}5 \times 10^{-4}$ V chaque fois que la température baisse de un degré. Donc, même si l'on suppose une baisse de 40 °C, la diminution de la tension ne serait que de 6×10^{-3} V, soit environ :

$$\frac{6 \times 10^{-3}\ \text{V}}{12\ \text{V}} \times 100\ \% = 0{,}05\ \%$$

de la tension de fonctionnement, donc une diminution non significative. Ce type de panne de batterie est plutôt dû à l'augmentation de la viscosité de l'électrolyte causée par une baisse de température. Pour que la batterie fonctionne adéquatement, il faut que l'électrolyte soit le meilleur conducteur possible. Or, dans un liquide visqueux, les ions se déplacent très lentement, car la résistance du liquide est grande, d'où une perte de puissance de la batterie. Donc, si une batterie « à plat » est réchauffée, elle devrait retrouver sa puissance normale. Sinon, elle doit être rechargée et, si cela s'avère impossible, c'est qu'elle a définitivement rendu l'âme !

La pile lithium-ion

Il existe plusieurs types de piles au lithium. Certaines ont des anodes en lithium métallique et s'appellent piles au lithium ; d'autres ont des anodes en graphite (anneaux en C_6), dont les pores permettent l'immobilisation autant des atomes de Li que des ions Li^+, d'où leur nom de piles lithium-ion. Leur cathode est constituée d'un oxyde métallique, par exemple le CoO_2, lequel peut lui aussi retenir les ions Li^+. Le lithium étant un métal très réactif dans l'eau, il faut utiliser un électrolyte non aqueux (un solvant organique polaire dans lequel est dissous un sel de lithium). La figure 7.14 montre un schéma d'une pile lithium-ion. Les réactions des demi-piles durant la décharge de cette pile sont :

Anode (oxydation) : $Li(s) \longrightarrow Li^+ + e^-$

Cathode (réduction) : $Li^+ + CoO_2 + e^- \longrightarrow LiCoO_2(s)$

Réaction globale : $Li(s) + CoO_2 \longrightarrow LiCoO_2(s)$ $\quad \epsilon_{cell} = 3{,}4$ V

NOTE

La demi-réaction à l'anode est simplifiée ici. On a remplacé le composé d'intercalation du lithium dans le graphite par le Li(s). Rappelons que ce type de pile n'a pas une électrode en lithium métallique.

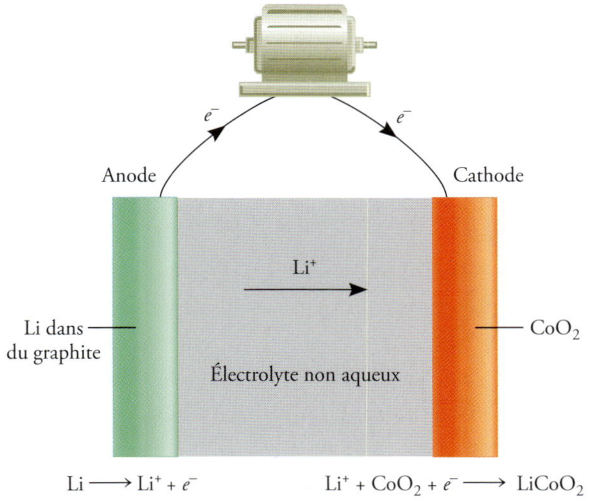

FIGURE 7.14

Schéma d'une pile lithium-ion

Les atomes de lithium sont immobilisés dans du graphite qui sert d'anode alors que le CoO_2 constitue la cathode. Quand la pile débite du courant, les ions Li^+ migrent dans l'électrolyte non aqueux de l'anode vers la cathode, alors que les électrons circulent par l'extérieur, de l'anode à la cathode, ce qui complète le circuit. Lors de la recharge, ces réactions sont inversées.

L'avantage de cette pile provient du fait que le lithium possède le potentiel standard de réduction le plus négatif qui soit (*voir le tableau 7.1, p. 365*) ; il est donc le plus puissant réducteur. Aussi, le lithium est le métal le plus léger ; seulement 6,94 g de Li (sa masse molaire) peuvent produire une mole d'électrons. De plus, une pile lithium-ion peut-être rechargée des centaines de fois sans aucune diminution de performance. Toutes ces propriétés avantageuses en font une pile idéale pour les appareils électroniques comme les téléphones cellulaires, les appareils photo numériques et les micro-ordinateurs portables. On les utilise aussi de plus en plus dans les outils électriques à piles rechargeables.

Les piles à combustible

Les combustibles fossiles constituent une importante source d'énergie, mais leur conversion en énergie électrique a un rendement très faible. Voyons la combustion du méthane :

$$CH_4(g) + 2O_2(g) \longrightarrow CO_2(g) + 2H_2O(l) + \text{énergie}$$

Pour générer de l'électricité, on utilise d'abord la chaleur produite par cette réaction pour convertir l'eau en vapeur qui fait tourner une turbine qui, à son tour, entraîne une génératrice. À chaque étape, une grande quantité de l'énergie libérée sous forme de chaleur se perd dans l'environnement ; la centrale thermique la plus efficace actuellement ne transforme que 40 % de l'énergie chimique initiale en électricité. Puisque les combustions sont des réactions d'oxydoréduction, il est préférable de les faire directement par des moyens électrochimiques, ce qui augmente beaucoup le rendement. Il est possible d'y arriver grâce à des appareils appelés **piles à combustible** : des cellules électrochimiques qui nécessitent un apport continuel de réactifs pour pouvoir fonctionner.

Dans sa forme la plus simple, une pile à combustible hydrogène/oxygène est constituée d'une solution d'électrolyte (par exemple, une solution d'hydroxyde de potassium) et de deux électrodes inertes. On fait barboter l'hydrogène et l'oxygène gazeux à travers les compartiments de l'anode et de la cathode (*voir la figure 7.15*), où les réactions suivantes ont lieu :

$$\begin{array}{ll} \text{Anode :} & 2H_2(g) + 4OH^-(aq) \longrightarrow 4H_2O(l) + 4e^- \\ \text{Cathode :} & \underline{O_2(g) + 2H_2O(l) + 4e^- \longrightarrow 4OH^-(aq)} \\ \text{Globale :} & 2H_2(g) + O_2(g) \longrightarrow 2H_2O(l) \end{array}$$

On peut calculer la fem standard de la pile de la manière suivante, à partir des données du tableau 7.1 :

$$\begin{aligned} \epsilon^\circ_{cell} &= \epsilon^\circ_{cathode} - \epsilon^\circ_{anode} \\ &= 0{,}40\ V - (-0{,}83\ V) \\ &= 1{,}23\ V \end{aligned}$$

Une pile à combustible hydrogène/oxygène produit l'énergie électrique qui alimente le moteur électrique de cette voiture fabriquée par General Motors.

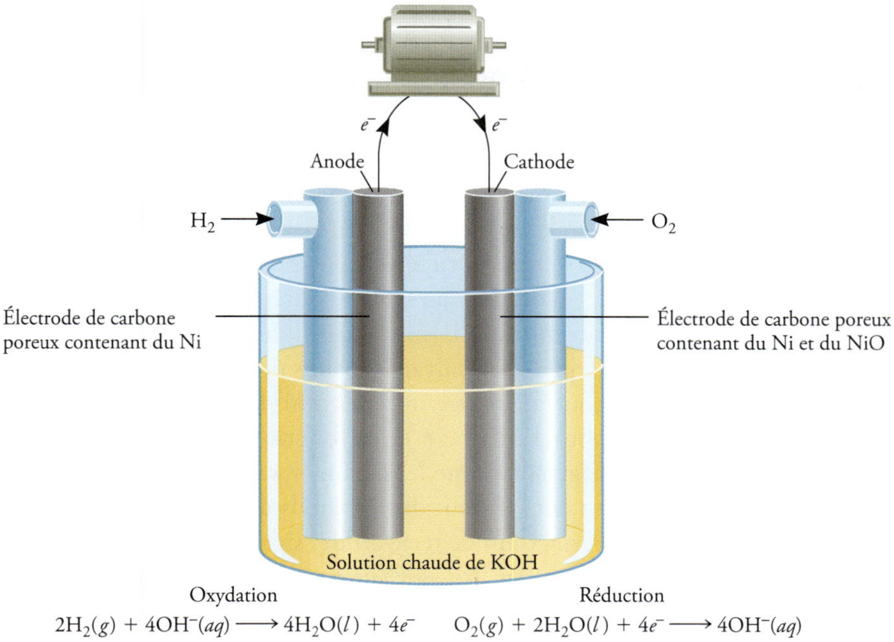

FIGURE 7.15

Pile à combustible hydrogène/oxygène

Les électrodes de carbone sont imprégnées de Ni et de NiO ; ce sont des électrocatalyseurs.

La réaction de la pile est donc spontanée dans les conditions standard. Notez que la réaction est identique à la combustion de l'hydrogène, mais l'oxydation et la réduction se produisent ici séparément à l'anode et à la cathode. Comme le platine dans l'électrode à hydrogène standard, ces électrodes ont deux fonctions : elles servent de conducteurs électriques et elles fournissent les surfaces nécessaires à la décomposition initiale des molécules en espèces atomiques, une condition préalable aux transferts d'électrons. Ce sont des *électrocatalyseurs*. Les métaux comme le platine, le nickel et le rhodium sont de bons électrocatalyseurs.

En plus du système H_2/O_2, on a développé un certain nombre d'autres piles à combustible, notamment la pile à combustible propane/oxygène, dont les demi-réactions sont les suivantes :

$$\text{Anode : } C_3H_8(g) + 6H_2O(l) \longrightarrow 3CO_2(g) + 20H^+(aq) + 20e^-$$

$$\text{Cathode : } 5O_2(g) + 20H^+(aq) + 20e^- \longrightarrow 10H_2O(l)$$

$$\text{Globale : } C_3H_8(g) + 5O_2(g) \longrightarrow 3CO_2(g) + 4H_2O(l)$$

La réaction globale est identique à celle de la combustion du propane dans l'oxygène.

Contrairement aux autres piles et aux accumulateurs, les piles à combustible n'emmagasinent pas l'énergie chimique. Il doit y avoir un apport constant de réactifs et un retrait constant des produits. De ce point de vue, une pile à combustible ressemble plus à un moteur qu'à une pile. Une pile à combustible bien conçue peut avoir un rendement de 70 %, environ deux fois celui d'un moteur à combustion interne, car elle ne fonctionne pas comme un moteur thermique et n'est donc pas sujette aux mêmes contraintes thermodynamiques au cours des conversions d'énergie. De plus, ce type de générateur ne produit pas de bruit, de vibration, de transfert de chaleur, de pollution thermique ni d'autres problèmes normalement associés aux centrales thermiques traditionnelles. Néanmoins, les piles à combustible sont peu répandues. Un des obstacles majeurs à leur utilisation est la rareté d'électrocatalyseurs à la fois peu coûteux et capables de fonctionner longtemps et efficacement en évitant toute contamination. Jusqu'à maintenant, c'est dans les véhicules spatiaux qu'on en a fait l'utilisation la plus intéressante (*voir la figure 7.16*).

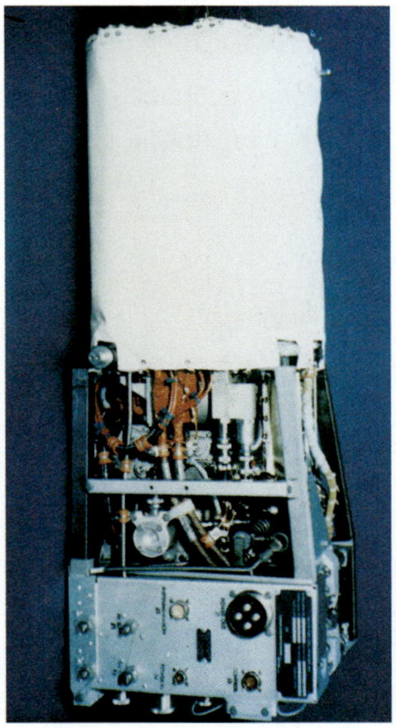

FIGURE 7.16

Pile à combustible hydrogène/oxygène utilisée dans les véhicules spatiaux

Les astronautes boivent l'eau pure produite par cette pile.

Chimie en action

Les bactéries, une source d'énergie électrique

De l'électricité produite par des bactéries? C'est possible. En 1987, les scientifiques de l'Université du Massachusetts, à Amherst, ont découvert qu'une espèce de bactérie appelée Geobacter peut faire exactement cela. Ces bactéries vivent normalement au fond des rivières ou des lacs. Elles obtiennent leur énergie en oxydant les matières organiques en décomposition pour produire du dioxyde de carbone. Ces bactéries possèdent des tentacules qui mesurent 10 fois la longueur de leur corps pour atteindre les récepteurs d'électrons [surtout de l'oxyde de fer(III)] dans un processus global d'une réaction d'oxydoréduction anaérobique, c'est-à-dire ne nécessitant pas la présence d'oxygène.

Les scientifiques du Massachusetts ont construit une pile à combustible en utilisant ces bactéries et des électrodes de graphite. La bactérie Geobacter croît naturellement à la surface de l'électrode, formant un « biofilm » stable. Dans ce cas, le phénomène est aérobique, car l'oxygène de l'air remplace l'oxyde de fer(III). La réaction globale est:

$$CH_3COO^- + 2O_2 + H^+ \longrightarrow 2CO_2 + 2H_2O$$

où les ions acétates représentent d'une manière générale la matière organique à décomposer. Les électrons sont transférés directement de la bactérie à l'anode de graphite du biofilm et de là extérieurement vers la cathode de graphite où le receveur d'électrons est l'oxygène.

Pour le moment, le courant généré par une telle pile à combustible (sorte de cellule électrolytique) est faible. Cependant, suivant certains progrès techniques, ces piles pourraient être utilisées afin de produire de l'électricité pour l'éclairage et le fonctionnement des électroménagers, comme les cuisinières, et des micro-ordinateurs ou encore pour des appareils de communication sans fil permettant de recevoir des signaux de différentes espèces de sondes. Il s'agit aussi d'une avenue intéressante pour préserver l'environnement. Bien que le produit final dans ce processus d'oxydoréduction soit le dioxyde de carbone, un gaz à effet de serre (GES), ce produit serait quand même formé dans le processus normal de décomposition des déchets organiques.

L'action d'oxydation de cette bactérie offre un autre effet bénéfique. Des tests ont démontré que les sels d'uranium peuvent remplacer l'oxyde de fer(III) comme receveur d'électrons. Ainsi, en ajoutant des ions acétate et la bactérie à l'eau de sols contaminés par l'uranium, il est possible de réduire les sels d'uranium(VI) solubles en sels d'uranium(IV) insolubles, lesquels peuvent alors être retirés avant que l'eau n'arrive dans les maisons ou se répande dans les terres agricoles.

7.8 La corrosion

Le terme **corrosion** désigne la détérioration d'un métal par un processus électrochimique. Notre entourage est riche en exemples: la rouille, la ternissure de l'argent et la couche de patine verte qui se forme sur le cuivre ou le bronze (*voir la figure 7.17*). La corrosion cause d'importants dommages aux édifices, aux ponts, aux bateaux et aux autos. Elle entraîne des dépenses annuelles de 100 milliards de dollars aux États-Unis seulement! Nous verrons, dans cette section, certains des processus fondamentaux responsables de la corrosion et les méthodes utilisées pour la prévenir.

La formation de rouille sur le fer est de loin l'exemple de corrosion le plus courant. Pour que le fer rouille, il faut la présence d'oxygène et d'eau. Bien que l'on ne comprenne pas tout à fait les réactions complexes responsables de la formation de la rouille, on croit que les étapes principales sont les suivantes. Une région de la surface métallique sert d'anode, où l'oxydation se produit:

$$Fe(s) \longrightarrow Fe^{2+}(aq) + 2e^-$$

A B C

FIGURE 7.17

Exemples de corrosion

A Un navire rouillé.
B Un plat en argent à moitié terni.
C La statue de la Liberté couverte de patine avant sa restauration en 1986.

Les électrons libérés par le fer réduisent l'oxygène atmosphérique en eau à la cathode, qui se situe dans une autre région de la même surface métallique :

$$O_2(g) + 4H^+(aq) + 4e^- \longrightarrow 2H_2O(l)$$

La réaction d'oxydoréduction globale est :

$$2Fe(s) + O_2(g) + 4H^+(aq) \longrightarrow 2Fe^{2+}(aq) + 2H_2O(l)$$

À l'aide des données du tableau 7.1 (*p. 365*), on trouve la fem standard de cette réaction :

$$\begin{aligned} \epsilon^\circ_{\text{cell}} &= \epsilon^\circ_{\text{cathode}} - \epsilon^\circ_{\text{anode}} \\ &= 1{,}23\ \text{V} - (-0{,}44\ \text{V}) \\ &= 1{,}67\ \text{V} \end{aligned}$$

Cette valeur positive de la fem nous indique que la rouille se forme spontanément.

Notez que cette réaction a lieu en milieu acide ; les ions H^+ sont en partie fournis par H_2CO_3, qui est produit par la réaction entre le dioxyde de carbone atmosphérique et l'eau.

Les ions Fe^{2+} formés à l'anode sont à leur tour oxydés par l'oxygène :

$$4Fe^{2+}(aq) + O_2(g) + (4 + 2x)\ H_2O(l) \longrightarrow 2Fe_2O_3 \cdot xH_2O(s) + 8H^+(aq)$$

Cette forme hydratée d'oxyde de fer(III) est appelée rouille. La quantité d'eau associée à l'oxyde de fer varie, c'est pourquoi on utilise la formule $Fe_2O_3 \cdot xH_2O$.

La figure 7.18 (*p. 394*) illustre le mécanisme de la formation de la rouille. Le circuit électrique est complété par la migration des électrons et des ions ; c'est pourquoi la rouille se forme plus rapidement dans l'eau salée. Dans les pays froids, les sels (NaCl ou $CaCl_2$) utilisés pour faire fondre la glace sur les routes sont une cause importante de la formation de rouille sur les automobiles.

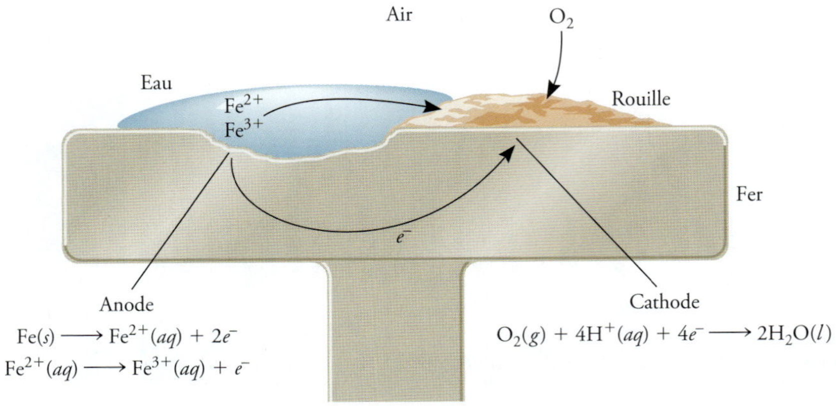

FIGURE 7.18

Processus électrochimique responsable de la formation de la rouille

Les ions H^+ sont fournis par le H_2CO_3 formé au cours de la dissolution du CO_2 dans l'eau.

La corrosion métallique ne se limite pas au fer. L'aluminium se corrode également ; ce métal entre dans la composition de nombreux objets, dont les avions et les cannettes de boissons gazeuses. Il a plus tendance à s'oxyder que le fer ; au tableau 7.1 (*p. 365*), on constate que le potentiel standard de réduction de Al est plus négatif que celui de Fe. En ne se basant que sur ce fait, on pourrait s'attendre à voir les avions se détériorer lentement, et les cannettes de boissons gazeuses former des amas d'aluminium corrodé. Ce n'est pourtant pas le cas, car la couche d'oxyde d'aluminium (Al_2O_3) insoluble qui se forme à la surface du métal exposé à l'air protège l'aluminium sous-jacent de la corrosion ultérieure. La rouille à la surface du fer, elle, est trop poreuse pour jouer un tel rôle.

La monnaie en métal (en cuivre ou en argent) se corrode aussi, mais beaucoup plus lentement :

$$Cu(s) \longrightarrow Cu^{2+}(aq) + 2e^-$$
$$Ag(s) \longrightarrow Ag^+(aq) + e^-$$

Exposé normalement à l'air, le cuivre forme une couche de carbonate de cuivre ($CuCO_3$), une substance verte également appelée patine, qui le protège de la corrosion ultérieure. De même, les services en argent qui sont en contact avec la nourriture forment une couche de sulfure d'argent (Ag_2S).

On a développé un certain nombre de méthodes pour protéger les métaux de la corrosion ; la plupart visent à prévenir la formation de la rouille. La méthode la plus simple est de couvrir le métal d'une couche de peinture. Cependant, si la peinture est rayée, trouée ou soulevée de sorte qu'une surface métallique, même très petite, est exposée à l'air, il y aura formation de rouille sous la couche de peinture. Une autre méthode consiste à rendre la surface du fer inactive par un procédé appelé *passivation* ; on traite alors le métal avec un oxydant fort, comme l'acide nitrique concentré, pour produire une mince couche d'oxyde. De plus, pour prévenir la formation de rouille dans les systèmes de refroidissement et les radiateurs, on y ajoute souvent une solution de chromate de sodium.

La tendance du fer à s'oxyder est grandement réduite quand il forme un alliage avec certains autres métaux. Par exemple, l'acier inoxydable, un alliage de fer, de chrome et de nickel, est protégé de la corrosion par une couche superficielle d'oxyde de chrome(III).

On peut couvrir un contenant en fer d'une couche d'un autre métal comme de l'étain ou du zinc. Par exemple, un contenant en fer-blanc est fabriqué par application d'une mince couche d'étain sur du fer. Tant que cette couche d'étain (étamage) restera intacte, il n'y aura aucune formation de rouille. Cependant, si la surface est rayée, la rouille apparaît rapidement. En effet, si l'on examine les potentiels standard de réduction, on constate que le fer agit comme l'anode, et l'étain agit comme la cathode dans le processus de corrosion :

$$Sn^{2+}(aq) + 2e^- \longrightarrow Sn(s) \qquad \epsilon° = -0{,}14\ V$$
$$Fe^{2+}(aq) + 2e^- \longrightarrow Fe(s) \qquad \epsilon° = -0{,}44\ V$$

Le processus de protection est différent dans le cas du fer plaqué zinc, ou *galvanisé*. Le zinc s'oxyde plus facilement que le fer (*voir le tableau 7.1*) :

$$Zn^{2+}(aq) + 2e^- \longrightarrow Zn(s) \qquad \epsilon° = -0{,}76\ V$$

Donc, même si une rayure expose le fer, la corrosion continue d'attaquer le zinc. Dans ce cas, le zinc sert d'anode, et le fer de cathode.

La *protection cathodique* est un procédé dans lequel le métal à protéger de la corrosion fait office de cathode comme dans une cellule galvanique. La figure 7.19 montre comment on peut protéger un clou de fer en le mettant en contact avec un morceau de zinc. Sans une telle protection, un clou de fer rouille rapidement dans l'eau. On peut, de ce fait, prévenir ou réduire grandement la formation de rouille sur les poteaux de fer ou les réservoirs de fer enfouis en les raccordant à des métaux (comme le zinc ou le magnésium) qui s'oxydent plus facilement que le fer et qui servent d'*anodes sacrificielles* (*voir la figure 7.20*).

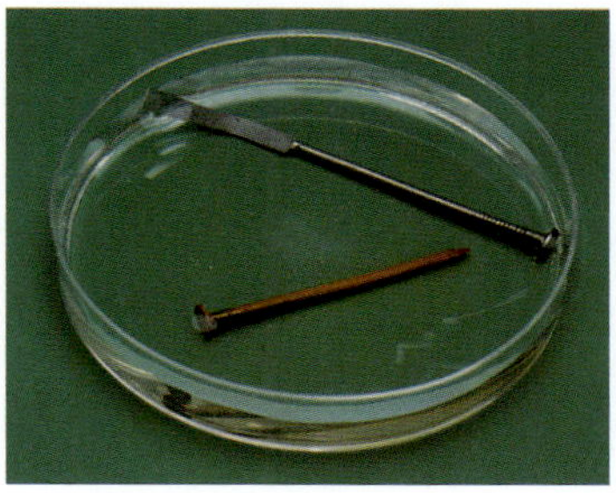

FIGURE 7.19

Protection d'un clou

Un clou de fer en contact avec un ruban de zinc (protection cathodique) ne rouille pas dans l'eau ; un clou non protégé rouille facilement.

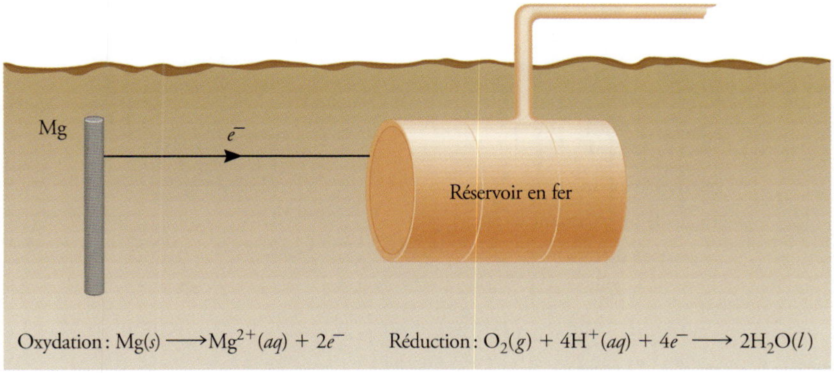

FIGURE 7.20

Protection cathodique

Un réservoir en fer (cathode) est protégé par un métal plus électropositif, le magnésium (anode). Puisque seul le magnésium est dégradé dans ce processus, on l'appelle quelquefois anode sacrificielle.

7.9 L'électrolyse

Contrairement aux réactions d'oxydoréduction spontanées, au cours desquelles il y a conversion de l'énergie chimique en énergie électrique, l'**électrolyse** est un processus dans lequel on utilise l'énergie électrique pour provoquer une réaction chimique non spontanée. Une **cellule électrolytique** est un dispositif servant à produire une électrolyse. Ce sont les mêmes principes qui gouvernent l'électrolyse et ce qui se produit dans une cellule galvanique. Dans cette section, nous verrons trois exemples d'électrolyse basés sur ces principes. Puis nous aborderons les aspects quantitatifs de l'électrolyse.

L'électrolyse du chlorure de sodium fondu

À l'état liquide, le chlorure de sodium, un composé ionique, peut subir une électrolyse pour former du sodium et du chlore. La figure 7.21A représente une *cellule de Downs*, utilisée pour l'électrolyse à grande échelle du NaCl. Dans le NaCl fondu, les cations et les anions sont respectivement les ions Na^+ et Cl^-. La figure 7.21B est un schéma simplifié illustrant les réactions qui se produisent aux électrodes. La cellule électrolytique est constituée d'une paire d'électrodes connectées à une pile. Celle-ci sert de « pompe à électrons », retirant les électrons de l'anode, où l'oxydation se produit, et les poussant vers la cathode, où la réduction se produit. Les réactions aux électrodes sont les suivantes :

$$\begin{array}{ll} \text{Anode (oxydation) :} & 2Cl^-(l) \longrightarrow Cl_2(g) + 2e^- \\ \text{Cathode (réduction) :} & 2Na^+(l) + 2e^- \longrightarrow 2Na(l) \\ \hline \text{Globale :} & 2Na^+(l) + 2Cl^-(l) \longrightarrow 2Na(l) + Cl_2(g) \end{array}$$

Ce procédé comble une bonne partie de la demande en sodium pur et en chlore de l'industrie.

Le calcul de la fem de cette réaction globale donne environ −4 V, ce qui signifie que cette réaction n'est pas spontanée. Cependant, il est possible d'effectuer cette réaction à l'aide d'une batterie qui donne *minimalement* 4 V. En pratique, il faut fournir une tension plus grande, ce que nous expliquerons brièvement en étudiant plus loin le cas de l'électrolyse du chlorure de sodium aqueux.

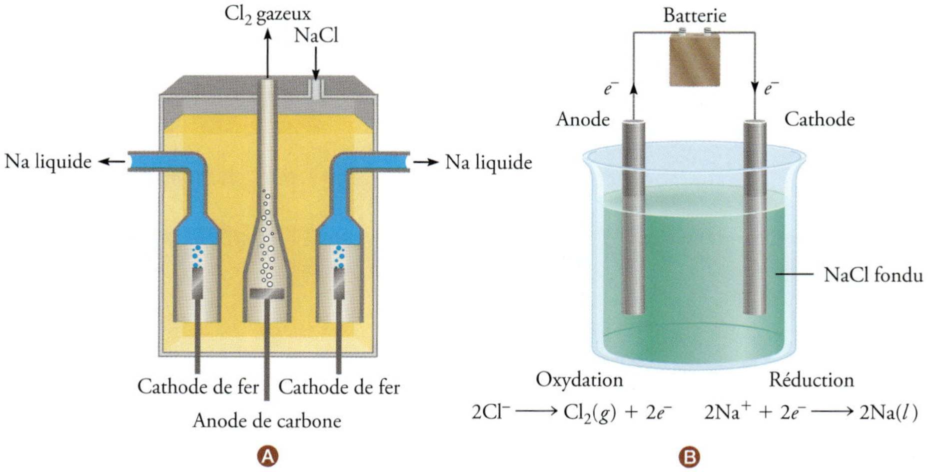

FIGURE 7.21

Électrolyse du chlorure de sodium fondu

A Installation, appelée cellule de Downs, servant à l'électrolyse du NaCl fondu (point de fusion : 801 °C). Le sodium formé aux cathodes est liquide. Puisque le sodium liquide est plus léger que le NaCl fondu, il monte à la surface où il est recueilli. Le chlore gazeux, formé à l'anode, est recueilli par le haut.
B Schéma simplifié des réactions aux électrodes durant l'électrolyse du NaCl fondu. La batterie est nécessaire, car ce sont des réactions non spontanées.

L'électrolyse de l'eau

Dans des conditions atmosphériques (101,3 kPa et 25 °C), l'eau contenue dans un bécher ne se décomposera pas spontanément en hydrogène et en oxygène, car la variation d'enthalpie libre standard de la réaction est une valeur positive très grande :

$$2H_2O(l) \longrightarrow 2H_2(g) + O_2(g) \qquad \Delta G° = 474{,}4 \text{ kJ}$$

Cependant, on peut provoquer cette réaction par électrolyse dans une cellule semblable à celle illustrée à la figure 7.22. Cette cellule électrolytique appelée eudiomètre est constituée d'une paire d'électrodes formées d'un métal non réactif, comme le platine, immergées dans l'eau. Quand on branche les électrodes à cette pile, il ne se passe rien, car il n'y a pas assez d'ions dans l'eau pure pour former un courant électrique. (Souvenez-vous que dans l'eau pure à 25 °C, $[H^+] = 1 \times 10^{-7}$ mol/L et $[OH^-] = 1 \times 10^{-7}$ mol/L.)

Par ailleurs, la réaction se produit facilement dans une solution de H_2SO_4 0,1 mol/L parce qu'il y a alors assez d'ions pour permettre au courant de passer. Il se forme immédiatement des bulles de gaz aux deux électrodes. Ce processus est illustré à la figure 7.23. La réaction à l'anode est la suivante :

$$2H_2O(l) \longrightarrow O_2(g) + 4H^+(aq) + 4e^-$$

À la cathode :

$$H^+(aq) + e^- \longrightarrow \tfrac{1}{2}H_2(g)$$

La réaction globale est donnée par :

Anode (oxydation) : $2H_2O(l) \longrightarrow O_2(g) + 4H^+(aq) + 4e^-$

Cathode (réduction) : $4[H^+(aq) + e- \longrightarrow \tfrac{1}{2}H_2(g)]$

Globale : $2H_2O(l) \longrightarrow 2H_2(g) + O_2(g)$

Remarquons qu'il n'y a pas de consommation nette de H_2SO_4 au cours de cette réaction.

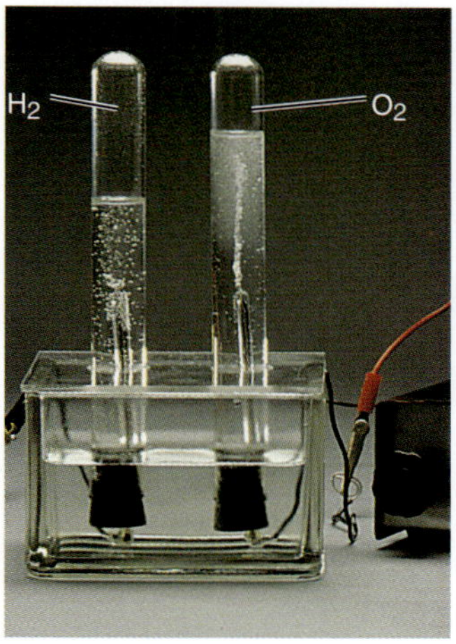

FIGURE 7.22

Électrolyse de l'eau

Cet appareil sert à l'électrolyse de petites quantités d'eau et permet de recueillir les gaz produits aux électrodes. Le volume d'hydrogène gazeux formé (tube de gauche) est deux fois plus important que celui de l'oxygène gazeux (tube de droite).

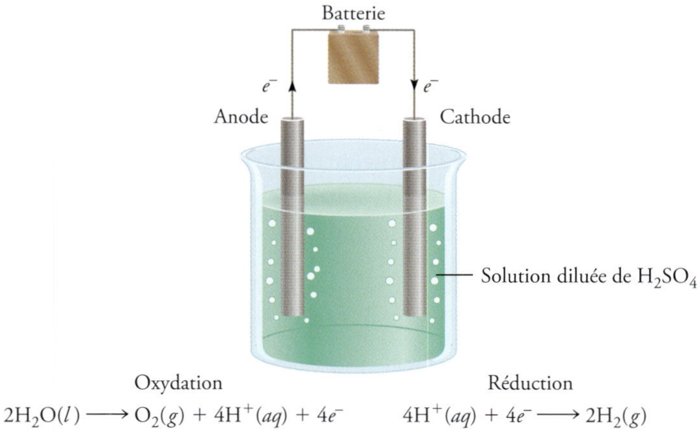

FIGURE 7.23

Schéma illustrant les réactions aux électrodes durant l'électrolyse de l'eau

L'électrolyse d'une solution aqueuse de chlorure de sodium

Des trois exemples d'électrolyse abordés ici, celui-ci est le plus complexe, car une solution aqueuse de chlorure de sodium contient plusieurs espèces pouvant être oxydées ou réduites. Les réactions d'oxydation pouvant se produire à l'anode sont :

1) $2Cl^-(aq) \longrightarrow Cl_2(g) + 2e^-$

2) $2H_2O(l) \longrightarrow O_2(g) + 4H^+(aq) + 4e^-$

Au tableau 7.1 (*p. 365*), on trouve :

$$Cl_2(g) + 2e^- \longrightarrow 2Cl^-(aq) \qquad \epsilon° = 1{,}36\ V$$
$$O_2(g) + 4H^+(aq) + 4e^- \longrightarrow 2H_2O(l) \qquad \epsilon° = 1{,}23\ V$$

Les potentiels standard de réduction des demi-réactions 1) et 2) ne sont pas très différents, mais leurs valeurs suggèrent que c'est H_2O qui devrait s'oxyder à l'anode. Cependant, l'expérience révèle que c'est Cl_2 et non pas O_2 qui est libéré à l'anode ! En étudiant les processus électrolytiques, on découvre quelquefois que la tension requise pour une réaction est beaucoup plus élevée que celle indiquée par les valeurs standard. La tension supplémentaire requise pour provoquer l'électrolyse est appelée **surtension**. La surtension dépend pour une bonne part des interactions entre les gaz dégagés et la surface des électrodes. Celle requise pour la formation de O_2 est élevée. C'est pourquoi, dans des conditions normales de fonctionnement, c'est Cl_2 qui est formé à l'anode plutôt que O_2.

Les réductions pouvant se produire à la cathode sont les suivantes :

3) $2H^+(aq) + 2e^- \longrightarrow H_2(g)$ $\qquad \epsilon° = 0{,}00\ V$

4) $2H_2O(l) + 2e^- \longrightarrow H_2(g) + 2OH^-(aq)$ $\qquad \epsilon° = -0{,}83\ V$

5) $Na^+(aq) + e^- \longrightarrow Na(s)$ $\qquad \epsilon° = -2{,}71\ V$

La réaction 5) est éliminée à cause de son potentiel standard de réduction très négatif. La réaction 3) est favorisée par rapport à la réaction 4) dans des conditions standard. Cependant, à un pH de 7 (comme dans le cas d'une solution de NaCl), elles sont toutes deux également probables. On utilise généralement la réaction 4) pour décrire la réaction à la cathode parce que la concentration d'ions H^+ est trop faible (environ 1×10^{-7} mol/L) pour que la réaction 3) soit un choix raisonnable.

Ainsi, les réactions qui se produisent dans l'électrolyse du chlorure de sodium aqueux sont :

Anode (oxydation) : $2Cl^-(aq) \longrightarrow Cl_2(g) + 2e^-$

Cathode (réduction) : $2H_2O(l) + 2e^- \longrightarrow H_2(g) + 2OH^-(aq)$

Globale : $2H_2O(l) + 2Cl^-(aq) \longrightarrow H_2(g) + Cl_2(g) + 2OH^-(aq)$

Comme l'indique la réaction globale, la concentration des ions Cl^- diminue durant l'électrolyse, et celle des ions OH^- augmente. On peut alors, en plus de H_2 et de Cl_2, obtenir, comme sous-produit utile, du NaOH par évaporation de l'eau après l'électrolyse. En pratique, cette cellule est plus complexe, car elle nécessite la présence d'un diaphragme (*voir la figure 7.24*).

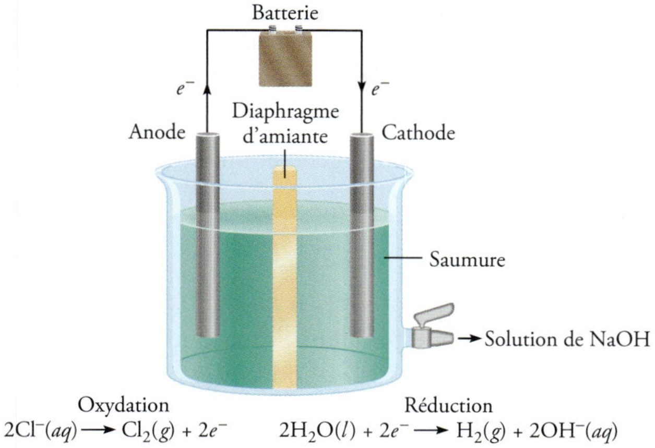

FIGURE 7.24

Cellule à diaphragme pour l'électrolyse du NaCl aqueux (procédé chlore–alkali)

Le diaphragme d'amiante est perméable aux ions, mais pas à l'hydrogène et au chlore gazeux, ce qui les empêche de se mélanger. On exerce aussi une pression du côté de l'anode afin d'empêcher les ions OH^- d'y revenir, sinon on obtient de l'eau de Javel [solution contenant de l'hypochlorite de sodium (NaOCl)].

Une application récente de l'électrolyse du chlorure de sodium consiste à générer automatiquement, par électrolyse contrôlée, le chlore dans l'eau des piscines domestiques. Une fois l'appareil installé, il suffit de rendre l'eau de la piscine légèrement salée au chlorure de sodium et de brancher l'appareil (*voir la figure 7.25*). L'action désinfectante du chlore est surtout due à sa transformation en ion hypochlorite ($HClO^-$), selon les réactions suivantes :

formation d'acide hypochloreux (HClO) :

$$Cl_2(g) + H_2O(l) \rightleftharpoons HClO(aq) + HCl(aq)$$

formation d'hypochlorite (ClO^-) :

$$HClO(aq) \rightleftharpoons H^+(aq) + ClO^-(aq)$$

La solution obtenue à la suite de cette électrolyse est l'équivalent d'une solution désinfectante d'eau de Javel, soit une solution aqueuse d'hypochlorite de sodium [$NaOCl(aq)$].

À la suite de cette étude de l'électrolyse, vous devriez retenir les faits suivants : en général, les cations sont réduits à la cathode, et les anions oxydés à l'anode ; dans les solutions aqueuses, l'eau peut elle-même être oxydée ou réduite selon la présence d'autres espèces.

L'électrolyse a beaucoup d'applications importantes dans l'industrie, notamment dans celle de l'extraction et de l'affinage des métaux. Nous en verrons quelques-unes à la section 7.10 (*p. 403*).

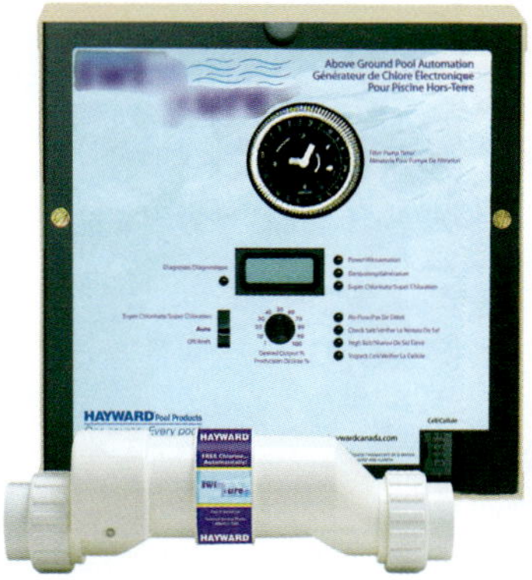

FIGURE 7.25

Générateur de chlore au sel pour les piscines hors-terre

La pompe fait circuler l'eau de la piscine légèrement salée au chlorure de sodium dans la cellule électrolytique (en avant-plan), qui génère automatiquement la quantité de chlore requise. En arrière-plan, on voit le bloc d'alimentation et de contrôle électrique.

EXEMPLE 7.9 La prédiction des réactions aux électrodes lors d'une électrolyse

Au moyen de l'appareil illustré à la figure 7.22 (*p. 397*), on fait subir une électrolyse à une solution aqueuse de sulfate de sodium [$Na_2SO_4(aq)$]. Si les produits formés à l'anode et à la cathode sont respectivement l'oxygène et l'hydrogène, décrivez les réactions qui ont lieu aux électrodes.

DÉMARCHE

Avant d'aborder les réactions à la cathode, il faudrait tenir compte des faits suivants: 1) puisque Na_2SO_4 ne s'hydrolyse pas dans l'eau, le pH de la solution est près de 7; 2) les ions Na^+ ne sont pas réduits à la cathode, et les ions SO_4^{2-} ne sont pas oxydés à l'anode. Ces conclusions sont celles déjà obtenues à partir de l'électrolyse de l'eau en présence d'acide sulfurique et de l'électrolyse d'une solution aqueuse de chlorure de sodium, comme discuté antérieurement. Par conséquent, les deux réactions aux électrodes, l'oxydation et la réduction, impliquent toutes les deux des molécules d'eau.

NOTE

L'ion SO_4^{2-} est la base conjuguée de l'acide faible HSO_4^- ($K_a = 1{,}3 \times 10^{-2}$). Cependant, on peut considérer l'hydrolyse de SO_4^{2-} comme négligeable. Aussi, l'ion SO_4^{2-} n'est pas oxydé à l'anode.

SOLUTION

Les réactions aux électrodes sont les suivantes:

$$\text{Anode:}\quad 2H_2O(l) \longrightarrow O_2(g) + 4H^+(aq) + 4e^-$$
$$\text{Cathode:}\quad 2H_2O(l) + 2e^- \longrightarrow H_2(g) + 2OH^-(aq)$$

La réaction globale, que l'on obtient en doublant les coefficients de la réaction à la cathode et en additionnant le résultat à la réaction à l'anode, est la suivante:

$$6H_2O(l) \longrightarrow 2H_2(g) + O_2(g) + 4H^+(aq) + 4OH^-(aq)$$

Si les ions H^+ et OH^- peuvent venir en contact (se mélanger), alors:

$$4H^+(aq) + 4OH^-(aq) \longrightarrow 4H_2O(l)$$

et la réaction globale devient:

$$2H_2O(l) \longrightarrow 2H_2(g) + O_2(g)$$

EXERCICE

On fait l'électrolyse d'une solution aqueuse de $Mg(NO_3)_2$. Quels sont les produits gazeux à l'anode et à la cathode?

PROBLÈME SEMBLABLE

7.52

Les aspects quantitatifs de l'électrolyse

L'approche quantitative de l'électrolyse fut d'abord élaborée par Faraday. Celui-ci observa que la masse de produit formé (ou de réactif consommé) à une électrode est proportionnelle à la quantité d'électricité transférée à l'électrode et à la masse molaire de la substance en question. Par exemple, dans l'électrolyse de NaCl fondu, la réaction à la cathode indique qu'il y a production de un atome Na quand un ion Na^+ reçoit un électron de l'électrode. Donc, pour réduire une mole d'ions Na^+, il faut fournir le nombre d'Avogadro ($6{,}02 \times 10^{23}$) d'électrons à la cathode. Par contre, la stœchiométrie de la réaction à l'anode indique que l'oxydation de deux ions Cl^- forme une molécule de chlore. Donc, la formation de une mole de Cl^- exige le transfert de deux moles d'électrons des ions Cl^- à l'anode. De même, il faut deux moles d'électrons pour réduire une mole d'ions Mg^{2+}, et trois moles d'électrons pour réduire une mole d'ions Al^{3+}:

$$Mg^{2+} + 2e^- \longrightarrow Mg$$
$$Al^{3+} + 3e^- \longrightarrow Al$$

Donc :

$$2\ F \simeq 1 \text{ mol } Mg^{2+}$$
$$3\ F \simeq 1 \text{ mol } Al^{3+}$$

où *F* est le faraday déjà défini à la page 377, ($1\ F = 9{,}65 \times 10^4$ C = 1 mol e^-).

Au cours d'une électrolyse, on mesure généralement le courant (en ampères, A) qui passe dans une cellule durant un certain temps. La relation entre la charge (en coulombs, C) et le courant est :

$$\text{charge (C)} = \text{courant (A)} \times \text{temps (s)}$$
$$1\text{ C} = 1\text{ A} \times 1\text{ s}$$

NOTE

Bien que la valeur du faraday soit connue avec une grande précision, soit 96 487 coulombs, on peut arrondir cette valeur à 96 500 ou $9{,}65 \times 10^4$ sans influencer la précision des réponses calculées dans la plupart des exercices et problèmes.

Autrement dit, un coulomb correspond à la charge électrique qui passe en un point donné du circuit en une seconde quand le courant est de un ampère.

La figure 7.26 indique les étapes du calcul des quantités de substances produites pendant une électrolyse. Illustrons ces étapes en prenant comme exemple l'électrolyse du chlorure de calcium ($CaCl_2$) fondu dans une cellule électrolytique.

Supposons qu'un courant de 0,452 A passe durant 1,50 heure dans la cellule. Combien de produits (en grammes) sont formés à l'anode et à la cathode ? Pour résoudre ce genre de problèmes concernant l'électrolyse, il faut d'abord déterminer quelles sont les substances pouvant être oxydées à l'anode et celles pouvant être réduites à la cathode. Ici, le choix est facile, car le sel fondu donne seulement des ions Ca^{2+} et Cl^-. Les réactions sont les suivantes :

Anode (oxydation) : $2Cl^-(l) \longrightarrow Cl_2(g) + 2e^-$

Cathode (réduction) : $Ca^{2+}(l) + 2e^- \longrightarrow Ca(l)$

Globale : $Ca^{2+}(l) + 2Cl^-(l) \longrightarrow Ca(l) + Cl_2(g)$

Les quantités de Ca métallique et de Cl_2 gazeux formées dépendent du nombre d'électrons qui passent dans la cellule ; ce nombre dépend, à son tour, du courant et du temps écoulé, ou de la charge :

$$?\text{ C} = 0{,}452\ \cancel{\text{A}} \times 1{,}50\ \cancel{\text{h}} \times \frac{3\,600\ \cancel{\text{s}}}{1\ \cancel{\text{h}}} \times \frac{1\text{ C}}{1\ \cancel{\text{A}} \cdot \cancel{\text{s}}} = 2{,}44 \times 10^3\text{ C}$$

Puisque $1\ F = 9{,}65 \times 10^4$ C = 1 mol d'électrons, et qu'il faut 2 mol d'électrons pour réduire 1 mol d'ions Ca^{2+}, la masse de Ca formée à la cathode se calcule de la façon suivante :

$$?\text{ g Ca} = 2{,}44 \times 10^3\ \cancel{\text{C}} \times \frac{1\ \cancel{\text{mol } e^-}}{9{,}65 \times 10^4\ \cancel{\text{C}}} \times \frac{1\ \cancel{\text{mol Ca}}}{2\ \cancel{\text{mol } e^-}} \times \frac{40{,}08\text{ g Ca}}{1\ \cancel{\text{mol Ca}}} = 0{,}507\text{ g Ca}$$

La réaction à l'anode indique que 2 *F* d'électricité, soit 2 mol d'électrons, produisent 1 mol de chlore. Alors, la masse de chlore formée est la suivante :

$$?\text{ g } Cl_2 = 2{,}44 \times 10^3\ \cancel{\text{C}} \times \frac{1\ \cancel{\text{mol } e^-}}{9{,}65 \times 10^4\ \cancel{\text{C}}} \times \frac{1\ \cancel{\text{mol } Cl_2}}{2\ \cancel{\text{mol } e^-}} \times \frac{70{,}90\text{ g } Cl_2}{1\ \cancel{\text{mol } Cl_2}} = 0{,}896\text{ g } Cl_2$$

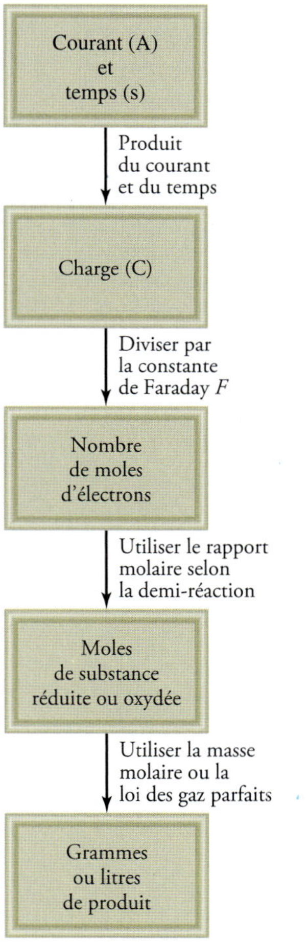

FIGURE 7.26

Étapes du calcul des quantités de substances réduites ou oxydées durant une électrolyse

EXEMPLE 7.10 Le calcul d'une quantité de produit au cours d'une électrolyse

Un courant constant de 1,26 A circule durant 7,44 h dans une cellule électrolytique contenant une solution diluée d'acide sulfurique. Écrivez les réactions des demi-piles se déroulant à chacune des électrodes et calculez le volume des gaz générés à TPN.

DÉMARCHE

Nous avons déjà vu ces demi-réactions à la page 397 :

$$\begin{array}{ll} \text{Anode (oxydation)}: & 2H_2O(l) \longrightarrow O_2(g) + 4H^+(aq) + 4e^- \\ \text{Cathode (réduction)}: & \underline{4[H^+(aq) + e^- \longrightarrow \tfrac{1}{2}\,H_2(g)]} \\ \text{Globale}: & 2H_2O(l) \longrightarrow 2H_2(g) + O_2(g) \end{array}$$

Selon la figure 7.26 (*p. 401*), il faudra suivre les étapes de conversion suivantes afin de calculer la quantité de O_2 produite en moles :

$$\text{courant} \times \text{temps} \longrightarrow \text{coulombs} \longrightarrow \text{moles } e^- \longrightarrow \text{moles } O_2$$

Finalement, en utilisant l'équation des gaz parfaits, il sera possible de calculer le volume de O_2 en litres à TPN. Une procédure analogue permet de faire le calcul dans le cas de H_2.

SOLUTION

Calculons d'abord la quantité d'électricité, la charge en coulombs, qui est passée dans le circuit de la cellule :

$$?\,\text{C} = 1{,}26\,\cancel{\text{A}} \times 7{,}44\,\cancel{\text{h}} \times \frac{3600\,\cancel{\text{s}}}{1\,\cancel{\text{h}}} \times \frac{1\text{ C}}{1\,\cancel{\text{A}}\cdot\cancel{\text{s}}} = 3{,}37 \times 10^4\text{ C}$$

Ensuite, convertissons le nombre de coulombs en nombre de moles d'électrons :

$$3{,}37 \times 10^4\,\cancel{\text{C}} \times \frac{1\text{ mol } e^-}{96\,500\,\cancel{\text{C}}} = 0{,}349\text{ mol } e^-$$

D'après la demi-réaction d'oxydation, 1 mol $O_2 \mathrel{\hat{=}} 4$ mol e^-. Le nombre de moles de O_2 généré est donc :

$$0{,}349\,\cancel{\text{mol } e^-} \times \frac{1\text{ mol } O_2}{4\,\cancel{\text{mol } e^-}} = 0{,}0873\text{ mol } O_2$$

Trouvons le volume correspondant à 0,0873 mol O_2 à TPN à l'aide de l'équation des gaz parfaits :

$$\begin{aligned} V &= \frac{nRT}{P} \\ &= \frac{(0{,}0873\text{ mol})(8{,}314\text{ kPa}\cdot\text{L}\cdot\text{mol}^{-1}\cdot\text{K}^{-1})(273\text{ K})}{101{,}3\text{ kPa}} \\ &= 1{,}96\text{ L} \end{aligned}$$

Recommençons cette procédure de calcul pour trouver le volume d'hydrogène, mais cette fois nous combinerons les deux premières étapes afin de simplifier les calculs :

$$3{,}37 \times 10^4\,\cancel{\text{C}} \times \frac{1\,\cancel{\text{mol } e^-}}{96\,500\,\cancel{\text{C}}} \times \frac{1\text{ mol } H_2}{2\,\cancel{\text{mol } e^-}} = 0{,}175\text{ mol } H_2$$

>>>

Le volume de 0,175 mol H_2 à TPN est :

$$V = \frac{nRT}{P}$$

$$= \frac{(0{,}175 \text{ mol})(8{,}314 \text{ kPa} \cdot \text{L} \cdot \text{mol}^{-1} \cdot \text{K}^{-1})(273 \text{ K})}{101{,}3 \text{ kPa}}$$

$$= 3{,}92 \text{ L}$$

VÉRIFICATION

On constate que le volume de H_2 est le double de celui de O_2 (*voir la figure 7.22, p. 397*), en conformité avec la loi d'Avogadro (à la même température et à la même pression, le volume est directement proportionnel au nombre de moles de gaz).

EXERCICE

Un courant constant passe pendant 18 heures dans une cellule électrolytique contenant du $MgCl_2$ fondu. Si l'on obtient $4{,}8 \times 10^5$ g de Cl_2, quel est le courant en ampères ?

PROBLÈME SEMBLABLE

7.55

7.10 L'électrométallurgie

Différentes méthodes d'électrolyse permettent d'obtenir un métal pur à partir d'un minerai ou encore d'affiner (purifier davantage) un métal. On peut aussi vouloir plaquer un objet d'un métal précieux ou le recouvrir d'un métal protecteur. L'ensemble de ces procédés constitue l'*électrométallurgie*. À la section précédente, nous avons vu comment un métal actif, par exemple le sodium, peut être obtenu par réduction électrolytique de son cation contenu dans le NaCl fondu (*p. 396*). Voyons deux autres applications.

Charles Hall (1863-1914). Encore étudiant à Oberlin College, Hall cherchait un moyen économique d'extraire de l'aluminium. Peu après l'obtention de son diplôme, à 22 ans, installé dans un hangar, il réussit à produire de l'aluminium à partir d'oxyde d'aluminium.

La production de l'aluminium

On extrait habituellement l'aluminium de la bauxite ($Al_2O_3 \cdot 2H_2O$). On retire d'abord les impuretés du minerai, puis on chauffe celui-ci pour obtenir du Al_2O_3 anhydre. Cet oxyde est ensuite dissous dans de la cryolithe (Na_3AlF_6) fondue dans une cellule électrolytique de Hall-Héroult (*voir la figure 7.27*). Cette cellule est une cuve contenant une série d'anodes de carbone ; la cathode est également en carbone et forme le recouvrement intérieur de la cuve. On procède à l'électrolyse et l'on obtient de l'aluminium et de l'oxygène :

$$\begin{array}{ll} \text{Anode :} & 3[2O^{2-} \longrightarrow O_2(g) + 4e^-] \\ \text{Cathode :} & 4[Al^{3+} + 3e^- \longrightarrow Al(l)] \\ \hline \text{Globale :} & 2Al_2O_3 \longrightarrow 4Al(l) + 3O_2(g) \end{array}$$

L'oxygène réagit avec les anodes de carbone à 1 000 °C (point de fusion de la cryolithe) pour former du monoxyde de carbone, qui s'échappe sous forme gazeuse. L'aluminium liquide (point de fusion : 660 °C) coule au fond du récipient, d'où il est drainé.

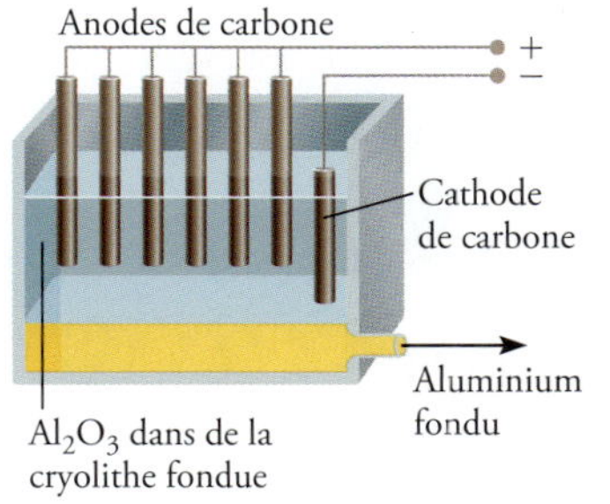

FIGURE 7.27

Production électrolytique d'aluminium basée sur le procédé Hall-Héroult

L'affinage du cuivre

Le cuivre obtenu de son minerai contient habituellement beaucoup d'impuretés comme du zinc, du fer, de l'argent et de l'or. Les métaux les plus électropositifs sont retirés par

Chimie en action

Le recyclage de l'aluminium

Les cannettes d'aluminium pour les boissons gazeuses et la bière ont fait leur apparition sur le marché au début des années 1960. Elles ont vite supplanté les cannettes d'acier : déjà, en 1977, la moitié des cannettes étaient en aluminium, puis en 1994, cette proportion est passée à plus de 96 %. En 1999, plus de 115 milliards de cannettes ont été produites en Amérique du Nord, soit environ 300 cannettes par personne. Cette popularité de l'aluminium dans l'industrie de l'embouteillage s'explique facilement. D'abord, ce contenant est non toxique, sans odeur et ne modifie pas le goût des liquides. Il constitue aussi une excellente barrière contre la lumière, l'oxygène et l'humidité. Il est un très bon conducteur de chaleur, ce qui présente un avantage pour un refroidissement rapide, tout en étant un mauvais conducteur de chaleur par radiation, car l'aluminium est réfléchissant ; le contenu reste donc froid plus longtemps au soleil. Quant aux procédés techniques de fabrication des cannettes, ils ne nécessitent pas de soudures et sont très efficaces : plus de 2 000 cannettes peuvent être fabriquées à la minute. Le produit ainsi obtenu est à la fois très mince, très résistant et surtout très léger. Cette légèreté permet des économies d'énergie en ce qui concerne le transport, et elle facilite la manutention et l'entreposage. Avec toutes ces qualités, la cannette d'aluminium frôle la perfection, sauf en ce qui a trait à deux aspects très importants : l'aspect énergétique et l'aspect environnemental.

Comme de nombreuses grandes vedettes, l'aluminium est devenu en quelque sorte la victime de sa grande popularité ! Les cannettes se sont vite retrouvées dans la nature et les sites d'enfouissement, ce qui est déjà un gros problème. Il fallait aussi s'interroger sur la disponibilité des minerais d'aluminium (bauxites), les coûts énergétiques des procédés d'extraction et de purification et, finalement, les coûts environnementaux de toutes ces opérations. Vous avez sans doute à l'esprit la réponse à ce grand défi : le recyclage. En effet, aujourd'hui le recyclage des cannettes d'aluminium est devenu une pratique courante, qu'une consigne soit exigée ou non à l'achat. En 1988, au Québec, il s'est vendu 341 millions de cannettes avec un taux de récupération de 57 %, alors qu'en 1999 il s'en est vendu 650 millions avec 79 % de récupération. En fait, ce qui était un problème pour la cannette d'aluminium est devenu sa plus grande qualité : elle est recyclable. Voyons pourquoi et comment.

Pour comprendre les avantages économiques du recyclage de l'aluminium, il faut comparer les besoins énergétiques de sa production à partir de la bauxite à ceux de son recyclage. La réaction globale du procédé électrolytique (*voir la figure 7.27, p. 403*), appelé procédé Hall-Héroult, est :

$$Al_2O_3 \text{ (dans de la cryolithe fondue)} + 3C(s) \longrightarrow 2Al(l) + 3CO(g)$$

$$\Delta H° = 1\,340 \text{ kJ/mol et } \Delta S° = 586 \text{ J/mol} \cdot \text{K}$$

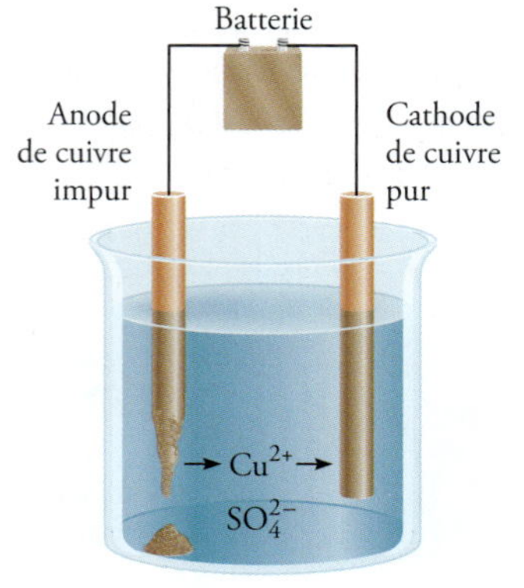

FIGURE 7.28

Schéma d'une cellule d'affinage électrolytique du cuivre

La cathode de cuivre pur est très mince en début d'électrolyse. Pendant que l'anode de cuivre impur se dissout, les impuretés tombent au fond de la cellule.

électrolyse ; durant ce processus, le cuivre impur agit comme une anode, et le cuivre pur agit comme une cathode, le tout dans une solution d'acide sulfurique contenant des ions Cu^{2+} (*voir la figure 7.28*). Les réactions sont les suivantes :

Anode : $Cu(s) \longrightarrow Cu^{2+}(aq) + 2e^-$

Cathode : $Cu^{2+}(aq) + 2e^- \longrightarrow Cu(s)$

Les métaux réactifs contenus dans l'anode de cuivre, comme le fer et le zinc, sont oxydés et entrent en solution sous forme d'ions Fe^{2+} et Zn^{2+}. Cependant, ils ne sont pas réduits à la cathode. Les métaux moins électropositifs, comme l'or et l'argent, ne sont pas oxydés à l'anode. Ils finissent par tomber au fond de la cellule à mesure que l'anode de cuivre se dissout. Le résultat net de cette électrolyse est le transfert du cuivre de l'anode à la cathode (*voir la figure 7.29*). Le cuivre ainsi préparé est pur à au moins 99,5 %. Il est intéressant de noter que les impuretés métalliques (surtout de l'argent et de l'or) provenant de l'anode de cuivre sont des sous-produits ayant une valeur commerciale ; leur vente sert souvent à payer l'électricité utilisée pour l'électrolyse.

À 1 000 °C, température d'opération du procédé, l'enthalpie libre standard de la réaction est donnée par :

$$\Delta G^\circ = \Delta H^\circ - T\Delta S^\circ$$
$$= 1\,340 \text{ kJ/mol} - \left[(1\,273 \text{ K})\left(\frac{586 \text{ J}}{\text{K} \cdot \text{mol}}\right)\left(\frac{1 \text{ kJ}}{1\,000 \text{ J}}\right)\right]$$
$$= 594 \text{ kJ}$$

Selon l'équation 7.8, $\Delta G^\circ = -nF\epsilon^\circ_{cell}$; la quantité d'énergie électrique nécessaire pour produire l'aluminium à partir de la bauxite est donc de 594 kJ/2 mol ou 297 kJ/mol.

Dans le cas du recyclage de l'aluminium, il suffit de fournir l'énergie nécessaire pour atteindre son point de fusion (660 °C) et ensuite celle qui est nécessaire pour le faire fondre (chaleur de fusion = 10,7 kJ/mol). L'énergie à fournir pour 1 mol d'aluminium chauffée de 25 °C à 660 °C est :

$$Q = m \cdot s \cdot \Delta t$$
$$= (27{,}0 \text{ g})(0{,}900 \text{ J/g} \cdot {}^\circ\text{C})(660 - 25)\,{}^\circ\text{C}$$
$$= 15{,}4 \text{ kJ}$$

L'énergie totale pour recycler 1 mol d'aluminium est donc :

$$Q_t = 15{,}4 \text{ kJ} + 10{,}7 \text{ kJ}$$
$$= 26{,}1 \text{ kJ}$$

Pour comparer les besoins énergétiques des deux procédés, calculons le rapport suivant :

$$\frac{\text{énergie requise pour recycler 1 mol Al}}{\text{énergie requise pour produire 1 mol Al}} \times 100\ \%$$
$$= \frac{26{,}1 \text{ kJ}}{297 \text{ kJ}} \times 100\ \%$$
$$= 8{,}8\ \%$$

Donc, en recyclant les cannettes d'aluminium, on peut épargner environ 91 % de l'énergie requise pour les produire une première fois à partir de la bauxite, ce qui représente près de 1 % de tous les kilowattheures de l'électricité produite annuellement aux États-Unis. En 1999, environ 69 milliards de cannettes ont été recyclées. Une cannette d'aluminium est facilement recyclable et peut l'être indéfiniment. Mais dans les faits, cet aluminium est souvent à nouveau purifié par un autre procédé d'électrolyse (aluminium de deuxième fusion) beaucoup moins coûteux que celui du minerai (aluminium de première fusion) et revendu ensuite aux usines de fabrication de moteurs d'automobile situées près des usines d'électrolyse. On peut donc fabriquer à moindre coût des moteurs plus légers et moins énergivores. Finalement, si vous voulez contribuer à la protection de l'environnement, n'oubliez pas de toujours récupérer vos cannettes pour qu'elles soient recyclées.

A

B

A Collecte de cannettes pour le recyclage
B Fusion et purification de l'aluminium recyclé

FIGURE 7.29

Procédé industriel de l'affinage électrolytique du cuivre

Il s'agit d'un montage où toutes les cathodes sont connectées en série, de même que les anodes.

RÉSUMÉ

7.1

Les réactions d'oxydoréduction

Les réactions d'oxydoréduction se caractérisent par un transfert d'électrons d'une substance à une autre. La perte d'électrons subie durant l'oxydation se traduit par l'augmentation du nombre d'oxydation de l'élément impliqué. Dans la réduction, il y a gain d'électrons, indiqué par une diminution du nombre d'oxydation de l'élément.

L'équilibrage des réactions d'oxydoréduction

Ces équations s'équilibrent en général par la méthode des demi-réactions qui consiste à diviser la réaction globale en deux demi-réactions : une d'oxydation et une de réduction. On équilibre séparément les deux demi-réactions qu'on additionne ensuite pour obtenir l'équation globale équilibrée. Il faut tenir en compte le fait que la réaction a lieu en milieu acide ou basique. Les différentes étapes sont expliquées à la page 352. À la fin, il faut bien vérifier qu'il y a conservation des atomes et des charges.

Les titrages redox

Il est possible de doser une substance en milieu aqueux si elle peut se comporter comme un oxydant ou comme un réducteur dans une réaction d'oxydoréduction (ou redox). En ajoutant lentement une solution contenant un oxydant à une solution contenant un réducteur, le point d'équivalence sera atteint lorsque l'agent réducteur sera complètement oxydé par l'agent oxydant. Dans un tel cas, il arrive souvent que l'indicateur soit l'un ou l'autre des réactifs qui change de couleur en passant de sa forme oxydée à sa forme réduite, ou le contraire.

7.2

Les cellules galvaniques

Dans une cellule galvanique, l'électricité est produite par une réaction chimique spontanée. En compartimentant les réactifs, on obtient des cellules galvaniques (ou piles électrochimiques) dans lesquelles les électrons doivent s'échanger par un circuit externe. Les deux parties d'une cellule galvanique sont appelées demi-cellules, et les réactions aux électrodes sont appelées demi-réactions. Un pont salin permet aux ions de circuler entre les deux demi-cellules ; les anions circulent vers l'anode, et les cations circulent vers la cathode. La différence de potentiel (fem) mesurée à très faible courant ainsi obtenue est mesurée en volts et peut être scindée en deux potentiels d'électrode distincts, celui de l'anode (où l'oxydation a lieu) et celui de la cathode (où la réduction a lieu). Révisez ces notions en examinant de nouveau la figure 7.2 reproduite ici.

Cette cellule peut être représentée par le diagramme de cellule suivant :

$$\mathrm{Zn}(s)|\mathrm{Zn}^{2+}(1\ \mathrm{mol/L})||\mathrm{Cu}^{2+}(1\ \mathrm{mol/L})|\mathrm{Cu}(s)$$

Par convention, l'anode (oxydation) est du côté gauche et la cathode (réduction) du côté droit.

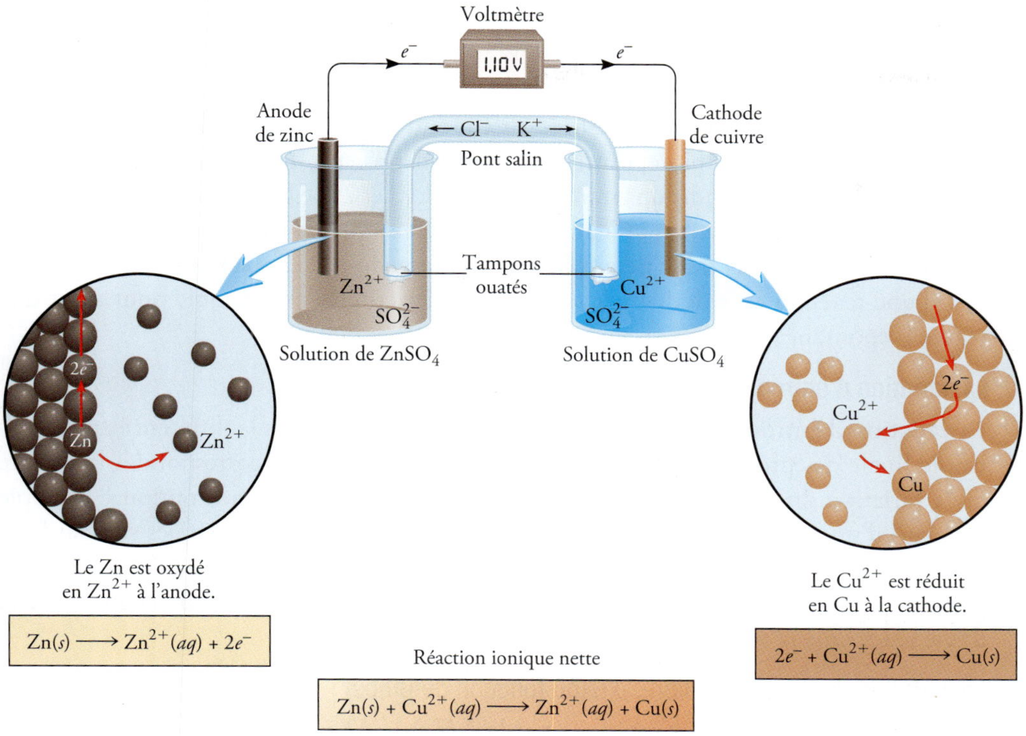

7.3

Les potentiels standard d'électrode

Les potentiels standard de réduction (*voir le tableau 7.1, p. 365*) indiquent les tendances relatives des réactions des demi-cellules à se produire et peuvent servir à prédire les produits, le sens et la spontanéité des réactions d'oxydoréduction. Le potentiel de l'électrode standard à hydrogène (ESH) est fixé à exactement 0 V et sert de mesure relative pour les potentiels des autres demi-réactions.

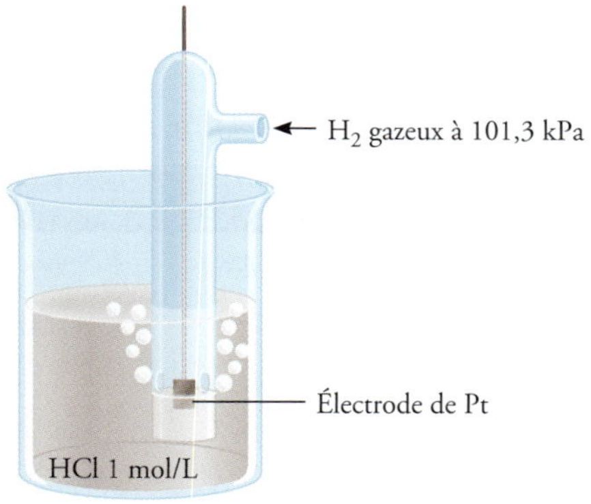

Dans les conditions standard, les solutés doivent être à 1 mol/L et les gaz à 101,3 kPa. La fem standard, ϵ°_{cell}, est la somme algébrique des potentiels standard de réduction et d'oxydation, ce qui revient à dire $\epsilon^\circ_{cathode} - \epsilon^\circ_{anode}$. Dans les conditions standard, toute espèce à la gauche d'une demi-réaction de la liste des potentiels standard de réduction réagira spontanément avec toute espèce située *plus bas* du côté droit d'une autre demi-réaction (règle de la diagonale), car c'est la seule manière d'obtenir une valeur de ϵ°_{cell} positive. Par exemple, la cellule galvanique Zn/Cu^{2+} décrite précédemment donnera le potentiel standard suivant :

$$\epsilon^\circ_{cell} = \epsilon^\circ_{cathode} - \epsilon^\circ_{anode} = \epsilon^\circ_{Cu^{2+}/Cu} - \epsilon^\circ_{Zn^{2+}/Zn} = 0{,}34\ V - (-0{,}76\ V) = 1{,}10\ V$$

7.4

La spontanéité des réactions en général

La variation d'enthalpie, ΔH

La variation d'enthalpie, ΔH, mesurée au cours d'une réaction est la différence entre l'enthalpie finale des produits et l'enthalpie initiale des réactifs. Elle correspond à la chaleur de réaction. Dans les conditions standard (101,3 kPa et 25 °C), on mesure le $\Delta H°$. Tous les systèmes ayant une tendance à atteindre un état d'énergie minimale, il s'agit de l'un des critères importants pour déterminer la spontanéité d'une réaction. Si la valeur du ΔH d'une réaction est inférieure à zéro, ce premier critère est favorable pour avoir une réaction spontanée.

La variation d'entropie, ΔS

La variation d'entropie, ΔS, mesurée au cours d'une réaction est la différence entre l'entropie finale des produits et l'entropie initiale des réactifs. Elle correspond à la mesure de la variation du désordre entre un état final et un état initial. La variation d'entropie standard d'une réaction, $\Delta S°_{\text{réaction}}$, peut être calculée à partir des entropies standard des réactifs et des produits. Tous les systèmes ayant une tendance à atteindre un état de désordre maximum, il s'agit donc d'un second critère de prédiction de la spontanéité d'une réaction.

La variation de l'enthalpie libre, ΔG (ou fonction de Gibbs)

Les deux grandes tendances mesurées par le ΔH et le ΔS peuvent s'opposer ou se combiner de manière à donner une résultante appelée enthalpie libre, ΔG, qui sera le critère définitif de la spontanéité d'une réaction. Il s'agit d'une relation entre ΔH, ΔS et la température : $\Delta G = \Delta H - T\Delta S$. Dans le cas des conditions standard, on a : $\Delta G° = \Delta H° - T\Delta S°$. Lorsque $\Delta G < 0$, la réaction est spontanée.

L'enthalpie libre et l'équilibre chimique

D'une manière générale, $\Delta G = \Delta G° + RT \ln Q$ (où Q est le quotient réactionnel) et, comme à l'équilibre $\Delta G = 0$, l'équation précédente devient $\Delta G° = -RT \ln K$, ce qui décrit la relation entre la constante d'équilibre K et $\Delta G°$. On peut ainsi connaître l'une de ces valeurs si l'on connaît l'autre, de même qu'on peut prédire le sens de l'évolution d'une réaction par son $\Delta G°$.

Relation entre $\Delta G°$ et K selon l'équation $\Delta G° = -RT \ln K$

K	$\ln K$	$\Delta G°$	Commentaires
> 1	Positif	Négative	À l'équilibre, les produits seront favorisés.
$= 1$	0	0	À l'équilibre, les produits et les réactifs seront également favorisés.
< 1	Négatif	Positive	À l'équilibre, les réactifs seront favorisés.

7.5

La spontanéité des réactions d'oxydoréduction

Rappelons-nous d'abord que la quantité d'électricité transportée par 1 mol d'électrons est appelée faraday ($1\ F = 9{,}65 \times 10^4$ coulombs). La diminution d'enthalpie libre, ΔG, d'une réaction d'oxydoréduction spontanée est égale au travail électrique effectué par le système sur le milieu extérieur donné par la relation $\Delta G = -nF\epsilon_{\text{cell}}$ qui, dans les conditions standard, s'écrit $\Delta G° = -nF\epsilon°_{\text{cell}}$. On comprend ainsi que la mesure du potentiel (fem) d'une cellule galvanique peut servir de critère de spontanéité. Comme n et F sont toujours des valeurs positives, on constate qu'il y a une relation inverse entre les signes de $\Delta G°$ et de $\epsilon°_{\text{cell}}$. Le tableau suivant résume les relations entre $\Delta G°$, K et $\epsilon°_{\text{cell}}$.

Les relations entre $\Delta G°$, K et $\epsilon°_{cell}$

$\Delta G°$	K	$\epsilon°_{cell}$	Spontanéité	Commentaires
< 0	> 1	> 0	Spontanée	À l'équilibre, les produits seront favorisés.
0	1	0	À l'équilibre	À l'équilibre, les produits et les réactifs seront également favorisés.
> 0	< 1	< 0	Non spontanée	À l'équilibre, les réactifs seront favorisés.

7.6

L'effet de la concentration sur la fem d'une cellule

L'équation de Nernst établit la relation entre la fem d'une cellule et les concentrations des réactifs et des produits de cette cellule dans des conditions non standard:

$$\epsilon = \epsilon° - \frac{0{,}0257}{n} \ln Q$$

Une application intéressante de cette équation permet de savoir à l'avance si une réaction aura lieu ou non selon certaines concentrations initiales des réactifs et des produits. On peut aussi l'utiliser comme méthode d'analyse de la concentration d'un ion si l'on mesure la fem d'une cellule dans laquelle cet ion réagit. Le pH-mètre est en fait un appareil basé sur ce principe, un analyseur de la concentration des ions H^+ selon la fem mesurée.

7.7

Les piles et les accumulateurs

Les piles et les accumulateurs, souvent connectés en série (on parle alors de batteries), sont largement utilisés comme sources de courant autonomes. Les plus connus sont la pile sèche (comme la pile Leclanché), la pile au mercure, la pile lithium-ion et l'accumulateur au plomb utilisé dans les automobiles. Les piles à combustible sont des cellules galvaniques qui produisent de l'énergie électrique à cause d'un apport continu de réactifs.

7.8

La corrosion

La corrosion des métaux, dont le produit le plus connu est la rouille, est une détérioration qui procède par réaction électrochimique. Le schéma qui suit résume le processus électrochimique de la formation de la rouille. Rappelons la présence nécessaire de l'oxygène, d'un milieu acide et d'eau.

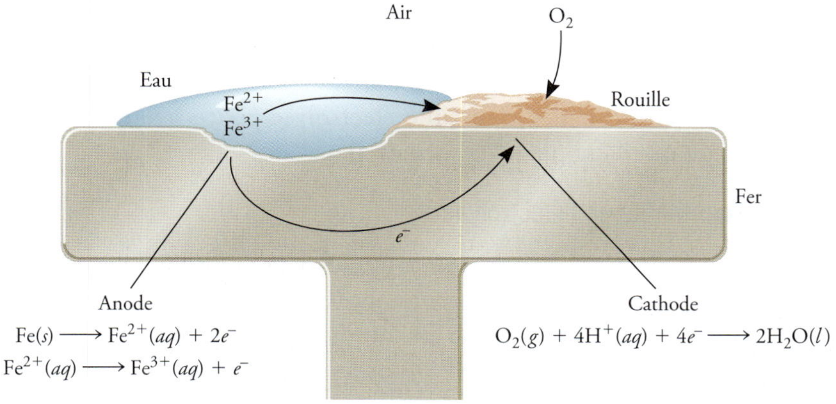

Certains métaux comme l'aluminium devraient subir facilement une corrosion, mais dès qu'ils forment une couche superficielle non poreuse d'oxyde, le métal est ensuite protégé. On peut aussi éviter la corrosion ou en réduire la vitesse par une protection cathodique où le métal joue le rôle d'une cathode (*voir les figures 7.19 et 7.20, p. 395*).

7.9

L'électrolyse

Dans une électrolyse, on utilise un courant électrique d'une source extérieure pour provoquer une réaction chimique non spontanée. Résumons les différents cas étudiés en rappelant les réactions aux électrodes et les équations globales.

Électrolyse du chlorure de sodium fondu :

Anode (oxydation) : $2Cl^-(l) \longrightarrow Cl_2(g) + 2e^-$

Cathode (réduction) : $2Na^+(l) + 2e^- \longrightarrow 2Na(l)$

Globale : $2Na^+(l) + 2Cl^-(l) \longrightarrow 2Na(l) + Cl_2(g)$

Électrolyse de l'eau :

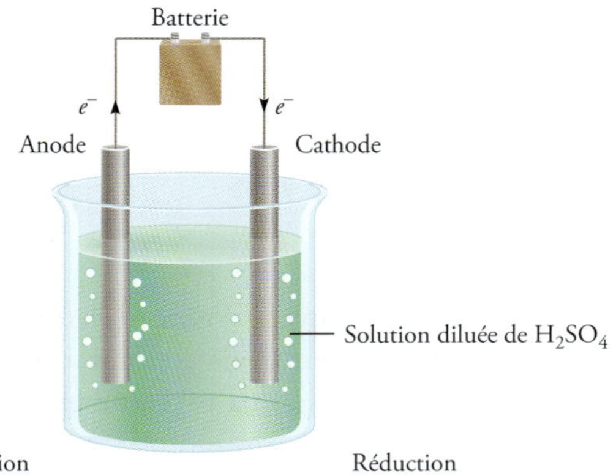

Oxydation: $2H_2O(l) \longrightarrow O_2(g) + 4H^+(aq) + 4e^-$

Réduction: $4H^+(aq) + 4e^- \longrightarrow 2H_2(g)$

Globale : $2H_2O(l) \longrightarrow 2H_2(g) + O_2(g)$

Électrolyse d'une solution aqueuse de chlorure de sodium :

Anode (oxydation) : $2Cl^-(aq) \longrightarrow Cl_2(g) + 2e^-$

Cathode (réduction) : $2H_2O(l) + 2e^- \longrightarrow H_2(g) + 2OH^-(aq)$

Globale : $2H_2O(l) + 2Cl^-(aq) \longrightarrow H_2(g) + Cl_2(g) + 2OH^-(aq)$

Dans ces deux derniers cas, on remarque que les molécules d'eau peuvent produire de l'hydrogène à la cathode ou à l'anode selon la nature des autres réactifs ; elles peuvent donc être oxydées ou réduites.

La tension nécessaire calculée pour une électrolyse peut s'avérer inférieure à celle nécessaire à cause du phénomène de surtension.

Les aspects quantitatifs de l'électrolyse

La quantité de produits formés ou de réactifs utilisés dans une cellule électrolytique dépend de la quantité d'électricité [charge en coulombs (C)] consommée à une électrode. Cette charge se calcule à partir de la valeur du courant utilisé multipliée par le temps de passage de ce courant, car 1 C = 1 A × 1 s. Revoyons les étapes du calcul de produits formés :

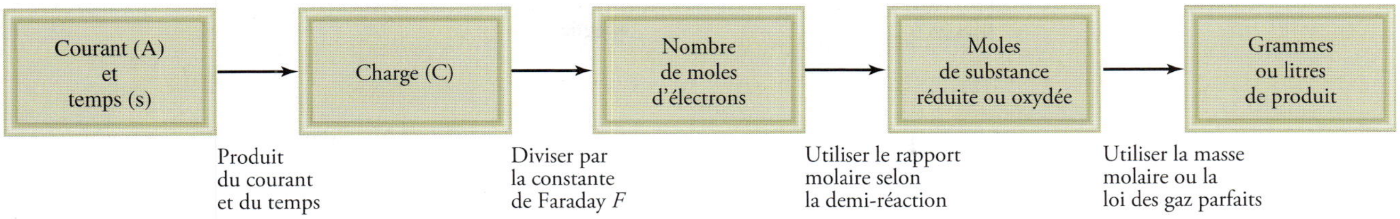

7.10

L'électrométallurgie

L'électrolyse joue un rôle important dans l'extraction et l'affinage des métaux. On a vu l'exemple de l'électrolyse de l'aluminium à partir de son minerai et de l'affinage du cuivre, c'est-à-dire la purification du cuivre par électrolyse. L'ensemble de ces procédés s'appelle électrométallurgie.

ÉQUATIONS CLÉS

• $\epsilon^\circ_{cell} = \epsilon^\circ_{cathode} - \epsilon^\circ_{anode}$	Relation permettant de calculer la fem standard d'une cellule électrochimique	(7.1)
• $\Delta G = \Delta H - T\Delta S$	Variation de l'enthalpie libre	(7.3)
• $\Delta G^\circ = \Delta H^\circ - T\Delta S^\circ$	Variation de l'enthalpie libre standard	(7.4)
• $\Delta G = \Delta G^\circ + RT \ln Q$	Relation entre la variation de l'enthalpie libre, la variation d'enthalpie libre standard et le quotient réactionnel	(7.5)
• $\Delta G^\circ = -RT \ln K$	Relation entre la variation de l'enthalpie libre standard et la constante d'équilibre	(7.6)
• $\Delta G = -nF\epsilon_{cell}$	Relation entre la variation d'enthalpie libre d'une cellule et sa fem	(7.7)
• $\Delta G^\circ = -nF\epsilon^\circ_{cell}$	Relation entre la variation d'enthalpie libre standard d'une cellule et sa fem standard	(7.8)
• $\epsilon^\circ_{cell} = \dfrac{RT}{nF} \ln K$	Relation entre la fem standard de la cellule et la constante d'équilibre	(7.9)
• $\epsilon^\circ_{cell} = \dfrac{0{,}0257}{n} \ln K$	Relation entre la fem standard de la cellule et la constante d'équilibre à 298 K	(7.10)
• $\epsilon^\circ_{cell} = \dfrac{0{,}0592}{n} \log K$	Relation entre la fem standard de la cellule et la constante d'équilibre à 298 K	(7.11)
• $\epsilon = \epsilon^\circ - \dfrac{RT}{nF} \ln Q$	Équation de Nernst permettant de calculer la fem d'une cellule dans des conditions non standard	(7.12)

- $\epsilon = \epsilon° - \dfrac{0{,}0257}{n} \ln Q$ — Équation de Nernst permettant de calculer la fem d'une cellule dans des conditions non standard à 298 K (7.13)

- $\epsilon = \epsilon° - \dfrac{0{,}0592}{n} \log Q$ — Équation de Nernst permettant de calculer la fem d'une cellule dans des conditions non standard à 298 K (7.14)

MOTS CLÉS

Accumulateur, p. 387
Anode, p. 358
Batterie, p. 388
Cathode, p. 358
Cellule électrolytique, p. 395
Cellule galvanique, p. 358
Corrosion, p. 392
Diagramme de cellule, p. 360
Électrochimie, p. 351
Électrode standard à hydrogène (ESH), p. 361
Électrolyse, p. 395
Équation de Nernst, p. 381
Faraday (F), p. 377
fem standard ($\epsilon°_{\text{cell}}$), p. 361
Fonction d'état, p. 368
Fonction de Gibbs, p. 370
Force électromotrice ou fem (ϵ), p. 359
Pile, p. 387
Pile à combustible, p. 390
Pile à concentration, p. 385
Potentiel standard de réduction ($\epsilon°$), p. 361
Réaction de demi-cellule, p. 358
Réaction spontanée, p. 368
Surtension, p. 398
Variation d'enthalpie, ΔH, p. 367
Variation d'enthalpie libre standard, $\Delta G°$, p. 371
Variation d'entropie, ΔS, p. 369

QUESTIONS ET PROBLÈMES[†*]

Questions et problèmes ciblés

L'équilibrage des équations d'oxydoréduction

Problèmes

★**7.1** Équilibrez les équations d'oxydoréduction suivantes à l'aide de la méthode des demi-réactions :

a) $H_2O_2 + Fe^{2+} \longrightarrow Fe^{3+} + H_2O$ (en solution acide)

b) $Cu + HNO_3 \longrightarrow Cu^{2+} + NO + H_2O$ (en solution acide)

c) $CN^- + MnO_4^- \longrightarrow CNO^- + MnO_2$ (en solution basique)

d) $Br_2 \longrightarrow BrO_3^- + Br^-$ (en solution basique)

e) $S_2O_3^{2-} + I_2 \longrightarrow I^- + S_4O_6^{2-}$ (en solution acide)

★**7.2** Équilibrez les équations d'oxydoréduction suivantes à l'aide de la méthode des demi-réactions :

a) $Mn^{2+} + H_2O_2 \longrightarrow MnO_2 + H_2O$ (en solution basique)

b) $Bi(OH)_3 + SnO_2^{2-} \longrightarrow SnO_3^{2-} + Bi$ (en solution basique)

c) $Cr_2O_7^{2-} + C_2O_4^{2-} \longrightarrow Cr^{3+} + CO_2$ (en solution acide)

d) $ClO_3^- + Cl^- \longrightarrow Cl_2 + ClO_2$ (en solution acide)

Les titrages redox

Questions de révision

7.3 Quelles sont les ressemblances et les différences entre les titrages acido-basiques et les titrages redox ?

7.4 Expliquez pourquoi le permanganate de potassium ($KMnO_4$) et le dichromate de potassium ($K_2Cr_2O_7$) peuvent servir d'indicateurs internes dans les titrages redox.

Problèmes

★**7.5** Les pluies acides résultent surtout de la présence de SO_2 dans l'air. On peut établir la concentration du SO_2 de l'air par titrage avec une solution standard de permanganate :

$$5SO_2 + 2MnO_4^- + 2H_2O \longrightarrow 5SO_4^{2-} + 2Mn^{2+} + 4H^+$$

Calculez le nombre de grammes de SO_2 contenus dans un échantillon d'air si le titrage a nécessité 7,37 mL d'une solution de $KMnO_4$ 0,008 00 mol/L.

★**7.6** L'oxydation de 25,0 mL d'une solution contenant du Fe^{2+} nécessite 26,0 mL de $K_2Cr_2O_7$ 0,0250 mol/L en solution acide. Équilibrez l'équation suivante et calculez la concentration molaire de Fe^{2+} :

$$Cr_2O_7^{2-} + Fe^{2+} + H^+ \longrightarrow Cr^{3+} + Fe^{3+}$$

† À moins de mention contraire, on suppose une température de 25 °C pour tous les problèmes.

* Niveau de difficulté : ★ facile ; ★ moyen ; ★ élevé

Biologie : 7.68, 7.70 ; Concepts : 7.69, 7.81, 7.87, 7.96, 7.103 ; Descriptifs : 7.18, 7.19, 7.22, 7.23, 7.52 a), 7.58 a), 7.67, 7.79, 7.89 a) et b), 7.95, 7.101, 7.109 ; Environnement : 7.5 ; Industrie : 7.54, 7.62, 7.91, 7.107, 7.108 ; Organique : 7.44

★**7.7** On dissout 0,2792 g d'un minerai de fer dans une solution d'un acide dilué ; tout le Fe(II) est alors converti en ions Fe(III) par un titrage nécessitant 23,30 mL de $KMnO_4$ 0,0194 mol/L. Calculez le pourcentage massique du fer dans le minerai.

★**7.8** On peut facilement déterminer la concentration d'une solution de peroxyde d'hydrogène par titrage avec une solution standard de permanganate de potassium en milieu acide. Ce titrage répond à l'équation non équilibrée suivante :

$$MnO_4^- + H_2O_2 \longrightarrow O_2 + Mn^{2+}$$

a) Équilibrez l'équation ci-dessus. **b)** S'il faut 36,44 mL d'une solution de $KMnO_4$ 0,016 52 mol/L pour oxyder complètement 25,00 mL d'une solution de H_2O_2, calculez la concentration molaire volumique de cette dernière.

Les cellules galvaniques et les fem standard

Questions de révision

7.9 Définissez les termes suivants : anode, cathode, fem, potentiel standard d'oxydation, potentiel standard de réduction.

7.10 Décrivez les composantes de base d'une cellule galvanique. Pourquoi les deux composantes sont-elles séparées l'une de l'autre ? Quelle est la fonction du pont salin ?

7.11 Quelle sorte d'électrolyte faut-il utiliser dans un pont salin ?

7.12 Qu'est-ce qu'un diagramme de cellule ? Écrivez le diagramme de cellule pour une cellule galvanique constituée d'une électrode de Al placée dans une solution de $Al(NO_3)_3$ 1 mol/L et d'une électrode d'argent placée dans une solution de $AgNO_3$ 1 mol/L.

7.13 Quelle est la différence entre les demi-réactions qui caractérisent les réactions d'oxydoréduction décrites à la section 1.4 (*p. 19*) et les réactions des demi-cellules abordées à la section 7.2 (*p. 358*) ?

7.14 Après quelques minutes de fonctionnement d'une cellule galvanique semblable à celle illustrée à la figure 7.2 (*p. 359*), un étudiant constate que la fem de la cellule commence à diminuer. Pourquoi ?

7.15 Calculez la constante de Faraday, *F*, à l'aide du tableau 2.1 de *Chimie générale* (*p. 53*).

Problèmes

★**7.16** Calculez la fem standard d'une cellule qui utilise les réactions des demi-cellules Ag/Ag^+ et Al/Al^{3+}. Écrivez l'équation de la réaction de la cellule qui se produit dans les conditions standard.

★**7.17** Calculez la fem standard d'une cellule qui utilise les réactions des demi-cellules Mg/Mg^{2+} et Cu/Cu^{2+}, à 25 °C. Écrivez l'équation de la réaction de la cellule qui se produit dans les conditions standard.

La spontanéité des réactions d'oxydoréduction

Problèmes

★**7.18** Dites si Fe^{3+} peut oxyder I^- en I_2 dans les conditions standard.

★**7.19** Lesquels des réactifs suivants peuvent oxyder H_2O en $O_2(g)$ dans les conditions standard ? $H^+(aq)$, $Cl^-(aq)$, $Cl_2(g)$, $Cu^{2+}(aq)$, $Pb^{2+}(aq)$, $MnO_4^-(aq)$ (en milieu acide).

★**7.20** Soit les demi-réactions suivantes :

$$MnO_4^-(aq) + 8H^+(aq) + 5e^- \longrightarrow Mn^{2+}(aq) + 4H_2O(l)$$

$$NO_3^-(aq) + 4H^+(aq) + 3e^- \longrightarrow NO(g) + 2H_2O(l)$$

Dites si les ions NO_3^- oxyderont Mn^{2+} en MnO_4^- dans les conditions standard.

★**7.21** Dites si les réactions suivantes se produiront spontanément en solution aqueuse, à 25 °C. Supposez que toutes les concentrations initiales des espèces dissoutes sont de 1 mol/L.

a) $Ca(s) + Cd^{2+}(aq) \longrightarrow Ca^{2+}(aq) + Cd(s)$

b) $2Br^-(aq) + Sn^{2+}(aq) \longrightarrow Br_2(l) + Sn(s)$

c) $2Ag(s) + Ni^{2+}(aq) \longrightarrow 2Ag^+(aq) + Ni(s)$

d) $Cu^+(aq) + Fe^{3+}(aq) \longrightarrow Cu^{2+}(aq) + Fe^{2+}(aq)$

★**7.22** Dans chacune des paires suivantes, quelle espèce est le meilleur oxydant dans les conditions standard ? **a)** Br_2 et Au^{3+} ; **b)** H_2 et Ag^+ ; **c)** Cd^{2+} et Cr^{3+} ; **d)** O_2 en milieu acide et O_2 en milieu basique.

★**7.23** Dans chacune des paires suivantes, quelle espèce est le meilleur réducteur dans les conditions standard ? **a)** Na et Li ; **b)** H_2 et I_2 ; **c)** Fe^{2+} et Ag ; **d)** Br^- et Co^{2+}.

La relation entre $\epsilon°$, $\Delta G°$ et K

Questions de révision

7.24 Expliquez la différence entre ΔG et $\Delta G°$.

7.25 Écrivez les équations qui mettent en relation $\Delta G°$ et K à la fem standard d'une pile. Définissez tous les termes.

7.26 Expliquez pourquoi l'équation 7.6 a une si grande importance en chimie. Est-il plus facile de déterminer la constante d'équilibre à l'aide de moyens électrochimiques ou à l'aide de moyens chimiques ?

Problèmes

★**7.27** Quelle est la constante d'équilibre de la réaction suivante, à 25 °C ?

$$Mg(s) + Zn^{2+}(aq) \rightleftharpoons Mg^{2+}(aq) + Zn(s)$$

★**7.28** La constante d'équilibre de la réaction suivante :

$$Sr(s) + Mg^{2+}(aq) \rightleftharpoons Sr^{2+}(aq) + Mg(s)$$

est $2{,}69 \times 10^{12}$, à 25 °C. Calculez la valeur de $\epsilon°$ pour une cellule faite des deux demi-cellules Sr/Sr^{2+} et Mg/Mg^{2+}.

★**7.29** À l'aide des potentiels standard de réduction, trouvez la constante d'équilibre de chacune des réactions suivantes, à 25 °C :

a) $Br_2(l) + 2I^-(aq) \rightleftharpoons 2Br^-(aq) + I_2(s)$

b) $2Ce^{4+}(aq) + 2Cl^-(aq) \rightleftharpoons Cl_2(g) + 2Ce^{3+}(aq)$

c) $5Fe^{2+}(aq) + MnO_4^-(aq) + 8H^+(aq) \rightleftharpoons Mn^{2+}(aq) + 4H_2O(l) + 5Fe^{3+}(aq)$

★**7.30** Calculez les valeurs de $\Delta G°$ et de K_c pour les réactions suivantes, à 25 °C :

a) $Mg(s) + Pb^{2+}(aq) \rightleftharpoons Mg^{2+}(aq) + Pb(s)$

b) $Br_2(l) + 2I^-(aq) \rightleftharpoons 2Br^-(aq) + I_2(s)$

c) $O_2(g) + 4H^+(aq) + 4Fe^{2+}(aq) \rightleftharpoons 2H_2O(l) + 4Fe^{3+}(aq)$

d) $2Al(s) + 3I_2(s) \rightleftharpoons 2Al^{3+}(aq) + 6I^-(aq)$

★**7.31** Quelle réaction spontanée se produira dans des conditions standard si une solution aqueuse contient les ions Ce^{4+}, Ce^{3+}, Fe^{3+} et Fe^{2+} ? Calculez les valeurs de $\Delta G°$ et de K_c pour cette réaction.

★**7.32** Sachant que $\epsilon° = 0{,}52$ V pour la réduction $Cu^+(aq) + e^- \longrightarrow Cu(s)$, calculez les valeurs de $\epsilon°$, de $\Delta G°$ et de K pour la réaction suivante, à 25 °C :

$$2Cu^+(aq) \longrightarrow Cu^{2+}(aq) + Cu(s)$$

L'effet de la concentration sur la fem d'une cellule

Questions de révision

7.33 Écrivez l'équation de Nernst et expliquez tous ses termes.

7.34 Écrivez l'équation de Nernst pour les processus suivants à une certaine température T :

a) $Mg(s) + Sn^{2+}(aq) \longrightarrow Mg^{2+}(aq) + Sn(s)$

b) $2Cr(s) + 3Pb^{2+}(aq) \longrightarrow 2Cr^{3+}(aq) + 3Pb(s)$

Problèmes

★**7.35** Quelle est la fem d'une cellule faite des demi-cellules Zn/Zn^{2+} et Cu/Cu^{2+}, à 25 °C, si $[Zn^{2+}] = 0{,}25$ mol/L et $[Cu^{2+}] = 0{,}15$ mol/L ?

★**7.36** Calculez les valeurs de $\epsilon°$, de ϵ et de ΔG pour les réactions des cellules suivantes :

a) $Mg(s) + Sn^{2+}(aq) \longrightarrow Mg^{2+}(aq) + Sn(s)$
$[Mg^{2+}] = 0{,}045$ mol/L ; $[Sn^{2+}] = 0{,}035$ mol/L

b) $3Zn(s) + 2Cr^{3+}(aq) \longrightarrow 3Zn^{2+}(aq) + 2Cr(s)$
$[Cr^{3+}] = 0{,}010$ mol/L ; $[Zn^{2+}] = 0{,}0085$ mol/L

★**7.37** Calculez la fem standard d'une cellule constituée de la demi-cellule Zn/Zn^{2+} et de l'ESH. Quelle sera la fem de la cellule si $[Zn^{2+}] = 0{,}45$ mol/L, $P_{H_2} = 202$ kPa et $[H^+] = 1{,}8$ mol/L ?

★**7.38** Quelle est la fem d'une cellule constituée des demi-cellules Pb/Pb^{2+} et $Pt/H_2/H^+$ si $[Pb^{2+}] = 0{,}10$ mol/L, $[H^+] = 0{,}050$ mol/L et $P_{H_2} = 101{,}3$ kPa ?

★**7.39** En vous référant à la figure 7.2 (*p. 359*), calculez pour quel rapport $[Cu^{2+}]/[Zn^{2+}]$ la réaction suivante devient spontanée, à 25 °C :

$$Cu(s) + Zn^{2+}(aq) \longrightarrow Cu^{2+}(aq) + Zn(s)$$

★**7.40** Calculez la fem de la cellule suivante appelée pile à concentration (*voir p. 385*) :

$$Mg(s)|Mg^{2+}(0{,}24 \text{ mol/L})||Mg^{2+}(0{,}53 \text{ mol/L})|Mg(s)$$

Piles, accumulateurs et piles à combustible

Questions de révision

7.41 Expliquez clairement la différence entre une pile primaire (qui n'est pas rechargeable) et une pile secondaire, par exemple, un accumulateur au plomb (qui est rechargeable).

7.42 Donnez les avantages et les inconvénients des piles à combustible par rapport aux centrales thermiques dans la production d'électricité.

Problèmes

★**7.43** La pile à combustible hydrogène/oxygène est décrite à la section 7.7 (*p. 390*). **a)** Quel volume de $H_2(g)$, stocké à 25 °C et à une pression de $1{,}57 \times 10^4$ kPa, serait nécessaire pour qu'un moteur utilisant un courant de 8,5 A fonctionne pendant 3,0 heures ? **b)** Quel volume (en litres) d'air, à 25 °C et à 101,3 kPa, devrait passer dans la pile par minute pour que le moteur tourne ? Supposez que l'air contient 20 % de O_2 par volume et que le O_2 est consommé par la pile. Les autres composantes de l'air n'influencent pas les réactions de la pile à combustible. Supposez que les gaz ont un comportement idéal.

★**7.44** Calculez la fem standard, à 25 °C, de la pile à combustible propane/oxygène que nous avons décrite à la page 391, sachant que la valeur de $\Delta G_f°$ pour le propane est $-23{,}5$ kJ/mol.

La corrosion

Questions de révision

7.45 Les objets de quincaillerie en acier, comme les vis et les écrous, sont souvent plaqués d'une mince couche de cadmium. Expliquez le rôle de cette couche.

7.46 Le « fer galvanisé » est une feuille d'acier recouverte de zinc ; les contenants en fer-blanc sont faits d'une feuille d'acier recouverte d'étain. Expliquez la fonction de ces recouvrements et, d'un point de vue électrochimique, les réactions de corrosion qui se produisent si un électrolyte entre en contact avec la surface rayée d'une feuille de fer galvanisé ou d'un contenant en fer-blanc.

7.47 L'argent terni contient du Ag_2S. On peut redonner son éclat original à l'argent en le plaçant dans un récipient en aluminium contenant une solution d'électrolyte inerte, comme le NaCl. Expliquez le principe électrochimique de ce procédé. [Le potentiel standard de réduction de la réaction de la demi-cellule $Ag_2S(s) + 2e^- \longrightarrow 2Ag(s) + S^{2-}(aq)$ est de −0,71 V.]

7.48 Quel effet a le pH d'une solution sur la formation de la rouille ?

L'électrolyse

Questions de révision

7.49 Quelle est la différence entre une cellule galvanique et une cellule électrolytique ?

7.50 Quelle fut la contribution de Faraday à l'étude quantitative de l'électrolyse ?

Problèmes

★**7.51** La demi-réaction qui se produit à une électrode est la suivante :

$$Mg^{2+}(\text{fondu}) + 2e^- \longrightarrow Mg(s)$$

Calculez le nombre de grammes de magnésium pouvant être produits si l'on fait passer 1,00 *F* dans l'électrode.

★**7.52** Soit l'électrolyse du chlorure de baryum fondu, $BaCl_2$. **a)** Écrivez les réactions qui se produisent aux électrodes. **b)** Combien de grammes de baryum métallique peut-on produire en y faisant passer un courant de 0,50 A durant 30 minutes ?

★**7.53** En ne tenant compte que du coût de l'électricité, est-il moins économique de produire une tonne de sodium qu'une tonne d'aluminium par électrolyse ?

★**7.54** Si le coût de l'électricité nécessaire à la production du magnésium par l'électrolyse du chlorure de magnésium fondu est de 155 $ par tonne de métal, quel est le coût (en dollars) de l'électricité nécessaire pour produire : **a)** 10,0 tonnes d'aluminium ; **b)** 30,0 tonnes de sodium ; **c)** 50,0 tonnes de calcium ?

★**7.55** Dans l'électrolyse de l'eau, l'une des demi-réactions est :

$$2H_2O(l) \longrightarrow O_2(g) + 4H^+(aq) + 4e^-$$

Supposons que l'on recueille 0,076 L de O_2 à 25 °C et à 755 mm Hg : combien de faradays sont passés dans la solution ?

★**7.56** Quelle quantité d'électricité en faradays est nécessaire pour produire : **a)** 0,84 L de O_2, à 101,3 kPa et à 25 °C, à partir d'une solution aqueuse de H_2SO_4 ; **b)** 1,50 L de Cl_2, à 750 mm Hg et à 20 °C, à partir de NaCl fondu ; **c)** 6,0 g de Sn à partir de $SnCl_2$ fondu ?

★**7.57** Calculez les quantités de Cu et de Br_2 produites aux électrodes inertes si l'on fait passer un courant de 4,50 A dans une solution de $CuBr_2$ durant 1,0 heure.

★**7.58** Au cours de l'électrolyse d'une solution aqueuse de $AgNO_3$, après un certain temps, il y a un dépôt de 0,67 g de Ag. **a)** Écrivez la demi-réaction de la réduction de Ag^+. **b)** Quelle est la demi-réaction d'oxydation probable ? **c)** Calculez la quantité d'électricité utilisée (en coulombs).

★**7.59** On a fait passer un courant constant dans du $CoSO_4$ fondu jusqu'à ce qu'il y ait 2,35 g de cobalt produits. Calculez la quantité d'électricité utilisée en coulombs.

★**7.60** Un courant électrique constant passe durant 3,75 heures dans deux cellules électrolytiques connectées en série. L'une des cellules contient une solution de $AgNO_3$; l'autre, une solution de $CuCl_2$. Durant ce temps, 2,00 g d'argent se sont déposés dans la première cellule. **a)** Combien de grammes de cuivre se seront déposés dans la seconde cellule ? **b)** Quel est le courant, en ampères ?

★**7.61** Quelle est la production horaire de chlore (en kilogrammes) dans une cellule électrolytique utilisant une solution aqueuse de NaCl comme électrolyte et dans laquelle circule un courant de $1{,}500 \times 10^3$ A ? Le rendement de l'oxydation de Cl^- à l'anode est de 93,0 %.

★**7.62** On plaque du chrome par électrolyse sur des objets en les immergeant dans une solution de dichromate, où se produit la demi-réaction (non équilibrée) suivante :

$$Cr_2O_7^{2-}(aq) + e^- + H^+(aq) \longrightarrow Cr(s) + H_2O(l)$$

Combien de temps (en heures) faut-il pour appliquer une couche de chrome de $1{,}0 \times 10^{-2}$ mm sur un pare-chocs d'automobile antique dont la surface est de 0,25 m^2 dans une cellule électrolytique où circule un courant de 25,0 A ? (La masse volumique du chrome est de 7,19 g/cm^3.)

★**7.63** Le passage d'un courant de 0,750 A durant 25,0 minutes provoque le dépôt de 0,369 g de cuivre dans une solution de $CuSO_4$. À partir de cette donnée, calculez la masse molaire du cuivre.

★**7.64** Le passage d'un courant de 3,00 A durant 304 secondes provoque le dépôt de 0,300 g de cuivre dans une solution de $CuSO_4$. Calculez la valeur de la constante de Faraday.

★**7.65** Dans une expérience d'électrolyse, 1,44 g de Ag se dépose dans une cellule (contenant une solution aqueuse de $AgNO_3$), alors que 0,120 g d'un métal inconnu X se dépose dans une autre cellule (contenant une solution aqueuse de XCl_3) ; les deux cellules sont branchées en série. Calculez la masse molaire de X.

★**7.66** Dans l'électrolyse de l'eau, une des demi-réactions est la suivante :

$$2H^+(aq) + 2e^- \longrightarrow H_2(g)$$

Supposons que l'on produise 0,845 L de H_2, à 25 °C et à 782 mm Hg. Combien de faradays ont-ils été nécessaires ?

Problèmes variés

★**7.67** Pour chacune des réactions d'oxydoréduction suivantes : I) écrivez les demi-réactions ; II) écrivez l'équation équilibrée de la réaction globale ; III) dites dans quel sens la réaction sera spontanée dans des conditions standard.

a) $H_2(g) + Ni^{2+}(aq) \longrightarrow H^+(aq) + Ni(s)$

b) $MnO_4^-(aq) + Cl^-(aq) \longrightarrow Mn^{2+}(aq) + Cl_2(g)$ (en solution acide)

c) $Cr(s) + Zn^{2+}(aq) \longrightarrow Cr^{3+}(aq) + Zn(s)$

★**7.68** On trouve l'acide oxalique ($H_2C_2O_4$) dans de nombreux végétaux. **a)** Équilibrez la réaction suivante qui se produit en milieu acide :

$$MnO_4^- + C_2O_4^{2-} \longrightarrow Mn^{2+} + CO_2$$

b) S'il faut 24,0 mL d'une solution de $KMnO_4$ 0,0100 mol/L pour que 1,00 g de $H_2C_2O_4$ atteigne le point d'équivalence, quel est le pourcentage massique de $H_2C_2O_4$ dans l'échantillon ?

★**7.69** Complétez le tableau suivant.

ϵ	ΔG	Spontanéité
> 0		
	> 0	
$= 0$		

★**7.70** L'oxalate de calcium (CaC_2O_4) est insoluble dans l'eau. On utilise cette propriété pour déterminer la quantité d'ions Ca^{2+} dans des liquides, comme le sang. L'oxalate de calcium extrait du sang est dissous dans de l'acide et titré avec une solution standard de $KMnO_4$ comme celle décrite au problème 7.68. Au cours d'une analyse, le titrage de l'oxalate de calcium provenant d'un échantillon de 10,0 mL de sang nécessite 24,2 mL de $KMnO_4$ $9{,}56 \times 10^{-4}$ mol/L. Calculez le nombre de milligrammes de calcium par millilitre de sang.

★**7.71** D'après les données suivantes, calculez le produit de solubilité de AgBr.

$$Ag^+(aq) + e^- \longrightarrow Ag(s) \qquad \epsilon° = 0{,}80\ V$$

$$AgBr(s) + e^- \longrightarrow Ag(s) + Br^-(aq) \qquad \epsilon° = 0{,}07\ V$$

★**7.72** Soit une cellule constituée d'une ESH et d'une demi-cellule utilisant la réaction $Ag^+(aq) + e^- \longrightarrow Ag(s)$. **a)** Calculez le potentiel standard de la cellule. **b)** Quelle est la réaction spontanée de la cellule dans des conditions standard ? **c)** Calculez le potentiel de la cellule quand $[H^+]$ dans l'électrode à hydrogène devient I) $1{,}0 \times 10^{-2}$ mol/L et II) $1{,}0 \times 10^{-5}$ mol/L, tous les autres réactifs étant maintenus dans des conditions standard. **d)** En vous inspirant de cette cellule, suggérez comment vous pourriez construire un pH-mètre.

★**7.73** Une cellule galvanique est constituée d'une électrode d'argent en contact avec 346 mL d'une solution de $AgNO_3$ 0,100 mol/L, et d'une électrode de magnésium en contact avec 288 mL d'une solution de $Mg(NO_3)_2$ 0,100 mol/L. **a)** Calculez la valeur de ϵ pour la cellule, à 25 °C. **b)** On tire un courant électrique de la cellule jusqu'à ce qu'il y ait un dépôt de 1,20 g d'argent à l'électrode d'argent. Calculez la valeur de ϵ pour cette cellule à ce stade d'utilisation.

★**7.74** Dites pourquoi on peut préparer du chlore gazeux grâce à l'électrolyse d'une solution aqueuse de NaCl, alors qu'on ne peut préparer du fluor gazeux par électrolyse d'une solution aqueuse de NaF.

★**7.75** Calculez la fem à 25 °C de la cellule suivante appelée cellule de concentration (une cellule dont les deux compartiments contiennent les mêmes substances, mais à des concentrations différentes) :

$$Cu(s)|Cu^{2+}(0{,}080\ mol/L)||Cu^{2+}(1{,}2\ mol/L)|Cu(s)$$

★**7.76** Dans une pile Leclanché, la réaction à la cathode est la suivante :

$$2MnO_2(s) + Zn^{2+}(aq) + 2e^- \longrightarrow ZnMn_2O_4(s)$$

Si une pile Leclanché produit un courant de 0,0050 A, calculez le nombre d'heures que durera ce courant s'il y a initialement 4,0 g de MnO_2 dans la pile. Supposez qu'il y a un excès d'ions Zn^{2+}.

★**7.77** On vous demande de vérifier expérimentalement les réactions qui se produisent aux électrodes décrites à l'exemple 7.9 (*p. 400*). En plus de l'appareil et de la solution, on vous donne deux papiers tournesol, l'un bleu, l'autre rouge. Décrivez les étapes de votre expérience.

★**7.78** Durant de nombreuses années, on ne savait pas très bien si les ions mercure(I) en solution existaient sous la forme Hg^+ ou Hg_2^{2+}. Pour déterminer laquelle de ces deux possibilités est la bonne, on pourrait faire le montage suivant:

$$Hg(l)|\text{solution A}||\text{solution B}|Hg(l)$$

où la solution A contient 0,263 g de nitrate de mercure(I) par litre de solution, et la solution B contient 2,63 g de nitrate de mercure(I) par litre de solution. Si la fem d'une telle cellule est 0,0289 V à 18 °C, que peut-on déduire concernant la nature des ions mercure?

★**7.79** Une solution aqueuse de KI, à laquelle on a ajouté quelques gouttes de phénolphtaléine, subit une électrolyse; le montage utilisé est semblable à celui illustré ici. Décrivez ce que l'on peut observer à l'anode et à la cathode. (Indice: l'iode moléculaire n'est que légèrement soluble dans l'eau, mais en présence d'ions I^- il forme des ions I_3^- ayant une couleur brune caractéristique, selon l'équation $I^- + I_2 \longrightarrow I_3^-$.)

★**7.80** On place un morceau de magnésium pesant 1,56 g dans 100,0 mL d'une solution de $AgNO_3$ 0,100 mol/L, à 25 °C. Calculez $[Mg^{2+}]$ et $[Ag^+]$ en solution à l'équilibre. Quelle est la masse du magnésium résiduel? Le volume reste constant.

★**7.81** Décrivez une expérience qui permettrait de distinguer l'anode et la cathode dans une cellule galvanique utilisant des électrodes de cuivre et de zinc.

★**7.82** On a fait l'électrolyse, à l'aide d'électrodes de cuivre, d'une solution aqueuse acidifiée. Après le passage d'un courant constant de 1,18 A durant $1,52 \times 10^3$ s, on constate que l'anode a perdu 0,584 g. **a)** Quel gaz est produit à la cathode et quel est son volume à TPN? **b)** Calculez le nombre d'Avogadro, sachant que la charge d'un électron est de $1,6022 \times 10^{-19}$ C. Supposez que le cuivre s'oxyde en ions Cu^{2+}.

★**7.83** Au cours d'une expérience d'électrolyse mettant en jeu des ions Al^{3+}, on récupère 60,2 g de Al après le passage d'un courant de 0,352 A. Combien de minutes l'électrolyse a-t-elle duré?

★**7.84** Soit l'oxydation de l'ammoniac:

$$4NH_3(g) + 3O_2(g) \longrightarrow 2N_2(g) + 6H_2O(l)$$

a) Calculez la valeur de $\Delta G°$ pour la réaction.

b) Si cette réaction avait été utilisée dans une pile à combustible, quelle aurait été la fem standard de la pile?

★**7.85** On fabrique une cellule galvanique en plongeant une tige de cuivre dans 25,0 mL d'une solution de $CuSO_4$ 0,20 mol/L et une tige de zinc dans 25,0 mL d'une solution de $ZnSO_4$ 0,20 mol/L. **a)** Calculez la fem de la cellule, à 25 °C, et prédisez ce qui se produirait si l'on ajoutait une petite quantité de solution de NH_3 concentrée I) à la solution de $CuSO_4$ et II) à la solution de $ZnSO_4$. Supposez que le volume dans chaque compartiment est constant à 25,00 mL. **b)** Dans une autre expérience, on ajoute 25,0 mL de NH_3 3,00 mol/L à la solution de $CuSO_4$. Si la fem de la pile est 0,68 V, calculez la constante de formation (K_f) pour $Cu(NH_3)_4^{2+}$.

★**7.86** Au cours d'une expérience d'électrolyse, une étudiante fait passer la même quantité d'électricité dans deux cellules électrolytiques contenant respectivement des sels d'argent et d'or. Après un certain temps, elle constate que 2,64 g de Ag et 1,61 g de Au se sont déposés aux cathodes. Quel est le degré d'oxydation de l'or dans le sel d'or?

★**7.87** En hiver, partout où il neige, il serait préférable de ne pas laisser sa voiture dans un garage chauffé. Sur quel principe électrochimique cette recommandation se base-t-elle?

★**7.88** Soit:

$$2Hg^{2+}(aq) + 2e^- \longrightarrow Hg_2^{2+}(aq) \qquad \epsilon° = 0,92\ V$$

$$Hg_2^{2+}(aq) + 2e^- \longrightarrow 2Hg(l) \qquad \epsilon° = 0,85\ V$$

Calculez les valeurs de $\Delta G°$ et de K pour le processus suivant, à 25 °C:

$$Hg_2^{2+}(aq) \longrightarrow Hg^{2+}(aq) + Hg(l)$$

(Cette réaction est un exemple de *réaction de dismutation*, dans laquelle un élément à un certain degré d'oxydation est à la fois oxydé et réduit.)

★**7.89** On obtient le fluor (F_2) grâce à l'électrolyse du fluorure d'hydrogène liquide (HF) contenant du fluorure de potassium (KF). **a)** Écrivez les réactions des demi-cellules et la réaction globale du processus. **b)** Quel est le rôle de KF ? **c)** Calculez le volume (en litres) de F_2 recueilli à 24,0 °C et à 122 kPa après électrolyse de la solution durant 15 heures avec un courant de 502 A.

★**7.90** On a fait subir une électrolyse de 6,00 minutes à 300 mL d'une solution de NaCl. Si le pH de la solution finale est 12,24, calculez le courant moyen utilisé.

★**7.91** Dans l'industrie, on affine le cuivre par électrolyse. Le cuivre impur constitue l'anode ; la cathode est faite de cuivre pur. Les électrodes sont plongées dans une solution de $CuSO_4$. Durant l'électrolyse, le cuivre à l'anode se dissout sous forme de Cu^{2+}, tandis que les ions Cu^{2+} sont réduits à la cathode. **a)** Écrivez les réactions des demi-cellules et la réaction globale de ce processus électrolytique. **b)** Supposons que l'anode est contaminée par Zn et Ag. Dites ce qui arrive à ces impuretés durant l'électrolyse. **c)** Combien de temps (en heures) faudra-t-il pour obtenir 1,00 kg de Cu avec un courant de 18,9 A ?

★**7.92** On effectue l'électrolyse d'une solution aqueuse d'un sel de platine en y faisant passer un courant de 2,50 A durant 2,00 heures. Il se forme alors 9,09 g de Pt à la cathode. Calculez la charge des ions Pt dans cette solution.

★**7.93** Soit une cellule galvanique constituée d'une électrode de magnésium en contact avec une solution de $Mg(NO_3)_2$ 1 mol/L, et d'une électrode de cadmium en contact avec une solution de $Cd(NO_3)_2$ 1 mol/L. Calculez la valeur de $\epsilon°$ pour la cellule et faites un schéma illustrant la cathode, l'anode et indiquant le sens du courant.

★**7.94** On fait passer durant 3,40 heures un courant de 6,00 A dans une cellule électrolytique contenant de l'acide sulfurique dilué. Si le volume de O_2 gazeux produit à l'anode est de 4,26 L (à TPN), calculez la charge (en coulombs) de un électron.

★**7.95** **a)** L'or ne se dissout ni dans l'acide nitrique concentré ni dans l'acide chlorhydrique concentré. Cependant, il se dissout dans un mélange de ces deux acides (mélange constitué d'un volume de HNO_3 pour trois volumes de HCl), appelé eau régale. Écrivez l'équation équilibrée de cette réaction. (Indice : parmi les produits, on trouve $HAuCl_4$ et NO_2.) **b)** Quel est le rôle de HCl dans cette réaction ?

★**7.96** Expliquez pourquoi la plupart des cellules galvaniques donnent des tensions électriques comprises entre 1,5 V et un maximum de 2,5 V ? Quelles sont les possibilités de développement de cellules galvaniques de 5 V et plus ?

★ **7.97** Une tige d'argent et une électrode ESH baignent dans une solution d'oxalate d'argent, $Ag_2C_2O_4$, à 25 °C. La différence de potentiel mesurée entre la tige et l'ESH est 0,589 V, la tige étant positive. Calculez la constante du produit de solubilité de l'oxalate d'argent.

★**7.98** Le zinc est un métal amphotère, c'est-à-dire qu'il réagit à la fois avec les acides et les bases. Le potentiel standard de réduction est −1,36 V pour la demi-réaction suivante :

$$Zn(OH)_4^{2-}(aq) + 2e^- \longrightarrow Zn(s) + 4OH^-(aq)$$

Calculez la constante de formation (K_f) pour la réaction :

$$Zn^{2+}(aq) + 4OH^-(aq) \rightleftharpoons Zn(OH)_4^{2-}(aq)$$

★**7.99** Utilisez les données du tableau 7.1 (*p. 365*) pour déterminer si le peroxyde d'hydrogène en milieu acide réagira selon la réaction de disproportion suivante :

$$2H_2O_2 \longrightarrow 2H_2O + O_2$$

★**7.100** Les valeurs absolues (et *non pas* les signes de potentiel standard) de deux métaux X et Y sont :

$$Y^{2+} + 2e^- \longrightarrow Y \qquad |\epsilon°| = 0{,}34\ V$$
$$X^{2+} + 2e^- \longrightarrow X \qquad |\epsilon°| = 0{,}25\ V$$

Lorsque ces demi-cellules sont raccordées, les électrons circulent de X vers Y. Lorsque X est raccordée à une ESH, les électrons vont de X vers ESH.
a) Déterminez la valeur des signes pour chacune des demi-réactions écrites ci-haut. **b)** Quelle est la fem standard d'une cellule constituée de X et de Y ?

★**7.101** Selon le potentiel standard de réduction de Au^{3+} donné au tableau 7.1 (*p. 365*) et d'après la demi-cellule :

$$Au^+(aq) + e^- \longrightarrow Au(s) \qquad \epsilon° = 1{,}69\ V$$

répondez aux questions suivantes.

a) Pourquoi l'or ne ternit-il pas dans l'air ?

b) La réaction suivante de disproportion se produit-elle spontanément ?

$$3Au^+(aq) \longrightarrow Au^{3+}(aq) + 2Au(s)$$

c) Écrivez l'équation de la réaction entre l'or et le fluor gazeux.

★**7.102** Lorsque 25,00 mL d'une solution contenant un mélange d'ions Fe^{2+} et Fe^{3+} sont titrés avec 23,0 mL de $KMnO_4$ (dans de l'acide sulfurique dilué), tout le Fe^{2+} est oxydé en Fe^{3+}. La solution est ensuite traitée avec du Zn métallique de manière à convertir complètement le Fe^{3+} en Fe^{2+}. Finalement, on ajoute 40,0 mL de la même solution de $KMnO_4$ pour oxyder le Fe^{2+} en Fe^{3+}. Calculez les concentrations initiales de Fe^{2+} et de Fe^{3+} dans la solution de départ.

★**7.103** Examinez la cellule décrite à la figure 7.2 (*p. 359*). Lorsque vue de l'extérieur, l'anode apparaît négative et la cathode semble positive (les électrons circulent de l'anode vers la cathode). Mais les anions en solution migrent vers l'anode, ce qui fait penser qu'elle est positive pour les anions. Il est impossible que l'anode soit à la fois négative et positive. Expliquez cette contradiction apparente.

★**7.104** La capacité d'un accumulateur au plomb est donnée en ampères-heures, c'est-à-dire le nombre d'ampères qu'il peut fournir durant une heure. **a)** Démontrez que $1\ A \cdot h = 3\,600\ C$. **b)** Si les anodes de plomb d'un accumulateur au plomb ont une masse totale de 406 g, calculez la capacité théorique maximale de l'accumulateur en ampères-heures. Expliquez pourquoi, en pratique, il est impossible d'extraire complètement toute cette énergie de l'accumulateur. (Indice : supposez que tout le plomb serait consommé au cours de la réaction électrochimique et utilisez les demi-réactions aux électrodes données à la page 388). **c)** Calculez les valeurs de ϵ°_{cell} et de ΔG° pour cet accumulateur.

★**7.105** Selon les potentiels standard de réduction suivants, calculez le produit ionique de l'eau, K_{eau}, pour l'eau à 25 °C.

$$2H^+(aq) + 2e^- \longrightarrow H_2(g) \qquad \epsilon^\circ = 0{,}00\ V$$

$$2H_2O(l) + 2e^- \longrightarrow H_2(g) + 2OH^-(aq) \qquad \epsilon^\circ = -0{,}83\ V$$

Problèmes spéciaux

7.106 Un morceau de ruban de magnésium et un fil de cuivre sont partiellement immergés dans une solution de HCl 0,1 mol/L dans un bécher. Lorsque ces métaux sont reliés extérieurement par un fil conducteur, on peut observer un dégagement de bulles de gaz à la surface des deux métaux, Mg et Cu.

a) Écrivez les équations représentant les réactions des deux métaux.

b) Quelle observation visuelle vous permettrait de démontrer que le Cu n'est pas oxydé en Cu^{2+} ?

c) Après un certain temps, on ajoute une solution de NaOH pour neutraliser le HCl. Puis, après en avoir ajouté encore plus, il y a formation d'un précipité blanc. Quel est ce précipité ?

7.107 La batterie zinc-air semble avoir un avenir prometteur comme source d'énergie pour les automobiles électriques, car elle est à la fois puissante, légère et rechargeable.

La réaction globale est :

$$Zn(s) + \tfrac{1}{2}O_2(g) \longrightarrow ZnO(s)$$

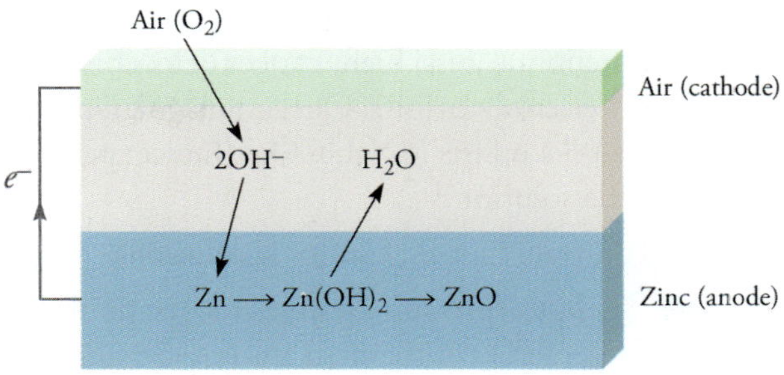

a) Écrivez les demi-réactions aux électrodes et calculez la fem standard de cette batterie à 25 °C.

b) Calculez la fem dans les conditions habituelles d'opération, lorsque la pression partielle de l'oxygène est de 21,3 kPa.

c) Quelle est la densité énergétique (énergie en kilojoules) qui peut être obtenue à partir de 1 kg de zinc ?

d) Si l'on veut obtenir de cette batterie air-zinc un courant de $2{,}1 \times 10^5$ A, quel volume d'air par seconde cette batterie consommera-t-elle ? Supposez que la température est de 25 °C et que la pression partielle de l'oxygène est de 21,3 kPa.

7.108 Un entrepreneur doit enfouir sous terre un long tuyau de drainage en fer (un long tube cylindrique) d'une longueur de 40,0 m et d'un rayon de 0,900 m. Pour prévenir la corrosion, le tuyau doit être galvanisé. Ce procédé consiste à plonger une plaque de fer de dimension appropriée dans une cellule électrolytique contenant des ions Zn^{2+} en utilisant du graphite comme anode et la plaque de fer comme cathode. Si la tension électrique est de 3,26 V, quel est le coût de l'électricité pour déposer une couche d'une épaisseur de 0,200 mm si l'efficacité du procédé est de 95 % ? Le tarif pour l'électricité est de 12 ¢/kilowattheure (kWh) et 1 W = 1 J/s. Le zinc a une masse volumique de 7,14 g/cm³.

7.109 Pour enlever le ternissement (Ag_2S) formé sur une cuillère en argent, une étudiante procède ainsi : d'abord, elle submerge complètement la cuillère dans un grand plat rempli d'eau ; ensuite, elle ajoute dans l'eau quelques cuillerées à soupe de soda à pâte (hydrogénocarbonate de sodium) qui se dissout rapidement ; finalement, elle place une feuille de papier d'aluminium au fond du plat en contact avec la cuillère et elle fait chauffer la solution à environ 80 °C. Après quelques minutes, la cuillère est retirée et rincée à l'eau froide. Le ternissement a disparu, et l'ustensile a retrouvé son éclat normal.

a) Décrivez par des équations la base électrochimique de cette procédure.

b) Si l'on ajoute du NaCl à la place du $NaHCO_3$, cela fonctionne aussi bien, car ces deux composés sont des électrolytes forts. Quel avantage supplémentaire y a-t-il à utiliser le $NaHCO_3$? (Indice : pensez au pH de la solution.)

c) Pourquoi faut-il chauffer la solution ?

d) Quelques produits commerciaux pour nettoyer l'argenterie contiennent un liquide (ou une pâte) constitué d'une solution diluée de HCl. On pourrait aussi bien enlever le ternissement en frottant la cuillère avec l'un de ces produits. Donnez deux inconvénients de la dernière procédure par rapport à la première.

RÉPONSES AUX EXERCICES

7.1 $5Fe^{2+} + MnO_4^- + 8H^+ \longrightarrow 5Fe^{3+} + Mn^{2+} + 4H_2O$

7.2 204 mL

7.3 Non, selon la règle de la diagonale

7.4 0,34 V

7.5 1×10^{-42}

7.6 $\Delta G° = -4{,}1 \times 10^2$ kJ

7.7 Oui

7.8 0,38 V

7.9 Anode : O_2, cathode : H_2

7.10 $2{,}0 \times 10^4$ A

ANNEXE 1

Le code de couleur des modèles moléculaires

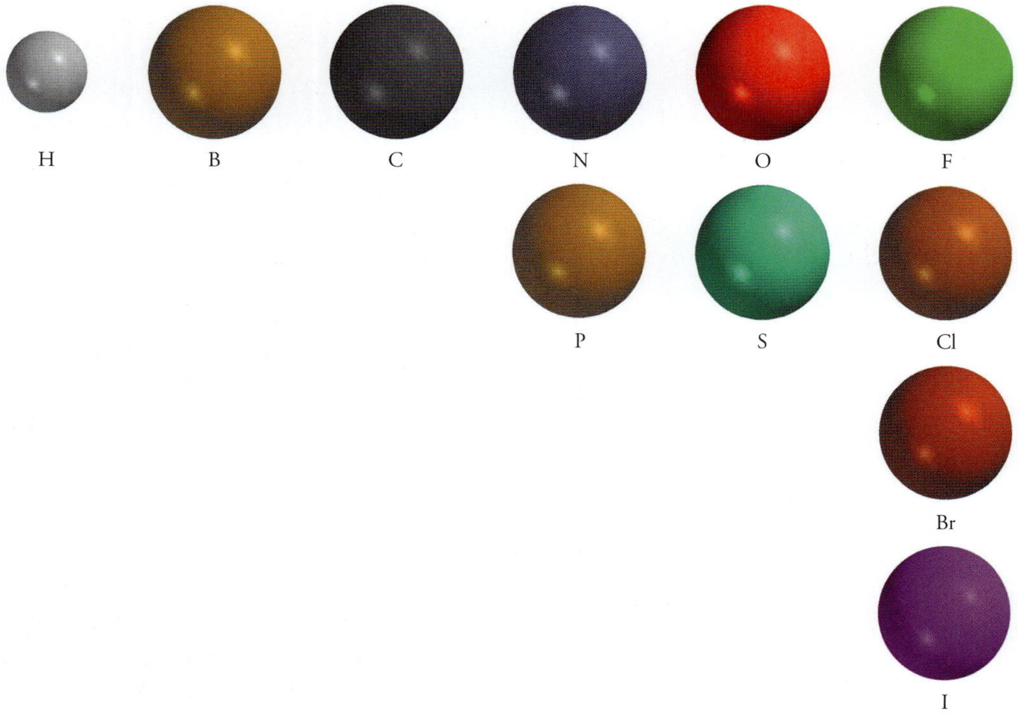

ANNEXE 2

Quelques opérations mathématiques

Les logarithmes

Les logarithmes de base 10

La notion de logarithme est une extension de celle d'exposant, dont on parle au chapitre 1 de *Chime générale*. Le logarithme de base 10 d'un nombre correspond à la puissance à laquelle le nombre 10 doit être élevé pour égaler ce nombre. Les exemples suivants illustrent cette relation :

Logarithme	Exposant
$\log 1 = 0$	$10^0 = 1$
$\log 10 = 1$	$10^1 = 10$
$\log 100 = 2$	$10^2 = 100$
$\log 10^{-1} = -1$	$10^{-1} = 0{,}1$
$\log 10^{-2} = -2$	$10^{-2} = 0{,}01$

Dans chacun de ces cas, on peut obtenir le logarithme du nombre par tâtonnement.

Puisque les logarithmes des nombres sont des exposants, ils en ont les mêmes propriétés. On a donc :

Logarithme	Exposant
$\log AB = \log A + \log B$	$10^A \times 10^B = 10^{A+B}$
$\log \frac{A}{B} = \log A - \log B$	$\frac{10^A}{10^B} = 10^{A-B}$

De plus, $\log A^n = n \log A$.

Maintenant, supposons qu'il faille trouver le logarithme de base 10 de $6{,}7 \times 10^{-4}$. Sur la plupart des calculettes, on entre d'abord le nombre, puis on appuie sur la touche « log ». Cette opération donne :

$$\log 6{,}7 \times 10^{-4} = -3{,}17$$

Notez qu'il y a autant de chiffres *après* la virgule qu'il y a de chiffres significatifs dans le nombre original. Le nombre original a deux chiffres significatifs ; le nombre 17 dans −3,17 indique que le logarithme a deux chiffres significatifs. Voici d'autres exemples :

Nombre	Logarithme de base 10
62	1,79
0,872	−0,0595
$1{,}0 \times 10^{-7}$	−7,00

Parfois (comme dans le cas du calcul du pH), il faut trouver le nombre correspondant au logarithme connu. On extrait alors l'antilogarithme ; il s'agit simplement de l'opération inverse de l'extraction du logarithme. Supposons que, dans un calcul donné, on ait pH = 1,46 et que l'on doive calculer la valeur de $[H_3O^+]$. Selon la définition du pH ($pH = -\log [H_3O^+]$), on peut écrire :

$$[H_3O^+] = 10^{-1{,}46}$$

Beaucoup de calculettes ont une touche « $\log^{-1}$ » ou « INV log », qui permet d'obtenir l'antilogarithme. D'autres calculettes ont la touche « 10^x » ou « y^x » (où x correspond à −1,46 dans le présent exemple, et y est 10, car il s'agit d'un logarithme de base 10). On trouve donc $[H_3O^+] = 0{,}035$ mol/L.

Les logarithmes naturels

Les logarithmes extraits de la base e au lieu de la base 10 sont dits logarithmes naturels (l'abréviation est ln ou $\log_e$) ; e est égal à 2,7183. La relation entre les logarithmes de base 10 et les logarithmes naturels est la suivante :

$$\log 10 = 1 \qquad 10^1 = 10$$
$$\ln 10 = 2{,}303 \qquad e^{2{,}303} = 10$$

Donc :

$$\ln x = 2{,}303 \log x$$

Par exemple, pour trouver le logarithme naturel de 2,27, il faut entrer le nombre dans la calculette et appuyer sur la touche « ln », ce qui donne :

$$\ln 2{,}27 = 0{,}820$$

Si la calculette ne comporte pas la touche appropriée, on peut effectuer l'opération de la façon suivante :

$$2{,}303 \log 2{,}27 = 2{,}303 \times 0{,}356 = 0{,}820$$

Parfois, on connaît le logarithme naturel, et il faut trouver le nombre correspondant. Par exemple :

$$\ln x = 59{,}7$$

Sur de nombreuses calculettes, on ne fait qu'entrer le nombre et appuyer sur la touche « e » :

$$e^{59{,}7} = 8{,}46 \times 10^{25}$$

L'équation quadratique

L'équation quadratique prend la forme suivante :

$$ax^2 + bx + c = 0$$

Si l'on connaît les coefficients a, b et c, la valeur de x est donnée par :

$$x = \frac{-b \pm \sqrt{b^2 - 4ac}}{2a}$$

Supposons l'équation quadratique suivante :

$$2x^2 + 5x - 12 = 0$$

Si l'on résout l'équation :

$$x = \frac{-5 \pm \sqrt{(5)^2 - 4(2)(-12)}}{2(2)}$$

$$= \frac{-5 \pm \sqrt{25 + 96}}{4}$$

Donc :

$$x = \frac{-5 + 11}{4} = \frac{3}{2}$$

et :

$$x = \frac{-5 - 11}{4} = -4$$

ANNEXE 3

Tableau récapitulatif des types de forces intermoléculaires*

Nom de la force intermoléculaire	Autre nom	Description de la force	Comparaison des valeurs des types de forces pour HBr — Total des forces		Autres exemples
			23,08 (kJ/mol)	100 %	
Dipôle-dipôle	Keesom	Entre des molécules polaires (dipôles permanents)	0,68	2,9	Acétone (CH_3COCH_3)
Ion-dipôle	—	Entre une molécule polaire et un ion	—	—	Na^+ avec H_2O
Ion-dipôle induit	—	Entre une molécule ayant une polarité induite (dipôle temporaire) et un ion	0,50	2,2	NO_3^- avec I_2
Dipôle-dipôle induit	Debye	Entre une molécule ayant une polarité induite (dipôle temporaire) et une molécule polaire	—	—	H_2O et CH_4 dans un hydrate
Dipôle induit-dipôle induit	London	Entre des molécules ayant des polarités induites entre elles par la déformation des nuages électroniques	21,90	94,9	Azote (N_2)
Liaison hydrogène	Pont hydrogène	Interaction dipôle-dipôle particulière due à un atome H polarisé et attiré par soit O, N ou F avoisinant	—	—	H_2O

* Ce tableau a déjà été présenté dans le résumé du chapitre 9 de *Chimie générale*.

ANNEXE 4

Différents modes d'expression de la concentration

La concentration d'une solution est une grandeur qui indique la quantité d'un soluté dans une quantité de solution donnée (*voir la section 1.5, p. 28*). Les divers modes d'expression de la concentration ne sont en fait que différentes manières d'exprimer ce rapport entre un soluté et la solution. Le numérateur de ce rapport indique la quantité de soluté contenue dans une certaine unité, et le dénominateur indique la quantité de la solution correspondante, exprimée elle aussi dans une certaine unité. L'ensemble de ces unités du numérateur et du dénominateur, par exemple mole/kilogramme, peut porter un nom d'unité dérivée, dans ce cas-ci « molalité », qui peut avoir un symbole, soit *m* pour la molalité.

Pour convertir des unités de concentration dans d'autres unités, il faut bien se rappeler les définitions et trouver une démarche permettant d'utiliser les bons facteurs de conversion pour transformer les unités de départ en unités recherchées (*voir la section 2.3, p. 56*).

Pourquoi choisir tel mode d'expression de la concentration plutôt qu'un autre ? Les raisons sont multiples et à la fois d'ordre pratique et théorique. Par exemple, pour effectuer certains calculs ou pour décrire certaines lois physiques ou chimiques, il s'avère beaucoup plus simple et naturel d'utiliser une concentration exprimée en certaines unités, comme les moles par litre (mol/L), plutôt que d'autres. Par contre, dans des situations pratiques, comme dans les domaines médical et commercial, il peut suffire d'utiliser le pourcentage volume/volume (% v/v), ce qui facilite la préparation de la solution et évite l'usage d'une balance. Enfin, on privilégie des unités comme les parties par million (ppm) lorsque le soluté est très dilué, comme c'est souvent le cas dans les analyses des polluants de l'air et de l'eau ou lorsqu'il s'agit de décrire des seuils de toxicité ou des normes de concentrations jugées acceptables pour certains polluants. Les récentes méthodes instrumentales de plus en plus sensibles et précises nécessitent l'emploi d'unités comme les nanogrammes (10^{-9} g) ou même les picogrammes (10^{-12} g) par litre !

Le tableau suivant présente différents modes d'expression de la concentration parmi les plus utilisés en chimie ainsi que dans les manuels *Chimie générale* et *Chimie des solutions*. Au lieu de donner ici des définitions écrites complètes, nous préférons présenter le numérateur et le dénominateur propres à chaque mode d'expression de la concentration afin de bien saisir les différences entre les divers modes, ce qui facilite la compréhension et les conversions. Évidemment, lorsqu'il s'agit d'un rapport comportant les mêmes unités au numérateur et au dénominateur, des masses par exemple, il n'est pas nécessaire de spécifier les unités (grammes, ou kilogrammes, ou ...), mais elles doivent être de même nature. Aussi, ces rapports dans les mêmes unités font que ces concentrations n'ont pas d'unités. Pour les pourcentages, il ne faut pas oublier que le rapport doit être multiplié par 100, et que la valeur s'accompagne du signe %.

Différents modes d'expression de la concentration

Grandeur	Numérateur	Dénominateur	Unité	Symbole
Nom	Soluté	Solution		
Concentration molaire volumique* ou Molarité**	Quantité de matière***	Volume de solution	mol/L	*C* ou *M*
Concentration molaire massique ou Molalité	Quantité de matière	Masse de solvant	mol/kg	*m*
Fraction molaire	Quantité de matière du constituant *i*	Quantité totale de matière	——	X_i
Pourcentage massique	Masse	Masse	——	% m/m ou % p/p
Pourcentage volumique	Volume	Volume	——	% v/v
Pourcentage masse/volume	Masse	Volume	——	% m/v
Parties par million	Nombre de parties****	10^6 parties	——	ppm
Parties par milliard	Nombre de parties	10^9 parties	——	ppb
Parties par billion	Nombre de parties	10^{12} parties	——	ppt

* Mode le plus utilisé. Lorsqu'il n'y a pas de confusion possible, on peut simplement dire ou écrire « concentration ».

** Selon les recommandations de l'Union internationale de chimie pure et appliquée (UICPA, 2008) portant sur la terminologie chimique des termes liés à la solubilité (www.iupac.org/publications/pac/2008/pdf/8002x0233.pdf), le terme molarité vaut pour la littérature scientifique ancienne et doit être connu, mais le symbole *M* est encore en usage à la fois comme symbole de la concentration molaire volumique et comme symbole d'unité de ce type de concentration.

*** L'unité SI de la quantité de matière est la mole, dont le symbole est mol (*voir le tableau 1.2 de* Chimie générale).

**** On utilise généralement la masse pour les solutions liquides et le volume ou le nombre de molécules pour les solutions gazeuses.

ANNEXE 5

Constantes d'acidité et de basicité à 25 °C

Acide	Équation*	K_a
acétique	$CH_3COOH + H_2O \rightleftharpoons CH_3COO^- + H_3O^+$	$1,8 \times 10^{-5}$
arsénieux	$H_3AsO_3 + H_2O \rightleftharpoons H_2AsO_3^- + H_3O^+$	$K_{a_1} = 6,0 \times 10^{-10}$
	$H_2AsO_3^- + H_2O \rightleftharpoons HAsO_3^{2-} + H_3O^+$	$K_{a_2} = 3,0 \times 10^{-14}$
arsénique	$H_3AsO_4 + H_2O \rightleftharpoons H_2AsO_4^- + H_3O^+$	$K_{a_1} = 2,5 \times 10^{-4}$
	$H_2AsO_4^- + H_2O \rightleftharpoons HAsO_4^{2-} + H_3O^+$	$K_{a_2} = 5,6 \times 10^{-8}$
	$HAsO_4^{2-} + H_2O \rightleftharpoons AsO_4^{3-} + H_3O^+$	$K_{a_3} = 3,0 \times 10^{-13}$
benzoïque	$C_6H_5COOH + H_2O \rightleftharpoons C_6H_5COO^- + H_3O^+$	$6,5 \times 10^{-5}$
borique	$H_3BO_3 + H_2O \rightleftharpoons H_2BO_3^- + H_3O^+$	$K_{a_1} = 7,3 \times 10^{-10}$
	$H_2BO_3^- + H_2O \rightleftharpoons HBO_3^{2-} + H_3O^+$	$K_{a_2} = 1,8 \times 10^{-13}$
	$HBO_3^{2-} + H_2O \rightleftharpoons BO_3^{3-} + H_3O^+$	$K_{a_3} = 1,6 \times 10^{-14}$
carbonique	$H_2CO_3 + H_2O \rightleftharpoons HCO_3^- + H_3O^+$	$K_{a_1} = 4,2 \times 10^{-7}$
	$HCO_3^- + H_2O \rightleftharpoons CO_3^{2-} + H_3O^+$	$K_{a_2} = 4,8 \times 10^{-11}$
citrique	$H_3C_6H_5O_7 + H_2O \rightleftharpoons H_2C_6H_5O_7^- + H_3O^+$	$K_{a_1} = 7,4 \times 10^{-3}$
	$H_2C_6H_5O_7^- + H_2O \rightleftharpoons HC_6H_5O_7^{2-} + H_3O^+$	$K_{a_2} = 1,7 \times 10^{-5}$
	$HC_6H_5O_7^{2-} + H_2O \rightleftharpoons C_6H_5O_7^{3-} + H_3O^+$	$K_{a_3} = 4,0 \times 10^{-7}$
cyanhydrique	$HCN + H_2O \rightleftharpoons CN^- + H_3O^+$	$4,9 \times 10^{-10}$
cyanique	$HOCN + H_2O \rightleftharpoons OCN^- + H_3O^+$	$3,5 \times 10^{-4}$
fluorhydrique	$HF + H_2O \rightleftharpoons F^- + H_3O^+$	$7,1 \times 10^{-4}$
formique	$HCOOH + H_2O \rightleftharpoons HCOO^- + H_3O^+$	$1,7 \times 10^{-4}$
hydrazoïque	$HN_3 + H_2O \rightleftharpoons N_3^- + H_3O^+$	$1,9 \times 10^{-5}$
hypobromeux	$HBrO + H_2O \rightleftharpoons BrO^- + H_3O^+$	$2,5 \times 10^{-9}$
hypochloreux	$HClO + H_2O \rightleftharpoons ClO^- + H_3O^+$	$3,5 \times 10^{-8}$
nitreux	$HNO_2 + H_2O \rightleftharpoons NO_2^- + H_3O^+$	$4,5 \times 10^{-4}$
oxalique	$H_2C_2O_4 + H_2O \rightleftharpoons HC_2O_4^- + H_3O^+$	$K_{a_1} = 6,5 \times 10^{-2}$
	$HC_2O_4^- + H_2O \rightleftharpoons C_2O_4^{2-} + H_3O^+$	$K_{a_2} = 6,1 \times 10^{-5}$
peroxyde d'hydrogène	$H_2O_2 + H_2O \rightleftharpoons HO_2^- + H_3O^+$	$2,4 \times 10^{-12}$
phénol	$C_6H_5OH + H_2O \rightleftharpoons C_6H_5O^- + H_3O^+$	$1,3 \times 10^{-10}$
phosphoreux	$H_3PO_3 + H_2O \rightleftharpoons H_2PO_3^- + H_3O^+$	$K_{a_1} = 1,6 \times 10^{-2}$
	$H_2PO_3^- + H_2O \rightleftharpoons HPO_3^{2-} + H_3O^+$	$K_{a_2} = 7,0 \times 10^{-7}$

Acide	Équation*	K_a
phosphorique	$H_3PO_4 + H_2O \rightleftharpoons H_2PO_4^- + H_3O^+$	$K_{a_1} = 7{,}5 \times 10^{-3}$
	$H_2PO_4^- + H_2O \rightleftharpoons HPO_4^{2-} + H_3O^+$	$K_{a_2} = 6{,}2 \times 10^{-8}$
	$HPO_4^{2-} + H_2O \rightleftharpoons PO_4^{3-} + H_3O^+$	$K_{a_3} = 4{,}8 \times 10^{-13}$
sélénieux	$H_2SeO_3 + H_2O \rightleftharpoons HSeO_3^- + H_3O^+$	$K_{a_1} = 2{,}7 \times 10^{-3}$
	$HSeO_3^- + H_2O \rightleftharpoons SeO_3^{2-} + H_3O^+$	$K_{a_2} = 2{,}5 \times 10^{-7}$
sélénique	$H_2SeO_4 + H_2O \rightleftharpoons HSeO_4^- + H_3O^+$	K_{a_1} = très grande
	$HSeO_4^- + H_2O \rightleftharpoons SeO_4^{2-} + H_3O^+$	$K_{a_2} = 1{,}2 \times 10^{-2}$
sulfhydrique	$H_2S + H_2O \rightleftharpoons HS^- + H_3O^+$	$K_{a_1} = 9{,}5 \times 10^{-8}$
	$HS^- + H_2O \rightleftharpoons S^{2-} + H_3O^+$	$K_{a_2} = 1 \times 10^{-19}$
sulfureux	$H_2SO_3 + H_2O \rightleftharpoons HSO_3^- + H_3O^+$	$K_{a_1} = 1{,}3 \times 10^{-4}$
	$HSO_3^- + H_2O \rightleftharpoons SO_3^{2-} + H_3O^+$	$K_{a_2} = 6{,}3 \times 10^{-8}$
sulfurique	$H_2SO_4 + H_2O \rightleftharpoons HSO_4^- + H_3O^+$	K_{a_1} = très grande
	$HSO_4^- + H_2O \rightleftharpoons SO_4^{2-} + H_3O^+$	$K_{a_2} = 1{,}3 \times 10^{-2}$
tellureux	$H_2TeO_3 + H_2O \rightleftharpoons HTeO_3^- + H_3O^+$	$K_{a_1} = 2 \times 10^{-3}$
	$HTeO_3^- + H_2O \rightleftharpoons TeO_3^{2-} + H_3O^+$	$K_{a_2} = 1 \times 10^{-8}$

Base	Équation*	K_b
ammoniac	$NH_3 + H_2O \rightleftharpoons NH_4^+ + OH^-$	$1{,}8 \times 10^{-5}$
aniline	$C_6H_5NH_2 + H_2O \rightleftharpoons C_6H_5NH_3^+ + OH^-$	$3{,}8 \times 10^{-10}$
diméthylamine	$(CH_3)_2NH + H_2O \rightleftharpoons (CH_3)_2NH_2^+ + OH^-$	$7{,}4 \times 10^{-4}$
éthylamine	$C_2H_5NH_2 + H_2O \rightleftharpoons C_2H_5NH_3^+ + OH^-$	$5{,}6 \times 10^{-4}$
éthylènediamine	$H_2N(CH_2)_2NH_2 + H_2O \rightleftharpoons H_2N(CH_2)_2NH_3^+ + OH^-$	$K_{b_1} = 8{,}5 \times 10^{-5}$
	$H_2N(CH_2)_2NH_3^+ + H_2O \rightleftharpoons H_3N(CH_2)_2NH_3^{2+} + OH^-$	$K_{b_2} = 2{,}7 \times 10^{-8}$
hydrazine	$N_2H_4 + H_2O \rightleftharpoons N_2H_5^+ + OH^-$	$K_{b_1} = 8{,}5 \times 10^{-7}$
	$N_2H_5^+ + H_2O \rightleftharpoons N_2H_6^{2+} + OH^-$	$K_{b_2} = 8{,}9 \times 10^{-16}$
hydroxylamine	$NH_2OH + H_2O \rightleftharpoons NH_3OH^+ + OH^-$	$6{,}6 \times 10^{-9}$
méthylamine	$CH_3NH_2 + H_2O \rightleftharpoons CH_3NH_3^+ + OH^-$	$4{,}4 \times 10^{-4}$
pyridine	$C_5H_5N + H_2O \rightleftharpoons C_5H_5NH^+ + OH^-$	$1{,}7 \times 10^{-9}$
triméthylamine	$(CH_3)_3N + H_2O \rightleftharpoons (CH_3)_3NH^+ + OH^-$	$7{,}4 \times 10^{-5}$
urée	$NH_2CONH_2 + H_2O \rightleftharpoons NH_2CONH_3^+ + OH^-$	$5{,}3 \times 10^{-14}$

* Afin d'alléger l'écriture, on a omis l'état dans lequel se trouvent les espèces : (*aq*) pour l'acide ou la base et les ions, (*l*) pour l'eau.

Tiré de John C. Kotz et Paul M. Treichel Jr, traduit et adapté par Marcel Deneux, *Chimie des solutions*, Montréal, Beauchemin, 2005, p. 321-322.

ANNEXE 6

Quelques données thermodynamiques à 101,325 kPa et à 25 °C*

Substances inorganiques

Substance	ΔH_f° (kJ/mol)	ΔG_f° (kJ/mol)	S° (J/K · mol)
$Ag(s)$	0	0	42,7
$Ag^+(aq)$	105,9	77,1	73,9
$AgCl(s)$	−127,0	−109,7	96,1
$AgBr(s)$	−99,5	−95,9	107,1
$AgI(s)$	−62,4	−66,3	114,2
$AgNO_3(s)$	−123,1	−32,2	140,9
$Al(s)$	0	0	28,3
$Al^{3+}(aq)$	−524,7	−481,2	−313,38
$Al_2O_3(s)$	−1 669,8	−1 576,4	50,99
$As(s)$	0	0	35,15
$AsO_4^{3-}(aq)$	−870,3	−635,97	−144,77
$AsH_3(g)$	171,5		
$H_3AsO_4(s)$	−900,4		
$Au(s)$	0	0	47,7
$Au_2O_3(s)$	80,8	163,2	125,5
$AuCl(s)$	−35,2		
$AuCl_3(s)$	−118,4		
$B(s)$	0	0	6,5
$B_2O_3(s)$	−1 263,6	−1 184,1	54,0
$H_3BO_3(s)$	−1 087,9	−963,16	89,58
$H_3BO_3(aq)$	−1 067,8	−963,3	159,8
$Ba(s)$	0	0	66,9
$Ba^{2+}(aq)$	−538,4	−560,66	12,55
$BaO(s)$	−558,2	−528,4	70,3
$BaCl_2(s)$	−860,1	−810,86	125,5
$BaSO_4(s)$	−1 464,4	−1 353,1	132,2
$BaCO_3(s)$	−1 218,8	−1 138,9	112,1
$Be(s)$	0	0	9,5
$BeO(s)$	−610,9	−581,58	14,1
$Br_2(l)$	0	0	152,3
$Br^-(aq)$	−120,9	−102,8	80,7
$HBr(g)$	−36,2	−53,2	198,48

* Dans le cas des ions, les données thermodynamiques sont relatives aux états de référence suivants :
$\Delta H_f^\circ\,[H_3O^+(aq)] = 0$; $\Delta G_f^\circ\,[H_3O^+(aq)] = 0$; $S^\circ\,[H_3O^+(aq)] = 0$.

Substances inorganiques (*suite*)

Substance	ΔH_f° (kJ/mol)	ΔG_f° (kJ/mol)	S° (J/K · mol)
C(graphite)	0	0	5,69
C(diamant)	1,90	2,87	2,4
$CO(g)$	−110,5	−137,3	197,9
$CO_2(g)$	−393,5	−394,4	213,6
$CO_2(aq)$	−412,9	−386,2	121,3
$CO_3^{2-}(aq)$	−676,3	−528,1	−53,1
$HCO_3^-(aq)$	−691,1	−587,1	94,98
$H_2CO_3(aq)$	−699,7	−623,2	187,4
$CS_2(g)$	115,3	65,1	237,8
$CS_2(l)$	87,9	63,6	151,0
$HCN(aq)$	105,4	112,1	128,9
$CN^-(aq)$	151,0	165,69	117,99
$(NH_2)_2CO(s)$	−333,19	−197,15	104,6
$(NH_2)_2CO(aq)$	−319,2	−203,84	173,85
$Ca(s)$	0	0	41,6
$Ca^{2+}(aq)$	−542,96	−553,0	−55,2
$CaO(s)$	−635,6	−604,2	39,8
$Ca(OH)_2(s)$	−986,6	−896,8	76,2
$CaF_2(s)$	−1 214,6	−1 161,9	68,87
$CaCl_2(s)$	−794,96	−750,19	113,8
$CaSO_4(s)$	−1 432,69	−1 320,3	106,69
$CaCO_3(s)$	−1 206,9	−1 128,8	92,9
$Cd(s)$	0	0	51,46
$Cd^{2+}(aq)$	−72,38	−77,7	−61,09
$CdO(s)$	−254,6	−225,06	54,8
$CdCl_2(s)$	−389,1	−342,59	118,4
$CdSO_4(s)$	−926,17	−820,2	137,2
$Cl_2(g)$	0	0	223,0
$Cl^-(aq)$	−167,2	−131,2	56,5
$HCl(g)$	−92,3	−95,27	187,0
$Co(s)$	0	0	28,45
$Co^{2+}(aq)$	−67,36	−51,46	155,2
$CoO(s)$	−239,3	−213,38	43,9
$Cr(s)$	0	0	23,77
$Cr^{2+}(aq)$	−138,9		
$Cr_2O_3(s)$	−1 128,4	−1 046,8	81,17
$CrO_4^{2-}(aq)$	−863,16	−706,26	38,49
$CrO_7^{2-}(aq)$	−1 460,6	−1 257,29	213,8
$Cs(s)$	0	0	82,8
$Cs^+(aq)$	−247,69	−282,0	133,05

>>>

Substances inorganiques (*suite*)

Substance	ΔH_f° (kJ/mol)	ΔG_f° (kJ/mol)	S° (J/K · mol)
$Cu(s)$	0	0	33,3
$Cu^{+}(aq)$	51,88	50,2	−26,36
$Cu^{2+}(aq)$	64,39	64,98	98,7
$CuO(s)$	−155,2	−127,2	43,5
$Cu_2O(s)$	−166,69	−146,36	100,8
$CuCl(s)$	−134,7	−118,8	91,6
$CuCl_2(s)$	−205,85		
$CuS(s)$	−48,5	−49,0	66,5
$CuSO_4(s)$	−769,86	−661,9	113,39
$F_2(g)$	0	0	203,34
$F^{-}(aq)$	−329,1	−276,48	−9,6
$HF(g)$	−271,6	−270,7	173,5
$Fe(s)$	0	0	27,2
$Fe^{2+}(aq)$	−87,86	−84,9	−113,39
$Fe^{3+}(aq)$	−47,7	−10,5	−293,3
$Fe_2O_3(s)$	−822,2	−741,0	90,0
$Fe(OH)_2(s)$	−568,19	−483,55	79,5
$Fe(OH)_3(s)$	−824,25		
$H(g)$	218,2	203,2	114,6
$H_2(g)$	0	0	131,0
$H_3O^{+}(aq)$	0	0	0
$OH^{-}(aq)$	−229,94	−157,30	−10,5
$H_2O(g)$	−241,8	−228,6	188,7
$H_2O(l)$	−285,8	−237,2	69,9
$H_2O_2(l)$	−187,6	−118,1	109,6
$Hg(l)$	0	0	77,4
$Hg^{2+}(aq)$		−164,38	
$HgO(s)$	−90,7	−58,5	72,0
$HgCl_2(s)$	−230,1		
$Hg_2Cl_2(s)$	−264,9	−210,66	196,2
$HgS(s)$	−58,16	−48,8	77,8
$HgSO_4(s)$	−704,17		
$Hg_2SO_4(s)$	−741,99	−623,92	200,75
$I_2(s)$	0	0	116,7
$I^{-}(aq)$	55,9	51,67	109,37
$HI(g)$	25,9	1,30	206,3
$K(s)$	0	0	63,6
$K^{+}(aq)$	−251,2	−282,28	102,5
$KOH(s)$	−425,85		
$KCl(s)$	−435,87	−408,3	82,68

Substances inorganiques (*suite*)

Substance	ΔH_f° (kJ/mol)	ΔG_f° (kJ/mol)	S° (J/K · mol)
$KClO_3(s)$	−391,20	−289,9	142,97
$KClO_4(s)$	−433,46	−304,18	151,0
$KBr(s)$	−392,17	−379,2	96,4
$KI(s)$	−327,65	−322,29	104,35
$KNO_3(s)$	−492,7	−393,1	132,9
$Li(s)$	0	0	28,0
$Li^+(aq)$	−278,46	−293,8	14,2
$Li_2O(s)$	−595,8	?	?
$LiOH(s)$	−487,2	−443,9	50,2
$Mg(s)$	0	0	32,5
$Mg^{2+}(aq)$	−461,96	−456,0	−117,99
$MgO(s)$	−601,8	−569,6	26,78
$Mg(OH)_2(s)$	−924,66	−833,75	63,1
$MgCl_2(s)$	−641,8	−592,3	89,5
$MgSO_4(s)$	−1 278,2	−1 173,6	91,6
$MgCO_3(s)$	−1 112,9	−1 029,3	65,69
$Mn(s)$	0	0	31,76
$Mn^{2+}(aq)$	−218,8	−223,4	−83,68
$MnO_2(s)$	−520,9	−466,1	53,1
$N_2(g)$	0	0	191,5
$N_3^-(aq)$	245,18	?	?
$NH_3(g)$	−46,3	−16,6	193,0
$NH_4^+(aq)$	−132,80	−79,5	112,8
$NH_4Cl(s)$	−315,39	−203,89	94,56
$NH_3(aq)$	−366,1	−263,76	181,17
$N_2H_4(l)$	50,4		
$NO(g)$	90,4	86,7	210,6
$NO_2(g)$	33,85	51,8	240,46
$N_2O_4(g)$	9,66	98,29	304,3
$N_2O(g)$	81,56	103,6	219,99
$HNO_2(aq)$	−118,8	−53,6	
$HNO_3(l)$	−173,2	−79,9	155,6
$NO_3^-(aq)$	−206,57	−110,5	146,4
$Na(s)$	0	0	51,05
$Na^+(aq)$	−239,66	−261,87	60,25
$Na_2O(s)$	−415,89	−376,56	72,8
$NaCl(s)$	−411,0	−384,0	72,38
$NaI(s)$	−288,0		
$Na_2SO_4(s)$	−1 384,49	−1 266,8	149,49
$NaNO_3(s)$	−466,68	−365,89	116,3
$Na_2CO_3(s)$	−1 130,9	−1 047,67	135,98
$NaHCO_3(s)$	−947,68	−851,86	102,09

>>>

Substances inorganiques (*suite*)

Substance	ΔH_f° (kJ/mol)	ΔG_f° (kJ/mol)	S° (J/K · mol)
$Ni(s)$	0	0	30,1
$Ni^{2+}(aq)$	−64,0	−46,4	159,4
$NiO(s)$	−244,35	−216,3	38,58
$Ni(OH)_2(s)$	−538,06	−453,1	79,5
$O(g)$	249,4	230,1	160,95
$O_2(g)$	0	0	205,0
$O_3(aq)$	−12,09	16,3	110,88
$O_3(g)$	142,2	163,4	237,6
P(blanc)	0	0	44,0
P(rouge)	−18,4	13,8	29,3
$PO_4^{3-}(aq)$	−1 284,07	−1 025,59	−217,57
$P_4O_{10}(s)$	−3 012,48		
$PH_3(g)$	9,25	18,2	210,0
$HPO_4^{2-}(aq)$	−1 298,7	−1 094,1	−35,98
$H_2PO_4^-(aq)$	−1 302,48	−1 135,1	89,1
$Pb(s)$	0	0	64,89
$Pb^{2+}(aq)$	1,6	24,3	21,3
$PbO(s)$	−217,86	−188,49	69,45
$PbO_2(s)$	−276,65	−218,99	76,57
$PbCl_2(s)$	−359,2	−313,97	136,4
$PbS(s)$	−94,3	−92,68	91,2
$PbSO_4(s)$	−918,4	−811,2	147,28
$Pt(s)$	0	0	41,84
$PtCl_4^{2-}(aq)$	−516,3	−384,5	175,7
$Rb(s)$	0	0	69,45
$Rb^+(aq)$	−246,4	−282,2	124,27
S(orthorhombique)	0	0	31,88
S(monoclinique)	0,30	0,10	32,55
$SO_2(g)$	−296,1	−300,4	248,5
$SO_3(g)$	−395,2	−370,4	256,2
$SO_3^{2-}(aq)$	−624,25	−497,06	43,5
$SO_4^{2-}(aq)$	−907,5	−741,99	17,15
$H_2S(g)$	−20,15	−33,0	205,64
$HSO_3^-(aq)$	−627,98	−527,3	132,38
$HSO_4^-(aq)$	−885,75	−752,87	126,86
$H_2SO_4(l)$	−811,3	?	?
$SF_6(g)$	−1 096,2	?	?
$Se(s)$	0	0	42,44
$SeO_2(s)$	−225,35		
$H_2Se(g)$	29,7	15,90	218,9

Substances inorganiques (*suite*)

Substance	ΔH_f° (kJ/mol)	ΔG_f° (kJ/mol)	S° (J/K · mol)
$Si(s)$	0	0	18,70
$SiO_2(s)$	−859,3	−805,0	41,84
$Sr(s)$	0	0	54,39
$Sr^{2+}(aq)$	−545,5	−557,3	39,33
$SrCl_2(s)$	−828,4	−781,15	117,15
$SrSO_4(s)$	−1 444,74	−1 334,28	121,75
$SrCO_3(s)$	−1 218,38	−1 137,6	97,07
$W(s)$	0	0	33,47
$WO_3(s)$	−840,3	−763,45	83,26
$WO_4^-(aq)$	−1 115,45		
$Zn(s)$	0	0	41,6
$Zn^{2+}(aq)$	−152,4	−147,2	106,48
$ZnO(s)$	−348,0	−318,2	43,9
$ZnCl_2(s)$	−415,89	−369,26	108,37
$ZnS(s)$	−202,9	−198,3	57,7
$ZnSO_4(s)$	−978,6	−871,6	124,7

Substances organiques

Substance	Formule	ΔH_f° (kJ/mol)	ΔG_f° (kJ/mol)	S° (J/K · mol)
Acétaldéhyde(*g*)	CH_3CHO	−166,35	−139,08	264,2
Acétone(*l*)	CH_3COCH_3	−246,8	−153,55	198,74
Acétylène(*g*)	C_2H_2	226,6	209,2	200,8
Acide acétique(*l*)	CH_3COOH	−484,2	−389,45	159,83
Acide formique(*l*)	$HCOOH$	−409,2	−346,0	128,95
Benzène(*l*)	C_6H_6	49,04	124,5	124,5
Éthane(*g*)	C_2H_6	−84,7	−32,89	229,49
Éthanol(*l*)	C_2H_5OH	−276,98	−174,18	161,04
Éthylène(*g*)	C_2H_4	52,3	68,1	219,45
Glucose(*s*)	$C_6H_{12}O_6$	−1 274,5	−910,56	212,1
Méthane(*g*)	CH_4	−74,85	−50,8	186,19
Méthanol(*l*)	CH_3OH	−238,7	−166,3	126,78
Saccharose(*s*)	$C_{12}H_{22}O_{11}$	−2 221,7	−1 544,3	360,24

ANNEXE 7

Table des potentiels standard de réduction à 25 °C

Réaction	$\epsilon°$ (V)
$Ac^{3+} + 3e^- \rightleftharpoons Ac$	−2,20
$Ag^+ + e^- \rightleftharpoons Ag$	0,7996
$Ag^{2+} + e^- \rightleftharpoons Ag^+$	1,980
$Ag(ac) + e^- \rightleftharpoons Ag + (ac)^-$	0,643
$AgBr + e^- \rightleftharpoons Ag + Br^-$	0,071 33
$AgBrO_3 + e^- \rightleftharpoons Ag + BrO_3^-$	0,546
$Ag_2C_2O_4 + 2e^- \rightleftharpoons 2Ag + C_2O_4^{2-}$	0,4647
$AgCl + e^- \rightleftharpoons Ag + Cl^-$	0,222 33
$AgCN + e^- \rightleftharpoons Ag + CN^-$	−0,017
$Ag_2CO_3 + 2e^- \rightleftharpoons 2Ag + CO_3^{2-}$	0,47
$Ag_2CrO_4 + 2e^- \rightleftharpoons 2Ag + CrO_4^{2-}$	0,4470
$AgF + e^- \rightleftharpoons Ag + F^-$	0,779
$Ag_4[Fe(CN)_6] + 4e^- \rightleftharpoons 4Ag + [Fe(CN)_6]^{4-}$	0,1478
$AgI + e^- \rightleftharpoons Ag + I^-$	−0,152 24
$AgIO_3 + e^- \rightleftharpoons Ag + IO_3^-$	0,354
$Ag_2MoO_4 + 2e^- \rightleftharpoons 2Ag + MoO_4^{2-}$	0,4573
$AgNO_2 + e^- \rightleftharpoons Ag + 2NO_2^-$	0,564
$Ag_2O + H_2O + 2e^- \rightleftharpoons 2Ag + 2OH^-$	0,342
$Ag_2O_3 + H_2O + 2e^- \rightleftharpoons 2AgO + 2OH^-$	0,739
$Ag^{3+} + 2e^- \rightleftharpoons Ag^+$	1,9
$Ag^{3+} + e^- \rightleftharpoons Ag^{2+}$	1,8
$Ag_2O_2 + 4H^+ + e^- \rightleftharpoons 2Ag + 2H_2O$	1,802
$2AgO + H_2O + 2e^- \rightleftharpoons Ag_2O + 2OH^-$	0,607
$AgOCN + e^- \rightleftharpoons Ag + OCN^-$	0,41
$Ag_2S + 2e^- \rightleftharpoons 2Ag + S^{2-}$	−0,691
$Ag_2S + 2H^+ + 2e^- \rightleftharpoons 2Ag + H_2S$	−0,0366
$AgSCN + e^- \rightleftharpoons Ag + SCN^-$	0,089 51
$Ag_2SeO_3 + 2e^- \rightleftharpoons 2Ag + SeO_4^{2-}$	0,3629
$Ag_2SO_4 + 2e^- \rightleftharpoons 2Ag + SO_4^{2-}$	0,654
$Ag_2WO_4 + 2e^- \rightleftharpoons 2Ag + WO_4^{2-}$	0,4660
$Al^{3+} + 3e^- \rightleftharpoons Al$	−1,662
$Al(OH)_3 + 3e^- \rightleftharpoons Al + 3OH^-$	−2,31
$Al(OH)_4^- + 3e^- \rightleftharpoons Al + 4OH^-$	−2,328
$H_2AlO_3^- + H_2O + 3e^- \rightleftharpoons Al + 4OH^-$	−2,33
$AlF_6^{3-} + 3e^- \rightleftharpoons Al + 6F^-$	−2,069
$Am^{4+} + e^- \rightleftharpoons Am^{3+}$	2,60
$Am^{2+} + 2e^- \rightleftharpoons Am$	−1,9
$Am^{3+} + 3e^- \rightleftharpoons Am$	−2,048
$Am^{3+} + e^- \rightleftharpoons Am^{2+}$	−2,3
$As + 3H^+ + 3e^- \rightleftharpoons AsH_3$	−0,608
$As_2O_3 + 6H^+ + 6e^- \rightleftharpoons 2As + 3H_2O$	0,234
$HAsO_2 + 3H^+ + 3e^- \rightleftharpoons As + 2H_2O$	0,248
$AsO_2^- + 2H_2O + 3e^- \rightleftharpoons As + 4OH^-$	−0,68
$H_3AsO_4 + 2H^+ + 2e^- \rightleftharpoons HAsO_2 + 2H_2O$	0,560
$AsO_4^{3-} + 2H_2O + 2e^- \rightleftharpoons AsO_2^- + 4OH^-$	−0,71
$At_2 + 2e^- \rightleftharpoons 2At^-$	0,3
$Au^+ + e^- \rightleftharpoons Au$	1,692
$Au^{3+} + 2e^- \rightleftharpoons Au^+$	1,401
$Au^{3+} + 3e^- \rightleftharpoons Au$	1,498
$Au^{2+} + e^- \rightleftharpoons Au^+$	1,8
$AuOH^{2+} + H^+ + 2e^- \rightleftharpoons Au^+ + H_2O$	1,32
$AuBr_2^- + e^- \rightleftharpoons Au + 2Br^-$	0,959
$AuBr_4^- + 3e^- \rightleftharpoons Au + 4Br^-$	0,854
$AuCl_4^- + 3e^- \rightleftharpoons Au + 4Cl^-$	1,002
$Au(OH)_3 + 3H^+ + 3e^- \rightleftharpoons Au + 3H_2O$	1,45
$H_2BO_3^- + 5H_2O + 8e^- \rightleftharpoons BH_4^- + 8OH^-$	−1,24
$H_2BO_3^- + H_2O + 3e^- \rightleftharpoons B + 4OH^-$	−1,79
$H_3BO_3 + 3H^+ + 3e^- \rightleftharpoons B + 3H_2O$	−0,8698
$B(OH)_3 + 7H^+ + 8e^- \rightleftharpoons BH_4^- + 3H_2O$	−0,481
$Ba^{2+} + 2e^- \rightleftharpoons Ba$	−2,912
$Ba^{2+} + 2e^- \rightleftharpoons Ba(Hg)$	−1,570
$Ba(OH)_2 + 2e^- \rightleftharpoons Ba + 2OH^-$	−2,99
$Be^{2+} + 2e^- \rightleftharpoons Be$	−1,847
$Be_2O_3^{2-} + 3H_2O + 4e^- \rightleftharpoons 2Be + 6OH^-$	−2,63
p-benzoquinone $+ 2H^+ + 2e^- \rightleftharpoons$ hydroquinone	0,6992
$Bi^+ + e^- \rightleftharpoons Bi$	0,5
$Bi^{3+} + 3e^- \rightleftharpoons Bi$	0,308
$Bi^{3+} + 2e^- \rightleftharpoons Bi^+$	0,2
$Bi + 3H^+ + 3e^- \rightleftharpoons BiH_3$	−0,8
$BiCl_4^- + 3e^- \rightleftharpoons Bi + 4Cl^-$	0,16
$Bi_2O_3 + 3H_2O + 6e^- \rightleftharpoons 2Bi + 6OH^-$	−0,46
$Bi_2O_4 + 4H^+ + 2e^- \rightleftharpoons 2BiO^+ + 2H_2O$	1,593
$BiO^+ + 2H^+ + 3e^- \rightleftharpoons Bi + H_2O$	0,320
$BiOCl + 2H^+ + 3e^- \rightleftharpoons Bi + Cl^- + H_2O$	0,1583
$Bk^{4+} + e^- \rightleftharpoons Bk^{3+}$	1,67
$Bk^{2+} + 2e^- \rightleftharpoons Bk$	−1,6
$Bk^{3+} + e^- \rightleftharpoons Bk^{2+}$	−2,8
$Br_2(aq) + 2e^- \rightleftharpoons 2Br^-$	1,0873

Réaction	ϵ° (V)
$Br_2(l) + 2e^- \rightleftharpoons 2Br^-$	1,066
$HBrO + H^+ + 2e^- \rightleftharpoons Br^- + H_2O$	1,331
$HBrO + H^+ + e^- \rightleftharpoons 1/2Br_2(aq) + H_2O$	1,574
$HBrO + H^+ + e^- \rightleftharpoons 1/2Br_2(l) + H_2O$	1,596
$BrO^- + H_2O + 2e^- \rightleftharpoons Br^- + 2OH^-$	0,761
$BrO_3^- + 6H^+ + 5e^- \rightleftharpoons 1/2Br_2 + 3H_2O$	1,482
$BrO_3^- + 6H^+ + 6e^- \rightleftharpoons Br^- + 3H_2O$	1,423
$BrO_3^- + 3H_2O + 6e^- \rightleftharpoons Br^- + 6OH^-$	0,61
$(CN)_2 + 2H^+ + 2e^- \rightleftharpoons 2HCN$	0,373
$2HCNO + 2H^+ + 2e^- \rightleftharpoons (CN)_2 + 2H_2O$	0,330
$(CNS)_2 + 2e^- \rightleftharpoons 2CNS^-$	0,77
$CO_2 + 2H^+ + 2e^- \rightleftharpoons HCOOH$	−0,199
$Ca^+ + e^- \rightleftharpoons Ca$	−3,80
$Ca^{2+} + 2e^- \rightleftharpoons Ca$	−2,868
$Ca(OH)_2 + 2e^- \rightleftharpoons Ca + 2OH^-$	−3,02
Électrode au calomel, KCl 1 mol/L	0,2800
Électrode au calomel, KCl 1 mol/L (ECN)	0,2801
Électrode au calomel, KCl 0,1 mol/L	0,3337
Électrode au calomel, saturée en KCl (ECS)	0,2412
Électrode au calomel, saturée en NaCl (ECSS)	0,2360
$Cd^{2+} + 2e^- \rightleftharpoons Cd$	−0,4030
$Cd^{2+} + 2e^- \rightleftharpoons Cd(Hg)$	−0,3521
$Cd(OH)_2 + 2e^- \rightleftharpoons Cd(Hg) + 2OH^-$	−0,809
$CdSO_4 + 2e^- \rightleftharpoons Cd + SO_4^{2-}$	−0,246
$Cd(OH)_4^{2-} + 2e^- \rightleftharpoons Cd + 4OH^-$	−0,658
$CdO + H_2O + 2e^- \rightleftharpoons Cd + 2OH^-$	−0,783
$Ce^{3+} + 3e^- \rightleftharpoons Ce$	−2,336
$Ce^{3+} + 3e^- \rightleftharpoons Ce(Hg)$	−1,4373
$Ce^{4+} + e^- \rightleftharpoons Ce^{3+}$	1,72
$CeOH^{3+} + H^+ + e^- \rightleftharpoons Ce^{3+} + H_2O$	1,715
$Cf^{4+} + e^- \rightleftharpoons Cf^{3+}$	3,3
$Cf^{3+} + e^- \rightleftharpoons Cf^{2+}$	−1,6
$Cf^{3+} + 3e^- \rightleftharpoons Cf$	−1,94
$Cf^{2+} + 2e^- \rightleftharpoons Cf$	−2,12
$Cl_2(g) + 2e^- \rightleftharpoons 2Cl^-$	1,358 27
$HClO + H^+ + e^- \rightleftharpoons 1/2Cl_2 + H_2O$	1,611
$HClO + H^+ + 2e^- \rightleftharpoons Cl^- + H_2O$	1,482
$ClO^- + H_2O + 2e^- \rightleftharpoons Cl^- + 2OH^-$	0,81
$ClO_2 + H^+ + e^- \rightleftharpoons HClO_2$	1,277
$HClO_2 + 2H^+ + 2e^- \rightleftharpoons HClO + H_2O$	1,645
$HClO_2 + 3H^+ + 3e^- \rightleftharpoons 1/2Cl_2 + 2H_2O$	1,628
$HClO_2 + 3H^+ + 4e^- \rightleftharpoons Cl^- + 2H_2O$	1,570
$ClO_2^- + H_2O + 2e^- \rightleftharpoons ClO^- + 2OH^-$	0,66
$ClO_2^- + 2H_2O + 4e^- \rightleftharpoons Cl^- + 4OH^-$	0,76
$ClO_2(aq) + e^- \rightleftharpoons ClO_2^-$	0,954

Réaction	ϵ° (V)
$ClO_3^- + 2H^+ + e^- \rightleftharpoons ClO_2 + H_2O$	1,152
$ClO_3^- + 3H^+ + 2e^- \rightleftharpoons HClO_2 + H_2O$	1,214
$ClO_3^- + 6H^+ + 5e^- \rightleftharpoons 1/2Cl_2 + 3H_2O$	1,47
$ClO_3^- + 6H^+ + 6e^- \rightleftharpoons Cl^- + 3H_2O$	1,451
$ClO_3^- + H_2O + 2e^- \rightleftharpoons ClO_2^- + 2OH^-$	0,33
$ClO_3^- + 3H_2O + 6e^- \rightleftharpoons Cl^- + 6OH^-$	0,62
$ClO_4^- + 2H^+ + 2e^- \rightleftharpoons ClO_3^- + H_2O$	1,189
$ClO_4^- + 8H^+ + 7e^- \rightleftharpoons 1/2Cl_2 + 4H_2O$	1,39
$ClO_4^- + 8H^+ + 8e^- \rightleftharpoons Cl^- + 4H_2O$	1,389
$ClO_4^- + H_2O + 2e^- \rightleftharpoons ClO_3^- + 2OH^-$	0,36
$Cm^{4+} + e^- \rightleftharpoons Cm^{3+}$	3,0
$Cm^{3+} + 3e^- \rightleftharpoons Cm$	−2,04
$Co^{2+} + 2e^- \rightleftharpoons Co$	−0,28
$Co^{3+} + e^- \rightleftharpoons Co^{2+}$	1,92
$[Co(NH_3)_6]^{3+} + e^- \rightleftharpoons [Co(NH_3)_6]^{2+}$	0,108
$Co(OH)_2 + 2e^- \rightleftharpoons Co + 2OH^-$	−0,73
$Co(OH)_3 + e^- \rightleftharpoons Co(OH)_2 + OH^-$	0,17
$Cr^{2+} + 2e^- \rightleftharpoons Cr$	−0,913
$Cr^{3+} + e^- \rightleftharpoons Cr^{2+}$	−0,407
$Cr^{3+} + 3e^- \rightleftharpoons Cr$	−0,744
$Cr_2O_7^{2-} + 14H^+ + 6e^- \rightleftharpoons 2Cr^{3+} + 7H_2O$	1,232
$CrO_2^- + 2H_2O + 3e^- \rightleftharpoons Cr + 4OH^-$	−1,2
$HCrO_4^- + 7H^+ + 3e^- \rightleftharpoons Cr^{3+} + 4H_2O$	1,350
$CrO_2 + 4H^+ + e^- \rightleftharpoons Cr^{3+} + 2H_2O$	1,48
$Cr(V) + e^- \rightleftharpoons Cr(IV)$	1,34
$CrO_4^{2-} + 4H_2O + 3e^- \rightleftharpoons Cr(OH)_3 + 5OH^-$	−0,13
$Cr(OH)_3 + 3e^- \rightleftharpoons Cr + 3OH^-$	−1,48
$Cs^+ + e^- \rightleftharpoons Cs$	−3,026
$Cu^+ + e^- \rightleftharpoons Cu$	0,521
$Cu^{2+} + e^- \rightleftharpoons Cu^+$	0,153
$Cu^{2+} + 2e^- \rightleftharpoons Cu$	0,3419
$Cu^{2+} + 2e^- \rightleftharpoons Cu(Hg)$	0,345
$Cu^{3+} + e^- \rightleftharpoons Cu^{2+}$	2,4
$Cu_2O_3 + 6H^+ + 2e^- \rightleftharpoons 2Cu^{2+} + 3H_2O$	2,0
$Cu^{2+} + 2CN^- + e^- \rightleftharpoons [Cu(CN)_2]^-$	1,103
$CuI_2^- + e^- \rightleftharpoons Cu + 2I^-$	0,00
$Cu_2O + H_2O + 2e^- \rightleftharpoons 2Cu + 2OH^-$	−0,360
$Cu(OH)_2 + 2e^- \rightleftharpoons Cu + 2OH^-$	−0,222
$2Cu(OH)_2 + 2e^- \rightleftharpoons Cu_2O + 2OH^- + H_2O$	−0,080
$2D^+ + 2e^- \rightleftharpoons D_2$	−0,013
$Dy^{2+} + 2e^- \rightleftharpoons Dy$	−2,2
$Dy^{3+} + 3e^- \rightleftharpoons Dy$	−2,295

>>>

Réaction	$\epsilon°$ (V)
$Dy^{3+} + e^- \rightleftharpoons Dy^{2+}$	−2,6
$Er^{2+} + 2e^- \rightleftharpoons Er$	−2,0
$Er^{3+} + 3e^- \rightleftharpoons Er$	−2,331
$Er^{3+} + e^- \rightleftharpoons Er^{2+}$	−3,0
$Es^{3+} + e^- \rightleftharpoons Es^{2+}$	−1,3
$Es^{3+} + 3e^- \rightleftharpoons Es$	−1,91
$Es^{2+} + 2e^- \rightleftharpoons Es$	−2,23
$Eu^{2+} + 2e^- \rightleftharpoons Eu$	−2,812
$Eu^{3+} + 3e^- \rightleftharpoons Eu$	−1,991
$Eu^{3+} + e^- \rightleftharpoons Eu^{2+}$	−0,36
$F_2 + 2H^+ + 2e^- \rightleftharpoons 2HF$	3,053
$F_2 + 2e^- \rightleftharpoons 2F^-$	2,866
$F_2O + 2H^+ + 4e^- \rightleftharpoons H_2O + 2F^-$	2,153
$Fe^{2+} + 2e^- \rightleftharpoons Fe$	−0,447
$Fe^{3+} + 3e^- \rightleftharpoons Fe$	−0,037
$Fe^{3+} + e^- \rightleftharpoons Fe^{2+}$	0,771
$2HFeO_4^- + 8H^+ + 6e^- \rightleftharpoons Fe_2O_3 + 5H_2O$	2,09
$HFeO_4^- + 4H^+ + 3e^- \rightleftharpoons FeOOH + 2H_2O$	2,08
$HFeO_4^- + 7H^+ + 3e^- \rightleftharpoons Fe^{3+} + 4H_2O$	2,07
$Fe_2O_3 + 4H^+ + 2e^- \rightleftharpoons 2FeOH^+ + H_2O$	0,16
$[Fe(CN)_6]^{3-} + e^- \rightleftharpoons [Fe(CN)_6]^{4-}$	0,358
$FeO_4^{2-} + 8H^+ + 3e^- \rightleftharpoons Fe^{3+} + 4H_2O$	2,20
$[Fe(bipy)_2]^{3+} + e^- \rightleftharpoons [Fe(bipy)_2]^{2+}$	0,78
$[Fe(bipy)_3]^{3+} + e^- \rightleftharpoons [Fe(bipy)_3]^{2+}$	1,03
$Fe(OH)_3 + e^- \rightleftharpoons Fe(OH)_2 + OH^-$	−0,56
$[Fe(phen)_3]^{3+} + e^- \rightleftharpoons [Fe(phen)_3]^{2+}$	1,147
$[Fe(phen)_3]^{3+} + e^- \rightleftharpoons [Fe(phen)_3]^{2+}$ (H_2SO_4 1 mol/L)	1,06
$[Ferricinium]^+ + e^- \rightleftharpoons$ ferrocène	0,400
$Fm^{3+} + e^- \rightleftharpoons Fm^{2+}$	−1,1
$Fm^{3+} + 3e^- \rightleftharpoons Fm$	−1,89
$Fm^{2+} + 2e^- \rightleftharpoons Fm$	−2,30
$Fr^+ + e^- \rightleftharpoons Fr$	−2,9
$Ga^{3+} + 3e^- \rightleftharpoons Ga$	−0,549
$Ga^+ + e^- \rightleftharpoons Ga$	−0,2
$GaOH^{2+} + H^+ + 3e^- \rightleftharpoons Ga + H_2O$	−0,498
$H_2GaO_3^- + H_2O + 3e^- \rightleftharpoons Ga + 4OH^-$	−1,219
$Gd^{3+} + 3e^- \rightleftharpoons Gd$	−2,279
$Ge^{2+} + 2e^- \rightleftharpoons Ge$	0,24
$Ge^{4+} + 4e^- \rightleftharpoons Ge$	0,124
$Ge^{4+} + 2e^- \rightleftharpoons Ge^{2+}$	0,00
$GeO_2 + 2H^+ + 2e^- \rightleftharpoons GeO + H_2O$	−0,118
$H_2GeO_3 + 4H^+ + 4e^- \rightleftharpoons Ge + 3H_2O$	−0,182

Réaction	$\epsilon°$ (V)
$2H^+ + 2e^- \rightleftharpoons H_2$	0,000 00
$H_2 + 2e^- \rightleftharpoons 2H^-$	−2,23
$HO_2 + H^+ + e^- \rightleftharpoons H_2O_2$	1,495
$2H_2O + 2e^- \rightleftharpoons H_2 + 2OH^-$	−0,8277
$H_2O_2 + 2H^+ + 2e^- \rightleftharpoons 2H_2O$	1,776
$Hf^{4+} + 4e^- \rightleftharpoons Hf$	−1,55
$HfO^{2+} + 2H^+ + 4e^- \rightleftharpoons Hf + H_2O$	−1,724
$HfO_2 + 4H^+ + 4e^- \rightleftharpoons Hf + 2H_2O$	−1,505
$HfO(OH)_2 + H_2O + 4e^- \rightleftharpoons Hf + 4OH^-$	−2,50
$Hg^{2+} + 2e^- \rightleftharpoons Hg$	0,851
$2Hg^{2+} + 2e^- \rightleftharpoons Hg_2^{2+}$	0,920
$Hg_2^{2+} + 2e^- \rightleftharpoons 2Hg$	0,7973
$Hg_2(ac)_2 + 2e^- \rightleftharpoons 2Hg + 2(ac)^-$	0,511 63
$Hg_2Br_2 + 2e^- \rightleftharpoons 2Hg + 2Br^-$	0,139 23
$Hg_2Cl_2 + 2e^- \rightleftharpoons 2Hg + 2Cl^-$	0,268 08
$Hg_2HPO_4 + 2e^- \rightleftharpoons 2Hg + HPO_4^{2-}$	0,6359
$Hg_2I_2 + 2e^- \rightleftharpoons 2Hg + 2I^-$	−0,0405
$Hg_2O + H_2O + 2e^- \rightleftharpoons 2Hg + 2OH^-$	0,123
$HgO + H_2O + 2e^- \rightleftharpoons Hg + 2OH^-$	0,0977
$Hg(OH)_2 + 2H^+ + 2e^- \rightleftharpoons Hg + 2H_2O$	1,034
$Hg_2SO_4 + 2e^- \rightleftharpoons 2Hg + SO_4^{2-}$	0,6125
$Ho^{2+} + 2e^- \rightleftharpoons Ho$	−2,1
$Ho^{3+} + 3e^- \rightleftharpoons Ho$	−2,33
$Ho^{3+} + e^- \rightleftharpoons Ho^{2+}$	−2,8
$I_2 + 2e^- \rightleftharpoons 2I^-$	0,5355
$I_3^- + 2e^- \rightleftharpoons 3I^-$	0,536
$H_3IO_6^{2-} + 2e^- \rightleftharpoons IO_3^- + 3OH^-$	0,7
$H_5IO_6 + H^+ + 2e^- \rightleftharpoons IO_3^- + 3H_2O$	1,601
$2HIO + 2H^+ + 2e^- \rightleftharpoons I_2 + 2H_2O$	1,439
$HIO + H^+ + 2e^- \rightleftharpoons I^- + H_2O$	0,987
$IO^- + H_2O + 2e^- \rightleftharpoons I^- + 2OH^-$	0,485
$2IO_3^- + 12H^+ + 10e^- \rightleftharpoons I_2 + 6H_2O$	1,195
$IO_3^- + 6H^+ + 6e^- \rightleftharpoons I^- + 3H_2O$	1,085
$IO_3^- + 2H_2O + 4e^- \rightleftharpoons IO^- + 4OH^-$	0,15
$IO_3^- + 3H_2O + 6e^- \rightleftharpoons IO^- + 6OH^-$	0,26
$In^+ + e^- \rightleftharpoons In$	−0,14
$In^{2+} + e^- \rightleftharpoons In^+$	−0,40
$In^{3+} + e^- \rightleftharpoons In^{2+}$	−0,49
$In^{3+} + 2e^- \rightleftharpoons In^+$	−0,443
$In^{3+} + 3e^- \rightleftharpoons In$	−0,3382
$In(OH)_3 + 3e^- \rightleftharpoons In + 3OH^-$	−0,99
$In(OH)_4^- + 3e^- \rightleftharpoons In + 4OH^-$	−1,007
$In_2O_3 + 3H_2O + 6e^- \rightleftharpoons 2In + 6OH^-$	−1,034
$Ir^{3+} + 3e^- \rightleftharpoons Ir$	1,156
$[IrCl_6]^{2-} + e^- \rightleftharpoons [IrCl_6]^{3-}$	0,8665

Réaction	$\epsilon°$ (V)
$[IrCl_6]^{3-} + 3e^- \rightleftharpoons Ir + 6Cl^-$	0,77
$Ir_2O_3 + 3H_2O + 6e^- \rightleftharpoons 2Ir + 6OH^-$	0,098
$K^+ + e^- \rightleftharpoons K$	−2,931
$La^{3+} + 3e^- \rightleftharpoons La$	−2,379
$La(OH)_3 + 3e^- \rightleftharpoons La + 3OH^-$	−2,90
$Li^+ + e^- \rightleftharpoons Li$	−3,0401
$Lr^{3+} + 3e^- \rightleftharpoons Lr$	−1,96
$Lu^{3+} + 3e^- \rightleftharpoons Lu$	−2,28
$Md^{3+} + e^- \rightleftharpoons Md^{2+}$	−0,1
$Md^{3+} + 3e^- \rightleftharpoons Md$	−1,65
$Md^{2+} + 2e^- \rightleftharpoons Md$	−2,40
$Mg^+ + e^- \rightleftharpoons Mg$	−2,70
$Mg^{2+} + 2e^- \rightleftharpoons Mg$	−2,372
$Mg(OH)_2 + 2e^- \rightleftharpoons Mg + 2OH^-$	−2,690
$Mn^{2+} + 2e^- \rightleftharpoons Mn$	−1,185
$Mn^{3+} + e^- \rightleftharpoons Mn^{2+}$	1,5415
$MnO_2 + 4H^+ + 2e^- \rightleftharpoons Mn^{2+} + 2H_2O$	1,224
$MnO_4^- + e^- \rightleftharpoons MnO_4^{2-}$	0,558
$MnO_4^- + 4H^+ + 3e^- \rightleftharpoons MnO_2 + 2H_2O$	1,679
$MnO_4^- + 8H^+ + 5e^- \rightleftharpoons Mn^{2+} + 4H_2O$	1,507
$MnO_4^- + 2H_2O + 3e^- \rightleftharpoons MnO_2 + 4OH^-$	0,595
$MnO_4^{2-} + 2H_2O + 2e^- \rightleftharpoons MnO_2 + 4OH^-$	0,60
$Mn(OH)_2 + 2e^- \rightleftharpoons Mn + 2OH^-$	−1,56
$Mn(OH)_3 + e^- \rightleftharpoons Mn(OH)_2 + OH^-$	0,15
$Mn_2O_3 + 6H^+ + 2e^- \rightleftharpoons 2Mn^{2+} + 3H_2O$	1,485
$Mo^{3+} + 3e^- \rightleftharpoons Mo$	−0,200
$MoO_2 + 4H^+ + 4e^- \rightleftharpoons Mo + 4H_2O$	−0,152
$H_3Mo_7O_{24}^{3-} + 45H^+ + 42e^- \rightleftharpoons 7Mo + 24H_2O$	0,082
$MoO_3 + 6H^+ + 6e^- \rightleftharpoons Mo + 3H_2O$	0,075
$N_2 + 2H_2O + 6H^+ + 6e^- \rightleftharpoons 2NH_4OH$	0,092
$3N_2 + 2H^+ + 2e^- \rightleftharpoons 2HN_3$	−3,09
$N_2O + 2H^+ + 2e^- \rightleftharpoons N_2 + H_2O$	1,766
$H_2N_2O_2 + 2H^+ + 2e^- \rightleftharpoons N_2 + 2H_2O$	2,65
$N_2O_4 + 2e^- \rightleftharpoons 2NO_2^-$	0,867
$N_2O_4 + 2H^+ + 2e^- \rightleftharpoons 2NHO_2$	1,065
$N_2O_4 + 4H^+ + 4e^- \rightleftharpoons 2NO + 2H_2O$	1,035
$2NH_3OH^+ + H^+ + 2e^- \rightleftharpoons N_2H_5^+ + 2H_2O$	1,42
$2NO + 2H^+ + 2e^- \rightleftharpoons N_2O + H_2O$	1,591
$2NO + H_2O + 2e^- \rightleftharpoons N_2O + 2OH^-$	0,76
$HNO_2 + H^+ + e^- \rightleftharpoons NO + H_2O$	0,983

Réaction	$\epsilon°$ (V)
$2HNO_2 + 4H^+ + 4e^- \rightleftharpoons H_2N_2O_2 + 2H_2O$	0,86
$2HNO_2 + 4H^+ + 4e^- \rightleftharpoons N_2O + 3H_2O$	1,297
$NO_2^- + H_2O + e^- \rightleftharpoons NO + 2OH^-$	−0,46
$2NO_2^- + 2H_2O + 4e^- \rightleftharpoons N_2O_2^{2-} + 4OH^-$	−0,18
$2NO_2^- + 3H_2O + 4e^- \rightleftharpoons N_2O + 6OH^-$	0,15
$NO_3^- + 3H^+ + 2e^- \rightleftharpoons HNO_2 + H_2O$	0,934
$NO_3^- + 4H^+ + 3e^- \rightleftharpoons NO + 2H_2O$	0,957
$2NO_3^- + 4H^+ + 2e^- \rightleftharpoons N_2O_4 + 2H_2O$	0,803
$NO_3^- + H_2O + 2e^- \rightleftharpoons NO_2^- + 2OH^-$	0,01
$2NO_3^- + 2H_2O + 2e^- \rightleftharpoons N_2O_4 + 4OH^-$	−0,85
$Na^+ + e^- \rightleftharpoons Na$	−2,71
$Nb^{3+} + 3e^- \rightleftharpoons Nb$	−1,099
$NbO_2 + 2H^+ + 2e^- \rightleftharpoons NbO + H_2O$	−0,646
$NbO_2 + 4H^+ + 4e^- \rightleftharpoons Nb + 2H_2O$	−0,690
$NbO + 2H^+ + 2e^- \rightleftharpoons Nb + H_2O$	−0,733
$Nb_2O_5 + 10H^+ + 10e^- \rightleftharpoons 2Nb + 5H_2O$	−0,644
$Nd^{3+} + 3e^- \rightleftharpoons Nd$	−2,323
$Nd^{2+} + 2e^- \rightleftharpoons Nd$	−2,1
$Nd^{3+} + e^- \rightleftharpoons Nd^{2+}$	−2,7
$Ni^{2+} + 2e^- \rightleftharpoons Ni$	−0,257
$Ni(OH)_2 + 2e^- \rightleftharpoons Ni + 2OH^-$	−0,72
$NiO_2 + 4H^+ + 2e^- \rightleftharpoons Ni^{2+} + 2H_2O$	1,678
$NiO_2 + 2H_2O + 2e^- \rightleftharpoons Ni(OH)_2 + 2OH^-$	−0,490
$No^{3+} + e^- \rightleftharpoons No^{2+}$	1,4
$No^{3+} + 3e^- \rightleftharpoons No$	−1,20
$No^{2+} + 2e^- \rightleftharpoons No$	−2,50
$Np^{3+} + 3e^- \rightleftharpoons Np$	−1,856
$Np^{4+} + e^- \rightleftharpoons Np^{3+}$	0,147
$NpO_2 + H_2O + H^+ + e^- \rightleftharpoons Np(OH)_3$	−0,962
$O_2 + 2H^+ + 2e^- \rightleftharpoons H_2O_2$	0,695
$O_2 + 4H^+ + 4e^- \rightleftharpoons 2H_2O$	1,229
$O_2 + H_2O + 2e^- \rightleftharpoons HO_2^- + OH^-$	−0,076
$O_2 + 2H_2O + 2e^- \rightleftharpoons H_2O_2 + 2OH^-$	−0,146
$O_2 + 2H_2O + 4e^- \rightleftharpoons 4OH^-$	0,401
$O_3 + 2H^+ + 2e^- \rightleftharpoons O_2 + H_2O$	2,076
$O_3 + H_2O + 2e^- \rightleftharpoons O_2 + 2OH^-$	1,24
$O(g) + 2H^+ + 2e^- \rightleftharpoons H_2O$	2,421
$OH + e^- \rightleftharpoons OH^-$	2,02
$HO_2^- + H_2O + 2e^- \rightleftharpoons 3OH^-$	0,878
$OsO_4 + 8H^+ + 8e^- \rightleftharpoons Os + 4H_2O$	0,838

>>>

Réaction	$\epsilon°$ (V)
$OsO_4 + 4H^+ + 4e^- \rightleftharpoons OsO_2 + 2H_2O$	1,02
$[Os(bipy)_2]^{3+} + e^- \rightleftharpoons [Os(bipy)_2]^{2+}$	0,81
$[Os(bipy)_3]^{3+} + e^- \rightleftharpoons [Os(bipy)_3]^{2+}$	0,80
$P(rouge) + 3H^+ + 3e^- \rightleftharpoons PH_3(g)$	−0,111
$P(blanc) + 3H^+ + 3e^- \rightleftharpoons PH_3(g)$	−0,063
$P + 3H_2O + 3e^- \rightleftharpoons PH_3(g) + 3OH^-$	−0,87
$H_2P_2^- + e^- \rightleftharpoons P + 2OH^-$	−1,82
$H_3PO_2 + H^+ + e^- \rightleftharpoons P + 2H_2O$	−0,508
$H_3PO_3 + 2H^+ + 2e^- \rightleftharpoons H_3PO_2 + H_2O$	−0,499
$H_3PO_3 + 3H^+ + 3e^- \rightleftharpoons P + 3H_2O$	−0,454
$HPO_3^{2-} + 2H_2O + 2e^- \rightleftharpoons H_2PO_2^- + 3OH^-$	−1,65
$HPO_3^{2-} + 2H_2O + 3e^- \rightleftharpoons P + 5OH^-$	−1,71
$H_3PO_4 + 2H^+ + 2e^- \rightleftharpoons H_3PO_3 + H_2O$	−0,276
$PO_4^{3-} + 2H_2O + 2e^- \rightleftharpoons HPO_3^{2-} + 3OH^-$	−1,05
$Pa^{3+} + 3e^- \rightleftharpoons Pa$	−1,34
$Pa^{4+} + 4e^- \rightleftharpoons Pa$	−1,49
$Pa^{4+} + e^- \rightleftharpoons Pa^{3+}$	−1,9
$Pb^{2+} + 2e^- \rightleftharpoons Pb$	−0,1262
$Pb^{2+} + 2e^- \rightleftharpoons Pb(Hg)$	−0,1205
$PbBr_2 + 2e^- \rightleftharpoons Pb + 2Br^-$	−0,284
$PbCl_2 + 2e^- \rightleftharpoons Pb + 2Cl^-$	−0,2675
$PbF_2 + 2e^- \rightleftharpoons Pb + 2F^-$	−0,3444
$PbHPO_4 + 2e^- \rightleftharpoons Pb + HPO_4^{2-}$	−0,465
$PbI_2 + 2e^- \rightleftharpoons Pb + 2I^-$	−0,365
$PbO + H_2O + 2e^- \rightleftharpoons Pb + 2OH^-$	−0,580
$PbO_2 + 4H^+ + 2e^- \rightleftharpoons Pb^{2+} + 2H_2O$	1,455
$HPbO_2^- + H_2O + 2e^- \rightleftharpoons Pb + 3OH^-$	−0,537
$PbO_2 + H_2O + 2e^- \rightleftharpoons PbO + 2OH^-$	0,247
$PbO_2 + SO_4^{2-} + 4H^+ + 2e^- \rightleftharpoons PbSO_4 + 2H_2O$	1,6913
$PbSO_4 + 2e^- \rightleftharpoons Pb + SO_4^{2-}$	−0,3588
$PbSO_4 + 2e^- \rightleftharpoons Pb(Hg) + SO_4^{2-}$	−0,3505
$Pd^{2+} + 2e^- \rightleftharpoons Pd$	0,951
$[PdCl_4]^{2-} + 2e^- \rightleftharpoons Pd + 4Cl^-$	0,591
$[PdCl_6]^{2-} + 2e^- \rightleftharpoons [PdCl_4]^{2-} + 2Cl^-$	1,288
$Pd(OH)_2 + 2e^- \rightleftharpoons Pd + 2OH^-$	0,07
$Pm^{2+} + 2e^- \rightleftharpoons Pm$	−2,2
$Pm^{3+} + 3e^- \rightleftharpoons Pm$	−2,30
$Pm^{3+} + e^- \rightleftharpoons Pm^{2+}$	−2,6
$Po^{4+} + 2e^- \rightleftharpoons Po^{2+}$	0,9
$Po^{4+} + 4e^- \rightleftharpoons Po$	0,76
$Pr^{4+} + e^- \rightleftharpoons Pr^{3+}$	3,2
$Pr^{2+} + 2e^- \rightleftharpoons Pr$	−2,0
$Pr^{3+} + 3e^- \rightleftharpoons Pr$	−2,353

Réaction	$\epsilon°$ (V)
$Pr^{3+} + e^- \rightleftharpoons Pr^{2+}$	−3,1
$Pt^{2+} + 2e^- \rightleftharpoons Pt$	1,18
$[PtCl_4]^{2-} + 2e^- \rightleftharpoons Pt + 4Cl^-$	0,755
$[PtCl_6]^{2-} + 2e^- \rightleftharpoons [PtCl_4]^{2-} + 2Cl^-$	0,68
$Pt(OH)_2 + 2e^- \rightleftharpoons Pt + 2OH^-$	0,14
$PtO_3 + 2H^+ + 2e^- \rightleftharpoons PtO_2 + H_2O$	1,7
$PtO_3 + 4H^+ + 2e^- \rightleftharpoons Pt(OH)_2^{2+} + H_2O$	1,5
$PtOH^+ + H^+ + 2e^- \rightleftharpoons Pt + H_2O$	1,2
$PtO_2 + 2H^+ + 2e^- \rightleftharpoons PtO + H_2O$	1,01
$PtO_2 + 4H^+ + 4e^- \rightleftharpoons Pt + 2H_2O$	1,00
$Pu^{3+} + 3e^- \rightleftharpoons Pu$	−2,031
$Pu^{4+} + e^- \rightleftharpoons Pu^{3+}$	1,006
$Pu^{5+} + e^- \rightleftharpoons Pu^{4+}$	1,099
$PuO_2(OH)_2 + 2H^+ + 2e^- \rightleftharpoons Pu(OH)_4$	1,325
$PuO_2(OH)_2 + H^+ + e^- \rightleftharpoons PuO_2OH + H_2O$	1,062
$Ra^{2+} + 2e^- \rightleftharpoons Ra$	−2,8
$Rb^+ + e^- \rightleftharpoons Rb$	−2,98
$Re^{3+} + 3e^- \rightleftharpoons Re$	0,300
$ReO_4^- + 4H^+ + 3e^- \rightleftharpoons ReO_2 + 2H_2O$	0,510
$ReO_2 + 4H^+ + 4e^- \rightleftharpoons Re + 2H_2O$	0,2513
$ReO_4^- + 2H^+ + e^- \rightleftharpoons ReO_3 + H_2O$	0,768
$ReO_4^- + 4H_2O + 7e^- \rightleftharpoons Re + 8OH^-$	−0,584
$ReO_4^- + 8H^+ + 7e^- \rightleftharpoons Re + 4H_2O$	0,368
$Rh^+ + e^- \rightleftharpoons Rh$	0,600
$Rh^{2+} + 2e^- \rightleftharpoons Rh$	0,600
$Rh^{3+} + 3e^- \rightleftharpoons Rh$	0,758
$[RhCl_6]^{3-} + 3e^- \rightleftharpoons Rh + 6Cl^-$	0,431
$RhOH^{2+} + H^+ + 3e^- \rightleftharpoons Rh + H_2O$	0,83
$Ru^{2+} + 2e^- \rightleftharpoons Ru$	0,455
$Ru^{3+} + e^- \rightleftharpoons Ru^{2+}$	0,2487
$RuO_2 + 4H^+ + 2e^- \rightleftharpoons Ru^{2+} + 2H_2O$	1,120
$RuO_4^- + e^- \rightleftharpoons RuO_4^{2-}$	0,59
$RuO_4 + e^- \rightleftharpoons RuO_4^-$	1,00
$RuO_4 + 6H^+ + 4e^- \rightleftharpoons Ru(OH)_2^{2+} + 2H_2O$	1,40
$RuO_4 + 8H^+ + 8e^- \rightleftharpoons Ru + 4H_2O$	1,038
$[Ru(bipy)_3]^{3+} + e^- \rightleftharpoons [Ru(bipy)_3]^{2+}$	1,24
$[Ru(H_2O)_6]^{3+} + e^- \rightleftharpoons [Ru(H_2O)_6]^{2+}$	0,23
$[Ru(NH_3)_6]^{3+} + e^- \rightleftharpoons [Ru(NH_3)_6]^{2+}$	0,10
$[Ru(en)_3]^{3+} + e^- \rightleftharpoons [Ru(en)_3]^{2+}$	0,210
$[Ru(CN)_6]^{3-} + e^- \rightleftharpoons [Ru(CN)_6]^{4-}$	0,86
$S + 2e^- \rightleftharpoons S^{2-}$	−0,476 27
$S + 2H^+ + 2e^- \rightleftharpoons H_2S(aq)$	0,142
$S + H_2O + 2e^- \rightleftharpoons SH^- + OH^-$	−0,478
$2S + 2e^- \rightleftharpoons S_2^{2-}$	−0,428 36

Réaction	$\epsilon°$ (V)
$S_2O_6^{2-} + 4H^+ + 2e^- \rightleftharpoons 2H_2SO_3$	0,564
$S_2O_8^{2-} + 2e^- \rightleftharpoons 2SO_4^{2-}$	2,010
$S_2O_8^{2-} + 2H^+ + 2e^- \rightleftharpoons 2HSO_4^-$	2,123
$S_4O_6^{2-} + 2e^- \rightleftharpoons 2S_2O_3^{2-}$	0,08
$2H_2SO_3 + H^+ + 2e^- \rightleftharpoons HS_2O_4^- + 2H_2O$	−0,056
$H_2SO_3 + 4H^+ + 4e^- \rightleftharpoons S + 3H_2O$	0,449
$2SO_3^{2-} + 2H_2O + 2e^- \rightleftharpoons S_2O_4^{2-} + 4OH^-$	−1,12
$2SO_3^{2-} + 3H_2O + 4e^- \rightleftharpoons S_2O_3^{2-} + 6OH^-$	−0,571
$SO_4^{2-} + 4H^+ + 2e^- \rightleftharpoons H_2SO_3 + H_2O$	0,172
$2SO_4^{2-} + 4H^+ + 2e^- \rightleftharpoons S_2O_6^{2-} + H_2O$	−0,22
$SO_4^{2-} + H_2O + 2e^- \rightleftharpoons SO_3^{2-} + 2OH^-$	−0,93
$Sb + 3H^+ + 3e^- \rightleftharpoons SbH_3$	−0,510
$Sb_2O_3 + 6H^+ + 6e^- \rightleftharpoons 2Sb + 3H_2O$	0,152
Sb_2O_5 (senarmontite) $+ 4H^+ + 4e^- \rightleftharpoons Sb_2O_3 + 2H_2O$	0,671
Sb_2O_5 (valentinite) $+ 4H^+ + 4e^- \rightleftharpoons Sb_2O_3 + 2H_2O$	0,649
$Sb_2O_5 + 6H^+ + 4e^- \rightleftharpoons 2SbO^+ + 3H_2O$	0,581
$SbO^+ + 2H^+ + 3e^- \rightleftharpoons Sb + 2H_2O$	0,212
$SbO_2^- + 2H_2O + 3e^- \rightleftharpoons Sb + 4OH^-$	−0,66
$SbO_3^- + H_2O + 2e^- \rightleftharpoons SbO_2^- + 2OH^-$	−0,59
$Sc^{3+} + 3e^- \rightleftharpoons Sc$	−2,077
$Se + 2e^- \rightleftharpoons Se^{2-}$	−0,924
$Se + 2H^+ + 2e^- \rightleftharpoons H_2Se(aq)$	−0,399
$H_2SeO_3 + 4H^+ + 4e^- \rightleftharpoons Se + 3H_2O$	0,74
$Se + 2H^+ + 2e^- \rightleftharpoons H_2Se$	−0,082
$SeO_3^{2-} + 3H_2O + 4e^- \rightleftharpoons Se + 6OH^-$	−0,366
$SeO_4^{2-} + 4H^+ + 2e^- \rightleftharpoons H_2SeO_3 + H_2O$	1,151
$SeO_4^{2-} + H_2O + 2e^- \rightleftharpoons SeO_3^{2-} + 2OH^-$	0,05
$SiF_6^{2-} + 4e^- \rightleftharpoons Si + 6F^-$	−1,24
$SiO + 2H^+ + 2e^- \rightleftharpoons Si + H_2O$	−0,8
SiO_2 (quartz) $+ 4H^+ + 4e^- \rightleftharpoons Si + 2H_2O$	0,857
$SiO_3^{2-} + 3H_2O + 4e^- \rightleftharpoons Si + 6OH^-$	−1,697
$Sm^{3+} + e^- \rightleftharpoons Sm^{2+}$	−1,55
$Sm^{3+} + 3e^- \rightleftharpoons Sm$	−2,304
$Sm^{2+} + 2e^- \rightleftharpoons Sm$	−2,68
$Sn^{2+} + 2e^- \rightleftharpoons Sn$	−0,1375
$Sn^{4+} + 2e^- \rightleftharpoons Sn^{2+}$	0,151
$Sn(OH)_3^+ + 3H^+ + 2e^- \rightleftharpoons Sn^{2+} + 3H_2O$	0,142
$SnO_2 + 4H^+ + 2e^- \rightleftharpoons Sn^{2+} + 2H_2O$	−0,094
$SnO_2 + 4H^+ + 4e^- \rightleftharpoons Sn + 2H_2O$	−0,117

Réaction	$\epsilon°$ (V)
$SnO_2 + 3H^+ + 2e^- \rightleftharpoons SnOH^+ + H_2O$	−0,194
$SnO_2 + 2H_2O + 4e^- \rightleftharpoons Sn + 4OH^-$	−0,945
$HSnO_2^- + H_2O + 2e^- \rightleftharpoons Sn + 3OH^-$	−0,909
$Sn(OH)_6^{2-} + 2e^- \rightleftharpoons HSnO_2^- + 3OH^- + H_2O$	−0,93
$Sr^+ + e^- \rightleftharpoons Sr$	−4,10
$Sr^{2+} + 2e^- \rightleftharpoons Sr$	−2,899
$Sr^{2+} + 2e^- \rightleftharpoons Sr(Hg)$	−1,793
$Sr(OH)_2 + 2e^- \rightleftharpoons Sr + 2OH^-$	−2,88
$Ta_2O_5 + 10H^+ + 10e^- \rightleftharpoons 2Ta + 5H_2O$	−0,750
$Ta^{3+} + 3e^- \rightleftharpoons Ta$	−0,6
$Tc^{2+} + 2e^- \rightleftharpoons Tc$	0,400
$TcO_4^- + 4H^+ + 3e^- \rightleftharpoons TcO_2 + 2H_2O$	0,782
$Tc^{3+} + e^- \rightleftharpoons Tc^{2+}$	0,3
$TcO_4^- + 8H^+ + 7e^- \rightleftharpoons Tc + 4H_2O$	0,472
$Tb^{4+} + e^- \rightleftharpoons Tb^{3+}$	3,1
$Tb^{3+} + 3e^- \rightleftharpoons Tb$	−2,28
$Te + 2e^- \rightleftharpoons Te^{2-}$	−1,143
$Te + 2H^+ + 2e^- \rightleftharpoons H_2Te$	−0,793
$Te^{4+} + 4e^- \rightleftharpoons Te$	0,568
$TeO_2 + 4H^+ + 4e^- \rightleftharpoons Te + 2H_2O$	0,593
$TeO_3^{2-} + 3H_2O + 4e^- \rightleftharpoons Te + 6OH^-$	−0,57
$TeO_4^- + 8H^+ + 7e^- \rightleftharpoons Te + 4H_2O$	0,472
$H_6TeO_6 + 2H^+ + 2e^- \rightleftharpoons TeO_2 + 4H_2O$	1,02
$Th^{4+} + 4e^- \rightleftharpoons Th$	−1,899
$ThO_2 + 4H^+ + 4e^- \rightleftharpoons Th + 2H_2O$	−1,789
$Th(OH)_4 + 4e^- \rightleftharpoons Th + 4OH^-$	−2,48
$Ti^{2+} + 2e^- \rightleftharpoons Ti$	−1,630
$Ti^{3+} + e^- \rightleftharpoons Ti^{2+}$	−0,9
$TiO_2 + 4H^+ + 2e^- \rightleftharpoons Ti^{2+} + 2H_2O$	−0,502
$Ti^{3+} + 3e^- \rightleftharpoons Ti$	−1,37
$TiOH^{3+} + H^+ + e^- \rightleftharpoons Ti^{3+} + H_2O$	−0,055
$Tl^+ + e^- \rightleftharpoons Tl$	−0,336
$Tl^+ + e^- \rightleftharpoons Tl(Hg)$	−0,3338
$Tl^{3+} + 2e^- \rightleftharpoons Tl^+$	1,252
$Tl^{3+} + 3e^- \rightleftharpoons Tl$	0,741
$TlBr + e^- \rightleftharpoons Tl + Br^-$	−0,658
$TlCl + e^- \rightleftharpoons Tl + Cl^-$	−0,5568
$TlI + e^- \rightleftharpoons Tl + I^-$	−0,752
$Tl_2O_3 + 3H_2O + 4e^- \rightleftharpoons 2Tl^+ + 6OH^-$	0,02
$TlOH + e^- \rightleftharpoons Tl + OH^-$	−0,34
$Tl(OH)_3 + 2e^- \rightleftharpoons TlOH + 2OH^-$	−0,05
$Tl_2SO_4 + 2e^- \rightleftharpoons Tl + SO_4^{2-}$	−0,4360
$Tm^{3+} + e^- \rightleftharpoons Tm^{2+}$	−2,2
$Tm^{3+} + 3e^- \rightleftharpoons Tm$	−2,319

>>>

Réaction	$\epsilon°$ (V)
$Tm^{2+} + 2e^- \rightleftharpoons Tm$	−2,4
$U^{3+} + 3e^- \rightleftharpoons U$	−1,798
$U^{4+} + e^- \rightleftharpoons U^{3+}$	−0,607
$UO_2^+ + 4H^+ + e^- \rightleftharpoons U^{4+} + 2H_2O$	0,612
$UO_2^{2+} + e^- \rightleftharpoons UO_2^+$	0,062
$UO_2^{2+} + 4H^+ + 2e^- \rightleftharpoons U^{4+} + 2H_2O$	0,327
$UO_2^{2+} + 4H^+ + 6e^- \rightleftharpoons U + 2H_2O$	−1,444
$V^{2+} + 2e^- \rightleftharpoons V$	−1,175
$V^{3+} + e^- \rightleftharpoons V^{2+}$	−0,255
$VO^{2+} + 2H^+ + e^- \rightleftharpoons V^{3+} + H_2O$	0,337
$VO_2^+ + 2H^+ + e^- \rightleftharpoons VO^{2+} + H_2O$	0,991
$V_2O_5 + 6H^+ + 2e^- \rightleftharpoons 2VO^{2+} + 3H_2O$	0,957
$V_2O_5 + 10H^+ + 10e^- \rightleftharpoons 2V + 5H_2O$	−0,242
$V(OH)_4^+ + 2H^+ + e^- \rightleftharpoons VO^{2+} + 3H_2O$	1,00
$V(OH)_4^+ + 4H^+ + 5e^- \rightleftharpoons V + 4H_2O$	−0,254
$[V(phen)_3]^{3+} + e^- \rightleftharpoons [V(phen)_3]^{2+}$	0,14
$W^{3+} + 3e^- \rightleftharpoons W$	0,1
$W_2O_5 + 2H^+ + 2e^- \rightleftharpoons 2WO_2 + H_2O$	−0,031
$WO_2 + 4H^+ + 4e^- \rightleftharpoons W + 2H_2O$	−0,119
$WO_3 + 6H^+ + 6e^- \rightleftharpoons W + 3H_2O$	−0,090
$WO_3 + 2H^+ + 2e^- \rightleftharpoons WO_2 + H_2O$	0,036
$2WO_3 + 2H^+ + 2e^- \rightleftharpoons W_2O_5 + H_2O$	−0,029
$H_4XeO_6 + 2H^+ + 2e^- \rightleftharpoons XeO_3 + 3H_2O$	2,42
$XeO_3 + 6H^+ + 6e^- \rightleftharpoons Xe + 3H_2O$	2,10
$XeF + e^- \rightleftharpoons Xe + F^-$	3,4
$Y^{3+} + 3e^- \rightleftharpoons Y$	−2,372
$Yb^{3+} + e^- \rightleftharpoons Yb^{2+}$	−1,05
$Yb^{3+} + 3e^- \rightleftharpoons Yb$	−2,19
$Yb^{2+} + 2e^- \rightleftharpoons Yb$	−2,76
$Zn^{2+} + 2e^- \rightleftharpoons Zn$	−0,7618
$Zn^{2+} + 2e^- \rightleftharpoons Zn(Hg)$	−0,7628
$ZnO_2^{2-} + 2H_2O + 2e^- \rightleftharpoons Zn + 4OH^-$	−1,215
$ZnSO_4 + 7H_2O + 2e^- \rightleftharpoons Zn(Hg) + SO_4^{2-} + 7H_2O$ ($ZnSO_4$ saturé)	−0,7993
$ZnOH^+ + H^+ + 2e^- \rightleftharpoons Zn + H_2O$	−0,497
$Zn(OH)_4^{2-} + 2e^- \rightleftharpoons Zn + 4OH^-$	−1,199
$Zn(OH)_2 + 2e^- \rightleftharpoons Zn + 2OH^-$	−1,249
$ZnO + H_2O + 2e^- \rightleftharpoons Zn + 2OH^-$	−1,260
$ZrO_2 + 4H^+ + 4e^- \rightleftharpoons Zr + 2H_2O$	−1,553
$ZrO(OH)_2 + H_2O + 4e^- \rightleftharpoons Zr + 4OH^-$	−2,36
$Zr^{4+} + 4e^- \rightleftharpoons Zr$	−1,45

Tiré de David R. Lide, *CRC Handbook of Chemistry and Physics : A Ready-reference Book of Chemical and Physical Data*, Boca Raton, Floride, CRC Press, 2004, p. 8-23 à 8-28.

ANNEXE 8

Nomenclature

Nomenclature utilisée	Formule	Nomenclature systématique
Acide carbonique	H_2CO_3	trioxocarbonate de dihydrogène
Acide chloreux	$HClO_2$	dioxochlorate d'hydrogène
Acide chlorique	$HClO_3$	trioxochlorate d'hydrogène
Acide hypochloreux	$HClO$	oxochlorate d'hydrogène
Acide nitreux	HNO_2	dioxonitrate d'hydrogène
Acide nitrique	HNO_3	trioxonitrate d'hydrogène
Acide perchlorique	$HClO_4$	tétraoxochlorate d'hydrogène
Acide phosphoreux	H_3PO_3	trioxophosphate de trihydrogène
Acide phosphorique	H_3PO_4	tétraoxophosphate de trihydrogène
Acide sulfureux	H_2SO_3	trioxosulfate de dihydrogène
Acide sulfurique	H_2SO_4	tétraoxosulfate de dihydrogène
Azote	N_2	diazote
Brome	Br_2	dibrome
Ion carbonate	CO_3^{2-}	ion trioxocarbonate(IV)
Carbonate de calcium	$CaCO_3$	trioxocarbonate de calcium
Carbonate de magnésium	$MgCO_3$	trioxocarbonate de magnésium
Carbonate de sodium	Na_2CO_3	trioxocarbonate de disodium
Ion chlorate	ClO_3^-	ion trioxochlorate(V)
Chlore	Cl_2	dichlore
Ion chlorite	ClO_2^-	ion dioxochlorate(III)
Chlorure de calcium	$CaCl_2$	dichlorure de calcium
Ion chromate	CrO_4^{2-}	ion tétraoxochromate(VI)
Chromate de plomb(II)	$PbCrO_4$	tétraoxochromate de plomb(II)
Chromate de potassium	K_2CrO_4	tétraoxochromate de dipotassium
Ion dichromate	$Cr_2O_7^{2-}$	ion heptaoxodichromate(VI)
Ion dihydrogénophosphate	$H_2PO_4^-$	ion dihydrogénotétraoxophosphate(V)
Fluor	F_2	difluor
Fluorure de calcium	CaF_2	difluorure de calcium
Hydrogène	H_2	dihydrogène
Ion hydrogénocarbonate	HCO_3^-	ion hydrogénotrioxocarbonate(IV)
Ion hydrogénophosphate	HPO_4^{2-}	ion hydrogénotétraoxophosphate(V)
Ion hydrogénosulfate	HSO_4^-	ion hydrogénotétraoxosulfate(VI)

>>>

Nomenclature utilisée	Formule	Nomenclature systématique
Hydroxyde d'aluminium	$Al(OH)_3$	trihydroxyde d'aluminium
Hydroxyde de calcium	$Ca(OH)_2$	dihydroxyde de calcium
Ion hypobromite	BrO^-	ion oxobromate(I)
Ion hypochlorite	ClO^-	ion oxochlorate(I)
Ion hypoiodite	IO^-	ion oxoiodate(I)
Ion iodate	IO_3^-	ion trioxoiodate(V)
Iode	I_2	diiode
Ion nitrate	NO_3^-	ion trioxonitrate(V)
Nitrate d'ammonium	NH_4NO_3	trioxonitrate d'ammonium
Nitrate d'argent	$AgNO_3$	trioxonitrate d'argent(I)
Nitrate de calcium	$Ca(NO_3)_2$	bis(trioxonitrate) de calcium
Nitrate de sodium	$NaNO_3$	trioxonitrate de sodium
Ion nitrite	NO_2^-	ion dioxonitrate(III)
Oxygène	O_2	dioxygène
Ozone	O_3	trioxygène
Ion perchlorate	ClO_4^-	ion tétraoxochlorate(VII)
Ion periodate	IO_4^-	ion tétraoxoiodate(VII)
Ion permanganate	MnO_4^-	ion tétraoxomanganate(VII)
Ion persulfate	$S_2O_8^{2-}$	ion octaoxodisulfate(VI)
Ion phosphate	PO_4^{3-}	ion tétraoxophosphate(V)
Phosphate de calcium	$Ca_3(PO_4)_2$	bis(tétraoxophosphate) de tricalcium
Ion sulfate	SO_4^{2-}	ion tétraoxosulfate(VI)
Sulfate de sodium	Na_2SO_4	tétraoxosulfate de disodium
Ion sulfite	SO_3^{2-}	ion trioxosulfate(IV)

Tiré de John C. Kotz et Paul M. Treichel Jr, traduit et adapté par Marcel Deneux, *Chimie des solutions*, Montréal, Beauchemin, 2005, p. 319-320.

GLOSSAIRE

A

Abaissement du point de congélation (ΔT_{cong}). m. Différence entre le point de congélation du solvant pur (T°_{cong}) et le point de congélation de la solution (T_{cong}). (p. 74)

Accumulateur. n. m. Cellule électrochimique rechargeable (pile secondaire) pouvant servir de source de courant électrique continu à tension constante. (p. 387)

Acide de Brønsted-Lowry. m. Substance susceptible de libérer un proton dans une réaction. (p. 13)

Acide de Lewis. m. Substance qui peut recevoir un doublet d'électrons. (p. 266)

Acide faible. m. Acide qui est un électrolyte faible et qui ne s'ionise que partiellement dans l'eau. (p. 232)

Acide fort. m. Acide qui est un électrolyte fort et qui s'ionise presque complètement dans l'eau. (p. 231)

Analyse gravimétrique. f. Méthode analytique basée sur des mesures de masses. (p. 33)

Analyse qualitative. f. Méthode d'identification des ions présents dans une solution. (p. 333)

Anode. n. f. Électrode où se produit l'oxydation. (p. 358)

B

Base de Brønsted-Lowry. f. Substance susceptible d'accepter un proton dans une réaction. (p. 13)

Base de Lewis. f. Substance qui peut donner un doublet d'électrons. (p. 266)

Base faible. f. Base qui est un électrolyte faible. (p. 232)

Base forte. f. Base qui est un électrolyte fort. (p. 232)

Batterie. n. f. Assemblage de plusieurs piles raccordées en série. (p. 388)

C

Catalyseur. n. m. Substance qui augmente la vitesse d'une réaction chimique sans y être consommée. (p. 147)

Cathode. n. f. Électrode où se produit la réduction. (p. 358)

Cellule électrolytique. f. Dispositif servant à produire une électrolyse. (p. 395)

Cellule galvanique (ou cellule voltaïque). f. Cellule électrochimique qui génère de l'électricité par réaction d'oxydoréduction spontanée. (p. 358)

Cinétique chimique. f. Domaine de la chimie qui s'intéresse à la vitesse des réactions chimiques et aux mécanismes réactionnels. (p. 100)

Colloïde. n. m. Dispersion des particules d'une substance (phase dispersée) dans un milieu de dispersion (phase dispersante) constitué d'une autre substance. (p. 83)

Complexe activé. m. Espèce instable temporairement formée à la suite de collisions entre les molécules des réactifs, juste avant que se forme le produit. (p. 132)

Concentration d'une solution. f. Grandeur indiquant la quantité de soluté présente dans une quantité de solution donnée. (p. 28)

Concentration molaire massique. f. *Voir* Molalité.

Concentration molaire volumique (C). f. Nombre de moles de soluté par litre de solution. (p. 28)

Constante d'équilibre (K). f. Grandeur qui exprime un rapport constant entre les concentrations à l'équilibre des produits et les concentrations à l'équilibre des réactifs, chacune de ces concentrations élevée à une puissance égale au coefficient stœchiométrique de la substance. (p. 173)

Constante d'ionisation d'un acide (K_a). f. Constante d'équilibre relative à l'ionisation de cet acide. (p. 236)

Constante d'ionisation d'une base (K_b). f. Constante d'équilibre relative à l'ionisation de cette base. (p. 249)

Constante de Faraday (F). f. *Voir* Faraday (F).

Constante de formation (K_f). f. Constante d'équilibre pour la formation d'un ion complexe. (p. 329)

Constante de vitesse (k). f. Constante de proportionnalité qui relie la vitesse d'une réaction et les concentrations des réactifs. (p. 104)

Constante du produit ionique de l'eau (K_{eau}). f. Produit des concentrations molaires des ions H_3O^+ et OH^- à une température donnée. (p. 225)

Corrosion. n. f. Détérioration d'un métal par un processus électrochimique. (p. 392)

Couple acide-base conjugués. f. Couple constitué d'un acide et de sa base conjuguée ou d'une base et de son acide conjugué. (p. 223)

Cristallisation. n. f. Processus par lequel un soluté se sépare d'une solution sursaturée pour former des cristaux. (p. 53)

Cristallisation fractionnée. f. Technique de séparation basée sur les différences de solubilité qui permet de séparer les constituants d'un mélange en des substances pures. (p. 62)

D

Degré d'oxydation. m. *Voir* Nombre d'oxydation.

Demi-cellule. n. f. *Voir* Réaction de demi-cellule.

Demi-réaction. n. f. Réaction qui indique explicitement les électrons dans une réaction d'oxydoréduction. (p. 19)

Demi-vie ($t_{\frac{1}{2}}$). n. f. Temps requis pour que la concentration initiale d'un réactif diminue de moitié au cours d'une réaction. (p. 122)

Diacide. n. m. Acide dont chaque unité libère deux ions hydrogène. (p. 15)

Diagramme de cellule. m. Représentation d'une cellule galvanique par un diagramme conventionnel. (p. 360)

Dilution. n. f. Procédé qui consiste à faire diminuer la concentration d'une solution. Le plus souvent, une dilution se fait par ajout de solvant. (p. 31)

Distillation fractionnée. f. Technique de séparation des constituants liquides d'une solution fondée sur les différences de points d'ébullition. (p. 71)

E

Effet d'ion commun. m. Déplacement d'un équilibre causé par l'addition d'un composé ayant un ion en commun avec une substance dissoute. (p. 285)

Électrochimie. n. f. Branche de la chimie qui étudie l'interconversion entre l'énergie électrique et l'énergie chimique. (p. 351)

Électrode standard à hydrogène (ESH). f. Électrode de platine en présence d'hydrogène gazeux à 101,3 kPa et de HCl 1 mol/L à 25 °C dont le potentiel est fixé conventionnellement à zéro volt. (p. 361)

Électrolyse. n. f. Processus au cours duquel on utilise l'énergie électrique pour provoquer une réaction chimique non spontanée. (p. 395)

Électrolyte. n. m. Substance qui, une fois dissoute dans l'eau, forme une solution conductrice d'électricité. (p. 5)

Élévation du point d'ébullition ($\Delta T_{éb}$). f. Différence entre le point d'ébullition d'une solution ($T_{éb}$) et le point d'ébullition du solvant ($T^{\circ}_{éb}$) pur. (p. 72)

Énergie d'activation (E_a). f. Énergie minimale requise pour déclencher une réaction chimique. (p. 132)

Énergie libre. f. *Voir* Fonction de Gibbs.

Enthalpie libre. f. *Voir* Fonction de Gibbs.

Enzyme. n. f. Catalyseur biologique. (p. 152)

Équation d'Arrhenius. f. Relation exprimant comment la constante de vitesse dépend de la température. (p. 133)

Équation de Nernst. f. Relation entre la fem d'une cellule et les concentrations des réactifs et des produits. (p. 381)

Équation de Van't Hoff. f. *Voir* Loi de Van't Hoff.

Équation de vitesse. f. *Voir* Loi de vitesse.

Équation ionique. f. Équation qui représente les composés ioniques dissous sous forme d'ions libres. (p. 10)

Équation ionique nette. f. Équation dans laquelle sont écrites seulement les espèces ioniques qui participent directement à la réaction. (p. 10)

Équation moléculaire. f. Équation dans laquelle les formules des composés en jeu représentent toutes les espèces présentes sous forme de molécules ou d'unités formulaires dans le cas des composés ioniques. (p. 9)

Équilibre chimique. m. État chimique d'un système dans lequel aucune transformation nette n'est observée. À l'équilibre, les vitesses des réactions directe et inverse sont égales, et les concentrations des réactifs et des produits ne changent plus en fonction du temps. (p. 7 et 171).

Équilibre hétérogène. m. État d'équilibre dans lequel les réactifs et les produits ne sont pas tous dans la même phase. (p. 179)

Équilibre homogène. m. État d'équilibre dans lequel toutes les espèces en jeu sont dans la même phase. (p. 174)

Équilibre physique. m. Équilibre dans lequel seules des propriétés physiques sont en jeu. (p. 171)

Équilibres multiples. m. pl. *Voir* Loi des équilibres multiples.

Étape élémentaire. f. *Voir* Réaction élémentaire.

Étape limitante (ou déterminante). f. Étape qui est la plus lente parmi toutes les étapes menant à la formation des produits. (p. 139)

État d'oxydation. m. *Voir* Nombre d'oxydation.

F

Facteur de Van't Hoff (*i*) (ou facteur effectif). m. Rapport entre le nombre réel de particules en solution après la dissociation et le nombre d'unités initialement dissoutes. (p. 81)

Faraday (*F*). n. m. Charge de une mole d'électrons et qui équivaut à 96 487 coulombs. (p. 377)

Fonction de Gibbs (ou enthalpie libre ou énergie libre). f. Fonction d'état exprimant la différence entre l'enthalpie et le produit de l'entropie par la température Kelvin, *TS*, et qui équivaut à une mesure de l'énergie disponible qui pourrait servir à effectuer un travail. (p. 370)

Fonctions d'état. f. pl. Propriétés qui dépendent seulement de l'état initial et de l'état final d'un système. (p. 368)

Force électromotrice (fem) (ϵ). f. Tension (différence de potentiel) mesurée à très faible courant entre les électrodes d'une cellule. (p. 359)

Force électromotrice (fem) standard (ϵ°_{cell}). f. Différence entre les potentiels standard de réduction à la cathode et à l'anode. (p. 361)

Fraction molaire (χ). f. Rapport entre le nombre de moles d'un constituant d'un mélange et le nombre total de moles contenues dans le mélange. (p. 57)

H

Hydratation. n. f. Processus par lequel des molécules d'eau s'associent à un soluté en s'orientant d'une manière particulière autour d'un ion ou d'une molécule. (p. 6) *Voir aussi* Solvatation.

Hydrolyse d'un sel. f. Réaction d'un anion ou d'un cation (ou des deux) d'un sel avec l'eau. (p. 256)

Hydrophile. adj. Qui a de l'affinité pour l'eau. (p. 84)

Hydrophobe. adj. Qui n'a pas d'affinité pour l'eau. (p. 84)

I

Indicateur acido-basique. m. Substance qui présente des couleurs différentes dans un milieu acide et dans un milieu basique. (p. 36)

Insaturé. adj. *Voir* Solution insaturée.

Intermédiaire. n. m. Espèce qui apparaît dans le mécanisme réactionnel (dans les réactions élémentaires), mais non dans l'équation globale équilibrée. (p. 138)

Ion commun (effet d'). m. *Voir* Effet d'ion commun.

Ion complexe. m. Ion contenant un cation métallique central lié à un ou à plusieurs ions ou molécules. C'est une combinaison d'une base de Lewis et d'un acide de Lewis. (p. 328)

Ion hydronium. m. Proton hydraté, H_3O^+. (p. 14)

Ion spectateur. m. Ion qui ne participe pas à une réaction. (p. 10)

L

Loi d'action de masse. f. Loi qui dit que la composition de tout mélange réactionnel à l'équilibre pour une réaction réversible à une température donnée peut s'exprimer à l'aide d'un certain rapport constant entre les concentrations des réactifs et des produits. Ce rapport constant est appelé constante d'équilibre (*K*). (p. 173)

Loi de Henry. f. Loi qui affirme que la solubilité d'un gaz dans un liquide est directement proportionnelle à la pression qu'exerce le gaz au-dessus de la solution. (p. 64)

Loi de Raoult. f. Loi qui affirme que la pression partielle exercée par la vapeur du solvant au-dessus d'une solution est donnée par la pression de vapeur du solvant pur multipliée par la fraction molaire du solvant dans la solution. (p. 68)

Loi des équilibres multiples. f. Loi spécifiant que si une réaction peut être exprimée comme la somme de plusieurs réactions, la constante d'équilibre de la réaction globale est égale au produit des constantes d'équilibre de chacune des réactions individuelles. (p. 182)

Loi de Van't Hoff. f. Relation décrivant la dépendance de la constante d'équilibre en fonction de la température Kelvin. (p. 201)

Loi de vitesse. f. Expression qui relie la vitesse d'une réaction à la constante de vitesse et aux concentrations des réactifs. (p. 110)

Loi de vitesse intégrée. f. Expression obtenue à partir de la loi de vitesse, qui relie la concentration d'un réactif ou d'un produit au temps de réaction. (p. 117)

M

Mécanisme réactionnel. m. Séquence des réactions élémentaires qui conduisent à la formation des produits à partir des réactifs. (p. 138)

Membrane semi-perméable. f. Membrane qui permet le passage des molécules du solvant, mais pas celui des molécules du soluté. (p. 76)

Miscible. adj. Se dit d'un liquide qui est complètement soluble dans un autre, dans toutes les proportions. (p. 55)

Molalité (ou concentration molaire massique). n. f. Nombre de moles de soluté dissous par unité de masse de solvant en kilogrammes. (p. 58)

Molécularité. n. f. Nombre de molécules de réactifs réagissant dans une réaction élémentaire. (p. 138)

Monoacide. n. m. Acide dont chaque unité libère un seul ion hydrogène. (p. 14)

N

Neutralisation. n. f. *Voir* Réaction de neutralisation.

Nombre d'oxydation. m. Nombre de charges qu'aurait un atome dans une molécule (ou dans un composé ionique) si les électrons lui étaient complètement transférés. (p. 20)

Non-électrolyte. n. m. Substance qui, une fois dissoute dans l'eau, forme une solution qui n'est pas conductrice d'électricité. (p. 5)

Non volatil. adj. Se dit d'une substance qui n'a pas de pression de vapeur mesurable. (p. 68)

O

Ordre de réaction (ou ordre partiel de réaction). m. Exposant qui affecte la concentration d'un réactif dans une loi de vitesse. (p. 110)

Ordre global de réaction (ou ordre total). m. Somme des exposants qui affectent toutes les concentrations en jeu dans l'expression de la loi de vitesse. (p. 110)

Osmose. n. f. Mouvement net des molécules d'un solvant pur ou des molécules de solvant d'une solution diluée, à travers une membrane semi-perméable, vers une solution plus concentrée. (p. 76)

Oxydant. n. m. Substance susceptible de capter des électrons d'une autre substance ou d'en augmenter le nombre d'oxydation. (p. 20)

Oxydation. n. f. *Voir* Réaction d'oxydation.

Oxydoréduction. n. f. *Voir* Réaction d'oxydoréduction.

P

Paire d'ions. f. Association en solution d'un cation et d'un anion maintenus ensemble par des forces électrostatiques. (p. 82)

pH. m. Grandeur exprimée par le logarithme négatif de la concentration d'ions hydronium dans une solution aqueuse. (p. 227)

Pile. n. f. Cellule électrochimique souvent non rechargeable (pile primaire) pouvant servir de source de courant électrique continu à tension constante. (p. 387)

Pile à combustible. f. Cellule électrochimique qui nécessite un apport continuel de réactif pour pouvoir fonctionner. (p. 390)

Pile à concentration. f. Pile dont les demi-piles sont constituées des mêmes substances, mais en concentrations ioniques différentes. (p. 385)

Point d'équivalence. m. Dans un titrage, moment où l'acide a complètement réagi avec la base ou celui où il a été complètement neutralisé. (p. 36)

Point de virage. m. Dans un titrage, changement de couleur qui correspond au point d'équivalence. (p. 309)

Pollution thermique. f. Réchauffement de l'environnement à des températures trop élevées, nuisibles pour la faune. (p. 63)

Potentiel standard de réduction ($\epsilon°$). m. Tension mesurée par rapport à l'ESH quand une réaction de réduction se produit à une électrode et que tous les solutés sont exactement à une concentration de 1 mol/L et tous les gaz à une pression de 101,3 kPa. (p. 361)

Pourcentage d'ionisation. m. Grandeur qui indique la force d'un acide. Rapport entre la concentration d'acide ionisé à l'équilibre et la concentration initiale d'acide, multiplié par 100 %. (p. 243)

Pourcentage massique. m. Rapport entre la masse d'un soluté et celle de la solution, multiplié par 100 %. (p. 57)

Pouvoir tampon. m. Capacité d'une solution tampon de pouvoir neutraliser de l'acide ou de la base. (p. 290)

Précipitation. n. f. *Voir* Réaction de précipitation.

Précipitation sélective. f. Méthode de séparation des cations métalliques par réactions de précipitations successives mettant en évidence la présence d'un seul ion à la fois. (p. 319)

Précipité. n. m. Solide insoluble qui se sépare d'une solution. (p. 7)

Pression osmotique (π). f. Pression nécessaire pour arrêter l'osmose. (p. 76)

Principe de Le Chatelier. m. Principe qui affirme que, si une contrainte (facteur extérieur) agit sur un système à l'équilibre, le système réagit de manière à s'opposer partiellement à cette contrainte. (p. 194)

Produit de solubilité (K_{ps}). m. Constante d'équilibre égale au produit des concentrations molaires des ions en solution en équilibre avec leur solide ionique, chacune des concentrations ioniques étant élevée à l'exposant équivalant à son coefficient stœchiométrique dans l'équation équilibrée. (p. 312)

Produit ionique (Q). m. Produit des concentrations molaires ioniques ayant la même forme que celle du produit de solubilité, chacune des concentrations étant élevée à la puissance équivalant à son coefficient stœchiométrique dans l'équation équilibrée. (p. 313)

Propriétés colligatives. f. pl. Propriétés importantes des solutions qui dépendent seulement du nombre de particules de soluté présentes et non de leur nature. (p. 68)

Q

Quotient réactionnel (Q_c). m. Grandeur obtenue quand on utilise au moins une des concentrations non à l'équilibre dans l'expression de la constante d'équilibre. (p. 187)

R

Réaction bimoléculaire. f. Réaction élémentaire qui met en jeu deux molécules. (p. 138)

Réaction d'ordre deux. f. Réaction dont la vitesse dépend soit de la concentration d'un réactif élevée à la puissance deux, soit des concentrations de deux réactifs différents, chacune étant élevée à la puissance un. (p. 124)

Réaction d'ordre un. f. Réaction dont la vitesse dépend de la concentration du réactif élevée à la puissance un. (p. 116)

Réaction d'ordre zéro. f. Réaction dont la vitesse est constante, c'est-à-dire indépendante de la concentration du réactif. (p. 127)

Réaction d'oxydation. f. Demi-réaction qui représente la perte d'électrons dans une réaction d'oxydoréduction. (p. 20)

Réaction d'oxydoréduction. f. Réaction dans laquelle il y a soit un transfert d'électrons, soit une modification des nombres d'oxydation des substances qui participent à la réaction appelée aussi « réaction redox ». (p. 19)

Réaction de combinaison (ou de synthèse). f. Réaction au cours de laquelle deux ou plusieurs substances se combinent pour former un seul produit. (p. 24)

Réaction de combustion. f. Réaction d'oxydoréduction au cours de laquelle une substance réagit avec de l'oxygène en produisant habituellement de la chaleur et de la lumière sous la forme d'une flamme. (p. 24)

Réaction de décomposition. f. Réaction au cours de laquelle un composé se brise en deux ou plusieurs fragments. (p. 24)

Réaction de demi-cellule. f. Réaction d'oxydation ou de réduction qui se produit aux électrodes. (p. 358)

Réaction de déplacement. f. Réaction pendant laquelle un atome ou un ion dans un composé est remplacé par un atome d'un autre élément. (p. 24)

Réaction de double substitution (ou de métathèse). f. Réaction au cours de laquelle il y a un échange d'atomes ou de groupes d'atomes entre deux composés. (p. 8)

Réaction de neutralisation. f. Réaction entre un acide et une base utilisée soit pour modifier l'acidité d'un milieu, soit pour doser un acide à l'aide d'une base ou l'inverse. (p. 17)

Réaction de précipitation. f. Réaction caractérisée par la formation d'un produit insoluble appelé précipité. (p. 7)

Réaction de réduction. f. Demi-réaction qui représente le gain d'électrons dans une réaction d'oxydoréduction. (p. 20)

Réaction de synthèse. f. *Voir* Réaction de combinaison.

Réaction (ou étape) élémentaire. f. Réaction simple (étape) qui participe au déroulement de la réaction globale au niveau moléculaire. (p. 137)

Réaction réversible. f. Se dit d'une réaction qui peut s'effectuer dans le sens direct et dans le sens inverse. (p. 7)

Réaction spontanée. f. Réaction qui se produit par elle-même sans aucune intervention de l'extérieur et sans apport d'énergie. (p. 368)

Réaction trimoléculaire. f. Réaction élémentaire qui met en jeu trois molécules. (p. 138)

Réaction unimoléculaire. f. Réaction élémentaire qui met en jeu une seule molécule. (p. 138)

Réducteur. n. m. Substance susceptible de donner des électrons à une autre substance ou d'en réduire le nombre d'oxydation. (p. 20)

Réduction. n. f. *Voir* Réaction de réduction.

Réversible. adj. *Voir* Réaction réversible.

S

Saturé. adj. *Voir* Solution saturée.

Sel. n. m. Composé ionique habituellement produit à la suite d'une réaction entre un acide et une base et formé d'un cation autre que H^+ et d'un anion autre que OH^- ou O^{2-}. (p. 17)

Série d'activité (ou série électrochimique). f. Liste ordonnée qui permet de prévoir les résultats possibles d'un grand nombre de réactions de substitution. (p. 27)

Solubilité (g/mL). n. f. Quantité maximale d'un soluté qui peut être dissoute dans une certaine quantité de solvant à une température donnée. (p. 8 et 313)

Solubilité molaire (mol/L). f. Nombre maximum de moles d'un soluté qui peut être dissous par litre de solution. (p. 313)

Soluté. n. m. Substance présente en moins grande quantité dans une solution. (p. 5)

Solution. n. f. Mélange homogène de deux substances ou plus. (p. 5)

Solution aqueuse. f. Solution dont le solvant est l'eau. (p. 5)

Solution de titrage (ou solution standard). f. Solution étalon, c'est-à-dire dont la concentration est connue avec une très grande précision et qui sert au dosage. (p. 35)

Solution idéale. f. Solution qui obéit à la loi de Raoult. (p. 70)

Solution insaturée. f. Solution qui contient moins de soluté qu'elle peut en dissoudre. (p. 53)

Solution saturée. f. Solution qui contient la quantité maximale de soluté dans une quantité donnée de solvant à une température donnée. (p. 53)

Solution standard. f. *Voir* Solution de titrage.

Solution sursaturée. f. Solution instable qui contient plus de soluté que la solution saturée. (p. 53)

Solution tampon. f. Solution constituée, d'une part, d'un acide faible ou d'une base faible et, d'autre part, du sel de l'acide ou de la base ; les deux composantes doivent être présentes. Le pH d'une solution tampon est presque constant, malgré l'ajout de petites quantités d'acide ou de base. (p. 289)

Solvant. n. m. Substance présente en plus grande quantité dans une solution. (p. 5)

Solvatation. n. f. Processus par lequel un ion ou une molécule s'entoure de molécules du solvant qui sont disposées de manière spécifique. Dans le cas où le solvant est l'eau, ce processus s'appelle « hydratation ». (p. 55)

Sursaturé. adj. *Voir* Solution sursaturée.

Surtension. n. f. Tension supplémentaire requise pour provoquer une électrolyse. (p. 398)

T

Tampon. n. m. *Voir* Solution tampon.

Titrage. n. m. Opération consistant à ajouter graduellement une solution dont la concentration est connue avec grande précision à une solution de concentration inconnue, jusqu'à ce que la réaction entre les deux solutions soit complétée. (p. 35)

Triacide. n. m. Acide dont chaque unité peut libérer trois ions hydrogène. (p. 15)

V

Variation d'enthalpie (ΔH). f. Différence entre l'enthalpie finale et l'enthalpie initiale ou chaleur de réaction. (p. 367)

Variation d'enthalpie libre standard ($\Delta G°$). f. Variation d'enthalpie libre quand les réactifs à l'état standard sont transformés en produits à l'état standard. (p. 371)

Variation d'entropie (ΔS). f. Mesure de la variation du désordre entre un état final et un état initial. (p. 369)

Vitesse de réaction ($mol \cdot L^{-1} \cdot s^{-1}$). f. Variation de la concentration d'un réactif ou d'un produit par unité de temps au cours d'une réaction. (p. 100)

Vitesse instantanée. f. Vitesse à un moment donné. (p. 103)

Vitesse moyenne. f. Moyenne de vitesses qui sont obtenues à partir de données prises durant un certain intervalle de temps Δt. (p. 102)

Volatil. adj. Se dit d'une substance qui a une pression de vapeur mesurable. (p. 70)

Z

Zone de virage d'un indicateur. f. Zone de pH qui s'étend de $pK_a - 1$ à $pK_a + 1$ et qui correspond en général au changement de couleur de l'indicateur. (p. 309)

Zone tampon. f. Zone de pH dans laquelle un tampon est efficace, autour de $pH = pK_a \pm 1$. (p. 295)

RÉPONSES AUX PROBLÈMES

CHAPITRE 1

1.5 (A) Électrolyte fort
(B) Non-électrolyte
(C) Électrolyte faible

1.6 (C)

1.7 **a)** Électrolyte très faible
b) Électrolyte fort
c) Électrolyte fort
d) Électrolyte faible
e) Non-électrolyte

1.8 **a)** Électrolyte fort
b) Non-électrolyte
c) Électrolyte faible
d) Électrolyte fort

1.9 d)

1.10 b) et c). Il n'y a pas de mobilité des ions dans le solide ionique.

1.11 En mesurant la conductibilité électrique et en la comparant avec celle d'un électrolyte fort connu de même concentration.

1.12 Dans l'eau, HCl est ionisé en H_3O^+ et en Cl^- ; dans le benzène, il reste sous forme moléculaire.

1.15 (C)

1.16 (B)

1.17 **a)** Insoluble **b)** Insoluble
c) Soluble **d)** Soluble

1.18 **a)** Insoluble **b)** Soluble
c) Soluble **d)** Insoluble
e) Soluble

1.19 **a)** Ionique : $2Ag^+(aq) + 2NO_3^-(aq) + 2Na^+(aq) + SO_4^{2-}(aq) \longrightarrow Ag_2SO_4(s) + 2Na^+(aq) + 2NO_3^-(aq)$;
ionique nette : $2Ag^+(aq) + SO_4^{2-}(aq) \longrightarrow Ag_2SO_4(s)$

b) Ionique : $Ba^{2+}(aq) + 2Cl^-(aq) + Zn^{2+}(aq) + SO_4^{2-}(aq) \longrightarrow BaSO_4(s) + Zn^{2+}(aq) + 2Cl^-(aq)$;
ionique nette : $Ba^{2+}(aq) + SO_4^{2-}(aq) \longrightarrow BaSO_4(s)$

c) Ionique : $2NH_4^+(aq) + CO_3^{2-}(aq) + Ca^{2+}(aq) + 2Cl^-(aq) \longrightarrow CaCO_3(s) + 2NH_4^+(aq) + 2Cl^-(aq)$;
ionique nette : $Ca^{2+}(aq) + CO_3^{2-}(aq) \longrightarrow CaCO_3(s)$

1.20 **a)** Ionique : $2Na^+(aq) + S^{2-}(aq) + Zn^{2+}(aq) + 2Cl^-(aq) \longrightarrow ZnS(s) + 2Na^+(aq) + 2Cl^-(aq)$;
ionique nette : $Zn^{2+}(aq) + S^{2-}(aq) \longrightarrow ZnS(s)$

b) Ionique : $6K^+(aq) + 2PO_4^{3-}(aq) + 3Sr^{2+}(aq) + 6NO_3^-(aq) \longrightarrow Sr_3(PO_4)_2(s) + 6K^+(aq) + 6NO_3^-(aq)$;
ionique nette : $3Sr^{2+}(aq) + 2PO_4^{3-}(aq) \longrightarrow Sr_3(PO_4)_2(s)$

c) Ionique : $Mg^{2+}(aq) + 2NO_3^-(aq) + 2Na^+(aq) + 2OH^-(aq) \longrightarrow Mg(OH)_2(s) + 2Na^+(aq) + 2NO_3^-(aq)$;
ionique nette : $Mg^{2+}(aq) + 2OH^-(aq) \longrightarrow Mg(OH)_2(s)$

1.21 b) Il se forme un précipité. L'équation ionique nette est :
$Ba^{2+}(aq) + SO_4^{2-}(aq) \longrightarrow BaSO_4(s)$

1.22 **a)** L'ajout d'ions chlorure. KCl est soluble, et AgCl ne l'est pas.
b) L'ajout d'ions hydroxyde. $Ba(OH)_2$ est soluble mais $Pb(OH)_2$ est insoluble.
c) L'ajout d'ions carbonate. $(NH_4)_2CO_3$ est soluble, et $CaCO_3$ est insoluble.
d) L'ajout d'ions sulfate. $CuSO_4$ est soluble, et $BaSO_4$ est insoluble.

1.29 **a)** Un acide de Brønsted-Lowry
b) Une base de Brønsted-Lowry
c) Une base et un acide de Brønsted-Lowry
d) Une base et un acide de Brønsted-Lowry

1.30 **a)** Une base de Brønsted-Lowry
b) Une base de Brønsted-Lowry
c) Un acide de Brønsted-Lowry
d) Un acide et une base de Brønsted-Lowry

1.31 Les équations sont les suivantes :
a) Ionique : $H_3O^+(aq) + Br^-(aq) + NH_3(aq) \longrightarrow NH_4^+(aq) + Br^-(aq) + H_2O(l)$;
ionique nette : $H_3O^+(aq) + NH_3(aq) \longrightarrow NH_4^+(aq) + H_2O(l)$

b) Ionique : $3Ba^{2+}(aq) + 6OH^-(aq) + 2H_3PO_4(aq) \longrightarrow Ba_3(PO_4)_2(s) + 6H_2O(l)$;
ionique nette : $3Ba^{2+}(aq) + 6OH^-(aq) + 2H_3PO_4(aq) \longrightarrow Ba_3(PO_4)_2(s) + 6H_2O(l)$

c) Ionique : $2H_3O^+(aq) + 2ClO_4^-(aq) + Mg^{2+}(aq) + 2OH^-(aq) \longrightarrow Mg^{2+}(aq) + 2ClO_4^-(aq) + 4H_2O(l)$;
ionique nette : $2H_3O^+(aq) + 2OH^-(aq) \longrightarrow 4H_2O(l)$

1.32 **a)** Ionique : $CH_3COOH(aq) + K^+(aq) + OH^-(aq) \longrightarrow CH_3COO^-(aq) + K^+(aq) + H_2O(l)$;
ionique nette : $CH_3COOH(aq) + OH^-(aq) \longrightarrow CH_3COO^-(aq) + H_2O(l)$

b) Ionique : $H_2CO_3(aq) + 2Na^+(aq) + 2OH^-(aq) \longrightarrow 2Na^+(aq) + CO_3^{2-}(aq) + 2H_2O(l)$;
ionique nette : $H_2CO_3(aq) + 2OH^-(aq) \longrightarrow CO_3^{2-}(aq) + 2H_2O(l)$

c) Ionique : $2H_3O^+(aq) + 2NO_3^-(aq) + Ba^{2+}(aq) + 2OH^-(aq) \longrightarrow Ba^{2+}(aq) + 2NO_3^-(aq) + 4H_2O(l)$;
ionique nette : $2H_3O^+(aq) + 2OH^-(aq) \longrightarrow 4H_2O(l)$

1.37

	I) Demi-réactions	II) Oxydant	III) Réducteur
a)	$Sr \longrightarrow Sr^{2+} + 2e^-$ $O_2 + 4e^- \longrightarrow 2O^{2-}$	O_2	Sr
b)	$Li \longrightarrow Li^+ + e^-$ $H_2 + 2e^- \longrightarrow 2H^-$	H_2	Li
c)	$Cs \longrightarrow Cs^+ + e^-$ $Br_2 + 2e^- \longrightarrow 2Br^-$	Br_2	Cs
d)	$Mg \longrightarrow Mg^{2+} + 2e^-$ $N_2 + 6e^- \longrightarrow 2N^{3-}$	N_2	Mg

1.38 **a)** $Fe \longrightarrow Fe^{3+} + 3e^-$;
$O_2 + 4e^- \longrightarrow 2O^{2-}$;
Fe est le réducteur, et O_2 est l'oxydant.
b) $2Br^- \longrightarrow Br_2 + 2e^-$;
$Cl_2 + 2e^- \longrightarrow 2Cl^-$;
Br^- est le réducteur, et Cl_2 est l'oxydant.
c) $Si \longrightarrow Si^{4+} + 4e^-$;
$F_2 + 2e^- \longrightarrow 2F^-$;
Si est le réducteur, et F_2 est l'oxydant.
d) $H_2 \longrightarrow 2H^+ + 2e^-$;
$Cl_2 + 2e^- \longrightarrow 2Cl^-$;
H_2 est le réducteur, et Cl_2 est l'oxydant.

1.39 H_2S (−2), S^{2-} (−2), HS^- (−2) < S_8 (0) < SO_2 (+4) < SO_3 (+6), H_2SO_4 (+6)
Les chiffres entre parenthèses indiquent le nombre d'oxydation du soufre.

1.40 **a)** +5 **b)** +1
c) +3 **d)** +5
e) +5 **f)** +5

1.41 **a)** +1 **b)** +7
c) −4 **d)** −1
e) −2 **f)** +6
g) +6 **h)** +7
i) +4 **j)** 0
k) +5 **l)** +1
m) +5 **n)** +3

1.42 **a)** +1 **b)** −1
c) +3 **d)** +3
e) +4 **f)** +6
g) +2 **h)** +4
i) +2 **j)** +3
k) +5

1.43 Tous zéro

1.44 **a)** −3 **b)** $-\frac{1}{2}$
c) −1 **d)** +4
e) +3 **f)** −2
g) +3 **h)** +6

1.45 Le Zn devrait réduire le N de HNO_3. Le nombre d'oxydation de l'azote dans l'acide nitrique est de +5 (vérifiez !), celui qui est contenu dans les produits doit être plus petit. Le seul qui n'est pas inférieur à +5 est N_2O_5, donc il ne peut pas être un produit de la réduction de l'acide nitrique.

1.46 SO_3 (S est à son degré d'oxydation maximal : +6)

1.47 **a)** Aucune réaction
b) Aucune réaction
c) $Mg(s) + CuSO_4(aq) \longrightarrow MgSO_4(aq) + Cu(s)$
Équation ionique nette : $Mg(s) + Cu^{2+}(aq) \longrightarrow Mg^{2+}(aq) + Cu(s)$
d) $Cl_2(g) + 2KBr(aq) \longrightarrow Br_2(l) + 2KCl(aq)$
Équation ionique nette : $Cl_2(g) + 2Br^-(aq) \longrightarrow 2Cl^-(aq) + Br_2(l)$

1.48 Li et Ca
1.51 56,0 g
1.52 0,131 mol/L
1.53 $6{,}00 \times 10^{-3}$ mol $MgCl_2$
1.54 10,8 g
1.55 **a)** 1,16 mol/L **b)** 0,608 mol/L **c)** 1,78 mol/L
1.56 **a)** 1,37 mol/L **b)** 0,426 mol/L **c)** 0,716 mol/L
1.57 **a)** 136 mL **b)** 62,2 mL **c)** 47 mL
1.58 **a)** 6,50 g **b)** 2,45 g **c)** 2,65 g **d)** 7,36 g **e)** 3,95 g
1.61 Diluer 0,323 L (323 mL) de la solution de HCl à 2,00 mol/L jusqu'à un volume final de 1,00 L.
1.62 0,0433 mol/L
1.63 Diluer 3,00 mL de la solution de HNO_3 jusqu'à un volume final de 60,0 mL.
1.64 126 mL
1.65 1,41 mol/L
1.66 1,09 mol/L
1.69 0,215 g
1.70 35,72 %
1.71 $Ag^+(aq) + Cl^-(aq) \longrightarrow AgCl(s)$
0,165 g NaCl
1.72 $Cu^{2+}(aq) + S^{2-}(aq) \longrightarrow CuS(s)$
$2{,}31 \times 10^{-4}$ mol/L
1.75 0,1106 mol/L
1.76 0,217 mol/L
1.77 **a)** 42,78 mL
b) 158,5 mL solution
c) 79,23 mL solution
1.78 **a)** 6,00 mL **b)** 8,00 mL
1.79 **a)** Oxydoréduction
b) Précipitation
c) Acido-basique
d) Aucune catégorie précise ; on peut la considérer comme une réaction d'addition (combinaison).
e) Oxydoréduction
f) Oxydoréduction
g) Précipitation
h) Oxydoréduction
i) Oxydoréduction
j) Oxydoréduction
1.80 Les ions Ba^{2+} se combinent aux ions SO_4^{2-} pour former un précipité de $BaSO_4$.
1.81 On recourt à l'électrolyse pour s'assurer qu'il y a production d'hydrogène et d'oxygène, à la réaction avec un métal alcalin pour voir s'il y a production d'une base et d'hydrogène, à la dissolution d'un oxyde métallique pour voir s'il y a production d'une base (ou à la dissolution d'un oxyde non métallique pour voir s'il y a production d'un acide).
1.82 Test physique : seule la solution de NaCl conduira l'électricité. Test chimique : ajout d'une solution de $AgNO_3$; seule la solution de NaCl donnera un précipité de AgCl.
1.83 $Cl_2 + SO_2 + 6H_2O \longrightarrow 2Cl^- + SO_4^{2-} + 4H_3O^+$
1.84 Mg, Na, Ca, Ba, K ou Li
1.85 Test de combustion. Si l'on fait barboter du dioxyde de carbone dans une solution d'hydroxyde de calcium, un précipité de carbonate blanc se formera. Aucune réaction ne se produira avec l'oxygène.
1.86 Les nombres d'oxydation de C sont +2 dans CO et +4 (maximum) dans CO_2.
1.87 d) $Mg(NO_3)_2$. Il est un électrolyte fort, il a la plus forte concentration en ions, et son cation a la charge la plus élevée.
1.88 1,26 mol/L
1.89 0,773 L
1.90 0,171 mol/L
1.91 1 145 g/mol
1.92 0,115 mol/L
1.93 43,4 g $BaSO_4$
1.94 0,80 L
1.95 24,0 g/mol, Mg
1.96 1,73 mol/L
1.97 **a)** Sel soluble dans l'eau et électrolyte fort. L'addition de $AgNO_3$ devrait donner le précipité AgCl.
b) Sucre soluble dans l'eau et non-électrolyte.
c) Est un électrolyte faible et montre toutes les propriétés des acides.
d) Soluble dans l'eau et électrolyte fort, en réagissant avec un acide, il dégage du $CO_2(g)$; avec l'addition de $Ca(OH)_2$, il donne le précipité $CaCO_3$.
e) Soluble dans l'eau et électrolyte fort ; dégagement de CO_2 en présence d'acide. L'addition d'un sel soluble d'un métal alcalino-terreux donne un précipité qui est le carbonate de l'alcalino-terreux.
f) Électrolyte faible et acide faible.
g) Soluble dans l'eau et électrolyte fort. L'addition de $Ba(NO_3)_2$ donne le précipité $BaSO_4$, et l'addition d'un hydroxyde donne le précipité $Mg(OH)_2$.
h) Électrolyte fort et base forte. L'addition de $Ca(NO_3)_2$ donne le précipité $Ca(OH)_2$.
i) Dégage une odeur caractéristique lorsque dissous dans l'eau, électrolyte faible et base faible. L'ammoniac gazeux réagit avec HCl en formant du $NH_4Cl(s)$.
j) Insoluble, base forte et réagit avec les acides.
k) Sel insoluble, réagit avec les acides en donnant du CO_2.
1.98 Procédé du *four électrique* : $P_4(s) + 5O_2(g) \longrightarrow P_4O_{10}(s)$, oxydoréduction, et $P_4O_{10}(s) + 6H_2O(l) \longrightarrow 4H_3PO_4(aq)$, acido-basique.
Procédé *humide* : $Ca_5(PO_4)_3F(s) + 5H_2SO_4(aq) \longrightarrow 3H_3PO_4(aq) + HF(aq) + 5CaSO_4(s)$, précipitation et acido-basique.
1.99 **a)** Le précipité $CaSO_4$ déposé sur le Ca empêche celui-ci de réagir avec l'acide sulfurique.
b) L'aluminium est protégé par une couche tenace d'oxyde (Al_2O_3).
c) Ces métaux réagissent plus facilement dans l'eau.
d) Le métal devrait être placé au-dessous de Fe et au-dessus de H.
1.100 Seuls les métaux dont les ions ont *plus que un* état d'oxydation participent aux réactions biochimiques : Mn, Fe, Co et Cu.
1.101 **a)** $CaF_2(s) + H_2SO_4(aq) \longrightarrow 2HF(g) + CaSO_4(s)$
$2NaCl(s) + H_2SO_4(aq) \longrightarrow 2HCl(aq) + Na_2SO_4(s)$
b) HBr et HI ne peuvent pas être préparés de manière similaire, parce que Br^- et I^- seraient oxydés pour donner Br_2 et I_2.
$2NaBr(s) + 2H_2SO_4(aq) \longrightarrow Br_2(l) + SO_2(g) + Na_2SO_4(aq) + 2H_2O(l)$
c) $PBr_3(s) + 2H_2O(l) \longrightarrow 3HBr(g) + H_3PO_3(aq)$
1.102 **a)** Réaction de précipitation : $Mg^{2+}(aq) + 2OH^-(aq) \longrightarrow Mg(OH)_2(s)$
Réaction acido-basique : $Mg(OH)_2(s) + 2HCl(aq) \longrightarrow MgCl_2(aq) + 2H_2O(l)$
Réaction d'oxydoréduction :
$Mg^{2+} + 2e^- \longrightarrow Mg(s)$
$2Cl^- \longrightarrow Cl_2(g) + 2e^-$
b) Le NaOH coûte beaucoup plus cher.
c) La dolomite constitue en même temps une source additionnelle de magnésium.
d) Est moins coûteux et moins dommageable pour l'environnement.
1.103 Ⓐ Réaction 2) et 4) ; Ⓑ Réaction 5) ; Ⓒ Réaction 3) ; Ⓓ Réaction 1)

CHAPITRE 2

2.7 CsF est un composé ionique ; les attractions ion-ion y sont trop fortes pour être rompues au cours du processus de dissolution dans le benzène ; l'interaction ion-dipôle induit y est trop faible pour stabiliser les ions. Par contre, les molécules non polaires de naphtalène forment un solide moléculaire où les seules forces intermoléculaires en jeu sont les faibles forces de dispersion. Ce sont les mêmes forces qui s'exercent dans le benzène liquide, de sorte que le naphtalène s'y dissout relativement facilement.

2.8 Le cyclohexane ne peut former de liaisons hydrogène avec l'éthanol.

2.9 $O_2 < Br_2 < LiCl < CH_3OH$

2.10 Plus la chaîne est longue, moins elle devient polaire. Le groupe $-OH$ peut former des liaisons hydrogène avec l'eau, mais non le reste de la molécule.

2.13 **a)** 7,03 % **b)** 16,9 % **c)** 13 %

2.14 **a)** 25,9 g **b)** $1{,}72 \times 10^3$ g

2.15 **a)** 0,0618 mol/kg **b)** 2,03 mol/kg

2.16 **a)** 2,68 mol/kg **b)** 7,82 mol/kg

2.17 **a)** 1,74 mol/kg **b)** 0,87 mol/kg **c)** 6,99 mol/kg

2.18 0,010 mol/kg

2.19 $3{,}0 \times 10^2$ g

2.20 **a)** $5{,}0 \times 10^2$ mol/kg **b)** 18,3 mol/L

2.21 17,3 mol/L; 25,2 mol/kg

2.22 **a)** 2,41 mol/kg **b)** 2,13 mol/L **c)** 58,7 mL

2.25 35,2 g/100 g H_2O

2.26 45,9 g

2.31 Non. Dans l'eau chauffée à 30 °C, il y a formation de bulles d'air, car l'air est moins soluble dans l'eau chaude. À 100 °C, il y a formation de bulles de vapeur d'eau.

2.32 La solubilité de l'air dans l'eau décroît avec l'augmentation de la température. Après l'ébullition, il ne restait plus d'air et une fois l'eau refroidie, l'air ambiant n'a pas eu le temps d'établir un nouvel équilibre en se dissolvant à nouveau dans l'eau. Le poisson a manqué d'air (oxygène).

2.33 Quand l'air environnant est remplacé par de l'hélium, la vitesse de sortie des molécules d'air est supérieure à la vitesse d'entrée. Avec le temps, la concentration d'air dissous devient nulle ou presque, et la concentration d'hélium dissous atteint son maximum.

2.34 Comme la pression du dioxyde de carbone est plus élevée au fond de la mine qu'à la surface, le gaz ne s'échappe pas de la solution contenue dans la bouteille. Quand le mineur remonte à la surface, la pression diminue; le dioxyde de carbone peut donc s'échapper de la solution... qui est maintenant dans son estomac.

2.35 $1{,}0 \times 10^{-5}$ mol/L

2.36 0,28 L

2.49 30,8 mm Hg

2.50 $1{,}3 \times 10^3$ g

2.51 88,6 mm Hg

2.52 Éthanol: 30,0 mm Hg
propan-1-ol: 26,3 mm Hg

2.53 **a)** $P_{\text{méthanol}} = 46$ mm Hg
$P_{\text{éthanol}} = 22$ mm Hg
b) $X_{\text{méthanol}} = 0{,}68$
$X_{\text{éthanol}} = 0{,}32$

2.54 128 g

2.55 Point d'ébullition = 86,4 °C; point de congélation = −7,1 °C

2.56 0,59 mol/kg

2.57 $C_{19}H_{38}O$, 286g/mol

2.58 120 g/mol; $C_4H_8O_4$

2.59 3,93 L; 105,6 °C

2.60 −8,6 °C

2.61 Les molécules d'acide benzoïque forment des paires en solution. On les appelle « dimères ».

2.62 $4{,}3 \times 10^2$ g/mol; $C_{24}H_{20}P_4$

2.63 $3{,}33 \times 10^3$ kPa

2.64 $1{,}75 \times 10^4$ g/mol

2.65 $C_{15}H_{20}O_{10}N_5$

2.66 342 g/mol

2.71 **a)** $CaCl_2$
b) Urée
c) $CaCl_2$

2.72 L'élévation du point d'ébullition, la diminution de la pression de vapeur et la pression osmotique

2.73 d) > e) > a) > c) > b)

2.74 Glucose à 0,50 mol/kg > acide acétique à 0,50 mol/kg > HCl à 0,50 mol/kg

2.75 **a)** Le point d'ébullition est de 102,8 °C; le point de congélation est de −10,0 °C. **b)** Le point d'ébullition est de 102,0 °C; le point de congélation est de −7,15 °C.

2.76 0,9420 mol/kg

2.77 Deux électrolytes forts qui libéreront plus de particules par mole de solide dissous

2.78 $7{,}7 \times 10^2$ kPa

2.79 2,47

2.80 $1{,}6 \times 10^2$ kPa

2.81 $\Delta P = 2{,}05 \times 10^{-5}$ mm Hg
$\Delta T_{\text{cong}} = 8{,}90 \times 10^{-5}$ °C
$\Delta T_{\text{éb}} = 2{,}5 \times 10^{-5}$ °C
$\pi = 0{,}889$ mm Hg

2.82 $3{,}55 \times 10^2$ kPa

2.83 L'eau que contient le concombre sort à travers la paroi semi-perméable que constitue sa pelure pour se retrouver dans la solution.

2.84 **a)** 104 mm Hg
b) 116 mm Hg

2.85 3,8

2.86 $2{,}95 \times 10^3$ g/mol

2.87 X: eau
Y: NaCl
Z: urée

2.88 Non. On considère que le composé est pur et qu'il s'agit d'un non-électrolyte sous forme de monomère.

2.89 Le comprimé est dans un milieu hypotonique. Par conséquent, l'eau y pénètre, par osmose, à travers la membrane semi-perméable. L'augmentation de la pression pousse la membrane élastique vers la droite, ce qui fait sortir le médicament par de petits trous à une vitesse constante.

2.90 12,3 mol/L

2.91 $4{,}50 \times 10^4$ g/mol

2.92 124 g/mol et 248 g/mol. Les molécules ont formé des dimères.

2.93 33,3 mL et 66,7 mL

2.94 17,3 mol/L; 25,1 mol/kg; 0,312

2.95 C_6H_{12}: 36 %; $C_{10}H_8$: 64 %

2.96 0,815

2.97 L'éthanol et l'eau ont une interaction moléculaire causant une contraction du volume.

2.98 2,8 %

2.99 $1{,}2 \times 10^2$ g/mol, ce qui est le double de la masse molaire de l'acide acétique. Il y a formation d'un dimère.

2.100 Voici le tableau rempli:

Forces d'attraction	Déviation à la loi de Raoult	$\Delta H_{\text{dissolution}}$
$A \longleftrightarrow A$, $B \longleftrightarrow B > A \longleftrightarrow B$	Positive	> 0
$A \longleftrightarrow A$, $B \longleftrightarrow B < A \longleftrightarrow B$	Négative	< 0
$A \longleftrightarrow A$, $B \longleftrightarrow B = A \longleftrightarrow B$	Aucune	0

2.101 **a)** *Voir figure 2.12B, p. 76*. Dans le compartiment de droite, il faudra appliquer une pression supérieure à la pression osmotique pour que le solvant pur (eau) soit forcé à se déplacer vers le compartiment de gauche. **b)** Plus économique que la distillation et difficultés techniques moindres que la congélation; l'osmose inverse se fait *sans* changement de phase. **c)** Plus de $3{,}3 \times 10^3$ kPa.

2.102 **a)** 1,1 mol/kg, cette concentration physiologique est impossible.
b) La protéine empêche la formation des cristaux de glace.

CHAPITRE 3

3.5 **a)** $\text{vitesse} = -\dfrac{\Delta[H_2]}{\Delta t} = -\dfrac{\Delta[I_2]}{\Delta t} = \dfrac{1}{2}\dfrac{\Delta[HI]}{\Delta t}$

b) $\text{vitesse} = -\dfrac{1}{2}\dfrac{\Delta[H_2]}{\Delta t} = -\dfrac{\Delta[O_2]}{\Delta t} = \dfrac{1}{2}\dfrac{\Delta[H_2O]}{\Delta t}$

c) $\text{vitesse} = -\dfrac{1}{5}\dfrac{\Delta[Br^-]}{\Delta t} = -\dfrac{\Delta[BrO_3^-]}{\Delta t} = -\dfrac{1}{6}\dfrac{\Delta[H_3O^+]}{\Delta t} = \dfrac{1}{3}\dfrac{\Delta[Br_2]}{\Delta t}$

3.6 **a)** $0{,}049 \text{ mol} \cdot L^{-1} \cdot s^{-1}$
b) $0{,}025 \text{ mol} \cdot L^{-1} \cdot s^{-1}$

3.15 $\text{Vitesse} = k[NH_4^+][NO_2^-] = 6{,}2 \times 10^{-6} \text{ mol} \cdot L^{-1} \cdot s^{-1}$

3.16 **a)** Vitesse = $k[F_2][ClO_2]$
b) 1,2 L · mol^{-1} · s^{-1}
c) $2,4 \times 10^{-4}$ mol · L^{-1} · s^{-1}

3.17 En comparant les premier et deuxième ensembles de données, on constate qu'une variation de [B] n'influence pas la vitesse de la réaction. Donc, la réaction est d'ordre zéro en B. En comparant les premier et troisième ensembles de données, on constate que si [A] double, la vitesse double également. Cela indique que la réaction est d'ordre un en A.
$v = k[A]$
D'après le premier ensemble de données : $3,20 \times 10^{-1}$ mol · L^{-1} · s^{-1} = k(1,50 mol/L) ; donc $k = 0,213\ s^{-1}$

3.18 **a)** $v = k[X]^2[Y]^3$
b) 0,69 mol · L^{-1} · s^{-1}

3.19 **a)** 2 **b)** 0
c) 1,5 **d)** 3

3.20 **a)** $0,046\ s^{-1}$
b) 0,13 (L · mol^{-1} · s^{-1})

3.21 Seul le graphe de ln P en fonction du temps donne une droite, donc la réaction est d'ordre un. La constante $k = 1,19 \times 10^{-4}\ s^{-1}$.

3.22 Ici, comme les données sont en pression totale, il faut les convertir en pressions partielles pour le réactif en tenant compte de la stœchiométrie. On obtient les coordonnées (pression partielle, temps) suivantes : (0, 15,76), (181, 12,64), (513, 8,73), (1 164, 4,44). Ensuite, il faut voir quelle mise en graphe va donner une droite. Seul le graphe de ln $P_{ClCO_2CCl_3}$ en fonction du temps donne une droite. Cette réaction est donc d'ordre un.
$k = 1,08 \times 10^{-3}\ s^{-1}$

3.27 $t_{\frac{1}{2}}$ = 30 min

3.28 **a)** $0,0198\ s^{-1}$ **b)** = 151 s

3.29 **a)** 0,034 mol/L
b) $t_{\frac{1}{2}} = 1/K[A]_0$, faites le calcul.

3.30 3,6 s

3.37 La pente de la droite est de $-1,25 \times 10^4$ K, qui équivaut à $-E_a/R$. L'énergie d'activation est $-E_a$ = pente $\times R = (-1,25 \times 10^4\ K) \times$ (8,314 J/K · mol).
E_a = 104 kJ/mol

3.38 135 kJ/mol

3.39 $3,0 \times 10^3\ s^{-1}$

3.40 371 °C

3.41 **a)** E_a = 51,9 kJ/mol **b)** oui

3.42 51,0 kJ/mol

3.51 **a)** Deux
b) Cette loi de vitesse implique que l'étape déterminante met en jeu une molécule NO avec une molécule Cl_2. La première réaction décrite doit être la réaction limitante.

3.52 **a)** $v = k[X_2][Y]$
b) L'atome Z n'apparaît pas dans la loi de vitesse.
c) $X_2 + Y \longrightarrow XY + X$ (lente) ;
$X + Z \longrightarrow XZ$ (rapide)

3.53 La première étape est plus rapide. Vitesse = $k[O_3]^2/[O_2]$. Cette loi prédit que si $[O_2]$ augmente, la vitesse diminue. C'est à cause de la réaction inverse (indirecte) de la première étape.

3.54 Les mécanismes II et III sont possibles, car pour le II, $v = k[H_2][NO]^2$ et pour le III : $v = k[H_2][NO]^2$.

3.61 Les températures élevées peuvent altérer la structure tridimensionnelle de l'enzyme, réduisant ainsi partiellement ou totalement son pouvoir catalytique.

3.62 $v = (k_1k_2/k_{-1})[E][S]$

3.63 Dans chaque cas, la pression gazeuse augmentera ou diminuera. On peut la relier au déroulement de la réaction grâce à l'équation équilibrée.

3.64 La température, l'énergie d'activation, la concentration des réactifs, un catalyseur.

3.65 On devrait toujours donner la température quand on indique la vitesse ou la constante de vitesse d'une réaction.

3.66 Surface de la grosse sphère : 22,6 cm^2 ; surface des huit petites sphères : 44,9 cm^2. Les petites sphères offrent la plus grande surface de contact et correspondent au catalyseur le plus efficace.

3.67 Puisque le méthanol ne contient pas d'oxygène 18, l'atome d'oxygène doit provenir du groupement phosphate et non de l'eau. Le mécanisme doit mettre en jeu une rupture de liaison comme celle-ci :

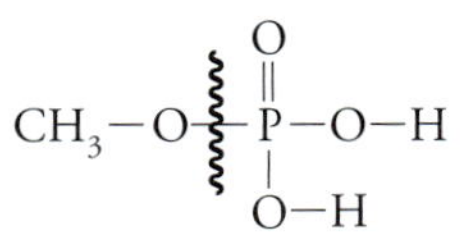

3.68 On peut considérer $[H_2O]$ comme une constante.

3.69 Ils ont plusieurs degrés d'oxydation stables. Cela permet aux métaux de transition d'agir comme sources ou comme récepteurs d'électrons dans un large éventail de réactions.

3.70 **a)** $v = k[H_3O^+][CH_3COCH_3]$
b) $3,8 \times 10^{-3}$ L · mol^{-1} · s^{-1}

3.71 k = 10,7 L · mol^{-1} · s^{-1}

3.72 266 kPa

3.73 L'ion Fe^{3+} subit un cycle d'oxydoréduction.

$$Fe^{3+} \longrightarrow Fe^{2+} \longrightarrow Fe^{3+}$$
$$2Fe^{3+} + 2I^- \longrightarrow 2Fe^{2+} + I_2$$
$$2Fe^{2+} + S_2O_8^{2-} \longrightarrow 2Fe^{3+} + 2SO_4^{2-}$$
$$2I^- + S_2O_8^{2-} \longrightarrow I_2 + 2SO_4^{2-}$$

La réaction non catalysée est lente parce que I^- et $S_2O_8^{2-}$ sont tous deux négatifs, ce qui rend leur rapprochement difficile.

3.74 Les unités pour la loi de vitesse sont mol · L^{-1} · s^{-1} = $k(mol/L)^3$, et, en isolant k, on obtient : $k = L^2 \cdot mol^{-2} \cdot s^{-1}$.

3.75 **a)** La loi de vitesse devrait être $v = k[A]^0 = k$.

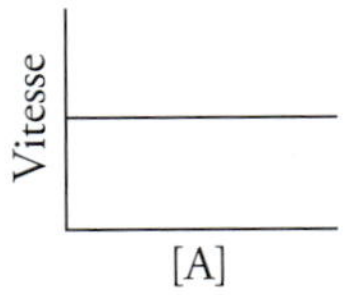

b) La variation de concentration de A par unité de temps est égale à la constante de vitesse (k).

$$-\frac{\Delta[A]}{\Delta t} = k \qquad \Delta[A] = -\Delta tk$$

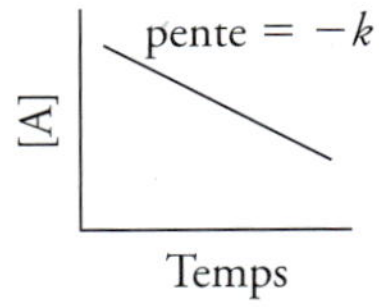

3.76 56,4 min

3.77 On est en présence de trois gaz et l'on ne peut mesurer que la pression totale des gaz. Pour mesurer la pression partielle de l'azométhane à un moment précis, il faut retirer un échantillon du mélange, l'analyser et déterminer les fraction molaires. Alors, $P_{azométhane} = P_T X_{azométhane}$.

3.78 b), d) et e)

3.79

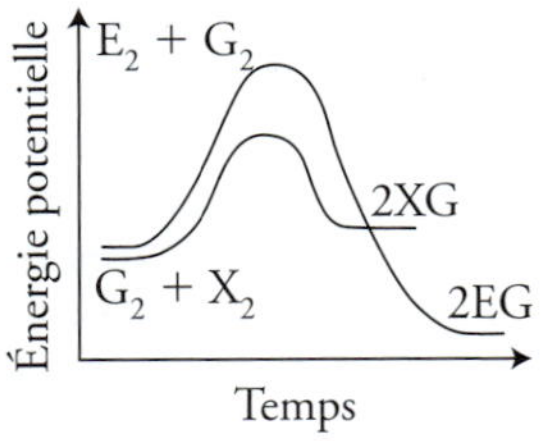

3.80 0,098 %

3.81 **a)** Un catalyseur change le mécanisme réactionnel en abaissant l'énergie d'activation.
b) Un catalyseur modifie le mécanisme réactionnel.
c) Un catalyseur ne modifie pas l'enthalpie d'une réaction.
d) Un catalyseur augmente la vitesse de la réaction directe.
e) Un catalyseur augmente la vitesse de la réaction inverse.

3.82 **a)** Elle augmente.
b) Elle diminue.
c) Elle diminue.
d) Elle augmente.

3.83 **a)** La loi de vitesse globale est $v = k[H_2][NO]^2$, ordre global = 3
b) $k = 0,38\ L^2 \cdot mol^{-2} \cdot s^{-1}$

c)
$H_2 + 2NO \longrightarrow N_2 + H_2O + O$ réaction lente
$O + H_2 \longrightarrow H_2O$ réaction rapide

$2H_2 + 2NO \longrightarrow N_2 + 2H_2O$

3.84 $0{,}0896\ min^{-1}$

3.85

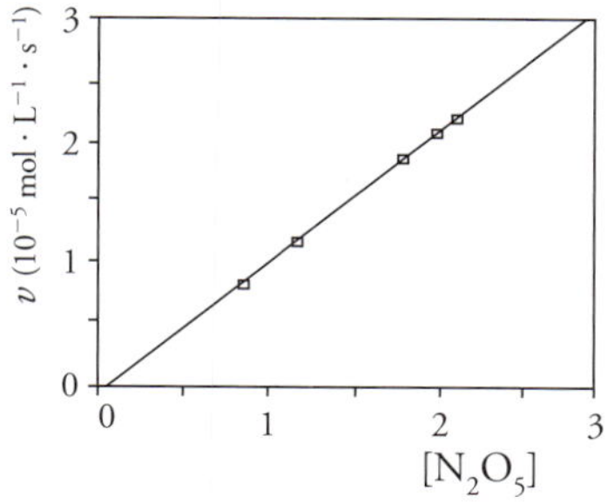

$v = k[N_2O_5]$
$k = 1{,}0 \times 10^{-5}\ s^{-1}$

3.86 $1{,}12 \times 10^3$ min

3.87 En absorbant les photons de la lumière bleue, la vapeur rouge du brome moléculaire se dissocie pour former des atomes de brome :
$Br_2 \longrightarrow 2Br\cdot$
Les atomes de brome heurtent les molécules de méthane et se lient aux atomes d'hydrogène :
$Br\cdot + CH_4 \longrightarrow HBr + \cdot CH_3$
Le radical méthyle réagit alors avec Br_2, donnant le produit observé et régénérant un atome de brome qui redémarre le processus :
$\cdot CH_3 + Br_2 \longrightarrow CH_3Br + Br\cdot$
$Br\cdot + CH_4 \longrightarrow HBr + \cdot CH_3$
et ainsi de suite.

3.88 **a)** $v = k[X][Y]^2$
b) $k = 1{,}9 \times 10^{-2}\ L^2 \cdot mol^{-2} \cdot s^{-1}$

3.89 Aucun des réactifs n'est un électrolyte ; au départ, la solution sera donc un conducteur faible. Durant la réaction, il y aura apparition d'ions hydrogène et iodure (HI est un électrolyte fort), de sorte que la conductivité augmentera. On peut faire une relation entre la variation de conductivité et le fait que deux moles d'ions se forment par mole de C_2H_5I consommée, et ainsi suivre le déroulement de la réaction.

3.90 3,1

3.91 **a)** $O + O_3 \longrightarrow 2O_2$
b) Cl est un catalyseur ; ClO· est un intermédiaire.
c) La liaison C—F est plus forte que la liaison C—Cl.
d) L'éthane retirera les atomes Cl·
$Cl\cdot + C_2H_6 \longrightarrow HCl + \cdot C_2H_5$

3.92 Durant les 10 premières minutes, le moteur est relativement froid ; les réactions seront donc lentes.

3.93

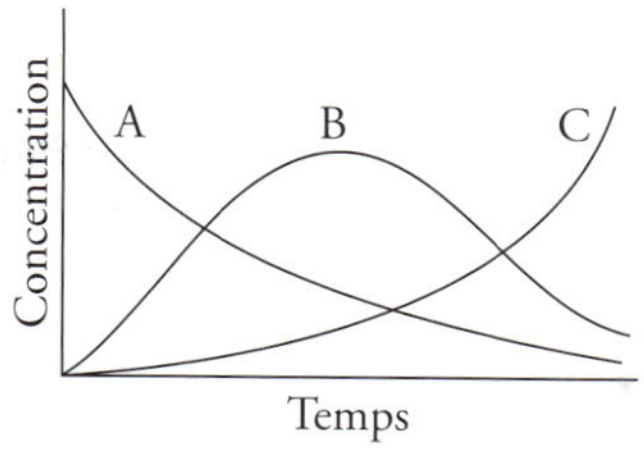

3.94 $v = \frac{k_1 k_2}{k_{-1}}[CH_3COCH_3][H_3O^+]$, ce qui est la même loi que celle déjà trouvée à la réponse a) du problème 3.70.

3.95 **a)** E_a a une grande valeur. **b)** E_a est pratiquement égal à zéro. Le facteur orientation n'est pas important.

3.96 $NO_2 + NO_2 \longrightarrow NO_3 + NO$ lente
$NO_3 + CO \longrightarrow NO_2 + CO_2$ rapide

$CO + NO_2 \longrightarrow CO_2 + NO$

3.97 $5{,}7 \times 10^5$ ans

3.98 À une grande pression de PH_3, tous les sites du W sont occupés, la vitesse est donc indépendante de $[PH_3]$.

3.99 **a)** Le catalyseur : Mn^{2+} ; les intermédiaires : Mn^{3+} et Mn^{4+}. La première étape est déterminante.
b) La réaction impliquerait la collision simultanée de trois cations, elle serait donc très lente.
c) Homogène

3.100 **a)** Ⓑ < Ⓒ < Ⓐ ; **b)** Ⓐ : −40 kJ/mol ; Ⓑ : 20 kJ/mol ; Ⓒ : −20 kJ/mol ; Ⓐ et Ⓒ sont exothermiques ; Ⓑ est endothermique

3.101 **a)** Il y a trois étapes élémentaires : $A \longrightarrow B$, $B \longrightarrow C$ et $C \longrightarrow D$.
b) Il y a deux intermédiaires : B et C.
c) La troisième
d) Exothermique

3.102 $T_2 = 1{,}8 \times 10^3$ K

3.103 **a)** $k = 0{,}0350\ min^{-1}$
b) $E_a = 110$ kJ/mol
c) Initiation : $v = k_i[R_2]$
propagation : $v = k_p[M][M_1]$
terminaison : $v = k_t[M'][M'']$
réactif : monomère (éthylène) ; produit : polyéthylène ; intermédiaires : M'·, M''· et R·
d) Une faible concentration de R_2, l'initiateur

3.104 **a)** Tous les sites de l'enzyme sont occupés, et l'excès d'alcool cause les dommages.
b) Les deux alcools vont compétitionner pour le site de l'enzyme. Un excès d'éthanol va favoriser le remplacement du méthanol sur le site actif, ce qui permet entre-temps de l'éliminer par les systèmes excréteurs du corps.

3.105 **a)** $2{,}5 \times 10^{-5}\ mol \cdot L^{-1} \cdot s^{-1}$; **b)** même réponse qu'en a) ; **c)** $8{,}3 \times 10^{-6}$ mol/L

3.106 Dans la section oblique du graphique, $v = k[NH_3]$, donc d'ordre 1. Toute la surface du catalyseur n'étant pas occupée, la vitesse dépend de la concentration de NH_3. Dans la section horizontale, la vitesse est constante, $v = c$, donc d'ordre 0. Toute la surface du catalyseur étant utilisée, l'augmentation de la concentration du NH_3 n'a aucun effet.

3.107 d)

CHAPITRE 4

4.7 **a)** $K_c = \frac{[CO]^2[O_2]}{[CO_2]^2}$ $K_p = \frac{P^2_{CO} \cdot P_{O_2}}{P^2_{CO_2}}$

b) $K_c = \frac{[O_3]^2}{[O_2]^3}$ $K_p = \frac{P^2_{O_3}}{P^3_{O_2}}$

c) $K_c = \frac{[COCl_2]}{[CO][Cl_2]}$ $K_p = \frac{P_{COCl_2}}{P_{CO} \cdot P_{Cl_2}}$

d) $K_c = \frac{[CO][H_2]}{[H_2O]}$ $K_p = \frac{P_{CO}P_{H_2}}{P_{H_2O}}$

e) $K_c = \frac{[H_3O^+][HCOO^-]}{[HCOOH]}$

f) $K_c = [O_2]$ $K_p = P_{O_2}$

4.8 **a)** $K_p = P_{CO_2}P_{H_2O}$
b) $K_p = P^2_{SO_2}P_{O_2}$

4.9 **a)** $K_c = \frac{[NH_3]^2}{[NO_2]^2[H_2]^7}$

$K_p = \frac{P^2_{NH_3}}{P^2_{NO_2}P^7_{H_2}}$

b) $K_c = \frac{[SO_2]^2}{[O_2]^3}$ $K_p = \frac{P^2_{SO_2}}{P^3_{O_2}}$

c) $K_c = \frac{[CO]^2}{[CO_2]}$ $K_p = \frac{P^2_{CO}}{P_{CO_2}}$

d) $K_c = \frac{[C_6H_5COO^-][H_3O^+]}{[C_6H_5COOH]}$

4.13 **a)** Ⓐ ; **b)** Ⓓ. Le rapport molaire vaut 1, de sorte que le volume s'élimine par simplification dans l'expression de K_c.

4.14 **a)** $A + C \rightleftharpoons AC$ **b)** $A + D \rightleftharpoons AD$

4.15 $2{,}40 \times 10^{33}$

4.16 $1{,}08 \times 10^7$

4.17 $1{,}74 \times 10^{18}$

4.18 $1{,}0 \times 10^{-5}$

4.19 0,051

4.20 **a)** 0,082 **b)** 0,29

4.21 $K'_c = 2{,}6 \times 10^4$
$K_p = 3{,}1$

4.22 10,6 ; $2{,}05 \times 10^{-3}$

4.23 Les pressions de PCl_3 et de Cl_2 doivent augmenter, et la pression de PCl_5 doit diminuer. La valeur de Q_p est plus petite que celle de K_p.

4.24 $7{,}44 \times 10^3$

4.25 $6{,}3 \times 10^{-4}$

4.26 $3{,}3 \times 10^{-2}$

4.27 $K_p = 1{,}0$
$K_c = 4{,}0 \times 10^{-4}$

4.28 $3{,}56 \times 10^{-2}$

4.29 $9{,}5 \times 10^{-27}$

4.30 $4{,}0 \times 10^{-6}$

4.31 $K_p = \dfrac{P^2_{COCl_2}}{P_{CO_2}P^2_{Cl_2}} = K'_p(K''_p)^2 =$ $(1{,}3 \times 10^{14})(6{,}0 \times 10^{-3})^2 =$ $4{,}7 \times 10^{9}$

4.32 $5{,}6 \times 10^{23}$

4.35 **a)** $K = \dfrac{k_d}{k_i} = \dfrac{k_1}{k_{-1}} = \dfrac{2{,}4 \times 10^{-5}}{7{,}2 \times 10^{12}}$ $= 3{,}3 \times 10^{-18}$
b) $[H_3O^+][OH^-] = (3{,}32 \times 10^{-18}) \times (55{,}5)^2 = 1{,}0 \times 10^{-14}$
$[H_3O^+] = [OH^-] = (1{,}0 \times 10^{-14})^{\frac{1}{2}} = 1{,}0 \times 10^{-7}$ mol/L

4.36 $k_1 = 0{,}64\ L^2 \cdot mol^{-2} \cdot s^{-1}$

4.39 Inférieure

4.40 Pour atteindre l'équilibre, la réaction nette doit se produire de droite à gauche. Ainsi, à l'équilibre, $[NH_3]$ aura diminué; $[N_2]$ et $[H_2]$ augmenteront.

4.41 0,173 mol

4.42 2,01 kPa

4.43 $[H_2] = [Br_2] = 1{,}80 \times 10^{-4}$ mol/L
$[HBr] = 0{,}267$ mol/L

4.44 $[I] = 8{,}58 \times 10^{-4}$ mol/L
$[I_2] = 0{,}0194$ mol/L

4.45 $P_{COCl_2} = 41{,}4$ kPa
$P_{CO} = 35{,}6$ kPa
$P_{Cl_2} = 35{,}6$ kPa

4.46 **a)** $K_c = 0{,}52$
b) $[CO_2] = 0{,}48$ mol/L
$[H_2] = 0{,}020$ mol/L
$[CO] = 0{,}075$ mol/L
$[H_2O] = 0{,}065$ mol/L

4.47 $P_{CO} = 202$ kPa
$P_{CO_2} = 254$ kPa

4.48 $[H_2] = [CO_2] = 0{,}05$ mol/L;
$[H_2O] = [CO] = 0{,}11$ mol/L

4.53 **a)** Vers la droite **b)** Vers la droite
c) Vers la gauche

4.54 **a)** Vers la droite **b)** Aucun effet
c) Aucun effet

4.55 **a)** Augmente **b)** Diminue
c) Aucun effet

4.56 **a)** Aucun effet **b)** Aucun effet
c) Déplacement vers la gauche
d) Aucun changement
e) Déplacement vers la gauche

4.57 **a)** Vers la droite **b)** Vers la gauche
c) Vers la droite

4.58 **a)** Vers la droite **b)** Vers la gauche
c) Vers la droite **d)** Vers la gauche
e) Aucun effet

4.59 **a)** SO_2 et O_2 augmenteraient, SO_3 diminuerait.
b) SO_3 augmenterait, SO_2 et O_2 diminueraient.
c) Augmentation de SO_3, diminution de O_2
d) Aucun effet **e)** Aucun effet

4.60 Aucun effet

4.61 **a)** Vers la gauche
b) Aucun changement

4.62 **a)** Vers la droite **b)** Aucun effet
c) Aucun effet **d)** Vers la gauche
e) Vers la droite **f)** Vers la gauche
g) Vers la droite

4.63 Faire le graphe de ln K_p en fonction de $1/T$. Pente $= 1{,}38 \times 10^4$ K $=$ $-\Delta H°/8{,}314\ J \cdot mol^{-1} \cdot K^{-1}$
$\Delta H° = -1{,}15 \times 10^5$ J/mol $=$ -115 kJ/mol

4.64 43,4 kJ/mol

4.65 **I)** Température
II) Constante d'équilibre: K_p ou K_c?
III) Équation équilibrée non fournie

4.66 **a)** NO: 24 kPa; Cl_2: 12 kPa
b) 1,6

4.67 La formation de NO est favorisée par une augmentation de température. La réaction est endothermique.

4.68 **a)** Non **b)** Oui

4.69 Exothermique

t (°C)	K_c	K_p
200	56,9	$2{,}23 \times 10^5$
300	3,41	$1{,}62 \times 10^4$
400	2,10	$1{,}17 \times 10^4$

4.70 **a)** 8×10^{-44}
b) La réaction a besoin d'un apport d'énergie pour s'amorcer.

4.71 Basse température et pression élevée

4.72 **a)** $1{,}7 \times 10^{-2}$
b) $P_A = 69$ kPa; $P_B = 81$ kPa

4.73 **a)** $1{,}29 \times 10^3$ **b)** 48,3 %
c) Il restera 0,0041 mol.

4.74 $1{,}4 \times 10^3$

4.75 $4{,}95 \times 10^3$

4.76 $P_{H_2} = 28$ kPa; $P_{Cl_2} = 5{,}0$ kPa
$P_{HCl} = 170$ kPa

4.77 **a)** $\dfrac{4\alpha^2}{1 - \alpha^2} P_T$
b) Quand P augmente, α doit diminuer.

4.78 $5{,}05 \times 10^3$ kPa

4.79 $2{,}34 \times 10^{-3}$ mol/L

4.80 $3{,}84 \times 10^{-2}$

4.81 $3{,}32 \times 10^4$ kPa

4.82 $3{,}17 \times 10^2$

4.83 Le fait de haleter cause une diminution de la concentration de CO_2, car celui-ci est évacué durant l'expiration. Il y a deux solutions possibles: rafraîchir l'environnement des poules ou leur donner de l'eau gazeuse carbonatée.

4.84 $P_{N_2} = 87{,}1$ kPa
$P_{H_2} = 37{,}1$ kPa
$P_{NH_3} = 0{,}446$ kPa

4.85 **a)** $X_{CO} = 0{,}56$ et $X_{CO_2} = 0{,}44$
b) $7{,}8 \times 10^2$

4.86 **a)** 1,16 **b)** 53,7 %

4.87 Si vous utilisez de l'iode radioactif en phase solide, vous devriez en trouver en phase vapeur à l'équilibre. L'inverse est aussi vrai; si vous utilisez de l'iode radioactif en phase vapeur, vous devriez en trouver en phase solide à l'équilibre. Ces deux observations indiquent qu'il existe un équilibre dynamique entre les phases solide et vapeur.

4.88 **a)** 50 kPa **b)** 0,23
c) 0,037 **d)** 0,037 mol

4.89 1,7

4.90 $[H_2] = 0{,}070$ mol/L
$[I_2] = 0{,}182$ mol/L
$[HI] = 0{,}825$ mol/L

4.91 $1{,}3\ P_T$

4.92 c)

4.93 **a)** $2{,}2 \times 10^{-8}$
b) 1,5
c) 0,81
d) $4{,}3 \times 10^7$; $1{,}5 \times 10^{-4}$

4.94 **a)** S'accentue **b)** Augmente
c) Diminue **d)** Augmente
e) Reste constante

4.95 2,34; $9{,}60 \times 10^{-4}$

4.96 Le potassium est plus volatil que le sodium, son retrait déplace l'équilibre vers la droite.

4.97 $P_{NO_2} = 81{,}4$ kPa
$P_{N_2O_4} = 51$ kPa
$K_p = 1{,}3 \times 10^2$

4.98 **a)** Déplacement vers la droite
b) Déplacement vers la droite
c) Aucun changement
d) Aucun changement
e) Aucun changement
f) Déplacement vers la gauche
g) Déplacement vers la droite

4.99 $1{,}2 \times 10^4$

4.100 **a)** Faire réagir Ni avec CO au-dessus de 50 °C. **b)** La décomposition est endothermique. Chauffer le $Ni(CO)_4$ au-dessus de 200 °C.

4.101 **a)** 104 kPa **b)** 40 kPa
c) 168 kPa **d)** 0,619

4.102 **a)** $K_p = 2{,}7 \times 10^{-4}$ kPa
$K_c = 1{,}1 \times 10^{-7}$
b) 2,2 g; 22 mg/m³, dépasse le seuil.

4.103 **a)** Les deux vitesses augmentent.
b) Pas de changement
c) La première réaction étant exothermique, K diminuera. La deuxième étant endothermique, K augmentera.
d) Avec le catalyseur, les deux énergies d'activation diminuent de la même valeur. Le même état d'équilibre étant atteint sans catalyseur, mais plus lentement, la constante d'équilibre reste la même.

4.104 Diminution du nombre de molécules de gaz; la pression gazeuse diminue.

Quand le couvercle ferme la boîte, le catalyseur ne peut plus favoriser la réaction directe. Pour rétablir l'équilibre, il faut que l'étape B $\longrightarrow$ 2A domine. La pression gazeuse augmente alors, soulevant le piston, et ainsi de suite. Conclusion : un tel catalyseur créerait un mouvement perpétuel. Il ne peut exister.

4.105 $[N_2O_4] = 0{,}996$ mol/L
$[NO_2] = 0{,}0678$ mol/L
La coloration va s'intensifier.

4.106 $k_1 = 6{,}4 \times 10^8\ s^{-1}$

4.107 **a)** 0,075 ; **b)** $5{,}6 \times 10^{-3}$; **c)** 0,039

CHAPITRE 5

5.3 **a)** Les deux ; **b)** base ; **c)** acide ; **d)** base ; **e)** acide ; **f)** base ; **g)** base ; **h)** base ; **i)** acide ; **j)** acide

5.4 **a)** Ion nitrite : NO_2^-
b) Ion hydrogénosulfate : HSO_4^-
c) Ion hydrogénosulfure : HS^-
d) Ion cyanure : CN^-
e) Ion formate : $HCOO^-$

5.5 **a)** 1) HCN (acide) et CN^- (base) ;
2) CH_3COO^- (base) et CH_3COOH (acide)
b) 1) HCO_3^- (acide) et CO_3^{2-} (base) ;
2) HCO_3^- (base) et H_2CO_3 (acide)
c) 1) $H_2PO_4^-$ (acide) et HPO_4^{2-} (base) ;
2) NH_3 (base) et NH_4^+ (acide)
d) 1) HClO (acide) et ClO^- (base) ;
2) CH_3NH_2 (base) et $CH_3NH_3^+$ (acide)
e) 1) H_2O (acide) et OH^- (base) ;
2) CO_3^{2-} (base) et HCO_3^- (acide)
f) 1) H_2O (acide) et OH^- (base) ;
2) CH_3COO^- (base) et CH_3COOH (acide)

5.6 **a)** H_2S **b)** H_2CO_3
c) HCO_3^- **d)** H_3PO_4
e) $H_2PO_4^-$ **f)** HPO_4^{2-}
g) H_2SO_4 **h)** HSO_4^-
i) H_2SO_3 **j)** HSO_3^-

5.7 **a)** CH_2ClCOO^- ; **b)** IO_4^- ; **c)** $H_2PO_4^-$; **d)** HPO_4^{2-} ; **e)** PO_4^{3-} ; **f)** HSO_4^- ; **g)** SO_4^{2-} ; **h)** $HCOO^-$; **i)** SO_3^{2-} ; **j)** NH_3 ; **k)** HS^- ; **l)** S^{2-} ; **m)** OCl^-

5.8 **a)**

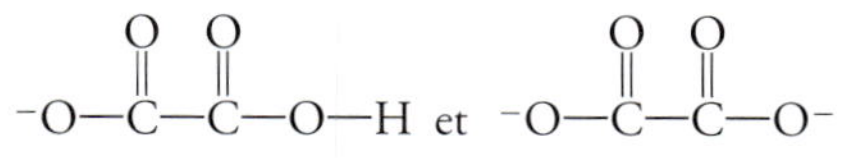

b) Acides : H_3O^+ et $C_2H_2O_4$;
base : $C_2O_4^{2-}$; acide et base : $C_2HO_4^-$

5.15 $[H_3O^+] = 1{,}4 \times 10^{-3}$ mol/L et
$[OH^-] = 7{,}1 \times 10^{-12}$ mol/L

5.16 $[OH^-] = 0{,}62$ mol/L et
$[H_3O^+] = 1{,}6 \times 10^{-14}$ mol/L

5.17 **a)** $3{,}8 \times 10^{-3}$ mol/L
b) $6{,}2 \times 10^{-12}$ mol/L
c) $1{,}1 \times 10^{-7}$ mol/L
d) $1{,}0 \times 10^{-15}$ mol/L

5.18 **a)** $6{,}3 \times 10^{-6}$ mol/L
b) $1{,}0 \times 10^{-16}$ mol/L
c) $2{,}7 \times 10^{-6}$ mol/L

5.19 **a)** 3,00 **b)** 13,89
c) 10,74 **d)** 3,28

5.20 6,72

5.21

pH	$[H_3O^+]$	La solution est
< 7	$> 1{,}0 \times 10^{-7}$ mol/L	acide
> 7	$< 1{,}0 \times 10^{-7}$ mol/L	basique
$= 7$	$= 1{,}0 \times 10^{-7}$ mol/L	neutre

5.22 **a)** Acide **b)** Neutre
c) Basique

5.23 $2{,}5 \times 10^{-5}$ mol/L

5.24 $1{,}98 \times 10^{-3}$ mol KOH ; 0,444

5.25 0,118

5.26 $2{,}2 \times 10^{-3}$ g NaOH

5.31 **a)** (B) ; **b)** (C) ; **c)** (D)

5.32 **a)** (C) ; **b)** (B) et (D)

5.33 **a)** Acide fort ; **b)** acide faible ; **c)** acide fort (première étape d'ionisation) ; **d)** acide faible ; **e)** acide faible ; **f)** acide faible ; **g)** acide fort ; **h)** acide faible ; **i)** acide faible

5.34 **a)** Base ~~forte~~ ; **b)** base faible ; **c)** base faible ; **d)** base faible ; **e)** base forte

5.35 **a)** Non, le pH est supérieur à 1,00.
b) Non, elles sont égales.
c) Oui **d)** Non

5.36 **a)** Non **b)** Oui
c) Oui **d)** Non

5.37 La réaction devrait se faire dans le sens qui favorise la formation de $F^-(aq)$ et de $H_2O(l)$. L'ion hydroxyde est une base plus forte que l'ion fluorure ; l'acide fluorhydrique est un acide plus fort que l'eau.

5.38 La réaction s'effectue plutôt de droite à gauche.

5.43 $[H_3O^+] = [C_6H_5COO^-] =$
$2{,}5 \times 10^{-3}$ mol/L
$[C_6H_5COOH] = 0{,}10$ mol/L
$[OH^-] = 4{,}0 \times 10^{-12}$ mol/L

5.44 $[H_3O^+] = [CH_3COO^-] =$
$5{,}8 \times 10^{-4}$ mol/L ;
$[CH_3COOH] = 0{,}0181$ mol/L

5.45 $K_a = 4{,}0 \times 10^{-11}$

5.46 $2{,}3 \times 10^{-3}$ mol/L

5.47 2,21

5.48 **a)** 3,5 % **b)** 9,0 %
c) 33 % **d)** 79 %
Le degré d'ionisation s'accroît avec la dilution.

5.49 $K_a = 9{,}2 \times 10^{-4}$

5.50 **a)** 3,9 % **b)** I) 0,30 % ; II) La forte acidité gastrique favoriserait la vitesse d'absorption des molécules d'aspirine non ionisées dans la paroi stomacale, d'où des possibilités d'irritation et de saignements.

5.53 $[H_3O^+] = [SO_4^{2-}] = 0{,}045$ mol/L et
$[HSO_4^-] = 0{,}16$ mol/L

5.54 $[H_3O^+] = [HCO_3^-] = 1{,}0 \times 10^{-4}$ mol/L et $[CO_3^{2-}] = 4{,}8 \times 10^{-11}$ mol/L

5.57 **a)** pH = 11,11 **b)** pH = 8,96

5.58 $7{,}1 \times 10^{-7}$

5.59 0,15 mol/L

5.60 1,5 %

5.63 $H_2Se > H_2S > H_2O$

5.64 **a)** H2SO4 $> H_2SeO_4$
b) $H_3PO_4 > H_3AsO_4$

5.65 $CH_2ClCOOH$ est un acide plus fort que CH_3COOH. Le chlore est plus électronégatif que l'hydrogène ; il attire donc les électrons vers lui, augmentant la polarité de la liaison O—H. L'atome d'hydrogène dans le groupe COOH s'ionise alors plus facilement.

5.66 Seul l'anion du phénol peut être stabilisé par résonance.

5.72 **a)** $\simeq 7$ **b)** < 7
c) $\simeq 7$ **d)** < 7

5.73 Il y a deux possibilités : 1) MX est un sel dérivé d'un acide fort et d'une base forte, alors ni le cation ni l'anion ne réagissent avec l'eau pour modifier le pH ;
2) MX est un sel dérivé d'un acide faible et d'une base faible, et la valeur de K_a pour l'acide est égale à celle de K_b pour la base. L'hydrolyse de l'un serait exactement compensée par l'hydrolyse de l'autre.

5.74 HZ < HY < HX

5.75 pH = 9,15

5.76 4,82

5.77 En comparant les deux valeurs de *K*, on s'aperçoit que l'ion hydrogénophosphate est plus un receveur (base) qu'un donneur (acide) de proton. La solution sera basique.

5.78 > 7

5.81 **a)** Acide de Lewis
b) Base de Lewis
c) Base de Lewis
d) Acide de Lewis
e) Base de Lewis
f) Base de Lewis
g) Acide de Lewis
h) Acide de Lewis

5.82 $AlCl_3$ est un acide de Lewis ; Cl^- est une base de Lewis.

5.83 **a)** Les deux molécules ont le même atome récepteur (bore), et elles ont toutes deux exactement la même structure trigonale plane. Le fluor est plus électronégatif que le chlore ; on pourrait donc prédire, en se basant sur l'électronégativité, que BF_3 a une plus grande affinité que BCl_3 pour les doublets d'électrons libres ; il est donc le plus fort.
b) Puisque sa charge positive est plus élevée, le fer(III) est un acide de Lewis plus fort que le fer(II).

5.84 CO_2 et BF_3
5.85 **a)** Acide ; **b)** basique ; **c)** basique ; **d)** acide ; **e)** neutre ; **f)** neutre ; **g)** amphotère ; **h)** acide ; **i)** amphotère ; **j)** basique
5.86 0,106 L
5.87 c) Parce que le pH de KOH à 0,70 mol/L est plus élevé que celui de NaOH à 0,60 mol/L.
5.88 Non, car si cet acide s'ionisait complètement, le pH serait 1,19.
5.89 **a)** Pour la réaction directe, NH_4^+ et NH_3 sont respectivement l'acide conjugué et la base.
Pour la réaction inverse, NH_3 et NH_2^- sont respectivement l'acide conjugué et la base.
b) NH_4^+ correspond à H_3O^+ ; NH_2^- correspond à OH^-. Pour que la solution soit neutre, $[NH_4^+] = [NH_2^-]$.
5.90 Non, la réaction est complète dans les deux cas.
5.91 pH = −0,20
5.92 CrO est ionique et basique ; CrO_3 est covalent et acide.
5.93 **a)** $H^- + H_2O \longrightarrow OH^- + H_2$
$\text{base}_1 \quad \text{acide}_2 \quad \text{base}_2 \quad \text{acide}_1$
b) H^- est le réducteur, et H_2O est l'oxydant.
5.94 $4{,}0 \times 10^{-2}$
5.95 7,00
5.96 0,028
5.97 $[Na^+] = 0{,}200$ mol/L ;
$[HCO_3^-] = 4{,}6 \times 10^{-3}$ mol/L ;
$[H_2CO_3] = 2{,}4 \times 10^{-8}$ mol/L ;
$[OH^-] = 4{,}6 \times 10^{-3}$ mol/L ;
$[H_3O^+] = 2{,}2 \times 10^{-12}$ mol/L ;
$[CO_3^{2-}] = 0{,}10$ mol/L
5.98 pH = 4,26
5.99 Lorsque NaCN réagit avec HCl, il se transforme ainsi :
$NaCN + HCl \longrightarrow NaCl + HCN$
HCN est un acide très faible qui s'ionise très peu en solution.
$HCN(aq) + H_2O(l) \rightleftharpoons H_3O^+(aq) + CN^-(aq)$
HCN est la principale espèce en solution, et elle a tendance à s'échapper en phase gazeuse.
$HCN(aq) \rightleftharpoons HCN(g)$
Puisque le HCN(*g*) est un poison mortel, il est très dangereux de faire réagir NaCN avec des acides si la ventilation n'est pas adéquate.
5.100 0,25 g
5.101 pH = 1,000
5.102 $K_a = 1{,}6 \times 10^{-4}$
5.103 **a)** Augmente ; **b)** diminue ; **c)** pas d'effet ; **d)** augmente
5.104 **a)** $NH_2^- + H_2O \longrightarrow NH_3 + OH^-$
$N^{3-} + 3H_2O \longrightarrow NH_3 + 3OH^-$
NH_2^- et N^{3-} sont des bases de Brønsted-Lowry, et l'eau est un acide de Brønsted-Lowry.
b) N^{3-} est la base la plus forte puisque chaque ion produit trois ions OH^-.
5.105 pH = 4,40
5.106 NH_3
5.107 NH_3
5.108 21 mL
5.109 L'acide citrique du citron réagit avec les amines basiques en formant des sels (composés ioniques) beaucoup moins volatils que les amines (composés covalents).
5.110 **a)** L'équation globale est
$Fe_2O_3(s) + 6HCl(aq) \longrightarrow 2FeCl_3(aq) + 3H_2O(l)$
et l'équation ionique nette est
$Fe_2O_3(s) + 6H_3O^+(aq) \longrightarrow 2Fe^{3+}(aq) + 9H_2O(l)$
Puisque c'est HCl qui donne l'ion H^+, il est l'acide de Brønsted-Lowry.
Chaque unité de Fe_2O_3 accepte six ions H^+ ; Fe_2O_3 est donc la base de Brønsted-Lowry.
b) La première étape est
$CaCO_3(s) + HCl(aq) \longrightarrow Ca^{2+}(aq) + HCO_3^-(aq) + Cl^-(aq)$
et la seconde étape est
$HCl(aq) + HCO_3^-(aq) \longrightarrow CO_2(g) + Cl^-(aq) + H_2O(l)$
L'équation globale est
$CaCO_3(s) + 2HCl(aq) \longrightarrow CaCl_2(aq) + H_2O(l) + CO_2(g)$
c) pH = −0,64
5.111 **a)** HbO_2
b) HbH^+
c) Vers la droite : la diminution de CO_2 fait diminuer H^+ (sous forme d'acide carbonique), faisant ainsi déplacer l'équilibre vers la droite. Il se formera plus de HbO_2. La respiration dans un sac en papier fait accroître la concentration de CO_2 (en inhalant à nouveau le CO_2 expiré) causant ainsi un plus grand relâchement d'oxygène.
5.112 Ces dentifrices sont des sources d'ions F^-, une base plus faible que OH^-. Au cours de la reminéralisation, les ions F^- remplacent les ions OH^-. La fluoropatite est plus résistante aux attaques des acides. (*Voir aussi Chimie en action, au chapitre 6, p. 327.*)
5.113 6,02
5.114 % ClO^- = 66 % ; % HClO = 34 %

CHAPITRE 6

6.3 **a)** 2,57 **b)** 4,44
6.4 **a)** 11,28 **b)** 9,08
6.9 c) et d)
6.10 a), b) et c)
6.11 0,024
6.12 Le pH des deux solutions est 4,74. La solution tampon présentée en a) est la plus efficace parce que les concentrations des composantes acide et base en réserve y sont 10 fois plus élevées qu'en b).
6.13 8,88
6.14 7,03
6.15 0,58
6.16 10 ; le tampon devrait être plus efficace contre l'ajout d'un acide, car il contient plus de base.
6.17 4,54
6.18 **a)** 4,81 **b)** 4,64
6.19 $Na_2A/NaHA$, car sa valeur de pK_a est la plus rapprochée du pH désiré.
6.20 HC, car sa valeur de pK_a est la plus rapprochée du pH désiré.
6.23 202 g/mol
6.24 90,1 g/mol
6.25 0,25 mol/L
6.26 0,466 mol/L
6.27 **a)** 110 g/mol **b)** $K_a = 1{,}6 \times 10^{-6}$
6.28 $[H_3O^+] = 3{,}0 \times 10^{-13}$ mol/L
$[CH_3COOH] = 8{,}4 \times 10^{-10}$ mol/L $\simeq 0$
$[CH_3COO^-] = 0{,}0500$ mol/L
$[OH^-] = 0{,}0335$ mol/L
$[Na^+] = 0{,}0835$ mol/L
6.29 5,82
6.30 8,23
6.31 **a)** 2,87 ; **b)** 4,56 ; **c)** 5,34 ; **d)** 8,79 ; **e)** 12,10
6.32 **a)** 11,36 ; **b)** 9,55 ; **c)** 8,95 ; **d)** 5,19 ; **e)** 1,70
6.35 **a)** Rouge de crésol et phénolphtaléine ; **b)** tous ceux du tableau sauf le bleu de thymol, le bleu de bromophénol et l'orange de méthyle ; **c)** le bleu de bromophénol, l'orange de méthyle, le vert de bromocrésol, le rouge de méthyle et le bleu de chlorophénol.
6.36 Du CO_2 de l'air se dissout dans l'eau en formant du H_2CO_3 qui neutralise NaOH.
6.37 Couleur de la forme non ionisée, rouge
6.38 5,70
6.45 **a)** $[I^-] = 9{,}1 \times 10^{-9}$ mol/L
b) $[Al^{3+}] = 7{,}4 \times 10^{-8}$ mol/L
6.46 **a)** $7{,}8 \times 10^{-10}$ **b)** $1{,}8 \times 10^{-18}$
6.47 $1{,}8 \times 10^{-11}$
6.48 $1{,}8 \times 10^{-10}$
6.49 $K_{ps} = 108\,s^5 = 4{,}0 \times 10^{-93}$
6.50 $2{,}2 \times 10^{-4}$ mol/L

6.51 9,53

6.52 $K_{ps} = 2,3 \times 10^{-9}$

6.53 Puisque $2,1 \times 10^{-3} > 8,1 \times 10^{-9}$ ou $Q > K_{ps}$, il y aura précipitation de $BaCO_3$.

6.54 $[Na^+] = 0,045$ mol/L, $[NO_3^-] = 0,076$ mol/L, $[Sr^{2+}] = 1,6 \times 10^{-2}$ mol/L et $[F^-] = 1,1 \times 10^{-4}$ mol/L

6.55 **a)** AgI; **b)** $[Ag^+] = 1,6 \times 10^{-7}$ mol/L; **c)** $1,6 \times 10^{-3}$ %

6.56 $2,68 < pH < 8,11$

6.59 $5,1 \times 10^{-6}$ g $CaCO_3$

6.60 **a)** 0,013 mol/L; **b)** $[Pb^{2+}] = s = 2,2 \times 10^{-4}$ mol/L; **c)** $s = 3,3 \times 10^{-3}$ mol/L

6.61 $8,9 \times 10^{-10}$ mol/L

6.62 **a)** $1,0 \times 10^{-5}$ mol/L **b)** $1,1 \times 10^{-10}$ mol/L

6.63 a), c) et d)

6.64 b), c), d) et e)

6.65 Dans l'eau, $s = 1,4 \times 10^{-4}$ mol/L et à pH = 9,0 $s = 0,12$ mol/L

6.66 **a)** 0,016 mol/L **b)** $1,6 \times 10^{-6}$ mol/L

6.67 0,35 mol/L

6.68 Il y aura formation d'un précipité, car $Q > K_{ps}$ ($Q = 2,0 \times 10^{-11}$ et $K_{ps} = 1,6 \times 10^{-14}$)

6.71 $[Cu^{+2}] = 1,2 \times 10^{-13}$ mol/L, $[Cu(NH_3)_4^{2+}] = 0,0174$ mol/L et $[NH_3] = 0,23$ mol/L

6.72 $[Cd(CN)_4^{2-}] = 4,2 \times 10^{-3}$ mol/L; $[CN^-] = 0,48$ mol/L; $[Cd^{2+}] = 1,1 \times 10^{-18}$ mol/L

6.73 L'ion complexe est l'espèce prédominante.

6.74 $3,5 \times 10^{-5}$ mol/L

6.75 $Ag^+(aq) + 2NH_3(aq) \rightleftharpoons Ag(NH_3)_2^+(aq)$

$Zn^{2+}(aq) + 4NH_3(aq) \rightleftharpoons Zn(NH_3)_4^{2+}(aq)$

L'hydroxyde de zinc forme un ion complexe en présence d'un excès de OH^-, mais l'hydroxyde d'argent n'en forme pas; l'hydroxyde de zinc est donc soluble dans le NaOH 6 mol/L.

6.76 **a)** $Cu^{2+}(aq) + 4NH_3(aq) \rightleftharpoons Cu(NH_3)_4^{2+}(aq)$

b) $Ag^+(aq) + 2CN^-(aq) \rightleftharpoons Ag(CN)_2^-(aq)$

c) $Hg^{2+}(aq) + 4Cl^-(aq) \rightleftharpoons HgCl_4^{2-}(aq)$

6.79 Ammoniac

6.80 0,011 mol/L

6.81 Ajouter une base forte comme NaOH qui fera dégager du NH_3, odeur caractéristique.

6.82 L'ion chlorure n'entraînera que la précipitation de Ag^+. On peut aussi utiliser le test d'émission à la flamme pour Cu^{2+}.

6.83 Entre 0,1 et 10

6.84 2,51 à 4,41

6.85 *Voir figure 6.7, p. 303*; à la demi-neutralisation pH = pK_a

6.86 1,27 mol/L

6.87 $K_b = 5 \times 10^{-10}$

6.88 $[Na^+] = 0,0835$ mol/L; $[OH^-] = 0,0335$ mol/L; $[H_3O^+] = 3,0 \times 10^{-13}$ mol/L; $[CH_3COO^-] = 0,0500$ mol/L; $[CH_3COOH] = 8,3 \times 10^{-10}$ mol/L

6.89 Formation d'un ion complexe; $Cd(OH)_2(s) + 2OH^-(aq) \rightleftharpoons Cd(OH)_4^{2-}(aq)$

Réaction acido-basique de Lewis

6.90 9,97 g; 13,03

6.91 d)

6.92 $6,0 \times 10^3$ remplissages et donner chaque fois le temps de devenir saturé.

6.93 $[Ag^+] = 2,0 \times 10^{-9}$ mol/L $[Cl^-] = 0,080$ mol/L $[Zn^{+2}] = 0,070$ mol/L $[NO_3^-] = 0,060$ mol/L

6.94 0,036 g/L

6.95 **a)** 1,37; **b)** 5,28; **c)** 8,85

6.96 $2,4 \times 10^{-13}$

6.97 Avec un excès de I^-, il s'est formé le complexe soluble $HgI_4^{2-}(aq)$.

6.98 0,012 g $BaSO_4$; le $Ba(NO_3)_2$ est trop soluble.

6.99 7,82 à 10,38

6.100 **a)** AgBr; **b)** $1,8 \times 10^{-7}$; **c)** $1,8 \times 10^{-3}$ %

6.101 $[Sr^{2+}] = [SO_4^{2-}] = 6,2 \times 10^{-4}$ mol/L et $[Ba^{2+}] = 1,8 \times 10^{-7}$ mol/L

6.102 **a)** $MCO_3 + 2HCl \longrightarrow MCl_2 + H_2O + CO_2$

$HCl + NaOH \longrightarrow NaCl + H_2O$

b) 197 g/mol, Ba

6.103 **a)** $K = 1,0 \times 10^{14}$ **b)** $K = 1,8 \times 10^9$ **c)** $K = 1,8 \times 10^9$ **d)** $K = 3,2 \times 10^4$

6.104 $x = 2$

6.105 **a)** En mélangeant 500 mL de chacune des solutions.

b) En mélangeant 500 mL de CH_3COOH 0,80 mol/L avec 500 mL de NaOH 0,40 mol/L.

c) En mélangeant 500 mL de CH_3COONa 0,80 mol/L avec 500 mL de HCl 0,400 mol/L.

6.106 **a)** Ajouter des ions sulfate. **b)** Ajouter des ions sulfure. **c)** Ajouter des ions iodure.

6.107 Pour $CuSO_4$, $s = 0,67$ g/L; pour Ag_2SO_4, $s = 4,7$ g/L, il a la plus grande solubilité.

6.108 13 mL

6.109 c)

6.110 **a)** $s = 1,7 \times 10^{-7}$ mol/L

b) Parce que $MgCO_3$ est assez soluble.

c) pH = 12,40

d) $[Mg^{2+}] = 1,9 \times 10^{-8}$ mol/L

e) Le Ca^{2+} parce qu'il est plus abondant.

6.111 Les polyphénols ionisés partiellement donnent une teinte foncée. La présence des ions hydronium provenant du jus de citron réprime l'ionisation et fait déplacer l'équilibre des phénols en faveur de la forme non ionisée et peu colorée. C'est un effet d'ions communs.

6.112 Solubilité = $4,0 \times 10^{-2}$ g/mL; oui, car cette concentration dépasse le seuil de sécurité.

6.113 À pH 1,0, on a la forme cationique; à pH 7,0, la forme ion dipolaire; à pH 12,0, la forme anionique.

6.114 **a)** Celui du groupement carboxylique

—C=O
 |
OH

b) $5,5 \times 10^3$; oui, plus soluble, car sous sa forme ionisée, il est porteur d'une charge, alors que la pénicilline G est non polaire, donc peu soluble dans l'eau.

c) pH = 7,93

6.115 **a)** Au point de demi-équivalence, pH = pK_a. Ensuite, on applique la relation $pK_a + pK_b = 14,00$ pour trouver K_b.

b) Soit B pour représenter la base et BH^+ pour son acide conjugué. On a:

$B(aq) + H_2O(l) \rightleftharpoons BH^+(aq) + OH^-(aq)$

Ensuite, écrire l'expression de la constante K_b pour trouver $pOH = pK_b + \log [BH^+]/[B]$.

La courbe de titrage aura l'allure de celle de la figure 6.7 (*p. 303*) excepté que sur l'axe des *y*, on aura le pOH et sur l'axe des *x*, le volume de l'acide fort ajouté. À la demi-équivalence, on aura pOH = pK_b.

6.116 **a)**

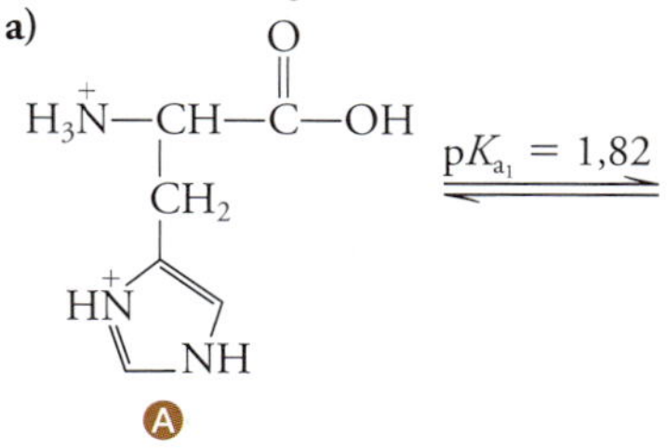

A

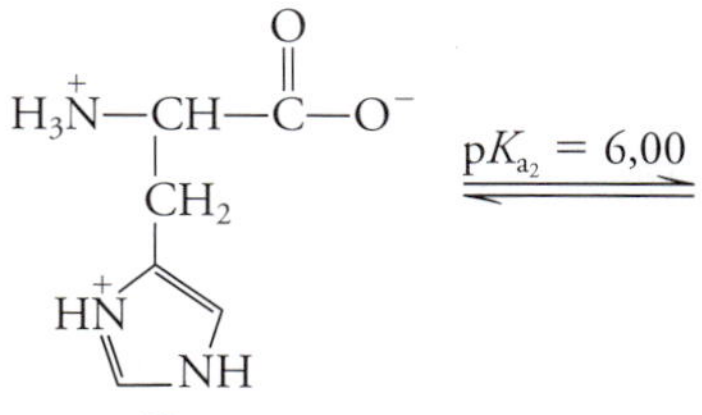

B

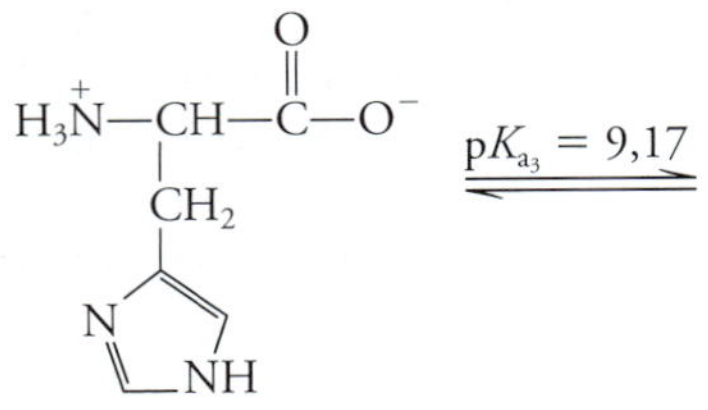

C

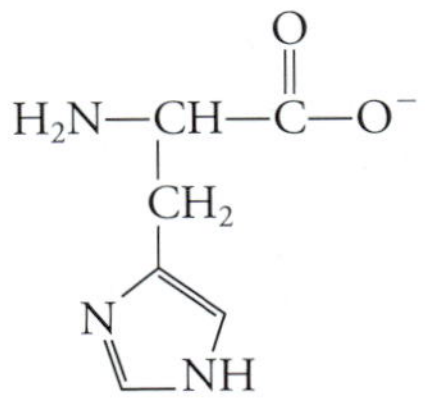

D

b) L'espèce C correspond à un ion dipolaire.
c) Moyenne entre pK_{a_2} et pK_{a_3} = 7,59
d) Comme le pH du sang est près de 7, B et C, car le pK_{a_2} a la valeur la plus rapprochée de 7.

6.117 $6,2 \times 10^{-12}$

CHAPITRE 7

7.1 **a)** $H_2O_2 + 2Fe^{2+} + 2H^+ \longrightarrow 2Fe^{3+} + 2H_2O$
b) $3Cu + 2HNO_3 + 6H^+ \longrightarrow 3Cu^{2+} + 2NO + 4H_2O$
c) $3CN^- + 2MnO_4^- + H_2O \longrightarrow 3CNO^- + 2MnO_2 + 2OH^-$
d) $3Br_2 + 6OH^- \longrightarrow BrO_3^- + 5Br^- + 3H_2O$
e) $2S_2O_3^{2-} + I_2 \longrightarrow S_4O_6^{2-} + 2I^-$

7.2 **a)** $Mn^{2+} + H_2O_2 + 2OH^- \longrightarrow MnO_2 + 2H_2O$
b) $2Bi(OH)_3 + 3SnO_2^{2-} \longrightarrow 2Bi + 3H_2O + 3SnO_3^{2-}$
c) $Cr_2O_7^{2-} + 14H^+ + 3C_2O_4^{2-} \longrightarrow 2Cr^{3+} + 6CO_2 + 7H_2O$
d) $2Cl^- + 2ClO_3^- + 4H^+ \longrightarrow Cl_2 + 2ClO_2 + 2H_2O$

7.5 $9,44 \times 10^{-3}$ g de SO_2

7.6 Équation ionique nette :
$Cr_2O_7^{2-} + 6Fe^{2+} + 14\,H^+ \longrightarrow 2Cr^{3+} + 6Fe^{3+} + 7H_2O$
$[Fe^{2+}] = 0,156$ mol/L

7.7 0,151 g de Fe^{2+} ; 54,1 %

7.8 **a)** $5H_2O_2 + 2MnO_4^- + 6H^+ \longrightarrow 2Mn^{2+} + 5O_2 + 8H_2O$
b) 0,062 mol/L

7.16 2,46 V ; $3Ag^+(aq) + Al(s) \longrightarrow 3Ag(s) + Al^{3+}(aq)$

7.17 2,71 V ; $Mg(s) + Cu^{2+}(aq) \longrightarrow Mg^{2+}(aq) + Cu(s)$

7.18 D'après le tableau 7.1 (*p. 365*), le Fe^{3+} est placé à gauche au-dessus de I^- placé plus bas à droite ; la fem sera donc certainement positive, Fe^{3+} peut oxyder I^-.

7.19 $Cl_2(g)$ et $MnO_4^-(aq)$

7.20 $\epsilon^\circ_{cell} = -0,55$ V. La réaction n'est pas spontanée, pas d'oxydation.

7.21 **a)** Spontanée **b)** Non spontanée
c) Non spontanée **d)** Spontanée

7.22 **a)** Au^{3+} **b)** Ag^+
c) Cd^{2+} **d)** O_2 en milieu acide

7.23 **a)** Li **b)** H_2
c) Fe^{2+} **d)** Br^-

7.27 $K = 3 \times 10^{54}$

7.28 0,368 V

7.29 **a)** $K = 2 \times 10^{18}$; **b)** $K = 3 \times 10^{8}$;
c) $K = 4 \times 10^{62}$

7.30 **a)** -432 kJ ; 5×10^{75}
b) $-1,0 \times 10^2$ kJ ; 2×10^{18}
c) $-1,8 \times 10^2$ kJ ; 1×10^{31}
d) $-1,27 \times 10^3$ kJ ; 1×10^{222}

7.31 Ce^{4+} oxydera Fe^{2+} en Fe^{3+}, $\epsilon^\circ_{cell} = 0,84$ V, $\Delta G^\circ = -81$ kJ, $K_c = 2 \times 10^{14}$

7.32 0,37 V ; -36 kJ ; 2×10^6

7.35 1,09 V

7.36 **a)** 2,23 V ; 2,23 V ; -430 kJ/mol ;
b) 0,02 V ; 0,04 V ; -2×10^1 kJ/mol

7.37 $\epsilon^\circ = 0,76$ V ; $\epsilon = 0,78$ V

7.38 $\epsilon^\circ = 0,13$ V ; $\epsilon = 0,083$ V

7.39 $[Cu^{2+}]/[Zn^{2+}] < 6,9 \times 10^{-38}$

7.40 0,010 V

7.43 **a)** 0,076 L **b)** 0,16 L air/min

7.44 1,09 V

7.51 12,2 g Mg

7.52 **a)** à l'anode : $2Cl^-(aq) \longrightarrow Cl_2(g) + 2e^-$
à la cathode : $Ba^{2+}(aq) + 2e^- \longrightarrow Ba(s)$
b) 0,64 g Ba

7.53 Le rapport tonne Na/tonne Al est le même que le rapport g Na/g Al = 0,043 mol e^-/0,11 mol e^-. La préparation de 1 t de Na est plus économique.

7.54 **a)** $2,09 \times 10^3$ \$ **b)** $2,46 \times 10^3$ \$
c) $4,70 \times 10^3$ \$

7.55 0,012 *F*

7.56 **a)** 0,14 *F* **b)** 0,121 *F*
c) 0,10 *F*

7.57 5,33 g Cu et 13,4 g Br_2

7.58 **a)** $Ag^+(aq) + 1e^- \longrightarrow Ag(s)$
b) $2H_2O(l) \longrightarrow O_2(g) + 4H^+(aq) + 4e^-$
c) $6,0 \times 10^2$ C

7.59 $7,70 \times 10^3$ C

7.60 **a)** 0,589 g Cu **b)** 0,133 A

7.61 1,84 kg Cl_2/h

7.62 2,2 h

7.63 63,1 g/mol

7.64 $9,66 \times 10^4$ C

7.65 27,1 g/mol

7.66 0,0710 *F*

7.67 **a)** $H_2(g) \longrightarrow 2H^+(aq) + 2e^-$
$Ni^{2+}(aq) + 2e^- \longrightarrow Ni(s)$

$Ni^{2+}(aq) + H_2(g) \longrightarrow Ni(s) + 2H^+(aq)$

L'inverse de cette réaction est une réaction spontanée, car d'après le tableau 7.1 (*p. 365*), le Ni(*s*) est situé au-dessous de H^+ et du côté droit du tableau (*voir les demi-réactions à $-0,25$ V et à 0,00 V*).
b) $MnO_4^-(aq) + 8H^+(aq) + 5e^- \longrightarrow Mn^{2+}(aq) + 4H_2O$
$2Cl^-(aq) \longrightarrow Cl_2(g) + 2e^-$

$2MnO_4^-(aq) + 16H^+(aq) + 10Cl^-(aq) \longrightarrow 2Mn^{2+}(aq) + 8H_2O + 5Cl_2(g)$; réaction spontanée
c) $Cr(s) \longrightarrow Cr^{3+}(aq) + 3e^-$
$Zn^{2+}(aq) + 2e^- \longrightarrow Zn(s)$

$2Cr(s) + 3Zn^{2+}(aq) \longrightarrow 2Cr^{3+}(aq) + 3Zn(s)$
La réaction inverse est spontanée.

7.68 **a)** $2MnO_4^-(aq) + 16H^+(aq) + 5C_2O_4^{2-}(aq) \longrightarrow 2Mn^{2+}(aq) + 10CO_2(g) + 8H_2O(l)$
b) 5,4 %

7.69

ϵ	ΔG	Réaction de la cellule
> 0	< 0	spontanée
< 0	> 0	non spontanée
$= 0$	$= 0$	à l'équilibre

7.70 0,231 mg/mL de sang

7.71 $K_{ps} = 5 \times 10^{-13}$

7.72 **a)** 0,80 V
b) $2Ag^+(aq) + H_2(g) \longrightarrow 2Ag(s) + 2H^+(aq)$
c) I) 0,92 V II) 1,10 V
d) La cellule fonctionne comme un pH-mètre ; son potentiel varie sensiblement avec la concentration d'ions hydronium.

7.73 **a)** 3,14 V **b)** 3,13 V

7.74 L'eau s'oxyderait avant l'ion F^-.

7.75 0,035 V

7.76 $2,5 \times 10^2$ h

7.77 Il y a deux fois plus d'hydrogène formé que d'oxygène. La solution deviendra acide à l'anode et basique à la cathode, ce qui se vérifiera avec du papier tournesol.

7.78 Les ions obtenus à partir de Hg(*l*) existent sous la forme Hg_2^{2+}.

7.79 La solution entourant l'anode deviendra brune à cause de la formation de I_3^-. À la cathode, c'est comme pour l'électrolyse de NaCl où OH^- est un produit. La solution entourant la cathode est basique, ce qui fait virer au rouge la phénolphtaléine.

7.80 $[Mg^{2+}] = 0,0500$ mol/L ;
$[Ag^+] = 7 \times 10^{-55}$ mol/L ; 1,44 g Mg

7.81 Peser les électrodes avant et après le fonctionnement de la cellule. L'anode (Zn) devrait perdre de sa masse, et la cathode (Cu) devrait en gagner.

7.82 **a)** H_2; 0,206 L
b) $6{,}09 \times 10^{23}\ e^-/\text{mol}\ e^-$

7.83 $3{,}06 \times 10^4$ min

7.84 **a)** $-1\,356{,}8$ kJ/mol; **b)** 1,17 V

7.85 **a)** 1,10 V I) $[Cu^{2+}]$ diminue et ϵ diminue II) $[Zn^{2+}]$ diminue et ϵ augmente.
b) $K_f = 5{,}3 \times 10^{13}$

7.86 +3

7.87 La neige salée fond sur la voiture, et le sel dissous cause la corrosion; la vitesse de corrosion est plus grande dans un garage chauffé.

7.88 7 kJ/mol; 0,06

7.89 **a)** Anode: $2F^- \longrightarrow F_2(g) + 2e^-$
Cathode: $2H^+ + 2e^- \longrightarrow H_2(g)$

Globale: $2H^+ + 2F^- \longrightarrow H_2(g) + F_2(g)$
b) KF fait augmenter la conductivité électrique. L'ion K^+ n'est pas réduit.
c) $2{,}8 \times 10^3$ L

7.90 1,40 A

7.91 **a)** Anode: $Cu(s) \longrightarrow Cu^{2+}(aq) + 2e^-$
Cathode: $Cu^{2+}(aq) + 2e^- \longrightarrow Cu(s)$

Globale: $Cu(s) \longrightarrow Cu(s)$
Cu est transféré de l'anode à la cathode.
b) Zn s'oxydera, mais Zn^{2+} ne sera pas réduit à la cathode.
c) 44,4 h

7.92 +4

7.93 $\epsilon^\circ_{ox} = 1{,}97$ V

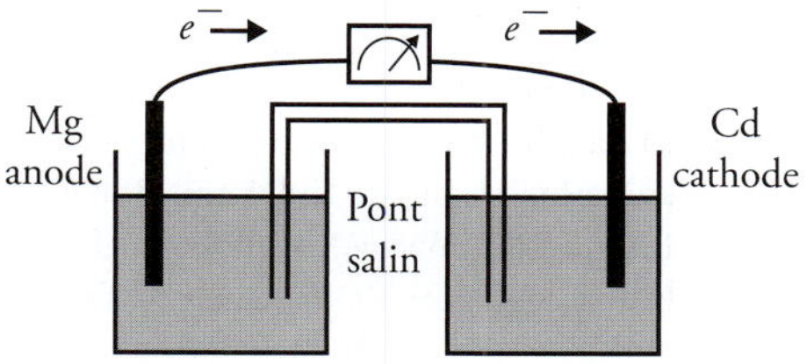

7.94 $1{,}60 \times 10^{-19}$ C/e^-

7.95 **a)** $Au(s) + 3HNO_3(aq) + 4HCl(aq) \longrightarrow HAuCl_4(aq) + 3H_2O(l) + 3NO_2(g)$
b) H^+ accroît l'acidité et déplace l'équilibre vers la droite tout en formant le complexe $AuCl_4^-$.

7.96 On obtient 5,92 V avec Li^+/Li et F_2/F^-. Ces réactifs sont difficiles à manipuler.

7.97 $9{,}8 \times 10^{-12}$

7.98 2×10^{20}

7.99 Les demi-réactions sont:
$H_2O_2(aq) \longrightarrow O_2(g) + 2H^+(aq) + 2e^-$ $\quad \epsilon^\circ_{anode} = 0{,}68$ V
$H_2O_2(aq) + 2H^+(aq) + 2e^- \longrightarrow 2H_2O(l)$ $\quad \epsilon^\circ_{cathode} = 1{,}77$ V

$2H_2O_2(aq) \longrightarrow 2H_2O(l) + O_2(g)$
$\epsilon^\circ_{cell} = \epsilon^\circ_{cathode} - \epsilon^\circ_{anode} = 1{,}77\ V - 0{,}68\ V = 1{,}09\ V$
Les produits sont donc favorisés à l'équilibre. H_2O_2 n'est pas stable, il y a disproportion du peroxyde.

7.100 **a)** ϵ° doit être négatif pour X et positif pour Y, car les électrons circulent de X vers ESH.
b) $X + Y^{2+} \longrightarrow X^{2+} + Y$ $\quad \epsilon^\circ_{cell} = 0{,}59$ V

7.101 **a)** Le potentiel de réduction de O_2 est insuffisant pour oxyder l'or.
b) $\Delta G^\circ = -55{,}0$ kJ/mol, oui
c) $2Au + 3F_2 \longrightarrow 2AuF_3$

7.102 $[Fe^{2+}] = 0{,}0920$ mol/L; $[Fe^{3+}] = 0{,}0680$ mol/L

7.103 Vue de l'extérieur, l'anode est négative par la circulation des électrons (de $Zn \longrightarrow Zn^{2+} + 2e^-$) vers la cathode. En solution, les anions vont vers l'anode parce qu'ils sont attirés par les ions Zn^{2+} qui entourent l'anode.

7.104 **a)** $1A \times 3\,600\ s = 3\,600$ C
b) $105\ A \cdot h$. La concentration de H_2SO_4 diminue durant la réaction.
c) 2,01 V; $-3{,}88 \times 10^5$ J/mol

7.105 1×10^{-14}

7.106 **a)** À l'anode (Mg): $Mg \longrightarrow Mg^{2+} + 2e^-$ et $Mg + 2HCl \longrightarrow MgCl_2 + H_2(g)$
À la cathode (Cu): $2H^+ + 2e^- \longrightarrow H_2(g)$
b) La solution ne devient pas bleue.
c) $Mg(OH)_2(s)$

7.107 **a)** Anode: $Zn \longrightarrow Zn^{2+} + 2e^-$
Cathode: $\frac{1}{2}O_2 + 2e^- \longrightarrow O^{2-}$

Globale: $Zn + \frac{1}{2}O_2 \longrightarrow ZnO$
À l'aide de l'annexe 6, $\Delta G^\circ = -318{,}2$ kJ
$\epsilon^\circ = 1{,}65$ V
b) À l'aide de l'équation de Nernst, 1,63 V
c) $4{,}87 \times 10^3$ kJ/kg Zn
d) 62 L d'air

7.108 217 $

7.109 **a)** Selon le tableau 7.1 (*p. 365*), Al peut réduire Ag^+ (règle de la diagonale):
$Al \longrightarrow Al^{3+} + 3e^-$; $Ag^+ + e^- \longrightarrow Ag$;
$Al + 3Ag^+ \longrightarrow Al^{3+} + 3Ag$
b) La solution de $NaHCO_3$ est basique. Les ions OH^- forment le précipité $Al(OH)_3(s)$ avec les ions Al^{3+}. Sinon, les ions Al^{3+} formeraient une couche de Al_2O_3, ce qui augmenterait l'épaisseur de la couche tenace d'oxyde sur l'argent et empêcherait toute réaction électrochimique subséquente.
c) Le chauffage de la solution accélère la réaction et a pour effet de chasser l'air (oxygène) de la solution, ce qui diminue la formation de l'oxyde Al_2O_3.
d) HCl réagit avec Ag_2S.
$2HCl + Ag_2S \longrightarrow H_2S + 2AgCl$
Le H_2S sent mauvais et est toxique. De plus, cette méthode enlève de l'argent de la cuillère sous forme de AgCl. La méthode décrite en a) ne présente pas ces inconvénients.

SOURCES DES PHOTOS

TABLE DES MATIÈRES

Chapitre 1 : © National Oceanic and Atmospheric Administration/Department of Commerce ; **Chapitre 2** : © Richard Megna, Fundamental Photographs, NYC ; **Chapitre 3** : © The McGraw-Hill Companies, Inc./Photo de Ken Karp ; **Chapitre 4** : © Charles D. Winters/Photo Researchers/Publiphoto ; **Chapitre 5** : © The McGraw-Hill Companies, Inc./Photo de Jill Braaten ; **Chapitre 6** : © Fritz Polking/Peter Arnold Inc. ; **Chapitre 7** : © Nathan S. Lewis, California Institute of Technology.

CHAPITRE 1

3 : © National Oceanic and Atmospheric Administration/Department of Commerce ; **4** : © Dirck Halstead ; **5** : © The McGraw-Hill Companies, Inc./Photo de Ken Karp ; **8** : © The McGraw-Hill Companies, Inc./Photo de Charles Winter ; **9** : © The McGraw-Hill Companies, Inc./Photo de Ken Karp ; **10** : © The McGraw-Hill Companies, Inc./Photo de Charles Winter ; **11** : © The McGraw-Hill Companies, Inc./Photo de Ken Karp ; **12** : © Gracieuseté de Betz Corp ; **13 (haut)** : © The McGraw-Hill Companies, Inc./Photo de Ken Karp ; **13 (centre)** : © SPL/Publiphoto ; **13 (bas)** : © Edgar Fahs Smith Collection at the University of Pennsylvania ; **15, 16, 19, 23** : © The McGraw-Hill Companies, Inc./Photo de Ken Karp ; **24 (haut)** : © Richard Megna, Fundamental Photographs, NYC ; **24 (centre)** : © The McGraw-Hill Companies, Inc./Photo de Charles Winter ; **25 (haut)** : © The McGraw-Hill Companies, Inc./Photo de Ken Karp ; **25 (bas)** : © The McGraw-Hill Companies, Inc./Photo de Stephen Frisch ; **26** : © The McGraw-Hill Companies, Inc./Photo de Ken Karp ; **28** : © Srulik Haramaty/Phototake ; **30, 31, 34, 35, 36** : © The McGraw-Hill Companies, Inc. /Photo de Ken Karp ; **49** : © Joe Miller, Dow Chemical Company.

CHAPITRE 2

51 : © Richard Megna, Fundamental Photographs, NYC ; **52** : © Time & Life Pictures/Getty Images ; **53, 65** : © The McGraw-Hill Companies, Inc./Photo de Ken Karp ; **66** : © Thierry Orban/Corbis Sygma ; **67** : © USGS/Bill Evans ; **74, 75** : © The McGraw-Hill Companies, Inc./Photo de Ken Karp ; **77** : © David M. Phillips/Photo Researchers/Publiphoto ; **78** : © John Mead/SPL/Publiphoto ; **84 (haut)** : © Luc Papillon ; **84 (centre)** : © Photodisc/Getty Images ; **87 (haut)** : © Luc Papillon ; **87 (bas)** : © Katadyn Products Inc.

CHAPITRE 3

99, 102, 106, 119 : © The McGraw-Hill Companies, Inc./Photo de Ken Karp ; **129** : © Gaillarde-Vandeville/Eyedea/Ponopresse ; **140** : © The McGraw-Hill Companies, Inc. /Photo de Ken Karp ; **145** : © Gracieuseté du professeur Ahmed H. Zewail, département de chimie, California Institute of Technology ; **147** : © The McGraw-Hill Companies, Inc./ Photo de Ken Karp ; **149** : © Gracieuseté de Johnson Matthey ; **150** : © Gracieuseté de GM.

CHAPITRE 4

169 : © Charles D. Winters/Photo Researchers/Publiphoto ; **170** : © Science Museum/Science & Society Picture Library n° 10301779 ; **171** : © The McGraw-Hill Companies, Inc./Photo de Ken Karp ; **173** : © Edgar Fahs Smith Collection at the University of Pennsylvania ; **179** : © Mark Schneider/Getty Images ; **194** : © Boyer/Roger Viollet/Getty Images ; **195, 200, 201** : © The McGraw-Hill Companies, Inc./Photo de Ken Karp ; **205** : © Jake Norton/Aurora/Getty Images.

CHAPITRE 5

221 : © The McGraw-Hill Companies, Inc./Photo de Jill Braaten ; **226** : © Luc Papillon ; **228** : © The McGraw-Hill Companies, Inc./Photo de Ken Karp ; **231** : © The McGraw-Hill Companies, Inc./Photo de Stephen Frisch ; **265 (haut)** : © Robert Jureit/Taxi/Getty Images ; **265 (centre et bas), 267, 269** : © The McGraw-Hill Companies, Inc./Photo de Ken Karp.

CHAPITRE 6

283 : © Fritz Polking/Peter Arnold Inc. ; **284 (haut)** : © Jody Dole/The Image Bank/Getty Images ; **284 (bas)** : © Terepka, A.R., « Structure and Calcification in Avian Egg Shell », *Experimental Cell Research*, 30, 1963, 171-182 ; **290, 291** : © The McGraw-Hill Companies, Inc./Photo de Ken Karp ; **298** : © P.M. Motta & S. Correr/SPL/Publiphoto ; **300, 308, 310** : © The McGraw-Hill Companies, Inc./Photo de Ken Karp ; **312 (haut)** : © A. Pol/ISM/SPL/Publiphoto ; **312 (centre)** : © Bjorn Bolstad/Peter Arnold Inc. ; **314, 315, 316, 320** : © The McGraw-Hill Companies, Inc./Photo de Ken Karp ; **324** : © David R. Frazier/Photo Researchers/ Publiphoto ; **327** : © Luc Papillon ; **328, 329, 332** : © The McGraw-Hill Companies, Inc./Photo de Ken Karp ; **334** : © The McGraw-Hill Companies, Inc./Photo de Stephen Frisch.

CHAPITRE 7

349 : © Nathan S. Lewis, California Institute of Technology ; **350** : Edgar Fahs Smith Collection at the University of Pennsylvania ; **355, 356** : © The McGraw-Hill Companies, Inc./Photo de Ken Karp ; **357** : © Jim Varney/SPL/Publiphoto ; **359** : © Andrew Lambert/SPL/Publiphoto ; **371** : Josiah Willard Gibbs stamp © 2004 United States Postal Service. All Rights Reserved. Used with Permission ; **385** : © The McGraw-Hill Companies, Inc./Photo de Ken Karp ; **390** : © AP Images ; **391** : © NASA ; **393 (gauche)** : © Dr E.R. Degginger ; **393 (centre)** : © The McGraw-Hill Companies, Inc./Photo de Ken Karp ; **393 (droite)** : © Donald Dietz/ Stock Boston ; **395** : © The McGraw-Hill Companies, Inc./Photo de Ken Karp ; **397** : © The McGraw-Hill Companies, Inc./Photo de Stephen Frisch ; **399** : © Gracieuseté de Hayward Pool Products Canada Inc. ; **403** : © Edgar Fahs Smith Collection at the University of Pennsylvania ; **405 (centre)** : © Gracieuseté de Aluminium Company of America ; **405 (bas)** : © KGHM Polska Miedz S.A., Electrorefining Section in Legnica Copper Smelter and Refinery ; **417** : © The McGraw-Hill Companies, Inc./Photo de Ken Karp.

INDEX

D

E

LISTE DES FIGURES, DES ANNEXES ET DES TABLEAUX IMPORTANTS

LISTE DES RUBRIQUES CHIMIE EN ACTION